CHRISTIANO **CASSETTARI**
COORDENADOR

MARCELO **SALAROLI**
MARIO DE CARVALHO **CAMARGO NETO**
AUTORES

REGISTRO
CIVIL DAS PESSOAS NATURAIS

SEGUNDA EDIÇÃO

2020 © Editora Foco
Coordenador: Christiano Cassettari
Autores: Marcelo Salaroli e Mario de Carvalho Camargo Neto
Diretor Acadêmico: Leonardo Pereira
Editor: Roberta Densa
Assistente Editorial: Paula Morishita
Revisora Sênior: Georgia Renata Dias
Capa Criação: Leonardo Hermano
Diagramação: Ladislau Lima
Impressão miolo e capa: FORMA CERTA

Dados Internacionais de Catalogação na Publicação (CIP) (Câmara Brasileira do Livro, SP, Brasil)

C172r   Camargo Neto, Mario de Carvalho
Registro Civil de Pessoas Naturais / Mario de Carvalho Camargo Neto, Marcelo Salaroli de Oliveira ; coordenado por Christiano Cassettari. - 2. ed. - Indaiatuba, SP : Editora Foco, 2020.
504 p. ; 17cm x 24cm.

Inclui índice e bibliografia.
ISBN 978-85-8242-000-1

1. Direito. 2. Direito civil. 3. Registro Civil. 4. Pessoas Naturais. I. Camargo Neto, Mario de Carvalho. II. Oliveira, Marcelo Salaroli de. III. Cassettari, Christiano. IV. Título.

2020-381   CDD 342   CDU 347

Elaborado por Vagner Rodolfo da Silva – CRB-8/9410
Índices para Catálogo Sistemático:
1.Direito civil 342   2. Direito civil 347

DIREITOS AUTORAIS: É proibida a reprodução parcial ou total desta publicação, por qualquer forma ou meio, sem a prévia autorização da Editora FOCO, com exceção do teor das questões de concursos públicos que, por serem atos oficiais, não são protegidas como Direitos Autorais, na forma do Artigo 8º, IV, da Lei 9.610/1998. Referida vedação se estende às características gráficas da obra e sua editoração. A punição para a violação dos Direitos Autorais é crime previsto no Artigo 184 do Código Penal e as sanções civis às violações dos Direitos Autorais estão previstas nos Artigos 101 a 110 da Lei 9.610/1998. Os comentários das questões são de responsabilidade dos autores.

NOTAS DA EDITORA:

Atualizações e erratas: A presente obra é vendida como está, atualizada até a data do seu fechamento, informação que consta na página II do livro. Havendo a publicação de legislação de suma relevância, a editora, de forma discricionária, se empenhará em disponibilizar atualização futura.

Erratas: A Editora se compromete a disponibilizar no site www.editorafoco.com.br, na seção Atualizações, eventuais erratas por razões de erros técnicos ou de conteúdo. Solicitamos, outrossim, que o leitor faça a gentileza de colaborar com a perfeição da obra, comunicando eventual erro encontrado por meio de mensagem para contato@editorafoco.com.br. O acesso será disponibilizado durante a vigência da edição da obra.

Impresso no Brasil (02.2020) – Data de Fechamento (02.2020)

2020

Todos os direitos reservados à
Editora Foco Jurídico Ltda.
Rua Nove de Julho, 1779 – Vila Areal
CEP 13333-070 – Indaiatuba – SP
E-mail: contato@editorafoco.com.br
www.editorafoco.com.br

Cada qual use seu dom recebido a serviço dos outros,
como bons administradores da multiforma graça de Deus.
(*Primeira Carta de São Pedro, Capítulo 4, Versículo 10*)

De tal maneira que, de nossa parte, não queiramos mais saúde que
doença, riqueza que pobreza, honra que desonra, vida longa que breve,
e assim por diante em tudo o mais, desejando e escolhendo apenas
o que mais nos conduzir ao fim para que fomos criados.
(*Santo Inácio de Loyola, Princípio e Fundamento, Exercícios Espirituais*)

Agradecimentos

Nada se constrói sozinho. Assim, agradeço a cada uma das pessoas que compõe a equipe que me auxilia cotidianamente no desempenho da atividade de Registro Civil de Jacareí, SP, e, comigo, tem a coragem de colocar-se a serviço de todos, indistintamente, tornando realidade o que nos livros existe apenas como teoria.

Agradeço ao Meritíssimo Fernando Henrique Pinto, magistrado exemplar, que, dentre inúmeras competências, também demonstra uma atenção especial ao Registro Civil, ressaltando, assim, a importância desse serviço para a justiça, para a sociedade e para o cidadão.

Agradeço ao Excelentíssimo José Luiz Bednarski, promotor de justiça e cidadania, cuja atuação em prol do cidadão e da sociedade é um exemplo que admiro e busco seguir.

Agradeço ao colega e amigo Luis Carlos Vendramin Júnior, por compartilhar comigo e com todos os registradores civis sua extrema habilidade em compreender o intento da lei e imediatamente transformá-la em prática efetiva e eficiente, facilitando a atividade do registro civil e transformando aquilo que para muitos parecia um problema em soluções proveitosas para todos.

Agradeço ao Gustavo Renato Fiscarelli, colega e amigo, que admiro muito pela sua liderança em busca da harmonia e união fraterna, pela sua visão abrangente e promissora do Registro Civil, o que faz sempre com olhar humano e um sorriso no rosto que acolhe a todos.

Agradeço aos incontáveis registradores e registradoras, com os quais eu compartilho minhas dúvidas e vice-versa, para juntos encontrarmos as melhores soluções. Aprendo muito nesse meio.

Agradeço à Tatiane, minha esposa e companheira, Alice e Olívia, minhas filhas, Carlos e Vera, meus pais, Maura e Mário, meus irmãos, pela alegria com que me acolhem e pelo apoio firme e a companhia tranquila de quem me conhece desde sempre.

Agradeço a todos os meus amigos e amigas por isso que nos é tão gratuito e valioso: a amizade.

Marcelo Salaroli

À minha mulher, Olivia, aos nossos filhos, Francisco, Clara e nosso pequeno anjo que intercede por nós junto a Deus, aos meus pais, Marinho e Lela, e à minha irmã, Maria Laura, presentes de Deus e fontes de inspiração e força que sempre me dão o apoio e o conselho necessários para que eu trilhe o caminho em que eu possa servir. Aos meus professores da escola, da Universidade e da vida, aos quais homenageio no nome da minha orientadora de mestrado Patrícia Tuma Martins Bertolin, que me ensinou a fazer pesquisa de maneira séria, crítica e sistemática. Aos meus colaboradores incansáveis de todas as etapas da minha vida profissional, que possibilitam que eu siga o fim a que fui criado, especialmente aqueles com quem formei meu time em Capivari e em Santo André. Aos meus amigos e professores da Classe e das Associações dos Notários e Registradores, que depositaram sua confiança em mim e continuam a me ensinar todos os dias, aos quais agradeço nas pessoas de José Emygdio, Oscar, Vendramin, Rogério, José Carlos, Cláudio, Reinaldo, Thiago, Leonardo, Daniel, Alison, Alberto, Ana Paula e Karine. A todos os meus amigos, sem os quais nenhum projeto seria possível.

Mario de Carvalho Camargo Neto

Este é um agradecimento conjunto e recíproco. Conjunto, porque temos pessoas comuns, cuja confiança ensinamentos, amizade e apoio são fundamentais para nossas vidas profissionais, como os diretores da Anoreg e da Arpen, e os colegas acadêmicos que sempre nos provocam a estudar e aprofundar o bom debate. Ao Coordenador, Christiano, e à Editora desta coleção agradecemos pela oportunidade de divulgar este trabalho.

Recíproco, porque ambos reconhecemos a importância dos nossos diálogos, talvez seja melhor dizer dos debates, para a construção deste trabalho que agora chega ao público. Vivendo uma mesma situação, Mestres em Direito e titulares de serviço público de Registro Civil, passamos a utilizar o método científico para melhor compreender e desempenhar a atividade profissional de notário e registrador. Muitas vezes, um envidava todos os esforços possíveis para questionar a ideia do outro, sem que isso jamais comprometesse a amizade e o respeito recíprocos. Foi justamente deste confronto, aliado à humildade de reconhecer que muitas das ideias que não eram nossas deveriam prevalecer, que nasceu e cresceu o presente livro.

Por fim, agradecimento especial à registradora e estudiosa Izolda Andréa de Sylos Ribeiro, primeira leitora desta edição, pela valiosa contribuição na pesquisa de questões de concurso, atualizações normativas, decisões judiciais e revisão do texto.

Marcelo Salaroli
Mario de Carvalho Camargo Neto

Abreviaturas

ADI – Ação direta de inconstitucionalidade
ADPF – Ação de descumprimento de preceito fundamental
ANOREG – Associação dos Notários e Registradores
ARPEN – Associação Nacional dos Registradores de Pessoas Naturais
ARPEN-SP – Associação dos Registradores de Pessoas Naturais do Estado de São Paulo
Art. – artigo
CC – Código Civil – Lei Federal nº 10.406/2002
CDPD – Convenção Internacional sobre os Direitos das Pessoas com Deficiência
CF – Constituição Federal
CFM – Conselho Federal de Medicina
CG – Corregedoria Geral de Justiça
CGJ – Corregedoria Geral de Justiça
CGJ-SP – Corregedoria Geral da Justiça do Estado de São Paulo
CID – Classificação Internacional de Doenças
CJF – Conselho da Justiça Federal
CNCGJ-ES – Código de Normas da Corregedoria Geral da Justiça do Estado do Espírito Santo
CNCGJ-MG – Código de Normas da Corregedoria Geral da Justiça do Estado de Minas Gerais
CNCGJ-PE – Código de Normas dos Serviços Notariais e de Registros do Estado de Pernambuco
CNCGJ-PR – Código de Normas da Corregedoria-Geral da Justiça do Estado do Paraná
CNCGJ-RJ – Consolidação Normativa da Corregedoria Geral da Justiça do Estado do Rio de Janeiro
CNCGJ-SC – Código de Normas da Corregedoria Geral da Justiça do Estado de Santa Catarina
CN-CNJ – Corregedoria Nacional de Justiça do Conselho Nacional de Justiça
CNES – Cadastro Nacional de Estabelecimentos de Saúde
CNH – Carteira nacional de habilitação
CNJ – Conselho Nacional de Justiça
CNMP – Conselho Nacional do Ministério Público
CNNR-CE – Consolidação Normativa Notarial e Registral no Estado do Ceará
CNNR-RS – Consolidação Normativa Notarial e Registral da Corregedoria Geral da Justiça do Estado do Rio Grande do Sul
CONTRAN – Conselho Nacional de Trânsito

CP – Código Penal – Decreto-lei nº 2.848/1940

CPC – Código de Processo Civil – Lei Federal nº 13.105/2015

CPF – Cadastro de Pessoa Física no Ministério da Economia

CPP – Código de Processo Penal – Decreto-lei nº 3.689/1941

CRC – Central de Informações de Registro Civil das Pessoas Naturais (Provimento 46/2015 da CN-CNJ)

CSM-SP – Conselho Superior de Magistratura do Tribunal de Justiça do Estado de São Paulo

D.O. – Declaração de Óbito

Dec. – Decreto

DETRAN – Departamento Estadual de Trânsito

DGE-RO – Diretrizes Gerais Extrajudiciais da Corregedoria Geral da Justiça do Estado de Rondônia

DJ – Diário da Justiça

DJe – Diário da Justiça eletrônico

DN – Declaração de Nascido Vivo

DNV – Declaração de Nascido Vivo

EC – Emenda Constitucional

ECA – Estatuto da Criança e do Adolescente – Lei Federal nº 8.069/1990

ENNOR – Escola Nacional dos Notários e Registradores

FUNAI – Fundação Nacional do Índio

g.n. – grifo nosso

IBDFAM – Instituto Brasileiro de Direito de Família

IBGE – Instituto Brasileiro de Geografia e Estatística

ICP-Brasil – Infraestrutura de Chaves Públicas Brasileira

IML – Instituto Médico Legal

IN-RF – Instrução Normativa da Receita Federal

INSS – Instituto Nacional do Seguro Social

j. – julgado

LIBRAS – Linguagem Brasileira de Sinais

LINDB – Lei de Introdução às Normas do Direito Brasileiro – Decreto-lei nº 4.657/1942

LNR – Lei dos Notários e Registradores – Lei Federal nº 8.935/1994

LRP – Lei de Registros Públicos – Lei Federal nº 6.015/1973

MP – Ministério Público

MS – Ministério da Saúde

NSCGJ-SP – Normas de Serviço da E. Corregedoria Geral da Justiça do Estado de São Paulo

OAB – Ordem dos Advogados do Brasil

p.u. – Parágrafo único

PGCJ-DF – Provimento-Geral da Corregedoria de Justiça do Distrito Federal aplicado aos Serviços Notariais e de Registro

Prov. – Provimento

RANI – Registro de Nascimento do Índio

RCPN – Registro Civil das Pessoas Naturais

RE – Recurso Extraordinário

Res. – Resolução

REsp – Recurso Especial

RG – Registro Geral (carteira de identidade)

RNE – Registro Nacional de Estrangeiro

RNM – Registro Nacional Migratório

S.V.O. – Serviço de Verificação de Óbitos

SEADE – Fundação Sistema Estatístico de Análise de Dados

SIRC – Sistema Nacional de Informação ao Registro Civil

STF – Supremo Tribunal Federal

STJ – Superior Tribunal de Justiça

SVS – Serviço de Vigilância em Saúde

TJ – Tribunal de Justiça

TJSP – Tribunal de Justiça do Estado de São Paulo

Sumário

AGRADECIMENTOS V

APRESENTAÇÃO XXI

INTRODUÇÃO XXIII

1. DIMENSÕES DO REGISTRO CIVIL DAS PESSOAS NATURAIS 1
   1.1   Exercício da Cidadania e Direitos Humanos 1
          1.1.1   Cidadania e gratuidade universal 3
   1.2   Social 4
   1.3   Combate à falta de registro (Combate ao Sub-Registro) 8
   1.4   Individualização da Pessoa Natural 11
          1.4.1   Nome 11
          1.4.2   Domicílio 12
          1.4.3   Estado civil da pessoa natural 13
   1.5   Publicidade do Estado da Pessoa Natural 14
          1.5.1   Estado político 16
          1.5.2   Estado individual 19
          1.5.3   Estado familiar 22

2. EFEITOS DO REGISTRO E SUA PUBLICIDADE 25

3. FINALIDADE DO REGISTRO CIVIL DAS PESSOAS NATURAIS E A FÉ PÚBLICA 29

4. PRINCÍPIOS DO REGISTRO CIVIL DAS PESSOAS NATURAIS 33
   4.1   Princípios Finalísticos 33
          4.1.1   Princípio da segurança jurídica 33
          4.1.2   Princípio da publicidade 33
          4.1.3   Princípio da autenticidade 34
   4.2   Princípios que Informam a Função do Registro Civil das Pessoas Naturais ... 34
          4.2.1   Princípio da legalidade 34
          4.2.2   Princípio da independência 35
          4.2.3   Princípio da imparcialidade 36
          4.2.4   Princípio da instância ou rogação 36

		4.2.5	Princípio da territorialidade	36
		4.2.6	Princípio da conservação	37
		4.2.7	Princípio da continuidade	37
	4.3		Outros Princípios	38

5. LIVROS E ATOS DO REGISTRO CIVIL DAS PESSOAS NATURAIS ... 41

5.1	Registros e seus Livros			43
5.2	Averbações			45
	5.2.1	Instância e procedimento		46
	5.2.2	Qualificação e procedimento		47
	5.2.3	Escrituração da averbação		48
	5.2.4	Emissão de certidão		49
	5.2.5	Outras questões relativas à averbação		49
5.3	Anotações			51
5.4	Escrituração e Forma dos Livros			55
5.5	Registro Eletrônico			60
5.6	Outros livros e classificadores (arquivos)			64

6. ATENDIMENTO AO PÚBLICO, ACESSIBILIDADE E ORGANIZAÇÃO DAS SERVENTIAS ... 69

6.1	Atendimento ao Público e Sistema de Plantão	69
6.2	Localização e Acessibilidade	70
6.3	Competência territorial	70
6.4	Acumulação de serviços e presença em todos os municípios	71
6.5	Conservação do acervo	72

7. EMOLUMENTOS E GRATUIDADE ... 73

7.1	Gratuidades e seus Fundamentos		75
	7.1.1	Critério para definição de pobreza	77
	7.1.2	Declaração e verificação do estado de pobreza	78

8. NASCIMENTO ... 81

8.1	Características do Registro de Nascimento		82
8.2	Local do Registro de Nascimento (Territorialidade)		84
	8.2.1	Registro de nascimento realizado em cartório sem atribuição territorial	85
8.3	Prazo para o registro		86
8.4	Procedimento de Registro		88

	8.4.1	Atuação do registrador		88
	8.4.2	A declaração		89
		8.4.2.1 Identidade do Declarante		90
		8.4.2.2 Capacidade do Declarante		93
		8.4.2.3 Legitimados/Obrigados a Declarar		94
		8.4.2.4 Procurador do Declarante		96
	8.4.3	Prova do nascimento para o registro		98
		8.4.3.1 Declaração de Nascido Vivo (DNV) – Lei n. 12.662/2012		100
	8.4.4	Outros atos praticados no momento do registro		104
		8.4.4.1 Escolha do Nome		104
		8.4.4.2 Estabelecimento da Filiação		111
			8.4.4.2.1 Filiação decorrente da gestação e do parto	112
			8.4.4.2.2 Reconhecimento espontâneo da filiação	114
			8.4.4.2.3 Filiação decorrente da presunção pelo casamento ou união estável	119
			8.4.4.2.4 Filiação decorrente das técnicas de reprodução assistida	124
			8.4.4.2.5 Filiação decorrente da socioafetividade	131
			8.4.4.2.6 Averiguação oficiosa de indicação de suposto pai	131
			8.4.4.2.7 Certidão de nascimento e origem da filiação	133
		8.4.4.3 Escolha da naturalidade		134
	8.4.5	O ato de declaração e a prática dos atos		137
8.5	Elementos do Registro do Nascimento			141

9. NASCIMENTO – SITUAÇÕES ESPECIAIS ... 149

9.1	Registro Fora do Prazo		149
	9.1.1	Territorialidade	150
	9.1.2	Instância e legitimados para requerer	151
	9.1.3	O requerimento e as testemunhas	152
	9.1.4	Procedimento	153
	9.1.5	Filiação	154
	9.1.6	Controle após o registro e duplicidade	155
	9.1.7	Procedimento em caso de idosos, interditos ou pessoas em instituições de longa permanência	156
	9.1.8	Registro tardio de pessoa já falecida	157
9.2	Registro na Maternidade – Provimento n. 13 da CN-CNJ – Unidades Interligadas		157

9.2.1 Unidade Interligada 158
    9.2.1.1 Unidade Interligada Operada por Preposto do Registrador – Artigo 3º 159
    9.2.1.2 Unidade Interligada Operada por Empregado do Estabelecimento de Saúde – Artigo 4º 160
9.2.2 Procedimento da Unidade Interligada 162
    9.2.2.1 Unidade Operada na Forma do Artigo 3º 162
    9.2.2.2 Unidade Operada na Forma do Artigo 4º 163
9.2.3 Declarante 164
    9.2.3.1 Documentos 165
    9.2.3.2 Filiação 165
    9.2.3.3 Atribuição para o Registro 166
    9.2.3.4 Certidão 167
9.2.4 Oneração da atividade e compensação pelo efetivo custo 167
9.2.5 Outras regras 170
9.3 Registros de nascimentos ocorridos a bordo de navio ou em campanha 170
9.4 Registro de indígena 172
9.5 Duplicidade de registro 177
  9.5.1 Procedimento Administrativo e Cancelamento do Registro Posterior ... 178
  9.5.2 Procedimento Jurisdicional 179
    9.5.2.1 Cancelamento do registro feito em primeiro lugar 181
    9.5.2.2 Questão de filiação 181
9.6 Registro por mandado 182
9.7 Adoção 184
  9.7.1 Adoção do menor de idade 186
  9.7.2 Adoção de maior 188
  9.7.3 Certidão de registro no caso de adoção 189
  9.7.4 Adoção simples 192

10. AVERBAÇÕES NO REGISTRO DE NASCIMENTO 195

10.1 Reconhecimento de Filho 195
  10.1.1 Filiação socioafetiva 199
  10.1.2 Procedimento 201
    10.1.2.1 Reconhecimento de filho biológico 202
    10.1.2.2 Reconhecimento de filho socioafetivo 206
    10.1.2.3 Averbação, certidão e registros subsequentes 213

	10.1.3 Multiparentalidade	215
10.2	Provimentos jurisdicionais sobre filiação	219
	10.2.1 Investigação de paternidade/maternidade e declaração de filiação	220
	10.2.2 Negatória de paternidade	221
10.3	Alteração de nome	222
	10.3.1 Alteração imotivada de nome no prazo de um ano da maioridade	223
	10.3.2 Acréscimo de sobrenome ao filho menor.	225
10.4	Alteração do nome familiar dos pais	229
10.5	Adoção	235
10.6	Perda e retomada da nacionalidade brasileira	235
10.7	Suspensão e Perda do Poder Familiar	236
	10.7.1 Comparação entre destituição do poder familiar e negatória de paternidade/maternidade	237
10.8	Termo de Guarda e Responsabilidade	238
10.9	Tutela	239
10.10	Alteração de Sexo	239

11. CASAMENTO ... 251

11.1	Importância do casamento e seu registro	252
	11.1.1 Prova da situação conjugal	253
	11.1.2 Emolumentos e gratuidade	254
	11.1.3 Casamento entre pessoas do mesmo sexo	255
	11.1.4 Casamento de pessoa com deficiência intelectual ou mental	257
11.2	A habilitação para o casamento	258
	11.2.1 Impedimentos e causas suspensivas ao casamento	259
	11.2.1.1 Impedimentos	259
	11.2.1.2 Pessoas que vivem em união estável	260
	11.2.1.3 Causas suspensivas	262
	11.2.2 Local da habilitação	267
	11.2.3 Requerimento da habilitação	269
	11.2.3.1 Nubente não pode ou não sabe assinar	270
	11.2.3.2 Surdo, mudo, surdo-mudo e cego	270
	11.2.3.3 Comparecente não sabe o idioma nacional	270
	11.2.3.4 Nubente portador de deficiência mental ou intelectual	271
	11.2.3.5 Nubente em situação de curatela (interditado)	273
	11.2.4 Documentos necessários	275

11.2.4.1	Certidão de nascimento ou documento equivalente...........	275
11.2.4.2	Imigrantes e estrangeiros	277
11.2.4.3	Autorização por escrito das pessoas sob cuja dependência legal estiverem, ou ato judicial que a supra	282
11.2.4.4	Declaração de duas testemunhas maiores, parentes ou não, que atestem conhecê-los e afirmem não existir impedimento que os iniba de casar	286
11.2.4.5	Declaração do estado civil, do domicílio e da residência atual dos contraentes e de seus pais, se forem conhecidos....	287
11.2.4.6	Certidão de óbito do cônjuge falecido, de sentença declaratória de nulidade ou de anulação de casamento, transitada em julgado, ou do registro da sentença de divórcio	287
11.2.4.7	Outros documentos...	288

- 11.2.5 Justificação 291
- 11.2.6 Alteração do nome... 291
- 11.2.7 Escolha do regime de bens 296
- 11.2.8 Proclamas 301
  - 11.2.8.1 Dispensa de proclamas 304
- 11.2.9 Oposição de impedimentos – procedimento 305
- 11.2.10 Homologação 307
- 11.2.11 Certificado de habilitação.. 308

11.3 A celebração civil do casamento 309
- 11.3.1 Juiz de casamento.. 311
  - 1.3.1.1 Impedimentos do juiz 312
- 11.3.2 Casamento por procuração... 313
- 11.3.3 Casamento perante autoridade consular 315
- 11.3.4 Casamento urgente em caso de moléstia grave 316
- 11.3.5 Casamento nuncupativo.. 317
- 11.3.6 Nubente em situação de curatela (interditado)......................... 318

11.4 O registro do casamento 319
- 11.4.1 Procedimento do registro 320
- 11.4.2 Registro de casamento religioso para efeitos civis (Livro "B" auxiliar):... 322
  - 11.4.2.1 Habilitação e prazos 323
  - 11.4.2.2 Efeitos do registro 323
  - 11.4.2.3 Requisitos do termo religioso.............................. 324
  - 11.4.2.4 Autoridade religiosa 324

			11.4.2.5	Local e elementos do registro	325
			11.4.2.6	Legitimados a requerer o registro	326
		11.4.3	Conversão de união estável em casamento		326
			11.4.4	Reconhecimento judicial do estado de casados	330
11.5	Averbações no registro de casamento				331
	11.5.1	Nulidade e anulação			331
	11.5.2	Separação e divórcio			332
	11.5.3	Divórcio ocorrido no estrangeiro			335
	11.5.4	Restabelecimento da sociedade conjugal			340
	11.5.5	Alteração do regime de bens			341
	11.5.6	Alteração de nome dos cônjuges			342
			11.5.6.1	Supressão de sobrenome do ex-cônjuge após averbada a separação ou divórcio	342
			11.5.6.2	Supressão de sobrenome do ex-cônjuge após a viuvez	343
			11.5.6.3	Supressão ou acréscimo do sobrenome do cônjuge durante o casamento	344
	11.5.7	Outras averbações			345

12. REGISTRO DE ÓBITO 347

12.1	Introdução				347
12.2	Registro da morte				349
	12.2.1	Registro de óbito – morte real			349
		12.2.1.1	Conceito de morte		349
		12.2.1.2	Gratuidade		350
		12.2.1.3	Declaração de Óbito		350
		12.2.1.4	Atribuição para o registro de óbito – local do registro		353
		12.2.1.5	Declarante		354
		12.2.1.6	Prazo para a declaração		357
		12.2.1.7	Declaração de Óbito anotada pelo serviço funerário		358
		12.2.1.8	Elementos do assento de óbito		359
		12.2.1.9	Averbações no assento de óbito		366
		12.2.1.10	Situações especiais no registro de óbito		366
			12.2.1.10.1	Registro de óbito de pessoa desconhecida	366
			12.2.1.10.2	A destinação de cadáver para estudos e pesquisas	367
			12.2.1.10.3	Cremação de cadáver	369

		12.2.1.10.4 Óbitos a bordo de navio, de aeronave e em campanha	370

12.2.2 Registro de óbito sem atestado médico/testemunhas (sem cadáver) – justificação para o registro de óbito 371

12.2.3 Desaparecidos políticos 373

12.3 Registro de natimorto 374

13. LIVRO "E" – DEMAIS ATOS RELATIVOS AO ESTADO CIVIL 379

13.1 Publicidade e atribuição para o registro 380

13.2 Finalidades do registro no livro "e" 382

13.3 Atos registráveis no livro "e" 382

    13.3.1 Emancipações 384

    13.3.2 Curatela – Registro da Interdição 391

        13.3.2.1 Tomada de decisão apoiada 398

    13.3.3 Ausência 400

    13.3.4 Morte presumida 404

    13.3.5 Tutela 405

    13.3.6 Uniões estáveis 406

        13.3.6.1 Facultatividade 406

        13.3.6.2 Local do registro 408

        13.3.6.3 Prazo e registro *post-mortem* 408

        13.3.6.4 Emolumentos e gratuidade 409

        13.3.6.5 Título 410

        13.3.6.6 Instância e requerimento 411

        13.3.6.7 Capacidade 413

        13.3.6.8 Convivente sob curatela ou interdição 413

        13.3.6.9 Impedimentos 414

        3.3.6.10 Diversidade de sexos 414

        13.3.6.11 Elementos do registro 415

        13.3.6.12 Regime de bens 417

        13.3.6.13 Alteração do nome 419

        13.3.6.14 Distrato, extinção e dissolução de união estável 421

        13.3.6.15 Averbações no registro de união estável 424

        13.3.6.16 Certidão de União Estável 426

    13.3.7 Sentenças de separação e divórcio 427

    13.3.8 Divórcio no Brasil de casamentos realizados no exterior 429

	13.3.9	Opção de nacionalidade	430
13.4	\multicolumn{2}{l}{Traslados de assentos de nascimento, casamento e óbito de brasileiro em país estrangeiro}	434
	13.4.1	Meio de publicidade e prova	434
	13.4.2	A Resolução n. 155 de 16 de julho de 2012 do Conselho Nacional de Justiça	436
	13.4.3	Disposições gerais	436
	13.4.4	Traslado de nascimento	442
		13.4.4.1 Traslado de nascimento de imigrantes (estrangeiros)	446
	13.4.5	Traslado de casamento	446
	13.4.6	Traslado de óbito	453
	13.4.7	Averbações e anotações	455
	13.4.8	Filho de estrangeiros a serviço de seu país	455

14. RETIFICAÇÃO, RESTAURAÇÃO E SUPRIMENTO DO REGISTRO CIVIL 457

14.1	Retificações		457
	14.1.1	Procedimento judicial	458
	14.1.2	Procedimento administrativo	459
		14.1.2.1 Hipóteses de retificação administrativa	459
		14.1.2.2 Retificação de ofício	460
		14.1.2.3 Manifestação do Ministério Público e despacho do Juiz	461
		14.1.2.4 Recusa da retificação administrativa	461
		14.1.2.5 Atos passíveis de retificação	462
		14.1.2.6 Emolumentos	463
14.2	Situações específicas		463
	14.2.1	Retificação da profissão	463
	14.2.2	Erro de grafia do nome na primeira via da certidão	465
	14.2.3	Retificação do local e causa do óbito	466
	14.2.4	Retificação com base em documento estrangeiro	467
14.3	Restauração e suprimento do registro civil		467

REFERÊNCIAS 469

Apresentação

A Coleção Cartórios foi criada com o objetivo de permitir aos estudantes, tabeliães, registradores, escreventes, juízes, promotores e profissionais do Direito acesso a estudo completo, profundo, atual e didático de todas as matérias que compõem o Direito Notarial e Registral.

A obra sobre o Registro de Imóveis contém: a parte geral do registro imobiliário, os atos ordinários e os procedimentos especiais que tramitam no ofício imobiliário. No livro de Tabelionato de Notas trata da teoria geral do Direito Notarial e dos atos praticados neste cartório, como as escrituras, os reconhecimentos de firma e a autenticação dos documentos. Já o de Registro Civil divide-se em duas obras: um volume sobre o Registro Civil das Pessoas Naturais, que contém a parte geral do registro civil das pessoas naturais, o registro de nascimento, a habilitação e o registro de casamento, o óbito e o Livro "E"; já o outro volume se refere ao Registro Civil de Pessoas Jurídicas, que trata dos atos em que se registram as pessoas jurídicas que não são de competência das juntas comerciais estaduais.

Em Tabelionato de Protesto encontram-se todas as questões referentes ao protesto de títulos e documentos da dívida, estabelecidas nas leis extravagantes, dentre elas a de protesto. No livro sobre Registro de Títulos e Documentos, estão reunidas todas as atribuições desse importante cartório e, ainda, análises de outros pontos importantes para serem estudados.

Há, ainda, um volume dedicado a quem se prepara para a 2ª fase do Concurso de Cartório, contendo os modelos dos atos praticados em todas as especialidades, de maneira comentada.

A coleção terá um volume sobre Teoria Geral do Direito Notarial e Registral, que está sendo preparado, e que pretende abordar os aspectos da Lei dos Notários e Registradores (Lei n. 8.935/94).

Reconhecidos no cenário jurídico nacional, os autores possuem vasta experiência e vivência na área cartorial aliando teoria e prática, por isso esperamos que esta Coleção possa ser referência a todos que necessitam estudar os temas nela abordados. Preocupamo-nos em manter uma linguagem simples e acessível, para permitir a compreensão daqueles que nunca tiveram contato com esse ramo do Direito, reproduzindo todo o conteúdo exigido nos concursos públicos e cursos de especialização em Direito Notarial e Registral, além de exemplificar os assuntos sob a ótica das leis federais e com as posições dominantes das diversas Corregedorias-Gerais de Justiça dos Estados e dos Tribunais Superiores.

Minhas homenagens aos autores dos livros desta Coleção, que se empenharam ao máximo para que seus livros trouxessem o que de mais novo e importante existe no Direito Notarial e Registral, pela dedicação na divulgação da Coleção em suas aulas, palestras, sites, mídias sociais, blogues, jornais e diversas entidades que congregam, o que permitiu que ela se tornasse um sucesso absoluto em todo o país, logo em suas primeiras edições. Gostaria de registrar os meus mais sinceros agradecimentos a todas as instituições que nos ajudaram de alguma forma, especialmente a ANOREG BR, ENNOR, ARPEN BR, COLÉGIO NOTARIAL DO BRASIL, IRIB, IEPTB e IRTDPJ, na figura de seus presidentes e diretores, pelo apoio irrestrito que nos deram, para que esta Coleção pudesse se tornar um grande sucesso. Qualquer crítica ou sugestão será bem-vinda e pode ser enviada para o meu e-mail pessoal: contato@professorchristiano.com.br.

Salvador, fevereiro de 2020.

Christiano Cassettari
www.professorchristiano.com.br
Instagram: @profcassettari

Introdução

O registro civil das pessoas naturais é serviço público de organização técnica e administrativa destinado a garantir publicidade, autenticidade, segurança e eficácia dos atos e fatos da vida, bem como do estado da pessoa natural[1].

Seu exercício é delegado, por concurso público, ao registrador civil das pessoas naturais, que é profissional do Direito dotado de fé pública[2], presente em todas as localidades, vez que há pelo menos um em cada sede municipal e distrital[3].

No que diz respeito aos atos praticados no registro civil das pessoas naturais, registram-se: nascimentos, casamentos, óbitos, conversões das uniões estáveis em casamento, emancipações, interdições (curatelas), sentenças de tomada de decisão apoiada, sentenças declaratórias de ausência e morte presumida, opções de nacionalidade, sentenças que constituírem vínculo de adoção, sentenças ou escrituras de uniões estáveis, tutelas e sentenças de separação e de divórcio (as últimas duas variam de acordo com as normas da Unidade da Federação).

Averbam-se, entre outras possibilidades: reconhecimento de filho, inclusive com multiparentalidade; investigação e negatória de paternidade; anulação e nulidade de casamento; separação, divórcio, restabelecimento da sociedade conjugal; alteração de regime de bens; alteração de patronímico; perda e retomada da nacionalidade brasileira; suspensão e perda do poder familiar; guarda; nomeação de tutor; adoção de maior; adoção unilateral de criança ou adolescente; alterações de nome; cessação da interdição (curatela) e da ausência; substituições de curadores de interditos (curatelados) ou ausentes; alterações dos limites da curatela; abertura da sucessão provisória e abertura da sucessão definitiva; alterações de prenome e sexo; documentos pessoais como cédula de identidade, título de eleitor, passaporte; retificações e cancelamento do registro.

Observe-se que todas as alterações de estado da pessoa natural, decorrentes de registros ou averbações, são anotadas à margem dos registros anteriores[4].

Assim, o registro de nascimento "constitui fonte de informações permanente e atualizada sobre o estado civil de uma pessoa natural"[5], ao qual é dada publicidade por meio de certidões das quais constam todas as alterações[6], exceto aquelas que possam violar a intimidade, a vida privada ou a honra das pessoas.

Importante ressaltar que os registradores civis das pessoas naturais, por meio de um sistema de informações, alimentam os órgãos públicos com importantes dados para a gestão e para a elaboração de políticas públicas.

---

1. Artigo 1º da Lei Federal n. 8.935/94.
2. Artigo 3º da Lei Federal n. 8.935/94.
3. Artigo 44, §§ 2º e 3º, da Lei Federal n. 8.935/94.
4. Artigo 106 da Lei Federal n. 6.015/73.
5. SANTOS, Reinaldo Velloso dos. *Registro civil das pessoas naturais*. São Paulo, Safe: 2006. p. 35.
6. Artigo 21 da Lei Federal n. 6.015/73.

1
DIMENSÕES DO REGISTRO CIVIL DAS PESSOAS NATURAIS

1.1 EXERCÍCIO DA CIDADANIA E DIREITOS HUMANOS

O exercício da cidadania depende do registro civil de nascimento e da documentação básica, pois, em um Estado democrático, tal exercício se manifesta pela participação do cidadão, o que não seria possível na situação de exclusão e até de "inexistência" causada pela falta de documentação e de registro. Assim reconhece o IBGE:

> O registro de nascimento, realizado nos Cartórios, representa a oficialização da existência do indivíduo, de sua identificação e da sua relação com o Estado, condições fundamentais ao cidadão[1].

No que concerne à relação entre a documentação básica e a cidadania, é muito elucidativo o voto do ministro Nelson Jobim, na Ação Direta de Inconstitucionalidade 1.800, que cita o ensaio de Roberto Damatta[2], segundo o qual:

> No Brasil, (...) a palavra documento circunscreve um conjunto de experiências sociais fundamentais, demarcadas por uma das mais importantes exigências da cidadania moderna: o fato de cada cidadão ser obrigado por lei a ter vários registros escritos dos seus direitos e deveres, das suas capacidades profissionais, de sua credibilidade financeira e de sua capacidade política e jurídica junto ao Estado.

De acordo com o autor, a identificação formal "é um símbolo que materializa o que somos no sistema, estabelecendo os nossos direitos e deveres, os nossos limites e o nosso poder".

Segue aduzindo que o Estado brasileiro se manifesta por dispositivos documentais, o que inclui carteira de identidade, carteira de trabalho, título de eleitor, cartão de contribuinte, carteira de reservista e carteira de motorista, desempenhando, assim, uma "instância conferidora de cidadania e de dignidade social".

Conclui que a modalidade brasileira de cidadania é "uma cidadania outorgada, legitimada, controlada e conferida pelo Estado, que se expressa materialmente por meio de uma série de documentos".

---

1. Instituto Brasileiro de Geografia e Estatística – IBGE. *Estatísticas do Registro Civil de 2008*. Disponível em: http://www.ibge.gov.br/home/estatistica/populacao/registrocivil/2007/default.shtm. Acesso em 10 fev. 2010.
2. DAMATTA, Roberto. A mão invisível do Estado: notas sobre o significado cultural dos documentos na sociedade brasileira. In: Anais do Seminário Internacional – O Desafio da Democracia na América Latina: Repensando as Relações Estado/Sociedade. Organização Eli Diniz, Iuperj, 1996. *Apud* Supremo Tribunal Federal. Ação Direta de Inconstitucionalidade 1.800-DF.

Diante dessa exposição, Nelson Jobim sustenta a essencialidade do registro civil de nascimento para a cidadania, afirmando que "por detrás como pré-requisito para esse conjunto de documentos, como 'mãe de todos', está o registro e a certidão de nascimento sem o qual não se obtém os demais"[3].

Se essa conclusão é extraída em relação a uma forma restrita de cidadania, como define Dalmo de Abreu Dallari[4]: "A cidadania expressa um conjunto de direitos que dá à pessoa a possibilidade de participar ativamente da vida e do governo de seu povo", mais patente se torna quando abordado um conceito mais amplo de cidadania, que a aproxima dos direitos humanos, como propõe Maria Victória de Mesquita Benevides[5]: "Os direitos da cidadania, também filiados à mesma experiência histórica [dos direitos humanos], são aqueles estabelecidos pela ordem jurídica de um determinado Estado e, juntamente com os deveres, restringem-se aos seus membros; os direitos do cidadão englobam direitos individuais, políticos e sociais, econômicos e culturais e, quando são efetivamente reconhecidos e garantidos podemos falar em 'cidadania democrática', a qual pressupõe, também, a participação ativa dos cidadãos nos processos decisórios da esfera pública."

Nesse sentido, verifica-se que a importância do registro e da posse de documentos que garantam o exercício da cidadania foi um dos temas mais enfatizados nas consultas realizadas durante o trabalho do Alto Comissariado de Direitos Humanos das Nações Unidas[6] voltado para a elaboração de diretrizes para a aplicação de direitos humanos à realidade de pobreza.

Consultadas as organizações de direitos humanos, revelou-se grande a preocupação com o número de pessoas sem registro, solicitando-se que entre as diretrizes elaboradas fosse incluído o registro realizado logo após o nascimento e que fosse garantida a posse de documento de identificação e prova do estado civil, permitindo-se, assim, o exercício dos direitos e o acesso à educação, saúde e emprego.

Todavia, foi na consulta às pessoas que vivem em estado de pobreza, a qual foi realizada pela organização *Aide à Toute Détresse* Quart Monde[7], que a relevância do registro e da posse de documentos para o exercício da cidadania foi demonstrada de maneira mais crua e concreta. Segundo tal consulta, a população pobre atribui enorme importância ao direito à posse de documentos oficiais de cidadania, colocando-o no mesmo

---

3. Supremo Tribunal Federal. Ação Direta de Inconstitucionalidade 1.800-D.F.
4. DALLARI, Dalmo de Abreu. *Direitos humanos e cidadania*. São Paulo: Moderna, 1998. p. 14.
5. BENEVIDES, Maria Victoria de Mesquita. Cidadania: direitos humanos e democracia. In: Diretório Acadêmico João Mendes Júnior. *Fronteiras do direito contemporâneo*. São Paulo: Faculdade de Direito da Universidade Presbiteriana Mackenzie, 2002. p. 111.
6. UNITED NATIONS. General Assembly. Human Rights Council. A/HRC/7/32 Disponível em: http://ap.ohchr.org/documents. Acesso em 11 mar. 2008.
7. Trata-se de um movimento fundado na França, pelo Padre Joseph Wresinski, cujo nome original era apenas *Aide à Toute Détresse*, que significa: Ajuda em Toda Desgraça, sendo acrescentada a expressão "Quarto Mundo" para se referir aos alvos deste movimento, o povo dos que se encontram condenados a viver fora da cidadania, como se estivessem fora do direito de fazer parte da humanidade e de contribuir para o bem comum (*AIDE À TOUTE DÉTRESSE QUART MONDE*).

patamar de direitos como alimentação, saúde e educação, pois permite a superação da situação de exclusão[8].

Dessa forma, é possível afirmar-se que o registro civil de nascimento é essencial ao exercício da cidadania e ao exercício dos direitos civis, políticos, econômicos, sociais e culturais.

Tamanha a importância do registro de nascimento, que o próprio direito a este foi elevado ao *status* de direito humano, sendo reconhecido pelo Pacto Internacional dos Direitos Civis e Políticos de 1966 "Artigo 24, § 2. Toda criança deverá ser registrada imediatamente após seu nascimento e deverá receber um nome".

E reforçado pela Convenção para os Direitos da Criança: "Artigo 7º – A criança será registrada imediatamente após seu nascimento".

1.1.1 Cidadania e gratuidade universal

A mencionada Ação Direta de Inconstitucionalidade 1.800-DF teve como objeto as alterações trazidas pela Lei n. 9.534/97, notadamente a imposição de gratuidade universal aos registros de nascimento e de óbito.

Pelo texto da CF de 1988, a gratuidade se limitaria aos reconhecidamente pobres, o que se extrai do artigo 5º, LXXVI: "são gratuitos para os reconhecidamente pobres, na forma da lei: a) o registro civil de nascimento; b) a certidão de óbito".

A lei a que se refere à disposição constitucional é a Lei n. 6.015/73, que no texto original de seu artigo 30 previa: "Das pessoas comprovadamente pobres, à vista de atestado de autoridade competente, não será cobrado emolumento pelo registro civil e respectiva certidão". Esse artigo foi adaptado à nova ordem constitucional pela Lei n. 7.844/89, passando a prever que "Das pessoas reconhecidamente pobres não serão cobrados emolumentos pelo registro civil de nascimento e pelo assento de óbito e respectivas certidões."

Todavia, em 1997, a Lei n. 9.534 alterou novamente o artigo 30 da LRP, dando-lhe a seguinte redação: "Não serão cobrados emolumentos pelo registro civil de nascimento e pelo assento de óbito, bem como pela primeira certidão respectiva", e acrescentou o inciso VI ao artigo 1º da Lei n. 9.265/96, que prevê: "São gratuitos os atos necessários ao exercício da cidadania, assim considerados: (...) VI – registro civil de nascimento e o assento de óbito, bem como a primeira certidão respectiva".

Dessa maneira, a Lei n. 9.534/97 garantiu a gratuidade universal, incluindo o registro de nascimento, o assento de óbito e as primeiras vias de suas certidões entre os atos contemplados pelo artigo 5º, LXXVII, da CF, segundo o qual "são gratuit[o]s (...), na forma da lei, os atos necessários ao exercício da cidadania".

---

8. Este tema foi trabalho por um dos coautores, em sede de Mestrado, na dissertação com as seguintes referências: CAMARGO NETO, Mario de Carvalho. *Pobreza como violação dos direitos humanos* – os direitos humanos do combate à pobreza. Dissertação de Mestrado apresentada em agosto de 2008. Orientadora: Patrícia Tuma Martins Bertolin. Universidade Presbiteriana Mackenzie, São Paulo.

Essa lei foi julgada constitucional, pelo Supremo Tribunal Federal, na Ação Direta de Inconstitucionalidade 1.800-1-DF.

Atualmente, são universalmente gratuitos os registros de nascimento e de óbito, bem como as respectivas primeiras vias de certidão.

1.2 SOCIAL

O registro civil das pessoas naturais é fonte de informações para a elaboração de políticas públicas nas áreas de saúde, economia, segurança pública e educação, para o desenvolvimento de programas sociais e para a melhor gestão dos recursos públicos.

Segundo Walter Ceneviva[9]: "O Estado tem no registro civil a fonte principal de referência estatística: comete crime o oficial que não remeter, trimestralmente, à Fundação Instituto Brasileiro de Geografia e Estatística (IBGE), os mapas de nascimentos, casamentos e óbitos. É uma base para que os governos decidam suas medidas administrativas e de política jurídica".

As informações do registro civil, além de não gerarem qualquer ônus ao Poder Público para sua obtenção, têm função estratégica, pois dizem respeito aos principais atos da vida civil das pessoas naturais, possibilitando a elaboração e a atualização das estatísticas vitais da população, inclusive "a quantidade de nascimentos, a taxa de fecundidade, a média etária das gestantes, a quantidade de consultas no pré-natal, o crescimento populacional de cada região, a quantidade de óbitos, o índice de mortalidade infantil, a expectativa de vida, o acompanhamento das epidemias e das causas de mortes, as taxas de homicídios, suicídios e acidentes, enfim, tudo o que é relacionado à vida e à morte da população"[10].

Os registradores civis prestam as seguintes informações de grande relevância, sem prejuízo de outras que estejam regulamentadas por atos estaduais ou locais:

- Nascimentos, casamentos e óbitos ocorridos são comunicados ao Instituto Brasileiro de Geografia e Estatística (IBGE), para elaboração de estatísticas de auxílio às políticas públicas e programas sociais (Lei Federal n. 6.015/73, artigo 49);
- No Estado de São Paulo, informações são enviadas à Fundação Sistema Estadual de Análise de Dados (SEADE) e "quando transformadas em estatísticas vitais, cumprem papel essencial e insubstituível para todas as esferas de planejamento nacional, estadual e municipal"[11];

---

9. CENEVIVA, Walter. *Lei de registros públicos* – comentada. São Paulo: Saraiva, 2010. p. 135.
10. SANTOS, Reinaldo Velloso. Registro Civil: Base Gratuita de Dados da Nação. In: *Informativo Mensal da Associação de Registradores de Pessoas Naturais do Estado de São Paulo*, ano 10, n. 94, dez. 2009. Disponível em: http://www.arpensp.org.br/principal/index.cfm?tipo_layout=BC1&pagina_id=107. Acesso em 28 abr. 2014.
11. Entrevista concedida por Bernadette Cunha Waldwogel, Gerente de Indicadores de Estudos Populacionais da Fundação Seade, à Associação dos Registradores de Pessoas Naturais do Estado de São Paulo. In: *ARPEN-SP*, ano 10, n. 94, dez. 2009.

- Óbitos registrados são comunicados ao Instituto Nacional do Seguro Social (INSS) até o dia 10 do mês subsequente, evitando-se que a previdência tenha gastos indevidos com benefícios de falecidos (art. 68 da Lei Federal n. 8.212/91);
- Comunicam-se os óbitos dos cidadãos alistáveis à Justiça Eleitoral para cancelamento da inscrição do eleitor, zelando-se pela democracia (Código Eleitoral, art. 71, § 3º);
- Dos estrangeiros são comunicados os casamentos e os óbitos ao Ministério da Justiça, para atualização dos registros no órgão, auxiliando na elaboração de políticas de segurança e na defesa da soberania do País (Decreto Federal n. 9.199/17, art. 81);
- Os óbitos dos cidadãos do sexo masculino entre 17 e 45 anos de idade são comunicados ao Ministério da Defesa a fim de se atualizar o cadastro de reservistas das forças armadas (Lei n. 4.375/64, art. 66, *d* e parágrafo único, alínea *a*);
- Os óbitos são comunicados à Receita Federal e à Secretaria de Segurança Pública da unidade da Federação que tenha emitido a cédula de identidade (Lei 13.114/15, que inseriu p.u. no art. 80 da Lei 6.015/73)[12].
- Comunicam-se à Fundação Nacional do Índio (FUNAI) os nascimentos de indígenas, para que seja realizado o registro administrativo, contribuindo-se para a proteção dos povos nativos e suas culturas[13];
- Para que não haja evasão quanto ao recolhimento do Imposto sobre Transmissão *causa mortis*, são comunicados os óbitos à Secretaria Estadual da Fazenda no Estado de São Paulo, e para a Administração Fazendária no Estado de Minas Gerais (Lei do Estado de São Paulo n. 10.705/2000, art. 27; Lei do Estado de Minas Gerais 14.941/2003, art. 20);
- No Estado de Minas Gerais, é enviada mensalmente relação dos óbitos com *causa mortis* para a Secretaria Municipal de Saúde (Lei do Estado de Minas Gerais n. 12.617/97);
- No Estado de Espírito Santo, é disponibilizado por meio eletrônico as informações sobre nascidos vivos e óbitos à Secretaria de Estado de Segurança Pública e Defesa Social (Lei Estadual 9.798/2012);

---

12. Antes da previsão federal, no Estado de São Paulo já havia comunicação ao Instituto de Identificação, por força da Lei estadual 11.866/2001, cuja constitucionalidade foi afirmada pelo STF conforme ADI 3.157, julgada improcedente em 16/12/2016, com trânsito em julgado em 14/03/2017
13. Item 50.A.3 do Capítulo V das Diretrizes Extrajudiciais Notariais e de Registro do Estado de Rondônia – DEN-R-RO: "50.A.3. O Registrador deverá comunicar imediatamente à FUNAI o assento de nascimento do indígena, para as providências necessárias ao registro administrativo". Item 27.2 das Normas de Serviço da Corregedoria Geral da Justiça de São Paulo, Capítulo XVII: "27.2. Os Registros Civis das Pessoas Naturais responsáveis pelo registro de criança indígena deverão comunicar imediatamente o ato à Fundação Nacional do Índio – FUNAI, conforme adiante disciplinado". Artigo 4º, § 3º da Resolução Conjunta n. 3, de 18 de abril de 2012 do Conselho Nacional de Justiça e do Conselho Nacional do Ministério Público: § 3º. O Oficial deverá comunicar o registro tardio de nascimento do indígena imediatamente à FUNAI, a qual informará o juízo competente quando constatada duplicidade, para que sejam tomadas as providências cabíveis".

- Onde houver lei estadual, o óbito deve ser informado ao DETRAN, quando o falecido era portador de Carteira Nacional de Habilitação (Lei do Estado do Espírito Santo n. 9.381/2010; Lei do Estado de Minas Gerais n. 18.703/2010);
- No Distrito Federal, disposição normativa: "Incumbe ao oficial encaminhar ao Ministério da Justiça e às respectivas repartições consulares ou embaixadas o registro de casamento e de óbito de pessoa estrangeira, sem a incidência de quaisquer ônus" (artigo 254 do Provimento Geral da Corregedoria Geral da Justiça do Distrito Federal PGCGJ-DF);
- No Rio Grande do Sul, óbitos são comunicados "ao setor responsável pela Gestão de Pessoas do Tribunal de Justiça (digepcomunicafolha@tjrs.jus.br), relação de óbitos de servidores ativos e inativos, bem como de pensionistas do Poder Judiciário do Estado do Rio Grande do Sul, contendo: nome completo da pessoa falecida, filiação, data do óbito e número do registro de óbito. Além disso, remeterão ao Setor de Controle e Provimento de Cargos da Corregedoria--Geral da Justiça - SECON/CGJ (seconcgj@tjrs.jus.br) listagem com os mesmos dados envolvendo apenas os servidores ativos do Poder Judiciário do Estado do Rio Grande do Sul.(...)" (artigo 94, § 4º, da Consolidação Normativa Notarial e Registral da Corregedoria Geral da Justiça do Estado do Rio Grande do Sul – CNNR-RS, com redação pelo Provimento 29/2017).

O rol exposto é exemplificativo, existindo outras informações prestadas por registradores aqui não expostas e podendo ser criadas novas obrigações de informações a serem prestadas, motivo pelo qual recomenda-se o estudo da legislação e da normativa atualizada de cada unidade da Federação.

Como tais informações, muitas outras podem ser realizadas pelos registradores civis das pessoas naturais, com intuito, por exemplo, de contribuir com programas sociais, como o Programa "Bolsa Família" (Lei n. 10.836/2004) e com o desenvolvimento educacional e da saúde. Ressalve-se que deve haver previsão legal ou normativa para tanto.

Claramente, essas comunicações poderiam ser facilitadas utilizando-se de sistema unificado, o qual mediante informação única poderia oferecer acesso em diferentes níveis a diversos órgãos interessados de acordo com sua necessidade e legitimidade.

Esse é o objetivo do Sistema Nacional de Informações do Registro Civil (SIRC), criado pelo Decreto 8.270/2014, o qual confere ao sistema a "finalidade de captar, processar, arquivar e disponibilizar dados relativos a registros de nascimento, casamento, óbito e natimorto, produzidos pelas serventias de registro civil das pessoas naturais".

Todavia, deve ser clara a natureza do SIRC, tanto para os gestores quanto para os usuários, ficando explícitos seus efeitos. O SIRC é administrativo, trata-se de cadastro/arquivo administrativo, e não se confunde com registro jurídico, tendo efeitos, valores e destinações diferentes: "o registro, à dação de segurança jurídica; o arquivo administrativo, a coletar dados para administração pública"[14].

---

14. DIP, Ricardo. *Direito administrativo registral*. São Paulo: Saraiva, 2010. p. 40.

Assim, as informações dele constantes devem ser escolhidas e estruturadas de tal forma que o usuário não seja levado a crer em efeitos jurídicos de que o arquivo não dispõe, evitando-se a aparência falsa de finalidades, pois "o escambo fático desses fins deprime a confiança social, atribuindo-se às notícias cadastrais efeitos assecuratórios de que, por natureza, elas são carecedoras"[15].

Ademais, a confusão entre cadastros administrativos e registros jurídicos destoa do Estado democrático, sendo característica de Estados totais "confundir cadastro e registro (...) pois não faltaram, ao longo do tempo, proclamas de tornar os registros partes de uma corporação oficial, recuperando-se adivinhavelmente sem consciência alguma deste cariz, uma das notas características do Estado corporativo italiano, isto é, do Estado fascista"[16].

O usuário do sistema tem de saber que para produção de efeitos jurídicos deverá procurar a certidão do registro, que é emitida com a fé pública do registrador e goza de segurança jurídica.

Portanto, não é desejável, tampouco recomendável que sejam elementos do SIRC informações completas que atribuam ao sistema aparência de ser atualizado e revestido de segurança jurídica.

Bastam ao SIRC as informações necessárias às políticas públicas e ao alimento da administração pública, deixando ao usuário a certeza de que demais informações, que têm efeito jurídico, somente poderão ser obtidas por meio de certidões emitidas com base na fé pública do registrador, que ao qualificar indica quais informações devem constar e como devem ser publicadas.

Nesse sentido, dentro do âmbito administrativo, louvável a Recomendação 40 da CN-CNJ[17], que limitou o envio ao SIRC das informações expressamente previstas em lei (art. 2º).

Da mesma maneira, o SIRC não poderá conter informações atinentes à intimidade e à vida privada das pessoas sob pena de atentar contra o artigo 5º, X, da CF.

Tais informações são protegidas por sigilo, o que deve ser observado pelo registrador, e somente podem ser informadas mediante autorização judicial. Assim, não há como aceitar que sejam livremente informadas a órgãos públicos ou até ao Poder Judiciário em exercício de atribuição administrativa, necessitando de autorização individualizada e fundamentada emanada poder judicante.

Em outras palavras, essas informações protegidas por sigilo jamais poderão ser fornecidas a um cadastro administrativo como o SIRC, lembrando-se que certos sigilos são destinados inclusive e principalmente a garantir a liberdade do indivíduo em face do Estado, novamente recaindo-se no risco de um cadastro com aspectos de registro.

---

15. Idem, ibidem, p. 40.
16. Idem, ibidem, p. 15.
17. O texto vigente da Recomendação 40 é a sua segunda publicação, realizada no DJE nº 210, de 04/10/2019, p. 3. Disponível em: https://atos.cnj.jus.br/atos/detalhar/3026 Acesso em 31.10.2019.

Por fim, a gestão do SIRC deverá observar e se submeter às regras relativas à de proteção de dados pessoais, notadamente da Lei 13.079/2018, que entrará em vigência no ano de 2020.

Diante do exposto, pode-se dizer que, tomadas as devidas cautelas assecuratórias da democracia, da segurança jurídica e dos direitos individuais, as informações do registro civil podem e devem servir como base de dados para o desenvolvimento do país, tornando possível planejar-se adequadamente as políticas de ensino, como o número de vagas em escolas, os serviços de saúde, como o número de leitos e o combate à mortalidade infantil, as políticas de nutrição e de segurança alimentar, os programas habitacionais, os programas sociais, as políticas de segurança pública, entre outros.

1.3 COMBATE À FALTA DE REGISTRO (COMBATE AO SUB-REGISTRO)

Vê-se claramente que, seja em razão do exercício da cidadania, seja em razão dos dados disponibilizados ao Estado, o registro civil de nascimento tem suma importância e é necessário ao Estado e à população, sendo importantíssimo o combate à sua falta e ao chamado sub-registro

Deve-se esclarecer, inicialmente, que por sub-registro de nascimento entende-se "o percentual de nascimentos esperados para um determinado ano que não foi registrado em Cartório até o primeiro trimestre do ano seguinte"[18]. Em outras palavras, trata-se do déficit de registros realizados em relação ao número de nascimentos estimados (realizado pelo IBGE[19]) ou em relação ao número de nascimentos constatados pelas emissões de Declarações de Nascido Vivo[20] (realizado pela fundação Seade em São Paulo).

Em relação ao exercício da cidadania, o combate ao sub-registro é fundamental, pois "sem registro civil, há a sonegação do primeiro direito da cidadania"[21]. Afinal, pessoas sem registro:

> não podem trabalhar com carteira assinada, não recebem nenhum benefício do Estado, não têm acesso à educação, à saúde ou a qualquer serviço público indispensável, não têm acesso à Justiça, não votam nem são votados, não podem contrair matrimônio. A certidão de nascimento abre as portas ao exercício de todos esses direitos[22].

Ademais, como bem aponta o IBGE, o sub-registro de nascimentos é "a ponta de um *iceberg*, refletindo a exclusão social de parcela da população brasileira"[23], sendo o

---

18. IBGE. *Estatísticas do Registro Civil de 2014*. Disponível em: https://biblioteca.ibge.gov.br/visualizacao/periodicos/135/rc_2014_v41.pdf Acesso em 04 dez. 2018.
19. "A aplicação do conceito de sub-registro se restringe à população nascida no ano para a qual se tem como parâmetro os nascimentos estimados, por métodos demográficos". IBGE. *Estatísticas do Registro Civil de 2007*. Disponível em: http://www.ibge.gov.br/home/estatistica/populacao/registrocivil/2007/default.shtm. Acesso em 8 dez. 2008.
20. Lei n. 12.662/2012.
21. Entrevista concedida pelo Ministro Asfor Rocha, do Superior Tribunal de Justiça, à Arpen-SP. *Informativo Mensal da Associação de Registradores de Pessoas Naturais do Estado de São Paulo*, ano 9, n. 79, set. 2008. p. 69. Disponível em http://www.arpensp.org.br/principal/index.cfm?tipo_layout=BC1&pagina_id=107. Acesso em 28 abr. 2014.
22. Conselho Nacional de Justiça. Pedido de providências n. 200810000017182. Voto da relatora Andréa Maciel Pachá. Disponível em: www.cnj.jus.br. Acesso em 16 jul. 2009.
23. IBGE, 2008. Op. Cit.

seu combate medida essencial para a superação da negação à cidadania representada por tal exclusão.

No tocante ao impacto social, é fundamental o combate ao sub-registro, vez que:

> A ausência desses registros faz com que o problema social se agrave por falta de dados que possam identificar a população, indicando a idade das pessoas, número de família legalmente constituída ou não, sexos e o nível educacional. Diante desses fatos, os dados fornecidos pelo Instituto Brasileiro de Geografia e Estatística não retratam a atual condição da população brasileira[24].

Importante que os índices de sub-registro sejam mantidos em patamares baixos, haja vista que, segundo os estudos da Rede Interagencial de Informações para a Saúde – RIPSA, coordenada pela Organização Pan-Americana da Saúde – OPAS e pelo Ministério da Saúde, com sub-registro em patamares abaixo de 10%, os dados obtidos podem ser "utilizados para o cálculo direto de indicadores demográficos"[25], e em níveis inferiores a 5% de sub-registro, os dados obtidos são considerados "de boa qualidade estatística, tanto para fins demográficos quanto sociais"[26].

Verifica-se que "[a]s duas dimensões acima arroladas atribuem relevância social ao registro de nascimento e requerem de suas informações cobertura e confiabilidade"[27].

Diante disso, o combate ao sub-registro se revela necessário e tem ensejado diversas ações, como programas sociais, medidas legislativas, campanhas e políticas públicas, com participação, especialmente, do Ministério da Saúde, do Ministério de Direitos Humanos (ou Secretaria/Ministério responsável por esta pasta), das Associação dos Registradores de Pessoas Naturais, Associações dos Notários e Registradores das Corregedorias da Justiça dos Estados, do CNJ e das Organizações Internacionais.

Entre as principais ações de combate ao sub-registro, destacam-se:

a) A Lei Federal n. 9.534/97, que determina a gratuidade do registro civil de nascimento e da primeira via da certidão a todos os brasileiros, incluindo o registro entre os atos universalmente gratuitos, por ser necessário ao exercício da cidadania[28];

b) A Lei Federal n. 10.169/2000, que prevê a compensação aos registradores civis das pessoas naturais pelos atos gratuitos por eles praticados, viabilizando o desempenho desta essencial atividade;

c) As gratificações instituídas pelo Ministério da Saúde para as "unidades de assistência à saúde que estimulem as famílias a registrarem seus filhos antes da alta hospitalar da mãe"[29 e 30];

---

24. HUBER, Cloves. *Registro civil de pessoas naturais*: uma condição para a cidadania a ser constituída e regularizada. Leme: Editora de Direito, 2002. p. 23.
25. IBGE, 2007. Op. Cit.
26. Idem Ibidem.
27. IBGE, 2008. Op. Cit.
28. Artigo 1º, inciso VI, da Lei Federal n. 9.265/96; Artigo 5º, inciso LXXVII, da CF; e Ação Direta de Inconstitucionalidade 1.800-DF, Supremo Tribunal Federal.
29. IBGE, 2007. Op. Cit.
30. Portaria n. 938/GM, de 20 de maio de 2002, do Ministério da Saúde.

d) O registro de nascimento realizado na maternidade, regulamentado pelo Provimento n. 13 da Corregedoria Nacional de Justiça do CNJ;

Além de tais medidas que se protraem no tempo, houve um período em que o tema teve prioridade, verificando-se forte empenho na erradicação do sub-registro, podendo ser mencionados:

- Decreto Federal n. 6.289/2007, que estabeleceu o "Compromisso Nacional pela erradicação do Sub-registro Civil de Nascimento e Ampliação do Acesso à Documentação Básica, com o objetivo de conjugar esforços da União, Estados, Distrito Federal e Municípios visando erradicar o sub-registro de nascimento no País e ampliar o acesso à documentação civil básica a todos os brasileiros";

- Campanha Nacional de Mobilização pela Certidão de Nascimento e Documentação Básica, promovida pela Corregedoria Nacional da Justiça (pertencente ao CNJ) e a então Secretaria de Direitos Humanos da Presidência da República, em parceria com a Associação Nacional dos Registradores de Pessoas Naturais (Arpen-BR); e

- Programa Nacional de Direitos Humanos, estabelecido pelo Decreto Federal n. 7.037/2009, cuja Diretriz 7 previa:

> Garantia dos Direitos Humanos de forma universal, indivisível e interdependente, assegurando a cidadania plena. Objetivo estratégico I: Universalização do registro civil de nascimento e ampliação do acesso à documentação básica. Ações programáticas: a) Ampliar e reestruturar a rede de atendimento para a emissão do registro civil de nascimento visando a sua universalização.

Todas essas ações revelam a maior consciência da sociedade e do Estado em relação à importância do registro civil de nascimento, em suas duas principais dimensões, o que tem surtido sensível efeito na redução do sub-registro no país.

Todas as medidas mencionadas possibilitaram que os índices caíssem radicalmente, o que foi verificado pelo IBGE em 2014[31]:

> Em 1980, primeiro ano de nascimentos estimados, o sub-registro de nascimentos foi equivalente a 23,8%, ou seja, os registros efetuados cobriram 76,2% dos nascimentos esperados. Durante as décadas de 1980 e 1990, o sub-registro variou de 30,3% a 17,8% (Gráfico 2), delineando uma tendência de queda a partir de 1991. Na década de 2000, apesar de nos anos de 2001 e 2002 os percentuais de sub-registro terem sido superiores a 20,0%, a tendência de queda foi mantida até 2014, quando atingiu o percentual de 1,0%.

É fundamental que as ações sejam mantidas, que se reconheça que o índice não é uniforme no território nacional, privilegiando-se ações locais e aptas a solucionar os entraves encontrados nas regiões com índices mais elevados, como a região Norte, que registrou 12,5% no ano de 2014 e a região Nordeste com 11,9% no mesmo período[32]. que chegam as que sejam permanentes, evitando-se que o índice volte a crescer[33], registrando-se extemporaneamente aqueles que não foram registrados após o nascimento e garantindo-se os baixos índices em todas as faixas da população.

---
31. IBGE, 2014. *Op Cit.*
32. Idem Ibidem.
33. Como ocorreu entre 1999 e 2001. IBGE, 2008. Op. Cit.

Importante vitória pode ser verificada no Censo Demográfico 2010 (IBGE)[34], que analisou a existência de registro ou não entre as crianças de 0 a 10 anos, e constatou que aproximadamente 600 mil (599.204) crianças não tinham registro de nascimento, em um universo de 32 milhões (32.270.750) de crianças, o que significa que menos de 2% (1,8568%) das crianças com menos de 10 anos no Brasil não tem registro, uma estatística de altíssimo padrão para um país de dimensões continentais e características sociais e geográficas tão variadas.

É necessário que a conscientização continue presente nas políticas públicas para que os resultados permaneçam nesses patamares, nesse sentido verifica-se o Decreto Federal 10.063/2019 que, substituindo o anteriormente mencionado Decreto Federal n. 6.289/2007, reafirma o "Compromisso Nacional pela Erradicação do Sub-registro Civil de Nascimento e Ampliação do Acesso à Documentação Básica, o Comitê Gestor Nacional do Compromisso Nacional pela Erradicação do Sub-registro Civil de Nascimento e Ampliação da Documentação Básica e a Semana Nacional de Mobilização para o Registro Civil de Nascimento e a Documentação Básica".

1.4 INDIVIDUALIZAÇÃO DA PESSOA NATURAL

Tratada a relevância do registro sob a ótica da cidadania, bem como da perspectiva social, faz-se necessário reconhecer a relevância do registro civil na individualização e identificação da pessoa natural.

A pessoa natural, segundo Luís Guilherme Loureiro, é "indivíduo dotado de consciência e vontade que, em vez de se esgotar num conjunto de ações/reações com a realidade exterior, como acontece com os animais, é dotado de livre-arbítrio e capaz de não só integrar-se ao mundo, como modificá-lo para atingir seus fins próprios"[35].

Christiano Cassetari, por sua vez, em uma abordagem eminentemente jurídica, define a pessoa natural como "o ser humano considerado como sujeito de direitos e deveres. É o sujeito da relação jurídica, como reza o artigo 1º do CC: Toda pessoa é capaz de direitos e deveres na ordem civil"[36].

Jurídica e civilmente, a pessoa natural se individualiza por três elementos: nome, domicílio e estado, neste último compreendidos o político (cidadania, nacionalidade e naturalidade), o individual (idade, sexo e capacidade) e o familiar (parentesco/filiação e situação conjugal).

Veja-se cada um desses elementos e sua relação com Registro Civil das Pessoas Naturais.

1.4.1 Nome

A expressão **nome** é utilizada, tanto na lei quanto no uso comum em sociedade, com diversos significados. De antemão, já se descarta a acepção generalíssima, pela qual

---

34. IBGE, Censo 2010. Disponível em: http://www.ibge.gov.br/home/estatistica/populacao/censo2010/default.shtm. Acesso em 30 set. 2013.
35. LOUREIRO, Luís Guilherme. *Registros públicos*. São Paulo: Método, 2012. p. 24.
36. CASSETTARI, Christiano. *Elementos de Direito Civil*. 6ª ed. São Paulo: Saraiva, 2018. p. 45.

nome é o signo, mais precisamente, é a palavra que designa uma pessoa, uma coisa, um lugar, um órgão, uma corrente de pensamento e tudo o mais.

Pelos limites temáticos deste trabalho, nome aqui é sinônimo de antropônimo, ou seja, o nome das pessoas naturais. Ocorre que, ainda dentro desse limite, nome é expressão utilizada com diversos sentidos, quais sejam nome completo (prenome mais sobrenome[37]), nome próprio (prenome, nome de batismo, primeiro nome) e nome de família (sobrenome, patronímico ou apelidos de família).

O nome da pessoa natural, como bem explanou o pesquisador Leonardo Brandelli[38], está marcado por um duplo aspecto. Do ponto de vista público, o uso do nome corresponde à necessidade imperiosa de particularizar e distinguir a pessoa das demais, sendo então obrigatório o seu uso e restritos os casos de alteração. Do ponto de vista privado, o nome é um direito fundamental da pessoa humana[39], personalíssimo e intimamente relacionado com a sua dignidade e sua privacidade, na medida em que é o signo que a representa, ou seja, um dos modos da expressão do ser humano na família e na sociedade.

Tanto no aspecto público quanto no privado, ressalta-se o caráter do nome como o principal elemento de individualização da pessoa. É o Registro Civil das Pessoas Naturais que dá concreção e efetividade a esse direito, preservando-o e publicizando-o, para que todos tenham conhecimento do nome e, assim, respeitem esse direito.

Aspectos específicos do nome da pessoa natural serão tratados adiante neste trabalho.

1.4.2 Domicílio

"O domicílio da pessoa natural é o lugar onde ela estabelece a sua residência com ânimo definitivo" (art. 70 do CC Brasileiro). Extrai-se do CC que, para a pessoa natural, o domicílio é fixado das seguintes maneiras:

a) o lugar onde estabelece a sua residência com ânimo definitivo;

b) se houver várias residências ou vários centros de atividades, será qualquer deles;

c) se não possuir residência habitual ou empregue a vida em viagens, será o lugar onde for encontrada.

Há também casos de domicílio necessário, ou seja, determinados pela lei em caráter obrigatório. Assim, "domicílio do incapaz é o do seu representante ou assistente; o do servidor público, o lugar em que exercer permanentemente suas funções; o do militar, onde servir, e, sendo da Marinha ou da Aeronáutica, a sede do comando a que se encon-

---

37. "Art. 16. Toda pessoa tem direito ao nome, nele compreendidos o prenome e o sobrenome" (CC).
38. BRANDELLI, Leonardo. *Nome civil da pessoa natural*. São Paulo: Saraiva, 2012. p. 37.
39. Convenção Americana sobre Direitos Humanos – Pacto de São José da Costa Rica (promulgado no Brasil pelo Decreto Presidencial n. 678, de 6 de novembro de 1992) – "Artigo 18 – Toda pessoa tem direito a um prenome e aos nomes de seus pais ou ao de um destes. A lei deve regular a forma de assegurar a todos esse direito. (...)" e Convenção sobre os Direitos da Criança (promulgada no Brasil pelo Decreto presidencial n. 99.710, 22 de novembro de 1990): "Artigo 7º – A criança será registrada imediatamente após seu nascimento e terá direito, desde o momento em que nasce, a um nome, a uma nacionalidade e, na medida do possível, a conhecer seus pais e a ser cuidada por eles".

trar imediatamente subordinado; o do marítimo, onde o navio estiver matriculado; e o do preso, o lugar em que cumprir a sentença" (CC, art. 76, parágrafo único).

Atente-se que é a certidão do Registro Civil das Pessoas Naturais que indica quem é o representante do incapaz, tanto nos casos de incapacidade absoluta pela menoridade (é a certidão de nascimento que indicará o nome dos pais e se estes ainda permanecem exercendo o poder familiar) quanto nos casos de incapacidade relativa, das pessoas sujeitas a curatela (é o registro da interdição ou curatela que indicará o nome do curador e seu domicílio, conforme dispõe o artigo 92, 4º, da LRP).

Vistas as regras de estabelecimento do domicílio, há que se analisar sua natureza. O domicílio é "a sede da pessoa natural, onde ela se presume presente para efeitos de direito. É a residência ou morada da pessoa, onde ela efetivamente exerce suas atividades, ou, ainda, o lugar em que eventualmente se encontram ou habitam seus representantes legais"[40]. Como tal, é o local onde as alterações de estado da pessoa devem ter publicidade, para que terceiros que pretendam negociar com ela possam conhecer tais mudanças.

É certo que o movimento de interligação dos cartórios e a formação da Central de Informações do Registro Civil (CRC) permite localizar atos em qualquer cartório em que eles estejam lavrados; no entanto, ainda permanece a importância do domicílio como o local onde se busca informações sobre o estado da pessoa.

Nesse sentido, verifica-se que alguns registros que alteram a capacidade da pessoa ou representam impacto sobre sua personalidade devem ser realizados no 1º Ofício/ Subdivisão Judiciária/Subdistrito ou Sede da Comarca de seu domicílio, a saber, interdição (curatela), emancipação, ausência e morte presumida[41].

Também é importante o domicílio como critério para a definição do local de registro nos casos de nascimento (que pode ser feito no local do nascimento ou da residência dos pais[42]), no registro de óbito (que pode ser feito no local do óbito ou da última residência do falecido[43]) e traslados de assentos de brasileiros ocorridos no estrangeiro (nascimento, casamento e óbito)[44].

1.4.3 Estado civil da pessoa natural

Entende-se por estado civil da pessoa natural a "qualificação jurídica da pessoa, resultante das diferentes posições que ocupa na sociedade, hábeis a produzir diferentes consequências (...) é a posição jurídica da pessoa no meio social"[45], resultante de algumas qualidades que lhe são inerentes, nos contextos político, familiar e individual.

---

40. CASSETTARI, Christiano. Op. cit., p. 50.
41. Conforme artigos 89, 92 e 94 da Lei n. 6.015/73.
42. Artigo 50 da Lei n. 6.015/73.
43. Artigo 77 da Lei 6.015/73, com redação pela Lei 13.484/17.
44. Lei n. 6.015/73, artigo 32, § 1º: Os assentos de que trata este artigo serão, porém, trasladados nos cartórios de 1º Ofício do domicílio do registrado ou no 1º Ofício do Distrito Federal, em falta de domicílio conhecido, quando tiverem de produzir efeito no País, ou, antes, por meio de segunda via que os cônsules serão obrigados a remeter por intermédio do Ministério das Relações Exteriores.
45. ROSENVALD, Nelson; FARIAS, Cristiano Chaves. *Curso de Direito Civil 1* – Parte Geral e LINDB. Salvador: JusPODIVM, 2014. p. 336.

Como já sintetizado por Christiano Cassettari[46], o estado da pessoa natural se expressa da seguinte maneira: estado político, que se refere à cidadania e à nacionalidade; estado individual, que engloba a idade, o sexo e a capacidade; estado familiar, que diz respeito ao parentesco e à situação conjugal.

Dada sua importância nas relações privadas e sociais, o estado da pessoa natural deve ser conhecido por todos e ter publicidade adequada para que possa se revestir de segurança e eficácia, e isso ocorre por meio do Registro Civil das Pessoas Naturais e suas certidões, devidamente atualizadas. Passe-se a sua análise.

1.5 PUBLICIDADE DO ESTADO DA PESSOA NATURAL

Inicie-se pelo estudo da publicidade do estado da pessoa natural, buscando-se o meio hábil para que ele se torne adequadamente conhecido e oponível.

Há que se reconhecer, em primeiro lugar, que é pouco eficaz a publicidade que a situação de fato gera, não sendo satisfatórios os efeitos produzidos pela posse do estado de casados, pela posse do estado de filho ou mesmo pela convivência pública que caracteriza a união estável.

A publicidade do estado da pessoa natural gerada por tais situações é semelhante àquela que a posse produz em relação à propriedade de um bem, ou seja, tem lugar e eficácia em comunidades simples, mas jamais em uma sociedade complexa. Assim se verifica no trabalho do registrador imobiliário Leonardo Brandelli[47]:

> Há formas mais singelas de publicidade, as quais, embora tornem cognoscíveis certas situações jurídicas, o fazem de maneira muito pouco efetiva diante da realidade social atual. É o caso da publicidade possessória, por exemplo.

A sociedade brasileira atual reclama uma espécie de publicidade do estado da pessoa natural que seja mais eficaz que a produzida pelas situações de fato. Segundo o referido autor:

> Diante da inoperabilidade das formas mais rústicas de publicidade, evolui-se para a forma mais eficaz de publicidade, considerada por alguns como a única forma possível de publicidade verdadeira, qual seja, a publicidade registral, levada a cabo pelos registros públicos[48].

Pode-se concluir, para as finalidades deste trabalho, que apenas haverá publicidade verdadeira e eficaz na medida em que o estado da pessoa natural for inscrito nos Registros Públicos.

Leonardo Brandelli segue explanando as espécies de publicidade, sendo relevante para o presente trabalho a distinção feita entre a publicidade negativa e a positiva, pois:

---

46. CASSETTARI, Christiano. *Elementos de Direito Civil*. 1ª ed. São Paulo: Saraiva, 2011.
47. BRANDELLI, Leonardo. Publicidade jurídica: primeiras linhas. In: *Revista Crítica de Direito Notarial e Registral*, Jundiaí, v. 1, n. 1, jan./jun. 2007, p. 96.
48. Idem, ibidem, p. 97.

A publicidade negativa contempla apenas o aspecto formal da publicidade, o qual consiste na possibilidade de acesso ao fato publicizado (...) A publicidade positiva não apenas torna o conteúdo publicizado acessível a todos, mas agrega-lhe uma eficácia diferenciada, tornando-o oponível a terceiros[49].

Dessa maneira, percebe-se que não é suficiente a publicidade negativa gerada pelas escrituras ou pelos cadastros públicos como o Sistema Nacional de Informações do Registro Civil (SIRC), a qual não agrega a oponibilidade. Relembre-se que cadastros não são revestidos da segurança, autenticidade, eficácia e publicidade de um registro jurídico.

Faz-se necessária a publicidade positiva, que torna a informação relativa ao estado da pessoa natural oponível a terceiros, que somente pode decorrer do registro deste fato no Registro Público que tenha a atribuição específica para dar publicidade a esta situação, conferindo-lhe a chamada cognoscibilidade. Neste sentido, conclui o Leonardo Brandelli:

> Quando uma determinada situação jurídica é publicada em registro público – no registro público que tenha atribuição específica para a publicização daquela situação jurídica –, há uma verdadeira e ampla cognoscibilidade, presumindo que todos a conheçam – porque isto é realmente factível em razão da sistemática registral –, e que, portanto, lhes é oponível[50].

A publicidade do estado da pessoa natural, como defendido no I Fórum Internacional de Cooperação Jurídica, Notarial e Registral, realizado em Punta Del Este[51], somente é eficaz quando realizada pelo Registro Civil das Pessoas Naturais, haja vista que qualquer interessado em conhecer o estado de uma determinada pessoa deve buscar uma certidão de nascimento ou casamento atualizada, a qual, por meio da sistemática de anotações e averbações, contém todas as informações acerca do estado da pessoa natural e suas eventuais alterações.

Isso permite concluir que o registro civil das pessoas naturais está apto a tornar cognoscível o estado da pessoa natural, tendo atribuição para tanto.

Pode-se, com segurança, aduzir que no Registro Civil das Pessoas Naturais são assentadas as informações acerca do estado da pessoa natural, e que por meio de suas certidões este estado obtém publicidade[52].

Portanto, não seriam suficientes a averbação no fólio real, o registro no livro 3 do Registro de Imóveis ou a inscrição no Registro de Títulos e Documentos, vez que assim não se registraria a situação jurídica no Registro Público com atribuição específica para dar publicidade ao estado da pessoa natural.

---

49. Idem, ibidem, p. 101.
50. Idem, ibidem, p. 101.
51. Disponível em: <http://www.anoreg.org.br/index.php?option=com_content&view= article&id=16597:i-forum-internacional-de-cooperacao-juridica-notarial-e-de-registro-promovido-pela-anoreg-br-realizacao-em-punta-del-esteuruguai& catid=63:eventos>. Acesso em 28 abr. 2014.
52. Este tema já foi tratado por um dos coautores: CAMARGO NETO, Mario de Carvalho. Fonte de informação permanente e atualizada sobre o estado civil de uma pessoa natural. In: *Informativo Mensal da Associação de Registradores de Pessoas Naturais do Estado de São Paulo*, ano 12, n. 113, julho 2012, p. 6.

A publicidade do estado da pessoa natural somente será eficaz, tornando o fato efetivamente cognoscível, quando houver registro no Registro Civil das Pessoas Naturais. É o Registro Civil das Pessoas Naturais que está estruturado e destinado a conferir publicidade ao estado da pessoa, garantindo-lhe autenticidade, segurança e eficácia.

Os atos do Registro Civil das Pessoas Naturais, por sua vez, obtêm publicidade adequada por meio de certidões de registro civil das pessoas naturais, as quais devem ser atualizadas, uma vez que as informações são dinâmicas e os registros são alterados por meio de novos registros, averbações e anotações. Isso equivale a dizer que o conhecimento correto do estado da pessoa natural na sua forma vigente depende de certidões atualizadas, pois quanto mais recente, mais segura a informação obtida.

As recentes transformações do direito de família muito aumentaram as possibilidades de alteração do estado da pessoa natural. Atualmente, são frequentes os divórcios, os novos casamentos, as negatórias de paternidade, o reconhecimento de filhos, a investigatória de paternidade, as alterações de nome, interdições (curatelas) e emancipações.

Nesse sentido, devem ser louvadas as iniciativas com vistas a possibilitar a obtenção de certidões de registro civil atualizadas, com celeridade e simplicidade, por meio de ferramentas tecnológicas como a certificação digital e a *internet*. Atualmente está disponível para cidadãos e empresas uma plataforma de âmbito nacional (www.registrocivil.org.br), mantida pela ArpenBR, para a solicitação de certidões, sendo possível escolher a emissão de certidão em papel a ser enviada pelo correio ou a emissão de certidão eletrônica. Também já está desenvolvida e operando a ferramenta eletrônica que permite solicitar em um cartório a certidão de um registro que integra o acervo de outro cartório.

Expostas tais questões atinentes à publicidade do estado da pessoa natural, passa-se à análise de cada um de seus elementos e como estes constam no Registro Civil. Recorde-se que o estado civil das pessoas naturais pode ser dividido em três grupos: estado político, estado individual e estado familiar.

1.5.1 Estado político

O estado político diz respeito à cidadania, à nacionalidade e à naturalidade.

No que concerne à cidadania, esta já foi tratada anteriormente neste trabalho.

Quanto à naturalidade, atualmente está expresso na lei que poderá ser o município onde ocorreu o nascimento ou o município de residência da mãe do registrando na data do nascimento, desde que localizado no Brasil. A opção cabe ao declarante do registro de nascimento e deve ser feita no ato do registro (Lei 6.015/73, art. 54, §4º, com redação pela Lei 13.484/17).

Veja-se que mesmo antes da lei permitir essa opção, a naturalidade nem sempre correspondia ao local do registro do nascimento, pois os pais têm a faculdade de optar pelo registro no local de sua residência, conforme disposto na Lei n. 9.053/95 (que alterou o art. 50 da LRP) e, ainda antes dessa lei, o registro declarado fora do prazo é lavrado no local de residência do interessado.

Na primeira edição deste trabalho[53], os autores já recomendavam alteração legislativa nesse sentido, facultando aos pais eleger o município de naturalidade entre o local do nascimento ou o local da residência. Isso porque a naturalidade é a indicação da origem da pessoa natural. Não é raro pessoas nascerem durante uma viagem ou os pais intencionalmente se deslocarem para municípios próximos com único intuito de buscar um hospital adequado para o nascimento. Nesses casos, o vínculo da pessoa com o município do nascimento é tão somente esse fato, pois o lugar onde efetivamente teve seu primeiro domicílio, cresceu e com o qual teve um vínculo cultural e social, revelador de sua origem, é o município de residência dos pais.

Nesse sentido, via-se que a Resolução Conjunta 3 do CNJ e CNMP, ao regulamentar o registro do indígena, já contemplava a possibilidade de se mencionar, juntamente com o município de nascimento, a aldeia de origem do indígena como sua naturalidade[54].

E remetia-se a realidade de Portugal, que por lei expressa já estabelecia que "considera-se naturalidade o lugar em que o nascimento ocorreu ou o lugar, em território português, da residência habitual da mãe do registando, à data do nascimento, cabendo a opção ao registando, aos pais, a qualquer pessoa por eles incumbida de prestar a declaração ou a quem tenha o registando a seu cargo; na falta de acordo entre os pais, a naturalidade será a do lugar do nascimento"[55].

No item 8.4.4.3 a seguir é analisada com detalhes a forma e os cuidados do registrador civil para instrumentalizar essa escolha no registro de nascimento.

Passa-se a analisar detidamente a nacionalidade e sua expressão no Registro Civil das Pessoas Naturais.

A nacionalidade brasileira está prevista no artigo 12 da CF, o qual determina, em seu inciso I, alínea *a*, que são brasileiros natos: "os nascidos na República Federativa do Brasil, ainda que de pais estrangeiros, desde que estes não estejam a serviço de seu país".

Tal previsão, agregada ao fato de que, em conformidade com o artigo 50 da LRP, "Todo nascimento que ocorrer no território nacional deverá ser dado a registro", permite presumir que a pessoa cujo nascimento está registrado no livro "A" – livro que se destina ao registro de nascimentos ocorridos no Brasil – tem nacionalidade brasileira.

---

53. *Registro Civil das Pessoas Naturais I, Parte Geral e Registro de Nascimento*. Coleção Cartórios - Christiano Cassettari (Coord.). São Paulo: Ed. Saraiva, 2014. p.38
54. Art. 2º. No assento de nascimento do indígena, integrado ou não, deve ser lançado, a pedido do apresentante, o nome indígena do registrando, de sua livre escolha, não sendo caso de aplicação do art. 55, parágrafo único, da Lei n. 6.015/73. (...) § 2º. A pedido do interessado, a aldeia de origem do indígena e a de seus pais poderão constar como informação a respeito das respectivas naturalidades, juntamente com o município de nascimento.
55. Código de Registro Civil Português, Artigo 101º – Competência – 1 – É competente para lavrar o registo de nascimento qualquer conservatória do registo civil, a unidade de saúde onde ocorreu o nascimento ou aquela para onde a parturiente tenha sido transferida, desde que seja possível declará-lo na unidade de saúde. 2 – Para efeitos dos assentos de nascimento ocorrido em território português, a lavrar após a entrada em vigor deste diploma e de que não haja registo anterior, considera-se naturalidade o lugar em que o nascimento ocorreu ou o lugar, em território português, da residência habitual da mãe do registando, à data do nascimento, cabendo a opção ao registando, aos pais, a qualquer pessoa por eles incumbida de prestar a declaração ou a quem tenha o registando a seu cargo; na falta de acordo entre os pais, a naturalidade será a do lugar do nascimento. Disponível em: http://www.portaldocidadao.pt/PORTAL/pt/ajuda/certidoes_online_legislacao/HELP_codigo+do+registo+civil.htm. Acesso em 28 abr. 2014.

Afirma-se, portanto, que a certidão de registro de nascimento do livro "A" é prova da nacionalidade brasileira.

É possível, em conformidade com o artigo 12, § 4º, inciso II, da CF, que mesmo tendo nascido no Brasil, e assim registrada no livro "A", a pessoa tenha a perda de sua nacionalidade declarada, o que será objeto de averbação à margem do registro de nascimento. Também a revogação da perda da nacionalidade, ou seja, a retomada da nacionalidade brasileira, será objeto de averbação. Essas situações estão analisadas no item 10.6 a seguir.

Seguindo-se o estudo da nacionalidade, exceção é feita pela alínea *a* do inciso I do artigo 12 da CF em relação aos filhos de estrangeiros a serviço do seu país, os quais mesmo nascendo no Brasil não detêm a nacionalidade brasileira.

Neste caso, o registro não é lavrado no livro "A", mas no livro "E" – destinado aos demais atos do estado da pessoa natural e aos traslados de assentos de brasileiros realizados em país estrangeiro –, constando circunstâncias do nascimento e o fato de que o registrado não detém a nacionalidade brasileira. Este é o teor do artigo 15 da Resolução 155 do CNJ:

> Art. 15. Os registros de nascimento de nascidos no território nacional em que ambos os genitores sejam estrangeiros e em que pelo menos um deles esteja a serviço de seu país no Brasil deverão ser efetuados no Livro "E" do 1º Ofício do Registro Civil da Comarca, devendo constar do assento e da respectiva certidão a seguinte observação: "O registrando não possui a nacionalidade brasileira, conforme o art. 12, inciso I, alínea *a*, *in fine*, da CF.

Conclui-se que o registro do livro "A" faz presumir a nacionalidade brasileira, afastando-se tal presunção em caso de averbação de perda da nacionalidade. O registro do livro "E" não faz presumir a nacionalidade brasileira, devendo ser analisadas as observações constantes do registro e de suas certidões.

Assim se observa no caso de filhos de brasileiros nascidos no exterior, cuja nacionalidade é regida pela alínea *c* do inciso I do artigo 12 da CF, segundo a qual são brasileiros natos:

> os nascidos no estrangeiro de pai brasileiro ou de mãe brasileira, desde que sejam registrados em repartição brasileira competente ou venham a residir na República Federativa do Brasil e optem, em qualquer tempo, depois de atingida a maioridade, pela nacionalidade brasileira (Redação dada pela Emenda Constitucional n. 54/2007).

Em tais casos, o registro de nascimento, quando tiver de produzir efeitos no Brasil, será trasladado no livro "E", como determina o artigo 32 da LRP – análise desse procedimento é feita em capítulo próprio, no item 13.4 a seguir.

Duas são as situações no que diz respeito à nacionalidade: 1ª) registrados em repartição brasileira competente – autoridade consular – que detêm a nacionalidade brasileira independentemente de qualquer ato; e 2ª) registrados perante autoridades estrangeiras que, se vierem a residir na República Federativa do Brasil, poderão optar, na maioridade, pela nacionalidade brasileira. Ambas as situações devem estar expressas nos traslados de assento no livro "E", bem como em suas certidões, tornando pública a situação da nacionalidade do registrado.

Os dizeres que devem constar foram padronizados pela Resolução 155/2012 do CNJ:

- Para a primeira situação, conforme o artigo 7º, § 1º, "Deverá constar do assento e da respectiva certidão do traslado a seguinte observação: 'Brasileiro nato, conforme os termos da alínea *c* do inciso I do art. 12, *in limine*, da CF'".
- Para a segunda situação, nos termos do artigo 8º, § 1º, da mencionada Resolução: "Deverá constar do assento e da respectiva certidão do traslado a seguinte observação: 'Nos termos do artigo 12, inciso I, alínea *c*, *in fine*, da CF, a confirmação da nacionalidade brasileira depende de residência no Brasil e de opção, depois de atingida a maioridade, em qualquer tempo, pela nacionalidade brasileira, perante a Justiça Federal'".

A referida opção de nacionalidade, mencionada na alínea *c* do inciso I do artigo 12 da CF, também é levada ao registro civil após procedimento de jurisdição voluntária, que compete à Justiça Federal, nos termos do artigo 109, inciso X, da CF, regulamentado pela Lei n. 13.445/2017, que por sua vez é regulamentada pelo Decreto n. 9.199/2017. A sentença que decide a opção de nacionalidade obtém publicidade por meio de inscrição no livro "E" do Registro Civil das Pessoas Naturais, a qual é anotada no traslado do nascimento, constando de todas as certidões emitidas posteriormente – como se verá no item 13.3.9 a seguir.

Como se vê, o estado político da pessoa natural está profundamente entrelaçado com o registro civil das pessoas naturais, pois é este que dá publicidade e comprova atos e fatos que repercutem diretamente nesse estado.

1.5.2 Estado individual

O estado individual está relacionado à idade, ao sexo e à capacidade da pessoa natural, características constantes do registro civil das pessoas naturais, cujas alterações também têm acesso ao registro, obtendo, por meio deste, a devida publicidade.

A **idade** é extraída da data de nascimento e tem repercussão ao se enquadrar uma pessoa na condição de criança ou adolescente, ao se aferir a maioridade civil e penal, ao se reconhecer a condição de idoso, ao se verificar a idade núbil, idade para votar e ser votado, idade para dirigir, idade para se aposentar, e, no que toca ao trabalho do notário e do registrador, é a idade que irá, em regra, determinar a capacidade civil.

A idade se extrai do registro de nascimento, por meio de cálculo aritmético entre a data de nascimento e data considerada para análise. Salvo casos específicos de retificação, até o atual momento de desenvolvimento humano, jurídico e tecnológico, este dado é estático no registro, não sendo passível de alteração.

O **sexo** consta do registro e de sua certidão por força do artigo 54, 2º, da LRP e do Provimento 63 de 14/11/2017 (Anexo II) da Corregedoria Nacional de Justiça do CNJ (CN-CNJ).

A CF determina a igualdade entre homens e mulheres no inciso I do artigo 5º, todavia, como ensina Celso Antônio Bandeira de Melo[56], existem situações em que o tratamento desigual se justifica sem que haja quebra da isonomia, desde que o traço diferencial adotado resida na pessoa, coisa ou situação discriminada; haja "correlação lógica entre o fator erigido em critério de discrímen e a discriminação legal decidida em função dele"[57]; e "*in concreto,* o vínculo de correlação suprarreferido seja pertinente em função dos interesses constitucionalmente protegidos, isto é, resulte em diferenciação de tratamento jurídico fundada em razão valiosa – ao lume do texto constitucional – para o bem público"[58].

Assim, o tratamento diferenciado entre homens e mulheres é encontrado em diversos diplomas legais e em diversas situações para os quais a prova do sexo, que se faz por meio de certidão de nascimento, torna-se essencial.

Citem-se, apenas a título de exemplo, a diferenciação na idade para a aposentadoria conforme artigo 48 da Lei n. 8.213/91; a Lei n. 11.977/2009, que estabelece que os registros do Programa Minha Casa Minha Vida sejam feitos preferencialmente em nome da mulher da família (arts. 3º, IV; 35; 35-A); a reserva de 30% a 70% para cada gênero nas candidaturas que cada partido político ou coligação tem direito para cargos no Poder Legislativo (artigo 10, § 3º, da Lei n. 9.504/97); o serviço militar obrigatório, que se exige apenas dos homens; a proteção contra a violência doméstica e familiar, que resguarda as mulheres (Lei 11.340/2006); o direito de se alocar em penitenciárias masculinas ou femininas e ainda o direito de participar em competições esportivas em categorias diversas.

Observe-se que o sexo pode ser alterado no caso de pessoas transgêneros, conforme decisão do STF na ADI 4275-DF, datada de 01.03.2018, ou seja, decisão tomada em sede de controle de constitucionalidade concentrado, com caráter vinculante e eficácia em todo o território nacional. Tal decisão foi regulamentada pelo Provimento 73/2018 da Corregedoria Nacional de Justiça, que será analisado adiante neste trabalho.

Dessa forma, observe-se que o sexo que consta no registro de nascimento nem sempre será a indicação do sexo biológico (corporal), mas poderá ser a indicação do sexo que decorre do gênero (psicossocial). Nas palavras do Superior Tribunal de Justiça:

> "11. Ademais, o chamado sexo jurídico (aquele constante no registro civil de nascimento, atribuído, na primeira infância, com base no aspecto morfológico, gonádico ou cromossômico) não pode olvidar o aspecto psicossocial defluente da identidade de gênero autodefinido por cada indivíduo, o qual, tendo em vista a *ratio essendi* dos registros públicos, é o critério que deve, na hipótese, reger as relações do indivíduo perante a sociedade. 12. Exegese contrária revela-se incoerente diante da consagração jurisprudencial do direito de retificação do sexo registral conferido aos transexuais operados, que, nada obstante, continuam vinculados ao sexo biológico/cromossômico repudiado. Ou seja, independentemente da realidade biológica, o registro civil deve retratar a identidade de gênero psicossocial da pessoa transexual, de quem não se pode exigir a cirurgia de transgenitalização para o gozo de um

---

56. BANDEIRA DE MELLO, Celso Antônio. *Conteúdo jurídico do princípio da igualdade.* São Paulo: Malheiros, 1998. p. 35.
57. Idem, Ibidem, p. 37.
58. Idem, Ibidem, p. 41.

direito." (STJ, REsp 1626739/RS, Rel. Ministro LUIS FELIPE SALOMÃO, QUARTA TURMA, julgado em 09/05/2017, DJe 01/08/2017)

A **capacidade civil de fato (ou de exercício)**, como foi mencionado, tem sua regra geral vinculada à idade, a qual se extrai do registro civil. Assim, por meio de cálculo aritmético com base na data de nascimento, é possível verificar se uma determinada pessoa é absolutamente incapaz – menor de dezesseis anos –, relativamente incapaz – entre dezesseis e dezoito anos –, ou plenamente capaz – a partir dos dezoito anos.

O absolutamente incapaz deve ser representado e o relativamente incapaz deve ser assistido nos atos da vida civil, o que, em regra, compete aos pais no exercício do poder familiar, como indica o artigo 1.634, inciso VII, do CC.

Para se saber quem são os pais, e, portanto, a quem compete a representação ou a assistência, faz-se necessária a certidão de nascimento, uma vez que a filiação se prova por meio dela, como indica o artigo 1.603 do CC: "A filiação prova-se pela certidão do termo de nascimento registrada no Registro Civil".

Observe-se que o exercício do poder familiar, que inclui representação e assistência, é exercido por ambos os pais em conjunto, como se tem reconhecido, salvo no caso de morte ou ausência declarada de um deles, o que se provará, respectivamente, pela certidão do registro de óbito e pela certidão do registro de ausência, ambas do Registro Civil das Pessoas Naturais.

É possível, também, que um dos pais, ou ambos, perca o poder familiar ou o tenha suspendido, como determinam os artigos 1.635 a 1.638 do CC e os artigos 155 a 163 do Estatuto da Criança e do Adolescente, caso em que não poderão representar ou assistir seus filhos. Essa suspensão ou perda de poder familiar deve ser averbada no registro de nascimento do filho, o que deverá constar de todas as certidões atualizadas, dando-se publicidade ao fato de que aqueles pais não mais detêm o poder familiar. Assim prevê o parágrafo único do artigo 163 do Estatuto da Criança e do Adolescente: "A sentença que decretar a perda ou a suspensão do poder familiar será averbada à margem do registro de nascimento da criança ou do adolescente".

Caso não haja pais, não sejam eles conhecidos, sejam ausentes, não sejam capazes de exercer o poder familiar ou tenham decaído deste poder, será nomeado tutor para o menor, como preveem os artigos 1.633 e 1.728 do CC, a quem compete a representação ou assistência do tutelado, em conformidade com o artigo 1.747, inciso I, do mesmo Código.

A tutela obtém publicidade por meio de averbação no registro de nascimento, ou de registro no Livro "E" com correspondente anotação no assento de nascimento, conforme normativas estaduais, o que passa a constar das certidões atualizadas, tornando público o nome e a qualificação de quem deve exercê-la, inclusive no que toca à representação e à assistência. Assim está expresso no item 125 do Capítulo XVII das NSCGJ-SP. E nos artigos 720 e 810 da CNCGJ-RJ. Em caso de mudança de tutor, o fato também deve ser averbado, garantindo-se a publicidade atualizada de quem deve exercer a tutela.

Diante do exposto, por meio da certidão de nascimento se pode saber a idade de determinada pessoa, aferindo-se sua capacidade para os atos da vida civil, bem como se constatar quem é a pessoa habilitada para representá-la ou assisti-la, conforme o caso, sendo essencial a atualização de tal certidão, uma vez que esta última informação é mutável.

Além da regra baseada na idade para se aferir a capacidade para os atos da vida civil, existem outros fatos que podem alterar a capacidade da pessoa, seja antecipando a cessação da incapacidade, como no caso de emancipação, seja limitando a capacidade, como no caso da interdição ou curatela. Todos têm publicidade por meio do Registro Civil, uma vez que são passíveis de registro no livro "E", como se verá no capítulo 13 a seguir.

Observe-se que a emancipação, voluntária ou judicial, por força do artigo 91, parágrafo único, da LRP, somente produzirá efeitos quando registrada, o que permite afirmar que seu registro é condição de eficácia.

Quanto à interdição(curatela), por ser declaratória, não há regra semelhante; todavia, com o intuito de se garantir a publicidade da declaração de interdição por meio do registro, o artigo 93, parágrafo único, da LRP estabelece que o termo de curatela somente poderá ser assinado após o registro.

No caso da interdição(curatela), a exemplo da incapacidade relativa em razão da idade, para se verificar a regularidade dos atos, faz-se necessário conhecer quem está apto a assistir o interdito, que será o curador, e quais os limites dessa curatela. Tais informações constam do registro da interdição, por meio do qual tornam-se acessíveis a todos e obtêm adequada publicidade, como prevê o artigo 92 da LRP.

Recorde-se que pode haver mudanças, como a substituição de curador, a alteração dos limites da interdição e até sua cessação, fatos que uma vez declarados judicialmente serão averbados no registro originário da interdição obtendo publicidade e, assim, tornando-se adequadamente conhecidos, o que garante segurança e plena eficácia aos atos praticados. Assim determina o artigo 104 da LRP.

Em qualquer dos casos, o registro da emancipação e da interdição (curatela), bem como suas averbações, serão anotados nos registros anteriores do interessado (nascimento e casamento), como determinam os artigos 106 e 107 da LRP, tornando possível a quem obtiver uma certidão atualizada o conhecimento da situação vigente do registrado.

1.5.3 Estado familiar

O estado familiar, como indica a nomenclatura, diz respeito às relações de parentesco e à situação conjugal.

O seu vínculo com o registro civil é claro e previsto em lei.

As relações de parentesco estão vinculadas à filiação, uma vez que qualquer grau de parentesco, seja em linha reta, seja colateral, parte do primeiro grau que é a relação de filiação, daí se estabelecendo toda a cadeia de parentes.

A filiação, por sua vez, é provada por meio da certidão de nascimento – artigo 1.603 do CC –, podendo ser alterada por atos judiciais ou extrajudiciais que declarem ou reconheçam a filiação, sendo tais atos averbados à margem do registro – artigo 10, inciso II, do CC.

A situação conjugal formal pode ser a de solteiro, casado, separado, divorciado e viúvo.

O casamento se prova por meio da certidão do registro civil – artigo 1.543 do CC. Sua alteração por nulidade ou anulação é objeto de averbação no registro – artigo 10, inciso I, do CC.

A separação e o divórcio são objeto de averbação no registro de casamento, como determina o artigo 10, inciso I, do CC, produzindo efeitos apenas depois dela, nos termos do artigo 32 da Lei n. 6.515/77 e do artigo 100, § 1º, da LRP. Pode-se atestar que o estado de separado ou divorciado se prova por meio de certidão de casamento com averbação.

A viuvez se prova pela certidão de casamento somada à certidão de óbito do cônjuge, como se pode extrair do artigo 1.525, inciso V, do CC. Neste ponto, há que se lembrar que o óbito de qualquer dos cônjuges é anotado na certidão de casamento, o que permite afirmar que a certidão de casamento atualizada conterá tal anotação, dando início à publicidade do fato do falecimento e indicando onde o óbito foi registrado.

Observe-se que os atos de registro de casamento, averbação de separação e averbação de divórcio são anotados no registro de nascimento, nos termos dos artigos 106 e 107 da LRP, de forma que qualquer pessoa que obtiver uma certidão de nascimento atualizada terá a notícia da ocorrência de tais fatos e saberá onde obter a certidão que os prova.

Dessa maneira, muito embora o estado de solteiro não se prove pela certidão de nascimento, a ausência de anotações à margem dessa certidão traz segurança à eventual declaração do estado de solteiro.

O parentesco por afinidade, por sua vez, extrai-se da conjunção do estado de casado ao parentesco do cônjuge – que decorre de sua filiação, ambos provados por meio do registro civil das pessoas naturais, como anteriormente demonstrado.

Cumpre uma breve análise da situação da união estável. A união estável, configurada nos termos do artigo 1.723 do CC, em que pese decorrer de convivência pública, não é dotada de publicidade suficientemente eficaz, apta a conferir cognoscibilidade ao fato e oponibilidade a terceiros que venham a ter relações econômicas ou sociais com os conviventes.

Dessa maneira, impossível opor-se a união estável a terceiros, cuja boa-fé não é afastada, salvo se comprovado o efetivo conhecimento da situação de conviventes.

A publicidade exigida pelo artigo 1.723 do CC é semelhante àquela decorrente da posse de bens, que tem lugar e eficácia em comunidades simples, mas jamais em uma sociedade complexa como a brasileira atual.

Apenas haverá publicidade verdadeira e eficaz na medida em que a união estável for inscrita nos registros públicos, o que, para se revestir de publicidade positiva, adequada cognoscibilidade e oponibilidade, deverá ser realizada no registro público com atribuição específica para o ato.

Assim, em que pese a união estável não ser considerada pela doutrina majoritária como estado civil familiar, ela tem repercussão e produz efeitos no estado da pessoa natural, sendo tratada pelos tribunais como efetivo estado civil, o que leva a concluir que deve ser levada a registro no Registro Civil das Pessoas Naturais, que é o que detêm atribuição para registrar tal tipo de situação, como foi exposto anteriormente.

Na primeira edição deste livro foi debatido se a publicidade da união estável ocorreria por meio do ato de averbação no registro de nascimento dos conviventes ou por meio de registro no livro "E". Tal questão foi superada com a edição do Provimento 37/2014 da Corregedoria Nacional de Justiça, que regulamentou o registro da união estável no livro "E", como já era previsto no artigo 720 da CNCGJ-RJ, bem como nos itens 113 a 116 das NSCGJ-SP. Esse registro será analisado mais detidamente no item 13.3.6 deste trabalho.

2
Efeitos do Registro e Sua Publicidade

Compreendida a relação entre o registro civil das pessoas naturais e a publicidade dos elementos que individualizam a pessoa natural, torna-se oportuno analisar os efeitos de tal registro e de sua publicidade.

Para tanto, tome-se por base o texto já trabalhado pelo coautor Marcelo Salaroli de Oliveira[1], em que se sintetizam três espécies de publicidade registral, no caso de registro de imóveis:

> Publicidade notícia é que tem por finalidade informar determinado ato, criando a presunção absoluta de seu conhecimento (...)
>
> A Publicidade declarativa é aquela imposta como condição para oponibilidade perante terceiros, ou seja, para eficácia *erga omnes* (...)
>
> Por fim, a publicidade constitutiva é requisito essencial para existência e validade dos atos jurídicos, que não tem eficácia sequer entre as partes.
>
> Analisem-se tais definições no que toca ao registro civil das pessoas naturais.

Em regra, o registro civil das pessoas naturais não produz efeitos constitutivos, pois os fatos e atos registrados ou averbados já estão aperfeiçoados antes do registro e os direitos já foram adquiridos pelos interessados, servindo o registro civil à prova e eficácia de tais fatos, atos e direitos, do que se conclui que prevalecem a publicidade declarativa e a publicidade notícia.

Facilmente se verifica o exposto. Tome-se, por exemplo, o nascimento. Trata-se de um fato natural com efeitos jurídicos que independe do registro para que exista no mundo jurídico e para que o nascido goze de todos os direitos, todavia, somente haverá adequada publicidade ao nascimento, com todos os seus elementos – data, hora, filiação, sexo, nome do nascido etc. – por meio do registro civil. O mesmo se pode dizer do casamento que, por força do artigo 1.514 do CC, está aperfeiçoado no momento em que o juiz declara os nubentes casados, haja ou não o registro, prestando-se o registro a tornar o ato público e cognoscível e a prová-lo. O óbito, por sua vez, também se trata de um fato natural com efeitos jurídicos que independe do registro para que exista e produza seus efeitos, porém, somente adquire adequada publicidade com o registro, sendo este o meio hábil para sua prova.

Assim, no caso do registro civil, os efeitos da publicidade podem ser analisados da seguinte maneira:

---

1. OLIVEIRA, Marcelo Salaroli. *Publicidade registral imobiliária*. São Paulo: Saraiva, 2010. p. 13-14.

Efeitos constitutivos – Em regra não há efeitos constitutivos; todavia, alguns autores defendem ser este o caso do nome.

É o caso de Nelson Rosenvald e Christiano Chaves de Farias: "O registro civil serve como fonte aquisitiva do prenome"[2].

No mesmo sentido, Leonardo Brandelli[3]:

> "Interessante ainda notar que o assento de nascimento tem eficácia declaratória *ex tunc*. O mesmo não ocorre, entretanto, com o nome.
>
> Para este, o registro tem eficácia constitutiva, ou seja, o nome somente existe para o direito após o registro."

O efeito constitutivo também é verificado quando se analisa a averbação da alteração do prenome por apelidos públicos notórios ou do prenome da pessoa transgênero, uma vez que, antes de averbado, o nome da pessoa é o que consta do registro público não podendo ser utilizado outro nome em sua identificação jurídica. A proteção jurídica integral do nome civil decorre do nome que consta no registro público. É certo que o uso social e efetivo do nome pela pessoa natural faz nascer o direito de alterar o registro de nascimento e goza de proteção jurídica antes mesmo da averbação no registro público, no entanto, essa proteção prévia decorre da proteção geral aos direitos da personalidade e da responsabilização civil de quem os violar.

Assim é o entendimento Leonardo Brandelli[4]:

> "Exceção à regra é o fato de a pessoa, não tendo sido registrada, utilizar a longa data determinado nome, a ponto de ser conhecida e identificada no seio social por aquele nome, caso em que passa ela a ter direito a tal nome, recebendo tutela jurídica"

Efeitos declarativos – Em regra, é o que ocorre com o registro civil das pessoas naturais, pois, excetuando-se as informações que dão mera notícia, os elementos contidos nos registros tornam-se oponíveis *erga omnes,* não podendo qualquer pessoa alegar seu desconhecimento, como foi visto no item acerca da publicidade do estado da pessoa natural.

Ainda no que toca à publicidade declarativa, podem ser vislumbrados dois grupos com características especiais: A) atos para os quais a lei impõe o registro como condição de eficácia e B) atos para os quais a lei reconhece o registro como meio probatório.

A) *Condição de eficácia:* Casos em que o registro (ou averbação) é requisito para que o ato ou fato produza efeitos. Verifica-se a emancipação voluntária ou judicial, a qual, segundo o artigo 91, parágrafo único, da LRP, não produzirá efeito antes do registro. Outro exemplo é a sentença definitiva de divórcio, que não produzirá efeitos antes de registrada (no caso, averbada) no registro público competente, como determina o artigo 32 da Lei n. 6.515/77 – o melhor entendimento estende essa regra à escritura de divórcio. O mesmo se pode dizer em relação à separação,

---

2. ROSENVALD, Nelson; FARIAS, Christiano Chaves de. *Op.Cit.*, 2014. p. 271.
3. BRANDELLI, Leonardo. *Nome civil da pessoa natural*. São Paulo: Saraiva, 2012, p. 118.
4. RANDELLI, Leonardo. 2012, *Op. Cit.* p. 118.

que à época da LRP chamava-se desquite e se sujeitava à regra do artigo 100, § 1º, da mencionada lei. Vislumbram-se, ainda, os registros de nascimento, casamento e óbito de brasileiros realizados no estrangeiro, que dependem do traslado no livro "E" para produzirem efeitos no Brasil, nos termos do § 1º do artigo 32 da LRP.

A interpretação de que tais atos dependem do registro para que produzam todos os seus efeitos é extraída do texto de lei, todavia, pode ser questionada, sendo defensável que já produzem efeitos entre as partes mesmo antes do registro, o qual serviria como meio de prova, tornando públicos e oponíveis *erga omnes* os atos ou fato registrados.

A lei, em determinadas passagens, impõe o registro como condição de eficácia não apenas para que o ato ou fato esteja ao alcance de todos, mas também para preservar a sistemática organização técnica dos Registros Públicos. Em outras palavras, para que o Registro Civil cumpra sua missão de fornecer informações seguras do estado da pessoa natural, é necessário que seja completo e atualizado, o que não aconteceria se a lei permitisse que outros atos e fatos alheios ao sistema produzissem efeitos genericamente.

Por exemplo, um casamento de brasileiro realizado no estrangeiro não estará anotado no registro de nascimento dessa pessoa, porém, quando trasladado no Registro Civil brasileiro, tal providência será realizada, inserindo o ato alienígena na sistemática nacional. Nesse mesmo exemplo, veja-se que a ausência do traslado do casamento não permite concluir que a pessoa não está casada no Brasil, afinal, o casamento é válido e, como se disse acima, entre as partes pode produzir efeitos.

B) *Meio probatório:* Casos em que o registro é o meio legal de se provar o fato ou ato. São exemplos: o casamento que, segundo o artigo 1.543 do CC, prova-se pela certidão do registro; a filiação que, segundo o artigo 1.603 do CC, prova-se pela certidão do termo de nascimento do Registro Civil, independentemente de qual seja a sua origem (biológica, socioafetiva, adoção, presunção decorrente do casamento); o óbito que, para efeitos de extinção da punibilidade, prova-se pela certidão do registro, nos termos do artigo 62 do Código de Processo Penal (CPP), e para efeitos de prova da viuvez do cônjuge supérstite na habilitação de casamento deve ser provado pela certidão conforme prevê o artigo 1.525, inciso V, do CC; a alteração do nome, que somente pode ser averbada (no registro imobiliário) quando devidamente comprovada por certidão do Registro Civil (LRP, art. 246, §1º).

Ainda no que diz respeito ao efeito probatório, verifica-se que mesmo quando não estabelecido expressamente em lei, o registro civil, em regra, produz tal efeito quanto aos elementos dos fatos e atos inscritos. Tome-se como exemplo um registro de nascimento lavrado no livro "A": sua certidão provará a nacionalidade, a naturalidade, a idade, o sexo, a filiação, eventual perda de poder familiar, entre outros possíveis atos e fatos.

Eficácia notícia, efeitos meramente publicitários – São atos registrários que tornam conhecidos determinados atos e fatos, indicando sua existência e possibilitando que sejam verificados por quem possa ter interesse. Não bastam para prová-los, todavia, bastam para presumir seu conhecimento. São exemplos as anotações dos artigos 106 e

107 da LRP, que indicam a existência de outro registro ou averbação posterior relativo ao registrado, os quais, por sua vez, provarão o fato – e.g. uma anotação de casamento em um registro de nascimento torna conhecido o casamento a quem obtiver a certidão do nascimento, porém, não dispensa a certidão do casamento para que este seja provado com todos os seus elementos; as informações meramente prestadas pelo declarante no registro de óbito, como os filhos deixados pelo falecido, o estado civil do falecido, o fato de deixar bens e o fato de ter deixado testamento, que, embora tornem conhecidos tais fatos, não dispensam a prova deles pelos meios adequados como a certidão de nascimento dos filhos, a certidão de casamento do falecido, a prova da propriedade de bens como a certidão de matrícula do registro de imóveis e a certidão de testamento.

Prova da boa-fé – Outro efeito da publicidade registral é demonstrar a boa-fé daqueles que levam ao registro público os atos e fatos que lhes dizem respeito. O registro torna público o ato ou fato e, portanto, de conhecimento de todos. Quem assim age é porque busca transparência e, via de regra, está de boa-fé. Além disso, previamente ao registro é feita a qualificação registral, ou seja, o agente público fará uma verificação, ainda que sumária, da legalidade e legitimidade do ato, o que fortalece a presunção da boa-fé. Por exemplo, a união estável é um fato cuja validade e eficácia independem de qualquer solenidade. Não há obrigatoriedade de registro da união estável, mas os conviventes que realizam o registro demonstram sua boa-fé. Por outro lado, após o registro público os terceiros não poderão alegar que desconhecem a situação, ficando prejudicada sua boa-fé se deixaram de obter as informações registrais, que estavam a seu alcance pelo meio adequado e idôneo.

3
FINALIDADE DO REGISTRO CIVIL DAS PESSOAS NATURAIS E A FÉ PÚBLICA

A finalidade dos serviços notariais e de registro, dentre os quais o registro civil das pessoas naturais, está prevista no artigo 1º da Lei n. 6.015/73 e no artigo 1º da Lei n. 8.935/94, qual seja garantir a autenticidade, segurança, publicidade e eficácia dos atos e fatos.

João Mendes de Almeida Júnior[1] reconhece com clareza que os fins da organização dos serviços notariais e de registro "são a segurança dos direitos individuais e a conservação dos interesses da vida social, fins esses que lhe dão, pela identificação com certos fins do Estado, o caráter público".

Em outras palavras, o serviço público notarial e de registro se destina à segurança jurídica, especialmente dos direitos individuais, das relações privadas e a das relações sociais.

Analise-se a finalidade inscrita no texto legal sob a ótica da segurança jurídica.

A Segurança Jurídica é o princípio que decorre do artigo 1º da CF, na medida em que este estabelece que a República Federativa do Brasil é um Estado Democrático de Direito, do que também se extrai que tal segurança deve permear todo o ordenamento jurídico nacional. Assim, a CF sustenta a segurança jurídica por diversos institutos e sistemas, dentre os quais os Registros Públicos.

Pode-se afirmar que a segurança jurídica é, a um tempo, o objetivo do sistema registral e o valor que permeia todo o trabalho do registrador. Segundo Vicente de Abreu Amadei[2], a segurança jurídica está na finalidade dos serviços notariais e registrais, revelando-se como princípio maior destes e apresentando-se de dois modos, estática e dinamicamente.

Aplicando os ensinamentos, com as devidas mudanças, ao Registro Civil das Pessoas Naturais, verifica-se:

a) Estaticamente a segurança está na inscrição e preservação dos dados relativos à pessoa natural e a seu estado, os quais, uma vez inscritos no registro civil, gozam de certeza jurídica (presunção relativa) e se revestem de autenticidade, pois passam pela devida qualificação registral.

---
1. ALMEIDA JUNIOR, João Mendes de. *Órgãos da fé pública*. São Paulo: Saraiva, 1963.
2. AMADEI, Vicente de Abreu. Princípios de Protesto de Títulos. In: DIP, Ricardo (coord.) *Introdução ao direito notarial e registral*. Porto Alegre: safE, 2004. p. 100.

b) Dinamicamente a segurança se manifesta pela publicidade, revestindo de certeza as relações privadas e sociais, uma vez que a todos os interessados é possível conhecer o estado da pessoa natural atual, com todas as eventuais alterações, conforme registrado.

Vê-se que a autenticidade e a publicidade são as bases da segurança jurídica nas relações privadas e sociais.

A autenticidade, estreitamente vinculada à fé pública, que será exposta a seguir, é o que confere certeza do conteúdo dos registros e das informações prestadas pelo registrador.

No que toca ao conteúdo dos registros, o registrador qualifica os documentos apresentados, verificando sua legalidade, antes de permitir o ingresso das informações nos assentos, garantindo a legalidade e veracidade delas. Em relação às declarações prestadas e aos atos praticados, o registrador qualifica a parte, em sua identidade, capacidade e legitimação, verifica a legalidade do declarado, dá-lhe forma jurídica, garantindo a certeza da autoria do ato ou da declaração e sua legalidade e eficácia

Observe-se que se aplica ao registrador civil o disposto no artigo 405 do CPC, segundo o qual "O documento público faz prova não só da sua formação, mas também dos fatos que o escrivão, o tabelião, ou o funcionário declarar que ocorreram em sua presença".

Quanto às informações prestadas pelo registrador, especialmente por meio de certidões, a autenticidade é o que garante que tais informações conferem com o conteúdo dos registros, que, por sua vez, foi devidamente qualificado, sendo verdadeiro e conforme a legalidade.

A autenticidade é o que reveste o registro e as informações de presunção (*iuris tantum*) de veracidade e legalidade, uma certeza qualificada do conteúdo, permitindo que os negócios e as relações que neles se basearem sejam revestidos de segurança jurídica.

A publicidade, já exposta, é o que garante eficácia aos atos e fatos levados a registro público, tornando-os cognoscíveis e oponíveis a qualquer pessoa. Os efeitos da publicidade já foram tratados anteriormente nesta obra, podendo variar conforme o ato.

Na medida em que o registro civil torna efetivamente possível que qualquer interessado, sem necessidade de comprovar o motivo (art. 17 da LRP), conheça o estado da pessoa natural e eventuais fatos ou atos que o alterem, é garantida a segurança das relações decorrentes.

A eficácia, por sua vez, representa a aptidão dos atos e fatos para produzirem efeitos, o que se adquire de maneira plena por meio do registro, na medida em que se tornam públicos, cognoscíveis e oponíveis contra todos, além de se revestirem de autenticidade. Essa aptidão para a produção plena de efeitos, que decorre do registro, claramente confere segurança jurídica aos atos e fatos registrados.

Da maneira exposta, o ordenamento reconhece à função notarial e registral a atribuição de cumprir esta finalidade voltada à segurança jurídica, mas, para tanto, estabelece todo um arcabouço jurídico.

Como é sabido, a Constituição delega a execução das funções notariais e registrais a particulares, regidos por lei específica. Esses particulares são profissionais do Direito, submetidos a concurso público específico, nos termos do parágrafo 3º do artigo 236 da Constituição e do artigo 3º da Lei n. 8.935/94. É por esta razão que não constituem meros bancos de dados administrativos, sendo, em verdade "registros de segurança jurídica".

Para a consecução dos fins e objetivos da atividade notarial e registral, os profissionais do Direito que a desempenham, por delegação do poder público, são dotados de fé pública.

A fé pública da qual o notário e o registrador são dotados, por força do artigo 3º da Lei n. 8.935/94, é delegada pelo Estado, por meio de concurso público, e corresponde à característica que confere confiança qualificada e eficácia, com presunção de verdade, ao que estes profissionais, no exercício de suas funções, declarem ou pratiquem.

A fé pública do registrador pressupõe que suas ações contenham a certeza jurídica, sejam a representação exata e correta da realidade, revestindo de legalidade, autenticidade e estabilidade todos os atos perante ele praticados, por ele lavrados e registrados no exercício da atividade. Deve o registrador, para tanto, observar rigorosamente o Direito e o que este tutela, a fim de registrar a realidade jurídica, ou seja, a verdade protegida pelo Direito.

Vê-se que a fé pública tem estreito vínculo com a condição de profissional do Direito e o conhecimento para se submeter ao princípio da legalidade que rege a função do registrador. Como sustenta Walter Ceneviva "O conteúdo da fé pública se relaciona com a condição, atribuída ao notário e ao registrador, de profissionais do Direito"[3].

A importância da condição de profissional do Direito aos depositários da fé pública registral se explicita em seu conteúdo e efeito de autenticidade e certeza jurídicas. Nos dizeres de Carlos Fernando Brasil Chaves e Afonso Celso Rezende[4]:

> A fé pública não abriga apenas o significado de representação exata e correta da realidade, de certeza ideológica, mas também de um sentido altamente jurídico, ou seja, fornece evidência e força probante atribuída pelo ordenamento, quanto à intervenção do oficial público em determinados atos ou documentos (...) vindo a garantir a certeza e a autenticidade naquilo que exara.

Ressalte-se que o registrador, além de gozar da condição de profissional do Direito, está sujeito a "controles devidamente estabelecidos por lei específica, por órgãos específicos, que colocam a atividade dentro da rigidez jurídica necessária ao desenvolvimento harmônico da sociedade"[5], e que quando depositada no registrador, o efeito da fé pública decorrente do valor jurídico e da certeza, que faz pressupor correspondência da realidade jurídica, adquire consistência, assim:

---

3. CENEVIVA, Walter. *Lei dos Notários e Registradores comentada*. São Paulo: Saraiva, 2008. p. 33.
4. CHAVES, Carlos Fernando Brasil; REZENDE, Afonso Celso F. *Tabelionato de notas e o notário perfeito*. São Paulo: Saraiva, 2013. p. 115.
5. AROUCA, Ana Carolina Bergamaschi. *Evolução histórica do notário e sua função social*. Dissertação de Mestrado. Disponível em: http://www.fadisp.com.br/download/turma_m4/ana_carolina_bergamaschi_arouca.pdf. Acesso em 14 jul. 2011.

A consistência desse efeito traduz-se na própria importância da função exercida, esta, por sua vez, submetida a todos os tipos de garantias e exigências, que necessariamente, derivam de normas jurídicas, incluindo severo regime de responsabilidades civis, penais e administrativas, caso ocorressem desvios, deslizes ou incorreções no seu exercício[6].

Assim, a segurança jurídica é garantida por meio da autenticidade, publicidade e eficácia que adequadamente são conferidas aos atos e fatos jurídicos levados a registro, na medida em que são qualificados por profissional do Direito, dotado de fé pública, escolhido pelo crivo do concurso público, submetido a um regime de responsabilidades civil, administrativa e criminal e devidamente fiscalizado por um órgão externo, o Poder Judiciário.

---

6. CHAVES, Carlos Fernando Brasil; REZENDE, Afonso Celso F. Op. Cit., p. 115.

4
Princípios do Registro Civil das Pessoas Naturais

Verificada a finalidade do registro civil das pessoas naturais, que tem estreito vínculo com seus princípios, passa se ao estudo destes últimos.

Seguindo-se o ensinamento de Carlos Ari Sundfeld[1], "O ordenamento jurídico contém duas espécies de normas: regras e princípios (...). O princípio jurídico é norma de hierarquia superior à das regras, pois determina o sentido e o alcance destas, que não podem contrariá-lo sob pena de pôr em risco a globalidade do ordenamento jurídico. Deve haver coerência entre os princípios e as regras, no sentido que vai daqueles para estas".

Diante de tamanha importância, fundamental se faz o estudo dos princípios. Assim, passa-se à exposição dos mais relevantes princípios do Registro Civil das Pessoas Naturais, baseada na palestra de Juliana Follmer Bortolin Lisboa[2], na obra de Registro de Imóveis de João Pedro Lamana Paiva[3], no livro relativo a Direito Notarial de Leonardo Brandelli[4] e no artigo sobre protesto de títulos de Vicente de Abreu Amadei[5].

4.1 PRINCÍPIOS FINALÍSTICOS

4.1.1 Princípio da segurança jurídica

Chamado princípio finalístico, como ensina Vicente de Abreu Amadei[6], localiza-se na razão da existência do registro civil, como visto no item relativo à finalidade, em que se expôs a segurança jurídica de maneira ampla.

4.1.2 Princípio da publicidade

Também chamado finalístico, este princípio significa que os atos registrados são públicos e acessíveis, tornando-se cognoscíveis e oponíveis.

As limitações a este princípio dizem respeito às informações que por disposição constitucional ou por lei não podem constar das certidões, tais como aquelas que dizem

---

1. SUNDFELD, Carlos Ari. *Fundamentos do direito público*. São Paulo: Malheiros, 2012. p. 146.
2. Aula de Pós-Graduação em Direito Notarial e Registral. Tema: Princípios de Registro Civil das Pessoas Naturais. Anhanguera, UNIDERP, 2012.
3. PAIVA, João Pedro Lamana. *Procedimento de dúvida no registro de imóveis*. São Paulo: Saraiva, 2011.
4. BRANDELLI. Leonardo. *Teoria geral do direito notarial*. São Paulo: Saraiva, 2009.
5. AMADEI, Vicente de Abreu. Princípios de Protesto de Títulos. In: DIP, Ricardo (coord.). *Introdução ao direito notarial e registral*. Porto Alegre: safE, 2004.
6. Idem, ibidem, p. 100.

respeito à intimidade e vida privada (e.g. o fato de que houve mudança de sexo ou as causas da perda do poder familiar, a origem da filiação, por força do art. 227, § 6º, da CF e do art. 6º da Lei n. 8.560/92, o fato de que a criança foi adotada, por força do art. 47, § 4º, do ECA – Lei n. 8.069/1990).

O princípio é acompanhado e complementado pela regra inscrita no artigo 17 da LRP, segundo a qual "Qualquer pessoa pode requerer certidão do registro sem informar ao oficial ou ao funcionário o motivo ou interesse do pedido".

O princípio da publicidade foi amplamente tratado na parte deste livro relativa ao estado da pessoa natural e à finalidade do registro civil das pessoas naturais. Será ainda abordado neste trabalho em situações específicas.

4.1.3 Princípio da autenticidade

Este princípio, a exemplo dos anteriores, está na finalidade do serviço registral, podendo ser classificado como finalístico.

Significa que o registrador somente deve permitir acesso às informações devidamente qualificadas que tenham sido verificadas, em sua autoria e legalidade, de forma a serem revestidas, tanto quanto possível, de veracidade.

Os Registros Públicos buscam separar o que é falso do que é autêntico, dando guarida apenas ao que é autêntico. Para isso, valem-se dos mecanismos disponíveis para aferir a autenticidade dos documentos que lhes são apresentados, mas este exame é sumário, não se confundindo com uma perícia.

Não poderá o registrador, em nome do princípio da autenticidade, impor requisitos que não estejam previstos em lei, pois violaria o princípio da legalidade. Por exemplo, não poderá exigir, como regra geral, que o ato seja lavrado por instrumento público se a lei admitir o instrumento particular. No entanto, diante do caso concreto, sempre que suspeitar da falsidade do documento, deverá de maneira fundamentada expor o motivo da suspeita, recusando a prática do ato e, conforme o caso, submetendo-o à apreciação judicial.

Assim, se a lei abrandou os rigores da autenticidade ao admitir o instrumento particular ou aceitar como válidos documentos de identidade desprovidos de mecanismos de segurança, não poderá o registrador ser responsabilizado.

Da autenticidade ainda decorrem a certeza e a presunção de veracidade de que se revestem as informações prestadas e certidões expedidas pelo registrador.

A autenticidade foi tratada junto à finalidade da atividade de registro civil, e no decorrer do trabalho será abordada em relação às situações específicas.

4.2 PRINCÍPIOS QUE INFORMAM A FUNÇÃO DO REGISTRO CIVIL DAS PESSOAS NATURAIS

4.2.1 Princípio da legalidade

Trata-se da necessidade do cumprimento da lei para o exercício da atividade registral e representa o exame prévio da legalidade.

Por este princípio, o registrador deve submeter à lei todos os documentos e declarações que lhe são apresentados para que tenham ingresso no registro.

Isso se faz por meio da qualificação registral que segundo Afrânio de Carvalho representa "(...) mecanismo que assegure, tanto quanto possível, a correspondência (...) entre a situação registral e a situação jurídica (...). Esse mecanismo há de funcionar como um filtro que, à entrada do registro, impeça a passagem de títulos que rompam a malha da lei"[7].

Na aplicação do princípio da legalidade, o registrador confere todos os títulos e documentos que instruem ou determinam atos registrais "a fim de analisar se o mesmo obedece a todas as formalidades legais para que seja possível realizar o ato registral"[8]. Quanto às declarações e atos praticados diretamente perante o registrador, este "recebe a vontade das partes, qualifica (conceitua e classifica) juridicamente essa vontade, e dá vazão a ela criando instrumento jurídico adequado"[9].

Observe-se que, para João Pedro Lamana Paiva[10], a qualificação, aqui apresentada como ferramenta, é um princípio em si, do qual decorre a possibilidade de o registrador se negar à prática do ato, desde que o faça fundamentadamente e por escrito em nota de devolução.

Leonardo Brandelli[11] prefere usar a expressão princípio da juridicidade, o que se compreende como a observância integral do Direito, composto por um conjunto de normas que inclui os princípios expressos e implícitos e as regras específicas do ordenamento. Abandona-se, assim, possíveis compreensões de que o princípio da legalidade se restringiria à estrita e literal disposição legal.

4.2.2 Princípio da independência

A independência tem estreito vínculo com a condição de profissional do Direito, que exige o conhecimento específico do registrador, e significa que este, no desempenho da função, não está sujeito a qualquer tipo de condicionamento a não ser o ordenamento jurídico, como expõe Luiz Egon Richter[12]:

> liberdade decisória, sem nenhum tipo de condicionamento, seja de ordem política, econômica, burocrática e corporativa. O condicionamento ao qual os Notários e Registradores estão sujeitos é o da ordem jurídica.

O registrador, conhecedor da ordem jurídica, poderá realizar a qualificação registral de maneira independente, libertando-se de suposta atividade burocrática e desempenhando atividade verdadeiramente jurídica.

---

7. CARVALHO, Afrânio de. *Registro de imóveis*. Rio de Janeiro: Forense, 1977. p. 268.
8. PAIVA, João Pedro Lamana. Op. Cit., p. 50.
9. BRANDELLI, Leonardo. Op. Cit., 2009. p. 148.
10. PAIVA, João Pedro Lamana. Op. Cit., p. 50.
11. BRANDELLI, Leonardo. Op. Cit., 2009. p. 148.
12. RICHTER, Luiz Egon. Da qualificação notarial e registral e seus dilemas. In: DIP, Ricardo. *Introdução ao direito notarial e registral*. Porto Alegre: safE, 2004. p. 193.

Quanto a este princípio, Luís Paulo Aliende Ribeiro[13] reconhece e acrescenta que:

À independência e autonomia jurídica que afastam o exercício da função notarial e de registros de uma atividade burocrática, há de somar-se a obrigatoriedade de fundamentação e motivação das decisões tomadas nesta singular tutela administrativa de interesses privados.

O princípio da independência está expressamente previsto na Lei n. 8.935/94, em que é complementado pelo direito à percepção integral dos emolumentos como ferramenta para se garantir tal independência: "Art. 28. Os notários e oficiais de registro gozam de independência no exercício de suas atribuições, têm direito à percepção dos emolumentos integrais pelos atos praticados na serventia e só perderão a delegação nas hipóteses previstas em lei".

4.2.3 Princípio da imparcialidade

Deste princípio extrai-se a ideia de que o registrador, no exercício de sua função, ao qualificar, lavrar e registrar os atos, não pode ter interesses pessoais, devendo atender com igualdade todos os envolvidos, inclusive a sociedade e o Estado, aplicando a legalidade.

Disso decorrem diversas regras, como aponta Leonardo Brandelli: "regime de impedimentos (v. g., art. 27 da Lei n. 8.935/94), bem como a obrigação de segredo profissional (art. 30, VI, da Lei n. 8.935/94) e um sistema de responsabilidades civil, administrativa e criminal (arts. 22, 23, 24 e 31 da mesma lei)".

4.2.4 Princípio da instância ou rogação

Simplifique-se a compreensão, observando-se que os verbos rogar e instar são sinônimos de pedir[14]. Assim, este princípio significa que os atos registrários devem ser solicitados, não devendo o registrador agir de ofício, salvo quando a lei assim determinar. São exemplos de hipóteses excepcionais de atuação independente de requerimento as anotações (LRP, art. 106 e 107), as retificações que se enquadrem no art. 110 da LRP, sempre que o registrador assim entender.

Este princípio, que condiciona a atuação do registrador à provocação, está inscrito no artigo 13 da LRP.

4.2.5 Princípio da territorialidade

Trata-se da regra de que o registrador civil somente tem atribuição para a prática dos atos que por lei devam ser levados a registro em sua circunscrição, não lhe sendo permitida a prática de atos de atribuição de outra circunscrição, sob pena, conforme o caso, de anulabilidade do ato lavrado.

---

13. RIBEIRO, Luís Paulo Aliende. *Regulação da função pública notarial e de registro*. São Paulo: Saraiva, 2009. p. 90.
14. "ROGAR v.t. e i. Pedir com insistência" "INSTAR v.t. Pedir, solicitar com insistência" (KOOGAN/HOUAISS, Enciclopédia e dicionário ilustrado. Rio de Janeiro: Seifer, 2000).

A atribuição territorial está inscrita em diversos dispositivos da LRP: para o registro de nascimento, no artigo 50 e, caso seja tal registro declarado fora do prazo, no artigo 46; para a habilitação de casamento, no artigo 67; para o registro de óbito, no artigo 77; para traslados de registros realizados no exterior, no artigo 32, § 1º; e para os registros de emancipação, interdição (curatela) e ausência, nos artigos 89, 92 e 94. A territorialidade também está prevista no art. 12 da Lei 8.935/94.

A observância da territorialidade pelo registrador civil é obrigatória e tem grande relevância para a publicidade e segurança dos atos e fatos registrados, vez que a lei dá atribuição à circunscrição que juridicamente tem melhor condições de tornar cognoscível o fato, conforme o caso, elegendo local de domicílio/residência do interessado ou elegendo local da ocorrência.

4.2.6 Princípio da conservação

Segundo Juliana Follmer Bortolin Lisboa[15], este princípio tem origem no Direito tedesco (alemão) e significa que o registrador tem o dever de guardar e zelar pelos documentos públicos relativos à sua função.

Deste princípio decorre a conclusão de que o arquivo do registro civil é perpétuo, permanecendo os livros e documentos indefinidamente na serventia, exceto aqueles documentos que por disposição legal ou normativa podem ser eliminados.

Este princípio está expresso no artigo 26 da LRP. Diante do desenvolvimento de novas tecnologias, que possibilitam o armazenamento eletrônico de documentos, deve ser considerada a possibilidade de a conservação ser atendida em meio eletrônico, desde que se atendam aos requisitos adequados de segurança da informação, preservação dos arquivos e acesso ao conteúdo. Nesse sentido, a Corregedoria Nacional de Justiça editou a Recomendação 09/2013 e os Provimentos 50/2015 e 74/2018.

4.2.7 Princípio da continuidade

De grande aplicação no registro de imóveis, este princípio significa que não se deve lançar no registro ato ou fato que rompa a sequência lógica e legal de ocorrências.

No âmbito do Registro Civil das Pessoas Naturais, deve ser interpretado como coerência e compatibilidade dos atos inscritos, permitindo que se verifique a regularidade destes. Bem ressalta Reinaldo Velloso dos Santos[16]:

> o princípio da continuidade no Registro Civil das Pessoas Naturais não tem o mesmo alcance que no Registro de Imóveis (...) Não há assim a necessidade de que a ordem das anotações e averbações acompanhe estritamente a cronologia dos acontecimentos, mas, tão somente, exista a compatibilidade de situações assentadas.

---
15. Aula de Pós-Graduação em Direito Notarial e Registral. Tema: Princípios de Registro Civil das Pessoas Naturais. Anhanguera – UNIDERP, 2012.
16. SANTOS, Reinaldo Velloso. Op. Cit., 2006 p. 204.

De tal maneira que não se deve: registrar interdição de pessoa que já tenha registro de interdição prévia; registrar emancipação de pessoa que já tenha registro de emancipação prévia; averbar divórcio de casal quando conste averbação de divórcio anterior, nem quando conste anotação de óbito gerando viuvez anterior ao divórcio; anotar casamento ou óbito de pessoa em que conste anotação de óbito anterior a realização de tais atos; anotar casamento quando conste anotação de casamento anterior, sem que haja comunicação de que este se encerrou; anotar emancipação por vontade dos pais quando constar averbação de que estes perderam o poder familiar anteriormente, e assim por diante.

Se após as pesquisas e diligências do registrador não se desfizer a incoerência dos atos, deve o fato ser comunicado ao juízo ou ao cartório de origem para as devidas providências, pois o ato, em alguns casos, deverá ser declarado nulo.

Observe-se que a anterioridade de determinado ato ou fato se determina pela data de sua ocorrência e não de seu registro, de sua anotação ou averbação; assim, é perfeitamente possível a averbação do divórcio ser realizada após a anotação de óbito de um dos cônjuges, desde que o divórcio tenha sido decretado antes do falecimento.

No que toca às anotações, é necessária cautela na aplicação deste princípio, uma vez que elas não geram efeitos por si sós, sendo recomendável confirmar a autenticidade da anotação ou comunicação anterior que impede a nova anotação ou averbação.

Recomenda-se, também, que, caso haja uma comunicação que não possa ser anotada em razão da falta de anotação de ato anterior, seja solicitada a comunicação, uma cópia de certidão ou mesmo seja realizada uma busca na CRC, comprovando o ato anterior que possibilitará ambas anotações (Prov.46/15 da CN-CNJ). Por vezes, a própria comunicação já contém elementos para a anotação do ato anterior. Imagine-se uma comunicação de averbação de divórcio para anotação no registro de nascimento em que não há anotação do casamento – é possível que a comunicação de divórcio esteja redigida de forma tão completa que já tenha elementos para anotar o casamento, servindo, então, a mesma comunicação para anotar o casamento e o divórcio. Entretanto, se faltarem elementos, recomenda-se suspender o cumprimento da comunicação, solicitando-se ao cartório de origem que envie uma comunicação também do registro de casamento. No entanto, se passado um prazo de cinco dias úteis ou prazo maior que o oficial considerar razoável ante as peculiaridades do caso, não for enviada a comunicação de casamento, a melhor conduta é anotar o divórcio, ainda que sem a prévia anotação do casamento, pois para o sistema de publicidade é mais interessante ter a informação, ainda que incompleta, do que não ter informação alguma.

4.3 OUTROS PRINCÍPIOS

Outros princípios não específicos à função de registrador civil têm aplicação sobre a atividade. São exemplos os princípios constitucionais da administração pública, chamados princípios institucionais por Vicente de Abreu Amadei[17], e tratados por Alex Reis da Silva[18].

Também outros princípios não específicos têm importante repercussão na função do registro civil das pessoas naturais, merecendo destaque o princípio da cidadania, da dignidade da pessoa humana, da imutabilidade do nome da pessoa natural, o princípio da isonomia e igualdade, e todos os princípios relativos ao Direito de Família, que permearão todo este trabalho.

---
17. AMADEI, Vicente de Abreu. Op. Cit. p. 99.
18. SILVA, Alex Reis. Aplicação dos princípios constitucionais da administração pública na atividade notarial e registral. Disponível em: http://www.recivil.com.br/preciviladm/modulos/artigos/. Acesso em 9 mar. 2013.

5
Livros e Atos do Registro Civil das Pessoas Naturais

Registro é expressão que pode ser tomada em sentido amplo, como sinônimo do cartório e todos os seus atos, mas, no trabalho técnico cotidiano, registro tem um sentido específico que o distingue dos demais atos praticados em cartório.

Assim, registro é o ato principal, lavrado em livro próprio, que documenta um ato ou fato, tornando o conhecimento deste ato ou fato perene, público, verdadeiro. Perene, sempre. Público, salvo exceções relativas à intimidade das pessoas. Verdadeiro, salvo se desconstituído por provimento jurisdicional em que se comprove o contrário. Ressalte-se que essas exceções ocorrem em poucos casos, estão legalmente previstas e, em regra, prevalece a força e a presunção de veracidade do registro público.

São atos de registro, no âmbito do registro civil das pessoas naturais, o nascimento, o casamento e o óbito, além de outros importantes como a emancipação, a interdição (curatela), a adoção (que é lavrada de maneira semelhante ao nascimento), a união estável, a ausência, a morte presumida e a opção de nacionalidade.

Ocorre que esses registros não são estáticos. A vida das pessoas é dinâmica, logo o registro que a espelha também é. Portanto, as alterações do estado das pessoas são (ou pelo menos devem ser) acompanhadas de alteração nos registros públicos. É verdade que, como uma das funções do registro é tornar o ato ou fato perene, não se pode simplesmente descartar o registro já lavrado e fazer um novo. Pelo contrário, é preciso preservar os registros, ainda que alterados, pois ao tempo que foram feitos correspondiam à verdade registral e assim produziram efeitos jurídicos. Diz-se, portanto, que os registros públicos não apenas trazem o estado mais atual da pessoa, mas também a sua história.

É justamente por meio dos outros atos, as averbações e anotações, que o sistema de registro civil se mantém atualizado e íntegro. São as averbações e anotações que tornam o registro completo e atualizado, indicando todos os atos e fatos jurídicos relevantes referentes àquela pessoa.

Pode-se dizer, então, que a averbação e a anotação são atos acessórios a um ato de registro, que dão publicidade às alterações pelas quais passou aquele registro. Ambas são lavradas à margem direita do registro ao qual se referem, de modo que, ao ver o registro, já se tem com praticidade, na coluna ao lado da mesma folha, as informações relevantes sobre suas alterações.

Um exemplo pode facilitar muito o entendimento. Imagine-se o registro de nascimento de uma pessoa, posteriormente, essa pessoa contrai casamento, que enseja outro registro, o qual é anotado à margem do registro de nascimento. Deste modo, ao ler o registro de nascimento, já se terá a informação acerca do casamento, de forma organizada e explícita, o que constará das certidões.

Apesar de serem realizadas de maneira semelhante – à margem direita do registro –, a averbação e a anotação não se confundem, marcando a diferença as seguintes características.

A anotação é sempre uma referência a um outro ato escriturado no cartório de registro civil ou a outros dados cadastrais públicos relativos à pessoa natural[1]. Em outras palavras, a anotação é a remissão a outro ato ou documento, que pode ser registro ou averbação, lavrado no mesmo cartório, em qualquer outro cartório de registro ou ainda emitido por outros órgãos públicos.

A averbação, por sua vez, é escriturada originariamente à margem do registro civil, não havendo outro ato registrário prévio ao qual se refira. A averbação, por si só, promove a alteração jurídica do registro – conteúdo ou efeito – e produz os efeitos declaratórios do fato a que se refere.

Isso traz uma repercussão para o plano dos efeitos jurídicos, que também distinguem as averbações e anotações. A distinção é que a averbação produz todos os efeitos jurídicos relativos ao ato por si só, sem necessidade de ser complementada com qualquer outro documento. A anotação depende de apresentação também da certidão do registro ou averbação à qual ela se refere para produzir efeitos plenos, vez que apenas noticia e indica a existência de outro ato.

Veja-se um exemplo sobre isso. O casamento poderá acabar pelo divórcio ou pela morte. O divórcio, que chegará ao cartório por meio de escritura pública ou título judicial, será AVERBADO diretamente à margem do registro do casamento. Já o óbito será primeiramente lavrado em livro próprio, o livro "C", para depois ser ANOTADO à margem do registro de casamento. Assim, para uma pessoa provar que é divorciada, bastará apresentar a certidão de casamento em que constará a averbação do divórcio. Para provar que é viúva, não bastará a apresentação da certidão de casamento em que constará a anotação do óbito, será necessário apresentar, junto com a certidão de casamento, uma certidão de óbito do cônjuge. Isso porque a anotação do óbito, à margem do nascimento ou casamento, é um início de publicidade do óbito, mas não faz prova plena dele, o que só ocorrerá com a certidão de óbito. Já a averbação, por si só, torna o fato ou ato averbado perene, público e verdadeiro.

---

1. O Provimento 63/2017 da CgCNJ tornou expresso, no artigo 6º, §2º a anotação do RG, título de eleitor e outros dados cadastrais públicos relativos a pessoa natural, quanto ao CPF, o Provimento usou a expressão averbação, no entanto, nos parece que a natureza correta do ato, conforme os conceitos aqui expostos, é de anotação.

Podem-se diferenciar os atos do registro civil da seguinte maneira:

	REGISTRO	AVERBAÇÃO	ANOTAÇÃO
ESCRITURAÇÃO	na coluna central do livro próprio	à margem direita do registro, se findo o espaço, no livro/registro de transporte	à margem direita do registro, se findo o espaço, no livro/registro de transporte
NATUREZA	ato principal	ato acessório de um registro, o qual modifica ou extingue	remissão (referência) a outro ato ou documento público
FORÇA	faz prova plena e tem fé pública	faz prova plena e tem fé pública	início de prova que só se completa com a certidão do ato ao qual faz referência ou apresentação do documento original
OBJETO	os atos e fatos jurídicos previstos em lei	os atos e fatos jurídicos que alteram o conteúdo do registro	sempre um outro ato (registro ou averbação) ou documento relativo à pessoa natural

Consequência prática relevante e frequente dessa distinção se refere aos mandados judiciais de interdição (curatela). Erro comum é supor que a interdição é objeto de averbação a ser feita à margem do registro de nascimento da pessoa interditada. No entanto, a interdição é objeto de registro no livro "E" do cartório onde domiciliado o interdito. O cartório responsável pelo registro da interdição fará a comunicação/anotação para o registro de nascimento e, se houver, de casamento da pessoa (fundamento legal: arts. 89, 92 e 106 da LRP). Ou seja, não se faz averbação de interdição, mas apenas registro e anotação.

Expostas as diferenças entre registro, averbação e anotação, serão analisados cada um dos atos de registro civil separadamente.

5.1 REGISTROS E SEUS LIVROS

Os atos de registro propriamente dito são os atos principais do Registro Civil das Pessoas Naturais, representando os atos centrais de cada um de seus livros, com os quais guardam perfeito paralelismo. Trata-se dos atos que comandam a inscrição e a publicidade dos fatos e atos levados a registro.

Tradicionalmente, defende-se que os registros propriamente ditos são *numerus clausus*, devendo estar previstos expressamente em lei.

Todavia, Daniel Nilson Ribeiro[2], ao comentar o artigo 29 da Lei 6.015/73, sustenta que "trata-se de um rol enunciativo" e argumenta que as "relações sociais e pessoais não são estáticas, elas evoluem e se modificam, sendo certo que qualquer alteração ou criação legislativa que discipline tais relações reflete diretamente no registro civil".

Neste sentido, reconhecem-se os registros da união estável, da tomada de decisão apoiada e da tutela, que foram incluídos por normativas administrativas nacionais e

---

2. RIBEIRO, Daniel Nilson. *In*. Lei de Registros Públicos Comentada. ARRUDA ALVIM NETO, José Manuel; CLÁPIS, Alexandre Laizo; CAMBLER, Everaldo Augusto (Coord.). Rio de Janeiro: Forense, 2014. p.156.

estaduais, embora não prescritos em lei. Percebe-se que, diante da força publicística dos registros públicos, há uma tendência de se reconhecer a possibilidade de registro de outros atos que o legislador não tenha vislumbrado, para outorga-lhes maior segurança.

As peculiaridades de cada ato de registro são tratadas ao longo de todo o trabalho, cabendo neste momento a indicação dos atos de registro propriamente ditos, com remissão à previsão legal, seguidos da indicação do livro em que são assentados:

- Nascimentos – Art. 9º, inciso I, do CC e art. 29, inciso I, da LRP – Livro "A" de registro de nascimento – Art. 33, inciso I, da LRP;
- Casamentos – Art. 9º, inciso I, do CC e art. 29, inciso II, da LRP – Livro "B" de registro de casamento – Art. 33, inciso II, da LRP;
- Casamento religioso para efeitos civis – Art. 72 da LRP e art. 1.515 do CC – Livro "B" Auxiliar de Registro de Casamento Religioso para Efeitos Civis – Art. 33, inciso III, da LRP;
- Conversões de uniões estáveis em casamento – Artigo 226, § 3º, da CF e art. 1.726 do CC – O livro dependerá de determinação de normas locais, podendo ser livro "B" de registro de casamento – Art. 33, inciso II, da LRP (e.g., item 87.3 do Cap. XVII das NSCGJ-SP) ou livro "B – Auxiliar" de Registro de Casamento Religioso para Efeitos Civis – Art. 33, inciso III, da LRP (e.g., art. 53, "c" da CNNR-RS);
- Óbitos – Art. 9º, inciso I, do CC e art. 29, III, LRP – Livro "C" – de registro de óbito – Art. 33, inciso IV, da LRP;
- Natimortos – Art. 53 da LRP – Livro "C" Auxiliar – Art. 33, inciso V, da LRP;
- Proclamas (editais de casamento) – Artigos 43, 44 e 67, § 4º, da LRP – Livro "D" – Art. 33, inciso VI, LRP;
- Sentenças que constituírem vínculo de adoção – Artigo 47 da Lei n. 8.069/90 (ECA) – Livro "A" – Art. 33, inciso I, LRP, são tratadas como registro de nascimento, vedada a diferenciação (art. 227, § 6º, CF);
- O livro "E" – previsto no art. 33, parágrafo único, da LRP[3], existente somente no 1º Ofício, 1º Subdistrito, 1ª Subdivisão Judiciária, 1ª Zona ou Sede de cada comarca, destina-se aos demais atos de registro relativos ao estado da pessoa natural, a saber:
- Emancipações voluntárias ou judiciais – Art. 9, inciso II, do CC e art. 29, inciso IV, da LRP;

---

3. Recentemente notou-se que o portal da legislação mantido pelo governo federal (www.planalto.gov.br/legislacao) deixou de expressar o parágrafo único do artigo 33 na versão compilada da Lei 6.015/73, no entanto, seu teor é encontrado no texto original da Lei 6.015/73, assim escrito: "Parágrafo único. No Cartório do 1º Ofício ou da 1ª Subdivisão judiciária, em cada comarca, haverá outro livro para inscrição dos demais atos relativos ao estado civil, designado sob a letra "E", com cento e cinquenta (150) folhas, podendo o Juiz competente, nas comarcas de grande movimento, autorizar o seu desdobramento pela natureza dos atos que nele devam ser registrados, em livros especiais.". A omissão decorre do fato que a Lei 6.216/75, ao alterar o "caput" do artigo 33, para inserir dois novos livros (Livro B-auxiliar e C-auxiliar), não reproduziu o teor do parágrafo único, nem fez referência a sua supressão, talvez porque não tenha havido alteração de redação no referido parágrafo. Há farta legislação impressa que contempla o referido parágrafo único.

- Interdições – Art. 9º, inciso III, do CC e art. 29, inciso V, da LRP;
- Sentença declaratória de ausência – Art. 9º, inciso IV, do CC e art. 29, inciso VI, da LRP;
- Sentença declaratória de morte presumida – Art. 9º, inciso IV, do CC. Faz-se necessário verificar a previsão normativa local, uma vez que em diversos casos estabelece-se que a morte presumida deve ser registrada no livro "C" (e. g., art. 53, alínea "d" da CNNR-RS);
- Opções de nacionalidade – Art. 29, inciso VII, da LRP;
- Traslados de assentos de nascimento, casamento e óbito de brasileiros, realizados no exterior – Art. 32, § 1º, da LRP;
- Sentenças de separação, divórcio e restabelecimento da sociedade conjugal proferidas em Estado/Comarca distinta daquela em que foi registrado o casamento – previsões da CNCGJ-RJ, artigo 720; e das NSCGJ-SP, Capítulo XVII, item 166;
- Tutela – A nomenclatura utilizada pelo artigo 5º, inciso VI, da Lei n. 8.935/94 é "oficiais de registro civis das pessoas naturais e de interdições e *tutelas*" (grifo nosso), de onde se extrai que tutelas seriam atos de registro, como reconhece a CNCGJ-RJ, no artigo 720. Todavia, observe-se que grande parte das normativas tratam a tutela como objeto de averbação, e. g. art. 706 DGE-RO e item 125 do Cap. XVII das NSCGJ-SP;
- Uniões estáveis, Provimento 37/2014 da CN-CNJ.

5.2 AVERBAÇÕES

Já se disse neste trabalho que os registros são dinâmicos, uma vez que, por serem o meio adequado de publicidade, devem refletir a realidade dos fatos. Por este motivo, mudanças no nome ou no estado da pessoa natural devem ter acesso aos registros, ensejando modificações em seu teor ou em seus efeitos.

Tais modificações ocorrem por meio de averbações.

Averbações, assim, são atos que alteram o conteúdo ou os efeitos do registro, ou que o complementam.

Não há rol taxativo, sendo possível averbar, além dos atos e fatos previstos em lei, qualquer ato ou fato que altere o conteúdo ou efeito de registro, ou, ainda, atos ou fatos que sejam relevantes ao estado da pessoa natural e aos quais seja desejável outorgar publicidade, segurança, autenticidade e eficácia típicas do registro civil das pessoas naturais.

Exemplificando: a averbação do divórcio e a do reconhecimento de filho estão expressamente previstas em lei, artigo 10, incisos I e II, do CC; a averbação de mudança de sexo, em caso de pessoa transgênero, mesmo não prevista em lei, altera o conteúdo do registro, logo reclama a respectiva averbação, conforme previsão da norma administrativa (Provimento 73/2018 CN-CNJ); a nomeação de tutor altera os efeitos do registro, uma vez que o tutor, e não mais os pais, passará a exercer o poder familiar; a averbação do estabelecimento da guarda do menor é fato relevante ao estado do registrado, legitimando que terceiro tenha a criança em sua companhia, podendo opor-se até mesmo em face dos pais, logo é desejável conferir ao ato a publicidade, a segurança e a eficácia típicas do registro.

Os casos específicos serão expostos e analisados juntamente com cada um dos registros específicos. As regras gerais de procedimento e inscrição das averbações estão previstas nos artigos 97 e seguintes da LRP. Passa-se ao estudo.

5.2.1 Instância e procedimento

Para as averbações, deve-se atender ao princípio da instância inscrito no artigo 13 da LRP, sendo lavradas por determinação judicial, a requerimento do interessado ou do Ministério Público, quando autorizado em lei.

O artigo 97 da LRP estabelece duas formas de instância da averbação: determinação judicial – mediante carta de sentença ou mandado –, ou petição acompanhada de certidão ou documento legal e autêntico.

Nos casos de petição acompanhada de documento legal e autêntico, até a vigência da Lei 13.484/2017, exigia-se a prévia audiência do Ministério Público, mas já havia atos específicos em que não se exigia, conforme lei ou normativa própria, a saber: a perda da nacionalidade brasileira (artigo 102, 5º, da LRP, Lei n. 13.445/2017 e Decreto n. 9.199/2017); reconhecimento voluntário de filho, quando há anuência do outro genitor ou consentimento do filho maior (artigo 7º do Provimento n. 16 da CN-CNJ); escritura pública de separação, reconciliação ou divórcio (art. 733, § 1º do Código de Processo Civil - CPC); averbação da nacionalidade brasileira do filho de brasileiro nascido no exterior e registrado em Consulado brasileiro entre o período da Emenda Constitucional de Revisão n. 3 de 1994 e a Emenda Constitucional n. 54 de 2007 (artigo 12 da Resolução 155 do CNJ); a alteração de patronímico (Lei n. 8.560/92, artigo 3º, parágrafo único e item 119.1, do Capítulo XVII das NSCGJ-SP).

A nova redação do art. 97 da LRP, ao excluir a necessidade de prévia audiência do MP, incluiu a possibilidade excepcional de submeter o pedido de averbação ao representante do MP, nas hipóteses em que houver suspeita de fraude, falsidade ou má-fé, devendo ser indicado por escrito os motivos da suspeita (LRP, art. 97, p.u.).

Observe-se que não há limitação quanto à legitimação para requerer a averbação, mas apenas quanto a quais documentos podem ensejar a averbação e qual o procedimento que esta deve seguir. Isso levaria a conclusão de que qualquer pessoa pode solicitar a averbação e se justifica pelo fato de que as alterações que ensejam averbações devem ser publicizadas, não se aceitando a sujeição à vontade da parte interessada, mas tão somente ao meio adequado para se verificar se é caso de averbação ou não.

Todavia, devem ser analisados os casos específicos, especialmente aqueles que envolvem atos ainda não aperfeiçoados, questões protegidas pelo sigilo ou alterações solicitadas por terceiros à revelia do próprio interessado. Neste último caso, os autores divergem. Marcelo Salaroli de Oliveira defende que, salvo caso de determinação judicial, as alterações no registro devem ter a anuência do registrado ou de seu representante.

Mario Camargo, pautado pela lógica de que o registro deve espelhar a realidade, defende que alterações do estado da pessoa já consolidadas devem ser averbada e publicizadas por meio do registro, não podendo se submeter uma regra de interesse público à vontade da parte, mas reconhece que no estado atual o posicionamento do coautor Marcelo é o melhor a ser seguido pelos Oficiais de Registro Civil, até que a questão esteja mais sedimentada pela doutrina e jurisprudência.

5.2.2 Qualificação e procedimento

Instado a fazer a averbação, o registrador deve lançar o pedido no livro protocolo e qualificar a carta de sentença, o mandado ou o requerimento e seus documentos, para verificar a sua conformação com a legalidade, a presença dos elementos necessários, a possibilidade de averbação do determinado ou requerido e o cumprimento dos princípios registrais.

Tratando-se de determinação judicial, não deve o registrador adentrar no mérito da decisão, limitando-se a qualificação à competência absoluta do juízo, à congruência entre o que foi decidido e o que se ordenou, ao preenchimento das formalidades legais essenciais para o registro e ao respeito aos princípios registrais (Apelação Civil 80.732-0/6 do Conselho Superior da Magistratura do Estado de São Paulo – CSM-SP).

Havendo óbice ou ausente algum requisito essencial a sua lavratura, o registrador deve elaborar ofício circunstanciado ao juízo expondo os motivos que impossibilitaram o cumprimento da ordem e eventuais exigências que podem ser superadas. Tal ofício pode ser entregue diretamente a quem apresentou o mandado em cartório, servindo como nota de devolução.

Embora seja óbvio, nunca é demais ressaltar que não comete crime de desobediência o registrador que se nega a cumprir a averbação determinada em juízo e levanta dúvida perante o juízo de direito da vara competente, conforme manifestamente assentou o STF (HC 85.911-9 MG, j. 25/10/2005)[4].

Tratando-se de requerimento acompanhado de certidão ou documento legal autêntico, o registrador qualificará o requerido em conformidade com a lei e com os princípios e analisará a possibilidade de averbação.

Havendo óbice, deve ser elaborada nota explicativa a ser devolvida ao requerente, contendo os motivos da impossibilidade de se proceder à averbação e as eventuais exigências a serem cumpridas.

Nas hipóteses em que o oficial suspeitar de fraude, falsidade ou má-fé nas declarações ou na documentação apresentada para fins de averbação, não praticará o ato pretendido e submeterá o caso ao representante do Ministério Público para manifestação, com a indicação, por escrito, dos motivos da suspeita (LRP, art. 97, p.u.). Se o Ministério Público opinar favoravelmente à averbação, está solucionada a suspeita do oficial de registro e não se faz necessária a apreciação judicial, pois não haverá dissenso. Se o MP

---

4. Disponível em: http://www.kollemata.com.br/stf-habeas-corpus-carta-de-adjudicacao-qualificacao-registral-titulo-judicial-crime-de-desobediencia-duvida.html (acesso em 24.10.2018)

confirmar a suspeita, o ato não é praticado, colhe-se ciência do requerente e, somente se esse solicitar, o procedimento é encaminhado para apreciação judicial.

Não verificando óbice ou sendo este solucionado pelo requerente, o registrador procederá à lavratura da averbação e expedirá a certidão respectiva, com as devidas alterações ou com a integral transcrição da averbação no campo das observações, conforme o caso.

Em qualquer caso, o interessado pode se insurgir contra a recusa do oficial ou a manifestação contrária do Ministério Público, solicitar providências de maneira análoga ao procedimento de dúvida previsto no artigo 198 da Lei n. 6.015/73. Cumpre observar que no Estado de São Paulo, para dissenso acerca de atos de averbação, não é cabível o procedimento de dúvida, mas o pedido de providências, motivo pelo qual se sugere ao leitor a verificação do procedimento cabível em cada localidade conforme normas.

O registrador deve anotar no livro protocolo as ocorrências, tais como a devolução com nota explicativa, eventual pedido de providências e o desfecho do pedido, seja a averbação ou a recusa.

5.2.3 Escrituração da averbação

Estabelece o artigo 98 da LRP que a "averbação será feita à margem do assento e, quando não houver espaço, no livro corrente, com as notas e remissões recíprocas, que facilitem a busca".

Tal disposição não deixa dúvida de que a averbação deve ser lavrada à margem do registro, todavia, evoluções normativas tem interpretado de maneira mais flexível a lei, admitido que a averbação seja feita em sequência ao ato ou no verso da folha, como no caso das NSCGJ-SP, Capítulo XVII, item 18. No entanto, a averbação, como ato acessório que é, estará sempre vinculada ao respectivo registro.

No que diz respeito à lavratura de averbação no caso de não haver espaço, há interpretações normativas que possibilitam ao registrador a adoção de um livro específico para transporte das averbações que não couberam no assento original, o que torna a busca e a organização mais fácil do que a transposição para o livro corrente. Assim se veem as NSCGJ-SP, Capítulo XVII, item 10.

O artigo 99 da LRP estabelece que "A averbação será feita mediante a indicação minuciosa da sentença ou ato que a determinar". Esta indicação minuciosa deve ser analisada em cada caso, sobre quais são os elementos relevantes da sentença que requerem publicidade e quais não reclamam publicidade ou, até mesmo, impõem sigilo. Por exemplo, os motivos que levaram ao divórcio ou anulação do casamento não devem constar da averbação, pois não há interesse jurídico na publicidade desses motivos, bastando a publicidade do novo estado civil e do título formal que o estabeleceu.

No que diz respeito às averbações determinadas judicialmente, devem ser lançados o juízo, o nome do juiz, o número do processo, a data da sentença, o fato de ter transitado em julgado – quando o trânsito se fizer necessário –, e o que foi determinado.

No caso de certidão ou documento legal e autêntico, a identificação perfeita do documento e da certidão, indicando o órgão ou cartório do qual emanou e seu número – e.g., livro e folha, matrícula –, e o conteúdo registral alterado pela averbação.

5.2.4 Emissão de certidão

Após a realização da averbação, as certidões devem conter todas as alterações como determina o artigo 21 da LRP: "Sempre que houver qualquer alteração posterior ao ato cuja certidão é pedida, deve o Oficial mencioná-la, obrigatoriamente, não obstante as especificações do pedido".

Como menciona o parágrafo único do citado artigo, a alteração deve ser feita no corpo da certidão, nos campos próprios, sendo certificado nas observações/averbações os seguintes dizeres: "a presente certidão envolve elementos de averbação à margem do termo".

Caso a averbação precise ser publicizada por completo, seu teor será transcrito na certidão – e.g., averbação de perda do poder familiar, averbação de divórcio. Mesmo no caso de alteração do teor por retificação, nada impede que a averbação seja transcrita na certidão, se assim solicitar o interessado.

Há situações protegidas por sigilo ou que não podem se tornar públicas para que se preserve a intimidade do interessado e, assim, não podem constar das certidões. São os casos, entre outros, de averbações de reconhecimento de filho, adoção e mudança de sexo, em que a alteração deve ser feita no teor da certidão, sem que conste qualquer informação de que houve mudança ou averbação. Em tais casos, não deverá sequer constar que "a presente certidão envolve elementos de averbação à margem do termo", deve tão somente constar a expressão "Nada mais me cumpria certificar", como bem explicita o Enunciado 27 da Arpen-SP[5]:

> **Enunciado 27:** O campo das observações/averbações das certidões em breve relatório deverá ser preenchido com a expressão "Nada mais me cumpria certificar", tanto nos casos de registros em que nada consta na coluna de averbações, quanto nos casos de registros em que consta averbação cuja publicidade é vedada.

Deve-se observar que, quando da averbação, o registrador deve expedir certidão com a devida alteração e entregá-la ao interessado ou remetê-la ao juízo que prolatou a decisão, no prazo de cinco dias úteis (arts. 19 e 106 da LRP, por analogia), contados da apresentação do documento em cartório. O mesmo prazo se aplica para a elaboração de nota contendo os motivos da recusa, nos casos em que não é possível cumprir o pedido de averbação.

5.2.5 Outras questões relativas à averbação

Trânsito em Julgado – No caso de averbação determinada em juízo, a verificação do trânsito em julgado da decisão se faz necessária para os casos em que a produção

---

5. Disponível em: <http://www.arpensp.org.br/principal/index.cfm?pagina_id=782>. Acesso em 28 abr. 2014.

de efeitos depende de decisão definitiva. No caso de decisões que produzem efeitos independentemente do trânsito em julgado, a publicidade deve ser imediata, não se condicionando a averbação ao mencionado trânsito – e.g., suspensão e perda do poder familiar. Cada caso deve ser analisado.

Cumpra-se – O artigo 109, § 5º, da Lei n. 6.015/73 determina que "se houver de ser cumprido em jurisdição diversa, o mandado será remetido, por ofício, ao Juiz sob cuja jurisdição estiver o cartório do Registro Civil e, com o seu 'cumpra-se', executar-se-á". Tal medida se destina ao trânsito de mandados por meio do judiciário e para garantia de autenticidade de origem deste.

Todavia, devem ser observadas duas questões: 1 – Esta regra se aplica exclusivamente aos mandados de restauração, suprimento e retificação de registro, que seguem o procedimento do mencionado artigo 109, não devendo as demais decisões ser remetidas ao juízo sob cuja jurisdição está o cartório, pois não se pode submeter uma decisão judicial transitada em julgado, que representa manifestação de parcela da soberania do Estado brasileiro, ao crivo administrativo de outro juiz[6]; 2 – O "cumpra-se" não exclui a qualificação registral que deve ser realizada pelo oficial sob sua responsabilidade, inclusive no que diz respeito à autenticidade da decisão, servindo tal "cumpra-se" tão somente como medida administrativa de trânsito de mandados por meio do Judiciário, de um juízo para o outro, assim facilitando o cumprimento da decisão.

Documento original – Uma das missões do registro público é garantir autenticidade aos atos jurídicos. Autenticidade significa assegurar que a origem, a autoria e o conteúdo do documento são verdadeiros. Não é humanamente possível ter certeza de que todo documento apresentado ao Oficial de Registro Civil é autêntico, no entanto, é dever do oficial usar os instrumentos técnicos e jurídicos ao seu alcance para assegurar a autenticidade de todo documento que recepciona. Se suspeitar da falsidade, deverá, em ato fundamentado, recusar o documento.

Como bem aponta Reinaldo Velloso dos Santos[7], já se decidiu que o mandado de averbação deve ser apresentado no original, não se admitindo cópia, mesmo que autenticada, uma vez que o único destinatário seria o oficial de registro. Esta medida busca garantir a autenticidade da ordem judicial, permitindo que o registrador a verifique.

Seguindo essa esteira, o coautor Marcelo Salaroli de Oliveira sustenta que é obrigatória a apresentação do original, embora seja possível arquivar cópia autenticada ou conferida.

O coautor Mario Camargo, por sua vez, defende que a cópia autenticada do mandado, desde que permita ao registrador ter segurança da origem e da autenticidade da ordem – o que é perfeitamente possível com as ferramentas eletrônicas hoje existentes –, deve ser aceita. Quanto a ser o registrador o único destinatário da ordem, isso apenas reforça a possibilidade de se aceitar a cópia autenticada ou a segunda via, pois, mesmo

---

6. Nesse sentido, vide enunciado 43 da ArpenSP, disponível em: http://www.arpensp.org.br/?pG=X19wYWdpbm-Fz&idPagina=528 (Acesso em 24.10.2018)
7. SANTOS, Reinaldo Velloso. Op. Cit.,2006, p. 165 (fazendo alusão à decisão da 2ª Vara de Registros Públicos-SP, Processo 000.02.130766-0 CP 574/02 DOE 12-8-2002).

que mais de uma cópia/via do mandado tenha sido emitida, a ordem poderá ser cumprida somente uma vez e pelo registrador competente, não havendo prejuízo.

Tratando-se de mandado judicial eletrônico, uma vez que seja possível a verificação de sua autenticidade, por meio da ferramenta de conferência de documento do site do órgão do Poder Judiciário, está-se diante do original, e o registrador pode realizar o cumprimento sem maiores questionamentos.

No que diz respeito ao requerimento acompanhado de certidão ou documento legal e autêntico, a questão se resolve de maneira análoga, devendo ser apresentado o documento original, no entanto, o coautor Mario Camargo sustenta que se a cópia autenticada der segurança de origem e autenticidade ao registrador, essa deve ser aceita. Todavia, observe-se que o requerimento deve ser assinado e original.

Comunicação ao juízo – As averbações de nulidade, anulação, desquite e, por analogia, a separação e o divórcio, quando decorrentes de mandado judicial, devem ser comunicadas ao juízo dentro de 48 horas, por força do artigo 100, § 4º, da LRP. É recomendável que o oficial de registro comunique ao juízo de origem o cumprimento de todas as averbações decorrentes de determinação judicial.

Anotação – Uma vez realizada a averbação, esta deve ser anotada nos registros anteriores do interessado ou, caso localizados em outra serventia, ser expedida comunicação, como se vê em seguida.

5.3 ANOTAÇÕES

As anotações são remissões a outros registros ou averbações relativos ao registrado, são indicações de que existe outro ou outros atos de registro civil relativos à mesma pessoa, o que permite que a publicidade seja completa e que uma certidão atualizada imediatamente indique a existência e a localização de atos registrários posteriores que alteram o estado da pessoa natural.

Com vistas à desburocratização, amplia-se a interligação dos órgãos públicos, a fim de atender melhor aos cidadãos e otimizar a produção de documentos relativos à pessoa natural. Assim, os dados cadastrais de documentos públicos relativos à pessoa natural, como o número do RG (Registro Geral) ou do título de eleitor, podem ser anotados nos seus registros de nascimento, casamento ou óbito, conforme expressa previsão do art. 6º, §2º do Provimento 63/2017 da CN-CNJ.

Dessa forma, o objeto das anotações, que até a edição do referido provimento abarcava apenas atos próprios da atividade de registro civil das pessoas naturais, ampliou-se para atos cadastrais de outros órgãos públicos. Foi criado até mesmo um retângulo próprio no modelo de certidão de nascimento, casamento e óbito exclusivamente para constar as anotações de cadastro, onde há possibilidade de se mencionar na certidão o PIS/NIS, o Cartão Nacional de Saúde, o passaporte, o Grupo Sanguíneo. (conforme anexos do referido provimento).

Essa amplitude conferida pelo provimento para as possibilidades de anotação no registro civil merece um estudo mais aprofundado, pois o espectro de documentos públicos relativos à pessoa que poderão ter acesso aos assentos, embora não deixem dúvidas em alguns casos (como número da Carteira de Trabalho, Certificado de Reservista) poderão causar questionamentos em outros, como, por exemplo, a inscrição na OAB (Ordem dos Advogados do Brasil) ou CRM (Conselho Regional de Medicinas). Questionam-se estes dois últimos, pois, uma vez cancelada ou suspensa a inscrição profissional, quem fará a atualização da informação no registro civil?

Curiosamente, para a inclusão do número do CPF nos registros civis, o referido provimento menciona ato de averbação (art. 6º, §§2º, 3º e 4º). Houve aqui uma imprecisão técnica, tratando a averbação conjuntamente com a anotação, desprezando-se as diferenças conceituais aqui expostas. Afinal, a inclusão do CPF nos registros não altera elementos registrais, não possui força probante por si só (art. 6º, §4º), sendo mera referência a outro dado referente à pessoa natural.

Em razão dessa natureza de anotação e tendo em vista a existência de campo próprio para mencionar o CPF nos modelos de certidão, assim como existe para as outras anotações de cadastro, não se faz necessário mencionar nas observações da certidão a expressão "a presente certidão envolve elementos de averbação à margem do termo", prevista no art. 21, p.u. da LRP. Isto pois não houve alteração do registro e a nova informação inserida sempre constará da certidão, em campo próprio. No início da vigência do provimento, os registradores mais cautelosos que fizeram constar essa expressão relataram a ArpenSP os pequenos transtornos sofridos e causados aos cidadãos, por conta de órgãos que desejavam saber qual seria o teor dessa alteração e, então, fazia-se necessária a expedição de outra certidão. Para evitar tais embaraços, basta não usar a expressão citada ou facultativamente fazer constar o teor da anotação do CPF, lembrando-se que sempre é necessário constar o CPF no campo próprio. No Estado de São Paulo, a CGJ-SP editou comunicado 220/2018, do qual se infere a facultatividade de inserir a anotação do CPF no campo denominado "averbações/anotações acrescidas" da certidão e a impossibilidade de acréscimo de emolumentos por esse serviço[8].

Anotações produzem efeitos meramente publicitários e início de prova da existência de outro registro ou averbação, os quais, por sua vez, produzem os efeitos comprobatórios ou declaratórios. Nesse sentido, foi expresso o Provimento 63/2017 da CN-CNJ, no art. 6º, §§ 4º ao mencionar que a inclusão dos dados cadastrais não dispensa a apresentação do documento original, quando solicitado.

Diferentemente das averbações, as anotações não são o primeiro acesso de um ato ao registro público e não substituem a certidão do ato a que se reportam.

---

8. "COMUNICADO CG Nº 220/2018 - A Corregedoria Geral da Justiça comunica aos Senhores Oficiais de Registro Civil das Pessoas Naturais do Estado de São Paulo que os emolumentos relativos às certidões de nascimento, casamento e óbito que disserem respeito a assentos lavrados antes da vigência do Provimento nº 63/2017, da Corregedoria Nacional de Justiça, não poderão ser acrescidos de valor devido pela "averbação/anotação acrescida" decorrente da averbação de CPF no respectivo assento. Comunica, também, que não há vedação para que seja inserido no campo da certidão denominado "averbações/anotações acrescidas" a data em que foi realizada a consulta na base de dados da Receita Federal do Brasil visando a obtenção do CPF da pessoa a que se referir, se o Oficial de Registro Civil das Pessoas Naturais entender necessário por razões de segurança, mas sem acréscimo de emolumentos na expedição da certidão. (DJe de 05.02.2018 – SP)"

Feita a análise das anotações de dados cadastrais dos indivíduos, passa-se à análise das anotações relativas a outros atos registrários, as quais são regidas pelos artigos 106 a 108 da LRP. O artigo 106 da LRP determina que:

> Sempre que o oficial fizer algum registro ou averbação, deverá, no prazo de cinco dias, anotá-lo nos atos anteriores, com remissões recíprocas, se lançados em seu cartório, ou fará comunicação, com resumo do assento, ao oficial em cujo cartório estiverem os registros primitivos, obedecendo-se sempre à forma prescrita no artigo 98.

De tal redação, extrai-se que:

• Quando os registros anteriores forem do mesmo cartório, deve o registrador proceder à anotação; quando de cartório distintos, deve comunicar ao registrador competente. Tais comunicações são feitas na forma do parágrafo único do mencionado artigo 106: "As comunicações serão feitas mediante cartas relacionadas em protocolo, anotando-se à margem ou sob o ato comunicado, o número de protocolo e ficarão arquivadas no cartório que as receber". Com a evolução tecnológica, reconhece-se a possibilidade de tais comunicações serem enviadas por meio eletrônico em sistema seguro, tal como *intranet*, ou por meio de documento eletrônico assinado digitalmente, meios que, por assegurarem a origem e a autenticidade da comunicação, devem ser aceitos e promovidos. Hoje há norma expressa de âmbito nacional impondo a comunicação por meio eletrônico como regra, sem vedar a anotação por outros meios como exceção (Provimento 46/2015 da CN-CNJ, art. 3º, II e 8º e 9º).

• As anotações devem conter remissões recíprocas, ou seja, no ato novo deve-se indicar a existência e localização do registro anterior, bem como a expedição da comunicação ao outro cartório, quando for o caso. No registro anterior, além da existência do novo ato, deve ser anotada a numeração e a localização deste.

• O prazo para anotação ou para comunicação é de 5 (cinco) dias, o qual deve o registrador observar rigorosamente, uma vez que a anotação é o meio de publicidade da existência de um ato posterior, que a falta desta informação nas certidões pode gerar danos e que o registrador tem responsabilidade civil e criminal nos termos do artigo 108 da LRP[9], de forma que se a falta da informação decorrer de atraso, o oficial responderá.

• A exemplo das averbações, as anotações são lançadas nos termos do artigo 98 da LRP, valendo as mesmas regras quanto ao local físico de escrituração.

O artigo 107 da LRP indica como são feitas as anotações, de maneira meramente exemplificativa, indicando, no estado vigente à época da promulgação da lei, quais seriam as anotações indispensáveis. O artigo 106 não deixa margem à dúvida ao disciplinar que sempre que o oficial fizer algum registro ou averbação deverá anotá-lo nos anteriores, ou comunicá-lo ao oficial responsável pelos registros anteriores para que o anote, o que quer dizer que todo registro e toda averbação, sem exceção, deve ser anotado nos assentos anteriores.

---

9. Art. 108. Os oficiais, além das penas disciplinares em que incorrerem, são responsáveis civil e criminalmente pela omissão ou atraso na remessa de comunicações a outros cartórios.

Neste tocante, o coautor Mario Camargo defende inclusive que averbações realizadas em registros anteriores devem ser anotadas nos registros posteriores a fim de se dar a devida publicidade – e.g, averbação de perda de nacionalidade no registro de nascimento deve ser anotada no registro de casamento da mesma pessoa a fim de garantir-lhe publicidade. Observe-se que esta posição não tem prevalecido.

Importante observar que nem sempre é possível localizar todos os registros anteriores, de tal maneira que o registrador tem obrigação de anotar ou comunicar o novo registro/averbação nos registros anteriores, desde que tenha informações ou conhecimento, não se podendo exigir que busque todos os registros existentes da pessoa quando tal informação não estiver disponível. Por tal motivo, as NSCGJ-SP, no item 138.1, estabeleceram que o novo casamento deverá ser anotado no assento de casamento imediatamente anterior, sem prejuízo de sua anotação facultativa nos registros de casamentos anteriores e no assento de nascimento, se informados previamente na habilitação para o casamento.

Quanto ao documento que dá suporte à anotação, será o próprio registro lavrado na serventia, a comunicação recebida de outro cartório ou a certidão do registro apresentada em cartório pelo interessado. Sobre esse tema, elucidativo o Enunciado da Arpen-SP:

> Enunciado n. 54 – Anotação
>
> A certidão expedida por Oficial de Registro Civil das Pessoas Naturais é documento hábil para a anotação nos atos anteriores, nos termos do artigo 106 da LRP, independentemente de comunicação eletrônica ou por escrito.
>
> Fundamento legal: Interpretação teleológica do artigo 106 da LRP conforme decisão do Juiz de Direito da 2ª Vara de Registros Públicos da Comarca da Capital do Estado de São Paulo, Dr. Márcio Martins Bonilha Filho, no Processo 000.05.021751 - CP 214/05, publicada no Diário Oficial de 02 de junho de 2005.
>
> Publicado em 10 de janeiro de 2011.
>
> Enunciado n. 55 – Comunicações
>
> Sempre que solicitado, o registrador civil deverá enviar a comunicação de atos lavrados em sua serventia, mesmo nas situações em que já expirou o prazo legal da comunicação, em que já tenha sido enviada a comunicação obrigatória, em que não consta do assento nenhuma informação que indique a necessidade de comunicação (exemplo, não consta no óbito a cidade em que o falecido se casou, nem o nome da viúva).
>
> 55.1 A comunicação será endereçada a qualquer registrador civil, cabendo ao que recebeu a comunicação a responsabilidade de proceder a devida qualificação registral, antes de realizar a anotação, a fim de verificar se se trata da mesma pessoa.
>
> 55.2 A comunicação enviada não poderá conter elementos que não constem do respectivo registro, salvo se constar expressamente no campo das observações da comunicação que se trata de informação declarada pelo cidadão solicitante para facilidade na localização do assento.
>
> 55.3 O registrador civil que expedir a comunicação poderá, a seu critério, arquivar o pedido (escrito, e-mail, intranet etc.) em classificador próprio, comprovando, se necessário, que o fez em virtude de pedido de pessoa interessada, que pode ser outro registrador civil ou o usuário do serviço público.
>
> 55.4 A critério do interessado, também poderá ser feita a anotação por meio da apresentação da certidão do registro civil, sendo desnecessária a comunicação.
>
> Publicado em 2 de julho de 2013.[10]

---

10. Disponível em: http://www.arpensp.org.br/principal/index.cfm?pagina_id=788. Acesso em 3 set. 2013.

Parte do conteúdo desses enunciados ganhou força normativa vinculante, ao constar do Provimento 46/2015 da CN-CNJ, assim:

> Art. 9º - A utilização da CRC – Comunicações não impede a realização da anotação por outros meios, como a apresentação diretamente ao Oficial de Registro Civil das Pessoas Naturais do original ou cópia autenticada da certidão do ato, ou a informação obtida na CRC – Buscas.

Não há norma determinando o conteúdo da anotação. Na prática, o que se verifica é que a anotação de casamento indica a data da celebração, o número de ordem do registro, o livro e a folha em que lavrado, o local em que foi registrado o casamento, o nome do cônjuge após o casamento e o novo nome que o registrado passou a adotar ou a observação de que manteve o mesmo nome. Com o advento do número de matrícula, é possível que seja indicado esse número, sendo então desnecessário indicar os números de ordem do registro seu livro e folhas.

A anotação de óbito contém a data do falecimento, o local onde registrado o óbito, o número de ordem do registro, o livro e a folha em que lavrado (ou número de matrícula). A anotação de divórcio contém a data do divórcio, o juízo e número do processo que determinou o divórcio ou o tabelionato e o número do livro e as folhas em que lavrada a escritura pública e a situação do nome do registrado após o divórcio.

5.4 ESCRITURAÇÃO E FORMA DOS LIVROS

No que toca à escrituração e forma dos livros, a LRP, datada de 1973, deve ser lida sob a luz da legislação posterior, bem como dentro do contexto técnico atual, que permite as mais diversas formas de produção e armazenamento de documentos jurídicos.

Determina o artigo 3º da LRP que os registros serão escriturados em livros encadernados, que terão entre 0,22 e 0,40 metros de largura e entre 0,33 até 0,55 metros de altura.

O parágrafo segundo desse mesmo artigo estabelece a possibilidade de o livro ser escriturado mecanicamente, em folhas soltas, obedecidos os modelos aprovados pela autoridade judiciária competente. À época da lei, a escrituração mecânica era feita pelas máquinas de datilografia, mas a expressão claramente abarca as atuais impressões matriciais, a *laser* ou jato de tinta.

Ocorre que atualmente as impressoras e os *scanners* – equipamentos para a digitalização do papel, transformando-o em uma imagem eletrônica –, em sua grande maioria, adotam o tamanho padronizado A4, que tem por largura 0,21 metros e altura de 0,29 metros e, portanto, estaria fora dos limites legais.

No entanto, a leitura atenta do dispositivo legal leva à conclusão de que os limites estabelecidos no parágrafo primeiro se aplicam apenas aos livros de escrituração manuscrita. Isso porque o parágrafo segundo é muito claro ao estabelecer que a escrituração mecânica e por folhas soltas seguirá o modelo aprovado pela autoridade judiciária competente, ou seja, poderá ser um modelo diverso, com medidas diversas das que estão expressas no parágrafo primeiro.

Nesse sentido, também, ressalte-se a autonomia gerencial e administrativa dos notários e registradores, expressa no artigo 41 da Lei n. 8.935/94, aliada ao dever de prestar o serviço de forma adequada e eficiente – artigos 4º e 30, II, da mesma lei. Assim, a utilização de livros em formato A4 está completamente conforme a legislação.

Por cautela, pode-se submeter o formato do livro à apreciação judicial, como disposto no § 2º do artigo 3º da LRP. No entanto, é certo, legal e expresso que os notários e registradores não precisam de autorização judicial para utilizarem as melhores técnicas no desempenho de sua atividade (Lei n. 8.935/94, art. 41), de forma que a ausência de apreciação judicial não deverá acarretar qualquer punição a esses profissionais do Direito, muito menos a invalidade dos atos praticados. A própria LRP já previa a possibilidade de o Oficial de Registro escolher o tamanho do livro, dentro das medidas estabelecidas na lei (art. 3º, § 1º), reconhecendo, assim, a qualidade das decisões desses profissionais.

No estado de São Paulo, a aprovação da autoridade judiciária para escrituração de livros em formato A4 já está expressa em norma administrativa (NSCGJ-SP, Capítulo XVII, item 16.1), pelo que é desnecessária outra autorização do Juiz-Corregedor permanente.

Quanto à divisão interna da folha do livro, estabelece a LRP que será dividida em três partes, sendo na da esquerda lançado o número de ordem e na central o assento, ficando na da direita espaço para as notas, averbações e retificações (artigo 36).

O LIVRO DE REGISTRO CIVIL

N.	TERMO / ASSENTO	AVERBAÇÕES / ANOTAÇÕES
	(Livro A-X, fls. xxx, Termo xxxxxxx) Número de Matrícula Nascimento Casamento Casamento Religioso Para Efeitos Civis Óbito Natimorto Interdição Emancipação Opção de Nacionalidade Ausência	

Assim, como já se descreveu anteriormente sobre as dimensões do livro, outra questão que evoluiu foi a sua divisão interna. Por exemplo, a adoção de sistemas informatizados torna desnecessária a coluna da esquerda, pois o número de ordem do assento, controlado pelo sistema, pode ser lançado no topo da coluna destinada ao registro, como no modelo acima. Suprimindo a coluna da esquerda, o livro pode ter a coluna da direita aumentada, o que é útil para a escrituração de anotações e averbações.

No Estado de São Paulo, tornou-se expressa a possibilidade de escrituração do registro apenas na frente da folha, deixando-se a parte restante, bem como o verso, para a escrituração das averbações e anotações (NSCGJ-SP, Capítulo XVII, itens 16.1 e 18).

Nesse modelo, torna-se desnecessária a divisão do livro em três colunas, pois o intento da norma foi justamente aumentar o espaço para a escrituração de anotações e averbações. Em 1973, inexistia o divórcio no ordenamento jurídico brasileiro, bem como as mutações na paternidade eram muito menos frequentes do que atualmente, de forma que, à época da edição da lei, a quantidade de anotações e averbações era muito menor do que a atual. É natural e necessário que os modelos dos livros se adaptem a essa nova necessidade.

A Arpen-SP[11], sobre as NSCGJ-SP, editou o seguinte enunciado:

Enunciado 1: O oficial que optar por escriturar o livro nos moldes do item 16.1 deverá assim proceder em todo o livro e não será necessário dividir o livro em colunas. Fundamento: Lei n. 6.015/73, artigo 3º, § 2º (parte final), item 16.1 das Normas vigentes e a supressão do antigo item 18 das Normas revogadas, bem como a finalidade da norma, que é a otimização do serviço e redução do dispêndio de papel, não fazendo sentido manter no verso uma coluna que não será preenchida jamais. Aconselha-se a constar no termo de abertura do livro os seguintes dizeres "O presente livro é escriturado mecanicamente, em folhas soltas, sem colunas, destinando-se a frente e o verso de cada folha para um único assento, conforme modelo aprovado pela Corregedoria-Geral da Justiça de São Paulo, item 16.1, Capítulo XVII, Normas de Serviço Extrajudicial, nos termos da parte final do § 2º do art. 3º da Lei n. 6.015/73".

O sistema de escrituração por folhas soltas ainda traz outra vantagem, que é a possibilidade de se realizarem as averbações e anotações também de forma mecanizada. Isso porque as folhas do livro possuem dois furos, por onde passam os parafusos, que fixam todo o conjunto das folhas, capas e dorso do livro. Sendo necessário praticar um ato em determinada folha, basta desparafusar o livro e retirar a folha para imprimir nela a averbação ou anotação desejada.

A outra forma de encadernação consiste em costurar as suas folhas, no método tradicional, que impossibilita ao leigo a retirada de uma folha sem rasgá-la. Tem a vantagem de reduzir o risco de extravio de uma de suas folhas, mas a desvantagem de impossibilitar a escrituração mecânica, salvo se adotada a escrituração das anotações e averbações em etiquetas a serem afixadas no livro.

Atualmente, a tecnologia fornece etiquetas com espessura bem fina, que mesmo quando acumuladas no livro não aumentam o seu volume a ponto de não fechar o livro adequadamente. São bem resistentes e aderem ao livro de tal forma que é impossível de serem retiradas do livro sem se quebrar, rasgar e danificar a folha, deixando inúmeras e evidentes marcas da tentativa de sua remoção. A impressão sobre a etiqueta também se demonstra resistente ao envelhecimento, garantindo a durabilidade do texto. Diante dessa nova tecnologia, há previsão normativa expressa sobre a possibilidade de utilizá-la no registro civil das pessoas naturais no Estado de São Paulo (NSCGJ-SP, item 18.1).

Os livros obrigatórios serão abertos, numerados, autenticados e encerrados pelo registrador, podendo ser utilizado, para tal fim, processo mecânico de autenticação previamente aprovado pela autoridade judiciária competente (art. 4º da LRP).

O termo de abertura deverá conter o número do livro, o fim a que se destina, o número de folhas que contém, o nome do delegado do serviço notarial e de registro responsável, a declaração de que todas as suas folhas estão rubricadas e o fecho, com data e assinatura (NSCGJ-SP, Capítulo XIII, item 45.1).

---

11. Disponível em: <http://www.arpensp.org.br/principal/index.cfm?tipo_layout=ABC& pagina_id=528>. Acesso em 28 abr. 2014.

O termo de encerramento, embora não exista norma expressa, também deve conter os mesmos elementos do termo de abertura, sendo possível, ainda, nele fazer constar alguma ocorrência que diga respeito à escrituração e forma do livro. Por exemplo, pode-se constar que, até a folha de número tal, o Oficial de Registro responsável é Fulano; da folha número tal em diante, o Oficial de Registro responsável é Sicrano.

O termo de abertura deve ser lançado na primeira folha do livro, que faz parte dele e, por isso, recebe a numeração um. Igualmente, o termo de encerramento é lançado na última folha do livro, também numerada.

Na escrituração do livro em folhas soltas, não existe obrigatoriedade de lavrar o termo de encerramento na mesma data da abertura. Pelo contrário, se o controle da numeração é feito por meio de sistema informatizado, é até mais seguro para o Oficial de Registro pessoalmente rubricar as folhas enquanto os atos vão sendo escriturados, pois assim tem mais uma forma de acompanhar de perto a escrituração do livro e sua integridade, conferindo o bom uso e funcionamento do sistema de informática.

Encerrado um livro, o seguinte tomará o número subsequente, acrescido da respectiva letra. Por exemplo, encerrado o livro A-1, abre-se o livro A-2 e assim sucessivamente. Os números de ordem dos registros não são interrompidos ao final do livro, mas continuarão, indefinidamente, nos livros da mesma espécie (arts. 6º e 7º da LRP).

Quando entrou em vigência a LRP, ou seja, em 1º janeiro de 1976, diversos Oficiais de Registro Civil reiniciaram a numeração de seus livros e dos números dos registros. Alguns reiniciaram apenas a numeração dos registros, mantendo-se a sequência da numeração dos livros. Isso se deve à interpretação do artigo 297, parágrafo único, da mencionada lei.

Assim, é possível que em uma serventia de registro civil existam dois livros com o mesmo número (e.g., livro A-1, aberto em 1935 e livro A-1, aberto em 1976). Também é possível que existam dois registros com o mesmo número de ordem. Sem dúvida, tal coincidência não é boa para a organização dos serviços, necessitando maior cautela e atenção dos que lidam com os registros públicos.

A identificação de um ato lavrado no registro civil, até 1º de janeiro de 2010, era feita pela indicação dos números do livro, da folha e do registro e do nome do cartório responsável. Poder-se-ia argumentar que a indicação do livro e da folha já seria suficiente para identificar o registro, ou mesmo que bastaria a indicação do número do registro. No entanto, considerando o reinício da numeração ocorrido em 1976, assoma a importância da redundância dos dados, que serve também para prevenir erros que comprometam a localização do ato.

Desde 1º de janeiro de 2010, está em vigor o número de matrícula, instituído inicialmente pelos Provimentos 2 e 3 de 2009 e atualmente pelo Provimento 63 de 2017, todos da Corregedoria Nacional da Justiça. A matrícula é um número nacional, capaz de identificar com precisão qualquer registro do Registro Civil brasileiro. Sabendo-se o número de matrícula, sequer se faz necessário dizer o nome do cartório, pois tal informação compões os primeiros algarismos. Só há um número de matrícula para cada registro. Cada registro só tem um único número de matrícula, imutável.

O número de matrícula deverá constar, obrigatoriamente, de todas as certidões do registro civil, por força do respectivo provimento (Provimento CN-CNJ 63/2017). Também é recomendável fazer constar o número de matrícula nos registros lavrados na vigência do provimento, mas não há obrigatoriedade de averbar o número de matrícula nos registros anteriores.

Os livros do registro civil conterão 300 folhas cada um, mas nas comarcas de pouco movimento poderão ser reduzidos até a terça parte (arts. 5º e 33 da LRP). A redução é interessante para que não fique um livro muito antigo aberto na serventia, o que seria empecilho para a adoção dos novos modelos de atos e livros, que evoluem constantemente com o tempo. Também teve importância, no passado, em que o custo de aquisição de um livro encadernado e com os requisitos legais era muito alto.

Aliás, a adoção de sistemas informatizados e técnicas mais modernas de escrituração, que alteram a forma do livro, também justifica o encerramento do livro antes de completadas as trezentas páginas. A sociedade moderna espera eficiência do serviço público, seria extremamente burocrático e desnecessário impor o término da escrituração do livro, que poderá levar meses ou anos, para que seja utilizada a melhor tecnologia. Evidentemente, para se manter a segurança jurídica, é necessário lavrar termo de encerramento do livro, aposto logo após o último ato, bem como é interessante aditar o termo de abertura para constar com quantas páginas ficou o livro e, se for encadernado, inutilizar as páginas em branco com traços, impedindo o preenchimento posterior dos atos.

A lei estabelece que o livro terá trezentas folhas e que elas serão numeradas (arts. 4º e 33 da LRP). No entanto, não explicita se a numeração ocorrerá nas folhas ou nas páginas. Aqui, relembre-se a diferença entre folha e página. A folha é a lâmina de papel que compõe o livro e tem duas faces. A página é cada uma das faces da folha, seja a frente ou seja o verso. Na prática cartorial, a melhor conduta que se verifica após o ano de 1976 é a seguinte. O livro de registros de nascimentos e óbitos são numerados nas páginas, assim, um livro com trezentas folhas, possui seiscentas páginas. Quanto ao livro de casamentos, a numeração é por folhas. Essa é a melhor forma de enumeração, pois o texto do registro de casamento ocupa a frente e o verso da folha, já os registros de nascimento e óbito cabem em uma só página. Numerando os livros da forma exposta, sempre haverá um só número de folha ou página para cada registro. Assim, não se faz lavratura de dois registros na mesma página, pelo que se tornou obsoleta a previsão da parte final do artigo 35 da LRP, que determina que entre um assento e outro será traçada uma linha de intervalo, tendo cada registro o seu número de ordem.

Ao final de cada livro, o oficial juntará o índice alfabético dos assentos lavrados, pelos nomes das pessoas a quem se referirem (art. 34 da LRP). O índice não integra a numeração das trezentas folhas do livro, mas, como dispõe o dispositivo legal, são juntadas, ou seja, são acrescidas ao livro. A critério do Oficial, o índice alfabético pode ser organizado pelo sistema de fichas (art. 34, parágrafo único, da LRP) ou mesmo por sistema eletrônico (Lei n. 8.935/94, art. 41 e NSCGJSP, Capítulo XVII, item 14).

Como o índice é juntado ao final de cada livro, para pesquisar um registro que não se saiba em qual livro foi lavrado faz-se necessário consultar o índice de diversos livros.

Nas comarcas de grande movimento, a grande quantidade de livros chega a inviabilizar a pesquisa, sendo, portanto, necessário indicar um período provável do registro, para que o cartório faça uma busca que alcance períodos de cinco a dez anos.

As dificuldades para a localização de registros, no entanto, são superadas com a implantação da Central de Informações do Registro Civil (CRC), atualmente prevista no Provimento n. 46/2015, da CN-CNJ. A CRC, além de informatizar os índices dos registros civis, interliga os cartórios, de modo que as buscas alcancem não apenas um cartório, mas todos que fazem parte da CRC.

Os atos do registro civil são lançados nos livros seguindo a ordem cronológica das declarações. Eventuais emendas, entrelinhas e adições que corrijam erros ou omissões da escrituração, devem ser ressalvadas ao final, antes das assinaturas, ou, caso o assento já tenha sido assinado, ainda é possível fazer a ressalva, desde que todos assinem novamente em seguida (arts. 35 e 39 da LRP). Reputam-se inexistentes e sem efeitos jurídicos quaisquer emendas, entrelinhas, adições ou alterações não ressalvadas (art. 41 da LRP). Se não houve tempo hábil para a escrituração da ressalva, deverá ser feita retificação conforme os artigos 109 a 112 da LRP (art. 40).

Por fim, o artigo 37 da LRP estabelece a regra geral de que o assento será assinado pelas partes ou seus procuradores e por testemunhas. No entanto, tal regra encontra diversas exceções, pois muitos atos do registro civil são lavrados com base em outros títulos, que já consubstanciam a declaração das partes, sendo então desnecessário que se instrumentalize novamente a declaração das partes no livro do registro civil. São exemplos o registro do casamento religioso para efeitos civis, os registros de nascimentos feitos mediante mandado judicial ou cujas declarações foram colhidas nas maternidades (unidades interligadas), o registro de nascimento tardio, o registro de interdição (curatela), o registro de ausência, o registro de união estável e as transcrições de nascimento, casamento e óbito de brasileiros ocorridos no estrangeiro.

5.5 REGISTRO ELETRÔNICO

Os serviços notariais e de registros historicamente demonstram uma agilidade em adotar as novas técnicas de escrituração de atos jurídicos, sem prejuízo da segurança jurídica. Foi assim com a adoção do livro de folhas soltas, a máquina de datilografia, bem como os primeiros instrumentos de cópias, como a gelatina e o mimeógrafo.

No momento atual, o novo desafio é a migração para o mundo eletrônico. Apesar das muitas facilidades que as novas tecnologias da informação proporcionam, não é possível esquecer que os registros públicos são perpétuos. As constantes evoluções dos documentos eletrônicos não podem tornar obsoletos e imprestáveis os documentos antigos.

Isso não quer dizer que o documento eletrônico não seja seguro para ser adotado atualmente pelos notários e registradores. Apenas é preciso ter consciência de que o mundo eletrônico não é a solução simples, fácil e barata para todos os atos registrais e notariais. São muitas as possibilidades de se estruturar um registro eletrônico e a escolha deve se pautar pela mescla dos critérios técnicos e dos princípios jurídicos registrais.

As regras gerais para esse sistema já estão previstas expressamente nos artigos 37 e seguintes da Lei n. 11.977/2009, o qual, inclusive, já estabeleceu prazo para a implantação do registro eletrônico. Antes mesmo, a Lei n. 8.935/94, no artigo 41, e 9.492/97, no artigo 39, já previam a possibilidade de adoção de sistemas de computação e gravação eletrônica de imagens, independentemente de autorização judicial.

Mais recentemente, por meio da Lei 13.874/2019, foi incluído um §3º ao artigo 1º da Lei 6.015/73, reconhecendo-se que os "registros poderão ser escriturados, publicitados e conservados em meio eletrônico, obedecidos os padrões tecnológicos estabelecidos em regulamento".

Não há dúvida de que hoje o registro em meio eletrônico encontra previsão e suporte na lei, sendo perfeitamente possível, todavia, há que se observar que tanto o §3º do artigo 1º da Lei 6.015/73, quanto o artigo 45 da Lei n. 11.977/2009 reconhecem que é necessário um regulamento que estabeleça as condições e padrões a serem seguidos em tais registros.

Analisem-se o registro eletrônico e os correspondentes regulamentos.

O debate sobre o registro eletrônico, muitas vezes, se confunde com o uso de documento eletrônico nos registros públicos. Cuja autenticidade, validade e eficácia estão regulamentados pela Medida Provisória n. 2.200 (convalidada pela MP 2200-1 de 27/07/2001, e esta última convalidada pela MP 2200-2 de 27/08/2001), sendo expressa a possibilidade de documentos eletrônicos públicos (art. 10).

Como consta no § 2º do artigo 10, o documento eletrônico não é apenas aquele assinado digitalmente por certificado emitido pela ICP-Brasil, embora esta seja a forma que tem se demonstrado mais segura e mais adotada na prática jurídica.

A utilização de documento eletrônico nos registros públicos já é uma realidade. No entanto, as questões que essa matéria proporciona ainda estão longe de ser consideradas concluídas, se é que um dia estarão concluídas.

Por exemplo, a escrituração integralmente eletrônica dos Livros de Registro previstos em Lei é um passo importante, que não pode ser realizado de forma isolada por cada Oficial de Registro, mas deve ser feito de forma coordenada, dentro de padrões que garantam a qualidade da informação. Veja-se que o artigo 38 da Lei n. 11.977/2009 exige o respeito à arquitetura do e-PING, ou seja, os padrões de interoperabilidade do governo eletrônico.

A par disso, o arquivamento dos livros de registro em formato eletrônico, juntamente com os livros físicos, tem sido utilizado com grande proveito, tanto para a consulta diária no exercício da atividade quanto para obter uma cópia de segurança do arquivo. Essa cópia, a ser armazenada em local distinto da serventia, é interessante ferramenta de preservação das informações registrais, sendo capaz de restaurar o acervo em caso de desastres naturais, incêndios e outras intempéries que venham a destruir o acervo físico da serventia.

Nesse sentido, a Corregedoria Nacional da Justiça editou a Recomendação n. 9/2013 (alterada pela Recomendação n. 11/2013), recomendando aos notários e registradores de todo o Brasil a criarem uma cópia de segurança dos livros de registro. Os meios previstos na recomendação para se elaborar e manter tal cópia são os mais diversos, ao ponto de que é válido qualquer método hábil que atinja a finalidade de preservar a informação registral e restaurá-la, quando necessário. A escolha desses métodos cabe ao notário ou registrador.

Atente-se que a digitalização dos registros públicos originais não autoriza, por si só, a sua inutilização, devendo ser preservados nos termos da legislação pertinente, por força do disposto no artigo 6º da Lei n. 12.682/2012. Situação diversa é o caso do livro que é escriturado de forma eletrônica desde o princípio, caso em que não há original em papel, a ser digitalizado. Nesta situação, o próprio registro eletrônico é o documento original a ser preservado indefinidamente.

Embora os registros devam ser mantidos, nem todo documento do acervo do serviço notarial e registral tem a natureza de registro. Muitos podem ser descartados conforme o Provimento 50/2015 da CN-CNJ. Por razões de proteção ao meio ambiente, o descarte não deve ser a incineração, mas a reciclagem dos papéis, devendo ser previamente desfigurados os documentos de modo que as informações não possam ser recuperadas.

Mantendo em vigor as Recomendações mencionada, a mesma CN-CNJ editou o Provimento 74 de 31/07/2018, no qual estabeleceu padrões de tecnologia da informação para a segurança, integridade e disponibilidade de dados para a continuidade da atividade pelos serviços notariais e de registro do Brasil.

Como se sabe, os registros públicos não são estáticos, mas dinâmicos, sendo suas modificações averbadas junto ao registro. Nos livros em papel, as averbações são lançadas fisicamente e visualmente próximas do registro, em espaço próprio destinado para isso. Com a escrituração do registro em livro eletrônico, é importante pensar como serão escrituradas as averbações, para que se mantenha o vínculo necessário entre o registro e suas averbações.

A questão não é nova no âmbito notarial e registral. Os registros dos atos constitutivos de pessoas jurídicas, bem como os livros de protesto, são frequentemente escriturados exclusivamente em microfilme ou sistema eletrônico. Junto ao rolo de microfilme ou ao sistema eletrônico não é tecnicamente possível acrescentar outros atos. Assim, quando há uma alteração no ato constitutivo ou o cancelamento do protesto, tal documento será microfilmado em novo rolo ou lavrado eletronicamente em novo arquivo, de forma apartada do respectivo registro. O vínculo entre os dois atos é feito por meio da anotação no índice respectivo (Lei n. 9.492/97, art. 26, § 6º). Quando se faz uma consulta aos registros microfilmados ou em meio eletrônico, sempre se faz a busca pelo índice, ali estarão juntos todos os atos correlacionados, de forma que não há perda da informação.

Essa solução, que já funciona na prática, poderá ser adotada juntamente com o livro de registro eletrônico. Ou seja, não é necessário, no mundo eletrônico, manter uma coluna, à margem da qual serão acrescidos novos atos. Isso é uma técnica do mundo do papel. O relevante, para atender aos princípios registrais, é que a informação seja apresentada de forma completa e atualizada. Isso pode ser feito por meio da indexação, assim, sempre que buscado um registro, junto dele constará a informação da existência de outros atos a ele relacionados.

Ainda na esteira do registro em meio eletrônico, ressalte-se a importância de integração entre os registradores civis das pessoas naturais, nesse sentido a Corregedoria Nacional de Justiça, valendo-se das experiências positivas em diversos estados, por meio do Provimento 38/2014, posteriormente substituído pelo Provimento 46/2015, CN-CNJ instituiu a Central de Informações do Registro Civil (CRC), que é uma modalidade de registro eletrônico. Por meio da CRC, constitui-se uma base estruturada de informações registrais, devidamente filtrada pela qualificação exercida pelo Oficial de Registro, que, dentre outras, é capaz de distinguir o que é público e o que é sigiloso. Essa base permite, com segurança e agilidade, a pesquisa por registros civis lavrados em qualquer cartório interligado. A base é permanentemente atualizada, não apenas para inserir novos registros, como para alterar os registros já lavrados ou até mesmo excluir dos mecanismos de pesquisa os registros cancelados.

Também por meio da CRC, os registradores civis das pessoas naturais estão interligados, podendo solicitar certidões, inclusive de inteiro teor, enviar comunicados, enviar procedimentos de retificações, reconhecimentos de filho, alteração de patronímico, alteração de gênero, enviar títulos de divórcio e outras averbações, emitir CPF para os registros de nascimento que está lavrando, dentre outros serviços.

Sistematizando, Daniela Mróz, Izolda Andrea Ribeiro e Karine Boselli[12] explicam os diferentes módulos para integração dos Registradores Civis já em operação na CRC:

a) CRC-Buscas: ferramenta destinada a localizar os atos de registro civil das pessoas naturais;

b) CRC – Comunicações: ferramenta destinada a cumprir comunicações obrigatórias previstas nos artigos 106 e 107 da Lei 6.015, de 31 de dezembro de 1973;

c) CRC – Certidões: ferramenta destinada à solicitação de certidões;

d) CRC – e-Protocolo: ferramenta destinada ao envio de documentos eletrônicos representativos de atos que devem ser cumpridos por outras serventias, tais como procedimentos e pedidos de certidões em inteiro teor;

e) CRC – Interoperabilidade: ferramenta destinada a integrar os serviços prestados através de convênios com programas necessários para o seu desenvolvimento.

Assim, com a CRC, o cidadão poderá ir ao registro civil mais perto de sua residência e usufruir de serviços de qualquer outro registro civil do país, recebendo sua certidão atualizada. Ou seja, do ponto de vista do cidadão, que constantemente exige a redução da burocracia, o serviço de registro civil passa a ser visto como uma estrutura única presente em todos os municípios.

---

12. MRÓZ, Daniela; RIBEIRO, Izolda Andrea; BOSELLI, Karine. *Registro Civil das Pessoas Naturais*. In: GENTIL, Alberto (coord.). *Registros Públicos*. São Paulo: Método, 2019. p.138.

5.6 OUTROS LIVROS E CLASSIFICADORES (ARQUIVOS)

O acervo do registro civil das pessoas naturais não é composto apenas dos livros expressamente previstos em lei. Outros livros são escriturados no exercício da atividade que, embora careçam de previsão legal, são essenciais para a boa organização do serviço público. Além dos livros, também há previsão de pastas, chamadas classificadores, em que são arquivados os documentos apresentados ao registrador.

Diante da ausência de previsão legal para esses livros e classificadores, é necessário um juízo de prudência e conveniência, para organizar o acervo de uma forma que seja, ao mesmo tempo, segura e eficiente. Segura, porque preserva os documentos em sua integridade. Eficiente, porque tanto o armazenamento quanto a recuperação dos documentos deve ser rápida e fácil.

Assim, o excesso de livros e classificadores irá burocratizar o serviço, tornando-o moroso e custoso, além de aumentar a possibilidade de arquivamentos em locais equivocados. Por outro lado, a escassez de livros e classificadores irá desorganizar o acervo, que, sem uma racionalidade, tornará difícil, quando não impossível, encontrar o documento ou informação buscados em tempo hábil.

É necessário atingir o equilíbrio por meio de um juízo prático, que decida entre o que é relevante e útil do que é meramente burocrático. Em primeira instância, essa decisão compete ao oficial de registro, nos termos da Lei n. 8.935/94, artigos 21, 30, I, e 41. A experiência revela que o conjunto das melhores práticas registrais não é alcançado isoladamente, mas justamente das trocas de experiências entre os registradores. Nesse sentido, ganha importância o trabalho das associações de notários e registradores, as quais são o espaço adequado e eficiente para o intercâmbio do conhecimento.

Em segunda instância, é necessário que os notários e registradores cumpram as normas técnicas expedidas pelo juízo competente, nos termos do artigo 30, inciso XIV, da Lei n. 8.935/94. Atualmente, essas normas têm sido editadas, em âmbito federal, pelo CNJ e Corregedoria Nacional da Justiça (CF, art. 103-B, § 4º, I e III) e, no âmbito estadual, pelas Corregedorias Gerais da Justiça, que possuem o poder de fiscalização da atividade notarial e registral (CF, art. 236, § 1º).

Essas normas administrativas têm sido produzidas com prévios estudos, nos quais se admite a participação de notários e registradores, por meio de suas associações, alcançando assim legitimidade e eficiência.

Passa-se, agora, a ver exemplificadamente quais são esses livros e classificadores para, ao final, descrever a distinção entre eles.

Livros:

- *Livro de Registro Diário Auxiliar da Receita e da Despesa* (Provimento 45/2015 da Corregedoria Nacional da Justiça): Nele são lançadas pelo notário ou registrador, diariamente, todas as receitas e despesas relacionadas ao serviço. Tem por finalidade apurar a renda líquida ou déficit do serviço notarial e registral, servindo para apuração da necessidade de acumulação de serviços por inviabilidade econômica, como previsto no artigo 26, parágrafo único, da Lei n. 8.935/94.

- *Livro de Controle de Depósito Prévio* (Provimento 45/2015 da Corregedoria Nacional da Justiça): apenas para as serventias que admitam depósito prévio, que é a quantia recebida no momento do protocolo, que apenas se converterá em renda do serviço caso o ato seja praticado. O livro serve para controlar o fluxo desses valores, já que o Livro Diário Auxiliar da Receita e da Despesa se destina apenas ao lançamento dos valores recebidos pelos atos lavrados.
- *Livro Protocolo de Entrada*: Destinado aos lançamentos, pela ordem de entrada e recebendo uma numeração sucessiva anual, dos processos de habilitação para o casamento, procedimentos administrativos que busquem registros ou averbações e todos os pedidos que não possam ser atendidos de imediato. O protocolo, além de ser livro importante para controlar os documentos que entraram no cartório, o cumprimento de seus prazos e o resultado do trâmite, também tem interesse para a organização do arquivo, pois os documentos poderão ser arquivados seguindo a sua sequência numérica.
- *Livro de Visitas do Ministério Público*: Destinado a lavratura das atas de visitas do Ministério Público, em São Paulo, previsto no item 8, *j*, do Capítulo XVII das NSCGJ-SP.
- *Livro de Transporte*: Destinado para dar continuidade às anotações e averbações, cujo lançamento à margem do registro não foi possível por ter esgotado o espaço. Previsto na LRP, artigo 109, § 6º. Em São Paulo, previsto no item 10 do Capítulo XVII das NSCGJ-SP.
- *Livro de Visitas e Correições*: Destinado à transcrição integral do termo de correição realizadas pelo Juiz Corregedor Permanente ou pelo Corregedor-Geral da Justiça. Em São Paulo, previsto no item 44, *c*, do Capítulo XIII das NSCGJ-SP.
- *Livro Índice de Registro Tardio*: Embora a melhor prática seja a manutenção de índice eletrônico, com realização de cópias de segurança, o que dispensa a escrituração do presente livro, ainda é possível a existência desse livro, no qual são lançados os registros de nascimento lavrados fora do prazo. Sua lavratura facilita a localização de tais registros, cuja data de lavratura é muito distante da data de nascimento (NSCGJ-SP, Capítulo XVII, item 14.2).
- *Livro de Protocolo de Comunicações Expedidas*: É desnecessário o arquivamento da comunicação expedida, pois o próprio registro lavrado é o documento autêntico e preservado em cartório que fundamenta a comunicação. No entanto, a anotação da expedição dessas comunicações é informação jurídica relevante, o que é feito em livro protocolo, conforme LRP, artigo 106, parágrafo único. Se adotado sistema eletrônico de comunicações, não se faz necessário o livro em papel.

Classificadores:
- Relação de Comunicações expedidas: Destinado ao arquivamento das relações das comunicações expedidas em virtude dos artigos 106 e 107 da LRP, ou seja, para que seja realizada a anotação em outros cartórios. Se as comunicações são realizadas em meio eletrônico, é desnecessário o arquivamento dessa relação, bastando o controle eletrônico. Veja-se que o arquivo é da relação, não é necessário

arquivar uma cópia da comunicação. Essas relações poderão ser escrituradas pelo Livro Protocolo de Correspondências Expedidas (anteriormente comentado). A importância desse classificador é para o próprio Oficial de Registro controlar a expedição da comunicação e poder comprovar que a fez.

- Comunicações Recebidas: As comunicações recebidas em meio físico necessitam de arquivamento, pois assim é possível ter o controle da origem e conteúdo das anotações. Na mesma pasta é possível arquivar cópias conferidas das certidões de registro civil que tenham embasado a anotação. A obrigatoriedade desse arquivamento está na LRP, artigo 106, parágrafo único.
- Petições de registro de nascimento tardio: Previstas no art. 15, do Provimento n. 28/2013 da CN-CNJ. Destinam-se ao arquivo não apenas do requerimento, mas de todos os documentos relativos ao registro de nascimento tardio.
- Mandados e outros documentos que devam ser cumpridos: A maior parte desses documentos são utilizados para as averbações, no entanto, também é possível que tenham sido utilizados para atos de registros. Não apenas títulos judiciais, mas também escrituras públicas e demais títulos admitidos por lei (NSCGJ-SP, Capítulo XVII, item 11, *c*).
- Atestados e declarações de óbito (DO): Destinada ao arquivamento do documento que comprova o fato do óbito, normalmente, a declaração ou atestado médico de óbito, que é expedida em formulário padronizado (DO), conforme regulamentação do Ministério da Saúde (NSCGJ-SP, Capítulo XVII, item 11, *d*).
- Procurações utilizadas para a prática de atos (art. 37 da LRP): Caso as partes se façam representar por procuração, necessário que o Oficial de Registro arquive tal instrumento. Por exemplo, se o pai não pode comparecer para a declaração do registro de nascimento, poderá nomear um procurador para o ato, cujo instrumento será arquivado nesta pasta. No casamento, caso os nubentes tenham se utilizado de procuração, tal instrumento ficará arquivado no respectivo procedimento de habilitação, pois é o local onde se arquivam todos os documentos relacionados ao registro do casamento. Não é necessário extrair uma cópia dessa procuração juntada ao procedimento de habilitação para arquivar neste classificador. Não há razão para o arquivamento em duplicidade, que apenas gera mais custos, inclusive ao meio ambiente.
- Declarações de nascidos vivos (DN): Como tratado em capítulo próprio deste livro, a DN fornece alguns dos elementos do registro de nascimento e é composta de uma via própria para arquivamento em cartório. No Estado de São Paulo, criou-se distinção, para o arquivamento, entre as Declarações expedidas pelas maternidades ou estabelecimentos hospitalares e as expedidas pelo Oficial de Registro Civil, nos casos de nascidos fora de maternidades ou estabelecimentos hospitalares, previstas na LRP, artigo 54, § 3º (NSCGJ-SP, Capítulo XVII, item 11, ∫ e *g*). Tal distinção provavelmente teve por finalidade um controle maior sobre este último caso, pois a pasta própria permite um levantamento mais rápido de quantos e quais são esses casos.

- Planilha de atos gratuitos: Arquivamento das segundas vias dos demonstrativos de atos gratuitos encaminhados à entidade gestora, para compensação dos atos gratuitos praticados na forma da lei (NSCGJ-SP, Capítulo XVII, item 11, *h*).
- Atos ocorridos no estrangeiro: Destinada ao arquivamento dos documentos apresentados para a transcrição de nascimentos, casamentos e óbitos de brasileiros ocorridos em país estrangeiro, quer tenham sido lavrados por autoridade estrangeira, quer tenham sido lavrados por autoridade consular brasileira. A certidão do ato estrangeiro pode ser arquivada por cópia reprográfica conferida com o original pelo Oficial de Registro Civil competente para o ato, conforme artigo 4º, parágrafo único, da Resolução n. 155/2012 do CNJ.
- Termos de Declaração de Nascimento colhidas nas maternidades: Como será exposto em capítulo próprio deste livro, o Provimento 13/2010 da Corregedoria Nacional de Justiça (alterado pelo provimento 17/2012) regulamenta a operação das unidades interligadas, com a finalidade da emissão de certidão de nascimentos nas maternidades. Nessas unidades interligadas, firma-se o termo de declaração de nascimento, que terá de ser arquivado em meio físico (art. 15, § 2º, do referido provimento).

Diante de tantos exemplos, pode-se extrair a distinção entre livros e classificadores. A primeira diferença é que o livro é destinado à escrituração, enquanto o classificador é destinado ao arquivamento. Ou seja, no livro são lavrados atos, ainda que consistam em simples lançamentos da entrada de um título ou da efetivação de uma despesa. Nos classificadores são arquivados os documentos apresentados ao registrador ou obtidos por este.

Outra distinção possível é que os livros são destinados a atos praticados pelo registrador, com exceção do livro de visitas e correição, cujas atas não são lavradas pelo registrador, mas pelos corregedores. Já os classificadores são destinados a documentos de autoria de outras pessoas, que não os notários e registradores, ainda que contem com a participação destes, como nos casos do arquivamento dos termos de reconhecimentos de filhos ou de declarações de nascimento colhidas na maternidade.

Por fim, outra distinção é que os livros são principais, pois consubstanciam atos relevantes por si sós. Já os classificadores são acessórios, pois conservam documentos utilizados nos atos que constam dos livros.

Dessa forma, para os livros existe a obrigatoriedade, que não há para os classificadores, de serem abertos, numerados, autenticados e encerrados pelo notário ou registrador, lavrando-se termo de abertura que deverá conter o número do livro, o fim a que se destina, o número de folhas que contém, o nome do delegado do serviço notarial e de registro responsável, a declaração de que todas as suas folhas estão rubricadas e o fecho, com data e assinatura (NSCGJSP, item 45, Capítulo XIII).

6
ATENDIMENTO AO PÚBLICO, ACESSIBILIDADE E ORGANIZAÇÃO DAS SERVENTIAS

6.1 ATENDIMENTO AO PÚBLICO E SISTEMA DE PLANTÃO

Embora exercidos em caráter privado, os serviços notariais e registrais são públicos, portanto, devem seguir o estabelecido em lei no que diz respeito à função exercida. Nesse sentido, estabeleceram-se algumas condições mínimas. Quanto aos dias e horários de atendimento ao público, determinou-se que serão estabelecidos pelo juiz competente, respeitando o mínimo de seis horas diárias (art. 4º, § 2º, da Lei n. 8.935/94) e a abertura e encerramento às mesmas horas em todos os dias úteis (LRP, artigo 8º). Por menor que seja a serventia, esses requisitos deverão ser observados.

É necessário dar ampla publicidade ao horário de funcionamento da serventia, para que o público usuário saiba quando poderá comparecer ao cartório. Nos serviços de registro de imóveis e tabelionatos de protestos, o horário de funcionamento tem ainda maior importância, por conta dos prazos e efeitos jurídicos do sistema de publicidade.

No Estado de São Paulo, as normas administrativas da Corregedoria-Geral estabeleceram que o serviço deverá ser prestado de forma ininterrupta, sem intervalo para o almoço, caso disponha de três escreventes ou mais (NSCGJ-SP, Capítulo XIII, item 86). O número de três escreventes (não auxiliares) é a exata quantia mínima, pois nos meses em que um escrevente estiver em férias e outro estiver em horário de almoço, ainda haverá um escrevente para atender o público.

Para o caso específico do serviço de registro civil, as normas paulistas estabeleceram o horário padrão para todo o Estado, da seguinte forma: dias úteis, das 9h às 17h, aos sábados, das 9h às 12h. Nas comarcas do interior, conforme as peculiaridades locais, o Juiz Corregedor poderá determinar outro horário de funcionamento, sempre motivadamente e comunicando a Corregedoria-Geral (NSCGJ-SP, Capítulo XVIII, item 7 e subitens).

Para o registro civil das pessoas naturais, estabelece o artigo 4º, § 1º, da Lei n. 8.935/94 a necessidade de atendimento pelo sistema de plantão aos sábados, domingos e feriados. O sistema de plantão existe em virtude do registro de óbito, cujo prazo é de 24 horas, sendo o ato necessário ao sepultamento ou cremação (LRP, arts. 77 e 78).

Importante ressaltar que não existe previsão legal ou normativa de plantão na madrugada, ou seja, no intervalo entre os expedientes. Tal forma de plantão sequer é necessária, pois sendo o atendimento diário, sempre haverá possibilidade de registro do óbito dentro do prazo de 24 horas. Ademais, o decurso do prazo não acarreta penalidades jurídicas, sendo dilatado para quinze dias ou, para as localidades distantes mais de 30 km do cartório, ampliado em até três meses, se por qualquer motivo relevante não se atendeu ao primeiro prazo (LRP, art. 78).

O próprio artigo 4º, § 1º, da Lei n. 8.935/94 é claro ao estabelecer o sistema de plantão apenas aos sábados, domingos e feriados. Mesmo nesses dias, o sistema de plantão não ocorre durante as vinte e quatro horas do dia, mas durante os mesmos horários dos demais dias ou ainda, consideradas as peculiaridades locais, horário menor, fixado pelo juiz competente. Exigir que o serviço de registro civil seja prestado vinte e quatro horas por dia, sete dias por semana, teria um custo extremamente elevado, incapaz de ser suportado pela atividade, ainda que se considere o sistema de plantão, pois a legislação trabalhista também protege as horas em sobreaviso.

6.2 LOCALIZAÇÃO E ACESSIBILIDADE

O local onde será instalado o cartório é uma decisão do notário ou registrador, no entanto, a decisão deverá se pautar pela busca aos objetivos estabelecidos em lei, quais sejam, local de fácil acesso ao público e que ofereça segurança para o arquivamento dos livros e documentos (Lei n. 8.935/94, art. 4º).

A serventia deve estar instalada em local com acesso universal, permitindo que qualquer cidadão possa se valer dos serviços. Inclusive, devem estar adaptadas para que portadores de necessidades especiais tenham acesso aos serviços.

No Estado de São Paulo, entende-se por acessibilidade aos portadores de necessidades especiais a existência de local para atendimento no andar térreo (cujo acesso não contenha degraus ou, caso haja, disponha de rampa, ainda que removível); rebaixamento da altura de parte do balcão, ou guichê, para comodidade do usuário em cadeira de rodas; destinação de pelo menos uma vaga, devidamente sinalizada com o símbolo característico na cor azul (naquelas serventias que dispuserem de estacionamento para os veículos dos seus usuários) e, finalmente, um banheiro adequado ao acesso e uso por tais cidadãos (NSCGJ-SP, Capítulo XIII, item 20.1, g).

Caso não seja possível adaptar o imóvel onde instalada a serventia, ela tem de ser mudada para outro local que atenda aos requisitos de acessibilidade. Os prazos e condições para tal mudança devem ser ponderados pela realidade da cidade onde localizada a serventia, considerando a oferta e disponibilidade de imóveis que atendam a finalidade da boa e universal prestação do serviço público, dentro da viabilidade financeira.

6.3 COMPETÊNCIA TERRITORIAL

O Registro Civil das Pessoas Naturais deve obedecer às regras de competência territorial para sua atuação, nos termos do artigo 12, parte final, da Lei n. 8.935/94.

A repartição territorial dos serviços, além da sua previsão legal, tem importância por dois fundamentos. O primeiro é a inexistência de concorrência entre os serviços de registros públicos, que seria potencialmente predatória e prejudicial à segurança e certeza jurídicas.

O segundo fundamento é o princípio da publicidade. É importante que todos saibam onde devem buscar os atos jurídicos que necessitam. Sabendo-se, pelas regras de competência, onde os registros são feitos, tem-se a certeza se aquele determinado ato foi ou não praticado. Isto possibilita, inclusive, a expedição de certidão negativa com a presunção de que o ato não existe.

Possivelmente, com a interligação dos registros públicos e a criação de bases informatizadas mantidas e atualizadas pelos registradores, isso perderá importância, pois será possível localizar todo e qualquer ato, independentemente de onde foi lavrado, mas atualmente é norma de grande relevância prática e jurídica.

6.4 ACUMULAÇÃO DE SERVIÇOS E PRESENÇA EM TODOS OS MUNICÍPIOS

A regra geral é que as diversas especialidades do serviço notarial e registral não são acumuláveis, ou seja, não podem ser delegadas à mesma pessoa. No entanto, a regra é excepcionada nos municípios em que não comportarem, em razão do volume dos serviços ou da receita, a instalação de cada um dos serviços isoladamente (Lei n. 8.935/94, art. 26).

Além dessa hipótese, o artigo 52 da Lei n. 8.935/94 preserva ao serviço de Registro Civil das Pessoas Naturais a competência para a lavratura de instrumentos traslatícios de direitos reais, procurações, reconhecimento de firmas e autenticação de cópia reprográfica, desde que já existisse lei estadual específica, em vigor na data de publicação da Lei n. 8.935/94. No Estado de São Paulo, havia a Lei n. 4.225/84, cujas atribuições criadas ao registro civil das pessoas naturais ficaram perenizadas por força desse dispositivo legal.

Há também a hipótese de anexação do serviço diante do desinteresse ou inexistência de candidatos, prevista no artigo 44 da Lei n. 8.935/94.

As regras sobre acumulação são de grande importância para a viabilidade econômica do Registro Civil das Pessoas Naturais, pois são muitos os atos praticados gratuitamente por essa especialidade e há o comando legal estabelecendo a necessidade de prestação do serviço de registro civil das pessoas naturais em todos os municípios do Brasil (art. 44, § 2º, da Lei n. 8.935/94).

Por fim, ressalte-se que, para a reorganização dos serviços notariais e registrais, ou seja, para que sejam realizadas acumulações e desacumulações de serviços, há necessidade de lei estadual, de iniciativa privativa do respectivo Tribunal de Justiça, conforme decisão do STF[1].

---

1. (...) 3. A matéria relativa à ordenação das serventias extrajudiciais e dos serviços por elas desempenhados está inserida na seara da organização judiciária, para a qual se exige, nos termos dos arts. 96, II, d, e 125, § 1º, da CF, a edição de lei formal de iniciativa privativa dos Tribunais de Justiça. Precedentes: ADI 1.935, Rel. Min. Carlos Velloso, DJ de 4-10-2002; ADI 2.350, rel. Min. Maurício Corrêa, DJ de 30-4-2004; e ADI 3.773, Rel. Min. Menezes Direito, DJe de 4-9-2009. (...) (ADI 4140, Relator(a): Min. ELLEN GRACIE, Tribunal Pleno, julgado em 29-6-2011, DJe-180 DIVULG 19-9-2011 PUBLIC 20-9-2011 EMENT VOL-02590-01 PP-00105.)

6.5 CONSERVAÇÃO DO ACERVO

Verifica-se, na lei, uma grande atenção à conservação dos livros e documentos dos registros públicos. Tal disposição não é sem propósito, pois os livros dos cartórios buscam a perpetuidade. Mesmo diante das alterações e cancelamentos por que passam os atos e fatos registrados, jamais se inutiliza o conteúdo dos livros de registros. Deseja-se manter o histórico dos atos e fatos, que, em última análise, acaba por conservar uma parte da história da humanidade. Os registros públicos são fonte primária para pesquisas históricas.

Ademais, a integridade do acervo é essencial para a boa prestação do serviço público. Os registros públicos não são um mero arquivo, um mero repositório, pelo contrário, constituem um sistema organizado de publicidade de atos e fatos, de forma concatenada, de modo que os atos anteriores são essenciais para a realização de atos posteriores. A perda de uma parte do acervo prejudica a execução e a continuidade do serviço.

Assim, é dever e responsabilidade do oficial de registro zelar pela ordem, guarda, segurança e conservação dos livros e documentos (arts. 30, I, e 46 da Lei n. 8.935/94 e art. 24 da LRP). O local em que instalada a serventia deve ser seguro para os livros e documentos (art. 4º, Lei n. 8.935/94). Atente-se que não basta conservar a integridade do livro e dos documentos, é necessário também mantê-los em ordem, de forma que seja rápida e fácil sua localização.

A importância dos livros e documentos para o serviço de registros públicos é tanta que, caso exista a necessidade de serem periciados, o exame deverá ocorrer na própria sede do serviço, em dia e hora adrede designados, com ciência do titular e autorização do juízo competente (art. 46, parágrafo único, da Lei n. 8.935/94). Sejam essas diligências judiciais ou extrajudiciais, a apresentação dos livros se fará sempre no respectivo cartório (art. 23 da LRP).

Também não se pode retirar os livros da serventia, salvo excepcionalmente, com autorização judicial (art. 22 da LRP). Por exemplo, para que os livros sejam reencadernados, restaurados em gráfica idônea, ante a inviabilidade econômica ou técnica de se realizar esses serviços na própria serventia, poderá o juiz autorizar a saída do livro.

Por fim, a regra geral é que a conservação dos livros em cartório é permanente e ali permanecerão indefinidamente (arts. 24 e 26 da LRP). No entanto, conforme o tipo do documento ou até mesmo do livro (caso do Livro D – registro de proclamas), considerando o seu valor jurídico e a utilidade para o serviço, normas administrativas autorizam a sua destruição, desde que preservado o teor do documento por sistema de microfilmagem ou digitalização. Em alguns casos, nem sequer é necessária a conservação do teor do documento.

Para a melhor conservação dos livros, a CN-CNJ editou a Recomendação n. 9/2013 (alterada pela Recomendação n. 11/2013), recomendando os notários e registradores de todo o Brasil a criarem, por qualquer método hábil, uma cópia de segurança dos livros de registro. Uma das cópias deve ser arquivada em local distinto da serventia, sendo possível usar servidores externos, conhecidos no mercado como datacenter ou armazenamento na nuvem. No mesmo sentido, leia-se o Provimento 74/2018 da CN-CNJ.

7
Emolumentos e Gratuidade

A CF estabelece no artigo 236, § 2º, que as regras gerais relativas a emolumentos da atividade Notarial e de Registro, o que inclui o Registro Civil das Pessoas Naturais, serão fixadas em lei federal.

Cumprindo-se a previsão constitucional, foi editada a Lei n. 10.169/2000, que em seu artigo 1º confere aos Estados e ao Distrito Federal a competência para fixar os valores dos emolumentos.

Em seguida, a referida lei prevê que tais valores devem "corresponder ao efetivo custo e à adequada e suficiente remuneração dos serviços prestados" (art. 1º, parágrafo único) e que se "levará em conta a natureza pública e o caráter social dos serviços notariais e de registro" (art. 2º).

Diante de tais previsões, fica clara a disciplina jurídica dos emolumentos, que foi lucidamente resumida na consulta elaborada pela ANOREG-SP às advogadas Maria Leonor Leite Vieira, Sandra Cristina Denardi e Maria Ângela Lopes Paulino (Barros Carvalho Advogados Associados), segundo a qual:

> disciplina jurídica – constitucional e legal – dos emolumentos, a qual determina que o valor fixado para o preço do serviço dos notários e registradores deverá corresponder ao efetivo custo e à adequada e suficiente remuneração dos serviços prestados. Tal critério jurídico é de observância imperiosa, sobrepondo-se aos demais, tendo em conta o caráter social e a natureza pública da atividade realizada. Ora, por se tratar de uma função pública, é dever do Estado, por meio do seu órgão competente, proporcionar ao notário e ao registrador os meios econômico-financeiros necessários que garantam a eficiência e a qualidade do serviço público, fixando adequada e suficiente remuneração.

Tal disciplina deve permear toda e qualquer análise dos emolumentos, servindo de pauta para o leitor que buscar a legislação de cada Estado e do Distrito Federal para apreciação das regras específicas.

Importante observar que a fim de equilibrar a imperiosa necessidade de se garantir adequada e suficiente remuneração do registrador civil e a imposição constitucional de gratuidade dos atos essenciais à cidadania, anteriormente mencionada, a própria Lei n. 10.169/2000 criou a obrigatoriedade de se estabelecer, no âmbito estadual, mecanismos de ressarcimento e compensação dos registradores civis (art. 8º).

Estes mecanismos são essenciais ao bom funcionamento do sistema e à garantia da cidadania em todas as localidades. De tal maneira, devem ser criados os mecanismos de compensação em todas as unidades de federação onde ainda não existirem, e, onde já existirem, devem receber os devidos aprimoramentos a fim de manter adequadamente o sistema de registro civil.

Observe-se que há discussão quanto à natureza jurídica dos emolumentos, se teriam natureza tributária – na modalidade taxa – ou não, o que determinaria todo o regime aplicável. Não é o objetivo do presente trabalho esgotar ou oferecer uma análise mais aprofundada sobre o tema, todavia, apresentam-se alguns posicionamentos:

Entre os contrários à natureza tributária, ou que a relativizam, podem ser mencionados Regnoberto de Melo Junior[1], para quem os emolumentos tem natureza de contraprestação remuneratória; Gilson Carlos Sant'Anna[2], que sustenta tratarem-se de preço público; Emanuel Costa Santos[3], que conclui que emolumentos tem natureza própria – são emolumentos, nada mais, nada menos; Sandro Maciel Carvalho[4], que defende uma natureza híbrida dos emolumentos: tributária no que custeia o serviço e remuneratória no que diz respeito ao ganho do oficial/tabelião; e Hercules Alexandre da Costa Benício[5], segundo quem os emolumentos "não devem ser categorizados como taxa em sentido estrito, muito menos receita pública, uma vez que são destinados integralmente e diretamente a entes particulares, constituindo remuneração não advinda dos cofres públicos".

Por outro lado, já se manifestaram no sentido de que os emolumentos são taxa, portanto, tributo, entre outros, Ives Gadra Martins[6], José Carlos Moreira Alves[7], Roque Antônio Carrazza[8], Maurício Zockun[9], Sacha Calmon Navarro Coelho e Misabel Abreu Machado Derzi[10], entre outros.

São robustos os fundamentos de todos os posicionamentos indicados, o que demonstra a necessidade de um debate mais aprofundado sobre o tema. Entretanto, há que se reconhecer que têm prevalecido na jurisprudência do Supremo Tribunal Federal que

---

1. MELO JUNIOR, Regnoberto Marques. *Dos Emolumentos Notariais e Registrais: doutrina, legislação e jurisprudência.* Rio de Janeiro: Freitas Bastos. 2005.
2. SANT'ANA, Gilson Carlos. *Os Serviços Notariais e sua Contraprestação.* Disponível em: www.colegioregistralrs.org.br/anexos/Os_Servicos. Acesso em 05.12.2018.
3. SANTOS, Emanuel Costa. Emolumentos notariais e de registro: desvendando os segredos desta esfinge. In. Anais do XIX Congresso Nacional do CONPEDI. Disponível em http://irib.org.br/boletim/2013/abril/downloads/4249-artigo.pdf. Acesso em 05.12.2018.
4. CARVALHO, Sandro Maciel. *Os Emolumentos e o Equilíbrio Econômico-Financeiro na Delegação da Atividade Notarial e Registral.* In. *Direito Notarial e Registral Avançado.* YOSHIDA, Consuelo Yatsuda Moromizato; FIGUEIREDO, Marcelo; e AMADEI, Vicente de Abreu. (coord.). São Paulo: Revista dos Tribunais, 2014. pp. 93-114.
5. BENÍCIO, Hercules Alexandre da Costa. *Responsabilidade civil do Estado decorrente de atos notariais e de registro.* São Paulo: Editora Revista dos Tribunais, 2005.
6. MARTINS, Ives Gandra. *Natureza Tributária de Emolumentos Notariais - Competência das Esferas Federativas para Impor Tributos Regime Jurídico Prevalecente no Estado de Mato Grosso para Emolumentos Concernentes A Cédulas Rurais – Parecer.* In. *Revista Jurídica - Instituição Toledo de Ensino.* Disponível em: https://bdjur.stj.jus.br/jspui/bitstream/2011/20254/natureza_tributaria.pdf. Acesso em 07.12.2018.
7. ALVES, José Carlos Moreira. A natureza tributária das custas e dos emolumentos e sua fixação por lei. In: PRINCÍPIOS tributários no direito brasileiro e comparado. Rio de Janeiro: Forense, 1988. p. 441-469.
8. CARRAZZA, Roque Antônio. Parecer - Imposto sobre Serviços de Qualquer Natureza (ISS) nos serviços de Registros Públicos, cartorários e notariais. Disponível em http://www.recivil.com.br/preciviladm/modulos/artigos/documentos. Acesso em 07.12.2018.
9. ZOCKUN, Maurício. Parecer ao SINOREG-SP de 28 de dezembro de 2012.
10. COELHO, Sacha Calmon Navarro; DERZI, Misabel Abreu Machado. Base de Cálculo do ISSQN Incidente Sobre os Serviços Notariais e de Registro Público. Vigência e Aplicação do §1º do art. 9º do decreto-lei 406/68. – Parecer ao SINOREG-MG. 2008.

emolumentos tem natureza tributária, na modalidade taxa[11], assim se veem as decisões nas ADI 1378-MC/ES[12], ADI 1148/AP[13], ADI 2653/MT[14], ADI 1624/MG[15], ADI 2129[16] e ADC 5-MC/DF[17].

Diante disso, pode-se afirmar que até o momento prevalece a natureza tributária dos emolumentos, portanto, há que se aplicar o regime jurídico pertinente, inclusive o fato de que não se pode isentar o cidadão de seu pagamento salvo nos casos previstos em lei, em conformidade com o § 6º do artigo 150 da CF e com os artigos 97, VI, e 175, I, do Código Tributário Nacional. Assim já decidiu a CGJ-SP no Processo CGJ n. 710/2003:

> Registro de Imóveis – Gratuidade da Justiça – Concessão pelo Juiz Corregedor Permanente no âmbito administrativo – Inadmissibilidade – Isenção de Taxa – Necessidade de previsão legal – Recurso provido para revogar a concessão.

Com essa compreensão, passa-se à análise das hipóteses de gratuidade no registro civil das pessoas naturais.

7.1 GRATUIDADES E SEUS FUNDAMENTOS

A Lei n. 9.534/97 alterou o artigo 30 da LRP, o qual passou a prever que serão gratuitos o registro civil de nascimento e o assento de óbito, bem como a primeira certidão de cada um desses atos. Da mesma forma, acrescentou o inciso VI ao artigo 1º da Lei n. 9.265/96, com a seguinte redação: "São gratuitos os atos necessários ao exercício da cidadania, assim considerados: (...) VI – registro civil de nascimento e o assento de óbito, bem como a primeira certidão respectiva".

Assim, cumpriu-se a previsão constitucional de que "são gratuitos (...), na forma da lei, os atos necessários ao exercício da cidadania" (art. 5º, LXXVII, da CF/88[18]).

Verifica-se que tal gratuidade, concedida indistintamente a todas as pessoas, decorre da necessidade dos registros de nascimento e de óbito ao exercício da cidadania, como já analisado no item 1.1.1 deste trabalho.

---

11. Mesmo no STF há ressalvas: mencionem-se os votos proferidos na ADI 3089: o Ministro Marco Aurélio questiona se os emolumentos teriam a natureza de taxa, e o Ministro Ayres Britto que questiona o fato de um tributo ser recolhido em benefício de um particular.
12. "A jurisprudência do STF firmou orientação no sentido de que as **custas judiciais e os emolumentos concernentes aos serviços notariais e registrais possuem natureza tributária, qualificando-se como taxas** remuneratórias de serviços públicos, sujeitando-se, em consequência, quer no que concerne à sua instituição e majoração, quer no que se refere à sua exigibilidade, ao regime jurídico-constitucional pertinente a essa especial modalidade de tributo vinculado, notadamente aos princípios fundamentais que proclamam, dentre outras, as garantias essenciais (a) da reserva de competência impositiva, (b) da legalidade, (c) da isonomia e (d) da anterioridade."
13. Ação direta de inconstitucionalidade. 2. Lei nº 174/1994 do Estado do Amapá. Isenção de emolumentos. Natureza tributária de "taxa". Tributo estadual. 3. Alegação de ofensa ao art. 22, XXV, da Constituição Federal. Inocorrência. Diploma normativo que concede isenção de emolumentos não ofende competência privativa da União para legislar sobre registros públicos. 4. Ação direta julgada improcedente.
14. I. - As custas e os emolumentos são espécie tributária, são taxas. Precedentes do STF.
15. I.- Custas e emolumentos são espécies tributárias, classificando-se como taxas. Precedentes do STF
16. Os emolumentos têm natureza tributária e caracterizam-se como taxas remuneratórias de serviços públicos
17. OS EMOLUMENTOS SÃO TAXAS REMUNERATÓRIAS DE SERVIÇOS PÚBLICOS.
18. Supremo Tribunal Federal. Ação Direta de Inconstitucionalidade 1.800-1 – Distrito Federal.

Todavia, a legislação prevê outras gratuidades que não estão abrangidas pelo preceito do inciso LXXVII do artigo 5º da CF.

Entre tais gratuidades, verificam-se o § 1º do artigo 30 da LRP e o parágrafo único do artigo 1.512 do CC – essas não têm os mesmos fundamentos daquela anteriormente mencionada, porém, justificam-se pela situação de pobreza dos interessados.

Nesse assunto, é pertinente ressaltar o excerto da justificativa do Projeto de Lei n. 48/2001 apresentado à Assembleia Legislativa do Rio Grande do Sul, o qual versava sobre gratuidade para Carteiras de Identidade:

> A isenção em questão **diz respeito aos que se encontram em "estado de pobreza"**. (...) **O pobre, legalmente reconhecido, possui certas prerrogativas que não são extensíveis aos cidadãos de posses, tendo em vista o princípio da isonomia, que prescreve o tratamento desigual dos desiguais**[19].

Percebe-se que a gratuidade concedida aos reconhecidamente pobres decorre da concretização do princípio da isonomia, estampado no artigo 5º, *caput*, da CF, o qual "preceitua que sejam tratadas igualmente as situações iguais e desigualmente as desiguais"[20].

A rigor, essa espécie de gratuidade é a criação de uma diferenciação de tratamento (isenção de pagamento), a qual, para não quebrar a isonomia, segundo o mestre Celso Antônio Bandeira de Mello, ao qual novamente se recorre, deve atender a três requisitos:

A) "O traço diferencial adotado, necessariamente há de residir na pessoa, coisa ou situação discriminada"[21];

B) Deve haver "correlação lógica entre o fator erigido em critério de discrímen e a discriminação legal decidida em função dele"[22];

C) "*In concreto*, o vínculo de correlação suprarreferido deve ser pertinente em função dos interesses constitucionalmente protegidos, isto é, resultar em diferenciação de tratamento jurídico fundada em razão valiosa – ao lume do texto constitucional – para o bem público"[23].

Da análise do caso em questão, conclui-se que tais requisitos estão atendidos:

A) O fator de diferenciação é a situação de pobreza das próprias pessoas, não um fator alheio;

B) Há perfeita correlação entre a situação de pobreza e isenção de pagamento de custas e emolumentos;

C) A isenção se destina a contribuir para a "erradicação da pobreza e da marginalização e redução das desigualdades sociais" (Art. 3º, III, da CF) e busca a promoção

---

19. Este fato foi reconhecido recentemente pela Câmara dos Deputados, o órgão do legislativo que democraticamente representa a vontade do povo brasileiro, que rejeitou o PL 877/07, que pretendia substituir o termo "pobreza" pelo termo "carência econômica". No parecer fundamentador da rejeição, argumentou-se que a alteração traria gratuidade a situações em que esta não caberia, ampliando-se a utilização de tal benefício, o que geraria consequências negativas.
20. BANDEIRA DE MELLO, Celso Antônio. Op. cit., p. 35.
21. Idem, Ibidem, p. 23.
22. Idem, Ibidem, p. 37.
23. Idem, Ibidem, p. 41.

da dignidade da pessoa humana, como fundamento do Estado Democrático de Direito (Art. 1º, III, da CF).

Todavia, essa análise somente se verifica se o benefício for concedido apenas aos verdadeiramente pobres, do contrário, os requisitos deixam de ser atendidos e há quebra da isonomia, com uma série de efeitos indesejáveis e avessos ao interesse público.

A concessão de gratuidade a quem não está em situação de pobreza gera custos injustificados, direcionando-se recursos ao custeio de atos que são praticados em favor de quem dispõe de meios para pagar por eles, o que reduz a quantia que poderia ser destinada ao atendimento daqueles efetivamente pobres e ao atendimento do verdadeiro interesse público. A problemática da concessão de gratuidades está bem desenvolvida na obra coordenada pelo estudioso das notas e registros, Desembargador Ricardo Dip, intitulada "Concessão de Gratuidades no Registro Civil".[24]

Neste trabalho, com o intuito de contribuir para evolução da matéria e sem a pretensão de esgotar o tema, faz-se, a seguir, uma breve análise quanto ao que viria a ser condição de pobreza e quais seriam as normas para verificação e concessão do benefício, de uma maneira que sejam atendidos os princípios constitucionais e sejam beneficiados aqueles que realmente o necessitam.

7.1.1 Critério para definição de pobreza

A pobreza pode ser definida de diversas maneiras[25], como, por exemplo: **Insuficiência de Renda**[26]; **Insatisfação de Necessidades Básicas**[27]; **Privação de Capacidades**[28] e [29]; **Avaliações Participativas sobre a Pobreza – Vozes dos Pobres**[30]; **Exclusão Social**; **Ausência de Direitos Sociais**[31].

Todavia, deve-se apurar qual dos critérios é o mais apropriado para a finalidade que se propõe, de forma a se atender àqueles que realmente necessitam.

No caso em questão, como o benefício da gratuidade constitui isenção de pagamento, o conceito de pobreza deve estar atrelado à renda e ser mensurável economicamente

---

24. DIP, Ricardo (coord.). *Concessão de Gratuidades no Registro Civil*. São Paulo: Quartier Latin, 2017.
25. Este tema foi trabalho de um dos coautores em sede de mestrado, com a seguinte referência: CAMARGO NETO, Mario de Carvalho. Pobreza como violação dos direitos humanos – os direitos humanos do combate à pobreza. Op. cit.
26. World Development Indicators 2006. Disponível em: http://devdata.worldbank.org/wdi2006. Acesso em 15 mar. 2008.
27. COMISSÃO ECONÔMICA PARA AMÉRICA LATINA E CARIBE. Panorama Social da América Latina 2007. Disponível em: www.cepal.org.ar/publicaciones. Acesso em 15 jan. 2008.
28. SEN, Amartya. *Desenvolvimento como liberdade*. Tradução: Laura Teixeira Motta. Revisão técnica: Ricardo Doninelli Mendes. São Paulo: Companhia das Letras, 2007.
29. PROGRAMA DAS NAÇÕES UNIDAS PARA O DESENVOLVIMENTO. Relatório de Desenvolvimento Humano, 1997. Disponível em: http://www.pnud.org.br/rdh/. Acesso em 8 mar. 2008.
30. NARAYAN, Deepa; PETESCH, Patti (editores). *Moving out of Poverty – Cross-Disciplinary Perspectives on Mobility*. Vol. 1. New York: The World Bank and Palgrave Macmillan, 2007.
31. VILLELA, José Corrêa. Conceito jurídico de pobreza na construção da segurança social. Tese apresentada ao Departamento de Direito do Trabalho da Faculdade de Direito da Universidade de São Paulo como requisito para obtenção do grau de doutor, 2006. p. 395.

(monetariamente); entretanto, esse valor monetário deve levar em conta o atendimento às necessidades básicas das famílias e aos direitos sociais.

No Brasil, estes dois critérios são considerados:

Ao se medir a pobreza, toma-se um valor relativo ao salário mínimo (medida monetária), considerando-se a natureza desse salário, o qual, segundo a CF, deve tornar o trabalhador "capaz de atender a suas necessidades vitais básicas e às de sua família com moradia, alimentação, educação, saúde, lazer, vestuário, higiene, transporte e previdência social" (necessidades básicas e direitos sociais).

Assim se verifica no estudo elaborado pelo Instituto de Pesquisa Econômica Aplicada (IPEA)[32]:

> Como pobre define-se todas as pessoas com renda *per capita* igual ou inferior a meio salário mínimo, isto é, R$ 207,50. Da mesma forma, são consideradas pessoas em condição de indigência aquelas com renda *per capita* igual ou inferior a um quarto do salário mínimo (R$ 103,75)[33].

Todavia, apesar de apropriada a definição econômica e social dada pelo IPEA, o tema requer que o conceito de pobreza seja jurídico, devendo ser extraído do próprio ordenamento.

Nesse sentido, encontra-se a lei que institui o programa Bolsa Família (Lei Federal n. 10.836/2004), regulamentada pelo Decreto n. 5.209/2004, atualizado pelo Decreto n. 9.396/2018, segundo os quais pobreza se caracteriza "renda familiar mensal *per capita* de até R$ 178,00" e extrema pobreza até R$ 89,00. Também encontra-se o Decreto 6.135/2007, que regulamenta o Cadastro Único para Programas Sociais, para o qual família de baixa renda é "aquela com renda familiar mensal *per capita* de até meio salário mínimo".

Esses diplomas trazem o conceito legal de pobreza para fins de concessão de benefícios sociais do Estado, devendo o mesmo critério ser utilizado para fins de concessão de gratuidade nos serviços públicos, como no caso dos atos de registro civil.

Diante disso, deve ser estabelecido que a gratuidade somente se aplique àqueles que se enquadrarem nos requisitos da lei e decretos mencionados e que a declaração de pobreza implique declaração de enquadramento em tais requisitos, sob as penas da lei.

7.1.2 Declaração e verificação do estado de pobreza

Verifica-se que a LRP e o CC ao preverem a gratuidade também prescrevem que a pobreza seja comprovada por declaração, sob as penas da lei, prevendo responsabilização pela falsidade.

Tem sido defendido o entendimento estampado em decisão da CGJ-SP (Parecer 161/2008-E), que estabelece "bastar que seja declarada pela parte interessada a situação

---

32. IPEA. Pobreza e riqueza no Brasil metropolitano. Comunicado da Presidência. Número 7, ago. 2008.
33. Verifica-se que tal conceito é o mesmo utilizado pelo Instituto Brasileiro de Geografia e Estatística (IBGE) quando da realização da Pesquisa Nacional por Amostra de Domicílios (PNAD). Disponível em: http://www.ibge.gov.br/home/. Acesso em 12 nov. 2008.

de pobreza para que faça jus à isenção preconizada", ressalvando que a "autoridade competente possa exigir comprovação da insuficiência de recursos" apenas "em caso de fundada suspeita".

Todavia, deve-se evoluir para a interpretação de que a aplicação dos dispositivos exige a utilização de ferramenta hábil para a verificação da veracidade da declaração, do contrário, seria letra morta a previsão de que tal declaração é feita sob as penas da lei, ou de que a falsidade ensejara responsabilidade civil e criminal.

Assim é a opinião de Fabrício Zamprogna Matiello[34]:

> A pobreza referida neste[s] dispositivo[s] é demonstrada através de apresentação de documentos capazes de revelar a hipossuficiência dos requerentes (contracheque, comprovantes de rendimento etc.).

As previsões de que "o estado de pobreza se comprova por declaração do interessado" ou de que a isenção se aplica às "pessoas cuja pobreza for declarada" não devem ser interpretadas no sentido de se excluir a verificação, mas no sentido de que a concessão do benefício seja afastada apenas no caso de se verificar a inexistência do estado de pobreza declarado.

A declaração apenas gera presunção relativa da pobreza.

José Corrêa Vilela[35] aponta a existência de verificação da condição de pobreza, embora não prevista legalmente, sustentando que para o casamento:

> Não há referência a qualquer disposição legal para verificar a condição de pobreza do requerente, ficando a cargo da autoridade judicial a concessão ou não da gratuidade e de acordo com a documentação comprobatória apresentada.

Apesar de o autor indicar a autoridade judicial como competente para a verificação da pobreza, nada impede que tal verificação seja feita pelo oficial de registro, o que se torna essencial na medida em que a homologação da habilitação para o casamento pelo juiz não é mais a regra, por força da Lei n. 12.133/2009 que alterou o artigo 1.526 do CC.

O oficial de registro é delegado de serviço público, dotado de fé pública e submetido ao princípio da legalidade, o que lhe dá atribuição para conferir a correspondência entre a situação fática e a lei, que no caso seria entre a situação do declarante e a definição legal de estado de pobreza (nos termos da lei e decretos anteriormente mencionados).

Diante disso, faz-se necessário que é atribuição do Registrador Civil analisar a veracidade das declarações e impugná-las na concessão de gratuidade, sem prejuízo do reexame pelo Poder Judiciário diante da irresignação dos interessados[36].

Este foi o entendimento mais recente da CGJ-SP, que, no parecer 248/2018, proferido no Processo 2017/00149725, entendeu que:

> A habilitação, o registro e a primeira certidão de casamento são isentos da cobrança de emolumentos para as pessoas em situação jurídica de pobreza.

---
34. MATIELLO, Fabrício Zamprogna. *Código Civil comentado*. São Paulo: LTr, 2003. p. 976.
35. VILLELA, José Corrêa. Op. cit., p. 290.
36. Mecanismos previstos nos artigos 29 e 30 da Lei n. 11.331/2002 do Estado de São Paulo.

A realização do casamento de forma individual ou coletiva não modifica esse regime jurídico, destarte, **e atribuição do Oficial de Registro Civil a verificação dos requisitos legais nas duas modalidades**. (sem destaques no original)

Bom exemplo nesse sentido foi o Ato Normativo n. 17/2009 do TJRJ, que estabeleceu quais documentos o Registrador poderia exigir.

No mesmo sentido, o Código de Normas dos Serviços Notariais e de Registro da Corregedoria Geral da Justiça do Estado de Pernambuco – CNCGJ-PE, cujos artigos 669 e 670 preveem que o oficial de registro pode impugnar a declaração de pobreza e estabelecem o procedimento.

> Art. 669. A Declaração de insuficiência de recursos é documento hábil para o deferimento da gratuidade, mas sua concessão poderá ser condicionada, pelo juiz, à comprovação de pobreza, se a atividade ou o cargo exercido por qualquer dos nubentes fizerem presumir não se tratar de pessoa pobre.
>
> Art. 670. O Oficial do registro competente para a habilitação do casamento poderá impugnar a declaração de pobreza firmada pelos nubentes. §1º A peça de impugnação deve ser instruída com documentos que comprovem o alegado ou com a indicação de testemunhas, e se processará em autos apartados. §2º Colhida a prova testemunhal, se houver, no prazo de cinco dias e ouvido o órgão do Ministério Público, em igual prazo, o juiz decidirá. §3º A impugnação do direito ao benefício não suspende o curso do processo de habilitação.

Todavia, tais conclusões devem ser tomadas com cautela, haja vista que são opinião dos autores deste trabalho e que há decisões locais que normatizam a questão da gratuidade nos casamentos e certidões de maneira diversa.

8
Nascimento

Segundo o previsto no artigo 2º do CC: "A personalidade civil da pessoa começa do nascimento com vida". O artigo 9º, inciso I, do mesmo código estabelece que "serão registrados em registros públicos: os nascimentos". Daí se extrai que o nascimento com vida, assim como as suas consequências, em especial a aquisição de personalidade, devem ser provados por meio do registro civil, que lhes garante segurança, autenticidade e eficácia por meio da publicidade.

É óbvio que ninguém precisa de uma certidão lavrada em cartório para ter a certeza de que está diante de uma pessoa humana, portanto, diante de um titular de direitos e deveres. No entanto, sem a certidão de nascimento, não é possível individualizar aquela pessoa; sem a certidão, não se sabe seu nome, sua idade, sua nacionalidade, sua filiação, enfim, não se sabe quem é.

Em outras palavras, o registro de nascimento não produz efeitos constitutivos, sendo certo que o nascimento e aquisição de personalidade independem dele, mas produz efeitos declarativos, especialmente probatórios, conferindo ao nascimento a adequada publicidade e oponibilidade, com todas suas características – data, hora e local do nascimento, naturalidade, filiação e nome do registrado etc. –, garantindo-lhe segurança e eficácia, tanto para o registrado, quanto para terceiros.

Em razão disso, a legislação prevê a obrigatoriedade do registro, no artigo 50 da LRP: "Todo nascimento que ocorrer no território nacional deverá ser dado a registro".

Importante a análise quanto ao que vem a ser o "nascimento com vida", que é o fato objeto do registro em estudo e marco inicial da personalidade civil da pessoa, conforme expresso no já citado artigo 2º do CC.

Trata-se de um fato natural que produz efeitos jurídicos, e que será testemunhado ou comprovado na forma da lei, qual seja, por meio de documento médico, que é a Declaração de Nascido Vivo (DNV ou DN) – Lei n. 12.662/2012 – ou por atestação de duas testemunhas qualificadas, quando o parto for sem assistência médica – art. 54, 9º, LRP.

A LRP, no artigo 53, § 2º, faz indicação de que o nascimento com vida é aquele em que a criança respirou, sendo esse o critério que prevalece na doutrina jurídica, todavia, há que se recorrer aos diplomas normativos da área da saúde para que se possa conceituar adequadamente o que é nascimento com vida.

O Manual de Instruções para o preenchimento da DNV editado pelo Departamento de Análise da Situação de Saúde, da Secretaria de Vigilância em Saúde, do Ministério da Saúde[1], que contou com a colaboração dos autores do presente trabalho, define:

> Nascimento Vivo
>
> É a expulsão ou extração completa do corpo da mãe de um produto de concepção que, independentemente da duração da gravidez, depois da separação, respire ou apresente qualquer outro sinal de vida, tal como batimentos do coração, pulsações do cordão umbilical ou movimentos efetivos dos músculos de contração voluntária, estando ou não cortado o cordão umbilical e estando ou não desprendida a placenta. Cada produto de um nascimento que reúna essas condições se considera como uma criança viva.

Nesses casos há nascimento com vida; nos demais, estar-se-ia diante de um caso de natimorto, que será estudado juntamente com o registro de óbito. Verifica-se, entretanto, que não cabe ao registrador apurar se houve nascimento com vida ou não, devendo fiar-se no que for atestado na DNV ou pelas testemunhas. Ressalvando-se que a LRP no artigo 52, § 1º, estabelece que, se o oficial "tiver motivo para duvidar da declaração, poderá ir à casa do recém-nascido verificar a sua existência".

A atuação do registrador no registro de nascimento é pautada pelo princípio da legalidade, e é somente após a qualificação positiva que o assento é lavrado e que seus elementos têm ingresso no registro, revestindo-se da autenticidade e segurança típicas dos registros públicos, passando a comprovar o estado civil do registrado.

O registro civil de nascimento está previsto no artigo 9º, inciso I, do CC, no artigo 29, inciso I, da LRP, e conforme o artigo 33, inciso I, da mesma lei, deve ser lavrado no Livro "A" do Registro Civil das Pessoas Naturais. Salvo os traslados de assentos de nascimentos de brasileiros ocorridos no estrangeiro, que são lavrados no Livro "E", assim como os registros de nascimento de filhos de pai e mãe estrangeiros, desde que um deles esteja no Brasil a serviço de seu país.

8.1 CARACTERÍSTICAS DO REGISTRO DE NASCIMENTO

Gratuito – O registro de nascimento é universalmente gratuito, por força da Lei n. 9.534/97 que alterou as Leis n. 6.015/73, 8.935/94 e 9.265/96, incluindo-o entre os documentos essenciais ao exercício da cidadania previstos no inciso LXXVII do artigo 5º da CF.

Observe-se que o artigo 8º da Lei n. 10.169/2000 prevê compensação aos registradores civis pela lavratura de atos gratuitos.

Perpétuo – Para que atenda as finalidades de segurança e autenticidade, o registro de nascimento é perpétuo, de maneira que os registros do século XIX podem ser acessados da mesma maneira que os registros lavrados ontem.

---

1. Ministério da Saúde. Secretaria de Vigilância em Saúde. Departamento de Análise de Situação em Saúde. Organização: Coordenação Geral de Informações e Análise Epidemiológica. *Manual de instruções para o preenchimento da declaração de nascido vivo*. Disponível em: http://www.saude.ms.gov.br/wp-content/uploads/sites/88/2015/11/inst_dn.pdf Acesso em 25.10.2018.

O cancelamento do registro se dá apenas em casos excepcionais, como em razão da duplicidade ou de adoção posterior do registrado[2], todavia, mesmo nesses casos os registros continuam existindo, preservando a história registral, pois o cancelamento constitui-se em averbação que limita a publicidade do assento de nascimento.

Suporte Físico e Jurídico para os Demais Atos da Vida Civil – O registro de nascimento é o documento originário da pessoa natural, servindo de base para a emissão de todos os demais; contém os elementos do estado da pessoa natural que individualizam a pessoa para a prática de atos e realização de negócios; recebe as informações acerca dos demais atos relevantes ao estado da pessoa natural e possíveis alterações do nome, por meio de averbações e anotações.

Dinâmico – Diferentemente do senso comum, o registro civil de nascimento é dinâmico e constantemente recebe alterações e novas informações, o que o torna fonte atualizada do estado da pessoa natural. Por esse motivo as certidões sempre devem ser atualizadas, não sendo recomendável a prática de atos com a utilização de certidão de nascimento emitida há anos.

Obrigatório – Em razão do efeito declarativo e probatório do registro, a lei prescreve que "Todo nascimento ocorrido no território brasileiro deve ser dado a registro". Esse é o texto do artigo 50, *in limine,* da LRP. Afirma-se, portanto, que o registro de nascimento é obrigatório.

Extrai-se do artigo 52 da LRP que a obrigação é do pai e da mãe, e, sucessivamente, das pessoas ali enumeradas, as quais serão tratadas adiante como legitimadas a declarar o registro.

A fim de se obter uma interpretação mais plena da matéria, deve-se observar que o registro de nascimento é direito humano, como foi reconhecido no artigo 24 do Pacto Internacional de Direitos Civis e Políticos de 1966. Também é Direito da Criança, consagrado pelo artigo 7º da Convenção internacional dos Direitos da Criança, bem como protegido pela sistemática do Estatuto da Criança e do Adolescente[3], o que, segundo o artigo 227 da CF, torna o registro de nascimento uma obrigação da família, da sociedade e do Estado.

Ressalte-se que em caso de falta de registro, o maior de idade poderá solicitar seu próprio registro de nascimento por meio do procedimento de registro tardio, que será visto adiante.

A LRP prevê, no § 2º do seu artigo 50, que os "índios, enquanto não integrados, não estão obrigados a inscrição do nascimento. Este poderá ser feito em livro próprio do órgão federal de assistência aos índios". Em tal previsão verifica-se uma exceção à obrigatoriedade do registro, apenas ao indígena não integrado, o que será tratado mais detidamente no item sobre o registro de nascimento do indígena ao qual se remete o leitor.

---

2. Lei n. 8.069/90, artigo 47, § 2º: O mandado judicial, que será arquivado, cancelará o registro original do adotado.
3. Sobre o assunto, um dos autores do presente trabalho publicou o texto com as seguintes referências: CAMARGO NETO, Mario de Carvalho. O registro civil das pessoas naturais e os direitos da criança e do adolescente. In: FREITAS, Aline da Silva; ANDREUCCI, Ana Cláudia Pompeu Torezan; CARACIOLA, Andrea Boari (coords.), *Estatuto da Criança e do Adolescente – 20 anos*, São Paulo, LTr, 2010, p. 330.

8.2 LOCAL DO REGISTRO DE NASCIMENTO (TERRITORIALIDADE)

O registro de nascimento deverá ser realizado "no lugar em que tiver ocorrido o parto ou no lugar da residência dos pais".

Com tal redação, dada pela Lei n. 9.053/95, o artigo 50 da LRP estabelece atribuição concorrente ao registrador civil das pessoas naturais do local do parto e do local de residência dos pais, respeitada sua circunscrição territorial, cabendo ao declarante a escolha.

Caso os pais residam em circunscrições diversas, até a vigência da Lei 13.112/15, havia previsão impondo preferência à residência do pai em detrimento da residência da mãe (LRP, art. 50, §1º que remete aos itens 1º e 2º do art. 52), que não mais subsiste. Mesmo antes da alteração legislativa, apesar do posicionamento robusto do professor Walter Ceneviva[4], sustentávamos que a distinção estava em desacordo com a CF por ferir a isonomia entre homens e mulheres – artigo 5º, inciso II –, bem como aquela imposta ao homem e à mulher no contexto da família – artigo 226, § 5º[5].

Com a nova redação trazida aos itens 1º e 2º do art. 52 da LRP não há mais espaço para interpretações. A igualdade prevista na Constituição Federal está expressa também na lei especificadamente para esse ato. O pai e a mãe, em conjunto ou isoladamente, poderão proceder ao registro de nascimento. Se os pais residirem em locais diversos, em qualquer destes poderá ser registrado o nascimento[6].

Observe-se que o Provimento n. 13 da Corregedoria Nacional de Justiça do CNJ, que dispõe sobre a emissão de certidão de nascimento nos estabelecimentos de saúde que realizam partos, com a instalação de Unidades Interligadas, prevê que, no procedimento por ele regulamentado, há preferência pelo registro no cartório do local de residência dos pais, devendo ser realizado no cartório do local do parto somente em caso de expressa manifestação dos pais (artigo 9º, § 1º).

Após o prazo legal para registro, que será visto no próximo item (15 dias, prorrogados por mais 45 se pai ou mãe declaram, e ampliado em até 3 meses se o parto ocorrer mais de 30 km da sede do cartório), a atribuição para o registro passa a ser exclusivamente do registrador civil da circunscrição de residência do interessado, aqui entendido como o registrando. É o que prevê o artigo 46 da LRP, com redação conferida pela Lei n. 11.790/2008:

> Art. 46. As declarações de nascimento feitas após o decurso do prazo legal serão registradas no lugar de residência do interessado.

Importante observar a exceção à regra geral de territorialidade inscrita no artigo 77, § 1º, da LRP, segundo o qual a criança que falecer com menos de um ano de idade

---

4. CENEVIVA, Walter. *Op. cit.*, 2010. p. 184.
5. Sobre o assunto, um dos coautores publicou trabalho com as seguintes referências: CAMARGO NETO, Mario de Carvalho. Pai e mãe procedem ao registro de nascimento do filho, em igualdade de condições. In: *Informativo Mensal da Associação de Registradores de Pessoas Naturais do Estado de São Paulo*, n. 110, dez. 2011. Disponível em http://www.arpensp.org.br/principal/index.cfm?tipo_layout=BC1&pagina_id=107. Acesso em 28 abr. 2014.
6. Sobre o assunto, os coautores publicaram artigo Igualdade entre o homem e a mulher na declaração do registro de nascimento. *Revista IBDFAM: Família e Sucessões*, v.9 (maio/jun.). Belo Horizonte: IBDFAM, 2015. p.65-74

sem registro de nascimento deverá ter seu nascimento registrado no registro civil com atribuição para o registro de óbito, que será o do local de ocorrência do óbito.

Quanto aos registros de nascimento de filhos de brasileiros no exterior que devem ser trasladados no Brasil, tal traslado deverá ser realizado no Livro "E" do cartório do 1º Ofício/Subdivisão/Zona/Seção/Subdistrito do local de domicílio do interessado ou no 1º Ofício do Distrito Federal, quando não houver domicílio no Brasil.

Por fim, os nascimentos ocorridos a bordo de navios ou aeronaves têm regras próprias, tanto para seu assentamento quanto para a determinação do cartório com atribuição para sua realização, como se extrai dos artigos 51, 64, 65 e 66 da LRP, que serão vistos oportunamente.

8.2.1 Registro de nascimento realizado em cartório sem atribuição territorial

Como ensina Reinaldo Velloso dos Santos[7], um registro de nascimento lavrado por registrador sem a atribuição territorial para fazê-lo não deve ser considerado nulo e ser cancelado. O registro deve permanecer, salvo caso de duplicidade, restando a apuração de eventual infração disciplinar do Oficial, por descumprimento da previsão legal, nos termos da Lei n. 8.935/94, artigo 31, inciso I.

Os fundamentos expostos por Reinaldo Velloso são os mais robustos, com os quais se concorda: o registro é ato essencial ao exercício da cidadania, devendo prevalecer sobre a regra de organização territorial das atribuições de cartório; fazendo-se um paralelo com a regra vigente para o casamento, verifica-se que quando este é celebrado por autoridade territorialmente incompetente será anulável no prazo decadencial de dois anos (artigo 1.560, inciso II, do CC) não podendo imaginar-se que o registro de nascimento em tais condições seja nulo de pleno direito.

De fato, o registro de nascimento é ato essencial ao exercício da cidadania, como foi exposto na parte inicial deste trabalho, e por ser direito fundamental – artigo 5º, inciso LXXVII, da CF –, sustentado em um dos fundamentos da República Federativa do Brasil – artigo 1º, inciso II, da CF –, deve prevalecer sobre a regra de organização territorial das atribuições dos cartórios, jamais devendo ser considerado nulo por tal motivo.

As principais consequências negativas da lavratura de registro em cartório sem atribuição territorial seriam a possível lavratura de registro em duplicidade e a dificuldade de localização do assento por terceiros. Para se tratar o problema da duplicidade remete-se o leitor ao item 9.5 deste trabalho; quanto à dificuldade de localização, esta é solucionada com a consolidação da Central de Informações do Registro Civil (CRC), mencionada no item 5.5 deste trabalho.

Por fim, analise-se a situação de o registro de nascimento ser lavrado por alguém que não tem atribuição para tanto, algo que se assemelha à incompetência funcional. Neste caso, sequer há que se falar em nulidade, pois não há registro civil, vez que este somente existe quando lavrado no livro competente e na forma legal.

---

7. SANTOS, Reinaldo Velloso. Op. cit., 2006 p. 40.

Todavia, imagine-se a situação em que pessoa que não detém delegação para exercer o serviço de registro civil, exerce publicamente a função de registrador e lavra os assentos de nascimento no livro adequado do registro civil. Neste caso o registro deve subsistir, pois estar-se-ia diante de situação semelhante à prevista para o casamento no artigo 1.544 do CC, segundo o qual:

> Art. 1.554. Subsiste o casamento celebrado por aquele que, sem possuir a competência exigida na lei, exercer publicamente as funções de juiz de casamentos e, nessa qualidade, tiver registrado o ato no Registro Civil.

8.3 PRAZO PARA O REGISTRO

O prazo para o registro de nascimento é regido pelo disposto no artigo 50 da LRP, segundo o qual:

> Art. 50. Todo nascimento que ocorrer no território nacional deverá ser dado a registro, no lugar em que tiver ocorrido o parto ou no lugar da residência dos pais, *dentro do prazo de quinze dias, que será ampliado em até três meses para os lugares distantes mais de trinta quilômetros da sede do cartório.*

Caso a mãe ou o pai seja o declarante do nascimento, o prazo inscrito no mencionado artigo 50 é ampliado de 45 dias, nos termos do artigo 52, 2º, da LRP, segundo o qual:

> Art. 52. *São obrigados a fazer a declaração de nascimento: 1º) o pai ou a mãe, isoladamente ou em conjunto, observado o disposto no § 2º do art. 54; 2º) no caso de falta ou de impedimento de um dos indicados no item 1º, outro indicado, que terá o prazo para declaração prorrogado por 45 (quarenta e cinco) dias .*

Em síntese:

O prazo para qualquer declarante é de *15 dias* a contar do nascimento;

Caso o nascimento ocorra em local distante mais de 30 quilômetros da sede do cartório, tal prazo poderá ser prorrogado em até 3 meses, totalizando-se 3 meses e quinze dias;

Em ambos os casos, se a mãe ou o pai for declarante, o prazo é prorrogado por mais *45 dias*, totalizando *60 dias,* ou *60 dias mais 3 meses* quando o nascimento ocorrer em local distante mais de 30 quilômetros da sede do cartório.

Observe-se que este posicionamento encontra divergência na doutrina, havendo quem defenda que o prazo é de 15 dias para qualquer declarante, 60 dias para a mãe ou pai e 3 meses se o nascimento tiver ocorrido mais de 30 quilômetros da sede do cartório. Os autores deste trabalho preferem a interpretação que conclui pelo prazo mais amplo para o registro, em razão da essencialidade deste para a cidadania.

A igualdade entre o pai e a mãe no prazo para o registro de nascimento foi estabelecida pela Lei 13.112/15, que alterou a redação do artigo 52 da LRP. Antes da vigência desta lei, a regra geral era que o prazo para registrar o nascimento quando o pai fosse o declarante era de 15 dias contados do nascimento e para a mãe o prazo era de 60 dias (prorrogação de 45 dias). A desigualdade entre os prazos sempre foi considerada constitucional, já que se tratava de ampliar a possibilidade do registro de nascimento, facilitando o registro para a mãe, que vive a condição parturiente, com todas as dificuldades médicas, psicológicas e corporais decorrentes do puerpério.

Com a nova redação do artigo 52 pela Lei 13.112/2015, o prazo para o pai registrar o nascimento também foi prorrogado por mais 45 dias, totalizando 60 dias[8], aprofundando a igualdade entre homem e mulher e ampliando a possibilidade do registro de nascimento.

A interpretação literal da nova redação do item 2º, do artigo 52 acima transcrito, leva a conclusão de que o prazo será de 60 dias apenas se houver a falta ou impedimento do outro genitor. Ou seja, tomando o dispositivo ao pé da letra, se o pai e a mãe comparecerem conjuntamente para o registro, o prazo não será prorrogado, pois aplicar-se-ia apenas o item 1º do artigo 52 da LRP, que não prevê prorrogação alguma.

Tal intepretação não pode prevalecer, pois não guarda razoabilidade e causaria uma distinção indesejada pelo Direito. Se o pai e a mãe comparecem conjuntamente em cartório para lavrar o registro, não é razoável que o Oficial faça exigências maiores do que se estivesse presente apenas um dos genitores, afinal, a presença de ambos traz mais segurança jurídica para o registro, não o contrário. Situação absurda seria o Oficial de Registro orientar que um dos genitores vá embora do cartório, pois então o outro, isoladamente, poderia declarar e obter o registro de nascimento sem maiores exigências.[9]

Ademais, diante da natureza do registro civil, vinculado à cidadania e alçado à condição de Direito Humano, a interpretação deve favorecer o registro e não o impedir, salvo se houver algum motivo relevante, o que não há, como se mostrou.

A contagem do prazo segue as regras civis, como o previsto no artigo 132 do CC:

> Art. 132. Salvo disposição legal ou convencional em contrário, computam-se os prazos, excluído o dia do começo, e incluído o do vencimento. § 1º Se o dia do vencimento cair em feriado, considerar-se-á prorrogado o prazo até o seguinte dia útil. (...) § 3º Os prazos de meses e anos expiram no dia de igual número do de início, ou no imediato, se faltar exata correspondência.

Assim, na contagem do prazo exclui-se o dia do nascimento, contam-se os dias corridos e se inclui o dia do vencimento do prazo. Caso no dia do vencimento o prazo não haja expediente regular no cartório, prorroga-se o termo para o dia útil seguinte.

Lembre-se que no prazo contado em 3 meses, vence no dia de número igual ao de início (15 dias depois do nascimento) do 3º mês subsequente, e, se o mês não tiver o dia correspondente, o termo se prorroga para o dia seguinte (Lei n. 810/49, artigo 3º).

Em qualquer caso, se houver dúvida quanto à contagem ou ao prazo aplicável, deve prevalecer a forma que permita o registro, favorecendo a prática de um ato essencial ao exercício da cidadania.

---

8. São os quinze dias previstos no "caput" do artigo 50 da LRP, acrescidos da prorrogação por mais 45 (quarenta e cinco dias), prevista no artigo 52, item 2º da LRP. Por oportuno e didático, não se deixa de mencionar que nos locais distantes mais de trinta quilômetros da sede do cartório o prazo de registro é ampliado em até três meses, conforme o artigo 50 da LRP.
9. Nesse sentido, os coautores publicaram o artigo: Igualdade entre o homem e a mulher na declaração do registro de nascimento. *Revista IBDFAM: Família e Sucessões*, v.9 (maio/jun.). Belo Horizonte: IBDFAM, 2015. p.65-74

Caso o registro seja declarado e realizado após o prazo, seja um dia, sejam diversos anos, está-se diante do chamado registro tardio, aplicando-se a regra do artigo 46 da LRP e do Provimento 28 da Corregedoria Nacional de Justiça do CNJ, que serão analisados no item 9.1.

8.4 PROCEDIMENTO DE REGISTRO

Estudadas as características, a territorialidade e o prazo para o registro de nascimento, passa-se à análise de seu procedimento.

Neste item, expõem-se a atuação do registrador e os princípios que a regem; a declaração do nascimento e a qualificação do declarante; a prova da ocorrência do nascimento e os procedimentos adotados em cada caso; os demais atos praticados no momento do registro de nascimento, especificamente a escolha do nome, o estabelecimento da filiação e a escolha da naturalidade; e a lavratura do registro.

8.4.1 Atuação do registrador

Pautado pelos princípios da legalidade e da instância, ao registrador compete receber a declaração de nascimento, verificar a territorialidade e o prazo do registro; qualificar o declarante em sua identidade, capacidade e legitimação; receber a documentação ou declarações cabíveis e qualificá-las; receber as manifestações de vontade, qualificar as partes e os atos praticados, como a escolha do nome, o reconhecimento de filho, escolha da naturalidade e a indicação de suposto pai, revestindo-os da forma legal; verificar a legalidade de todo o declarado e dos atos praticados, lavrar o assento e registrar o nascimento; emitir a primeira via da certidão e prestar as informações legais e normativas – vistas na parte inicial deste trabalho.

No que concerne ao princípio da legalidade, é importante frisar que o Oficial de Registro é profissional do Direito, dotado de fé pública, que tem como função precípua a qualificação registral que impede que situações que rompam a malha da lei tenham acesso aos registros. A legalidade aplicável ao registro do nascimento será exposta neste Capítulo.

Em relação ao princípio da instância, o registrador não atua de ofício, de forma que somente lavrará o registro de nascimento quando for instado a fazê-lo, quando houver declaração por pessoa capaz e legitimada.

Relembre-se que o artigo 13 da LRP estabelece que os registros serão praticados: I – por ordem judicial, que será analisada em item próprio; II – a requerimento verbal ou escrito dos interessados; III – a requerimento do Ministério Público, quando a lei autorizar, tal como no caso do registro tardio de incapaz.

Faz-se a ressalva de que o princípio da instância pode ser mitigado no registro civil de nascimento, dada sua essencialidade ao exercício da cidadania e tendo em vista o fato de que se trata de um direito da criança e um dever da família, da sociedade e do Estado. Tal mitigação permite que haja normas que prevejam a busca ativa e que o próprio registrador, em parceria com secretarias e com o Poder Judiciário, faça buscas dos nascimentos não registrados no prazo legal[10].

Ainda no que toca a atuação do registrador, ressalte-se o defendido por Reinaldo Velloso dos Santos[11], segundo o qual: "atos declarados verbalmente não são atos registrários puros, mas se revestem de um caráter misto de ato notarial e registral". O caráter notarial consiste em tomar as declarações das partes, qualificando-as, dar-lhes forma legal e lavrar o assento, ou seja, instrumentalizar a vontade das partes. O caráter registral consiste em dar publicidade de forma sistematizada a esse ato, lançando-o em livro próprio, que conta com a previsão de averbações, anotações e comunicações, resguardando que o conteúdo dos registros esteja sempre atualizado e completo.

Vê-se aplicável à atuação do registrador civil das pessoas naturais, no registro de nascimento, a regra inscrita no artigo 405 do CPC, segundo o qual: "O documento público faz prova não só da sua formação, mas também dos fatos que o escrivão, o tabelião, ou o funcionário declarar que ocorreram em sua presença", tais como a declaração das testemunhas, a escolha do nome, o reconhecimento de filho e a escolha da naturalidade.

8.4.2 A declaração

Inicie-se a análise do procedimento de registro pela instância, qual seja, a declaração do nascimento ao registrador. Neste momento apenas será estudado o requerimento do interessado (artigo 13, inciso II, da LRP), por ser a regra e a forma mais comum de realização do registro de nascimento, estudando-se oportunamente as demais possibilidades – ordem judicial e requerimento do Ministério Público.

A Declaração de Nascimento é ato jurídico unilateral, uma manifestação de vontade livre e consciente, por agente capaz e legitimado, relativa a objeto lícito – nascimento real e ainda não registrado – e realizada na forma da lei.

É dever do oficial zelar pela legalidade, regularidade e validade do ato de declaração de nascimento, qualificando corretamente o declarante e verificando a legalidade dos elementos declarados para o registro, bem como sua comprovação e a apresentação dos documentos necessários.

Outros atos além da declaração são praticados no momento do registro de nascimento, tais como a escolha de nome, o estabelecimento da filiação, o reconhecimento de filho e a indicação de suposto pai, os quais serão oportunamente abordados.

Analise-se a qualificação do declarante.

---

10. Projeto nesse sentido foi proposto por um dos coautores no texto com as seguintes referências: CAMARGO NETO, Mario de Carvalho. Cartório da Cidadania e o Sub-registro. Associação dos Registrados das Pessoas Naturais do Estado de São Paulo, p. 34-36, 1º out. 2008.
11. SANTOS, Reinaldo Velloso. *Identificação de Estrangeiro no Registro Civil*. Disponível em: http://www.arpensp.org.br/websiteFiles/imagensPaginas/File/Identificacao_de_ Estrangeiros_no_Registro_Civil.pdf. Acesso em 28 abr. 2014.

8.4.2.1 Identidade do Declarante

Ao se qualificar o declarante, o primeiro ato é verificar sua identidade, o que se deve fazer por meio de documentos oficiais de identificação, os quais devem ser exigidos do declarante.

São documentos oficiais de identificação:

- Carteira de Identidade – Registro Geral (RG) – estabelecida pela Lei n. 7.116/1983. É emitido pelas Unidades Federativas, embora existam iniciativas para a criação de um documento de identidade nacional, o RG ainda é o documento mais conhecido e utilizado pelo público em geral. Atualmente está regulamentado pelo Decreto Federal 9.278/2018, que estabeleceu novos padrões de segurança e incluiu mais informações na carteira, preservando a validade dos documentos emitidos no modelo anterior.
- Documento Nacional de Identidade – DNI – estabelecido com fé pública e validade em todo o território nacional, conforme art. 8º da Lei 13.444/2018, busca lastrear o documento de identidade em base de dados de âmbito nacional, gerida pelo TSE (Tribunal Superior Eleitoral).
- Registro de Identidade Civil – RIC – estabelecido pela Lei 9.454/1997 e regulamentado pelo Decreto Federal 7.122/2000, visa a integrar as bases de dados dos Estados e Distrito Federal, criando um sistema nacional de identificação civil.
- Carteira Nacional de Habilitação – CNH, nos termos do artigo 159 da Lei n. 9.503/1997. Poderá ser apresentada em formato físico (papel) ou eletrônico, conforme regulamentado pela Portaria 184/2017 do Denatran.[12] Desde a primeira edição foi defendido, em especial no tocante ao registro de nascimento, que o prazo de validade da CNH, nos termos do § 10º do mencionado artigo 159 da lei que a instituiu, é para condução de veículos, tanto que a renovação é condicionada ao exame de aptidão física e mental. Mesmo com o prazo de validade vencido a CNH, se o documento contiver os elementos de identidade do seu portador, está apto para o fim de identificação, ainda que não esteja apto para o fim de condução de veículos. Em 21.06.2017 o CONTRAN (Conselho Nacional de Trânsito) decidiu que "a Carteira Nacional de Habilitação - CNH pode ser utilizada como documento de identificação em todo o território nacional ainda que em momento posterior à data de validade consignada no referido documento, uma vez que esta refere-se apenas ao prazo de vigência do exame de aptidão física e mental".[13]

O Provimento n. 24/2013 da CGJ-SP alterou o item 179 do Capítulo XIV das NSCGJ-SP, excluindo a necessidade de que a CNH esteja dentro do prazo de validade, exatamente para permitir que a prudência notarial e registral decida se o documento de identidade está apto a identificação ou não. Por exemplo, o documento poderá ser recusado, até mesmo quando dentro do prazo de validade, nos casos em que houver

---

12. Disponível em: http://www.denatran.gov.br/images/Portarias/2017/Portaria1842017.pdf Acesso em 11.12.2018
13. Disponível em: http://www.brasil.gov.br/cidadania-e-justiça/2017/07/oficio-circular-02-2017-contran.pdf (Acesso em 26.10.2018)

rasuras, deterioração, estiver plastificado, a foto não permitir a identificação da pessoa, não foi possível confirmar a autenticidade no sistema de informações do Denatran e outras situações que comprometem a segurança e autenticidade da identificação;

- Carteiras expedidas pelos órgãos fiscalizadores de exercício profissional profissionais, nos termos da Lei n. 6.206/75 (aplica-se a mesma ressalva quanto ao prazo de validade do documento);
- Carteira de Trabalho Informatizada. É possível aplicar por analogia o Provimento 24/2013 da CGJ-SP, que alterou o item 179 do Capítulo XIV da NSCGJ-SP, admitindo como documento de identidade para abertura da ficha padrão de assinaturas a Carteira de Trabalho e Previdência Social emitida no modelo atual, informatizado. Tal provimento encontra respaldo na CLT, artigo 40 e o modelo atual contempla requisitos de segurança que permitem conferir a autenticidade do documento. Essa possibilidade de regulamentação administrativa da aceitação da Carteira de Trabalho foi antevista por Marcelo Velloso dos Santos e Thiago Lobo Bianconi, na Coluna "Questões de Registro Civil"[14];
- Passaporte Brasileiro, nos termos do artigo 2º do anexo ao Decreto n. 1.983/96, o passaporte tem por finalidade valer como documento de viagem, e para isso tem prazo de validade, porém, aplica-se a mesma ressalva quanto ao prazo de validade do documento anteriormente mencionado;
- As CNNR-RS, no artigo 66, estabelece que as partes poderão ser identificadas por "Certificado de Reservista que contenha os elementos de identificação do portador". Observe-se que esse documento não é aceito como prova de identidade de maneira geral, mas no estado do Rio Grande do Sul deve ser por força normativa.

Em relação aos estrangeiros:

- Passaporte Estrangeiro – como documento de viagem também tem prazo de validade, aplicando-se a mesma ressalva mencionada. Embora a regra geral seja exigir o visto válido e a regular permanência do estrangeiro para a prática de atos da vida civil, não se pode fazer essa exigência para declaração do registro de nascimento, sob pena de se estar impedindo a prática de um ato essencial a cidadania do filho, que é obrigação dos pais, ressaltando-se que o nascimento de um filho é fato jurídico que independe de regularidade de permanência dos pais para acontecer. Faz-se a ressalva de que a CGJ-SP, no Processo CG 2008/84896, ao analisar a utilização de salvo conduto na prática de atos notariais, sugere que para declarar o registro de nascimento é necessário verificar a regular permanência no país. No entanto, com a vigência da Lei 13.445/17 (Lei Nacional de Migração), revogando o então conhecido Estatuto do Estrangeiro, há expressa salvaguarda dos direitos e garantias dos estrangeiros, independente da situação migratória (art. 4º, §1º).

---

14. SANTOS, Marcelo Velloso dos; BIANCONI, Thiago Lobo. Coluna 4, Questões de Registro Civil. Disponível em: http://www.arpensp.org.br/principal/index.cfm? pagina_id=421. Acesso em 17 jan. 2014.

- Cédula de Identidade de Estrangeiro, com número do Registro Nacional de Estrangeiro (RNE), atualmente denominado Registro Nacional Migratório (RNM), previsto nos arts. 19 a 22 e 117 da Lei 13.445/17, regulamentada nos arts. 58 e seguintes do Decreto 9199/17, cuja gestão compete à Polícia Federal. Este documento tem prazo de validade, nos termos do art. 74 do Decreto 9.199/17, ressaltando-se que o parágrafo único prevê a desnecessidade de substituição, caso o estrangeiro com visto de permanência conte mais de sessenta anos ou seja deficiente físico. Neste tocante faz-se a mesma ressalva anteriormente feita acerca do prazo de validade, em que vence o prazo para verificação da regularidade da permanência. Quanto a regularidade da permanência vale o mesmo que foi dito em relação ao passaporte do estrangeiro;
- Carteira de Identidade brasileira emitida para português beneficiário do estatuto da igualdade, emitida nos termos do artigo 22 do Tratado de Amizade, Cooperação e Consulta, entre a República Federativa do Brasil e a República Portuguesa, que regulamenta o artigo 12, § 1º, da CF;
- Identidade Estrangeira dos Países do Mercosul e Estados Associados, nos termos do anexo do Acordo sobre Documentos de Viagem dos Estados Partes do Mercosul e Estados Associados, a saber (entre parênteses, segue o nome do documento de identidade de cada país): Argentina (Documento Nacional de Identidade), Paraguai (Cédula de Identidade), Uruguai (Cédula de Identidade), Bolívia (Cédula de Identidade para nacionais, Cédula de Identidade, para estrangeiros), Chile (Cédula de Identidade), Colômbia (Cédula de Cidadania, Cédula de Identidade e Cédula de Estrangeiro), Equador (Cédula de Cidadania e Cédula de Identidade para estrangeiros, Peru (Documento Nacional de Identidade, Carnê de Estrangeiro) e Venezuela (Cédula de Identidade)[15];
- Documento estrangeiro de pessoa domiciliada em cidade contígua ao território nacional, ou seja, o residente fronteiriço, nos termos dos artigos 86 e 87 do Decreto 9.199/18.
- Carteira de Identidade Funcional dos membros do Poder Legislativo da União, dos Estados, do Distrito Federal, e dos Municípios, prevista pela Lei 13.862/19.

Caso não seja possível a apresentação de documento oficial de identificação, os documentos apresentados não sejam válidos ou adequados, é possível a aplicação, por analogia da regra relativa à lavratura de escrituras públicas, inscrita no artigo 215, § 5º, do CC, segundo o qual: "Se algum dos comparecentes não for conhecido do tabelião, nem puder identificar-se por documento, deverão participar do ato pelo menos duas testemunhas que o conheçam e atestem sua identidade".

---

15. O anexo do acordo está em sua segunda versão, conforme Segundo Acordo Modificativo do Anexo firmado em 16.12.2014, disponível em http://www.mre.gov.py/tratados/public_web/ConsultaMercosur.aspx (acesso em 12.12.2018). Essa página virtual é mantida pelo Paraguai, que é o país depositário do Acordo. No mesmo endereço eletrônico pode ser encontrado o Acordo firmado em 21.12.2015, que facilitou a livre circulação de pessoas em âmbito regional, permitindo o retorno ao país de sua nacionalidade sem necessidade de visto consular prévio, mantendo os documentos de identidade como já mencionado.

Observe-se, ainda, que no caso de comparecimento de declarante que não saiba a língua nacional, e o registrador não entender o idioma em que se expressa, aplica-se por analogia o § 4º do artigo 215 do CC, que prevê que: "deverá comparecer tradutor público para servir de intérprete, ou, não o havendo na localidade, outra pessoa capaz que, a juízo do tabelião, tenha idoneidade e conhecimento bastantes".

8.4.2.2 Capacidade do Declarante

Verificada a identidade do declarante, faz-se necessário analisar a sua capacidade para a prática do ato jurídico que é a declaração do nascimento para registro.

A regra geral quanto a capacidade em termos jurídicos se baseia na idade do agente, sendo absolutamente incapaz o menor de dezesseis anos; relativamente incapaz o agente entre os dezesseis e os dezoito anos e plenamente capaz o maior de dezoito anos. A Emancipação e dispositivos especiais para determinados atos, como a capacidade para testar (CC, art. 1.860, parágrafo único) e para reconhecer filho, podem alterar essa regra geral relativa à capacidade, como se verá a seguir.

Com a vigência do Estatuto da Pessoa com Deficiência e suas novas diretrizes, não há no ordenamento jurídico previsão de incapacidade em razão de deficiência mental. A nova lei alterou o Código Civil (art. 3º, 4º e 1.767) e expressamente reconheceu a capacidade plena das pessoas portadoras de deficiência mental, intelectual ou sensorial (Lei 13.146/15, art. 6º e 83). Quando necessário, a pessoa com deficiência será submetida à curatela (interdição), mas esta afetará tão somente os atos relacionados aos direitos de natureza patrimonial e negocial (art. 84, §1º e 85). Nas palavras de Flávio Tartuce "podem existir limitações para os atos patrimoniais e não para os existenciais, que visam a promoção da pessoa humana".[16] Dessa forma, a pessoa com deficiência tem capacidade plena para praticar o ato, salvo se não puder, por causa transitória ou permanente, exprimir sua vontade.

Nesse tocante, cumpre frisar que o registrador, diante da atribuição notarial que existe na recepção da declaração, deve zelar pela higidez do ato, verificando a capacidade conforme a idade e a sua possibilidade de exprimir a vontade.

Observe-se que essa análise não pode ser rigorosa a ponto de impedir a prática de um ato legítimo e obrigatório, devendo favorecer o registro de nascimento. Não se faz necessário que o declarante compreenda os detalhes de um registro de nascimento ou a exata finalidade deste, que estão além do alcance de grande parte da população, mas apenas que saiba que está declarando um nascimento para registro civil. Nesse sentido, deve o registrador admitir as formas de manifestação de vontade que estiverem ao alcance da pessoa, considerando suas particularidades e admitindo o uso de ferramentas de tecnologia assistiva (Lei 13.146/15, art. 3º, III).

Importante questão a ser analisada diz respeito à possibilidade de declaração do nascimento pelo pai ou mãe incapaz.

---
16. TARTUCE, Flávio. *Direito Civil, v.1: Lei de Introdução e Parte Geral. 12º ed.* Rio de Janeiro: Forense, 2016. p. 131.

No caso dos pais absolutamente incapazes, estes devem ser representados no ato por seus representantes legais, que declararão o nascimento, não podendo, entretanto, o reconhecimento de filho ser realizado dessa forma. Assim, se uma mãe é absolutamente incapaz, poderá ser representada por seus pais ou curador na declaração do nascimento para registro. Caso o pai seja absolutamente incapaz e não incida presunção de paternidade (artigo 1.597 do CC), não poderá declarar o nascimento, vez que para ser legitimado precisaria reconhecer o filho, o que exige capacidade do agente e não permite representação, dependendo de decisão judicial, o que será analisado oportunamente. Ressalte-se que em tais situações de incapacidade dos pais, poderá ser o nascimento declarado por qualquer outro legitimado do artigo 52 da LRP.

No caso de os pais serem relativamente incapazes, a melhor interpretação é de que podem declarar o nascimento independentemente de assistência de seus pais, tutores ou curadores, uma vez que pode o relativamente incapaz reconhecer a filiação no registro de nascimento independentemente de assistência – como será visto adiante. Não se poderia imaginar fazer exigência maior para se declarar o nascimento de um filho, que é ato obrigatório aos pais e essencial à cidadania do nascido, do que se exige para se reconhecer o filho, principalmente considerando que ambos os atos ocorrem no mesmo contexto de manifestação de vontade para o registro de nascimento.

Essas regras relativas aos incapazes somente se aplicam aos genitores, uma vez que o artigo 52 da LRP expressamente estabelece que os demais legitimados deverão ser parentes maiores, profissionais, pessoas idôneas ou responsáveis pela guarda do menor, não havendo que se cogitar da prática do ato por incapaz.

8.4.2.3 Legitimados/Obrigados a Declarar

Verificada a identidade e a capacidade do declarante, faz-se necessário apurar sua legitimação para a prática do ato, a qual está inscrita no artigo 52 da LRP, que apresenta um rol com ordem sucessiva de declaração.

A legitimação, bem como a sua ordem de declaração, apresenta-se relevante, vez que o declarante indicará os elementos do registro (artigo 54 da LRP), o qual passará a fazer prova do estado civil do registrado. Assim, a lei optou por estabelecer que devem as pessoas mais próximas do nascido e do nascimento fazer a declaração, por saberem do fato e por terem melhores condições de conhecer os elementos do registro.

Recorde-se que recai sobre o declarante a responsabilidade civil e criminal pelo declarado, podendo, em caso de falsa declaração, incorrer nos crimes de falsidade ideológica, registro de nascimento inexistente, parto suposto e supressão ou alteração de direito inerente ao estado civil de recém-nascido, tipificados, respectivamente, pelos artigos 299, 241 e 242 do Código Penal.

É interessante observar que a lei trata o rol do mencionado artigo 52 como obrigados a declarar o nascimento, o que realmente são, todavia, ater-se à literalidade pode obscurecer a faceta de direito que existe, ignorando-se o fato de que os legitimados têm direito de declarar o nascimento, motivo pelo qual prefere-se tratar como um rol também de legitimados. As pessoas indicadas na ordem legal estão obrigadas a declarar o nascimento no que diz respeito ao dever e às possíveis sanções, porém, estão legitimadas a declarar o nascimento no que diz respeito ao direito de fazê-lo.

Assim, por ser o registro obrigatório, nos termos anteriormente expostos, e realizado mediante declaração, os legitimados pela lei têm sucessivamente a obrigação e direito de declarar o nascimento.

São os legitimados/obrigados a fazer a declaração de nascimento, na forma do artigo 52 da LRP:

> 1º) o pai ou a mãe, isoladamente ou em conjunto, observado o disposto no § 2º do art. 54; (Redação dada pela Lei nº 13.112, de 2015)
>
> 2º) no caso de falta ou de impedimento de um dos indicados no item 1º, outro indicado, que terá o prazo para declaração prorrogado por 45 (quarenta e cinco) dias; (Redação dada pela Lei nº 13.112, de 2015)
>
> 3º) no impedimento de ambos, o parente mais próximo, sendo maior achando-se presente;
>
> 4º) em falta ou impedimento do parente referido no número anterior, os administradores de hospitais ou os médicos e parteiras, que tiverem assistido o parto;
>
> 5º) pessoa idônea da casa em que ocorrer, sendo fora da residência da mãe;
>
> 6º) finalmente, as pessoas (VETADO) encarregadas da guarda do menor.

Veja-se que conforme a atual redação do artigo 52 da LRP, dada pela Lei 13.112/2015, pai e mãe procedem ao registro em igualdade de condições, diferentemente do texto anterior que preferia o pai, legitimando a mãe somente na falta ou impedimento deste.

Como já se analisou no item 8.2 acima, a preferência dada ao pai em face da mãe prevista na redação original da lei feria a igualdade prevista no artigo 5º, inciso I, e no artigo 226, § 5º, da CF, como já se sustentou desde a primeira edição deste livro, inclusive com apoio nas normas administrativas da Bahia, Piauí e São Paulo.

Com a nova redação trazida aos itens 1º e 2º do art. 52 da LRP não há mais espaço para interpretações. A igualdade prevista na Constituição Federal está expressa também na lei especificadamente para esse ato. O pai e a mãe, em conjunto ou isoladamente, poderão proceder ao registro de nascimento.

Quando a novidade legal foi publicada, parte da imprensa leiga noticiou que o registro de nascimento poderia ser feito pela mãe, sem a presença do pai, levando a entendimentos equivocados de que seria desnecessário verificar as regras civis para o estabelecimento da paternidade, supondo, erroneamente, que bastaria a mera declaração da mãe para se inserir o nome do pai no registro de nascimento.

Todavia, o texto legal é expresso ao impor o respeito ao §2º do art. 54 da LRP, segundo o qual "o nome do pai constante da Declaração de Nascido Vivo não constitui prova ou presunção da paternidade, somente podendo ser lançado no registro de nascimento quando verificado nos termos da legislação civil vigente". No item 8.4.4.2. a seguir aprofunda-se essa análise do estabelecimento da filiação.

Seguindo-se na análise do artigo 52 da Lei n. 6.015/73, extrai-se do texto que a ordem de obrigação e legitimação é sucessiva, uma vez que somente se reconhece a obrigação/legitimação do próximo quando impossibilitado o anterior. Neste sentido, as normativas estaduais têm seguido, é o caso do art. 541 do CNCGJ-SC, que autoriza a inobservância da ordem somente por motivo justificado ou impedimento dos precedentes, consignando-se o fato no assento; do art. 620 do CNCGJ-PE, que exige comprovação da falta ou impedimento do ascendente, para se aceitar a declaração de quem não tem precedência; do art. 938 do CNCGJ-ES, entre outros.

Interessante a previsão de que uma vez comprovada a ocorrência do nascimento e a maternidade pelo documento médico – DNV –, a declaração de nascimento poderá ser realizada por qualquer obrigado/legitimado, assim se vê no item 31.1 das NSCGJ-SP: "Havendo a apresentação da Declaração de Nascido Vivo (DN), a obrigação de declarar o nascimento poderá ser feita por qualquer dos legitimados indicados no art. 52 da Lei n. 6.015/73". No mesmo sentido é o §3º do art. 598 da DGE-RO.

Com tal posicionamento, a CGJ-SP e os registradores que contribuíram para redação do provimento, implicitamente, mas não inadvertidamente, relativizaram a ordem legal em nome do interesse maior do registro de nascimento como ato essencial à cidadania, direito humano, direito da criança, e dever da família, da sociedade e do Estado, prestigiando a compreensão de que a ordem legal é de legitimação e não meramente de obrigação.

Feitas tais considerações, ao qualificar o declarante, o oficial deve apurar sua legitimação, verificando sua posição no rol de obrigados/legitimados a declarar o nascimento que está inscrito no artigo 52 da LRP, e, conforme as regras normativas locais, que ora agravam ora atenuam o rigor na ordem de legitimados, verificar a impossibilidade do precedente ou exigir que a declaração seja realizada por este.

8.4.2.4 Procurador do Declarante

O declarante pode se fazer representado, para tanto é necessário que outorgue procuração com poderes específicos para declarar determinado nascimento ao registro, ou poderes específicos que equivalham. Não se deve aceitar procurações de poderes gerais para fins de registro de nascimento.

É necessário determinar ou individualizar o nascimento, o que é feito por meio da indicação do nome da mãe e a data do nascimento ou a data provável do parto, se ainda não ocorreu o nascimento, também é possível a indicação do número da DNV e o nome do estabelecimento de saúde onde ocorreu o nascimento.

É necessário ter certeza da autenticidade da procuração apresentada, de forma que deverá ser outorgada por instrumento público, ou por instrumento particular com firma reconhecida.

Por força do artigo 37, parte final, da LRP, "as procurações serão arquivadas, declarando-se no termo [de nascimento] a data, o livro, a folha e o ofício em que foram lavradas, quando constarem de instrumento público".

Normas específicas de cada estado trazem suas regras, como a CNNR-RS, que exige firma reconhecida por autenticidade na procuração por instrumento particular: artigo 98, § 1º – "Em qualquer das situações previstas – procuração ou anuência – a manifestação de vontade materializar-se-á por instrumento público ou particular, neste caso exigindo-se o reconhecimento da assinatura por autenticidade"; e traz regra quanto a procurações outorgadas por detentos: artigo 98, §3º - "É desnecessário o reconhecimento de firma do outorgante nas procurações firmadas por detentos em casas prisionais, desde que venha assinada também pelo administrador do presídio e com o carimbo funcional, nos mesmos termos do Provimento 04/04-CGJ/RS".

No mesmo sentido, as DGR-RO trazem previsão quanto ao reconhecimento de firma por autenticidade no instrumento particular: artigo 606, §1º - "Nas hipóteses acima, a manifestação da vontade por declaração, procuração ou anuência será feita por instrumento público, ou particular, reconhecida a firma do signatário por autenticidade"; e regra para a procuração assinada por réu preso: artigo 606, §3º - "Quando se tratar de réu preso, terá validade a declaração, procuração ou anuência, em que a assinatura tenha sido abonada pelo diretor do presídio ou autoridade policial competente".

As NSCGJ-SP, por sua vez, no Capítulo XVII, item 40.1, não impõem o que o reconhecimento seja por autenticidade, com a previsão de que "a manifestação da vontade por declaração, procuração ou anuência será feita por instrumento público ou particular, reconhecida a firma do signatário", e no item 40.3 oferecem a regra específica de que "quando se tratar de réu preso, terá validade a declaração, procuração ou anuência, em que a assinatura tenha sido abonada pelo diretor do presídio ou autoridade policial competente".

Todavia, a normativa que trata de maneira mais completa a questão das procurações para fins de registro é a CNCGJ-RJ, no inciso III e parágrafos do artigo 743, os quais se pede a licença de transcrever a seguir. Sugerindo-se ao leitor que atente para seu conteúdo, especialmente quanto às regras relativas a poderes, forma, legalização, registro, eficácia e apresentação da procuração, bem como seu arquivamento, as quais deverão ser observadas por todos os registradores, respeitadas eventuais peculiaridades de normativa local, uma vez que são baseadas no ordenamento:

> Artigo 743. III – por procurador com poderes específicos, devendo este apresentar o instrumento de procuração, que, sendo particular, deverá ter a firma do signatário reconhecida, arquivando-se a referida procuração no Serviço.
>
> § 1º Fica dispensada a legalização da procuração lavrada em consulado brasileiro no exterior, nos termos do artigo 2º do Decreto n. 84.451/80[17].
>
> § 2º Quando se tratar de procuração lavrada por notário estrangeiro, deverá o traslado estar devidamente legalizado no consulado brasileiro, traduzido por tradutor juramentado, e registrados o original e a tradução no Serviço de Registro de Títulos e Documentos.
>
> § 3º As procurações serão arquivadas em pasta própria no Serviço pelo mesmo período de guarda das DNVs, fazendo-se remissões recíprocas no assento e na procuração arquivada, constando do assento a circunstância de que a parte foi representada por procurador, com menção à data, livro, folha, número do termo e Serviço onde foi lavrada, quando se tratar de instrumento público.
>
> § 4º Somente serão aceitas procurações por traslados, certidões e originais do documento particular, com firma reconhecida.

---

17. Revogado pelo Decreto 8.742/2016, que traz previsão de mesmo conteúdo no artigo 5º.

§ 5º Estando o genitor preso, terá validade o original da procuração/declaração, quando a assinatura for abonada pelo diretor do presídio ou pela autoridade policial competente.

§ 6º As declarações serão arquivadas em pasta própria no Serviço, fazendo-se remissões recíprocas no assento e na declaração arquivada, constando do assento menção à data, livro, folha, número do termo e Serviço onde foi lavrada, quando se tratar de instrumento público.

Ressalte-se que a procuração, além dos poderes para o registro, poderá conter a declaração de todos os elementos do registro, incluir a escolha do nome e, nos termos em que será visto, outorgar poderes específicos para reconhecimento de filho.

Nada impede, em qualquer desses casos, que um genitor outorgue esta procuração para o outro, vez que não haveria conflito de interesses entre eles.

Por fim, observe-se que a identidade do procurador deve ser verificada pelo registrador por meio de apresentação de documentos oficiais de identificação no momento da declaração.

8.4.3 Prova do nascimento para o registro

O nascimento é um fato jurídico, que pode ser testemunhado para fins de registro, na forma da lei.

O texto original da LRP não fazia exigência de prova da ocorrência do nascimento, permitindo que este fosse apenas declarado, cabendo ao registrador, quando tivesse motivo para duvidar da declaração, "ir à casa do recém-nascido verificar a sua existência, ou exigir a atestação do médico ou parteira que tivesse assistido o parto, ou o testemunho de duas pessoas que não forem os pais e tivessem visto o recém-nascido" (§ 1º, art. 52, da LRP).

Para se desestimular possível falsidade de declaração, o Código Penal, em seu artigo 241, tipifica o crime de Registro de Nascimento Inexistente: "Art. 241 – Promover no registro civil a inscrição de nascimento inexistente: Pena – reclusão, de dois a seis anos".

Embora o crime permaneça, essa situação se alterou, passando-se a exigir o documento médico ou a declaração de duas testemunhas para prova de todos os nascimentos como condição para o respectivo registro.

Para os nascimentos com assistência médica, a primeira previsão legal de declaração do nascimento está no artigo 10, inciso IV, da Lei n. 8.069/90, determinando que um documento seja fornecido pelos hospitais e demais estabelecimentos de atenção à saúde de gestantes. Essa declaração foi regulamentada, unificada e padronizada pelo Ministério da Saúde, por meio de portarias, estabelecendo a obrigatoriedade da emissão da Declaração de Nascido Vivo. Após sucessivos aperfeiçoamentos, hoje está vigente a Portaria n. 116, de 11 de fevereiro de 2009, da Secretaria de Vigilância em Saúde, que prevê a obrigatoriedade em seu artigo 27, § 1º.

Atualmente, a obrigatoriedade e validade da DNV estão expressamente previstas na Lei n. 12.662/2012, que regulamentou seu conteúdo e sua emissão, e previu, no artigo 3º, que a declaração será válida para lavratura do assento de nascimento. Diante disso, a DNV é o documento hábil para se provar a ocorrência do nascimento que teve assistência médica. A mencionada lei e a declaração serão estudadas aprofundadamente mais adiante, onde se verá, por exemplo, que não necessariamente são emitidas por médicos.

Em relação aos nascimentos sem assistência médica, a Lei n. 9.997/2000 alterou o item 9º do artigo 54 da LRP, passando a exigir que do registro constassem "os nomes e prenomes, a profissão e a residência das duas testemunhas do assento, quando se tratar de parto ocorrido sem assistência médica em residência ou fora de unidade hospitalar ou casa de saúde".

Essas duas testemunhas devem atestar a existência do nascimento. Assim se tem interpretado nas normativas estaduais, como, por exemplo, o Capítulo XVII das NSCGJ-SP, que em seu item 37, j, prevê que "não são necessariamente as testemunhas do nascimento, mas que ao menos conheçam a mãe e a existência da gravidez". As testemunhas têm responsabilidade civil e criminal pelo que declararem.

Também caberá ao registrador, nos partos sem assistência médica, emitir DNV, nos termos do § 3º do artigo 54 da LRP, e do artigo 28 da já mencionada portaria, desde que o registrado tenha menos de 3 (três) anos de idade, como indica o artigo 7º, parágrafo único, do Provimento 28 da CN-CNJ. A DNV, nesses casos, será assinada também pelo declarante do nascimento. A importância da emissão da DNV pelo Oficial de Registro, nesses casos, é para que seja alimentado o sistema de informações sobre nascimentos, gerido pelos órgãos da saúde, útil para a elaboração das políticas públicas.

O Oficial deve, ainda, nos cinco dias após o registro de nascimento ocorrido sem assistência médica, fornecer ao "Ministério Público da Comarca os dados da criança, dos pais e o endereço onde ocorreu o nascimento", como estabelece o artigo 8º do Provimento 28 da CN-CNJ.

Observe-se que algumas normativas estaduais ainda preveem que a quantidade de tais registros de nascimento seja comunicada ao juízo corregedor periodicamente, como o item 38.3 do Capítulo XVII das NSCGJ-SP.

Algumas mulheres decidem ter o parto em seu domicílio, com assistência médica por profissionais da saúde capacitados para tal, inclusive credenciados a emitir a DNV. Outra situação é o parto que ocorre naturalmente de forma inesperada, a caminho do hospital ou mesmo em casa, sem dar tempo de chegar ao hospital para o parto em si, mas chegando ao hospital logo após, para os cuidados médicos da parturiente e do recém-nascido. Nessa situação, o hospital poderá emitir a DNV, apesar de o parto não ocorrer em suas dependências, a presença da parturiente logo após o parto com o recém-nascido fornece os elementos médicos para o preenchimento da DNV com segurança. Nesse sentido, o art. 3º, § 1º da Lei 12.662/2012 estabelece que o profissional de saúde responsável pelo acompanhamento do recém-nascido deverá emitir a DNV.

Em ambas as situações, haverá o preenchimento regular da DNV, porém o local do parto não será uma unidade hospitalar ou casa de saúde. Em tais casos, não se faz necessário o preenchimento da DNV pelo oficial de registro (o que ocasionaria indesejável duplicidade), nem se exige presença de duas testemunhas, pois a DNV faz prova do parto, com segurança para o registro de nascimento.

> Nesse sentido, vide enunciado da ARPEN-SP:
>
> Enunciado 58: Para o registro de nascimento ocorrido em domicílio, com assistência de profissional da saúde que emita a Declaração de Nascido Vivo (DNV) no formulário padrão do Ministério da Saúde (Lei 12.662/2012), basta a apresentação da referida DNV, ficando ao critério do Oficial, em caso de

fundamentada dúvida acerca da veracidade das declarações, assim como já faz nos casos de nascimentos ocorridos em estabelecimento de saúde, exigir apresentação dos exames de pré-natal em nome da genitora e/ou o testemunho de duas pessoas que não forem os pais e tiverem visto o recém-nascido.[18]

Em resumo, a comprovação para fins de registro dos nascimentos ocorridos com assistência médica é feita por meio da apresentação da DNV (artigo 3º da Lei n. 12.662/2012 e artigo 54, item 10, da LRP) e dos nascimentos ocorridos sem assistência médica, é feita por meio do testemunho de duas pessoas (artigo 54, item 9º, da LRP).

Nos casos em que foi emitida a DNV, mas os genitores perderam a sua via, para que providenciem o registro de nascimento deverão obter uma cópia da DNV devidamente certificada pelo Diretor Clínico do hospital ou quem lhe fizer às vezes, acompanhada de um Boletim de Ocorrência emitido pela autoridade policial em que relatado a perda ou extravio do documento. Feito o procedimento dessa forma, é desnecessário emitir uma nova DNV. Esse procedimento foi acolhido em decisão da CGJ-SP.[19]

8.4.3.1 Declaração de Nascido Vivo (DNV) – Lei n. 12.662/2012

A DNV tem fundamento no artigo 10, inciso IV, da Lei n. 8.069/90, e é regulamentada pela Lei n. 12.662/2012 e pela Portaria 116, de 11 de fevereiro de 2009, do Serviço de Vigilância em Saúde, do Ministério da Saúde – Portaria 116, SVS, MS.

Trata-se de documento de emissão obrigatória para todos os nascimentos com vida ocorridos no País, em conformidade com o artigo 3º da Lei n. 12.662/2012, o qual reconhece sua validade para elaboração de políticas públicas e para a lavratura do registro civil de nascimento, como foi visto.

A emissão da declaração, em conformidade com o § 1º do mencionado artigo 3º, cabe ao "profissional de saúde responsável pelo acompanhamento da gestação, do parto ou do recém-nascido, inscrito no Cadastro Nacional de Estabelecimentos de Saúde – CNES ou no respectivo Conselho profissional". A Portaria 116, SVS, MS, no artigo 27, reconhece também a possibilidade de a emissão ser feita por "parteiras tradicionais responsáveis pela assistência ao parto ou ao recém-nascido (reconhecidas e vinculadas a unidades de Saúde)".

Observe-se que declaração ainda pode ser emitida pelo oficial de registro, em caso de parto sem assistência médica, sempre que houver demanda das Secretarias Estaduais ou Municipais de Saúde, nos termos do § 3º do artigo 54 da LRP, com a redação dada pela Lei n. 12.662/2012.

A Portaria 116, SVS, MS, no artigo 28, já prevê tal demanda de emissão da DNV pelo cartório nos casos de partos domiciliares, com o seguinte texto: "Para partos domiciliares sem assistência de profissionais de saúde ou parteiras tradicionais, a DN deverá

---
18. Disponível em http://www.arpensp.org.br/?pG=X19wYWdpbmFz&idPagina=528. Acesso em 02.11.2018.
19. Processo CG 2016/19611, Corregedor Manoel de Queiroz Pereira Calças, conforme Parecer 56/2016-E, de autoria de Guilherme Stamillo Santarelli Zualini, j. 08.03.2016, DJE 14.03.2016. Disponível em https://www.portaldori.com.br/2016/08/19/cgjsp-registro-civil-das-pessoas-naturais-pedido-de-providencias-requerimento-deduzido--para-facilitar-o-registro-em-caso-de-perda-ou-extravio-da-dnv-ou-do-lavratura-do/ (acesso em 13.12.2018).

ser emitida pelo Cartório de Registro Civil, mediante autorização dada em provimento da Corregedoria de Justiça do Estado".

Nesses casos a emissão da declaração deve ser realizada pelo oficial de registro, tomadas as devidas cautelas, mencionadas no item anterior deste trabalho. Ressalte-se que cabe ao registrador preencher apenas os dados relativos à identificação dos envolvidos e às circunstâncias de local, data e horário do parto, não sendo de sua responsabilidade a coleta dos elementos exclusivamente médicos da declaração, que escapam ao seu conhecimento e atuação.

A DNV é documento que para fins de políticas públicas e de registro atesta a existência de uma pessoa, motivo pelo qual deve ser submetida a um rigor de controle e, por isso, o artigo 4º da Lei n. 12.662/2012 prevê que o número de identificação será nacionalmente unificado e que somente será gerado pelo Ministério da Saúde, que o controlará.

Quanto à emissão da declaração e seus dados, também há controle, na medida em que o artigo 5º da mesma lei prescreve que os elementos da DNV serão inseridos e consolidados em sistema de informações do Ministério da Saúde, que poderá verificar inconsistências, alterações e eventuais duplicidades. Os dados de tal sistema podem ser compartilhados com outros órgãos públicos, sempre respeitada a confidencialidade, intimidade dos interessados e os dados sensíveis. Por fim, o sistema em questão deve garantir interoperabilidade, possibilitando a troca de dados entre o ministério e o registro civil das pessoas naturais.

O conteúdo da DNV está descrito no artigo 4º da Lei n. 12.662/2012, segundo o qual deve conter os seguintes dados:

I – nome e prenome do indivíduo;

II – dia, mês, ano, hora e Município de nascimento;

III – sexo do indivíduo;

IV – informação sobre gestação múltipla, quando for o caso;

V – nome e prenome, naturalidade, profissão, endereço de residência da mãe e sua idade na ocasião do parto;

VI – nome e prenome do pai; e

VII – outros dados a serem definidos em regulamento.

Os parágrafos do mencionado artigo 4º estabelecem que o nome previsto no inciso I não pode expor seu portador ao ridículo; que a hora prevista no inciso II pode ser aproximada, quando não for possível estabelecer a hora exata; que a declaração do nome do pai, para fins do previsto no inciso VI, é facultativa, podendo o campo ficar em branco; e que a DNV deve conter "inscrição indicando que o registro civil de nascimento permanece obrigatório, não sendo substituído por esse documento".

Além dos elementos previstos na lei, outros são incluídos por regulamento na DNV, havendo no formulário atual oito sessões para o preenchimento.

ANEXO A – Modelo da Declaração de Nascido Vivo

O registrador que recebe a DNV deve saber a repercussão e os efeitos de cada um de seus elementos no registro civil, a fim de atuar corretamente. Assim, vislumbram-se três grupos de informações:

O primeiro, de cunho médico, destinado à saúde e às estatísticas, que não têm qualquer impacto direto sobre o registro civil, como o peso do nascido, o índice de apagar, as anomalias, as informações sobre a gestação e o parto, entre outras. Equívocos, rasuras ou até a falta de tais informações não repercutem no momento do registro, não havendo necessidade de retificação ou devolução da DNV, ou de obtenção das informações por outros meios.

O segundo, de responsabilidade dos profissionais da saúde que assistiram o parto ou do responsável pelo preenchimento da DNV, mas com relevância e acesso ao registro civil. Esses são a data e a hora do nascimento, o sexo do recém-nascido, o fato de ser gêmeo, o lugar do nascimento, a identificação da mãe e o número da DNV. Falta, rasuras e equívocos em alguma das informações deste grupo devem ser supridos e corrigidos, de forma que o oficial deve entrar em contato com o estabelecimento de saúde para obtenção dos dados corretos, solicitar a retificação ou ressalva na DNV, ou a declaração médica em documento apartado.

O terceiro grupo é composto por informações que cabem ao registrador coletar, ou decorrem de ato jurídico a ser praticado na forma da legislação e perante oficial dotado de fé pública, pouco importando o que consta da DNV, que pode ser ignorado. É o caso do nome do recém-nascido e do nome do pai.

Deve haver cautela nessa análise, pois as Declarações de Nascido Vivo não podem ser indevidamente recusadas por registradores, ou por determinação de juízos corregedores: em decorrência de rasuras ou falta de informações irrelevantes ao registro – primeiro grupo; em decorrência de pequenas divergências que não comprometem a certeza de informações relevantes ao registro – segundo grupo; em decorrência de ausência ou rasuras nas informações cuja obtenção compete ao registrador civil – terceiro grupo – ou ainda de divergências entre as informações constantes da DNV e o declarado perante o registrador, quando esta última for a maneira correta de sua obtenção.

A inobservância dessa situação pode causar, injustificadamente, o retardo em diversos registros de nascimento, o que é inadmissível, tendo em vista que se trata de um direito humano consagrado – Convenção Americana de Direitos Humanos – e de um direito da criança – e Convenção Internacional dos Direitos da Criança.

Para servir de guia na atuação do oficial de registro, foi editado o artigo 6º da Lei n. 12.662/2012, que altera o artigo 54 da LRP, e teve participação ativa das associações de registradores – ARPEN e ANOREG – em sua elaboração, com redação do projeto finalizada pelos autores deste trabalho. Segundo o § 1º incluído ao artigo 54 da LRP pelo mencionado artigo 6º da Lei n. 12.662/2012:

> § 1º Não constituem motivo para recusa, devolução ou solicitação de retificação da Declaração de Nascido Vivo por parte do Registrador Civil das Pessoas Naturais:
>
> I – Equívocos ou divergências que não comprometam a identificação da mãe;

II – Omissão do nome do recém-nascido ou do nome do pai;

III – Divergência parcial ou total entre o nome do recém-nascido constante da declaração e o escolhido em manifestação perante o registrador no momento do registro de nascimento, prevalecendo este último;

IV – Divergência parcial ou total entre o nome do pai constante da declaração e o verificado pelo registrador nos termos da legislação civil, prevalecendo este último;

V – Demais equívocos, omissões ou divergências que não comprometam informações relevantes para o registro de nascimento.

Quanto à identificação do pai, o § 2º incluído ao mesmo artigo da LRP explicitou a repercussão e os efeitos da informação constante da DNV, que não dispensa o estabelecimento da filiação na forma da lei civil como será visto adiante, assim:

§ 2º O nome do pai constante da DNV não constitui prova ou presunção da paternidade, somente podendo ser lançado no registro de nascimento quando verificado nos termos da legislação civil vigente.

Por fim, deverão os registradores observar a Recomendação 43/2019 da CN-CNJ, que embora use o verbo recomendar, traz verdadeira norma a ser obedecida, sujeitando os registradores a processo administrativo, conforme expresso em seu art. 3º.

A recomendação determina que, antes de se lavrar o registro de nascimento, seja consultada a CRC a fim de verificar a existência de registro de nascimento lavrado com o mesmo número de DNV. Havendo registro, além de recusar a lavratura do novo, deverá o registrador, no prazo de 48 horas, encaminhar cópias dos documentos apresentados às autoridades policiais e ao Ministério Público.

Embora não esteja expresso na Recomendação, o mesmo sistema poderá ser utilizado para cadastrar os números de formulários de DNV extraviados, furtados ou roubados, agregando assim maior segurança e autenticidade aos registros de nascimento.

8.4.4 Outros atos praticados no momento do registro

Além da declaração e da prova da ocorrência de nascimento, outros atos são praticados no momento do registro, quais sejam, a escolha do nome do registrando, o estabelecimento da filiação e a escolha da naturalidade, os quais passam a ser estudados.

8.4.4.1 Escolha do Nome

A escolha do nome é ato jurídico praticado pelo declarante no momento do registro, trata-se de livre manifestação de vontade de agente capaz e legitimado, que deve se revestir da forma exigida em lei e seguir as regras legais. Cabe ao registrador verificar a higidez da prática deste ato.

O registrador deve qualificar o declarante em sua identidade, capacidade e legitimação, da mesma maneira que exposto anteriormente, uma vez que, como se extrai do artigo 55 da LRP, é o declarante que tem legitimação para indicar o nome do registrado.

Diante do fato de que o declarante escolhe o nome em favor do menor, como seu representante em tal ato, o que se extrai da faculdade que a lei confere a todas as pessoas de alterarem seu nome no primeiro ano da maioridade – artigo 56 da LRP –, destaca-se a importância da adequada qualificação, em especial quanto à legitimação do declarante.

É por este motivo que, embora a LRP deixe claro no *caput* do artigo 55 que a indicação do nome é feita pelo declarante, sem restrição à ordem de legitimação, grande parte da doutrina trata a escolha do nome como um ato dos pais, que seriam, em regra, os representantes legais do registrando recém-nascido.

Nesse sentido, Limongi França[20] já fazia crítica à disposição do Decreto nº 4.857/1939, que trazia disposição semelhante à legislação atual, sustentando que:

> "Mais razoável seria se a lei tivesse estabelecido que o direito de pôr o nome, em princípio, compete ao detentor do pátrio poder, devendo as demais pessoas às quais, no seu impedimento incumbe fazer o registro, funcionar como meros procuradores".

Leonardo Brandelli[21], por sua vez, é claro ao defender que o "direito de pôr o nome é ínsito aos pais, sendo esta a regra geral quando do nascimento de alguém".

Veja-se que o parágrafo único do mencionado artigo 55, ao tratar da possibilidade da recusa de nome que exponha ao ridículo, prevê que o caso será remetido ao juízo quando "os pais" não se conformarem. Essa previsão fortalece a ideia de que o direito cabe aos pais, conferindo a estes o direito de questionamento, porém não exclui dos demais legitimados a indicação do nome.

De fato, a escolha deve ser preferencialmente ato dos pais, mas a lei não faz essa exigência, de tal modo que não se pode impedir ou retardar o registro feito por outro legitimado a declarar sob o argumento da escolha do nome. Recorde-se que os demais declarantes somente se tornam legitimados no impedimento ou impossibilidade de os pais declararem o nascimento, motivo pelo qual deve haver maior cautela do registrador quando não se cumpre estritamente a ordem inscrita no artigo 52 da Lei 6.015/73.

Caso os pais sejam os declarantes do nome e divirjam quanto à escolha e composição deste, não pode o registrador optar por um ou outro, devendo o impasse ser resolvido pelo Juiz de Direito, na forma do artigo 1.631 do CC.

A indicação do nome deve ser recebida na forma exigida em lei. Tendo em vista que os atos não dependem de forma especial, exceto quando houver exigência expressa (CC, art. 107), e que a LRP não estabelece forma especial, apenas se referindo à indicação do nome pelo declarante, no artigo 55, e estabelecendo que o declarante, em conformidade com o artigo 13, pode realizar requerimento verbal ou por escrito, a indicação do nome também poderá ser realizada verbalmente perante o registrador ou por escrito.

Sendo por escrito, diante da necessidade de se verificar a legitimação de quem indica o nome, o documento deve permitir que se tenha certeza de sua autoria, por meio de assinatura perante o oficial, reconhecimento de firma ou instrumento público.

Qualificado o declarante e recebida a indicação do nome na forma legal, o oficial de registro deverá verificar a conformidade com a lei, abordando-se a seguir alguns

---

20. FRANÇA, Limongi. *Do Nome Civil das Pessoas Naturais*. São Paulo: Revista dos Tribunais, 1964. p. 209
21. BRANDELLI, Leonardo. *Op. Cit.*, 2012. p. 132.

aspectos mais formais, sem pretensão de esgotar o tema, que pode ser aprofundado nos importantes trabalhos mencionados, como os de Limongi França[22], Leonardo Brandelli[23] e Zeno Veloso[24].

No que diz respeito ao prenome, que pode ser simples ou composto, a escolha é livre, limitada somente pela exposição do portador do nome ao ridículo, o que deve ser impedido pelo registrador nos termos do parágrafo único do artigo 55 da LRP, segundo o qual: "Os oficiais do registro civil não registrarão prenomes suscetíveis de expor ao ridículo os seus portadores". A questão do que vem a ser ridículo envolve um grau de subjetividade, que não é desejável no serviço público. Assim, deve o oficial levar em conta as peculiaridades do caso concreto, dialogando com os pais e agir com cautela para não impor o seu gosto pessoal à vida dos outros. A recusa deve estar fundada, sempre, em elementos objetivos para fundamentar os motivos pelo qual se considera a potencialidade de expor ao ridículo.

Caso haja recusa do nome indicado, o mesmo parágrafo único confere aos pais o direito a uma segunda instância: "Quando os pais não se conformarem com a recusa do oficial, este submeterá por escrito o caso, independente da cobrança de quaisquer emolumentos, à decisão do Juiz competente".

A utilização como prenome de expressões tradicionalmente usadas como sobrenomes é permitida, pois não há vedação normativa, tampouco é situação que expõe o portador do nome ao ridículo. Assim, admite-se o registro de Messi dos Santos Silva, bem como de David Beckham dos Santos Silva.

No entanto, o fato deve ser analisado com cautela quando se utiliza prenome composto, pois poderia gerar confusão, fazendo crer que se trataria de nome de família e não de prenome composto, forjando-se uma origem familiar que não existe. Pondere-se, entretanto, que não há grande risco de confusão quanto a filiação e origem familiar, uma vez que o registro e suas certidões carregam o nome dos pais e dos avós, e os documentos de identidade brasileiros tradicionalmente contemplam a filiação.

Situação semelhante é a utilização de agnome como prenome simples ou composto. Esta também não encontra proibição legal. Assim, admite-se o registro de Júnior da Silva Santos, Neto da Silva Santos, bem como Fábio Júnior da Silva Santos ou ainda Mário Filho da Silva Santos.

Ressalve-se que nas hipóteses de prenome composto, na opinião do coautor Marcelo Salaroli de Oliveira, o registrador deve recusar a escolha de Ricardo Filho dos Santos Silva, sem que o pai se chame Ricardo, sob o fundamento da potencial exposição ao ridículo, uma vez que levantaria questões duvidosas quanto à origem da filiação, gerando suspeitas indesejadas sobre a vida íntima da família. O coautor Mario Camargo, por sua vez, não vê exposição ao ridículo em tal situação, o que reforça o grau de subjetividade nesse tipo de análise. Em qualquer caso, os autores concordam que se desfaz a situação

---

22. FRANÇA, Limongi. *Op. Cit.*, 1964.
23. BRANDELLI, Leonardo. *Op.Cit.*, 2012
24. VELOSO, Zeno. *Nome Civil da Pessoa Natural*. In: *Tratado de Direito das Famílias*. Belo Horizonte: IBDFam, 2015. pp.423-474.

de ridículo quando há evidente homenagem a uma personalidade pública, como é o caso do cantor Fábio Júnior.

Todavia, o registrador deve observar normativas estaduais que vedam expressamente o uso de agnome em outra função ou posição, o que impediria seu uso como prenome. É o caso do CNCGJ-MG:

> Art. 462. Os agnomes "filho(a)", "júnior", "neto(a)" ou "sobrinho(a)" somente poderão ser utilizados ao final do nome e se houver repetição, sem qualquer alteração, do nome dos pais, avós ou tios, respectivamente.

Em relação ao sobrenome[25], chamado também nome de família, apelido de família ou patronímico, este não encontra definição ou regulação detalhada na legislação, valendo destaque à previsão que o garante como direito na Convenção Americana dos Direitos Humanos, segundo a qual: "Artigo 18. Toda pessoa tem direito a um prenome e aos nomes de seus pais ou ao de um destes".

Poder-se-ia imaginar que, diante da falta de regramento, não há obrigatoriedade de adoção de tal ou qual sobrenome. Todavia, isso não significa que a escolha seja livre, pois, diante de tal lacuna, há que se integrar o direito, no caso, pelo costume de se adotar os sobrenomes dos pais, como defendeu Zeno Veloso, durante o I Fórum de Integração[26], observando-se que o costume é fonte do direito. A mesma conclusão resultaria do próprio termo "nome de família", de maneira que o sobrenome deve ser da família.

Assim já entendia Limongi França[27], para quem havia "conveniência de que os filhos, ao serem registrados, recebam os nomes de família dos pais, ou quando menos, o do pai" e Pontes de Miranda[28], que, de maneira direta, definia que o "sobrenome da pessoa é o dos pais".

De fato, o sobrenome é o "indicativo da origem ancestral, da procedência familiar"[29], devendo o oficial negar nomes estranhos aos sobrenomes dos pais do registrando, ou que tenham grafia diferente, salvo quando houver regra específica – como no caso dos indígenas, que será oportunamente analisado.

Nesse sentido, Reinaldo Velloso dos Santos[30]:

> "pode ser adotado apenas o sobrenome do pai ou o da mãe (...) não é possível a inclusão de sobrenome que não tenha origem no nome de nenhum dos ancestrais do registrando".

E Leonardo Brandelli[31]:

---

25. Terminologia adotada pelo Código Civil de 2002.
26. Disponível em: < http://www.anoreg.org.br/index.php?option=com_content&view=article&id=16597:i-forum--internacional-de-cooperacao-juridica-notarial-e-de-registro-promovido-pela-anoreg-br-realizacao-em-punta--del-esteuruguai&catid= 63:eventos>. Acesso em 28 abr. 2014
27. FRANÇA, Limongi. *Op.Cit.*, 1964. p. 219.
28. PONTES DE MIRANDA. *Tratado de Direito Privado. Parte Especial. Tomo VII. Direito da Personalidade Direito de Família*. Atualizado por Rosa Maria de Andrade Nery. São Paulo: Revista dos Tribunais, 2012. p. 132.
29. ROSENVALD, Nelson; FARIAS, Cristiano Chaves. *Direito Civil – Teoria Geral*. Rio de Janeiro: Lumen Juris, 2011. p. 255.
30. SANTOS, Reinaldo Velloso. Op. cit., 2006, p. 74.
31. BRANDELLI, Leonardo. *Op.Cit.*, 2012, p. 125.

"Tendo-se em mente que o nome de família a tem a função primordial de identificar a origem familiar da pessoa, não poderá ela adotar patronímico que não pertença a seus ascendentes, sejam naturais ou legais, que não identifique sua origem familiar, sob o argumento da falta de norma proibitiva expressa."

Importante observar que normativas estaduais preveem regras acerca do sobrenome no registro de nascimento, como o item 33.2 do Capítulo XVII das NSCGJ-SP e o §2º do art. 600 da DGE-RO, que, com o mesmo texto, estabelecem que "[p]oderão ser adotados sobrenomes do pai, da mãe ou de ambos, em qualquer ordem".

Veja-se que as normas citadas, assim como outras de mesmo conteúdo, prescrevem inclusão dos sobrenomes do pai, da mãe ou de ambos, todavia, previsões nesse sentido não significam que não possam ser adotados sobrenomes da família que não façam parte dos nomes dos pais, adotando-se sobrenomes dos avós, por exemplo.

Conforme a lição de Reinaldo Velloso dos Santos[32], "pode ser adotado (...) até mesmo de avós; ainda que não integrem o nome dos pais", neste caso o sobrenome estaria demonstrado no registro em que se incluem os nomes dos avós.

No mesmo sentido é o posicionamento de Leonardo Brandelli[33], para quem "ainda que os pais não tenham usado certo nome de família que os avós usavam, os netos poderão adotá-lo, uma vez que pertencem àquela família".

Limongi França[34] já sustentava tal possibilidade, indicando que "como ensina PLANIOL, o nome de família pode ser retomado por um seu representante a qualquer tempo, por maior que tenha sido a interrupção no seu uso."

Conclui-se, portanto, que é possível adotar o sobrenome de qualquer ancestral em linha reta, desde que documentalmente demonstrado, pois o sobrenome é indicação do ramo familiar do qual a pessoa descende.

Essa é a regra do §2º do artigo 459 do CNCGJ-MG, segundo o qual: "Na composição do nome, poderão ser utilizados sobrenomes de ascendentes que não constem dos nomes dos pais, desde que comprovada a relação de parentesco."

Observe-se que a indicação do nome deve ser completa, não podendo ser indicado apenas o prenome, todavia, caso o declarante não indique o sobrenome, o artigo 55 da LRP estabelece que o oficial deverá lançar o sobrenome do pai e, na falta, o da mãe. Essa preferência pelo sobrenome do pai, embora se baseie em tradição e costume, não está em conformidade com a CF, que garante a igualdade entre homem e mulher inclusive no âmbito da família.

O ideal é que o oficial questione o declarante acerca do sobrenome a ser adotado, antes de lançar mão da norma subsidiária, do contrário, o melhor entendimento deve ser no sentido de serem adotados os sobrenomes de ambos os pais. Neste sentido é a previsão na CNNR-RS: "Art. 108 – Quando o declarante não indicar o nome completo do registrando, o Oficial lançará adiante do prenome escolhido o nome da mãe e do pai, respectivamente, e, na falta deste, somente o da mãe".

---

32. SANTOS, Reinaldo Velloso. *Op. cit.*, 2006, p. 74.
33. BRANDELLI, Leonardo. *Op.Cit.*, 2012, p. 138.
34. FRANÇA, Limongi. *Op.Cit.*, 1964. p. 219.

A mencionada previsão normativa levanta uma outra questão, qual seja, se haveria alguma ordem impositiva para a adoção dos sobrenomes. Zeno Veloso[35] e Leonardo Brandelli[36] apontam que haveria fundamento no costume para que o sobrenome da família da mãe precedesse o sobrenome da família do pai na composição do nome do filho, todavia, ambos concluem que tal ordem não prevaleceria no ordenamento vigente, assim:

> "Numa interpretação conforme a Constituição e em atenção ao princípio da isonomia, penso não ser possível exigir-se que o patronímico da mãe fique na frente e o do pai apareça por último, ou vice-versa."[37]

E

> "O costume de se colocar o nome de família da mãe em primeiro lugar não deve prevalecer sobre o princípio constitucional da igualdade; não se aplicará tal costume neste caso, uma vez que não há situação de lacuna, mas antes disso, há situação de aplicação do direito fundamental da igualdade."[38]

Diante disso, não deve o registrador exigir uma ordem específica para os sobrenomes, podendo o declarante indicá-los em qualquer ordem, como preveem as mencionadas normativas estaduais (item 33.2, capítulo XVII, NSCGJ-SP e art. 600, §2°, DGE-RO).

Limitação que parte da doutrina entende para ordem dos sobrenomes é quanto à impossibilidade de se intercalarem os sobrenomes de um genitor com os do outro. É o que sustentam Reinaldo Velloso dos Santos[39] e Luiz Guilherme Loureiro[40], para quem a ordem dos sobrenomes é livre, desde que "não haja intercalação de sobrenome materno no meio do sobrenome paterno e vice-versa". Tal limitação foi, inclusive, objeto de normatização local, como no caso do artigo 600, §3°, da DGE-RO[41].

Todavia, esse entendimento não tem prevalecido na jurisprudência, podendo ser citados o julgamento do STJ:

> 3. A lei não faz nenhuma exigência de observância de uma determinada ordem no que tange aos apelidos de família, seja no momento do registro do nome do indivíduo, seja por ocasião da sua posterior retificação. Também não proíbe que a ordem do sobrenome dos filhos seja distinta daquela presente no sobrenome dos pais. (STJ, Relator: Ministra NANCY ANDRIGHI, Data de Julgamento: 05/02/2013, T3 - TERCEIRA TURMA)

E do TJ-SP:

> APELAÇÃO CÍVEL – Retificação de Registro Civil – Pedido de inclusão, na sequência do prenome, de apelido familiar que representa traço identificador da família paterna da autora no seu meio social - Sentença de parcial procedência, autorizando a inclusão de patronímico na ordem diversa em que pleiteada – Insurgência da autora que merece acolhida – **Inexistência de previsão legal sobre a**

---

35. VELOSO, Zeno. Op.Cit., 2015. p.427.
36. BRANDELLI, Leonardo. Op.Cit., 2012. p. 125
37. VELOSO, Zeno. Op.Cit., 2015. p.427.
38. BRANDELLI, Leonardo. Op.Cit., 2012. p. 127.
39. "é livre a ordem dos sobrenomes desde que não haja intercalação de sobrenome materno no meio do sobrenome paterno e vice-versa" (SANTOS, Reinaldo Velloso. Op. Cit., 2006, p. 74).
40. "é livre a definição da ordem de sobrenomes, desde que não haja intercalação de sobrenome materno no meio do sobrenome paterno e vice-versa" (LOUREIRO, Luiz Guilherme. Op.Cit., p. 60).
41. § 3º É livre a definição da ordem de sobrenomes, desde que não haja intercalação de sobrenome materno no meio do sobrenome paterno e vice-versa.

ordem dos patronímicos, tampouco de impeditivo a que sejam intercalados os sobrenomes materno e paterno que não sejam compostos – Sentença reformada – RECURSO PROVIDO. (TJSP; Apelação 1029131-04.2017.8.26.0100; Relator (a): Rodolfo Pellizari; Órgão Julgador: 6ª Câmara de Direito Privado; Foro Central Cível - 2ª Vara de Registros Públicos; Data do Julgamento: 30/05/2018; Data de Registro: 30/05/2018) grifo nosso

Diante disso, os autores deste trabalho se filiam à linha de que não cabe ao registrador proibir a intercalação dos sobrenomes de um e outro genitor no sobrenome do filho, salvo nas localidades onde há previsão normativa expressa.

Eventuais partículas – "e", "de", "dos, "da" – que existam no sobrenome dos pais, podem ser suprimidas quando da composição do nome dos filhos. Essa foi a decisão da CGJ-SP em reiterados casos, como no Processo CG 89.605/2009, cujo Parecer CG 03/2010-E apresenta a seguinte ementa:

> REGISTRO CIVIL - Reconhecimento de paternidade - Alteração do nome da reconhecida, na forma expressamente indicada por ambos os genitores - Acréscimo de sobrenome paterno, sem que esteja precedido da partícula "de" - Impugnação pelo Ministério Público, por entender que, faltando tal partícula, originalmente utilizada pelo pai, o sobrenome se desnatura - Decisão em sentido contrário - Negado provimento ao recurso - Ausência que não chega a provocar descaracterização - Dispensa da partícula admitida reiteradamente, no âmbito do ordenamento, com inúmeros exemplos concretos.

Pelos mesmos fundamentos, tais partículas podem ser acrescidas ao nome dos filhos, mesmo que inexistentes nos sobrenomes dos pais. Assim é a lição de Luiz Guilherme Loureiro[42] e a previsão normativa encontrada no art. 600, §4º, da DGE-RO, segundo o qual:

> § 4º Pode ser incluída no sobrenome da criança a partícula "e" ou "de", ainda que não conste dos nomes dos pais, considerando que tal inclusão não mutila ou altera os apelidos de família.

Por fim, verifica-se a questão do agnome – "Filho", "Filha", "Junior", "Sobrinho", "Sobrinha", "Neto" e "Neta" – que deve ser lançado sempre que o nome do registrando for idêntico ao de um de seus familiares. Admite-se, também, o uso da expressão "Segundo", mesmo que grafada em algarismos romanos "II". Nesse sentido há antiga decisão da CGJ-SP [43], bem como decisão do TJ-SP[44].

Em todos os casos, deve o registrador observar se o nome escolhido é plenamente igual ao do parente homenageado, recusando-se o registro do agnome caso os nomes sejam diferentes. Assim determinou o art. 462 da CNCGJ-MG, supratranscrito neste tópico. No mesmo sentido é a jurisprudência do TJ-SP:

> RETIFICAÇÃO DE REGISTRO CIVIL. INCLUSÃO NO ASSENTO CIVIL DO AGNOME "FILHO". IMPOSSIBILIDADE. NOME DO AUTOR DIVERSO DO SEU GENITOR. O acréscimo do agnome ao nome

---

42. LOUREIRO, Luiz Guilherme. *Op. Cit.* p. 60.
43. REGISTRO CIVIL – Assento de Nascimento – Utilização do numeral romano III, após o nome do registrando – Admissibilidade – Inexistência de qualquer ressalva proibitiva da Lei de Registros Público. (Processo CGJ-SP 84.538/88 – Parecer 392/88 CGJ-SP)
44. TJSP, Apelação 436.419.1/1-00 (9166097-27.2006.8.26.0000), 3ª Câmara de Direito Privado, Relatora Maria Olívia Alves, Origem Foro de Itapetininga – 4ª Vara Judicial, Data julgamento 30/01/2007. Disponível em: https://esaj.tjsp.jus.br/cjsg/getArquivo.do?cdAcordao=1035449&cdForo=0 (acesso 13.12.2018)

exige identidade com o nome e sobrenome do genitor. Na hipótese dos autos o nome do autor é diverso do de seu genitor, o que afasta a sua pretensão. O deferimento da medida importaria em contradição e erro, visto que o uso costumeiro do agnome indica que o filho adotou nome idêntico ao de seu genitor com o acréscimo diferenciador, o que não ocorre no caso. Sentença mantida. Recurso não provido. (TJSP; Apelação 0006618-91.2010.8.26.0007; Relator (a): Carlos Alberto Garbi; Órgão Julgador: 10ª Câmara de Direito Privado; Foro Regional VII - Itaquera - 2ª Vara Cível; Data do Julgamento: 06/08/2013; Data de Registro: 09/08/2013).

Retificação de Assento Civil – Acréscimo do agnome "Júnior" – Sentença de improcedência – Insurgência - Inadmissibilidade – Ausência de identidade com nome e sobrenome do seu genitor - Sentença que deve ser mantida. Aplicação do art. 252 do Regimento Interno deste Egrégio Tribunal de Justiça. Recurso não provido. (TJSP; Apelação 1000279-29.2016.8.26.0415; Relator (a): Fábio Quadros; Órgão Julgador: 4ª Câmara de Direito Privado; Foro de Palmital - 1ª Vara; Data do Julgamento: 28/09/2017; Data de Registro: 04/10/2017).

Outras regras legais e normativas são estabelecidas e devem ser verificadas pelo oficial, como no caso de gêmeos, que, se tiverem o mesmo prenome, deverão, nos termos do artigo 63 da LRP, ser registrados com duplo prenome ou nome completo diverso, de modo que possam se distinguir – essa regra também deve ser aplicada a irmãos que não são gêmeos, como ficou estabelecido no item 33.4 do Capítulo XVII das NSCGJ-SP e no artigo 600, §6º, da DGE-RO – ou a orientação que o Oficial deve oferecer aos pais no intuito de evitar homonímia, prevista no item 33.1 do Capítulo XVII das NSCGJ-SP e no art. 600, §1º, DGE-RO.

Em qualquer caso de recusa, se houver irresignação do declarante, poderá ser realizado o procedimento de dúvida, nos termos do artigo 198 combinado com o artigo 296, ambos da LRP, para que seja dirimida a divergência.

Qualificado o declarante, recebida a indicação de nome e verificada sua conformidade com a lei, na forma exposta neste item e na parte geral deste trabalho, o registrador lançará o nome no assento.

8.4.4.2 Estabelecimento da Filiação

A filiação é um dos elementos do estado da pessoa natural. É estabelecida na forma da lei civil, e assim deve ter ingresso ao registro, por meio do qual passará a ser provada (art. 1.603, CC).

Na falta ou defeito do termo de nascimento, a filiação poderá ser provada por outro modo admissível em direito, quando houver começo de prova por escrito proveniente dos pais conjunta ou separadamente ou existirem veementes presunções resultantes de fatos já certos (art. 1.605, CC). Ou seja, será necessário um processo judicial para se comprovar o erro do registro, que culminará com ordem para a averbação da nova filiação estabelecida ou manutenção da filiação registrada. Assim, o registro de nascimento sempre permanece como fonte segura e meio de prova da filiação.

Considerando-se que o registro de nascimento é o meio legal de prova da filiação, torna-se relevante perquirir quais os requisitos para se lançar a filiação no registro de nascimento.

Não se deve incluir no registro de nascimento a origem da filiação, seja decorrente da gestação, da presunção do casamento, de reprodução assistida ou de reconhecimento no ato do registro. Isto porque o artigo 227, §6º, da CF, proíbe qualquer designação discriminatória relativa à filiação, o que foi regulamentado pela Lei n. 8.560/92, art. 5º, ao determinar que "no registro de nascimento não se fará qualquer referência à natureza da filiação".

Todavia, a igualdade garantida a toda filiação independentemente de sua origem, não dispensa o registrador de analisar, de acordo com a lei civil e a regulamentação administrativa, as formalidades necessárias para o estabelecimento da filiação nos casos concretos que lhes são apresentados.

Assim, passa-se a analisar separadamente cada uma das formas que devem ser aplicadas pelo registrador civil na lavratura do registro de nascimento, a saber: presunção decorrente da gestação e do parto, reconhecimento espontâneo, presunção decorrente do casamento ou união estável, filiação decorrente de técnicas médicas de reprodução humana assistida.

8.4.4.2.1 Filiação decorrente da gestação e do parto

Tradicionalmente, a filiação na linha materna se rege pela máxima que advém do Direito Romano de que *mater semper caerta est* (mãe é sempre certa), estabelecendo-se como mãe aquela que teve a gestação e o parto.

Nesse sentido, o Enunciado n. 129 das Jornadas de Direito Civil do Conselho da Justiça Federal propõe a inclusão de um artigo 1.597-A ao CC, com a seguinte redação: "Maternidade será presumida pela gestação".

Assim, a maternidade decorre de um fato natural, qual seja, o parto, que pode ser testemunhado e comprovado para fins de registro da mesma maneira que o nascimento, por meio da DNV, ou por duas testemunhas qualificadas. Declara-se não somente que houve um nascimento, mas que nasceu uma criança de determinada mulher.

A DNV, já estudada, por força do § 1º do artigo 3º da Lei n. 12.662/2012 "deverá ser emitida por profissional de saúde responsável pelo acompanhamento da gestação, do parto ou do recém-nascido", de tal maneira que estará apto a identificar a mãe. Assim o faz, uma vez que o artigo 4º da mesma lei estabelece em seu inciso V que a declaração deverá conter "nome e prenome, naturalidade, profissão, endereço de residência da *mãe* e sua idade na ocasião do parto".

Em conformidade com o § 1º, inciso I, do artigo 54 da LRP, vê-se que a identificação da mãe na DNV é essencial e está entre os elementos de responsabilidade dos profissionais da saúde que tem repercussão no registro civil, de maneira que diante da falta de tal dado a declaração deve ser recusada, e em caso de equívocos ou divergências, somente se estes não comprometerem a identificação da mãe, é que não se recusará, devolverá ou retificará a declaração.

Em caso de declaração de duas testemunhas, verifica-se que estas também devem estar aptas a identificar a mãe, uma vez que, seguindo-se o disposto em normativas locais, "não são necessariamente as testemunhas do nascimento, mas que ao menos conheçam a mãe e a existência da gravidez"[45].

---

45. NSCGJ-SP, Cap. XVII, item 37, j.

Diante do exposto, a maternidade decorre da gravidez e do parto, fatos naturais que são testemunhados na forma exposta, não dependendo o estabelecimento da maternidade da prática de um ato jurídico de reconhecimento, não precisando a mãe participar do ato do registro e não sendo relevante a capacidade desta, ou seja, mesmo que a mãe seja absolutamente incapaz ou esteja ausente no ato do registro, não se impõe qualquer outra formalidade para inclusão da maternidade no assento, apenas a regular declaração do nascimento como visto anteriormente.

Ressalve-se que, em caso de registro tardio sem a apresentação de DNV, o procedimento para o estabelecimento de maternidade dependerá de reconhecimento ou outra forma legal de estabelecimento da filiação, como será visto no item 9.1.5 sobre registro fora do prazo.

No item 8.4.4.2.4 a seguir, ao tratar das técnicas de reprodução assistida, será analisada a filiação decorrente do procedimento de gestação por substituição, situação em que a presunção da maternidade decorrente da gestação e do parto não prevalece, sendo a filiação atribuída conforme as regras próprias que serão analisadas.

Outra situação peculiar é aquela em que a pessoa que gestou e pariu é do gênero masculino. Atente-se à expressão gênero masculino, que é diferente de sexo biológico masculino. Tal situação poderá acontecer nos casos em que a pessoa nasceu com sexo biológico feminino e, mesmo mantendo seu corpo com os órgãos femininos, alterou seu prenome e gênero no registro de nascimento para adequar à sua identidade autopercebida, pois é uma pessoa transgênero (essa alteração é analisada no item 10.10 a seguir).

Essa situação foi normatizada no Rio Grande do Sul da seguinte forma (CNNR-RS):

> Art. 98-A - Na hipótese de filho concebido biologicamente por pessoa transgênero, o oficial do RCPN lavrará o registro de nascimento mediante apresentação da Declaração de Nascido Vivo (DNV) da criança e dos documentos de identidade dos(as) requerentes, que constarão no assento como genitores(as) da criança, consoante for declarado.
>
> § 1º – A opção pelo registro previsto no caput deste artigo será possível somente após a pessoa transgênero formalizar a averbação preconizada nos artigos 114-A a 114-G desta CNNR, a qual será verificada pelo registrador mediante apresentação de certidão de inteiro teor, requerida pelo(a) próprio(a) interessado(a), independentemente de autorização judicial.
>
> §2º - O nome dos(as) genitores(as) constará no registro, desde que:
>
> a) os(as) dois (duas) compareçam, pessoalmente ou através de procurador com poderes específicos, ao Ofício do Registro Civil das Pessoas Naturais, para a realização do assento;
>
> b) compareça um(a) dos(as) genitores(as), independentemente de comparecimento ou declaração do(a) outro(a) genitor(a), munido(a) do seu documento de identidade original e da Declaração de Nascido Vivo (DNV) da criança, além de documento onde conste o nome completo do(a) outro(a) genitor(a) e dos avós da criança, cujo número sempre que possível se fará constar do registro;
>
> c) em qualquer das situações previstas – procuração ou anuência – a manifestação de vontade materializar-se-á por instrumento público ou particular, neste caso exigindo-se o reconhecimento da assinatura por autenticidade.
>
> § 3º - O registrador do RCPN, para fins do caput deste artigo, presumirá a boa-fé do(a) declarante. Caso haja suspeita de fraude, falsidade, má-fé, vício de vontade ou simulação, fundamentará a recusa e encaminhará o pedido ao Juiz de Direito Diretor do Foro ou à Vara dos Registros Públicos, onde houver.

A norma terá aplicação tanto quando duas pessoas do gênero masculino se declaram genitores biológicos, quanto quando duas pessoas de gênero feminino se declaram genitoras biológicas. Em ambos os casos, para comprovar a verossimilhança das declarações, basta que um(a) dos genitores(as) apresente certidão de inteiro teor comprovando ser transgênero. Diante de tal documento, se desfaz a suspeita de declaração fraudulenta, que se apoiava na evidência científica de que duas pessoas do mesmo sexo não poderiam gerar um filho *biológico*.

Caso apenas um(a) dos(as) genitores(as) compareçam para declarar o registro de nascimento, é necessário que o nome do(a) outro(a) genitor(a) conste da DNV no campo "mãe", para comprovar a filiação decorrente da gestação e parto como aqui exposto. Nos casos em que comparece em cartório apenas o(a) genitor(a) cujo nome consta da DNV, será necessário apresentar procuração ou anuência do(a) outro(a) genitor(a), em que reconheça a filiação, que é outra forma de estabelecer a filiação, como será visto no item a seguir.

8.4.4.2.2 Reconhecimento espontâneo da filiação

Para que conste a paternidade no registro, em grande parte dos casos do cotidiano registral, faz-se o reconhecimento de filiação, nos termos do artigo 1.607 do CC. Esse reconhecimento pode ser realizado no momento do registro de nascimento como preveem o artigo 1.609, inciso I, do mesmo código e o artigo 1º, inciso I, da Lei n. 8.560/92.

O reconhecimento de filho é ato jurídico em sentido estrito, unilateral, personalíssimo, formal e incondicional, que envolve manifestação de vontade, livre e consciente, por agente capaz que deve ser feita na forma da lei.

De tal definição, pode-se extrair a atuação do registrador no reconhecimento, que carrega um caráter notarial. Deve o oficial qualificar o agente, em sua identidade e capacidade, receber a manifestação de vontade em reconhecer o filho, qualificá-la conforme a legalidade, dar-lhe a forma legal e registrar a filiação.

Inicie-se a análise pela qualificação do agente.

Quanto à identificação, aplicam-se as mesmas regras do item 8.4.2 que trata da declaração de nascimento, devendo o declarante ser identificado pelos documentos oficiais ou outras formas, como já exposto.

Quanto à capacidade, aplicam-se as regras para o ato de declaração tratado no item 8.4.2.2, no que diz respeito à aferição da capacidade plena e à inovação trazida pelo Estatuto da Pessoa com Deficiência (Lei 13.146/2015).

Todavia, diferentemente do que ocorre para o ato de declaração, não se permite representação ou assistência do agente[46], isto porque o reconhecimento de filho é "ato personalíssimo, que não admite influência externa"[47].

---

46. Registre-se que na doutrina são encontrados posicionamentos contrários, de juristas do mais alto respeito, como o caso de Paulo Lôbo, que entende ser possível representação ou assistência no reconhecimento de filho (LÔBO, Paulo. *Famílias*. São Paulo: Saraiva, 2009. p. 234).
47. PELUSO, Cezar (coord.). *Código Civil comentado (Doutrina e Jurisprudência)*. Barueri-SP: Manole, 2010. p. 1813.

Assim, os absolutamente incapazes não poderão reconhecer o filho, sequer representados no ato, dependendo de decisão judicial para que possam constar como pais nos registros.

Isto foi reconhecido nos Provimentos 12 e 26 da CN-CNJ, com a mesma redação em seus respectivos artigos 5º, § 2º: "[...] O reconhecimento da paternidade pelo absolutamente incapaz dependerá de decisão judicial, a qual poderá ser proferida na esfera administrativa, pelo próprio juiz que tomar a declaração do representante legal".

Por estar substituindo a manifestação de vontade do pai incapaz, a decisão teria caráter jurisdicional, segundo a teoria geral do processo, todavia, os mencionados provimentos da CN-CNJ buscaram simplificar o estabelecimento da filiação e garantir o direito dos filhos, reconhecendo que a decisão "poderá ser proferida na esfera administrativa pelo próprio juiz que tomar a declaração do representante legal"[48].

Diante da última previsão, o melhor entendimento é que se pode aplicar o procedimento do artigo 2º da Lei n. 8.560/92 para o reconhecimento de filho por pai absolutamente incapaz.

Assim determinam os Provimentos 12, 16 e 26 da CN-CNJ:

> Provimento 12, artigo 5º, § 2º: "O reconhecimento da paternidade pelo pai relativamente incapaz independerá da assistência de seus pais ou tutor [...]".
>
> Provimento 16, artigo 6º, § 4º: "O reconhecimento de filho por pessoa relativamente incapaz independerá de assistência de seus pais, tutor ou curador."
>
> Provimento 26, artigo 5º, § 2º: "O reconhecimento da paternidade pelo pai relativamente incapaz independerá da assistência de seus pais ou tutor [...]".

Pela redação do mencionado Provimento 16, verifica-se que não somente os relativamente incapazes em razão da idade, mas também as pessoas em situação de curatela, podem reconhecer os filhos independentemente de assistência, uma vez que o texto normativo diz que independerá de assistência dos pais, tutor ou *curador*.

Confirmando o caráter personalíssimo do ato de reconhecimento de filho, a impossibilidade de representação e a desnecessidade de assistência, as NSCGJ-SP, ao adequar seu texto ao Estatuto da Pessoa com Deficiência, acrescentou o apoiador (instituto da Tomada de Decisão Apoiada) ao lado do curador, nestes termos:

> 42.1. Poderá ser efetuado o registro de reconhecimento espontâneo do filho pelo relativamente incapaz sem assistência de seus pais, tutor, curador ou apoiador.

Verificada a identidade e a capacidade do agente, o registrador deve receber a manifestação de vontade em reconhecer o filho na forma exigida por lei. O reconhecimento pode ser feito verbalmente perante o registrador no momento do registro, na medida em que a lei não faz maiores exigências quanto à forma no artigo 1.609, inciso I, do CC.

Cumprindo o princípio da legalidade e a função de aconselhamento jurídico do serviço notarial e registral, caso o declarante demonstre dúvida, hesitação ou faça ques-

---

48. Provimento 26, CN-CNJ – artigo 5º, § 2º. Provimento 12, CN-CNJ – artigo 5º, § 2º.

tionamentos, recomenda-se que o registrador informe o declarante que registrar como seu o filho de outrem é crime – tipificado no artigo 242 do CP –, que o reconhecimento é irrevogável – como dispõe o artigo 1.609 do CC –, e que o meio adequado para se tornar pai caso não exista vínculo biológico é uma ação judicial de adoção ou de declaração de filiação socioafetiva.

No entanto, importante que no exercício dessa função de esclarecimento jurídico o registrador não promova um constrangimento daquele que espontaneamente se declara pai. Tal tema está tão ligado à intimidade das pessoas, tanto do pai quanto da mãe, que a pergunta ou a orientação no balcão do cartório poderá ser percebida como uma intromissão na vida sexual deles, como uma desconfiança constrangedora, uma invasão da vida privada.

Diante disso, o registrador não impedirá o reconhecimento, tampouco deverá, com tais orientações, dificultar a inclusão da filiação no registro, que é direito do registrando. O registrador busca evitar que um ato equivocado seja praticado no momento do reconhecimento e que o usuário menos informado declare algo diferente do que realmente deseja. Assim se extrai da CNNR-RS, que, no artigo 96, prevê que "Os Oficiais Registradores devem zelar pela efetiva correspondência entre a filiação verdadeira e aquela registrada".

Neste tocante, importante analisar a desnecessidade de concordância da mãe do registrando para o ato de reconhecimento de filho por parte do pai. Como dito anteriormente, o ato de reconhecimento de filho é personalíssimo e não permite intervenções de terceiros, motivo pelo qual se conclui que independe da concordância do outro genitor.

De tal maneira, verifica-se que o reconhecimento de filho declarado pelo pai será realizado independentemente da vontade da mãe – o mesmo se poderá dizer em relação ao reconhecimento de filiação realizado pela mãe –, é o que se extrai da CNNR-RS, art. 130, § 1º, e do CN-ES, art. 955, § 1º, que com o mesmo texto preveem: "É dispensado o comparecimento do outro genitor no ato de reconhecimento de filho, por tratar-se de ato personalíssimo".

E o mesmo é extraído das normas que estabelecem a forma de se registrar o filho, como no caso das NSCGJ-SP, Capítulo XVII, item 40, c, em que se reconhece que no caso de filiação extramatrimonial o registro poder ser feito da seguinte maneira: "apenas o pai comparece, mas munido da Declaração de Nascido Vivo (DN), ou declaração médica que confirme a maternidade, com firma reconhecida".

Além de se tratar de ato personalíssimo, o reconhecimento de filiação não poderia estar condicionado à vontade do outro genitor, uma vez que é do filho o direito ao reconhecimento do estado de filiação[49], cabendo unicamente a este último negar ou impugnar a filiação reconhecida, como garante o artigo 1.614 do CC: "O filho maior não pode ser reconhecido sem o seu consentimento, e o menor pode impugnar o reconhecimento, nos quatro anos que se seguirem à maioridade, ou à emancipação".

---

49. Assim estabelece o Estatuto da Criança e do Adolescente – Lei n. 8.069/90, no art. 27. O reconhecimento do estado de filiação é direito personalíssimo, indisponível e imprescritível, podendo ser exercitado contra os pais ou seus herdeiros, sem qualquer restrição, observado o segredo de Justiça.

Em que pese ser esse o melhor entendimento em conformidade com o Direito posto, há que se ter cautela na aplicação em razão de normativas existentes que impõem a participação do outro genitor no ato de reconhecimento de filho.

É o caso do CNCGJ-SC, que, no artigo 547, exige a presença de ambos os pais para o registro quando estes não forem casados:

Art. 547. O registro do filho dependerá do comparecimento de ambos os pais na serventia, pessoalmente ou por intermédio de procurador com poderes específicos.

No mesmo sentido, porém, tratando dos reconhecimentos posteriores ao registro do nascimento, o Provimento 16 da CN-CNJ, no artigo 7º, estabelece que a averbação de reconhecimento de filho menor dependerá de anuência expressa da mãe:

> A averbação do reconhecimento de filho realizado sob a égide do presente Provimento será concretizada diretamente pelo Oficial da serventia em que lavrado o assento de nascimento, independentemente de manifestação do Ministério Público ou decisão judicial, **mas dependerá de anuência escrita** do filho maior, ou, **se menor, da mãe**.

E impõe, no caso de falta de tal anuência, a apresentação do caso ao Juiz Corregedor Permanente, assim é o § 2º do mencionado artigo: "Na falta da mãe do menor, ou impossibilidade de manifestação válida desta ou do filho maior, o caso será apresentado ao Juiz competente".

Tais imposições de participação do outro genitor para a prática do ato registral que importa reconhecimento de filiação têm fundamento no fato de que o ato que se aperfeiçoa perante o registrador ou notário deve ser consensual e não carregar potencial de conflito e litigiosidade, o que ficaria demonstrado pela anuência da mãe. Observe-se que na ausência da mãe não se impede o reconhecimento, mas impõe-se a intervenção do Juiz.

Diante desses fatos, recomenda-se ao registrador que, no caso de reconhecimento realizado no ato de registro de nascimento, tome a cautela de verificar as normas locais quanto à necessidade ou não da anuência/presença da mãe, e, no caso de reconhecimento posterior, cumpra o provimento da CN-CNJ.

Ressalte-se que na ausência de normas específicas prevalece a regra geral de que o reconhecimento independe da vontade do outro genitor.

Realizado o reconhecimento, o oficial deve incluir o nome e a qualificação do pai no registro, bem como os nomes dos avós paternos e, se for do desejo dos pais, o sobrenome paterno no nome do registrando.

Observe-se que o reconhecimento não necessariamente precisa ser realizado pessoalmente pelo pai perante o oficial, este pode se valer de documento escrito que será levado ao registro pelo declarante – normalmente a mãe.

Assim, encontram-se, nas normativas estaduais, previsões de que a filiação por parte de pai pode ser incluída no registro mediante apresentação de reconhecimento de filho, anuência ou procuração, outorgados pelo pai em documento escrito. Observe-se que em qualquer caso exige-se que seja instrumento público ou instrumento particular com firma reconhecida, havendo normativas que exigem que a firma seja reconhecida por autenticidade, como é o caso do Espírito Santo (CNCGJ-ES, art. 950), Rio Grande do Sul (CNNR-RS, art.98, §1º), Rondônia (DGE-RO, art. 606, §1º) Santa Catarina (CNCGJ-SC, art. 547, §2º).

O reconhecimento de filho ou a anuência para o registro devem ser específicos quanto à identificação da criança, da mesma forma, a procuração deve ter poderes especiais para o reconhecimento de filho, indicando com precisão qual é a criança a ser reconhecida. Essa individualização da criança deve ser feita indicando o nome da mãe e data de nascimento, também pode indicar o número da DNV, ou qualquer outro elemento que permita a individualização diante do documento médico apresentado.

No que diz respeito à procuração, esta pode ser outorgada pelo pai à mãe do registrando, não havendo impedimento legal ou nulidade em tal ato, uma vez que não haveria conflito de interesses entre outorgante e outorgado em constar a filiação completa no registro dos filhos.

Interessante previsão encontrada nas normativas dos Estados de São Paulo (NSC-GJ-SP, Cap. XVII, item 40.3), Rio de Janeiro (CNCGJ-RJ, art. 743, §5º), Espírito Santo (CNCGJ-ES, art. 947) e de Rondônia (DGE-RO, art. 606, §3º) diz respeito ao pai preso, que poderá outorgar o reconhecimento, a anuência ou a procuração para o reconhecimento de filho em instrumento particular com firma abonada pelo diretor do presídio, sem necessidade de outro reconhecimento de firma.

Importante observar que o parágrafo único do artigo 1.609 do CC prevê que "O reconhecimento pode preceder o nascimento do filho", de tal maneira que o ato de reconhecimento de filho e a anuência outorgados antes do nascimento do filho podem ser considerados juridicamente perfeitos e aceitos pelo registrador para fins de registro, mesmo que o pai já tenha falecido.

IGUALDADE ENTRE HOMEM E MULHER

Toda a lei civil já citada sobre o reconhecimento de filho não faz distinção entre o reconhecimento realizado pelo pai ou pela mãe, também não utiliza a expressão reconhecimento de "maternidade", nem de "paternidade", pelo contrário, utiliza a expressão "reconhecimento de filho". Isto está conforme a igualdade entre homem e mulher que é princípio constitucional do ordenamento jurídico brasileiro.

No entanto, no momento do registro de nascimento, o reconhecimento espontâneo de filiação natural a ser realizado pela mulher, embora seja possível, para robustecer com mais um ato jurídico o estabelecimento da filiação, não dispensa a necessária a prova da gestação ou do parto, que é feita pela DNV ou pela declaração de duas testemunhas, como visto no item anterior e conforme é exigido pela lei (Lei 6.015/73, art. 54, 9º e 10º e Lei 12.662/12, art. 3º). Já no caso do homem, como não há essas exigências legais, bem como não há um meio simples de comprovar a paternidade biológica, ele poderá reconhecer o filho espontaneamente, sendo esse ato suficiente para o estabelecimento da filiação, sem necessidade de apresentar provas da sua paternidade.

Ressalve-se que em outras situações de estabelecimento da filiação é admitido o reconhecimento de filho pela mulher independentemente de provas da gestação ou parto, conforme regras próprias, é o caso do registro tardio (item 9.1.5 a seguir), da reprodução assistida (item 8.4.4.2.4), da averbação de reconhecimento de filho, biológico ou socioafetivo (item 10.1) e da mulher após averbação de alteração de gênero.

Como já analisado ao final do item anterior, no caso de pessoas transgêneros é possível que um casal homoafetivo declare filiação biológica. Assim, uma mulher poderá realizar o reconhecimento espontâneo da filiação biológica que gerou com outra mulher, sem que seja filiação socioafetiva, sem apresentar prova da gestação ou do parto e sem apresentar prova de que foi utilizada técnica de reprodução assistida. Isto pois a constituição biológica da pessoa, pelo menos no momento da concepção, era de sexo biológico masculino, tendo alterado seu registro para adequar à sua identidade de gênero auto percebida. Como já dito, para comprovar a verossimilhança das declarações, será necessário apresentar a certidão de inteiro teor de seu registro de nascimento, em que conste a averbação de alteração de gênero.

8.4.4.2.3 Filiação decorrente da presunção pelo casamento ou união estável

Trata-se da máxima do Direito romano de que *pater is est quaem justae nuptiae demonstrant* (pai é aquele indicado pelo casamento). A presunção de paternidade decorrente do casamento resulta da lógica de que em um casamento os cônjuges mantêm relações sexuais exclusivamente entre si, em razão da fidelidade (artigo 1.566, I, do CC), do que se pode concluir que o filho concebido na constância do casamento é do casal.

Historicamente, tal presunção também decorria da proteção à família legítima, conforme a moral e os costumes então vigentes, de forma que o pai seria aquele indicado pelo casamento, resguardando-se, assim, o que se considerava a dignidade da família. Nesse sentido, ainda que houvesse indícios de que não haveria filiação biológica, prevalecia a filiação decorrente do casamento, como se percebe da leitura dos artigos 1.600 a 1.602 do Código Civil, pelo qual não basta o adultério da mulher, ainda que confessado, para excluir a paternidade.

No Direito brasileiro vigente, tal presunção está inscrita no artigo 1.597 do CC, que estabelece cinco situações em que os filhos se presumem concebidos na constância do casamento, duas de critérios temporais e três relativas à reprodução assistida.

Os incisos I e II do artigo 1.597 do CC estabelecem a presunção no caso de procriação natural, sem utilização de técnicas de reprodução assistida, da seguinte maneira:

Art. 1.597. Presumem-se concebidos na constância do casamento os filhos:

> I – nascidos cento e oitenta dias, pelo menos, depois de estabelecida a convivência conjugal;
>
> II – nascidos nos trezentos dias subsequentes à dissolução da sociedade conjugal, por morte, separação judicial, nulidade e anulação do casamento.

Tais incisos se baseiam no que se consideram prazos mínimo e máximo para uma gestação viável, presumindo-se que o filho tenha sido concebido na constância do casamento, desde que venha a nascer em qualquer período compreendido entre os cento e oitenta dias do início da convivência conjugal e os trezentos dias do fim da sociedade conjugal.

Às causas de dissolução da sociedade conjugal, descritas no inciso II em comento, deve-se acrescer o divórcio, que em razão da Emenda Constitucional n. 66 de 2010 deixou de exigir prazo mínimo de separação, podendo ser imediato.

A regra em estudo é complementada pelo artigo 1.523, inciso II, do CC, segundo o qual não deve casar "a viúva, ou a mulher cujo casamento se desfez por ser nulo ou ter sido anulado, até dez meses depois do começo da viuvez, ou da dissolução da sociedade conjugal", evitando-se a possível coexistência de presunções dos incisos I e II do mencionado artigo 1.597.

Todavia, a lei admite que pode haver o casamento antes do prazo de dez meses, e estabelece no artigo 1.598 do CC, a regra a se seguir nesses casos:

> Salvo prova em contrário, se, antes de decorrido o prazo previsto no inciso II do art. 1.523, a mulher contrair novas núpcias e lhe nascer algum filho, este se presume do primeiro marido, se nascido dentro dos trezentos dias a contar da data do falecimento deste e, do segundo, se o nascimento ocorrer após esse período e já decorrido o prazo a que se refere o inciso I do art. 1597.

Do dispositivo, pode-se concluir que a lei deveria estabelecer um prazo de 120 dias e não de dez meses após a dissolução da sociedade conjugal para que a mulher pudesse contrair novas núpcias, haja vista que seria tempo bastante para não ocorrer a chamada *turbatio sanguinis*, por não haver sobreposição das presunções dos incisos I e II do artigo 1.597 do CC.

No ato do registro de nascimento, para se verificar a incidência da presunção, faz-se necessária a apresentação de prova do casamento, por meio da certidão de registro, nos termos do artigo 1.543 do CC. Reinaldo Velloso dos Santos[50] recomenda "o arquivamento de cópia da certidão" no cartório ou, pelo menos, anotação dos dados do registro de casamento.

A certidão de casamento deve ser atualizada de forma a se possibilitar a verificação de que a sociedade conjugal não estava dissolvida no período da provável concepção, conforme o prazo do artigo 1.597 do CC. Nesse sentido, o Provimento 28 da CN-CNJ, ao tratar do registro tardio de nascimento, estabelece no artigo 9º, § 3º, que a presunção se verifica "mediante apresentação de certidão do casamento com data de expedição posterior ao nascimento".

Também o posicionamento de Luís Guilherme Loureiro[51]:

> Para que seja aplicada a presunção legal de paternidade é preciso que a mãe compareça em cartório munida da certidão atualizada de casamento, para que se possa averiguar a ausência de qualquer averbação de separação judicial, divórcio ou anulação de casamento.

Para os casos de registro dentro do prazo, basta a certidão expedida menos de 300 dias antes do nascimento, pois mesmo que exista alguma alteração após a emissão de tal certidão, incide a presunção de filiação.

---

50. ANTOS, Reinaldo Velloso dos. Op. cit., 2006, p. 48.
51. LOUREIRO, Luis Guilherme. Op. cit., p. 69.

Verificada, por meio da certidão, a constância do casamento dentro dos prazos estabelecidos nos incisos I e II do artigo 1.597 do CC, o registrador civil lança o nome do marido da mãe como pai do registrado.

Observe-se que o Código Civil menciona expressamente presunção decorrente do casamento e não traz dispositivo semelhante para a união estável. No entanto, o precedente do STJ estendeu a presunção de filiação à união estável, veja-se:

> IV - Assim, se nosso ordenamento jurídico, notadamente o próprio texto constitucional (art. 226, §3º), admite a união estável e reconhece nela a existência de entidade familiar, nada mais razoável de se conferir interpretação sistemática ao art. 1.597, II, do Código Civil, para que passe a contemplar, também, a presunção de concepção dos filhos na constância de união estável. (REsp 1194059/SP, Rel. Ministro MASSAMI UYEDA, TERCEIRA TURMA, julgado em 06/11/2012, DJe 14/11/2012)

Normativas estaduais contemplaram essa mesma interpretação:

> CNCGJ-SC: Art. 547. (...) § 1º Se os pais forem casados entre si ou conviverem em união estável, poderá somente um deles comparecer no ato de registro, desde que apresente: I - certidão de casamento; II - certidão de conversão de união estável em casamento; III - escritura pública de união estável; ou IV - sentença em que foi reconhecida a união estável. (redação por meio do Provimento n. 2, de 12 de abril de 2016)

> NSCGJ-SP: 41. Para o registro de filho havido na constância do casamento ou da união estável, basta o comparecimento de um dos genitores. 41.1. A prova do casamento ou da união estável será feita por meio de certidão de casamento, certidão de conversão de união estável em casamento, escritura pública de união estável ou sentença em que foi reconhecida a união estável do casal.

Em âmbito nacional, embora restrito aos casos de reprodução assistida, admite-se a união estável no Provimento 63/17 da CN-CNJ:

> Art. 16 (...) § 1º Se os pais forem casados ou conviverem em união estável, poderá somente um deles comparecer ao ato de registro, desde que apresente a documentação referida no art. 17, III, deste provimento. (...) Art. 17. III – certidão de casamento, certidão de conversão de união estável em casamento, escritura pública de união estável ou sentença em que foi reconhecida a união estável do casal.

Considerando-se que a união estável é uma situação fática que pode se desfazer sem qualquer formalidade, seria questionável a segurança jurídica de se presumir extrajudicialmente a filiação decorrente desse relacionamento, uma vez que não há segurança de que a união estável ainda perdure, não sendo possível sequer verificar o prazo do citado inciso II. No entanto, tal interpretação não prevaleceu, devendo o registrador, notadamente nas unidades federativas que contam com normativa expressa, aceitar a escritura pública ou sentença judicial como prova da existência da união estável e, consequentemente, aplicar a presunção de filiação.

Todavia, há que se ressaltar que a presunção contida nos incisos I e II do artigo 1.597 do CC tem caráter relativo (*iuris tantum*), podendo ser afastada quando apresentada prova em contrário, como no caso do artigo 1.599 do mesmo código, que prevê que "a prova da impotência do cônjuge para gerar, à época da concepção, ilide a presunção da paternidade", ou no caso de exame de DNA que afaste a paternidade do marido da mãe.

Desse caráter relativo, extraiu-se a regra do Provimento 28 da CN-CNJ que, com o intuito de evitar que a presunção imponha a inclusão no registro de algo que não corresponde à realidade, reconheceu no § 4º de seu artigo 9º que: "o genitor que comparecer para o registro declarar, sob as penas da lei, que estava separado de fato de seu cônjuge ao tempo da concepção, não se aplica a presunção prevista".

Deve o registrador seguir tal disposição não apenas nos casos de registro tardio, não incluindo o marido da mãe como pai do registrado quando esta mãe declara, sob as penas da lei, que estava separada de fato no momento da concepção. Em outras palavras, a presunção de filiação não pode ser aplicada de ofício pelo registrador, mas depende de solicitação do declarante do registro de nascimento.

Nesse tema, emerge outra questão: qual paternidade deve prevalecer no caso de haver a presunção decorrente do casamento e o reconhecimento de filho no momento do registro por outro que não seja o marido da mãe?

Sem pretender definitiva a conclusão, os autores deste trabalho defendem que deve prevalecer a paternidade daquele que reconhece o filho no momento do registro, em detrimento da presunção imposta pela lei, pelos seguintes motivos.

Sob a égide da CF de 1988, é relativa a presunção legal de paternidade – *pater is est quem justae nuptiae demonstrant*; o reconhecimento de filho no ato do registro pode ser realizado independentemente do estado civil dos pais, mesmo que sejam casados com outras pessoas; e o reconhecimento de filho no ato do registro é prova hábil para ilidir presunção relativa de paternidade e, por interpretação constitucional, deve prevalecer[52].

Assim como se disse no item anterior sobre o reconhecimento espontâneo, o estabelecimento da filiação pela presunção decorrente do casamento não pode ser usado pela mãe biológica para dispensar a necessária a prova da gestação ou do parto, que é feita pela DNV ou pela declaração de duas testemunhas, conforme exigido pela lei no momento da lavratura do registro de nascimento (Lei 6.015/73, art. 54, 9º e 10º e Lei 12.662/12, art. 3º). Ressalve-se que no caso do registro tardio, essa presunção poderá ser utilizada para se incluir mãe no registro, como será visto (item 9.1.5). No entanto, no caso de duas mulheres casadas entre si, tal prova será apresentada com relação a uma delas, então questiona-se se é possível aplicar a presunção para a outra mulher. Em outras palavras, é preciso analisar a possibilidade de se aplicar a presunção decorrente do casamento aos casais homoafetivos.

Contra essa possibilidade é possível levantar os seguintes argumentos: 1) por ocasião da promulgação do Código Civil, somente havia casamentos entre homem e mulher; 2) a presunção está diretamente relacionada com a reprodução humana natural entre homem e mulher, tanto é assim que os prazos estabelecidos nos incisos I e II tomam por base uma gestação viável; 3) a presunção da filiação tem por base a presunção de que os casais mantém relação sexual somente entre si, ou seja, tem por fundamento a filiação biológica, a qual não se aplica ao cônjuge do mesmo sexo; 4) a igualdade entre

---

52. Um dos coautores publicou trabalho sobre o assunto com as seguintes referências: CAMARGO NETO, Mario de Carvalho. Presunção de paternidade vs. reconhecimento de filho. *Jornal da ARPEN-SP*, ano 10, n. 84, fev. 2009. Disponível no site: http://www.arpensp.org.br/principal/index.cfm?tipo_layout=BC1&pagina_id=107.

as uniões homoafetivas e heteroafetivas está sendo respeitada, pois a não aplicação da presunção decorre da evidência científica de que casais homoafetivos não podem biologicamente procriar.

A favor da aplicação dessa presunção aos casais homoafetivos: 1) o "caput" e incisos do artigo 1.597, que estabelece a presunção, não faz distinções de sexo ou gênero, tampouco exige que o casamento seja entre um homem e uma mulher; 2) a Constituição Federal, interpretada pelo Supremo Tribunal Federal, garante a igualdade entre as famílias formadas por uniões homoafetivas e heteroafetivas, com todos os seus efeitos; 3) embora a filiação decorrente da presunção do casamento esteja circunstanciada na aparência de filiação biológica, não há obrigatoriedade expressa na lei de que efetivamente seja filiação biológica, pelo contrário, há dispositivos na lei que protegem a filiação decorrente da presunção do casamento mesmo quando há indícios de não ser biológica (CC, art. 1600, 1602); 4) historicamente, a presunção de filiação decorrente do casamento tinha por finalidade a proteção da família legítima, independentemente dos vínculos biológicos; atualmente, aplicá-la aos casais homoafetivos é uma forma de dar igual proteção às famílias constitucionalmente protegidas, independentemente dos vínculos biológicos; 5) analogia com as previsões normativas referentes à reprodução assistida, por meio da qual, ainda que não exista vínculo biológico, estabelece-se a filiação aos casais homoafetivos, por expressa previsão normativa, tanto no âmbito da ética médica quanto no registral (Resolução 2.168/17 do CFM, item II, 2 e Prov. 63/17 CN-CNJ, art. 16, §2º).

Não se pretende, nos limites deste trabalho, encerrar essa questão, aguarda-se que, com a ocorrência de casos concretos, a jurisprudência e a doutrina para este caso possam se formar e normas técnicas administrativas sejam editadas para orientar a atuação dos registradores.

Os autores deste trabalho sustentam que deve ser aplicada a presunção de filiação decorrente do casamento ou união estável homoafetivos, desde que: a) esteja comprovada a filiação biológica de seu cônjuge; b) seja expressamente solicitada a aplicação da presunção pelo cônjuge que não comprovou o vínculo biológico e c) esteja comprovada a união estável ou casamento há mais de 180 dias. Isto pois a segurança jurídica, a legalidade, a proteção à família e até mesmo o melhor interesse da criança apontam nesse sentido. Explica-se melhor.

A segurança jurídica e legalidade, pois os argumentos favoráveis acima expostos se apoiam em normas postas, que são o texto do Código Civil e a analogia com a reprodução assistida regulamentada no Provimento 63/17 da CN-CNJ, bem como no acórdão do STF em sede de ADI, decisão que tem efeito vinculante nos termos do artigo 28, parágrafo único da Lei 9.868/99, qual seja, o julgamento conjunto da ADI 4277 e ADPF 132, onde consta: "Isso para excluir do dispositivo em causa qualquer significado que impeça o reconhecimento da união contínua, pública e duradoura entre pessoas do mesmo sexo como família. Reconhecimento que é de ser feito segundo as mesmas regras e com as mesmas consequências da união estável heteroafetiva".

A proteção à família e melhor interesse da criança, pois ainda que o registro civil não tenha meios técnicos nem jurídicos de aferir o melhor interesse da criança, presume-se que será mais vantajoso para o menor ser educado em um lar estável, pelas duas pessoas que formam o casal, ao passo que conferir a filiação a apenas uma delas poderá desequilibrar a harmonia familiar, desestabilizando as relações, criando tormento e aflição, o que não é desejável.

Ressalve-se, mais uma vez, que a questão não está consolidada e outra poderá ser a solução adotada pelas normativas estaduais, nacionais ou mesmo a jurisprudência das cortes superiores. Reconhece-se também a incapacidade de antever todas as peculiaridades dos casos concretos apresentados ao registrador, que poderá recomendar solução diversa.

8.4.4.2.4 Filiação decorrente das técnicas de reprodução assistida

As técnicas de reprodução assistida são as práticas médicas voltadas a resolver problemas de reprodução humana, facilitando a procriação. Estão regulamentadas, no que toca aos aspectos ético e bioético da atuação médica, pela Resolução 2.168/2017 do Conselho Federal de Medicina – e, no que toca ao registro de nascimento dos filhos havidos por técnicas de reprodução assistida, pela Seção III do Provimento 63/2017 da CN-CNJ.

A reprodução assistida poderá ser utilizada por casais heteroafetivos, homoafetivos e até mesmo por pessoas solteiras (Resolução 2.168/2018, Capítulo II, item 2). Também não há distinção entre uniões formalizadas pelo casamento ou pela união estável (Provimento 63 da CN-CNJ, art. 16, §1º).

Observe-se que pelas técnicas de reprodução assistida é possível nascer filiação de natureza biológica ou não, bem como filiação decorrente do casamento/união estável ou não. Nos limites deste trabalho, voltado à atuação do registrador civil das pessoas naturais, não cabe aprofundar essas questões. Notadamente porque o Provimento 63 foi taxativo ao vedar aos oficiais registradores a recusa ao registro de nascimento de filhos havidos por técnicas de reprodução assistida (art. 18, "caput") impondo o dever de comunicar a recusa ao juiz competente para as providências disciplinares cabíveis (art. 18, §1º).

Tratando-se de nascimento decorrente de técnica de reprodução assistida, a apresentação dos documentos indicados no artigo 17 do Provimento 63 basta para que se inclua a filiação daqueles que se socorreram da técnica com a intenção de gerar um filho, reconhecendo-se, na feliz expressão utilizada por Márcio Martins Bonilha Filho, a filiação de intenção.

Veja-se que, independentemente das peculiaridades da reprodução assistida, não é necessária a intervenção judicial para que se proceda ao registro. É o que já defendiam os autores do presente trabalho, na sua primeira edição, sugerindo que uma vez comprovado o procedimento de reprodução assistida por documentos médicos e apresentados os consentimentos informados dos envolvidos, o registrador pode proceder ao registro sem a necessidade de qualquer intervenção judicial, salvo se houver suspeita quanto à veracidade das declarações e da documentação.

E, também, Reinaldo Velloso dos Santos[53] anos antes:

> O registrador civil deve exigir comprovação por escrito do procedimento médico, avaliar o atendimento das normas do CFM e, no ato do registro, a doadora temporária do útero deve comparecer anuindo ao registro, salvo se apresentada declaração esclarecedora, tudo devidamente acompanhado do relatório médico e dos termos de consentimento informado.
>
> No entanto, caso tenha alguma dúvida quanto à veracidade das declarações ou da documentação apresentada deverá encaminhar o caso ao Juízo Corregedor Permanente.

A solução proposta pelos autores e por Reinaldo Velloso dos Santos, posteriormente, tornou-se norma administrativa de âmbito nacional, primeiramente com a edição do Provimento 52/2016 da CN-CNJ, e atualmente pelo Provimento 63/2017da CN-CNJ, que em sua Seção III estabeleceu as regras e documentos necessários para o registro de nascimento de filhos havidos por técnicas de reprodução assistida, tornando expressa a desnecessidade de autorização judicial (art. 16).

Há situações em que mesmo diante de uma reprodução assistida não se faz necessária a apresentação de qualquer documentação, podendo o registro ser lavrado com base em na filiação decorrente da gestação e do parto e da filiação decorrente de presunção de filhos havidos na constância do casamento ou de reconhecimento espontâneo, como examinadas anteriormente.

Todavia, há situações de reprodução assistida em que a prova da aplicação da técnica para fins de registro pode ser extremamente desejável ou necessária, quais sejam: 1) a gestação por substituição, pois excepciona a presunção de que a mãe é quem deu à luz; 2) a reprodução homóloga "post mortem", em que poderá ser estabelecida a filiação por pessoa já falecida ao tempo da concepção; 3) a reprodução heteróloga, pois a filiação não será estabelecida pelo vínculo genético/biológico. Passe-se a análise de peculiaridades de cada uma dessas situações.

GESTAÇÃO POR SUBSTITUIÇÃO (CESSÃO TEMPORÁRIA DO ÚTERO)

A regra geral de estabelecimento da maternidade, de que a mãe é sempre certa e pode ser presumida pela gestação ou parto, comporta exceções diante das técnicas de reprodução assistida, especificamente da gestação de substituição regulamentada pelo Conselho Federal de Medicina na Resolução n. 2.168/2017, Capítulo VII:

> As clínicas, centros ou serviços de reprodução assistida podem usar técnicas de RA para criarem a situação identificada como gestação de substituição, desde que exista um problema médico que impeça ou contraindique a gestação na doadora genética, em união homoafetiva ou pessoa solteira. 1. A cedente temporária do útero deve pertencer à família de um dos parceiros em parentesco consanguíneo até o quarto grau (primeiro grau –mãe/filha; segundo grau –avó/irmã; terceiro grau –tia/sobrinha; quarto grau –prima). Demais casos estão sujeitos à autorização do Conselho Regional de Medicina. 2. A cessão temporária do útero não poderá ter caráter lucrativo ou comercial.

---
53. SANTOS, Reinaldo Velloso dos. Op. cit., 2006, p. 50-51.

Pela aplicação da referida técnica, a doadora genética que se socorreu da reprodução assistida para ser mãe não é a gestante ou a parturiente, de maneira que a presunção gerada pela atestação que consta da DNV, de que nasceu uma criança de determinada mulher, não será meio hábil para estabelecer a maternidade.

Em razão disso foi aprovado o Enunciado n. 129 das Jornadas de Direito Civil, que propõe a inclusão de um artigo 1.597-A ao CC, com a seguinte redação: "A maternidade será presumida pela gestação. Parágrafo único: Nos casos de utilização das técnicas de reprodução assistida, a maternidade será estabelecida em favor daquela que forneceu o material genético, ou que, tendo planejado a gestação, valeu-se da técnica de reprodução assistida heteróloga".

Importante conhecer um precedente que, por ser anterior à normatização da CN-CNJ, contou com respeitável apreciação judicial, decidindo caso em que duas mulheres utilizaram da fecundação artificial sendo uma a doadora genética e a outra a gestante. Esse registro foi autorizado em decisões da Segunda Vara de Registros Públicos da Capital do Estado de São Paulo, no Processo n. 0016266-45.2012.8.26.0001 e no Processo n. 0041681-24.2012.8.26.0100, em que se sustentou incluir no registro civil de nascimento a realidade biológica em que, além da gestante constante da DNV, também é mãe a doadora genética.

O que houve de especial nesse caso é que a cedente temporária do útero, que via de regra não deseja ser mãe, nesse caso também foi incluída como mãe, já que ambas tinham intenção de ter um filho e passaram por todo o procedimento de reprodução assistida com esse intuito. É levada em consideração a chamada filiação de intenção, como entendeu o MM. Juiz de Direito Márcio Martins Bonilha Filho, da referida Segunda Vara de Registros Públicos:

> a situação posta em controvérsia impõe que se examine o tema sob a ótica da chamada maternidade de intenção, fruto de um projeto planejado, no estabelecimento de uma filiação desejada pelas requerentes. F., abstraídos os aspectos religiosos e morais, é, tecnicamente, a mãe de sangue dos gêmeos, e reúne legitimidade para integrar os assentos de nascimento, na condição de genitora.

Atualmente, já estabelecida a possibilidade de procriação por casais homoafetivos, sequer é necessário que ambas mulheres participem biologicamente da geração do filho (uma no papel de gestante outra no papel de doadora do material genético), pois nem a Resolução do CFM nem o Provimento da CN-CNJ fazem essa exigência, basta a participação afetiva e ativa no projeto parental pelo casal homoafetivo.

Por ocasião do parto, as regras de preenchimento da Declaração de Nascido Vivo (DNV), que também têm finalidades voltadas para estatísticas da saúde, sugerem que deve constar como mãe a gestante, aquela que teve o parto, que deu à luz. Observe-se que, mesmo que se entenda possível o preenchimento da DNV com o nome da doadora genética, caso o profissional da saúde que assistir o parto não tenha informação sobre procedimento, preencherá apenas com a identificação da gestante.

Verifica-se, portanto, que é necessário demonstrar por outros meios que a mãe não é quem deu à luz, mas a doadora do material genético.

Conforme o provimento vigente, na hipótese de gestação por substituição, não deve constar do registro o nome da parturiente, informado na declaração de nascido vivo, devendo ser apresentado termo de compromisso firmado pela doadora temporária do útero, esclarecendo a questão da filiação (Prov.63/2017, art. 17, §1º). Esse termo de compromisso é elaborado pela clínica de reprodução assistida, conforme item 3.3 do Capítulo VII da Resolução 2.168/17 do CFM.

Nos termos do artigo 17 do citado provimento, também deve ser apresentada a DNV; a declaração, com firma reconhecida, do diretor técnico da clínica, centro ou serviço de reprodução humana em que foi realizada a reprodução assistida, indicando que a criança foi gerada por reprodução assistida, assim como o nome dos beneficiários; e a certidão de casamento, certidão de conversão de união estável em casamento, escritura pública de união estável ou sentença em que foi reconhecida a união estável do casal.

O provimento não exigiu o consentimento do cônjuge ou companheiro da cedente temporária do útero, caso seja casada ou viva em união estável. Tal consentimento é exigido no âmbito médico, por previsão da Resolução do CFM, Capítulo VII, item 3.6. Considerando que a presunção de filiação decorrente do casamento é relativa, que deve ser apresentada declaração do diretor da clínica comprovando o procedimento realizado e que o Provimento regulou a matéria integralmente e não exigiu apresentação desse consentimento, não há fundamento para o registrador civil exigir tal consentimento para o registro de nascimento.

Apresentada tal documentação, o registro de nascimento é lavrado constando no campo de filiação os beneficiários das técnicas de reprodução assistida, que são as pessoas que efetivamente desejaram um filho, levaram adiante essa ideia e realizaram o projeto parental, independentemente de quem gestou ou da origem do material genético.

Os documentos devem ficar arquivados em cartório (Prov. 63/17, art. 18, §2º), mas não se faz menção da utilização da técnica de reprodução assistida no registro de nascimento, pois a lei veda constar a natureza da filiação (Lei 8.560/92, art. 5º).

REPRODUÇÃO ASSISTIDA HETERÓLOGA

Por vezes, para que seja efetiva a reprodução, faz-se necessária a utilização de material genético de terceiros, que fazem a doação de gametas ou embriões. É o que se chama de reprodução assistida heteróloga. É utilizada no caso de pessoas solteiras, casais homoafetivos ou casais cujo impedimento biológico à reprodução reside na deficiência dos seus gametas.

A reprodução heteróloga conta com previsão legal de estabelecimento de filiação, no art. 1.597, V do Código Civil.

> Art. 1.597. Presumem-se concebidos na constância do casamento os filhos: V – havidos por inseminação artificial heteróloga, desde que tenha prévia autorização do marido.

Quanto à expressão "marido", observe-se a afirmativa de Flávio Tartuce[54] de que "conforme a melhor doutrina, as presunções dos incisos III, IV e V do art. 1.597 devem

---

54. TARTUCE, Flávio. *Manual de Direito Civil* – volume único. São Paulo: Método, 2011. p. 1112.

ser aplicadas à união estável". Tal posicionamento se sustenta no fato de que não há vedação à aplicação por analogia da presunção, por não se restringir autonomia privada e pelo fato de a união estável ser entidade familiar protegida pela CF. Tal interpretação está acolhida no artigo 16, §1º, do Provimento 63/2017 da CN-CNJ, que regulamentou igualitariamente a união estável e o casamento.

Assim, no registro de nascimento devem constar no campo filiação as pessoas beneficiárias das técnicas de reprodução assistida e não se faz qualquer menção ao(s) doador(es) do material genético.

Nesse ponto, cumpre ressaltar a garantia do anonimato dos doadores de gametas ou embriões, que está assegurada tanto na Resolução 2.168/17 do CFM, Capítulo IV, item 2, quanto no Provimento 63/17, da CN-CNJ:

> Art. 8º O oficial de registro civil das pessoas naturais não poderá exigir a identificação do doador de material genético como condição para a lavratura do registro de nascimento de criança gerada mediante técnica de reprodução assistida.

É certo que a pessoa nascida por técnica de reprodução assistida pode se valer do Poder Judiciário para exercer seu direito de conhecer sua ascendência biológica, no entanto, tal conhecimento não deverá implicar reconhecimento do vínculo de filiação (Prov. 63/17, art. 17, §3º).

Conhecer seus ascendentes genéticos tem grande importância para os cuidados com a saúde da pessoa, já que muitas doenças têm origem genética. Assim, as clínicas onde são feitas as doações de gametas deverão manter, de forma permanente, um registro com dados clínicos de caráter geral, características fenotípicas e uma amostra de material celular dos doadores (Resolução CFM 2.168/2017, Capítulo IV, item 5).

Para o registro de nascimento, devem ser apresentados o documentos previstos no artigo 17 do Provimento: declaração de nascido vivo (DNV); declaração, com firma reconhecida, do diretor técnico da clínica, centro ou serviço de reprodução humana em que foi realizada a reprodução assistida, indicando que a criança foi gerada por reprodução assistida heteróloga, assim como o nome dos beneficiários; certidão de casamento, certidão de conversão de união estável em casamento, escritura pública de união estável ou sentença em que foi reconhecida a união estável do casal.

Observe-se que o provimento não exigiu para o registro de nascimento a apresentação da autorização prévia e específica do cônjuge ou companheiro(a) consentindo com a reprodução assistida heteróloga em sua esposa ou companheira. Contentou-se em exigir a presença deste em cartório para declarar o nascimento e reconhecer a filiação (art. 16, "caput", Prov. 63/17, CN-CNJ) ou a apresentação da comprovação do casamentou ou união estável (art. 16, §1º), juntamente com a declaração do diretor técnico da clínica esclarecendo que foi utilizada a técnica de reprodução assistida heteróloga.

Observe-se que nestes casos de reprodução heteróloga, se o declarante do registro não mencionar a utilização das técnicas de reprodução assistida, poderá obter o registro de nascimento e constar a filiação utilizando-se as outras formas de estabelecimento da filiação, como o reconhecimento espontâneo ou, se dentro dos prazos, a presunção decorrente do casamento ou união estável.

Para os declarantes, no entanto, é extremamente desejável levar a documentação da reprodução assistida ao registro civil, pois, de forma gratuita, será arquivada por tempo indefinido, não havendo risco de o cartório encerrar as atividades (o que pode acontecer com as clínicas particulares), bem como há garantia do sigilo das informações arquivadas. Assim haverá segurança jurídica de que a filiação estabelecida não será desavisadamente desconstituída, por um exame genético que comprove a inexistência do vínculo biológico.

A melhor doutrina entende que no caso da inseminação artificial heteróloga a presunção de filiação é absoluta (*iure et de iure*).

Vê-se que, nesse caso, a lei confere a filiação em decorrência da intenção de se gerar um filho e não da realidade biológica, de modo que não cabe ao pai/mãe questionar a filiação posteriormente, tampouco é possível investigação de paternidade/maternidade em face do doador genético (cuja identidade sequer deverá ser conhecida), pois, em ambos os casos, o exame de DNA indicaria o oposto do pretendido e do previsto em lei.

Em razão de tais peculiaridades, Reinaldo Velloso dos Santos[55] defende que "é de toda conveniência a sinalização no registro de nascimento de que a inseminação artificial resultou de inseminação artificial heteróloga", porém, não se pode, nesses casos, fornecer certidão ou informação sobre a origem da paternidade, salvo requisição ou autorização judicial.

No entender dos autores deste trabalho, não é esse o melhor entendimento, pois o artigo 5º da Lei n. 8.560/92, em estrito cumprimento ao artigo 227, § 6º, da CF, proíbe a inclusão de qualquer referência à natureza da filiação no assento de nascimento, o que inclui o fato de se tratar de inseminação artificial heteróloga.

Dessa maneira, o registrador deve solicitar a documentação comprobatória do procedimento, nos termos do art. 17 do Prov. 63/17 da CN-CNJ, fazendo incidir a presunção, e incluir a filiação no registro sem qualquer indicação acerca de sua origem. A documentação apresentada deve ser arquivada, somente sendo fornecida cópia mediante autorização ou solicitação judicial, ou pedido do próprio interessado (art. 18, §2º).

Esse procedimento é suficiente para a aplicação do artigo 1.597, inciso V, do CC e confere segurança em caso de questionamento quanto à origem da filiação e natureza – relativa ou absoluta – da presunção.

REPRODUÇÃO HOMÓLOGA EM VIDA E "POST MORTEM"

A reprodução assistida homóloga é realizada utilizando-se o material genético dos pais. É a fecundação artificial, por alguns chamada *in vivo*, ou a fertilização *in vitro*, em que se implantam no útero da mãe os embriões excedentários. Assim estabelece o Código Civil:

---

55. SANTOS, Reinaldo Velloso dos. *Op. cit.*, p. 50.

Art. 1.597. Presumem-se concebidos na constância do casamento os filhos:

III – havidos por fecundação artificial homóloga, mesmo que falecido o marido;

IV – havidos, a qualquer tempo, quando se tratar de embriões excedentários, decorrentes de concepção artificial homóloga;

Nos casos desses incisos, o nascimento pode ocorrer dentro dos prazos estabelecidos nos incisos I e II do mesmo artigo, o que dispensa maiores formalidades para que incida a presunção bastando a apresentação da certidão de casamento ou prova da União Estável, sem qualquer necessidade de levar ao registrador civil a ocorrência da reprodução assistida, já que o material genético coincide com a filiação.

Pode, porém, o nascimento ocorrer fora daqueles prazos ou mesmo muitos anos após a morte, caso em que se torna relevante a reprodução assistida para fins de estabelecimento da filiação.

Enquanto o inciso III é expresso quanto à realização da inseminação mesmo após o falecimento, para os embriões excedentários, concebidos artificialmente *in vitro*, a regra também é clara na medida em que o inciso IV diz que a presunção se aplica aos filhos havidos "a qualquer tempo".

A previsão de procriação após a morte é doutrinariamente questionada na medida em que ofenderia o princípio constitucional da "paternidade responsável". Todavia, ainda prevalece, sob a condição de que deve haver prévia e específica autorização do falecido ou falecida, para que se presuma a filiação. Assim é o Enunciado 106 das Jornadas de Direito Civil do Conselho da Justiça Federal:

Art. 1.597, inc. III: Para que seja presumida a paternidade do marido falecido, será obrigatório que a mulher, ao se submeter a uma das técnicas de reprodução assistida com o material genético do falecido, esteja na condição de viúva, sendo obrigatória, ainda, a autorização escrita do marido para que se utilize seu material genético após sua morte.

E a Resolução n. 2.168 do Conselho Federal de Medicina, Capítulo VIII:

É permitida a reprodução assistida *post-mortem* desde que haja autorização prévia específica do(a) falecido(a) para o uso do material biológico criopreservado, de acordo com a legislação vigente.

E o Provimento 63 da CN-CNJ:

Art. 17 (...)§ 2° Nas hipóteses de reprodução assistida *post mortem*, além dos documentos elencados nos incisos do caput deste artigo, conforme o caso, deverá ser apresentado termo de autorização prévia específica do falecido ou falecida para uso do material biológico preservado, lavrado por instrumento público ou particular com firma reconhecida.

Em qualquer caso, dentro ou fora do prazo, a inclusão da filiação no registro de nascimento ocorrerá sempre que se demonstrar a utilização da reprodução assistida por meio de documentação exigida nos termos do art. 17 do Provimento 63/17 da CN-CNJ, especialmente a autorização específica do falecido ou falecida que constará como genitor(a).

Assim, o registrador deve receber tal documentação, realizando o arquivamento de cópia desta, da qual não se deve fornecer certidão, salvo para o próprio registrado, seus representantes legais ou por determinação judicial. Comprovada a reprodução assistida, basta realizar o registro incluindo como filiação o nome do pai/mãe, mesmo que já falecido, indicado(a) pelo procedimento de reprodução assistida.

8.4.4.2.5 Filiação decorrente da socioafetividade

No período de 18/11/2017 até 15/08/2019, em que esteve vigente a redação original do "caput" do art. 10 do Provimento 63/2017 da CN-CNJ, havia expressa possibilidade de reconhecimento de filho socioafetivo, qualquer que fosse a idade deste e independentemente de tempo mínimo de convívio.

Assim, não havia impedimento para a utilização do procedimento de reconhecimento de filho socioafetivo no mesmo dia do registro de nascimento, lavrando-se o registro de nascimento e subsequentemente a averbação de reconhecimento de filho socioafetivo, sem necessidade de decisão judicial. Poder-se-ia pensar que no momento do registro de nascimento não haveria ainda qualquer socioafetividade, pois a criança tem poucos dias de vida e, com fundamento nisso, recusar-se-ia a averbação de reconhecimento de filho socioafetivo. No entanto, tal recusa não contava com fundamento normativo e ignorava o fato de que é possível que a socioafetividade tenha origem sólida no vínculo familiar com a genitora ou que tenha se consolidado durante a gestação ou tenha por fonte o desejo firme e persistente de ter um filho, que é a maternidade ou paternidade de intenção.

A redação atual do artigo 10, imposta pelo Provimento 83/2019, da mesma CN-CNJ, estabeleceu a idade mínima de 12 anos para a lavratura do reconhecimento voluntário de paternidade ou maternidade socioafetiva pelos oficiais de registro, o que tornou inviável a prática de tal ato no momento do registro de nascimento.

8.4.4.2.6 Averiguação oficiosa de indicação de suposto pai

Não havendo reconhecimento voluntário e não incidindo a presunção de filho havido na constância do casamento – não sendo caso de reprodução assistida –, o registro é realizado constando apenas o nome da mãe, e é facultado à mãe indicar quem seria o suposto pai, para que seja averiguado oficiosamente.

Trata-se de procedimento que corre perante o juízo em função administrativa, não se confundindo com um processo judicial de investigação de paternidade, que é conhecido como "indicação de suposto pai", "averiguação oficiosa de paternidade" ou "imputação de paternidade" e está previsto e regulamentado no artigo 2º da Lei n. 8.560/92.

Conforme o mencionado artigo 2º: "Em registro de nascimento de menor apenas com a maternidade estabelecida, o oficial remeterá ao juiz certidão integral do registro e o nome e prenome, profissão, identidade e residência do suposto pai, a fim de ser averiguada oficiosamente a procedência da alegação".

Inicie-se observando que esse procedimento impõe uma obrigação ao oficial, qual seja, a de submeter ao juízo a certidão acompanhada do nome e qualificação daquele que a mãe indica como suposto pai, e concede uma faculdade à mãe, a qual somente se desejar indicará os dados do suposto pai[56]. A mãe menor pode ser representada nessa indicação.

Caso a mãe não deseje indicar o suposto pai, é recomendável que o registrador colha declaração de que está ciente da faculdade de indicar e que não deseja fazê-lo. Cumprindo a função de aconselhamento jurídico que lhe cabe, o registrador deve informar à mãe que o direito ao estado de filiação é do registrando, não cabendo a ela decidir por vontade própria que não deseja ver o nome do pai no registro, entretanto, não pode o oficial obrigar a mãe a indicar o suposto pai.

Remetidos os documentos e a qualificação do suposto pai, estabelece o § 1º do mencionado artigo 2º que "o juiz sempre que possível, ouvirá a mãe sobre a paternidade alegada e mandará, em qualquer caso, notificar o suposto pai, independentemente de seu estado civil, para que se manifeste sobre a paternidade que lhe é atribuída".

Dessa maneira é dada ao pai que não compareceu no registro a oportunidade de reconhecer seu filho perante o juiz, e a lei segue determinando o que deve ser feito em caso de ocorrer o reconhecimento ou não.

Em caso de reconhecimento positivo, o § 3º do referido artigo prevê que deve ser elaborado o termo de reconhecimento que será averbado no registro de nascimento, da seguinte maneira: "caso do suposto pai confirmar expressamente a paternidade, será lavrado termo de reconhecimento e remetida certidão ao oficial do registro, para a devida averbação".

Já no caso de o suposto pai não atender à intimação no prazo de trinta dias, ou negar a paternidade alegada, o § 4º prevê que "o juiz remeterá os autos ao representante do Ministério Público para que intente, havendo elementos suficientes, a ação de investigação de paternidade".

A lei, reconhecendo a iniciativa ao Ministério Público, prevê que este pode intentar a ação de investigação de paternidade, mas observe-se que, no § 6º do mesmo artigo, reafirma que não se afasta a possibilidade de quem detenha o legítimo interesse promover a ação de investigação, como o próprio registrando representado pela sua mãe. Ainda no tocante ao procedimento em estudo, observem-se as seguintes regras.

Por se tratar de questão de filiação que expõe a intimidade do interessado, estabelece o § 2º do artigo 2º da Lei n. 8.560/92 que o "juiz, quando entender necessário, determinará que a diligência seja realizada em segredo de justiça". Ressalte-se que o artigo 189 do CPC, no inciso II, estabelece que os atos processuais que dizem respeito à filiação correm em segredo de justiça.

O § 5º do artigo 2º da Lei n. 8.560/92, incluído pela Lei n. 12.010/2009 (que trata da adoção), prevê que é dispensável a ação de investigação de paternidade caso a criança seja encaminhada para adoção, o que decorre do fato de que a adoção rompe os vínculos com os pais e parentes anteriores, como dispõe o artigo 41 da Lei n. 8.069/90.

---

56. Código de Normas do Estado do Pernambuco, Art. 623: "A mãe não é obrigada a indicar o nome do suposto pai".

Por fim, a CN-CNJ, no Provimento n. 16, ampliou o espectro temporal e espacial para aplicação do procedimento do artigo 2º da Lei n. 8.560/92.

No artigo 1º do provimento, reconhece-se que o procedimento pode ser realizado *a qualquer tempo*, cabendo à mãe, enquanto o filho for menor, apontar o suposto pai perante o registrador civil.

O artigo 2º, por sua vez, reconhece que a mesma faculdade cabe ao filho na maioridade, que, a qualquer tempo, poderá apontar seu suposto pai perante o registrador civil e deflagrar o procedimento.

Em seguida, estabelece-se o preenchimento de termo pelo registrador, oferecendo-se modelo anexo ao provimento.

No § 1º do artigo 3º do Provimento n. 16, reconhece-se a possibilidade de se indicar o suposto pai perante registrador civil diverso daquele em que foi lavrado o assento de nascimento, exigindo-se, no § 2º, a apresentação da certidão de nascimento ao oficial.

Caso a indicação ocorra no mesmo cartório em que lavrado o registro, nova certidão deve ser expedida pelo registrador (art. 3º, § 3º, Provimento n. 16).

O artigo 4º do Provimento n. 16 estabelece o juízo competente para o procedimento de averiguação oficiosa de paternidade e repete o procedimento previsto no artigo 2º da Lei n. 8.560/92, prevendo a averbação em caso de reconhecimento de filho e determinando, no § 4º, que diante da negativa ou da ausência de resposta do pai, remetam-se os autos também à Defensoria Pública para que intente a investigação de paternidade.

Por fim, o artigo 5º do Provimento n. 16 veda a utilização da indicação de suposto pai se já houver sido pleiteado em juízo o reconhecimento de paternidade, razão pela qual exige que os interessados declarem que isso não ocorreu.

8.4.4.2.7 Certidão de nascimento e origem da filiação

A emissão da certidão de nascimento deve obedecer ao artigo 6º da Lei n. 8.560/92, o qual veda qualquer indício quanto à origem da filiação, ressalvando as autorizações e requisições judiciais.

No caso de reconhecimento posterior, seja espontâneo, judicial ou em decorrência de procedimento de averiguação oficiosa de indicação de suposto pai, a filiação é incluída no registro por meio de averbação, todavia, não deve constar qualquer informação quanto à sua origem nas certidões, as quais devem ser emitidas com o nome dos pais e dos avós nos campos adequados, sem qualquer observação ou indicação de que houve ato de reconhecimento.

Isto é o que se extrai das disposições existentes no ordenamento brasileiro: CF, art. 227, § 6º; Lei n. 8.069/90 (ECA), art. 20; CC, art. 1.596.

Especificamente no que diz respeito ao registro de nascimento, a previsão está na Lei n. 8.560/92, art. 5º, que proíbe que conste do registro qualquer referência à natureza da filiação.

Ressalte-se, porém, que entre os direitos fundamentais previstos no artigo 5º da CF está o direito a receber informações de interesse pessoal, o que garante ao interessado a obtenção de certidões constando informações sigilosas, desde que requeira, pessoalmente ou por procurador bastante, certidão em inteiro teor ou por quesitos contendo a informação específica. Assim preveem as NSCGJ-SP, no Capítulo XVII, item 47.2:

> Nas certidões de registro civil em geral, inclusive as de inteiro teor, requeridas pelos próprios interessados, seus representantes legais e mandatários com poderes especiais, ressalvado o caso de proteção à testemunha, serão expedidas independentemente de autorização do Juiz Corregedor Permanente.

Quando solicitadas por terceiros, as certidões não conterão indicações quanto à origem da filiação, e no caso de registros que contenham averbações relativas à filiação, devem ser feitas as devidas alterações no corpo da certidão, não constando das certidões sequer a inscrição prevista no parágrafo único do artigo 21 da LRP, segundo o qual: "A alteração a que se refere este artigo deverá ser anotada na própria certidão, contendo a inscrição de que 'a presente certidão envolve elementos de averbação à margem do termo'".

Este é o melhor entendimento do Direito, pois: 1 – a Lei n. 8.560/92 que é posterior e específica estabelece que das certidões não devem constar sequer indícios da origem da filiação; 2 – a CF veda qualquer designação discriminatória; e 3 – o próprio artigo 21 da LRP, em seu *caput*, ressalva a obrigatoriedade de se mencionar a alteração em caso de legitimação de filho ou de legitimação adotiva – situações existentes à época da lei que são análogas neste tocante ao reconhecimento de filho.

Assim determinam as NSCGJ-SP, Capítulo XVII, item 47.7.1:

> A alteração decorrente de legitimação, legitimação adotiva, proteção à testemunha, reconhecimento de paternidade, alteração de patronímico e adoção deverá ser incluída na própria certidão, mas neste caso proibido o uso da inscrição de que "a presente certidão envolve elementos de averbação à margem do termo", e, igualmente, proibida a menção sobre a origem do ato.

Porém, no caso específico da alteração de patronímico, deverá prevalecer a previsão do Provimento 82 da CN-CNJ, que em seu art. 1º, § 2º determinou constar no campo das "observações" a referência de que a certidão envolve elementos de averbação à margem do termo. Essa questão está analisada com mais detalhes no item 10.4 adiante.

8.4.4.3 Escolha da naturalidade

Nos casos em que o nascimento ocorre em município diverso da residência da mãe, é possível ao declarante escolher a naturalidade da criança, que poderá ser do município em que ocorreu o nascimento ou do município de residência da mãe do registrando na data do nascimento, desde que localizado em território nacional (LRP, art. 54, §4º).

O conceito atual de naturalidade está inspirado no direito português, que conta com previsão muito semelhante, qual seja, "considera-se naturalidade o lugar em que o nascimento ocorreu ou o lugar, em território português, da residência habitual da mãe do registando, à data do nascimento, cabendo a opção ao registando, aos pais, a qualquer pessoa por eles incumbida de prestar a declaração ou a quem tenha o registando a seu cargo; na falta de acordo entre os pais, a naturalidade será a do lugar do nascimento"[57]

Verifica-se que a legislação portuguesa já previu a solução para o caso de falta de acordo entre os pais, determinando que a naturalidade será a do lugar do nascimento. Não há disposição semelhante na legislação nacional. O registrador civil brasileiro, ao lavrar o nascimento, deve se ater à vontade manifestada pelo declarante, que é o legitimado para a escolha, conforme o texto expresso de lei.

No entanto, havendo desacordo manifestado ao registrador no momento do registro, deve-se aplicar a mesma solução proposta à divergência quanto à escolha do nome do registrando, qual seja, a regra geral para solução de divergência entre os titulares do poder familiar, inscrita no artigo 1.631, parágrafo único, do Código Civil, que estabelece que divergindo os pais quanto ao exercício do poder familiar, é assegurado a qualquer deles recorrer ao juiz para solução do desacordo.

Por outro lado, há que se considerar que a criança recém-nascida tem o direito humano fundamental a ser registrada logo após o nascimento, sendo a sua certidão um documento essencial para o exercício da cidadania, muitas vezes necessário logo nos primeiros dias de vida, como para inscrição no plano de saúde ou para que seus pais recebam benefícios previdenciários ou trabalhistas.

Nessa ordem de considerações, submeter o caso para apreciação judicial poderá ser moroso e causar prejuízos ao registrando, devendo ser utilizado apenas como última opção. Antes, deve o registrador civil esclarecer e informar aos pais as consequências dessa divergência, a importância do registro, o melhor interesse da criança. Deve agir como conciliador, abrindo caminhos para despertar a consciência dos pais e chegar a um acordo.

O novo texto legal faz expressa referência à "residência da mãe" para permitir que esse município seja a naturalidade de seu filho. Assim, já é possível antecipar algumas questões que merecem uma resposta bem fundamentada.

São elas: I) se o pai tem residência diversa da mãe, seria facultado ou não escolher como naturalidade o município de residência do pai; II) se os genitores são dois homens, fato que se tornou possível em razão das técnicas de reprodução assistida, regulamentada pelo Conselho Federal de Medicina 2.168/2017 e Provimento 63/2017 da CN-CNJ, seria facultado ou não escolher o município de residência destes como naturalidade; III) se as genitoras são duas mulheres que tenham residências em municípios diversos, seria facultado ou não escolher qualquer um desses municípios.

---

57. "Código de Registro Civil Português, Artigo 101º – Competência – 1 – É competente para lavrar o registo de nascimento qualquer conservatória do registo civil, a unidade de saúde onde ocorreu o nascimento ou aquela para onde a parturiente tenha sido transferida, desde que seja possível declará-lo na unidade de saúde. 2 – Para efeitos dos assentos de nascimento ocorrido em território português, a lavrar após a entrada em vigor deste diploma e de que não haja registo anterior, considera-se naturalidade o lugar em que o nascimento ocorreu ou o lugar, em território português, da residência habitual da mãe do registando, à data do nascimento, cabendo a opção ao registando, aos pais, a qualquer pessoa por eles incumbida de prestar a declaração ou a quem tenha o registando a seu cargo; na falta de acordo entre os pais, a naturalidade será a do lugar do nascimento." Disponível em: http://www.irn.mj.pt/sections/irn/legislacao/docs-legislacao/codigo-do-rc/downloadFile/file/Codigo_do_Registo_Civil-Set09.pdf?nocache=1252073052.76. Acesso em 19.10.2017.

Essas três questões precisam ser analisadas sob a luz do princípio jurídico da igualdade entre homem e mulher, expresso no artigo 5°, inciso I, da Constituição Federal, com o seguinte texto, "homens e mulheres são iguais em direitos e obrigações, nos termos desta Constituição". Ocorre que a igualdade não é absoluta e deve ser entendida como tratar igualmente os iguais e desigualmente os desiguais.

Seguindo-se mais uma vez o ensinamento de Celso Antônio Bandeira de Mello, segundo o qual é possível a diferenciação no tratamento sem haver quebra da isonomia, desde que se atenda a três requisitos:

A) "O traço diferencial adotado, necessariamente há de residir na pessoa, coisa ou situação discriminada"[58];

B) Deve haver "correlação lógica entre o fator erigido em critério de *discrímen* e a discriminação legal decidida em função dele"[59];

C) "*In concreto,* o vínculo de correlação suprarreferido deve ser pertinente em função dos interesses constitucionalmente protegidos, isto é, resultar em diferenciação de tratamento jurídico fundada em razão valiosa – ao lume do texto constitucional – para o bem público"[60].

No caso em análise, a lei faz distinção entre pai e mãe para a determinação da naturalidade do filho deles, passa-se, então, a analisar essa distinção conforme os requisitos mencionados.

O requisito A) está atendido, pois o fator de diferenciação é o sexo, que é um fator inerente as pessoas, não um fator alheio.

O requisito B) não está atendido, pois não há correlação lógica entre a distinção escolhida pela lei (sexo dos genitores) e a determinação da naturalidade do filho deles.

Relembrem-se as motivações dessa alteração legislativa, que são, do ponto de vista do indivíduo, ter sua naturalidade reconhecida como o município que realmente diz sobre sua pessoa e, do ponto de vista das políticas públicas, conhecer qual o município realmente recebeu um novo cidadão.

Assim, o fator relevante para os fins da norma é identificar em qual município o recém-nascido vai residir e crescer e não há correlação lógica entre o sexo dos pais e a futura residência da criança.

Deve-se ressaltar, a bem da busca da verdade, que há argumentos para se concluir que existe correlação lógica, embora os autores deste trabalho não compartilhem desse entendimento. Tais argumentos seriam: o princípio jurídico de que a mãe é sempre certa, decorrente da gravidez e do parto, sendo assim mais segura e certeira a indicação da naturalidade; e, que em razão da amamentação e do costume cultural tradicional, há forte presunção de que o recém-nascido, notadamente nos primeiros meses de vida,

---
58. BANDEIRA DE MELLO, Celso Antônio. *Op.Cit.* p. 23.
59. Idem, Ibidem, p. 37.
60. Idem, Ibidem, p. 41.

ficará sob os cuidados da mãe, ou seja, vai residir com mãe, não com o pai, se os domicílios forem diversos.

Do ponto de vista adotado pelos autores, tais argumentos não devem prevalecer, pois ainda que sejam verdadeiros na maioria dos casos, não são absolutos, havendo possibilidade de a criança morar com pai, por inúmeros motivos peculiares, por exemplo, mães que trabalham e mães que falecem no parto. Não parece lógico privar esses casos concretos da escolha da naturalidade. Deve-se prestigiar, então, a boa-fé do declarante, que poderá afirmar qual a naturalidade da criança.

Por fim, o requisito C) também não está atendido, pois a suposta correlação lógica de que a residência da mãe é a residência da criança não assegura, em concreto, nenhum interesse constitucionalmente protegido, ou seja, não há razão valiosa voltada ao bem público que justifique a distinção.

Essa argumentação leva a uma interpretação conforme a constituição do §4º do art. 54 da Lei 6.015/73, ampliando-se a expressão mãe, constante do texto legal, para abarcar também pai, pais ou mães, permitindo que se responda afirmativamente às três questões ora postas.

Todavia, compreendem os autores deste trabalho que o registrador civil não pode, por si só, alargar o conceito legal e deve se ater a residência da mãe, quando esta for diferente da do pai.

É certo que os registradores são profissionais do Direito (Lei 8.935/94, artigo 3º) e gozam de independência no exercício de suas funções (Lei 8.935/94, artigo 28). Em razão disso, devem conhecer não apenas a lei, mas também a jurisprudência, a doutrina e a Constituição Federal, para que possam exercer sua atividade com a eficiência que se espera e assim cumprir sua missão de conferir autenticidade, segurança e eficácia dos atos jurídicos (Lei 8.935/94, artigo 1º).

Nesse sentido, para que os registradores possam ampliar a hipótese legal e admitir a residência do pai como município de naturalidade, com a prudência que lhes é peculiar, ainda é necessário aguardar o desenvolvimento da ciência jurídica, com produções doutrinárias e manifestações do Poder Judiciário, que irão expressar o alcance e sentido da norma jurídica em análise.

8.4.5 O ato de declaração e a prática dos atos

Em suma, respeitadas todas as regras expostas anteriormente, a declaração de nascimento e os demais atos inerentes ao registro de nascimento poderão ser realizados das seguintes maneiras.

Tratando-se de filho havido na constância do casamento, em que incida a presunção do artigo 1.597 do CC, a declaração será realizada por:

Qualquer dos genitores, portando a DNV e certidão de casamento atualizada, assim prevê o item 41 do Capítulo XVII das NSCGJ-SP: "41. Para o registro de filho havido na constância do casamento, basta o comparecimento de um dos genitores".

Na impossibilidade de os genitores declararem, qualquer outro legitimado portando a DNV e a certidão de casamento atualizada poderá fazê-lo, como se extrai do item 31.1 da mencionada normativa paulista, e do §3º do art. 598 da DGE-RO:

> Havendo a apresentação da Declaração de Nascido Vivo, a obrigação de declarar o nascimento poderá ser feita por qualquer dos legitimados indicados no art. 52 da Lei n. 6.015/73.

No caso de filhos havidos fora do casamento, para que constem os nomes de ambos os genitores, a declaração poderá ser realizada:

- Por ambos os genitores, pessoalmente ou mediante procurador com poderes especiais, apresentada a DNV.
- Apenas pelo pai, portando DNV ou documento médico que confirme a maternidade. Observe-se que há normas que exigem que seja apresentado documento de identificação da mãe (RJ) ou pelo menos documento em que conste o nome completo da mãe e dos avós maternos (RS).
- Apenas a mãe, portando DNV, anuência, reconhecimento de filiação ou procuração do pai, nos termos anteriormente expostos.
- Na impossibilidade dos genitores, outro legitimado portando a DNV e anuência, reconhecimento de filiação ou procuração do pai, recomendando-se a apresentação de documento dos genitores em que constem seus nomes corretos, bem como os nomes dos avós.

Assim se extrai das normativas estaduais, a saber:

CNNR-RS:

Art. 98 – Do registro de nascimento, lavrado consoante regra constitucional (art. 227, § 6º, da CF), constará o nome dos genitores, desde que:

a) os dois compareçam, pessoalmente ou através de procurador com poderes específicos, ao Ofício do Registro Civil das Pessoas Naturais, para o realizar do assento;

b) compareça o pai, independentemente de comparecimento ou declaração da genitora, munido do seu documento de identidade e da Declaração de Nascido Vivo (DNV), além de documento onde conste o nome completo da mãe e dos avós maternos da criança, cujo número sempre que possível se fará constar do registro;

c) compareça apenas a genitora, com a declaração de reconhecimento ou anuência do pai e o documento de identidade deste, além da Declaração de Nascido Vivo (DNV) e de documento de identificação.

§ 1º – Em qualquer das situações previstas – procuração ou anuência – a manifestação de vontade materializar-se-á por instrumento público ou particular, neste caso exigindo-se o reconhecimento da assinatura por autenticidade.

CNCGJ-RJ:

Art. 743. Em se tratando de registro de nascimento de filho de pais que não sejam casados entre si, o registro do filho poderá ser realizado das seguintes formas:

I - pelo pai, mediante apresentação do documento de identidade dele e da mãe da criança, dispensada a presença desta, onde constará o nome dos genitores e respectivos avós;

II - pela mãe, mediante a apresentação de declaração de reconhecimento subscrita pelo pai, através de escrito particular, com firma reconhecida, ou escritura pública, devendo o documento ser arquivado no Serviço.

NSCGJ-SP, Capítulo XVII:

31. A obrigação de fazer a declaração de nascimento é conjunta do pai e da mãe, os quais poderão realizar a declaração isoladamente, observados os prazos legais.

31.1. Havendo a apresentação da Declaração de Nascido Vivo (DN), a obrigação de declarar o nascimento poderá ser feita por qualquer dos legitimados indicados no art. 52 da Lei n. 6.015/73.

(...)

40. No registro de filhos havidos fora do casamento não serão considerados o estado civil e, ou, eventual parentesco dos genitores, cabendo ao Oficial velar unicamente pelo atendimento da declaração por eles manifestada e a uma das seguintes formalidades:

a) genitores comparecem, pessoalmente, ou por intermédio de procurador com poderes específicos, ao Registro Civil das Pessoas Naturais, para efetuar o assento, do qual constará o nome dos genitores e dos respectivos avós;

b) apenas a mãe comparece com declaração de reconhecimento ou anuência do pai à efetivação do registro;

c) apenas o pai comparece, mas munido da Declaração de Nascido Vivo (DN), ou declaração médica que confirme a maternidade, com firma reconhecida.

DGE-RO:

Art. 598. A obrigação de fazer a declaração de nascimento é conjunta do pai e da mãe, os quais poderão realizar a declaração isoladamente, observados os prazos legais.

§ 3º Havendo a apresentação da Declaração de Nascido Vivo (DNV), a obrigação de declarar o nascimento poderá ser feita por qualquer dos legitimados indicados no art. 52, da Lei nº 6.015/73.

Art. 606. No registro de filhos havidos fora do casamento não serão considerados o estado civil ou eventual parentesco dos genitores, cabendo ao oficial velar unicamente pelo atendimento da declaração por eles manifestada e a uma das seguintes formalidades:

I - genitores comparecem, pessoalmente, ou por intermédio de procurador com poderes específicos, a unidade de serviço do Registro Civil de Pessoas Naturais, para efetuar o assento, do qual constará o nome dos genitores e dos respectivos avós;

II - apenas a mãe comparece com declaração de reconhecimento ou anuência do pai à efetivação do registro;

III - apenas o pai comparece, mas munido da declaração de nascido vivo, ou declaração médica que confirme a maternidade.

§ 1º Nas hipóteses acima, a manifestação da vontade por declaração, procuração ou anuência será feita por instrumento público, ou particular, reconhecida a firma do signatário por autenticidade.

Importante frisar que há normas que fazem maiores exigências que podem criar embaraço ao registro, e, por isso, na opinião dos autores deste trabalho, são inadequadas e não se sustentam juridicamente, tais como a do CNCGJ-SC, que exige o comparecimento de ambos os genitores, no supratranscrito artigo 547.

Em qualquer dos casos, os declarantes poderão se fazer representados por procuradores na forma já tratada.

Não havendo DNV, por se tratar de parto sem assistência de profissionais da saúde, faz-se necessária a participação de duas testemunhas da maneira anteriormente exposta.

Caso o nascimento ocorrido fora do casamento seja declarado somente pela mãe ou por outro legitimado sem o reconhecimento, a anuência ou a procuração do pai, o registro será lavrado somente com o nome da mãe, podendo ser deflagrado o procedimento de indicação de suposto pai, conforme o caso.

Como visto, no estabelecimento da filiação não decorrente de reprodução assistida ou de socioafetividade, vige uma desigualdade entre o homem e a mulher, expressa na legislação civil, que acarreta uma desigualdade na declaração para o registro de nascimento. O pai isoladamente pode declarar o nascimento e estabelecer a maternidade apresentando somente a DNV enquanto a mãe, mesmo que apresente a DNV, haverá de atender a uma das outras formas de estabelecimento da filiação mencionadas.

Isto pois a maternidade decorre de fatos naturais, que são a gravidez e o parto, os quais podem ser testemunhados e comprovados para fins de registro de nascimento, por meio da DNV (Declaração de Nascido Vivo – Lei 12.662/2012) ou por duas testemunhas qualificadas (Lei 6.015/73, artigo 54, item 9º). Declara-se não somente que houve um nascimento, mas que nasceu uma criança de determinada mulher e assim constará no registro de nascimento.

Tal distinção não ofende o princípio constitucional da igualdade pois atende aos três requisitos muito bem expostos na doutrina do professor Celso Antônio Bandeira de Mello[61], já mencionados acima, que se pede licença para repetir aqui:

1) "O traço diferencial adotado, necessariamente há de residir na pessoa, coisa ou situação discriminada": atendido no presente caso, pois a diferença reside na pessoa da mulher, que passa pela gravidez e pelo parto, ao passo que a pessoa do homem não.

2) Deve haver "correlação lógica entre o fator erigido em critério de discrímen e a discriminação legal decidida em função dele": atendido no presente caso na medida em que é possível testemunhar a gravidez e o parto e assim afirmar com segurança jurídica quem é a mãe, ao passo que tal situação não pode ser comprovado para afirmar com segurança que é o pai.

3) "[I]n concreto, o vínculo de correlação suprarreferido [deve ser] pertinente em função dos interesses constitucionalmente protegidos, isto é, result[ar] em diferenciação de tratamento jurídico fundada em razão valiosa – ao lume do texto constitucional – para o bem público". Atendido no presente caso, pois atende ao melhor interesse da criança ter sua mãe estabelecida no registro de nascimento com facilidade e segurança, também atende ao bem público que os registros públicos somente contenham informações confiáveis e seguras, o que se alcança por meio das cautelas que antecedem o registro.

Veja-se que para equilibrar as posições entre pai e mãe no momento de estabelecimento da filiação, bem como para atender ao interesse da criança em ter seu pai estabelecido no registro de nascimento, a lei coloca à disposição da mãe a possibilidade de indicação do suposto pai.

A previsão do artigo 2º da Lei 8.560/92, como visto, possibilita à mãe indicar o suposto pai ao registrar o nascimento e obriga o registrador a cumprir tal procedimento, que seguirá com uma notificação judicial para que o pai compareça em juízo para as-

---
61. Idem, Ibidem, p. 35 a 47.

sumir a paternidade. Dessa forma, a genitora não está abandonada, mas conta com um mecanismo seguro e gratuito para provocar o estabelecimento da paternidade.

Nos casos de reprodução assistida, de filiação estabelecida por socioafetividade, ou de filiação de casais homoafetivos, remete-se o leitor às considerações feitas nos itens correspondentes ao estabelecimento da filiação.

Em todos os casos, os declarantes ou testemunhas que comparecem em cartório devem apresentar documento de identidade que permita a segura identificação da pessoa.

8.5 ELEMENTOS DO REGISTRO DO NASCIMENTO

Feitas as declarações e praticados os atos na forma exigida pela lei, o registrador passa a lavrar o assento de nascimento com os elementos previstos no artigo 54 da LRP, feitas as devidas considerações que seguem.

O assento de nascimento tem publicidade por meio de suas certidões e se destina, além de garantir o exercício da cidadania pelo registrando, a individualizar cada pessoa registrada, preservar e dar publicidade ao nome e aos elementos do Estado da Pessoa Natural, como visto anteriormente.

Com esse intuito a legislação determina quais elementos constarão do registro de nascimento, que devem estar aptos a provar: a nacionalidade, a naturalidade, a idade, a capacidade, o sexo, a filiação, o nome, entre outras possíveis informações previstas em lei (sempre atualizadas por averbações e anotações).

Os elementos devem ser extraídos dos documentos apresentados, das declarações ou constar de mandados judiciais, conforme o caso. Analisem-se sobre o texto do artigo 54 da LRP, o qual tem alguns elementos tacitamente revogados:

"Art. 54. O assento do nascimento deverá conter:

1º – o dia, mês, ano e lugar do nascimento e a hora certa, sendo possível determiná-la, ou aproximada;"

Tais elementos são extraídos da DNV, quando esta existir, da declaração médica, ou são oferecidos pelo declarante e testemunhas no caso de nascimento sem assistência médica.

Todos os dados constantes deste item se destinam a individualizar o nascimento ao qual o registro se refere.

O dia, mês e ano do nascimento permitem dar publicidade à idade e à capacidade do registrado.

O lugar deve incluir a circunscrição, o município, o Estado, o nome completo do estabelecimento de saúde, ou declaração de que o parto ocorreu em domicílio, o endereço do local, com logradouro e numeral. Ao se indicar que o nascimento ocorreu no Brasil também é possível extrair-se a prova da nacionalidade.

A hora pode ser relevante para eventual averiguação do exato momento em que a pessoa adquiriu a personalidade plena nos termos do artigo 2º do CC.

"2º – o sexo do registrando;"

Extrai-se da DNV, quando houver, ou no caso de parto sem assistência médica, é fornecido pelo declarante e pelas duas testemunhas.

O sexo poderá ser masculino, feminino ou ignorado (indefinido).

Verifica-se que na DNV existe a possibilidade de se declarar que o sexo é indefinido, o que somente ocorrerá em caso de malformação, segundo dados obtidos do Serviço de Vigilância em Saúde do Ministério da Saúde, pelo coautor Mario Camargo. A CRC (Central de Informações do Registro Civil) também contempla essas três alternativas.

Por ocasião do registro de nascimento, não é possível falar sobre a orientação sexual ou identidade de gênero da pessoa recém-nascida, restando apenas o sexo biológico como único critério para estabelecer o sexo que irá constar do registro público. Vide STJ:

> "11. Ademais, o chamado sexo jurídico (aquele constante no registro civil de nascimento, atribuído, na primeira infância, com base no aspecto morfológico, gonádico ou cromossômico) não pode olvidar o aspecto psicossocial defluente da identidade de gênero autodefinido por cada indivíduo, o qual, tendo em vista a "razão de ser" dos registros públicos, é o critério que deve, na hipótese, reger as relações do indivíduo perante a sociedade." (REsp 1626739/RS, Rel. Ministro LUIS FELIPE SALOMÃO, QUARTA TURMA, julgado em 09/05/2017, DJe 01/08/2017)

Ocorre que até mesmo o sexo biológico não é unívoco. Embora na imensa maioria dos nascimentos seja possível aferir com tranquilidade o sexo biológico masculino ou feminino, não é assim em todos os casos. Há fartos relatos médicos de casos em que se constata caracteres primários e/ou secundários dos dois sexos em um mesmo indivíduo, não sendo possível aferir qual o sexo biológico da criança. No passado, utilizava-se a expressão hermafrodita, atualmente, prefere-se a expressão intersexo, para melhor identificar esses indivíduos.

A Resolução 1.664/2003 do Conselho Federal de Medicina, já no primeiro artigo, traz as diversas expressões encontradas no meio médico para essa situação clínica: genitália ambígua, ambiguidade genital, intersexo, hermafroditismo verdadeiro, pseudo-hermafroditismo (masculino ou feminino), disgenesia gonadal, sexo reverso.

Os estudos mais recentes demonstram que manter o registro como sexo indefinido é a alternativa que melhor resguarda os interesses do recém-nascido intersexo, pois não é possível em tenra idade, nem mesmo com exames médicos definir ou escolher um sexo para quem nasceu com má-formação genital.

O coautor Marcelo Salaroli de Oliveira, publicou artigo na obra Intersexo, em coautoria com Priscila de Castro Teixeira Pinto Lopes Agapito, onde assentam que:

> "É princípio elementar dos registros públicos a veracidade, segundo o qual o registro deve espelhar a realidade e suas informações presumem-se verdadeiras. Ora, diante de um recém-nascido com genitália ambígua, ou seja, com sexo indeterminado, se constar no registro de nascimento sexo masculino, estará equivocado; se constar o sexo feminino, também estará equivocado. A informação que melhor espelha a realidade é constar no registro sexo indeterminado ou ignorado. Por não haver escolha dos pais quanto ao sexo do recém-nascido, mas declaração de um fato, o registrador deve seguir o que consta na Declaração de Nascido Vivo - DNV."

Caso haja uma definição do sexo posterior ao registro de nascimento, esta deverá ser objeto de averbação à margem e novas certidões conterão o sexo correto sem qualquer menção à mudança. No caso dos transgêneros, poderá a indicação do sexo ser decorrente do gênero da pessoa, em vez do sexo biológico. A matéria será analisada no item 10.10 a seguir.

"3º – o fato de ser gêmeo, quando assim tiver acontecido;"

Deve ser extraído da DNV, quando houver, ou será fornecido pelo declarante e testemunhas no caso de partos sem assistência médica.

Inicie-se reforçando o fato de que no caso de gêmeos cada qual terá seu próprio assento de nascimento, devendo o registrador lavrar um para cada irmão, pois se faz um registro de nascimento para cada pessoa.

A indicação de ser gêmeo destina-se a informar que há outra pessoa com a mesma filiação, naturalidade e data de nascimento, ou seja, com quase os mesmos elementos do estado da pessoa natural, permitindo que diante dos dois (ou mais) registros se saiba que são pessoas distintas, buscando-se identifica-las pela diferença no nome completo, que por força do artigo 63 da LRP deve permitir que os gêmeos sejam distinguidos um do outro.

Segundo a determinação legal, basta constar do registro o fato de ser gêmeo, o que atende perfeitamente à finalidade a que se destina tal informação. Todavia, o modelo de certidão do Provimento n. 63 da CN-CNJ prevê que conste não somente o fato de ser gêmeo, mas o nome e a matrícula do registro do irmão ou irmãos gêmeos, devendo tais informações constar também do registro, como já defendia Reinaldo Velloso dos Santos[62] em relação ao nome.

Se um dos gêmeos for natimorto perdura a necessidade da indicação de ser gêmeo, a fim de distinguir que daquela gestação houve mais de um filho, ainda que um com vida outro sem. Deve constar a matrícula do registro do irmão e constará o nome se o natimorto o recebeu.

Em que pese parecer ser esta a regra prevalecente no cenário normativo atual, os autores deste trabalho discordam da necessidade de constar a matrícula e o nome dos irmãos gêmeos no registro uns dos outros, pois a finalidade é apenas indicar que há um irmão gêmeo e não identificar quem é este. Além disso, cumprir tal obrigação pode ser inviável, uma vez que não necessariamente os gêmeos são registrados na mesma ocasião, podendo um deles ser registrado pelos pais dias ou até meses depois (e. g. por motivo de saúde que ensejou a remoção do recém-nascido para outra cidade), de forma que no momento do primeiro registro, não há matrícula ou nome do irmão gêmeo.

"4º) o nome e o prenome, que forem postos à criança;"

Seguindo-se a terminologia consagrada no CC, deve-se ler como: o prenome e o sobrenome atribuídos à criança.

Estes são indicados pelo declarante na forma descrita anteriormente, com as considerações que foram feitas.

---

62. SANTOS, Reinaldo Velloso dos. *Op. cit.*, 2006, p. 68.

O registro é forma adequada para se dar publicidade ao nome da pessoa natural e será o meio hábil para dar publicidade a eventuais mudanças deste, as quais são objeto de averbação ou constarão de anotações.

"5º) a declaração de que nasceu morta, ou morreu no ato ou logo depois do parto;"

Este item tem duas partes. A primeira relativa ao nascimento sem vida, que ensejará o registro de natimorto no Livro C-auxiliar, que será estudado no item 12.3 a seguir. A segunda relativa ao nascimento com vida seguido da morte da criança, o que enseja a realização de dois registros, um de nascimento no Livro A e um de óbito no Livro C, devendo constar no Livro A o fato de que morreu logo após o parto.

Questiona-se a necessidade de constar esse elemento no registro de nascimento, uma vez que é o registro de óbito que provará a morte, o qual deve ser lavrado nos termos do artigo 53, § 2º, da LRP, e será anotado no registro de nascimento, nos termos dos artigos 106 e 107 da mesma lei, constando de todas as certidões.

"6º) a ordem de filiação de outros irmãos do mesmo prenome que existirem ou tiverem existido;"

Este item não constará do registro de nascimento, pois está flagrantemente em desacordo com o artigo 227, § 6º, da CF e foi revogado pela Lei n. 8.560/92, que determina em seu artigo 5º que "No registro de nascimento não se fará qualquer referência à natureza da filiação, à sua ordem em relação a outros irmãos do mesmo prenome, exceto gêmeos".

Dessa maneira, não deve constar do registro de nascimento a ordem de filiação em relação a outros irmãos de mesmo prenome, exceto no caso de irmãos gêmeos. Observe-se, porém, que a parte final do artigo 63 da LRP veda que gêmeos tenham o mesmo nome, determinando que "Os gêmeos que tiverem o prenome igual deverão ser inscritos com duplo prenome ou nome completo diverso, de modo que possam distinguir-se".

Conclui-se que não prevalece este elemento no registro de nascimento, devendo apenas constar a ordem de nascimento de irmãos gêmeos nos termos da primeira parte do mencionado artigo 63: "No caso de gêmeos, será declarada no assento especial de cada um a ordem de nascimento."

"7º) Os nomes e prenomes, a naturalidade, a profissão dos pais, o lugar e cartório onde se casaram, a idade da genitora, do registrando em anos completos, na ocasião do parto, e o domicílio ou a residência do casal."

Vários são os elementos deste item, todos destinados a identificar os pais e provar a filiação, sendo que parte deles está revogada. Analisem-se:

Os nomes e prenomes dos pais: utilizando-se da terminologia consagrada no CC, deve-se ler prenomes e sobrenomes dos pais, que permitem identificar quem são os genitores, os quais são estabelecidos na forma vista anteriormente neste trabalho, quando se tratou da filiação. Os nomes são obtidos por meios das declarações e documentos eventualmente apresentados. Sempre que possível, devem ser apresentados documentos de identificação dos pais para que se possa extrair deles o nome correto.

A naturalidade e a profissão dos pais: destinam-se a individualizá-los e são obtidos por meio dos documentos apresentados, ou, na falta destes, das declarações realizadas no momento do registro.

O lugar e cartório onde se casaram: este elemento não deve constar do registro em nenhuma hipótese, pois está em desacordo com o artigo 227, § 6º, da CF e revogado pelo artigo 5º da Lei n. 8.560/92, que prevê: "No registro de nascimento não se fará qualquer referência (...) ao lugar e cartório do casamento dos pais e ao estado civil destes".

A idade da genitora do registrando, em anos completos, na ocasião do parto: destina-se a identificar e individualizar a mulher que deu à luz, perfeitamente individualizando o nascimento que foi levado a registro. Esse elemento é extraído da DNV, ou, no caso e parto sem assistência médica, é fornecido pelo declarante e pelas duas testemunhas. Observe-se que idade da genitora gradualmente está sendo substituída pela indicação da sua data de nascimento.

O domicílio ou a residência do casal: seria mais bem compreendido como "domicílio e residência dos pais", na medida em que no registro não deve constar qualquer indicação quanto ao estado civil dos pais, não sendo indicado se estes são casados, e podendo não se tratar de um casal, assim, o domicílio e residência de cada um deles pode ser diferente. Essa informação é declarada, e, embora também conste da DNV, em caso de divergência deve prevalecer o que for informado perante o registrador.

"8º) os nomes e prenomes dos avós paternos e maternos;"

Novamente adaptando à terminologia do CC, deve-se ler: "os prenomes e os sobrenomes dos avós paternos e maternos".

Esses são extraídos dos documentos dos pais que forem apresentados, ou, na impossibilidade de apresentação de documentos, são declarados. Além de indicar a relação de parentesco com o registrado, serve como individualização dos genitores.

"9º) os nomes e prenomes, a profissão e a residência das duas testemunhas do assento, quando se tratar de parto ocorrido sem assistência médica em residência ou fora de unidade hospitalar ou casa de saúde."

Trata-se das testemunhas da ocorrência do nascimento, que atestam a existência deste, como foi visto no item 8.4.3 sobre a prova do nascimento.

Essa alínea se aplica somente aos partos ocorridos sem assistência médica, e se destina a qualificar perfeitamente tais testemunhas que se responsabilizam pela informação.

Veja-se a interpretação dada pelas NSCGJ-SP, no Capítulo XVII, item 37, j, que parece ser a mais adequada:

> os prenomes e os sobrenomes, a profissão, o número do documento de identificação e a residência das duas testemunhas do assento, que não são necessariamente as testemunhas do nascimento, mas que ao menos conheçam a mãe e a existência da gravidez, nas hipóteses em que o nascimento tenha ocorrido sem assistência médica, em residência, ou fora de unidade hospitalar ou casa de saúde;(g.n.)

"10º) número de identificação da Declaração de Nascido Vivo – com controle do dígito verificador."

Incluído pela Lei n. 12.662/2012, este elemento permite que se faça um confronto entre os nascimentos coletados pelo sistema de saúde, em que se emite a Declaração de Nascido Vivo, e aqueles coletados pelo Registro Civil, tornando-se importante ferramenta para o combate ao sub-registro, pois possibilita as buscas ativas, além de aprimorar a gestão dos dados estatísticos.

Observe-se que juntamente com tal alteração, a Lei n. 12.662/2012 incluiu os parágrafos 3º, 4º e 5º ao artigo 49 da LRP, que regulamentam a inclusão do número da DNV nos mapas estatístico enviados pelo registrador ao IBGE, preveem a possibilidade de compartilhamento de tais informações e impõem ao registrador o envio dos mapas por meio digital sempre que estiver capacitado para tanto.

"11) a naturalidade do registrado"

No Direito brasileiro, a naturalidade foi costumeiramente entendida como o município onde ocorreu o nascimento da pessoa natural. No entanto, uma leitura atenta da Lei 6.015/73 revela que esse conceito não esteve legislado, pois o texto legal, ao arrolar os elementos do registro de nascimento, refere-se apenas ao lugar do nascimento (art. 54, 1º). Essa lacuna foi colmatada com a edição da Lei 13.484/17, que inseriu uma nova alínea no rol, exigindo que a naturalidade do registrando conste expressamente dos registros de nascimento (art. 54, 11º), e definiu o que é a naturalidade (art. 54, §4º).

Observe-se que houve inserção de um novo elemento - a naturalidade - não tendo sido derrogado nem alterado o inciso que exige constar o lugar do nascimento no registro.

Quanto ao conceito, agora está expresso na lei que a naturalidade poderá ser o município onde ocorreu o nascimento ou o município de residência da mãe do registrando na data do nascimento, desde que localizado no Brasil. A opção caberá ao declarante do registro de nascimento e deverá ser feita no ato do registro (Lei 6.015/73, art. 54, §4º).

Sendo a naturalidade um elemento obrigatório do registro de nascimento, deve-se redigir o registro de nascimento constando a naturalidade. Devem os registradores civis ficar atentos aos seus fornecedores de software, para que não sejam consumidores de um serviço defeituoso. O sistema que gera o texto do registro de nascimento sempre deverá expressar a naturalidade. É equivocado o entendimento de que seria desnecessário mencionar a naturalidade quando foi escolhido o município do nascimento, conforme a regra costumeira. Tampouco prevalece a interpretação de que coincidindo o município de residência da mãe com o município do nascimento, por não haver opção a ser feita, não seria necessário mencionar a naturalidade.

Os registros públicos primam pela segurança, clareza e exatidão de suas informações, assim, a boa técnica de redação dos atos registrais deve seguir esses mesmos princípios, evitando conteúdos implícitos ou subentendidos. É necessário constar a naturalidade em todos os casos. Não se deve deixar espaço para dúvidas. Ademais, redigindo com clareza, haverá também segurança de que o registrador civil orientou o declarante do registro de nascimento.

Observe-se ainda que foi inserido dispositivo expresso determinando constar a naturalidade na certidão de nascimento (Lei 6.015/73, art. 19, §4º), cabendo perguntar como proceder diante dos registros lavrados anteriormente a vigência da lei, nos quais não há informação sobre naturalidade, mas apenas sobre o local de nascimento.

A resposta parece bem simples, nos registros anteriores, o município do nascimento é o município da naturalidade, conforme o direito então vigente por ocasião da lavratura do registro. É essa a naturalidade da pessoa, que certamente já constará em seus documentos pessoais, como sua cédula de identidade, seu cadastro de pessoa física (CPF) na Receita Federal do Brasil e muitos outros.

Não é necessário lavrar averbação junto ao registro de nascimento para constar expressamente a naturalidade da pessoa. O Oficial poderá constar a naturalidade na certidão de nascimento, extraindo tal informação diretamente do município de nascimento, pois conforme as regras vigentes por ocasião da lavratura do registro de nascimento, a naturalidade coincidia com o município do nascimento.

Embora não seja necessária, tal averbação é possível e está expressamente prevista na nova lei, com a inclusão do inciso IV no artigo 110 da Lei 6.015/73, que permite a retificação de ofício ou a requerimento do interessado nos casos de "*ausência de indicação do Município relativo ao nascimento ou naturalidade do registrado, nas hipóteses em que existir descrição precisa do endereço do local do nascimento*" (grifo nosso).

A Lei expressamente tratou da hipótese de registros omissos quanto ao município de naturalidade e permitiu a sua inserção, por meio da retificação administrativa, sendo desnecessário requerimento do registrado, impondo apenas a necessidade de existir descrição precisa do endereço do local do nascimento.

"Cor do registrando"

Interessante analisar a questão de se incluir a "cor" do registrando no assento, o que estava previsto originalmente no texto da LRP artigo 54, 2º, mas foi excluída por decisão do Poder Legislativo pela Lei n. 6.216/75, como repudio à discriminação racial.

Em 2008, foi julgado Processo CG n. 30659/2008 pela CGJ-SP, de autoria dos Promotores de Justiça do Grupo de Atuação Especial de Inclusão Social do Ministério Público, que, sob o argumento de que se alteraram as conjunturas sociais desde a edição da lei, buscavam a inclusão, facultativa, da cor da pele no registro de nascimento, por ser desejável para "a formulação de políticas públicas, em especial na área da saúde, e porque 'não se sustenta mais a afirmação de que a cor da pele não acrescenta ou modifica direitos (exemplos clássicos são as reservas de cotas em universidades e empresas)'".

Como se extrai da ementa da decisão, negou-se provimento ao pedido, não pela impossibilidade, inconstitucionalidade, ou por ser indesejável constar a cor no registro de nascimento, mas pelo fato de que caberia ao Poder Legislativo este debate e a eventual alteração da lei, assim se extrai da ementa:

> REGISTRO CIVIL – Pedido de exame da viabilidade de se incluir indicação da cor da pele no assento de nascimento – Impossibilidade – Supressão da referência determinada pela Lei n. 6.216/75, por força da Emenda n. 29 ao Projeto de Lei n. 3 de 1975, que deu origem a tal diploma – Justificação então apresentada com base no repúdio à discriminação racial – Situação que só pode ser alterada mediante nova lei, emanada do Poder Legislativo, tribuna própria para ampla discussão do tema pela sociedade brasileira.

Diante disso, até que haja mudança legislativa nesse sentido, não se pode incluir a cor da pele no registro de nascimento, uma vez que o poder legislativo expressamente excluiu este item do rol do artigo 54 da LRP.

Por fim, observe-se que a lavratura do registro de nascimento segue as regras gerais de escrituração previstas nos artigos 33 a 45 da LRP, de forma que: o assento deve ser lido ao declarante e às testemunhas, quando houver, antes da assinatura, o que constará do texto (art. 38); o declarante e as testemunhas, quando houver, devem assinar o termo, e, não podendo assinar, deve alguém assinar a seu rogo, tomando-se a impressão datiloscópica de quem não pode assinar (artigo 37 e § 1º); havendo omissão ou sendo necessária emenda, esta deve ser feita no mesmo ato sendo assinado o assento novamente por todos, considerando-se não escrita qualquer alteração posterior, salvo se realizada por meio de retificação nos termos dos artigos 109 a 112 da LRP (artigos 39, 40 e 41). Ao final do assento e após as assinaturas, o oficial, ou seu preposto, deve subscrever encerrando o ato.

9
Nascimento – Situações Especiais

9.1 REGISTRO FORA DO PRAZO

Caso o registro seja declarado e realizado após o prazo legal – estudado no item 8.3 – está-se diante do chamado registro tardio, que atualmente é regulamentado pelo artigo 46 da LRP, com o texto dado pela Lei n. 11.790/2008, e pelo Provimento n. 28/2013 da CN-CNJ.

Antes de se adentrar à análise do procedimento, convém expor as alterações ocorridas no instituto, para sua melhor compreensão.

O texto original do artigo 46 da LRP previa que as declarações de nascimento fora do prazo legal somente seriam "registradas mediante despacho do Juiz competente do lugar da residência do interessado e recolhimento de multa correspondente a 1/10 do salário mínimo da região". O §1º do referido artigo estabelecia que o despacho do juiz seria dispensado caso o registrado tivesse menos de 12 anos, e o § 3º, que o juiz somente deveria "exigir justificação ou outra prova suficiente se suspeitar da falsidade da declaração". Havia, ainda, previsão do § 2º de que seria dispensado o pagamento de multa caso a parte fosse pessoa pobre.

Com o advento da Lei n. 9.534/97, que universalizou a gratuidade do registro de nascimento, para se assegurar a todos o acesso a documento essencial ao exercício da cidadania – artigo 5º, inciso LXXVII, da CF/88 –, foi necessário adaptar o artigo 46 da LRP, afastando-se a incidência de multa. Isso se deu pela Lei n. 10.215/2001, que suprimiu a parte final do *caput* do artigo 46 e revogou seu § 2º.

Vê-se que pelo texto original da lei, e mesmo após a alteração dada pela Lei n. 10.251/2001, o registro fora do prazo dependia de despacho judicial, o qual era dispensado caso o registrado contasse menos de doze anos de idade.

Em 2006, buscando a facilitação da obtenção do registro tardio de nascimento para pessoas de qualquer idade e imbuída do espírito de *desjudicialização* e desoneração do Poder Judiciário, a Secretaria da Reforma do Judiciário do Ministério da Justiça, após diálogo com as associações de classe dos registradores, apresentou projeto que resultou na Lei n. 11.790/2008.

A referida lei alterou o texto do artigo 46, *caput* e parágrafos, da LRP, dispensando o despacho do juiz, afastando a diferenciação entre menores e maiores de doze anos e exigindo, em qualquer dos casos, que duas testemunhas, sob as penas da lei, assinem o requerimento do registro tardio. O registro, mediante apresentação do referido requerimento, passou a ser feito diretamente pelo registrador, que pode exigir prova bastante se suspeitar de falsidade, e somente encaminhará o fato ao Juízo caso persista a suspeita.

A nova regra trouxe consigo duas consequências que mereciam atenção:

1 – Os registros de crianças, declarados pouco tempo após o prazo legal, foram dificultados, pois passaram a ter a mesma exigência que os registros de maiores de idade, mesmo quando apresentado o documento médico; e

2 – Ao se simplificar sobremaneira o registro tardio para maiores de doze anos, criou-se a insegurança de se lavrarem registros falsos ou em duplicidade de pessoas maiores, abrindo a porta para fraudes.

Normas locais[1] buscaram enfrentar tais consequências, citem-se: a normativa do Distrito Federal, que fazendo interpretação histórica e sistemática do Direito, dispensava a assinatura de duas testemunhas no requerimento caso o registrando contasse menos de doze anos de idade (artigo 229, § 1º); a normativa de São Paulo, que previa procedimento com entrevistas e autuação de documentos caso o registro fosse de maior de doze anos (item 49.1, do Capítulo XVII, das normas, antes da alteração de 2012); as normativas de Santa Catarina e de Pernambuco, que previam exigência de documentos e certidões sempre que possível (artigo 604-SC e artigo 641-PE, § 1º).

Todavia, em 2013, com participação das associações de classe dos registradores (ARPEN e ANOREG), a CN-CNJ enfrentou tais situações e regulamentou integralmente o procedimento de registro tardio por meio do Provimento n. 28/2013 CN-CNJ, de forma abrangente, ressalvando expressamente o Registro do Indígena, que segue as regras da Resolução Conjunta n. 3 do CNJ e CNMP e a regularização de registro civil em caso de medida de proteção nos termos do artigo 102 do Estatuto da Criança e do Adolescente[2].

Passa-se à análise do referido provimento e do procedimento vigente para o registro fora do prazo.

9.1.1 Territorialidade

Inicialmente, verifique-se que a atribuição territorial para o registro tardio de nascimento foge da regra geral, devendo, em conformidade com o *caput* do artigo 46 da LRP, o registro ser lavrado no Registro Civil com atribuição para o local de residência do interessado.

Para os casos de pessoas que não têm residência, como povos nômades, itinerantes e andarilhos, o Provimento n. 28/2013 CN-CNJ, no artigo 2º, parágrafo único, complementa a regra de territorialidade, estabelecendo que "será considerado competente o Oficial de Registro Civil das Pessoas Naturais do local onde se encontrar o interessado".

---

1. As normas mencionadas neste parágrafo são anteriores às alterações do Provimento 28 da CN-CNJ, de maneira que não estão mais vigentes.
2. Parágrafo único do artigo 1º do Provimento n. 28 da CN-CNJ: "O procedimento de registro tardio previsto neste Provimento não se aplica para a lavratura de assento de nascimento de indígena, no Registro Civil das Pessoas Naturais, regulamentado pela Resolução Conjunta n. 3, de 19 de abril de 2012, do Conselho Nacional de Justiça e do Conselho Nacional do Ministério Público, e não afasta a aplicação do previsto no art. 102 da Lei n. 8.069/90".

O interessado é sempre o registrando, mesmo que já tenha falecido. Nos casos de registro tardio de pessoa já falecida, a competência para o registro é apenas do local do último domicílio do falecido, ou seja, não se utiliza como critério de competência o local de residência dos parentes do falecido nem o local onde ocorreu o óbito.

Isto pois as regras de competência são importantes para a segurança jurídica e prevenção de litígios, por exemplo, caso se deseje localizar o registro de nascimento do falecido, a busca será feita nos locais relativos à sua pessoa. Caso seja permitido o registro no local de qualquer dos seus descendentes, não será fácil nem lógico encontrar o registro, deixando assim uma falha na prestação do serviço, abrindo uma fratura no sistema de registro público, que se deseja coeso, íntegro e seguro.

Assim decidiu a E. Corregedoria Geral da Justiça de São Paulo, em parecer da lavra do MM. Juiz Assessor Marcelo Benacchio, inclusive afastando precedente do STJ (REsp 715.989/MS, DJe 16/11/2009), pois: "(i) a decisão foi prolatada em sede jurisdicional diante das particularidades do caso concreto, (ii) o precedente de jurisprudência é único e (iii) a decisão não possui força vinculante."[3]

9.1.2 Instância e legitimados para requerer

Atendendo ao princípio da instância, a lei prevê que deve haver requerimento para o registro tardio, o qual será escrito, uma vez que deve ser assinado por duas testemunhas como determina o § 1º do artigo 46 da LRP e o artigo 1º do Provimento n. 28/2013 CN-CNJ.

O legitimado para requerer o registro tardio é o próprio interessado, pessoalmente ou por seu representante legal, devendo assinar o requerimento na presença do Oficial ou de seu preposto, que certificará a autenticidade da assinatura, conforme estabelecido no art. 3º, § 2º, do Provimento n. 28/2013 CN-CNJ. Caso o interessado seja analfabeto, será colhida sua impressão digital e outra pessoa assinará o requerimento a seu rogo, na presença do Oficial, como prevê o § 3º do mencionado artigo.

O Provimento n. 28/2013 CN-CNJ também reconhece como legitimado o Ministério Público, dentro de suas atribuições, para requerer o registro tardio em favor de pessoas protegidas pelo Estatuto do Idoso, interditados, quando o curador for omisso (art. 14), e nos casos em que o interessado for pessoa "internada em hospital psiquiátrico, Hospital de Custódia e Tratamento Psiquiátrico (HCTP), hospital de retaguarda, serviços de acolhimento em abrigos institucionais de longa permanência, ou instituições afins" (art. 13). Este procedimento será analisado mais adiante.

---

3. Parecer 77/2018-E, de 22.02.2018, no Processo CG 9.184/2018, acolhido pelo MM. Desembargador Corregedor Geral da Justiça do Estado de São Paulo, Geraldo Francisco Pinheiro Franco. Há outros precedentes no mesmo sentido: Parecer 164/2018-E, de autoria do MM. José Marcelo Tossi Silva, de 18.04.2018, Processo 0001387-11.2017.8.26.0081 e Acórdão do Conselho Superior da Magistratura de São Paulo, Apelação Cível n. 0111877-30.2009.8.26.0583. Re. Des. José Renato Nalini, j. 12/04/2012.

9.1.3 O requerimento e as testemunhas

O requerimento deve ser direcionado ao oficial de registro e deve ser assinado por duas testemunhas, sob as penas da lei, como determinam o § 1º do artigo 46 da LRP e o artigo 2º do Provimento n. 28/2013 da CN-CNJ.

Tais testemunhas, sob responsabilidade civil e criminal, atestam a identidade do registrando e qualquer outro fato relatado pelo interessado no requerimento, como prevê a alínea g do artigo 3º do Provimento n. 28, que ainda prescreve que as testemunhas serão entrevistadas pelo oficial de registro e devidamente qualificadas. As assinaturas das testemunhas deverão ser lançadas na presença do oficial que certificará sua autenticidade, após a devida identificação (art. 3º, § 2º, do Provimento n. 28 da CN-CNJ).

As testemunhas poderão ser parentes do interessado, seguindo-se a regra geral do Registro Civil das Pessoas Naturais, inscrita no artigo 42 da LRP, e poderão servir como testemunhas as parteiras e os profissionais da saúde, como determina o artigo 10 do Provimento n. 28.

Observe-se importante regra de desburocratização e acesso à ordem jurídica justa, estabelecendo que a presença de testemunhas é dispensada caso se trate de registro de criança com menos de doze anos de idade, desde que seja apresentada a DNV. Neste caso também não se faz necessário o requerimento escrito (art. 7º do Provimento n. 28 da CN-CNJ).

O requerimento "poderá ser realizado mediante preenchimento de formulário, que deverá ser fornecido pelo oficial" (art. 3º, § 1º, do Provimento n. 28/2013 CN-CNJ), e deverá conter os elementos previstos nas alíneas do artigo 3º do Provimento n. 28, que são os mesmos do registro de nascimento, acrescidos das testemunhas, de foto e impressão datiloscópica do interessado.

Vê-se que a filiação deverá ser verificada e que o nome dos pais e dos avós somente constarão do registro quando estabelecida a paternidade e/ou maternidade, o que se fará na forma dos artigos 9º e seguintes. Caso não haja filiação estabelecida, o sobrenome do registrado será aquele indicado no requerimento, pelo próprio interessado ou por quem o represente quando este não puder se manifestar, nos termos do § 5º do artigo 3º do Provimento n. 28 da CN-CNJ. Assegura-se assim o direito ao nome e sobrenome, que é direito da personalidade (CC, art. 17), mesmo para as pessoas que não tenham filiação estabelecida. Outro argumento de ordem prática favorece essa interpretação, pois se a pessoa não tiver sobrenome, terá graves dificuldades em conseguir se identificar e cadastrar em órgãos públicos e empresas privadas.

"A ausência das informações previstas nas alíneas d, e, f e h deste artigo não impede o registro, desde que fundamentada a impossibilidade de sua prestação", conforme o § 4º do mencionado artigo 3º. É sempre aconselhável que o registro seja o mais completo possível, no entanto, o direito fundamental ao registro de nascimento não poderá ser obstado pela falta de algumas informações, zelando o Oficial de Registro para que exista uma motivação para a ausência de tais informações que não seja o mero descaso e preguiça dos interessados.

Ressalte-se que a previsão da alínea *h*, determinando que o registrador civil preserve fotografia e impressão datiloscópica do registrando é uma medida de segurança jurídica *a posteriori*, pois se faz posterior ao registro. Se não é possível ter a certeza de que se trata de fraude, o que obstaria o registro (segurança jurídica *a priori*), pelo menos preserva-se o meio de prova, permitindo que a pessoa seja fisicamente identificada caso futuramente se suspeite de fraude consistente em alteração de identidade civil ou duplicidade de registros.

A previsão do Provimento n. 28/2013 CN-CNJ não exclui a possibilidade de outras medidas de prevenção a fraudes, como se faz no Estado do Rio de Janeiro, em que convênio com o órgão de identificação da secretaria de segurança pública consegue verificar, com rapidez, se a impressão digital da pessoa que solicita o registro de nascimento tardio já está cadastrada, pois já foi emitido um documento de identidade para ela.

9.1.4 Procedimento

Ainda com o intuito de minimizar fraudes, de evitar a duplicidade de registros e de apurar a veracidade dos elementos, que passarão a ser provados, o Provimento n. 28/2013 CN-CNJ, em seu artigo 4º, estabelece procedimento mais complexo para o registro de pessoa com mais de doze anos, exigindo que o oficial ou seu preposto realize entrevistas das testemunhas, do interessado e de seu representante legal, para verificar:

a) se o registrando consegue se expressar no idioma nacional, como brasileiro;

b) se o registrando conhece razoavelmente a localidade declarada como de sua residência (ruas principais, prédios públicos, bairros, peculiaridades etc.);

c) quais as explicações de seu representante legal, se for caso de comparecimento deste, a respeito da não realização do registro no prazo devido;

d) se as testemunhas realmente conhecem o registrando, se dispõem de informações concretas e se têm idade compatível com a efetiva ciência dos fatos declarados no requerimento, preferindo-se as mais idosas do que ele;

e) quais escolas o registrando já frequentou; em que unidades de saúde busca atendimento médico quando precisa;

f) se o registrando tem irmãos e, se positivo, em que cartório eles estão registrados; se o registrando já se casou e, se positivo, em que cartório; se o registrando tem filhos e, se positivo, em que cartório estão registrados;

g) se o registrando já teve algum documento, como carteira de trabalho, título de eleitor, documento de identidade, certificado de batismo, solicitando, se possível, a apresentação desses documentos.

O oficial, ou seu preposto, reduz a termo as entrevistas e assina juntamente com o entrevistado, anexando-as ao requerimento de registro formando os autos. Em seguida lavra certidão minuciosa dos elementos colhidos e decide fundamentadamente pelo registro ou pela suspeita.

O artigo 11 do Provimento n. 28/2013 CN-CNJ rege as regras atinentes à suspeita, estabelecendo os possíveis motivos no § 1º, os quais se referem a elementos do registro, residência do interessado, declarações das testemunhas e a possível duplicidade de registros, deixando aberto o rol para eventuais motivos relevantes que o oficial vislumbre e não tenham sido previstos na normatização nacional.

Caso o oficial suspeite, pode exigir provas suficientes, as quais devem ser especificadas em certidão própria. Em certidão constará se a prova foi ou não apresentada. As provas, documentais ou reduzidas a termos são anexadas ao requerimento. Convencido pelas provas, o Oficial deve lavrar o registro requerido, do contrário, submete o caso ao Juízo.

O artigo 12 do Provimento n. 28/2013 CN-CNJ, regulamentando o § 4º do artigo 46 da LRP, determina que, persistindo a suspeita, após a apresentação de provas, o Oficial encaminhe os autos ao Juízo Corregedor Permanente, ou outro competente, na forma da organização judiciária local, e "sendo infundada a dúvida, o Juiz ordenará a realização do registro; caso contrário, exigirá justificação ou outra prova idônea, sem prejuízo de ordenar, conforme o caso, as providências penais cabíveis".

Ressalte-se que a presença de duas testemunhas, a realização de procedimento e entrevistas, bem como outras formalidades ficam dispensadas no caso de o registro se referir a pessoa com menos de doze anos de idade e for apresentada a DNV preenchida por profissional da saúde ou parteira tradicional, bastando o requerimento verbal – não se exige por escrito – para a lavratura do registro tardio. Essa é a previsão do artigo 7º do Provimento n. 28/2013 CN-CNJ, inspirada na simplificação do procedimento quando se tratar de criança, como sugerido no início deste item.

Caso se trate de registro de criança com menos de três anos de idade, nascida sem assistência médica, além de exigir a presença de testemunhas, o oficial expedirá a DNV nos termos do artigo 54, § 3º, da LRP, a qual será assinada pelo declarante, que se dará por ciente de que o ato será comunicado ao Ministério Público. O oficial, nos cinco dias após o registro, deve enviar os dados da criança e dos pais e o endereço onde ocorreu o nascimento para o Ministério Público.

9.1.5 Filiação

Como dito anteriormente, a filiação não pode ser lançada no registro tardio de nascimento exclusivamente com base na declaração do requerente e das testemunhas, faz-se necessária sua verificação nos termos da lei civil, como prevê o artigo 9º do Provimento n. 28/2013 CN-CNJ.

O *caput* do referido artigo prevê que a maternidade constante da DNV deve ser lançada no registro, o que tem fundamento no fato de que a mãe é quem deu à luz, fato jurídico que pode ser testemunhado pelo profissional da saúde na forma da lei – por meio da referida declaração (Lei n. 12.662/2012).

Os parágrafos que se seguem determinam que a paternidade, bem como a maternidade, nos casos em que não se apresentar DNV, seguem as regras de direito civil, assim:

Os parágrafos 1º e 2º preveem que pode haver reconhecimento de filiação, seja no momento do registro, nos termos do artigo 1.609, inciso I, do CC, ou posteriormente, casos em que se aplica o Provimento n. 16 da CN-CNJ.

Os parágrafos 3º e 4º reconhecem ser possível a aplicação da presunção de filhos havidos na constância do casamento, nos termos do artigo 1.597 do CC, quando somente a maternidade ou a paternidade estiver estabelecida. Entretanto, será necessária apresentação de certidão de casamento expedida posteriormente ao nascimento. Tal presunção poderá ser afastada se o genitor que comparecer afirmar, sob as penas da lei, que se encontrava separado de fato na época da concepção.

Caso não se estabeleça a filiação pelos meios indicados, o registro será feito sem filiação, sendo lançado como sobrenome do registrado aquele que o requerente indicar (§ 5º do art. 9º e § 5º do artigo 3º do Provimento n. 28/2013 CN-CNJ).

Importante observar que é aplicável o procedimento de indicação de suposto pai previsto no o artigo 2º da Lei n. 8.560/92, com regulamentação pelos artigos 1º a 5º do Provimento n. 16 da CN-CNJ, podendo ser o genitor indicado pelo interessado, ou por seu representante legal, para que seja intimado a comparecer perante o juízo e, caso realmente seja o genitor, reconhecer a filiação.

9.1.6 Controle após o registro e duplicidade

O artigo 15 do Provimento n. 28/2013 CN-CNJ prevê que após a lavratura do assento de nascimento no respectivo livro, o oficial deverá anotar o livro, folha, número de registro e sua data no requerimento que será arquivado em pasta própria juntamente com os termos das entrevistas, das declarações, os documentos apresentados, as demais provas, a foto do registrando e a impressão datiloscópica extraída.

Tal medida se destina a possibilitar a localização dos dados e documentos do procedimento para apuração posterior de eventuais fraudes ou duplicidade de assentos que não puderam ser detectadas no procedimento de registro, permitindo que se identifique o registrado, o requerente e as testemunhas, apurando-se as respectivas responsabilidades civis e criminais. Nesse sentido, o § 1º do mencionado artigo 15 prevê o fornecimento gratuito de informações sobre os documentos ao Ministério Público, ao INSS e à Autoridade Policial, quando for solicitado por suspeita de fraude.

E o § 2º segue prescrevendo que o próprio oficial, suspeitando de fraude ou constatando a duplicidade de registros, deve comunicar o fato ao Juízo Corregedor, que, após ouvido o Ministério Público, adotará as medidas cabíveis.

Sendo constatada a duplicidade de assentos de nascimento da mesma pessoa decorrente do registro tardio, segue-se o procedimento previsto no artigo 16 do Provimento n. 28/2013 CN-CNJ. Deve ser cancelado o assento posterior, o que se faz por meio de averbação, que dependerá de decisão do juízo, em procedimento que pode ser promovido de ofício pelo próprio juiz corregedor, a requerimento do Ministério Público ou de qualquer interessado, dando-se ciência ao registrado.

Feito o cancelamento do registro posterior, devem ser transpostas ao assento anterior, que subsiste, todas as averbações e anotações que constarem do registro cancelado e que não forem incompatíveis. Caso haja outros registros que se basearam no registro cancelado, como um posterior casamento, nascimento de filho, óbito, interdição etc., será promovida retificação destes para que passem a constar os elementos corretos, quais sejam, aqueles do registro anterior subsistente.

9.1.7 Procedimento em caso de idosos, interditos ou pessoas em instituições de longa permanência

O Provimento n. 28/2013 CN-CNJ, em seu artigo 13, contempla o registro tardio nos casos de "pessoa incapaz internada em hospital psiquiátrico, Hospital de Custódia e Tratamento Psiquiátrico (HCTP), hospital de retaguarda, serviços de acolhimento em abrigos institucionais de longa permanência, ou instituições afins", reconhecendo a legitimação do Ministério Público para requerer o registro, independentemente de prévia interdição do interessado.

Tal legitimação está na competência institucional do Ministério Público, como se pode depreender do artigo 129 da CF e do artigo 83, inciso V, da Lei Complementar n. 75/93.

O membro do Ministério Público apresentará o requerimento diretamente ao Oficial de Registro, com os elementos do artigo 3º do Provimento n. 28/2013 CN-CNJ, no que couber, e instruído com cópias de documentos que possam auxiliar a qualificação do registrado, "tais como prontuário médico, indicação de testemunhas, documentos de pais, irmãos ou familiares" (§ 1º do art. 13 do Provimento n. 28/2013 CN-CNJ).

Quando a data de registro for ignorada, o § 2º do mencionado artigo 13 prevê que a idade aparente do registrando poderá ser atestada por médico.

Diante do fato de que a falta de documentos para pessoas incapazes internadas gera graves transtornos e as impede de obter direitos e benefícios a que fazem jus, e diante da dificuldade de se obterem informações para se localizarem eventuais documentos que uma pessoa tenha tido anteriormente, buscou-se estabelecer um procedimento próprio, que, com a participação do Ministério Público, viabilizasse o registro tardio com menor rigor quanto às suspeitas e às duplicidades. Este é o espírito que deve inspirar o procedimento em tais casos.

Todavia, essa facilitação abre margem para duplicidades, o que exigiu uma identificação desses casos, motivo pelo qual o § 3º do citado artigo prevê que o "registro de nascimento será lavrado com a anotação, à margem do assento, de que se trata de registro tardio realizado na forma do art. 13 deste Provimento, sem, contudo, constar referência ao fato nas certidões de nascimento que forem expedidas, exceto nas de inteiro teor".

Ressalte-se que o registro tardio lavrado dessa maneira não acarreta a interdição do interessado, que deverá seguir o procedimento legal previsto no CC, artigos 1.767 e seguintes, e no CPC, artigos 747 e seguintes e no Estatuto da Pessoa com Deficiência, artigos 84 a 87. Nesse sentido, reconhece o § 4º do artigo 13 do Provimento n. 28/2013 CN-CNJ:

> O registro tardio lavrado na forma do presente artigo, e deste Provimento, não se presta para substituir a declaração de interdição parcial ou total, temporária ou permanente, em ação jurisdicional própria.

Por fim, fundado na competência do Ministério Público extraída do artigo 129 da CF, do artigo 83, inciso V, da Lei Complementar n. 75/93, do artigo 1.770 do CC e do art. 45 e 50, XIII do Estatuto do Idoso, reconhece-se que este está legitimado a requerer o registro tardio de nascimento "atuando como assistente, ou substituto, em favor de pessoa tutelada pelo Estatuto do Idoso, ou em favor de incapaz submetido à interdição provisória ou definitiva sendo omisso o Curador, aplicando-se, no que couber, o disposto no art. 3º deste Provimento" (art. 14 do Provimento n. 28/2013 CN-CNJ).

9.1.8 Registro tardio de pessoa já falecida

O Provimento n. 28/2013 CN-CNJ não contemplou expressamente a situação em que se pleiteia o registro de nascimento de pessoa já falecida, no entanto, é juridicamente possível sua lavratura, havendo precedentes judiciais já mencionados no item 9.1.8 acima, quando se expôs que a competência territorial para o registro é o local do último domicílio do falecido, informação que poderá ser colhida do registro do óbito.

Assim fundamentou o STJ:

> 4. O registro civil de nascimento após o decurso do prazo legal, ainda que de pessoa falecida, com base em dados comprobatórios hábeis a tal mister, não encontra vedação na Lei de Registro Públicos nem fere o ordenamento jurídico pátrio, pois, além de não acarretar nenhum prejuízo a terceiros, encontra abrigo na obrigatoriedade do registro prevista nos art. 9º, I, do atual Código Civil c/c arts. 50 e 53 da Lei n. 6.015/73. (REsp 715.989/MS, Rel. Ministro JOÃO OTÁVIO DE NORONHA, QUARTA TURMA, julgado em 03/11/2009, DJe 16/11/2009)

Entendeu-se que, embora na maior parte dos casos a finalidade buscada pelo registro seja a comprovação de descendência para obter cidadania estrangeira, o direito fundamental ao registro de nascimento e o interesse público no combate ao sub-registro não fica prejudicado pela ocorrência do óbito do registrado.

9.2 REGISTRO NA MATERNIDADE – PROVIMENTO N. 13 DA CN-CNJ – UNIDADES INTERLIGADAS

Verificou-se que uma das mais importantes ferramentas de combate à falta de registro de nascimento – chamada sub-registro – seria a realização deste ainda no hospital maternidade em que nasce a criança, possibilitando-se que esta saia do estabelecimento hospitalar já registrada e com certidão de nascimento, para exercer regularmente os direitos e a cidadania desde os primeiros dias de vida.

Diante desse fato, diversos Estados passaram a contar com postos de atendimento de registro dentro das maternidades, cada um com sua sistemática, na maior parte das vezes funcionando como postos avançados dos Cartórios de Registro Civil das respectivas circunscrições.

Essa prática foi fomentada por políticas públicas, havendo a edição da Portaria n. 938/GM, de 20 de maio de 2002, do Ministério da Saúde, que "estabelece incentivo a ser pago aos hospitais integrantes do SIH/SUS que propiciarem o registro de nascimento, antes da alta hospitalar".

Em 2010, reconhecendo a importância desse projeto para garantia do registro de nascimento, a Corregedoria Nacional da Justiça editou o Provimento n. 13 com o intuito de "uniformizar e aperfeiçoar o registro de nascimento e a emissão da respectiva certidão nos estabelecimentos de saúde, antes da alta hospitalar da mãe ou da criança".

Assim, expandiu-se a sistemática do registro de nascimento na maternidade para todo o país e impôs-se aos estados que já contavam com postos na maternidade que adotassem a sistemática do Provimento n. 13 após um ano de sua publicação (art. 17).

A promoção dessa sistemática é objeto de diversas políticas públicas como foi exposto na parte geral deste trabalho.

Passe-se à análise da sistemática do Provimento n. 13 da CN-CNJ, com as alterações introduzidas pelo Provimento n. 17 da CN-CNJ.

Estabelece-se a utilização de sistema informatizado, com conexão via internet, para a emissão de certidões nos estabelecimentos hospitalares, ao qual se chama Sistema Interligado (art. 1º).

9.2.1 Unidade Interligada

Ao posto instalado no estabelecimento hospitalar dá-se o nome de Unidade Interligada, que necessariamente se comunica com diversos cartórios (art. 1º, § 1º) – deve-se evoluir para a comunicação com todos os cartórios brasileiros –, não sendo, por tal motivo, considerada sucursal (art. 1º, § 2º), portanto, não ofendendo o artigo 43 da Lei n. 8.935/94.

A comunicação entre a Unidade Interligada e os diversos cartórios deve ser feita mediante Certificação Digital, que atenda aos requisitos da Infraestrutura de Chaves Públicas Brasileira – ICP, conferindo-se, nos termos da Medida Provisória n. 2.200-2, segurança na interligação (art. 1º, § 3º, Provimento n. 13 da CN-CNJ).

A implantação das Unidades Interligadas vem regulamentada pelo artigo 2º do Provimento n. 13 em estudo, o qual prevê que seja realizado convênio entre o estabelecimento de saúde e o registrador civil responsável pela circunscrição na qual está situado o hospital.

Observe-se que o referido artigo 2º, ao tratar do(s) "registrador(es) da cidade ou distrito", utiliza-se de termo impreciso, devendo ser compreendido como o registrador da circunscrição em que estiver localizado o estabelecimento, conforme estabelecido pela legislação e normatização estadual e do Distrito Federal. Em que pesem interpretações diversas, o Provimento n. 13 não alterou atribuição dos registradores, que devem atuar dentro de suas circunscrições.

Outra importante observação é que, conforme o mesmo artigo 2º, o convênio não precisa ser autorizado, mas apenas supervisionado e fiscalizado pelas Corregedorias-Gerais da Justiça de cada Unidade da Federação.

Seguindo-se as regras de instalação da Unidade Interligada, os parágrafos 1º, 2º e 3º do artigo 2º do Provimento n. 13 preveem o cadastramento no Sistema Justiça Aberta do CNJ, o que permite a qualquer cidadão a consulta da existência da unidade, seguido de comunicação à CGJ do Estado ou Distrito Federal.

Os parágrafos 4º e 5º do mesmo artigo estabelecem a forma de adesão de qualquer registrador civil ao Sistema Interligado, por meio de cadastramento no Sistema Justiça Aberta do CNJ. A adesão ao Sistema Interligado deve possibilitar que o registrador civil receba a declaração para registro de qualquer Unidade Interligada do país.

9.2.1.1 Unidade Interligada Operada por Preposto do Registrador – Artigo 3º

A Unidade Interligada deve ser operada pelo registrador responsável, ou por seu preposto nomeado nos termos do artigo 20 da Lei. n. 8.935/94, de forma que o atendimento na unidade seja realizado pelo mesmo profissional, ou profissional igualmente capacitado e com mesma função que aquele que atenderia a declaração de nascimento na sede do cartório, estando apto a fazer a devida qualificação dos documentos e da vontade manifestada (art. 3º, *in limine*, do Provimento n. 13).

Sabedores da realidade de algumas localidades do Brasil, em que seria muito difícil ao registrador da circunscrição dispor de um preposto para operar a unidade, a pedido da Associação Nacional dos Registradores de Pessoas Naturais– ARPEN-BRASIL, a CN-CNJ incluiu a parte final do artigo 3º, estabelecendo que todos os registradores interessados poderiam contratar, em conjunto, um preposto para operar a Unidade Interligada na forma de Consórcio Simplificado, nos moldes do artigo 25-A da Lei n. 8.212/91.

O parágrafo único do artigo 3º do Provimento n. 13 da CN-CNJ estabelece regra subsidiária para o caso de o registrador responsável pela circunscrição não instalar Unidade Interligada ou de não haver consenso entre os registradores de um mesmo município na maneira de operação das Unidades Interligadas, permitindo que seja operada por meio de sistema de rodízio entre os registradores civis.

Em que pese interpretação diversa, a operação da Unidade Interligada, para atender à sistemática da legislação e do Provimento n. 13 da CN-CNJ, sem deixar de privilegiar o registro, deve ser realizada pelo registrador que tem atribuição para a circunscrição em que localizado o estabelecimento hospitalar (comarca, município, distrito, zona, subdistrito etc.), aplicando-se a regra do consórcio ou do rodízio, somente no caso de o registrador competente não instalar a Unidade Interligada ou nos casos seguintes.

Se registrador competente também não se interessar pelo consórcio ou pelo rodízio, deve-se permitir aos demais registradores da mesma comarca que operem a Unidade Interligada.

Observe-se que a regra do rodízio também pode ser aplicada como meio de se evitar situações em que o registrador que opera a Unidade Interligada deixe de cumprir integralmente o Provimento n. 13 da CN-CNJ, especialmente no que diz respeito a, preferencialmente, remeter o registro ao local de residência dos pais (art. 9º, § 1º), caso em que os demais registradores devem manifestar sua falta de consenso e exigir o rodízio.

Feitas tais considerações, caso haja consórcio ou rodízio, a adesão à Unidade Interligada não pode ser obstada a nenhum dos registradores do município ou distrito em que localizado o estabelecimento hospitalar, desde que detenha a capacitação técnica para tanto, tal adesão deve ser feita mediante convênio, cujo instrumento deve ser remetido à CN-CNJ (art. 10 do Provimento n. 13 da CN-CNJ).

Importante ressaltar que o Provimento n. 13 da CNJ-CNJ não altera a atribuição territorial para o registro de nascimento, prevista no artigo 50 da LRP – no lugar em que tiver ocorrido o parto ou no lugar da residência dos pais –, de forma que, caso a Unidade Interligada seja operada por registrador que não tem atribuição para a circunscrição do local do parto (estabelecimento hospitalar), este somente poderá lavrar o registro em seus livros caso os pais residam em sua circunscrição, do contrário deverá obrigatoriamente remeter o registro ao cartório competente para o local do parto ou da residência dos pais. Caso não aja dessa forma, o registrador pratica ato para o qual não tem competência, descumprindo lei, o que configura infração disciplinar sujeita às penas legais, nos termos do artigo 30, inciso I, da Lei n. 8.935/94.

9.2.1.2 Unidade Interligada Operada por Empregado do Estabelecimento de Saúde – Artigo 4º

O Provimento n. 13 da CN-CNJ, sob a ótica de que o combate à falta de registro se trata de política pública de Estado voltada à garantia da cidadania, estabelece no artigo 4º que, em caso de não ser instalada Unidade Interligada ou não ser designado preposto de nenhum registrador para operá-la nos termos do artigo 3º, poderá ser indicado funcionário do estabelecimento de saúde, que será credenciado pelo registrador civil local, para operar a unidade. Da seguinte maneira:

> Art. 4º Não ocorrendo a designação de preposto na forma do art. 3º, poderão ser indicados empregados pelos estabelecimentos de saúde, o qual deverá ser credenciado por ao menos um registrador civil da cidade ou do distrito no qual funcione a unidade interligada.
>
> § 1º No caso da indicação prevista no "caput" deste artigo, e sem prejuízo do disposto nos artigos 22 e seguintes da Lei n. 8.985 de 1994 em relação aos credenciadores, o estabelecimento de saúde encaminhará termo de compromisso para a Corregedoria-Geral de Justiça de sua unidade da federação pelo qual se obriga a:
>
> I – responder civilmente pelos erros cometidos por seus funcionários.
> II – noticiar autoridade competente e ocorrência de irregularidades quando houver indícios de dolo.
>
> III – aceitar a supervisão pela Corregedoria-Geral de Justiça e pela Corregedoria Nacional de Justiça sobre os empregados que mantiver na Unidade Interligada.
>
> § 2º Cópia da comunicação do estabelecimento de saúde à Corregedoria-Geral de Justiça, com o respectivo comprovante da entrega, permanecerá arquivada na unidade interligada.
>
> § 3º O Juízo competente para a fiscalização do serviço solicitará, de ofício ou a requerimento de registrador civil, a substituição de tais empregados quando houver indícios de desídia ou insuficiência técnica na operação da unidade interligada.

Por meio desse artigo, está-se impondo ao registrador a aceitação de um preposto indicado pelo estabelecimento hospitalar, o que não se pode imaginar. Tal funcionário não é de escolha do registrador, não está a ele subordinado, tampouco é por ele supervisionado, mas meramente credenciado, de forma que não há como considerá-lo preposto do registrador nos termos do artigo 20 da Lei n. 8.935/94. Tampouco é possível imaginar que haja qualquer responsabilidade do registrador por atos de tal funcionário, conforme o artigo 22 da mesma Lei. Vê-se que ao registrador compete apenas o credenciamento e a solicitação da substituição do funcionário quando houver indícios de desídia ou insuficiência técnica.

Não se tratando de preposto do registrador, como está claro, em que pese a tentativa da redação, verifica-se que o artigo 4º padece de grave vício, por ferir de morte a fé pública e a segurança jurídica. Analise-se:

A primeira minuta do provimento previa que a opção preferencial seria a do profissional do estabelecimento de saúde, assim como ocorria na versão original do Sistema Estadual de Registro Civil (SERC) do Pernambuco.

A inversão da ordem de preferência foi resultado do aprimoramento do provimento liderado pelo Meritíssimo Juiz Auxiliar da Corregedoria Nacional, Dr. Ricardo Cunha Chimenti, e realizado com amplo trabalho técnico e jurídico da Associação Nacional dos Registradores Civis das Pessoas Naturais.

Embora aparente ser questão meramente operacional, a atuação do empregado do estabelecimento de saúde na chamada Unidade Interligada envolve questões muito mais complexas, atingindo diretamente a fé pública e a segurança jurídica.

Como demonstrado anteriormente neste trabalho, a segurança jurídica e a fé pública têm estreito vínculo com a condição de profissional do Direito e o conhecimento para se submeter ao princípio da legalidade que rege a função do registrador. Remete-se o leitor ao Capítulo 3, em que se tratou das finalidades do registro civil das pessoas naturais.

Observe-se que o ato de registro de nascimento envolve duas fases: a primeira de qualificação das partes e dos documentos e de tomada das declarações; a segunda de efetiva lavratura do registro e emissão da certidão. Em ambas as fases é essencial a presença do registrador ou de seu preposto, e fundamental a fé pública para sua prática adequada.

Ao possibilitar que a primeira parte do registro de nascimento seja feita por empregado do estabelecimento de saúde, o Provimento n. 13 está, incidentalmente, conferindo fé pública a este empregado.

É juridicamente inaceitável que se confira fé pública a tais profissionais, os quais não estão adequadamente preparados, não são devidamente fiscalizados ou submetidos a um regime que dê consistência a tal fé pública, comprometendo-se, assim, a segurança jurídica que deveria revestir os registros públicos.

Veja-se que não se trata de mera substituição operacional, ou sequer de substituição do destinatário da delegação de fé pública, mas de quebra desta.

Ao depositar a fé pública no registrador, o Estado atribui seu exercício a um profissional do Direito devidamente avaliado e escolhido por concurso público, conhecedor do ordenamento jurídico, sujeito a um sistema de controle, com fiscalização pelo Poder Judiciário, e submetido a um severo regime de responsabilidades, o que garante que a exercerá com firmeza.

Conferir-se fé pública registral a qualquer pessoa que não goze de tais condições representaria um golpe fatal à própria fé pública.

Recorde-se que o "fundamento da existência da fé pública encontra-se na vida social, que requer estabilidade em suas relações para que venha alcançar a evidência e permanência legal"[4], por esse motivo deve ser exercida adequadamente e não pode ser quebrada.

A ruptura da fé pública, seja por erro, seja por má-fé, seja por ser depositada nas mãos de um agente sem condições para exercê-la adequadamente, tem um efeito devastador na crença da sociedade no sistema instaurado, e compromete seu fundamento último, qual seja a segurança jurídica.

Assim, para bem preservar e respeitar a fé pública e a segurança jurídica, recomendável que seja excluída a possibilidade criada pelo artigo 4º do Provimento n. 13 da CN-CNJ.

Reconheça-se, todavia, que tal possibilidade continua existente na normativa e encontra aplicação em certas localidades. Diante de tal fato, reforça-se a importância do artigo 6º do Provimento n. 13 da CN-CNJ, em que se impõe prévio credenciamento e prévia capacitação do profissional que irá operar a Unidade Interligada, seguindo-se as orientações do Registrador Civil e entidades representativas, as parcerias com a Secretaria de Direitos Humanos e a supervisão das Corregedorias Gerais da Justiça e a Corregedoria Nacional da Justiça.

9.2.2 Procedimento da Unidade Interligada

As regras relativas ao procedimento na Unidade Interligada são diferentes caso a operação seja por preposto de oficial de registro – artigo 3º, ou por funcionário indicado pelo estabelecimento hospitalar – artigo 4º, como se verá.

9.2.2.1 Unidade Operada na Forma do Artigo 3º

No caso de Unidade Interligada operada por preposto de registrador, na forma do artigo 3º do Provimento n. 13 da CN-CNJ, o procedimento é simplificado, uma vez que a qualificação das declarações e dos documentos pode ser realizada pelo operador da unidade, que é adequadamente treinado e atua como *longa manus* da fé pública do registrador. Assim prevê o artigo 11, § 2º, do Provimento n. 13 da CN-CNJ, que diz:

> § 2º Tratando-se de Unidade Interligada operada nos termos do art. 3º, poderá o Oficial de Registro Civil competente para a lavratura do assento autorizar, previamente, o preposto a lhe remeter por meio eletrônico apenas declaração por este assinada digitalmente em que constem os elementos para o registro de nascimento e de que tais elementos foram conferidos e atendem os requisitos legais, ficando obrigado a enviar eletronicamente, em até cinco dias úteis, os documentos referidos nos artigos 7º, V, e 9º, I, bem como, se o caso, o documento do art. 9º, V.

---

4. CHAVES, Carlos Fernando Brasil; REZENDE, Afonso Celso F. *Op. cit.* p. 114.

Nesse caso, o ato de nascimento é cindido em 2 momentos: o primeiro, em que o preposto do registrador que opera a Unidade Interligada recebe os documentos e declarações, qualifica-os e remete as informações ao registrador competente para o registro – que poderá ser outro; o segundo, em que o registrador recebe as informações, verifica sua adequação, lavra o assento de nascimento, emite a certidão eletrônica (art. 10, § 2º, Provimento n. 13 da CN-CNJ).

Ao final, o preposto operando a Unidade Interligada imprime a certidão recebida eletronicamente, certifica sua autenticidade e entrega ao interessado, seguindo os artigos 13 e 14 do Provimento.

Como mencionado anteriormente o preposto que opera a Unidade Interligada pode ser de registrador diferente daquele que lavra o registro, devendo o registro ser remetido preferencialmente ao cartório de residência dos pais, na forma dos parágrafos do artigo 9º do Provimento n. 13 da CN-CNJ.

Veja-se que, em conformidade com o §2º do artigo 11 do Provimento n. 13 da CN-CNJ, o operador da Unidade Interligada deverá remeter eletronicamente, em até cinco dias, os documentos coletados para o cartório de registro, que deverá, na forma do § 2º do artigo 15, mantê-los em arquivo digital, ficando os respectivos Termos, DNV físicos, na Unidade Interligada.

Importante ressaltar que a instalação da Unidade Interligada não significa dispor de profissional para atendimento ininterrupto ou em tempo integral no estabelecimento hospitalar.

O período de atendimento deve se moldar às peculiaridades e às demandas locais, não se justificando disponibilizar preposto em tempo integral para atendimento nas localidades em que há poucos nascimentos por dia. Em tais casos, recomenda-se, por exemplo, que a Unidade Interligada atenda por um período a cada dia, preferencialmente no horário de visitas, em que o pai e os familiares normalmente estão presentes no estabelecimento hospitalar.

Outra prática que tem sido verificada e tem sido eficaz nas unidades de menor movimento é a de o hospital entrar em contato com o registrador sempre que houver nascimento, caso em que o preposto se desloca até a maternidade e realiza o procedimento de registro.

9.2.2.2 Unidade Operada na Forma do Artigo 4º

Tratando-se de Unidade Interligada operada por funcionário indicado pelo estabelecimento hospitalar, na forma do artigo 4º, este deverá seguir integralmente o procedimento previsto nos artigos 7º, 8º, 9º, 13, 14 e 15 do Provimento, qual seja:

> Art. 7º Aos profissionais que atuarão nas Unidades Interligadas incumbe:
>
> I – receber os documentos comprobatórios da declaração de nascimento, por quem de direito, na forma do art. 8º deste Provimento;
>
> II – acessar o sistema informatizado de registro civil e efetuar a transmissão dos dados preliminares do registro de nascimento;

III – receber o arquivo de retorno do cartório contendo os dados do registro de nascimento;

IV – imprimir o termo de declaração de nascimento, colhendo a assinatura do declarante e das testemunhas, se for o caso, na forma do art. 37 e seguintes da Lei n. 6.015, de 1973;

V – transmitir o Termo de Declaração para o registrador competente.

Juntamente com o termo de declaração deverá remeter a digitalização dos documentos coletados, na forma do artigo 11:

> Art. 11. Os documentos listados no art. 7º, V, e no art. 9º serão digitalizados pelo profissional da Unidade Interligada e remetidos ao cartório de registro civil das pessoas naturais, por meio eletrônico, com observância dos requisitos da Infraestrutura de Chaves Públicas Brasileira – ICP-Brasil.

Tal remessa deverá ser preferencialmente dirigida ao registrador civil com atribuição para o local de residência dos pais. Somente por expressa opção por escrito do declarante é que poderá ser dirigida ao registro civil do local do parto, na forma do artigo 9º, § 1º, do Provimento n. 13 da CN-CNJ. Caso o registrador civil do local de residência não seja interligado, deve ser informada a possibilidade de registrar diretamente perante o cartório (art. 9º, § 2º).

Recebida a remessa, o registrador fará a qualificação dos documentos e das declarações, na forma do § 1º do artigo 11 do Provimento n. 13 da CN-CNJ.

Qualificados negativamente as declarações e documentos, o registrador devolverá à Unidade Interligada, por meio eletrônico, indicando as necessárias correções (art. 12).

Qualificados positivamente os documentos e declarações, ou realizadas as correções e diligência indicadas, o registrador lavrará o assento de nascimento, expedindo a competente certidão de nascimento em meio eletrônico, a qual será impressa pela Unidade Interligada, certificada e entregue para a parte interessada, na forma do artigo 7º, inciso VII, artigo 13 e artigo 14, todos do Provimento n. 13 da CN-CNJ.

Após a expedição da certidão, o operador da Unidade Interligada deve remeter, fisicamente, a DNV e o Termo de Declaração e o registrador deverá armazenar tais documentos em sistemática própria, na forma do artigo 15 do Provimento n. 13 da CN-CNJ.

9.2.3 Declarante

O Provimento n. 13 da CN-CNJ estabelece, nos §§ 1º e 2º do artigo 8º, quem são as pessoas legitimadas a declarar o nascimento perante Unidade Interligada para que se proceda ao registro, restringindo ao pai, mesmo que relativamente incapaz, independentemente de assistência, ou pessoa por ele autorizada mediante instrumento público, e à mãe, mesmo que relativamente incapaz, podendo esta ser representada quando absolutamente incapaz.

Essa regra deve ser integralmente seguida no caso de Unidade Interligada operada por funcionário do estabelecimento de saúde, na forma do artigo 4º.

No caso de Unidade Interligada operada por preposto de registrador, na forma do artigo 3º, a melhor interpretação seria a de que a legitimação para declarar o nascimento perante a Unidade é a mesma da declaração diretamente no cartório, como foi visto anteriormente.

9.2.3.1 Documentos

O *caput* do artigo 8º do Provimento n. 13 da CN-CNJ estabelece que o profissional da Unidade Interligada "recolherá do declarante do nascimento a documentação necessária para que se proceda ao respectivo registro". A referida documentação vem explicitada no artigo 9º do Provimento n. 13 da CN-CNJ, exigindo DNV, documento do declarante, documento dos pais quando participarem do ato, certidão de casamento quando aplicável a presunção do artigo 1.597 do CC, termo negativo ou positivo de indicação do suposto pai, quando cabível.

As regras referentes a documentos para registro de nascimento e sua finalidade, expostas anteriormente neste trabalho, devem ser observadas, tanto em relação a documentos não tratados no Provimento n. 13 da CN-CNJ como em relação aos documentos exigidos por este.

Os documentos recebem o tratamento e destinação previstos no Provimento n. 13 da CN-CNJ, que, conforme exposto anteriormente, é diferente caso a Unidade Interligada seja operada por preposto de registrador ou por funcionário do estabelecimento de saúde.

9.2.3.2 Filiação

O estabelecimento da filiação no registro feito perante Unidade Interligada se dá da seguinte maneira:

A maternidade segue a regra geral e será aquela estabelecida na DNV, como já se estudou.

A paternidade, por sua vez, tem tratamento no Provimento n. 13 da CN-CNJ, podendo ser reconhecida voluntariamente, mesmo pelo pai entre 16 e 18 anos, na forma do artigo 8º, § 3º, incisos I e II; ou decorrer de presunção de filho havido na constância do casamento, na forma do artigo 8º, § 3º, inciso III, caso em que se deverá apresentar a certidão de casamento atualizada, na forma do artigo 9º, inciso IV.

Caso não se estabeleça a paternidade, é prevista a aplicação da averiguação oficiosa de indicação de suposto pai (art. 2º da Lei n. 8.560/92), sendo obrigatório ao profissional da Unidade Interligada tomar a indicação feita pela mãe, ou termo negativo de declaração (art. 7º, § 1º, do Prov. 13).

Observe-se que, no caso de Unidade Interligada operada por preposto de registrador, todas as regras relativas ao estabelecimento da filiação no registro de nascimento, mesmo que não previstas no Provimento n. 13 da CN-CNJ, devem ser observadas. Se não for possível atender esses requisitos na Unidade Interligada, conforme as especificidades do caso concreto, então as partes serão orientadas a comparecer em cartório, para o cumprimento das formalidades exigidas nas normativas.

9.2.3.3 Atribuição para o Registro

O registro perante a Unidade Interligada instituído pelo Provimento n. 13 da CN-CNJ não altera a atribuição territorial para o registro de nascimento que é instituída por lei no artigo 50 da LRP.

Assim, mesmo que declarado perante a Unidade Interligada, o registro de nascimento deve ser lavrado no cartório com atribuição para a circunscrição em que residem os pais ou para a circunscrição em que ocorreu o parto – local do estabelecimento hospitalar.

Há atribuição concorrente entre esses dois registradores – quando forem distintos – sendo livre ao declarante escolher entre eles.

O Provimento n. 13 da CN-CNJ, sem alterar a previsão legal ou a atribuição territorial dos registradores, que é definida por lei estadual, institui regra suplementar destinada a garantir ao declarante o direito de escolha de onde vai registrar, estabelecendo que:

> Art. 9º, § 1º O registro de nascimento solicitado pela Unidade Interligada será feito em cartório de cidade ou distrito de residência dos pais, se este for interligado, ou, mediante expressa opção escrita do declarante e arquivada na unidade interligada, em cartório da cidade ou distrito em que houver ocorrido o parto.

Vê-se que, para que o registro seja lavrado no cartório com atribuição para o local do parto, faz-se necessária opção expressa e por escrito do declarante. Na ausência de tal opção, o registro deve ser lavrado no registro civil com atribuição para o local de residência dos pais.

O fundamento de tal previsão reside no fato de que, via de regra, o registrador que opera a Unidade Interligada é o que tem atribuição para o local do estabelecimento hospitalar e, portanto, poderia entender que a mera declaração de nascimento realizada no hospital implicaria a escolha pela realização do registro em seu cartório.

Para evitar isso, o Provimento n. 13 da CN-CNJ exige que, quando há concorrência de atribuições, a escolha pelo registro perante o mesmo registrador que está na maternidade deve ser expressa e por escrito, obrigando o profissional da Unidade Interligada a esclarecer tal fato ao declarante.

Com tal regra, a CN-CNJ também pretendeu evitar que os registradores civis dos locais em que estabelecidos os hospitais maternidades concentrassem todos os registros, deixando os municípios e distritos que se servem de tal estabelecimento de saúde sem registros de nascimento, o que prejudica o município, o registrador e a população ali residentes. Observe-se que isso ocorreu em diversas localidades em que os registradores tinham postos avançados nas maternidades.

A regra presume que o registro civil com atribuição para o local de residência dos pais participe do sistema interligado, todavia, caso não seja interligado, o Provimento n. 13 da CN-CNJ buscou garantir o mesmo efeito com a previsão do § 2º do artigo 9º, segundo o qual:

Caso o cartório da cidade ou distrito de residência dos pais não faça parte do sistema interligado, e não haja opção do declarante por cartório do lugar em que houver ocorrido o parto, deve-se informar ao declarante quanto à necessidade de fazer o registro diretamente no cartório competente.

Relembre-se, por fim, que o registrador que lavrar o assento de nascimento deve ter atribuição para tanto nos termos do artigo 50 da LRP, de maneira que, caso o registrador que opere a Unidade Interligada não tenha atribuição para o local do parto, somente poderá lavrar o assento se tiver atribuição para o local de residência dos pais, do contrário deve enviar o registro para o cartório competente.

9.2.3.4 Certidão

A certidão de nascimento emitida no sistema de Unidade Interligada vem prevista nos artigos 7, 13 e 14 do Provimento n. 13 da CN-CNJ, e serviu como base para uma nova sistemática de emissão de certidões de registro civil a distância, veja-se.

Extrai-se do Provimento n. 13 da CN-CNJ, especialmente do artigo 7º, inciso VI, e do artigo 13 que o registrador, após lavrar o assento, emite a primeira via da certidão e a assina eletronicamente, por meio de certificado digital, nos termos da Medida Provisória n. 2.200-2. Então envia essa certidão eletrônica ao profissional da Unidade Interligada, que confere a autenticidade da assinatura pela internet, imprime a certidão e apõe sua assinatura física, certificando que se trata de documento autêntico.

O artigo 14, por sua vez, estabelece que os elementos das certidões são aqueles padronizados pelos Provimentos n. 2 e 3 da CN-CNJ e suas possíveis alterações posteriores, atualmente, o Provimento n. 63/17 da CN-CNJ, e que a certidão deve ser entregue aos interessados antes da alta da mãe.

A sistemática de emissão de certidão a distância, com utilização de certificação digital e com suporte na fé pública dos registradores em ambas as pontas da comunicação, era desejada também para as segundas vias desde a edição do Provimento n. 13 da CN-CNJ, porém, embora proposta pelas Associações dos Registradores Civis, tal previsão ficou fora da redação final.

Posteriormente essa sistemática foi consagrada em normas estaduais, facilitando sobremaneira a obtenção de certidões pela população, como no Código de Normas do Estado do Piauí, no artigo 639, § 2º (atualmente art. 641), e nas Normas de Serviço do Estado de São Paulo, nos itens 6.8.1 a 6.8.4 do Capítulo XVII. Atualmente, a sistemática encontra regulamentação nacional pelo Provimento n. 46 da CN-CNJ, notadamente no artigo 11, fazendo parte da CRC.

9.2.4 Oneração da atividade e compensação pelo efetivo custo

O Provimento n. 13 da CN-CNJ não obriga o registrador a manter o atendimento na maternidade, vez que é de adesão facultativa.

Todavia, havendo obrigatoriedade, deve-se atentar para o fato que a nobre deputada Fátima Bezerra observou em seu parecer ao Projeto de Lei n. 2.231/2007, que tratava do registro obrigatório em maternidade:

Nada há que impeça o Poder Judiciário de obrigar o funcionamento desses postos em certos lugares, mas isso seria uma despesa a mais, mormente agora em que as certidões de nascimento e óbito são gratuitas, o que oneraria ainda mais os cartórios de registro civil.

Caso venha a ser imposta obrigatoriedade de registro na maternidade, onerando-se a atividade do registrador civil das pessoas naturais, o poder delegante deverá de alguma forma restabelecer o equilíbrio econômico-financeiro que será comprometido pelo novo gasto.

Há uma imposição jurídica ao custeio desse gasto agregado ao serviço de registro, fundada na exigência ao Poder Público de proporcionar os indispensáveis meios econômico-financeiros para suporte e remuneração da atividade do registrador, e a obrigação de manutenção do equilíbrio destes meios.

Como se extrai do parecer do Professor Celso Antônio Bandeira de Melo, em resposta à consulta do Sindicato dos Notários e Registradores do Estado de São Paulo[5]:

> 1. Sem dúvida a natureza de função pública exige que o Poder Público proporcione aos notários/registradores poderes e meios necessários ao cumprimento efetivo de tais deveres; entre eles se incluem os indispensáveis meios econômico-financeiros para suporte e remuneração da sobredita atividade; 2. É perfeitamente cabível aplicar às delegações notariais/registrais regime jurídico análogo ao da concessão de serviço público no que concerne a garantia do equilíbrio econômico-financeiro.

Do exposto, pode-se concluir que nas situações em que o equilíbrio econômico-financeiro das serventias é comprometido, cabe ao Poder Público buscar meios para mantê-lo.

Caso a obrigatoriedade emane do CNJ, estará entre as situações, pois se trata de norma nacional que onera o serviço registral, gerando custos sem a adequada compensação, causando mutação e desequilíbrio na relação.

Em um primeiro momento, dir-se-ia tratar-se do chamado fato do príncipe por se tratar de norma, todavia, como leciona a Professora Maria Sylvia Zanella Di Pietro[6], se o fato for de outra esfera da federação, "aplica-se a teoria da imprevisão".

Como se trata de ato normativo nacional que afeta a relação de uma delegação que cabe ao Estado (como unidade federativa), está-se diante de um caso de aplicação da teoria da imprevisão.

Pela teoria da imprevisão, faz-se necessário o restabelecimento do equilíbrio econômico-financeiro quando atendidos os seguintes requisitos: "o fato seja: 1. Imprevisível quanto à sua ocorrência ou quanto às suas consequências; 2. Estranho às vontades das partes; 3. Inevitável; 4. Causa de desequilíbrio muito grande"[7].

Verificar-se-ia no caso de obrigatoriedade imposta pelo CNJ a presença de todos os requisitos.

---

5. Disponível em: http://www.sinoregsp.org.br/upload/CNJ_Competencia_Nepotismo_Celso_Antonio_Bandeira_de_Mello.pdf. Acesso em 30 abr. 2013.
6. DI PIETRO, Maria Sylvia. *Direito administrativo*. São Paulo: Atlas, 2003. p. 266.
7. Idem, ibidem, p. 270.

Caso a obrigatoriedade emane das Corregedorias Estaduais, também estará entre as situações que demandam restabelecimento do equilíbrio, pois se trata de norma do próprio poder delegante que onera o serviço registral, gerando custos sem a adequada compensação, causando mutação e desequilíbrio na relação.

Nesses casos estar-se-ia diante de caso de "fato do príncipe", vez que a norma é imposta por órgão do próprio poder público delegante (mesma esfera do Estado).

Em ambos os casos, resta clara a necessidade e a obrigatoriedade de criação de meios econômico-financeiros aptos a restabelecer o equilíbrio e compensar o custo da nova obrigação criada.

A mesma conclusão pode ser extraída da Lei n. 10.169/2000, que trata das regras gerais dos emolumentos, garantindo que estes refletirão o efetivo custo e adequada remuneração do serviço (art. 1º, parágrafo único) e que, com base em tais efetivo custo e adequada remuneração, os Estados compensarão os registradores civis pelos atos gratuitos praticados (art. 8º).

Dessa maneira, aumentado o custo do serviço, necessariamente deve ser majorada a compensação.

Sensível a tal necessidade, a própria CN-CNJ estabeleceu no artigo 5º do Provimento n. 13 a possibilidade de recursos obtidos por convênios com o Poder Público financiarem o sistema.

Ainda no que diz respeito ao custeio do registro realizado na maternidade, quando o registrador responsável pela operação da Unidade Interligada e o registrador que lavra o assento forem distintos, deve haver adequada remuneração de ambos, de maneira que os atos praticados por meio do Provimento n. 13 da CN-CNJ não impliquem compensação em valor menor do que o registro feito diretamente no cartório.

Dessa maneira, não há dúvida de que no registro realizado por meio de Unidade Interligada, quando o registrador operador é diferente daquele que lavra o assento, o ato é cindido cabendo a ambos compensação por sua prática; assim se reconhece nos parágrafos do artigo 10 do Provimento n. 13 da CN-CNJ, nos quais se estabelece que o valor da compensação seja distribuído na proporção da metade para o registrador responsável pela Unidade Interligada e metade para o responsável pelo registro

Em que pese a previsão normativa se referir à metade do valor, deve-se considerar a majoração do custo que este procedimento envolve, a extensão do ato praticado em cada "ponta", seu custo e a responsabilidade envolvida.

Dessa maneira, no caso de registros em que o responsável pela Unidade Interligada é registrador distinto daquele que lavra o assento, para se adequar à exigência jurídica de ressarcir os efetivos custos envolvidos, a compensação deve ser majorada de tal maneira que cada registrador receba, pelo menos, o equivalente ao que receberia pela compensação de um registro de nascimento completo.

Para tanto, ideias louváveis têm surgido por todo o Brasil, dentre as quais, a compensação de um ato de registro completo para cada registrador ou a compensação de um ato de procedimento para o operador da Unidade Interligada e um ato de registro para o que lavra o assento.

9.2.5 Outras regras

Ainda no Provimento n. 13 da CN-CNJ, outras importantes regras aplicáveis ao registro de nascimento realizado na maternidade são previstas:

No artigo 7º, estabelecem-se regras relativas à utilização de selos de fiscalização, para os Estados que os adotem, da seguinte maneira:

> Art. 7º Aos profissionais que atuarão nas Unidades Interligadas incumbe: (...)
>
> VII – apor o respectivo selo, na forma das respectivas normas locais, se atuante nas unidades federativas onde haja sistema de selo de fiscalização; (...)
>
> § 3º As unidades federativas, quando empreguem o sistema de selos de fiscalização, fornecerão os documentos às unidades interligadas, na forma de seus regulamentos, sob critérios que evitem a interrupção do serviço registral.

Em relação à guarda do papel de segurança utilizado na emissão de certidões do registro civil (obrigatório por força do Provimento n. 15 da CN-CNJ e Portaria Interministerial SEDH/MJ n. 1.537/14[8]), no mesmo artigo 7º é estabelecido o seguinte:

> VIII – zelar pela guarda do papel de segurança, quando obrigatória sua utilização (Provimento 03 da Corregedoria Nacional de Justiça):

Por fim, no § 2º do artigo 7º, a CN-CNJ interpreta o artigo 37 da LRP, reconhecendo que assinatura do declarante em termo perante à Unidade Interligada supre a exigida assinatura no assento de nascimento:

> § 2º As assinaturas apostas no termo de declaração de nascimento de que trata o inciso IV deste artigo suprem aquelas previstas no "caput" do art. 37 da Lei n. 6.015, de 1973.

9.3 REGISTROS DE NASCIMENTOS OCORRIDOS A BORDO DE NAVIO OU EM CAMPANHA

Os nascimentos ocorridos a bordo de navio ou aeronave, bem como aqueles ocorridos em campanha, têm regra de registro expressa na LRP, mais especificamente nos artigos 51 e 64 a 66, os quais são a seguir expostos.

Os nascimentos ocorridos a bordo de navio brasileiro têm por regra o artigo 64 da Lei n. 6.105/73, que determina seu assentamento no diário de bordo logo que se verificar, da seguinte maneira:

---

8. O mencionado Provimento 03 foi revogado pelo Provimento 63/2017 da CN-CNJ. Atualmente, a utilização do papel de segurança é regulamentada pelo Provimento n. 15 da CN-CNJ e Portaria Interministerial SEDH/MJ n. 1.537/14.

Art. 64. Os assentos de nascimento em navio brasileiro mercante ou de guerra serão lavrados, logo que o fato se verificar, pelo modo estabelecido na legislação de marinha, devendo, porém, observar-se as disposições da presente Lei.

No caso de nascimentos ocorridos a bordo de aeronaves brasileiras, a regra está no artigo 173 do Código Brasileiro de Aeronáutica – Lei n. 7.565/86, que também prevê o registro no Diário de Bordo.

Art. 173. O Comandante procederá ao assento, no Diário de Bordo, dos nascimentos e óbitos que ocorrerem durante a viagem, e dele extrairá cópia para os fins de direito.

Em ambos os casos, segue-se a regra do artigo 65 da LRP, que prescreve:

Art. 65. No primeiro porto a que se chegar, o comandante depositará imediatamente, na capitania do porto, ou em sua falta, na estação fiscal, ou ainda, no consulado, em se tratando de porto estrangeiro, duas cópias autenticadas dos assentos referidos no artigo anterior, uma das quais será remetida, por intermédio do Ministério da Justiça, ao oficial do registro, para o registro, no lugar de residência dos pais ou, se não for possível descobri-lo, no 1º Ofício do Distrito Federal. Uma terceira cópia será entregue pelo comandante ao interessado que, após conferência na capitania do porto, por ela poderá, também, promover o registro no cartório competente.

Segundo o dispositivo legal, deve o comandante, no primeiro porto a que chegar, depositar duas cópias autenticadas do assento de nascimento na capitania do porto, na estação fiscal ou, tratando-se de porto estrangeiro, no consulado brasileiro, além de entregar uma terceira cópia ao interessado. Feito isso o registro será promovido por intermédio do Ministério da Justiça que remeterá cópia ao cartório competente, ou pelo próprio interessado, que se valerá da cópia do assento a ele entregue.

Observe-se que a lei estabelece como competente para tais registros o Oficial do lugar de residência dos pais, ou, não sendo possível descobrir a residência, o 1º Ofício do Distrito Federal.

Caso não seja assentado o nascimento no Diário de Bordo ou não seja seguida a regra do artigo 65 da LRP, o artigo 51 da mesma Lei prevê a regra subsidiária, segundo a qual os pais têm cinco dias para promover o registro no cartório ou consulado do local de destino, assim:

Art. 51. Os nascimentos ocorridos a bordo, quando não registrados nos termos do artigo 65, deverão ser declarados dentro de cinco (5) dias, a contar da chegada do navio ou aeronave ao local do destino, no respectivo cartório ou consulado.

Tratando-se de nascimento ocorrido a bordo de navio ou aeronave estrangeira, os pais poderão promover o registro no local de desembarque, como prevê a regra do parágrafo único do artigo 65, que prevê:

Parágrafo único. Os nascimentos ocorridos a bordo de quaisquer aeronaves, ou de navio estrangeiro, poderão ser dados a registro pelos pais brasileiros no cartório ou consulado do local do desembarque.

O nascimento de filho de militar em campanha e o nascimento de filho de civil, quando os cartórios locais não funcionarem em razão de operação de guerra, seguem a regra do artigo 66 da LRP, que prevê assento em livro criado pela administração militar, publicação em boletim da unidade e trasladação por cópia autenticada para o cartório da residência do pai ou o do 1º Ofício do Distrito Federal quando não for conhecida a residência:

> Art. 66. Pode ser tomado assento de nascimento de filho de militar ou assemelhado em livro criado pela administração militar mediante declaração feita pelo interessado ou remetido pelo comandante da unidade, quando em campanha. Esse assento será publicado em boletim da unidade e, logo que possível, trasladado por cópia autenticada, *ex officio* ou a requerimento do interessado, para o cartório de registro civil a que competir ou para o do 1º Ofício do Distrito Federal, quando não puder ser conhecida a residência do pai.
>
> Parágrafo único. A providência de que trata este artigo será extensiva ao assento de nascimento de filho de civil, quando, em consequência de operações de guerra, não funcionarem os cartórios locais.

9.4 REGISTRO DE INDÍGENA

O tratamento do índio no ordenamento brasileiro segue o disposto no artigo 231 da CF, que estabelece:

> Art. 231. São reconhecidos aos índios sua organização social, costumes, línguas, crenças e tradições, e os direitos originários sobre as terras que tradicionalmente ocupam...

Por meio de tal dispositivo, a CF reconheceu aos índios o direito de serem índios, de preservarem sua cultura e de não serem assimilados à comunhão nacional. Com base na disposição constitucional devem ser analisadas as regras aplicáveis aos indígenas, inclusive as relativas ao Registro Civil das Pessoas Naturais.

No Brasil, em relação ao indígena estão vigentes a Lei n. 6.001/73 e a Convenção n. 169 da Organização Internacional do Trabalho, incorporada ao Direito brasileiro e promulgada pelo Decreto n. 5.051/2004, devendo o leitor analisar o que foi tacitamente revogado na primeira e o que não foi recepcionado pela CF.

Especificamente no que diz respeito ao Registro Civil das Pessoas Naturais, existe a regra da não obrigatoriedade inscrita no artigo 50, § 2º, da LRP, nos artigos 12 e 13 da Lei n. 6.001/73 e, recentemente, na Resolução Conjunta n. 3 do CNJ e Conselho Nacional do Ministério Público.

A mencionada Resolução foi elaborada levando em consideração todos os diplomas jurídicos e normativos então vigentes, que, além dos mencionados, incluíam o Provimento n. 22/2009, da CGJ-SP, o Provimento n. 18/2009, da CGJ-MS, e o Provimento n. 22/2009-CG, da CGJ-RO. Baseou-se, também, na experiência de campanhas e mutirões que vinham sendo realizados com a população indígena, e teve por finalidade a promoção do registro civil com preservação de autonomia e cultura.

Importante motivação da Resolução foi bem sintetizada por Valéria Lagrasta[9]:

> apesar das normas constitucionais e infraconstitucionais resguardarem a igualdade entre brasileiros e a preservação dos usos, costumes e tradições indígenas, ao optar pelo registro civil, o indígena perdia o direito de usar o nome indígena e, o que era pior, não podia levar para seu assento de nascimento

---

9. LUCHIARI, Valéria Ferioli Lagrasta. *Registro civil indígena*. In: LUCHIARI, Valéria Ferioli Lagrasta; FAGGIANO, Daniel. *A questão indígena*. Brasília: Gazeta Jurídica, 2013, p. 44-45.

informações sobre a etnia e a aldeia de origem de seus pais. Em face disso, muitos optavam por manter apenas o Registro Administrativo de Nascimento de Índio – RANI, expedido pela FUNAI (Fundação Nacional do Índio), que é obrigatório, mas não gera direitos civis.

Diante disso, optou-se pela análise debruçada sobre a mencionada Resolução n. 3, que é a regra atualmente vigente para o registro civil dos indígenas no Brasil, o que se passa a fazer.

No artigo 1º, a Resolução repete a regra do artigo 50, § 2º, da LRP, reconhecendo como facultativo o registro civil de nascimento do indígena não integrado:

> Art. 1º O assento de nascimento de indígena não integrado no Registro Civil das Pessoas Naturais é facultativo.

Para aplicar essa sistemática, faz-se necessário diferenciar o índio integrado do não integrado, o que é feito pela Lei n. 6.001/73, no artigo 4º, segundo o qual:

> Art. 4º Os índios são considerados:
>
> I – Isolados – Quando vivem em grupos desconhecidos ou de que se possuem poucos e vagos informes através de contatos eventuais com elementos da comunhão nacional;
>
> II – Em vias de integração – Quando, em contato intermitente ou permanente com grupos estranhos, conservam menor ou maior parte das condições de sua vida nativa, mas aceitam algumas práticas e modos de existência comuns aos demais setores da comunhão nacional, da qual vão necessitando cada vez mais para o próprio sustento;
>
> III – Integrados – Quando incorporados à comunhão nacional e reconhecidos no pleno exercício dos direitos civis, ainda que conservem usos, costumes e tradições característicos da sua cultura.

Dessa maneira, os índios isolados ou em vias de integração não estão obrigados ao registro civil de nascimento, seu registro de nascimento, conforme a parte final do § 2º do artigo 50 da LRP, pode ser feito "em livro próprio do órgão federal de assistência aos índios", o chamado Registro Administrativo de Nascimento do Índio – RANI, previsto no artigo 13 da Lei n. 6.001/73:

> Art. 13. Haverá livros próprios, no órgão competente de assistência, para o registro administrativo de nascimentos e óbitos dos índios, da cessação de sua incapacidade e dos casamentos contraídos segundo os costumes tribais.

Os indígenas integrados, por sua vez, estariam obrigados ao registro civil de nascimento.

Todavia, há que se analisar essa previsão, na medida em que o regime constitucional conferido aos índios teria superado o conceito de integração, não recepcionando a sistemática da Lei n. 6.001/73 neste tocante.

Rodrigo Bastos de Freitas[10] expõe esse fato com clareza ao tratar do tema Direito dos Índios e Constituição em dissertação apresentada na Universidade Federal da Bahia, oferecendo o seguinte conceito de integração:

---

10. FREITAS, Rodrigo Bastos. Direito dos índios e Constituição: Os princípios da autonomia e da tutela-proteção. Dissertação para o Curso de Mestrado, Universidade Federal da Bahia, 2007.

A integração, entendida como aquisição de direitos civis e assim da plena cidadania, tem como corolário a inserção dos indígenas no corpo social geral junto aos demais indivíduos, deixando portanto de merecer qualquer proteção (tutela) especial, uma vez "perdida" ou "superada" a condição de índio[11].

Essa definição de integração é flagrantemente contrária à preservação da cultura consagrada na Constituição e afronta o tratamento conferido ao índio, podendo ser considerada não recepcionada pela nova ordem em 1988, como aduz o autor no mencionado trabalho:

> O paradigma da integração, ainda hoje com fortes ecos na doutrina, foi superado pela Constituição de 1988, na forma do *caput* do art. 231[12].

E conclui:

> No caso do artigo 231 da Constituição, as dificuldades em concretizar a norma em toda sua amplitude prevista no texto servem para demonstrar o quão radical foi a mudança de paradigma, abandonando o ideal de integração e consagrando o princípio da interação.

Vê-se que não há como se falar em índio integrado e não integrado sob a égide da CF de 1988, devendo todo indígena ser tratado com o mesmo regime de proteção especial, voltado para preservação da autonomia e da cultura, de forma que a melhor interpretação seria a facultatividade do registro civil da pessoa natural para todo e qualquer indígena.

Essa era a conclusão do grupo de trabalho que elaborou a primeira versão da Resolução n. 3 em comento, com o seguinte texto, que chegou a ser aprovado pelo Conselho Nacional do Ministério Público:

> Art. 1º O assento de nascimento de indígena no Registro Civil das Pessoas Naturais é facultativo.

A mudança, incluindo a expressão indígena "não integrado", foi feita na última revisão antes da aprovação pelo CNJ, sob a alegação de que o texto seria contrário à lei, o que se demonstrou não ser.

Diante do exposto, ao leitor é importante saber que perdura nas normas e nas leis o conceito de integração do indígena, com grande repercussão na doutrina e nos tribunais, porém, em rápida análise constitucional pode-se perceber que este foi superado no ordenamento brasileiro.

Feitas tais observações, passa-se à análise do restante da Resolução Conjunta n. 3 do CNJ e CNMP.

Observem-se as regras acerca do nome do indígena.

Em princípio, não haveria por que se negar o registro do indígena com nome étnico, uma vez que o artigo 12 da Lei n. 6.001/73 já estabelecia que nos registros civis dos indígenas deveriam ser "atendidas as peculiaridades de sua condição quanto à qualificação do nome, prenome e filiação".

---

11. Idem, ibidem, p. 161.
12. Idem, ibidem, p. 168.

Todavia, na prática verificaram-se muitas negativas de registro, com base no parágrafo único do artigo 55 da LRP, que estabelece que "Os oficiais do registro civil não registrarão prenomes suscetíveis de expor ao ridículo os seus portadores".

Essa situação ensejou o Projeto de Lei do Senado n. 3, de 2010, de autoria do Senador Cristovam Buarque, que propõe a alteração da LRP para que se exclua o indígena de tal previsão, acrescendo ao artigo 55 o seguinte parágrafo:

> § 2º A proibição de atribuição de prenomes suscetíveis de expor ao ridículo, de que trata o § 1º deste artigo, não se aplica aos índios, que poderão registrar os prenomes segundo a sua etnia, a sua cultura ou os seus costumes.

> Sensíveis a essa questão, o CNJ e o CNMP aprovaram o artigo 2º da Resolução Conjunta n. 3, permitindo a inclusão do nome indígena, a pedido do interessado, sem que se submeta ao mencionado parágrafo único do artigo 55 da LRP, com a seguinte redação:

> Art. 2º No assento de nascimento do indígena, integrado ou não, deve ser lançado, a pedido do apresentante, o nome indígena do registrando, de sua livre escolha, não sendo caso de aplicação do art. 55, parágrafo único, da Lei n. 6.015/73.

Ainda tratando do nome do indígena, reconhecendo-se que a composição do sobrenome é um fenômeno cultural, decorrente do costume, e que a cultura e o costume indígenas têm características peculiares, muitas vezes identificando a origem da pessoa pelo nome da etnia, previu-se no § 1º do artigo 2º da Resolução Conjunta n. 3 que a etnia, a pedido do interessado, poderia compor o sobrenome do indígena, assim:

> § 1º No caso de registro de indígena, a etnia do registrando pode ser lançada como sobrenome, a pedido do interessado.

A fim de contemplar os indígenas já registrados que não tiveram a oportunidade de registrar o nome indígena ou de incluir a etnia como seu sobrenome, o CNJ e o CNMP aprovaram o artigo 3º da Resolução Conjunta n. 3, segundo o qual é possível a alteração do registro para mudança do nome, na forma do artigo 57 da LRP e tratando-se de equívoco que não exija maior indagação, por meio do procedimento do artigo 110 da mesma Lei. Este é o texto:

> Art. 3º O indígena já registrado no Serviço de Registro Civil das Pessoas Naturais poderá solicitar, na forma do art. 57 da Lei n. 6.015/73, pela via judicial, a retificação do seu assento de nascimento, pessoalmente ou por representante legal, para inclusão das informações constantes do art. 2º, "caput" e § 1º.

> § 1º Caso a alteração decorra de equívocos que não dependem de maior indagação para imediata constatação, bem como nos casos de erro de grafia, a retificação poderá ser procedida na forma prevista no art. 110 da Lei n. 6.015/73.

Reconheceu-se também que há culturas indígenas em que o nome é alterado algumas vezes no decorrer da vida, situações em que a mudança poderá ser realizada nos termos do artigo 57 da LRP, obrigando-se, porém, a transcrição integral das averbações nas certidões, a fim de se evitar prejuízo à identificação do indígena e de possibilitar, a quem quer que receba a certidão, a imediata constatação do histórico de mudança de nome, como prevê o § 2º do artigo 3º da Resolução Conjunta n. 3:

§ 2º Nos casos em que haja alterações de nome no decorrer da vida em razão da cultura ou do costume indígena, tais alterações podem ser averbadas à margem do registro na forma do art. 57 da Lei n. 6.015/73, sendo obrigatório constar em todas as certidões do registro o inteiro teor destas averbações, para fins de segurança jurídica e de salvaguarda dos interesses de terceiros.

Por fim, conforme a situação sociocultural do interessado é aplicável o benefício da Justiça Gratuita na ação de mudança de nome:

§ 3º Nos procedimentos judiciais de retificação ou alteração de nome, deve ser observado o benefício previsto na Lei n. 1.060/50, levando-se em conta a situação sociocultural do indígena interessado.

Além do nome indígena, a Resolução Conjunta n. 3, no artigo 2º, prevê a possibilidade de se incluir, a pedido do interessado, o nome da aldeia de origem como naturalidade do registrando e de seus pais, juntamente com o município de nascimento:

§ 2º A pedido do interessado, a aldeia de origem do indígena e a de seus pais poderão constar como informação a respeito das respectivas naturalidades, juntamente com o município de nascimento.

E, também a pedido do interessado, pode-se incluir nas observações do registro que se trata de indígena e qual é sua etnia:

§ 3º A pedido do interessado, poderão figurar, como observações do assento de nascimento, a declaração do registrando como indígena e a indicação da respectiva etnia.

Os parágrafos 4º e 5º do artigo 2º da Resolução Conjunta n. 3, primando pela segurança jurídica e com o intuito de evitar fraudes, estabelecem regras de procedimento para o oficial de registro em caso de dúvida fundada quanto à veracidade das declarações, ou suspeita de fraude, permitindo que se exija apresentação do RANI ou a presença de representante da Fundação Nacional do Índio – FUNAI, e que se submeta o caso ao juízo corregedor caso perdure a suspeita.

§ 4º Em caso de dúvida fundada acerca do pedido de registro, o registrador poderá exigir o Registro Administrativo de Nascimento do Indígena – RANI, ou a presença de representante da FUNAI.

§ 5º Se o oficial suspeitar de fraude ou falsidade, submeterá o caso ao Juízo competente para fiscalização dos atos notariais e registrais, assim definido na órbita estadual e do Distrito Federal, comunicando-lhe os motivos da suspeita.

Em qualquer caso, realizando um registro de indígena, o Oficial deverá comunicar o fato imediatamente à FUNAI, como prevê o § 6º do artigo 2º da Resolução:

§ 6º O Oficial deverá comunicar imediatamente à FUNAI o assento de nascimento do indígena, para as providências necessárias ao registro administrativo.

O artigo 4º fecha a Resolução Conjunta n. 3 do CNJ CNMP, estabelecendo regras e procedimento para o registro tardio do indígena. Inicie-se sua análise pelo fato de que não se deveria chamar registro tardio do indígena, uma vez que o índio não está obrigado ao registro, portanto não pode estar atrasado ou fora do prazo para sua realização, todavia, a terminologia escolhida não oferece prejuízo à compreensão de como são tratados os registros de indígena realizados longo período após o nascimento, para os quais se exigirá maiores cautelas.

Dessa maneira, estabelecem-se as formas de realização do registro nos incisos do *caput* do artigo 4º, segundo os quais:

O registro tardio do indígena poderá ser realizado:

> I – mediante a apresentação do RANI;
>
> II – mediante apresentação dos dados, em requerimento, por representante da Fundação Nacional do Índio – FUNAI a ser identificado no assento; ou
>
> III – na forma do art. 46 da Lei n. 6.015/73.

Nos parágrafos 1º e 2º do artigo 4º estabelece-se o procedimento a ser seguido pelo registrador em caso de dúvida fundada quanto à autenticidade das declarações, permitindo que se exija a presença de representante da Fundação Nacional do Índio – FUNAI e a apresentação de certidões negativas dos cartórios que teriam competência para a lavratura do registro de nascimento, e que se submeta o caso ao Juízo Corregedor se perdurar a suspeita.

> § 1º Em caso de dúvida fundada acerca da autenticidade das declarações ou de suspeita de duplicidade de registro, o registrador poderá exigir a presença de representante da FUNAI e apresentação de certidão negativa de registro de nascimento das serventias de registro que tenham atribuição para os territórios em que nasceu o interessado, onde é situada sua aldeia de origem e onde esteja atendido pelo serviço de saúde.
>
> § 2º Persistindo a dúvida ou a suspeita, o registrador submeterá o caso ao Juízo competente para fiscalização dos atos notariais e registrais, assim definido na órbita estadual e do Distrito Federal, comunicando-lhe os motivos.

A exemplo dos registros feitos dentro do prazo normal, o §3º do artigo 4º da Resolução Conjunta n. 3 obriga o Oficial a comunicar o registro "tardio" do indígena à FUNAI, que, se constatar a duplicidade, informará o juízo para as medidas cabíveis de cancelamento de registro:

> § 3º O Oficial deverá comunicar o registro tardio de nascimento do indígena imediatamente à FUNAI, a qual informará o juízo competente quando constatada duplicidade, para que sejam tomadas as providências cabíveis.

9.5 DUPLICIDADE DE REGISTRO

A duplicidade de assentos de nascimento gera prejuízos para a segurança, autenticidade, publicidade e eficácia, típicas dos registros públicos, minando a própria finalidade do registro civil das pessoas naturais.

De uma análise a partir das dimensões do registro civil das pessoas naturais, verifica-se que a duplicidade de registro oferece risco por não garantir segurança à informação publicizada, o que compromete o adequado exercício da cidadania; pode alimentar o

Estado de informações equivocadas; e não permite que a pessoa natural seja adequadamente individualizada (nome e estado).

Por tais motivos, em caso de duplicidade de registros do mesmo nascimento – referentes à mesma pessoa –, faz-se necessário o cancelamento de um deles, o que poderá se realizar por meio de procedimento administrativo ou judicial, na forma a seguir exposta.

9.5.1 Procedimento Administrativo e Cancelamento do Registro Posterior

Verifica-se que o entendimento consolidado, que pode ser aplicado para a maior parte dos casos de duplicidade de assentos de nascimento, é o de cancelamento do assento lavrado em segundo lugar, em razão da anterioridade.

Tal cancelamento não pode ser praticado diretamente pelo registrador civil, mas depende de decisão proferida em âmbito administrativo (e.g. pedido de providências) pelo Juízo responsável pela fiscalização dos atos notariais e de registro do cartório, assim definido na órbita estadual (art. 37 da Lei 8.935/94), em outras palavras, pelo Juízo Corregedor Permanente, e, em caráter recursal, pela Corregedoria Geral da Justiça.

O rol de legitimados a requerer o cancelamento deve ser considerado de forma ampla, podendo qualquer interessado instar o judiciário e dar início ao pedido de providências, inclusive o registrador civil que constatar a duplicidade, o Ministério Público e os órgãos públicos eventualmente afetados. Isso se justifica pelo fato de que a segurança, publicidade e autenticidade oferecidas pelo registro civil são de interesse público, bem como atingem e são oponíveis a terceiros, inclusive aos órgãos do Estado, de maneira que a correção de tal situação é interesse que ultrapassa a esfera do registrado.

Importante ressaltar que o registrado é sempre interessado neste processo e deve ser-lhe dada ciência da existência do processo e chamado a se manifestar, haja vista que o registro de nascimento contém informações relativas a direitos da personalidade, e um eventual cancelamento pode atingi-los. Observe-se que havendo impugnação por parte do registrado ou do Ministério Público, faz-se necessária a utilização da via jurisdicional que será tratada adiante.

Proferida a decisão que determina o cancelamento, o correspondente mandado deve ser encaminhado ao registrador civil das pessoas naturais sob cuja guarda está o registro a ser cancelado.

O cancelamento do assento de nascimento se dá por meio de averbação no assento. O registro é perpétuo, não se exclui a folha do livro ou se apaga qualquer informação, mas se procede à averbação para consignar que por determinação do juízo, em razão da duplicidade, aquele assento foi cancelado deixando de produzir seus efeitos e passando a ter sua publicidade limitada, de maneira que, no melhor entendimento, o registrador não mais deve emitir certidões, salvo em caso de autorização judicial (em âmbito administrativo ou jurisdicional).

Seria salutar que de tal averbação constassem os dados relativos ao registro mantido (matrícula, cartório, livro e folha), a fim de que, sempre que feita a busca do registro cancelado, ou se alguma anotação for direcionada a ele, seja possível, de maneira fácil e imediata, identificar e localizar o registro que continua a produzir efeitos.

Vê-se que a solução para o duplo registro de nascimento é relativamente simples, todavia, algumas cautelas devem ser tomadas, especialmente no que diz respeito a existências de informações divergentes nos registros duplos.

Não se pode ignorar as informações do registro cancelado como se não existissem, pelo contrário, todas as informações que forem compatíveis com o registro que perdura devem ser preservadas, o que se faz por meio da sua transposição, incluindo-as por meio de averbação no registro que é mantido, a fim de que constem das certidões emitidas com base nele.

Da mesma maneira, se o registro cancelado recebeu anotações ou averbações, estas devem ser transpostas ao assento que perdura, salvo quando incompatíveis com seu teor.

Ressalte-se que este procedimento, da maneira aqui tratada, foi objeto de normatização por meio do Provimento nº 28 da CN-CNJ, em seu artigo 16, estabelecendo-se o procedimento a ser adotado em caso de duplicidade de assentos de nascimento decorrente de registro tardio, mas pode e deve ser expandido e aplicado aos casos de duplicidade de registro de nascimento mesmo que decorrente de outras causas. Veja-se o texto:

> Art. 16. Constatada a duplicidade de assentos de nascimento para a mesma pessoa, decorrente do registro tardio, será cancelado o assento de nascimento lavrado em segundo lugar, com transposição, para o assento anterior, das anotações e averbações que não forem incompatíveis.
>
> § 1º. O cancelamento do registro tardio por duplicidade de assentos poderá ser promovido de ofício pelo Juiz Corregedor, assim considerado aquele definido na órbita estadual e do Distrito Federal como competente para a fiscalização judiciária dos atos notariais e de registro, em procedimento em que será ouvido o Ministério Público, ou a requerimento do Ministério Público ou de qualquer interessado, dando-se ciência ao atingido.

E segue o texto do provimento, reconhecendo que atos de registro posteriores podem ter sido lavrados com base no registro cancelado, o que exigirá a competente retificação para que passem a conter as informações do registro que se manteve, assim normatiza no § 2º, o que se deve aplicar a todos os casos de duplicidade:

> § 2º. Havendo cancelamento de registro tardio por duplicidade de assentos de nascimento, será promovida a retificação de eventuais outros assentos do registro civil das pessoas naturais abertos com fundamento no registro cancelado, para que passem a identificar corretamente a pessoa a que se referem.

Da forma exposta é o procedimento administrativo, que, em regra, é cabível sempre que a duplicidade for de imediata constatação e não houver maiores indagações, porém, outras situações são possíveis.

9.5.2 Procedimento Jurisdicional

Outro possível procedimento é o ingresso, no âmbito judicial, com ação de nulidade de assento de nascimento ou ação de cancelamento de assento de nascimento, em razão de duplicidade. Esta ação, em regra, processa-se perante o juízo com competência para questões atinentes a registros públicos, exige capacidade postulatória (assistência de advogado) e deve seguir o rito sumaríssimo do artigo 109 da Lei 6.015/73.

Em relação à legitimidade para se propor tal procedimento, parece mais adequado que ela seja tomada de maneira ampla, podendo ser intentada por qualquer interessado ou pelo Ministério Público, pelos mesmos motivos tratados anteriormente, ressaltando-se que o registrado deve ser ouvido.

O procedimento jurisdicional pode ser utilizado nas mesmas situações em que caberia o procedimento administrativo, mas se torna obrigatório sempre que houver incertezas ou necessidade de produção de provas mais elaboradas – e.g. necessidade de se comprovar que os dois assentos de nascimento realmente tratam da mesma pessoa, ou, havendo divergência de informações entre os assentos, ser necessário analisar quais devem ser mantidas e quais devem ser canceladas.

Utilizando-se de uma analogia com a retificação de assento, que também admite as duas formas (art. 109 e 110 da Lei 6.015/73), o melhor entendimento seria de que o procedimento administrativo de cancelamento de assento em duplicidade é cabível sempre que a duplicidade for de imediata constatação, não houver necessidade de esclarecimento de qualquer fato e não houver impugnação do pedido. Nos demais casos, deve-se buscar a via jurisdicional.

Ainda aplicando a mesma analogia, diante de um procedimento administrativo que vise o cancelamento de registro, havendo impugnação do pedido, ou verificação de que o caso exige maior indagação ou produção de provas mais elaboradas, deve o juízo corregedor determinar a distribuição do procedimento para que se processe na via jurisdicional.

O resultado do procedimento jurisdicional, na maioria das vezes seguirá o mesmo analisado para o procedimento administrativo, no sentido de que "ocorrendo a duplicidade de registros de nascimento, prevalece o primeiro, dada a nulidade do segundo" (RT 551/230 e 602/214), e transportará todas as informações que forem compatíveis. Todavia, o procedimento jurisdicional pode ir além, reconhecendo questões que exigem maior indagação, como a de se transpor nome do pai do assento cancelado para o mantido, quando este último era omisso quanto à paternidade, ou reconhecer a necessidade de se retificar o nome do registrando no assento mantido, para que prevaleça aquele nome que constava no assento cancelado se esse era o efetivamente utilizado pelo registrado.

Sem aprofundar a análise da questão, como mera opinião dos autores, defende-se que, não havendo maior indagação, tampouco impugnação, a transposição da filiação que não existia no registro originário mantido e a retificação do nome do registrado poderiam ser determinadas no âmbito administrativo. O que não se poderia fazer, mesmo no âmbito judicial sem o devido procedimento, seria ignorar que o nome efetivamente utilizado pelo registrado é o que consta do registro cancelado, sob pena de se afastar indevidamente um direito da personalidade, ou suprimir o nome do pai que consta do registro cancelado, sob pena de se estar desconstituindo um vínculo de filiação sem o devido processo legal.

9.5.2.1 Cancelamento do registro feito em primeiro lugar

Fugindo-se da regra da anterioridade, é possível determinar-se o cancelamento feito em primeiro lugar para afastar a duplicidade, no caso de o registrado sempre ter se utilizado do segundo registro para se identificar, adotando os nomes e informações nele constantes, tendo emitido todos os seus documentos de cidadania com base neste e vivido apenas como se existisse o último registro.

Manter-se o assento feito posteriormente, cancelando-se o primeiro, neste caso, mais do que razoável, é medida que se impõe. Não seria possível exigir que o registrado cancelasse e reemitisse todos os seus documentos, sob penas de atingir sua própria cidadania, que até então é regularmente exercida, tampouco seria possível obrigar o registrado a utilizar um nome pelo qual nunca se identificou, sob pena de lesão a um direito da personalidade. Ressalte-se que não se pode ignorar que o nome da pessoa natural protegido pela lei e que deve prevalecer não é simplesmente o nome que dorme desconhecido em um assento de nascimento, mas sim o nome social, efetivamente utilizado e com respaldo em certidão do registro civil lavrado em duplicidade, que goza de fé pública e, até que se prove o contrário, presume-se exato e verdadeiro.

Neste sentido, confira-se o excerto do voto do relator Desembargador Rui Portanova Relator da Apelação Cível nº 70052358124, julgada pela Oitava Câmara Cível do Tribunal de Justiça do Rio Grande do Sul:

> "De resto, ficou certo, ainda, que o recorrente construiu sua identidade e sua vida com base no nome assentado no segundo registro (G. B. DA S.), já que é assim conhecido por todos, e está assim registrado inclusive nos registros dos filhos dele. Ou seja, passados cerca de 40 anos do nascimento e do registro do recorrente, é absolutamente certo que a identidade dele foi construída em cima do nome G. B. DA S., razão pela qual não se mostra viável, a esta altura, desconstituir esse registro. **O registro que deve ser cancelado, no peculiar do caso concreto, é o primeiro registro**." (sem destaque no original).

9.5.2.2 Questão de filiação

Outra situação que merece cautela é duplicidade de assentos de nascimento em que há conflito entre a filiação constante de um registro e do outro, caso em que o cancelamento somente poderá ser determinado por decisão jurisdicional em processo contencioso. Isso é o que se extrai do artigo 113 da LRP[13].

A Corregedoria Geral da Justiça do Estado de São Paulo, no Processo CG 532/2006, foi além e decidiu que os casos de duplicidade de registros em que há divergência incompatível em elementos da filiação entre um e outro registro, ou em que se busca desconstituir a filiação por meio do cancelamento do assento, não compete sequer à vara

---

13. Art. 113. As questões de filiação legítima ou ilegítima serão decididas em processo contencioso para anulação ou reforma de assento.

de registros públicos, mas à vara de família, por ser sua competência material, devendo seguir o rito adequado para questões de filiação. Assim se vê na ementa e no trecho do correspondente parecer abaixo transcritos:

> "REGISTRO CIVIL - Duplicidade de registros de nascimento. Cancelamento do assento lavrado em segundo lugar, determinado na esfera administrativa e que desconstitui vínculo de paternidade. Cancelamento inviável, porque envolve questão de estado, referente à filiação. Situação que reclama pronunciamento jurisdicional em processo contencioso. Inteligência do artigo 113 da Lei 6.015/73. Recurso provido, para revogar a ordem de cancelamento. (...)
>
> A competência para dirimir a questão não é da Vara de Registros Públicos, porque nem mesmo na esfera jurisdicional, que se reveste da forma contenciosa, é possível que se decida sobre questão de estado. (...)
>
> Esta matéria é de competência da Vara da Família e das Sucessões, que decidirá não só sobre esta questão de estado, como também sobre o cancelamento de um dos registros e sobre os dados que deverão constar no registro de nascimento prevalecente."

9.6 REGISTRO POR MANDADO

Como foi tratado anteriormente, para se atender ao princípio da instância há três possibilidades, todas inscritas no artigo 13 da LRP: I – por ordem judicial; II – a requerimento verbal ou escrito dos interessados; III – a requerimento do Ministério Público, quando a lei autorizar.

Já analisado o registro de nascimento feito mediante requerimento do interessado e vista a possibilidade em que o Ministério Público pode requerê-lo, nesta parte do trabalho, busca-se tratar do registro por ordem judicial, que será lavrado mediante mandado ou apresentação de carta de sentença que contenha a determinação judicial.

Entre as possibilidades de registro de nascimento por ordem judicial encontram-se: Adoção; Regularização de Registro Civil do artigo 102 da Lei n. 8.069/90 – Estatuto da Criança e do Adolescente; Restauração ou Suprimento de Registro do artigo 109 da LRP; e Registro Tardio em que seja levantada suspeita.

Inicialmente, frise-se que a origem judicial da determinação do registro não o retira da qualificação registral, que deve ser realizada pelo oficial, na forma reiteradamente decidida pelo Conselho Superior da Magistratura do Estado de São Paulo, como, por exemplo, na Apelação Cível 30.657-0/2.

Todavia, não deve o registrador adentrar o mérito da decisão, limitando-se a analisar a competência absoluta do juízo, a congruência entre o que foi decidido e o que se ordenou no mandado, o preenchimento das formalidades legais essenciais para o registro e o respeito aos princípios registrais.

Segue-se à análise, deixando-se a adoção para item próprio.

O Estatuto da Criança e do Adolescente, ao tratar das medidas de proteção, estabelece, no artigo 102, que tais medidas serão acompanhadas da "regularização do registro civil", e no § 1º do mesmo artigo prevê:

> § 1º Verificada a inexistência de registro anterior, o assento de nascimento da criança ou adolescente será feito à vista dos elementos disponíveis, mediante requisição da autoridade judiciária.

Trata-se de situação em que o registro será lavrado por determinação judicial, a qual conterá todos os elementos que o assento deve conter, que serão estabelecidos pelo juízo com base nos elementos disponíveis, ou obtidos após realização das diligências cabíveis.

Observe-se que não sendo possível o estabelecimento ou suprimento de alguns elementos do registro, o assento será lavrado mesmo sem eles, por se tratar de situação excepcional em que a medida de proteção se impõe. A qualquer tempo os elementos faltantes poderão ser incluídos mediante mandado judicial de averbação.

Assim sustenta Reinaldo Velloso dos Santos[14]:

> O oficial lavrará o assento ainda que faltem alguns elementos do assento, como o nome dos pais e avós, horário de nascimento, local preciso de nascimento, falta de sobrenome do registrado dentre outros elementos. É importante ressaltar que a qualquer tempo o Juízo da Infância e da Juventude poderá ordenar a retificação do registro ou o suprimento de elementos deste, por meio de mandado de averbação que poderá até mesmo ser expedido após mera decisão judicial no processo, independentemente de trânsito em julgado.

Caso seja estabelecida a maternidade do registrando, porém não haja nome do pai, é previsto no artigo 102, § 3º, da Lei n. 8.069/90 que será aplicável o procedimento de averiguação oficiosa de indicação de suposto pai, do artigo 2º da Lei n. 8.560/92.

Em que pesem as previsões de se estabelecerem nomes fictícios para os pais quando estes não forem conhecidos – como na CNNR-RS, artigo 124, § 1º[15], a adequada interpretação é conferida pelo Provimento n. 28 da CN-CNJ, segundo o qual, não sendo estabelecida a filiação pelos meios previstos na legislação civil, o registro será feito sem filiação, sendo lançado como sobrenome do registrado aquele que o requerente indicar, neste caso, o estabelecido pelo juízo (§ 5º do art. 9º e § 5º do art. 3º).

Observe-se que a LRP traz previsão relativa ao registro do menor exposto e do menor abandonado, nos artigos 61 e 62, todavia, segundo a melhor interpretação, tais dispositivos não foram recepcionados pela CF de 1988, e foram tacitamente revogados pelo Estatuto da Criança e do Adolescente, prevalecendo a sistemática do mencionado artigo 102 da Lei n. 8.069/90. Assim, bem aduz Walter Ceneviva[16]:

> Já não subsiste razão, seja a contar da regra constitucional que proíbe distinções, seja na forma do ECA, para a duplicidade de denominação. (...) Com entrada em vigor do Código de Menores, em 1979, os arts. 61 e 62 foram parcialmente revogados, o que se configurou com o ECA.

O procedimento do artigo 102 do Estatuto da Criança e do Adolescente é de competência do Juízo que trata a matéria da Infância e da Juventude, são isentos de custas e emolumentos e gozam de absoluta prioridade, como dispõem o § 2º do mencionado artigo, bem como o artigo 141, § 2º, do ECA e o artigo 227 da CF.

Outra possibilidade de registro lavrado mediante mandado judicial reside no artigo 109 da LRP, que estabelece a restauração e o suprimento de registro. Como leciona Serpa

---

14. SANTOS, Reinaldo Velloso dos. *Op. cit.*, 2006, p. 66.
15. § 1º – O deferimento do nome ao menor importará também em atribuição, de forma fictícia, da paternidade e maternidade, com igual sobrenome.
16. CENEVIVA, Walter. *Op. cit.*, 2010, p. 220.

Lopes[17]: "a restauração é ainda o termo próprio para significar os casos de extravio ou perda do assentamento do registro civil".

Casos em que o registro civil se extraviou ou se perdeu (em razão de incêndio, roubo, enchentes etc.), ou sequer se realizou, tendo, entretanto, sido entregue uma "certidão avulsa"[18], faz-se necessário o procedimento judicial de restauração de registro previsto no artigo 109 da LRP, o qual prevê, em seu § 4º:

> § 4º Julgado procedente o pedido, o Juiz ordenará que se expeça mandado para que seja lavrado, restaurado e retificado o assentamento, indicando, com precisão, os fatos ou circunstâncias que devam ser retificados, e em que sentido, ou os que devam ser objeto do novo assentamento.

Assim, o registro será feito em vista de mandado judicial, que, se for proveniente de jurisdição diversa, dependerá do "cumpra-se" do juiz da jurisdição sob a qual está o cartório.

Importante regra incluída no Provimento n. 23 da CN-CNJ, artigo 9º, estabelece que esta restauração pode ser processada em localidade diferente daquela em que estava (ou deveria estar) o registro a ser restaurado, podendo ser no domicílio do interessado, assim:

> Art. 9º A restauração do assentamento no Registro Civil a que se refere o artigo 109, e seus parágrafos, da Lei n. 6.015/73 poderá ser requerida perante o Juízo do foro do domicílio da pessoa legitimada para pleiteá-la e será processada na forma prevista na referida lei e nas normas editadas pela Corregedoria Geral da Justiça do Estado em que formulado e processado o requerimento. Quando proveniente de jurisdição diversa, o mandado autorizando a restauração deverá receber o "cumpra-se" do Juiz Corregedor a que estiver subordinado o Registro Civil das Pessoas Naturais em que lavrado o assento a ser restaurado.

Por fim, no caso de registro tardio em que persiste a suspeita quanto à autenticidade e veracidade do declarado, mesmo após o procedimento, como foi tratado anteriormente. O artigo 12 do Provimento n. 28 da CN-CNJ, que regulamenta o § 4º do artigo 46 da LRP, determina que sejam os autos do procedimento remetidos ao Juízo Corregedor Permanente, ou outro competente na forma da organização judiciária local, que, entendendo infundada a suspeita, ou afastando esta após providências cabíveis, ordenará o registro.

9.7 ADOÇÃO

O artigo 227, § 5º, da CF estabelece que "A adoção será assistida pelo Poder Público, na forma da lei, que estabelecerá casos e condições de sua efetivação por parte de estrangeiros".

A lei a que se refere a Constituição é o Estatuto da Criança e do Adolescente, que passou a ser aplicável a toda a matéria a partir da vigência da Lei n. 12.010/2009, que

---

17. SERPA LOPES, Miguel Maria de. *Tratado dos registros públicos*. Rio de Janeiro: Freitas Bastos, 1960. p. 350.
18. Uma prática infelizmente comum em tempos pretéritos, em que o registrador lavrava a certidão com base na declaração e por descuido deixava de repassar os dados para o livro, fazendo o assento e emitindo certidões que circulavam e produziam efeitos sem que tivessem lastro em livro de registro.

revogou as previsões sobre adoção contidas no CC, mantendo apenas os artigos 1.618 e 1.619 com a seguinte redação:

Art. 1.618. A adoção de crianças e adolescentes será deferida na forma prevista pela Lei n. 8.069, de 13 de julho de 1990 – Estatuto da Criança e do Adolescente.

Art. 1.619. A adoção de maiores de 18 (dezoito) anos dependerá da assistência efetiva do poder público e de sentença constitutiva, aplicando-se, no que couber, as regras gerais da Lei n. 8.069, de 13 de julho de 1990 – Estatuto da Criança e do Adolescente.

Observe-se que a Lei n. 12.010/2009 também revogou o inciso III do artigo 10 do CC, que previa: "Far-se-á averbação em registro público: (...) III – dos atos judiciais ou extrajudiciais de adoção".

Assim, as adoções tanto do menor de idade como do maior de idade passaram a ser regidas pelo Estatuto da Criança e do Adolescente, e, como estabelecido no artigo 47 do referido estatuto, "o vínculo da adoção constitui-se por sentença judicial, que será inscrita no registro civil mediante mandado do qual não se fornecerá certidão".

A inscrição da adoção no registro civil será realizada mediante mandado, o qual, recebido pelo oficial, deverá ser qualificado.

Reinaldo Velloso dos Santos[19] sustenta que cabe ao registrador verificar os requisitos da adoção:

> na atividade de qualificação registrária do título (mandado de inscrição de adoção), o registrador deve necessariamente verificar se os requisitos referidos anteriormente (como idade do adotando, vedação decorrente do parentesco, diferença mínima de idade, competência do Juízo, necessidade de mandado e não mero ofício, dados da sentença, menção do trânsito em julgado, naturalidade dos adotantes, dentre outros) estão preenchidos.

Todavia, os autores deste trabalho concordam parcialmente com tal posicionamento, pois fere os limites da qualificação de título de origem judicial. Não deve o registrador entrar no mérito da decisão, limitando-se a analisar a competência absoluta do juízo, a congruência entre o que foi decidido e o que se ordenou no mandado, o preenchimento das formalidades legais essenciais para o registro e o respeito aos princípios registrais.

O atendimento aos requisitos legais da adoção e o deferimento de adoção em tal ou qual circunstância fazem parte do mérito da questão e, tratando-se de adoção de menor de idade, pautam-se pelo melhor interesse da criança e do adolescente, o que está na esfera de apreciação do juízo e não cabe ao registrador questionar.

Diante disso e do mencionado por Reinaldo Velloso, deve o registrador, na qualificação, verificar "competência do Juízo, necessidade de mandado e não mero ofício, dados da sentença, menção do trânsito em julgado"[20], bem como a existência de todos os elementos necessários para inscrição adequada da adoção.

Acrescente-se, ainda, que o registrador deve qualificar o ato registrário a ser praticado, que poderá ser novo assento ou mera averbação, de forma que se o juízo determinar

---

19. SANTOS, Reinaldo Velloso dos. *Op. cit.*, 2006, p. 81.
20. Idem, ibidem, p. 81.

cancelamento e novo registro em caso que deveria ser apenas averbação, deve o oficial recusar o mandado.

Recomenda-se, todavia, com o intuito de garantir efetividade à decisão judicial e não permitir que a adoção tarde a ser inscrita, que, conforme o caso, pratique-se o ato devido independentemente da terminologia utilizada no mandado.

Segue-se ao tratamento da adoção do menor e do maior de idade separadamente para que haja maior clareza.

9.7.1 Adoção do menor de idade

No que concerne à atividade do registro civil, as regras estão inscritas no artigo 47 do Estatuto da Criança e do Adolescente, o qual se passa a analisar:

A sentença que estabelece o vínculo da adoção deve ser inscrita no Registro Civil das Pessoas Naturais, como prevê o *caput* do artigo 47, mediante mandado que deve ser arquivado, porém não terá publicidade.

> Art. 47. O vínculo da adoção constitui-se por sentença judicial, que será inscrita no registro civil mediante mandado do qual não se fornecerá certidão.

Tal sentença somente deve ser inscrita no registro civil das pessoas naturais após o trânsito em julgado, pois antes disso não produz efeitos, em conformidade com o § 7º: "A adoção produz seus efeitos a partir do trânsito em julgado da sentença constitutiva". O mesmo parágrafo estabelece a possibilidade de os efeitos retroagirem à data do óbito do adotante quando este falecer durante o processo.

O mandado que determinar o registro da adoção serve para cancelar o registro de nascimento anteriormente existente, como estabelece o § 2º do artigo 47: "O mandado judicial, que será arquivado, cancelará o registro original do adotado".

Ocorre que o novo registro pode ser lavrado em cartório diferente do registro originário, como na possibilidade do § 3º do mesmo artigo 47[21], nesses casos devem ser expedidos dois mandados, com destinatários diferentes, os quais devem ser cumpridos pelos registradores sem mais exigências.

Reinaldo Velloso dos Santos[22] recomenda que o registrador que inscreverá a adoção entre em contato com o cartório do registro originário para saber do cancelamento antes de proceder ao novo registro, apenas para garantir que não haverá duplicidade de registros do interessado, assim:

> A maioria dos Juízos da Infância e da Juventude somente encaminha o mandado de adoção após receber a confirmação do cancelamento do registro originário. Mesmo assim, é recomendável ao registrador que inscreve a sentença independentemente do cancelamento do registro original a cautela de entrar em contato com a unidade de serviço onde lavrado o registro, se constar da cópia da sentença, para verificar se houve cancelamento. Assim procedendo, evitará a duplicidade de assentos.

---

21. Lei n. 8.069/90, artigo 47, § 3º A pedido do adotante, o novo registro poderá ser lavrado no Cartório do Registro Civil do Município de sua residência.
22. SANTOS, Reinaldo Velloso dos. *Op. cit.*, 2006, p. 80.

Apesar de adequado o zelo exposto por Reinaldo Velloso, os autores deste trabalho ressaltam que não se pode condicionar a inscrição da adoção estabelecida pela sentença (transitada em julgado) à confirmação de cancelamento do registro original, não sendo correto, tampouco razoável, deixar o adotado sem registro ou retardar este em razão de fato que não é seu requisito.

Verifica-se que em caso de adoção de menor de idade, dois atos são praticados: o cancelamento do registro original de nascimento, o qual ocorre por meio de averbação, que informa o cancelamento impedindo que novos atos sejam praticados naquele assento e que certidões dele sejam expedidas, salvo por determinação judicial; e inscrição da adoção como um novo registro de nascimento com todos os seus elementos a ser lavrado no Livro "A".

O novo assento decorrente da adoção deve conter todos os elementos de um registro de nascimento como visto anteriormente, os quais serão extraídos do mandado, da sentença ou de documentos anexos a esta, conforme determinado pelo juízo, e consignará o nome dos adotantes como pais, o dos avós adotivos, o sobrenome do adotado como o mesmo dos adotantes e a eventual alteração de prenome do adotado. Assim são os §§ 1º e 5º do artigo 47 em comento:

> § 1º A inscrição consignará o nome dos adotantes como pais, bem como o nome de seus ascendentes.
>
> § 5º A sentença conferirá ao adotado o nome do adotante e, a pedido de qualquer deles, poderá determinar a modificação do prenome.

Para as adoções de menor de idade determinadas pelo Juízo com competência para matéria da Infância e Juventude, observa-se a regra de isenção de custas prevista no artigo 141, § 1º, do ECA.

É possível que a adoção do menor de idade seja averbada em seu registro de nascimento, o que ocorre no caso de adoção unilateral em que se mantém os vínculos com o outro genitor, como prevê o artigo 41, § 1º, da Lei n. 8.069/90[23].

No caso em que um homem adota o filho de sua mulher, mantendo-se o vínculo desta como mãe do registrado, deverá ser averbada a adoção no registro de nascimento original, emitindo-se certidão com o novo vínculo.

Esse foi o entendimento do Conselho da Justiça Federal no Enunciado n. 273:

> 273 – Art. 10: (...) Sendo unilateral a adoção, e sempre que se preserve o vínculo originário com um dos genitores, deverá ser averbada a substituição do nome do pai ou da mãe natural pelo nome do pai ou da mãe adotivos.

O mesmo se determinou nas DGE-RO, art. 697, §4º: "A adoção unilateral do menor ou do maior será averbada sem cancelamento do registro original"; e nas NSCGJ-SP, no Capítulo XVII, item 122: "No livro de nascimento, serão averbados: i) as sentenças de adoção unilateral de criança ou adolescente".

---

23. § 1º Se um dos cônjuges ou concubinos adota o filho do outro, mantêm-se os vínculos de filiação entre o adotado e o cônjuge ou concubino do adotante e os respectivos parentes.

Observe-se que mesmo se tratando de averbação não constará de qualquer certidão a origem do vínculo adotivo, seguindo-se o exposto adiante em item próprio.

9.7.2 Adoção de maior

Inicie-se ressaltando que parte da doutrina critica a possibilidade de haver adoção de maior de idade, como apontado por Cristiano Chaves de Farias e Nelson Rosenvald[24]: "já se disse que a adoção de adultos fere a finalidade do instituto, pois não haveria razão para proteger os maiores por meio da inserção em família substituta, além de, não raro, ocultar interesses escusos, de índole patrimonial ou econômica".

Em que pese tal posicionamento, a adoção do maior de idade perdura no ordenamento brasileiro e segue as regras do Estatuto da Criança e do Adolescente no que forem cabíveis, como determina o já citado artigo 1.619 do CC, de maneira que somente se estabelece o vínculo por sentença, a qual é inscrita no registro civil.

Primeira questão que se levanta, considerando as peculiaridades da adoção do maior de idade, é a de qual ato registral deve ser lavrado.

A solução oferecida era a de averbação no registro de nascimento, pois se considerava que as características e finalidades da adoção do maior são diversas daquela do menor, dependendo de consentimento do adotando, que rompe os vínculos com seus familiares e adquire novos por vontade livremente manifestada e não em caráter assistencial, pela atuação do Estado. Essa situação não justificaria a eliminação por completo dos acontecimentos passados no âmbito registral.

Assim se decidiu no Parecer 241/2006-E – Protocolado CG 19.511/2004 da CGJ-SP, da Lavra da MM. Juíza Ana Luiza Villa Nova:

> Em relação ao maior, que é absolutamente capaz, e, portanto, não está sujeito ao pátrio poder, a atuação do Estado passa a ser obrigatória, porque depende de decisão judicial, porém, não serão dadas a assistência e proteção objetivadas pela lei estatutária, referente ao menor.
>
> Com efeito, a condição do maior, por si só, afasta ou ao menos reduz consideravelmente a intensidade da assistência e proteção dadas ao menor. A adoção do maior depende sempre do seu consentimento e a ruptura ou não dos laços afetivos e da convivência com a família biológica, na prática, independerá da atuação estatal e dependerá sempre da sua exclusiva vontade e interesse.
>
> (...)
>
> Quanto ao maior, a adoção continuará com conotação predominantemente negocial, praticada por conveniência das partes.

Concluindo-se:

> Deste modo, não se justifica o cancelamento do assento de nascimento original e a lavratura de outro, porque, embora os efeitos da adoção do menor e do maior sejam os mesmos, as características e finalidade destas são diversas, não se vislumbra motivo para a prática de medida no âmbito registrário com o fim de eliminar completamente os acontecimentos passados, além de a averbação resguardar

---

24. ROSENVALD, Nelson; FARIAS, Cristiano Chaves de. *Direito Civil – Direito das Famílias*. Rio de Janeiro: Lumen Juris, 2011. p. 965.

o objetivo da lei civil vigente de não discriminar e garantir a igualdade de tratamento entre o filho natural ou biológico e o adotivo, assegurado pela CF, já que a certidão de nascimento, e, se o caso, a de casamento, será expedida com os novos elementos decorrentes da averbação da adoção.

Esse posicionamento, assim como outras previsões normativas que determinavam a averbação da adoção do maior em seu registro de nascimento, lastreavam-se no artigo 10, inciso III, do CC, que previa: "Far-se-á averbação em registro público: III – dos atos judiciais ou extrajudiciais de adoção". Ocorre que tal inciso foi revogado pela Lei n. 12.010/2009, renovando a questão de se o ato de adoção de maior deveria ser registrado ou averbado.

A melhor solução encontrada foi no sentido de que continuaria a ser averbada a adoção do maior pelos seguintes motivos: não se alteraram as características e as finalidades do ato de adoção de maior como exposto anteriormente; que o intuito da alteração legislativa foi deixar claro que não haveria adoção extrajudicial; e que o rol de averbações não é taxativo, podendo a adoção ser averbada mesmo na ausência de lei específica.

A real diferença é que, averbando-se o ato, é mais fácil obterem-se os dados do registro anterior e da situação prévia do adotado, se necessário e quando determinado em juízo. Assim, caso a adoção tenha sido utilizada para fins escusos ou como forma de fraude alterando-se e ocultando-se a identidade civil do adotado, é possível facilmente o juízo determinar sua verificação.

As NSCGJ-SP, no capítulo XVII, editado após a vigência da Lei n. 12.010/2009, regulamentaram que a adoção do maior será averbada no registro de nascimento e no de casamento, quando houver:

> 117.5. A adoção do maior será averbada no Registro Civil das Pessoas Naturais em que lavrados o seu nascimento e o seu casamento, quando o caso.

E de maneira muito clara estabeleceram quais elementos deve conter essa averbação:

> 129. A averbação das sentenças concessivas de adoção do maior será feita no Registro Civil das Pessoas Naturais onde foram lavrados os seus registros de nascimento e casamento, fazendo constar: a) data da averbação; b) data da sentença, Vara e nome do juiz que a proferiu; c) os nomes dos pais adotivos e os nomes de seus ascendentes; d) o sobrenome que passa a possuir.

No mesmo sentido é a disposição das DGE-RO art. 697, §5º: "A adoção do maior será averbada no Registro Civil das Pessoas Naturais em que lavrados o seu nascimento e o seu casamento, quando o caso."

Relembre-se, porém, que não constará das certidões qualquer indicação a respeito da adoção, devendo a certidão ser emitida com os nomes dos pais adotivos, dos avós da família adotiva e com o novo nome do adotado sem qualquer anotação ou observação que possa indicar a adoção, cumprindo-se o determinado no artigo 227, § 6º, da CF.

9.7.3 Certidão de registro no caso de adoção

Cumprindo o disposto no artigo 227, § 6º, da CF, que impõe o tratamento igual aos filhos independentemente da origem da filiação, o § 4º do artigo 47 do Estatuto da Criança e do Adolescente proíbe a inclusão de qualquer indício sobre a adoção nas certidões de nascimento expedidas posteriormente, assim: "§ 4º Nenhuma observação sobre a origem do ato poderá constar nas certidões do registro".

As certidões em breve relatório, nos moldes do anexo I do Prov. 63/17 da CN-CNJ não apresentam dificuldade na sua emissão, sem mencionar a adoção. No entanto, nos casos de certidão em inteiro teor, quando é reproduzido, palavra por palavra, todo o conteúdo do assento na certidão, se constar referência à adoção não poderá ser expedida sem prévia autorização judicial.

Nesse sentido, vide o §1º do art. 2º do Prov. 63/17 da CN-CNJ:

> § 1º A certidão de inteiro teor requerida pelo adotado deverá dispor sobre todo o conteúdo registral, mas dela não deverá constar a origem biológica, salvo por determinação judicial (art. 19, § 3º, c/c o art. 95, parágrafo único, da Lei de Registros Públicos).

Poderia o registrador, sem autorização judicial, expedir certidão de inteiro teor de um registro de adoção (ou que contenha informação de que houve adoção) a pedido do próprio adotado, quando este for maior e capaz?

A primeira resposta, numa análise superficial, seria no sentido de que a autorização judicial se faz necessária, como prevê a norma administrativa acima transcrita, e, neste caso, sequer a autorização do Juízo Corregedor Permanente bastaria (autorização administrativa), vez que "a expedição de certidões constando a origem do ato deveria sempre ser precedida de autorização do Juízo da Infância e da Juventude"[25]. Observe-se que, no caso de o adotante já ser maior de idade, essa competência parece ser deslocada do Juízo da Infância e da Juventude para o Juízo da Família, todavia este trabalho não tem a pretensão de resolver questões de competência processual.

De fato, a necessidade de autorização judicial parece se sustentar em diversos dispositivos legais, assim:

- Artigo 227, § 6º, da CF, que determina que "Os filhos, havidos ou não da relação do casamento, ou por adoção, terão os mesmos direitos e qualificações, proibidas quaisquer designações discriminatórias relativas à filiação";
- O artigo 47, § 4º, do Estatuto da Criança e do Adolescente, que diz que "Nenhuma observação sobre a origem do ato poderá constar nas certidões do registro";
- Os parágrafos 1º e 2º do artigo 6º da Lei n. 8.560/92, que preveem que "§ 1º Não deverá constar, em qualquer caso, o estado civil dos pais e a **natureza da filiação**(...). § 2º São ressalvadas autorizações ou requisições judiciais de certidões de inteiro teor", os quais receberam respeitável interpretação da CGJ-SP no processo n. 2009/30593, estendendo a necessidade de autorização a todos os casos.
- O parágrafo único do art. 95 da LRP, que prevê para a legitimação adotiva: "Parágrafo único. O mandado será arquivado, dele não podendo o oficial fornecer certidão, a não ser por determinação judicial e em segredo de justiça, para salvaguarda de direitos."

---

25. SANTOS, Reinaldo Velloso dos. *Op. cit.*, 2006, p. 81.

Em que pesem tais dispositivos, aprofunda-se o debate à luz do texto do artigo 48 do ECA introduzido pela Lei n. 12.010/2009, o qual garante o direito fundamental à verdade biológica ao prever que: "O adotado tem direito de conhecer sua origem biológica, bem como de obter acesso irrestrito ao processo no qual a medida foi aplicada e seus eventuais incidentes, após completar 18 (dezoito) anos".

Em razão de tal texto, nada mais impede que a certidão de inteiro teor com informação relativa à adoção seja expedida nos casos em que o próprio adotado, com mais de 18 anos, seja o requerente.

Acrescente-se que o § 3º do art. 19 da LRP, citado na norma administrativa, expressamente ressalva o pedido feito pelo próprio interessado: "§ 3º Nas certidões de registro civil, não se mencionará a circunstância de ser legítima, ou não, a filiação, salvo a requerimento do próprio interessado, ou em virtude de determinação judicial."

A alteração introduzida no Estatuto da Criança e do Adolescente possibilita ao interessado o acesso irrestrito às informações de sua adoção após a maioridade, inclusive aos eventuais incidentes do processo.

Por essa disposição legal, vislumbra-se que a nova sistemática não mais limita o acesso do adotado às informações sobre sua adoção, após atingida a maioridade, o que incluiria o acesso ao resultado do processo, qual seja, o registro em inteiro teor e suas certidões, inclusive de registros cancelados.

Não bastasse isso, em que pese o disposto no inciso X do artigo 5º da CF[26], que ensejou o sigilo sobre informações de adoção (§ 4º do art. 47 da Lei n. 8.069/90), há que se analisá-lo em conjunto com o inciso XXXIV, *b*, do mesmo artigo, que garante a qualquer pessoa o acesso a certidões para esclarecimento de situação pessoal[27].

Isso já havia sido reconhecido pela legislação infraconstitucional, franqueando-se ao interessado o acesso às informações sobre sua pessoa. Determina assim a LRP[28] nos casos em que consta a origem da filiação, bem como a revogada Lei n. 11.111/2005[29], atualmente a Lei n. 12.527/2011[30].

A rigor, é direito do adotado, após a maioridade civil, obter tal certidão, independentemente de autorização.

---

26. X – são invioláveis a intimidade, a vida privada, a honra e a imagem das pessoas, assegurado o direito a indenização pelo dano material ou moral decorrente de sua violação.
27. XXXIV – são a todos assegurados, independentemente do pagamento de taxas:

    b) a obtenção de certidões em repartições públicas, para defesa de direitos e esclarecimento de situações de interesse pessoal.
28. Artigo 19, § 3º, supratranscrito.
29. Artigo 7º, parágrafo único. As informações sobre as quais recai o disposto no inciso X do *caput* do art. 5º da CF terão o seu acesso restrito à pessoa diretamente interessada ou, em se tratando de morto ou ausente, ao seu cônjuge, ascendentes ou descendentes, no prazo de que trata o § 3º do art. 23 da Lei n. 8.159, de 8 de janeiro de 1991.
30. Art. 31. O tratamento das informações pessoais deve ser feito de forma transparente e com respeito à intimidade, vida privada, honra e imagem das pessoas, bem como às liberdades e garantias individuais. § 1º As informações pessoais, a que se refere este artigo, relativas à intimidade, vida privada, honra e imagem: I – terão seu acesso restrito, independentemente de classificação de sigilo e pelo prazo máximo de 100 (cem) anos a contar da sua data de produção, a agentes públicos legalmente autorizados **e à pessoa a que elas se referirem**; e II – poderão ter autorizada sua divulgação ou acesso por terceiros diante de previsão legal **ou consentimento expresso da pessoa a que elas se referirem**. (As partes em negrito não constam do original.)

Nesse sentido é adequada e bem fundamentada as NSCGJ-SP, que estabelecem:

> 47.2.1 As certidões de nascimento de inteiro teor de pessoa adotada somente serão expedidas mediante autorização judicial, salvo se, já atingida a maioridade, o pedido tiver sido formulado pelo próprio adotado ou por seu representante legal. A competência para decidir acerca do pedido será do Juiz Corregedor Permanente ou do Juiz da Vara da Infância e da Juventude, conforme a adoção tenha sido, respectivamente, anterior ou posterior à vigência do Estatuto da Criança e do Adolescente.

Com relação à situação em que o adotado ainda é menor de 18 (dezoito) anos, a certidão com informação da adoção poderá ser solicitada pelo representante legal ou com assistência deste, no entanto, para sua expedição, é mais adequada a imposição de autorização do Juízo da Vara da Infância e Juventude, tendo em vista que o artigo 48, parágrafo único, da Lei n. 8.069/90, incluído pela Lei n. 12.010/2009 estabelece que "o acesso ao processo de adoção poderá ser também deferido ao adotado menor de 18 (dezoito) anos, a seu pedido, assegurada orientação e assistência jurídica e psicológica".

9.7.4 Adoção simples

Por fim, questão ainda a ser tratada é a adoção simples realizada nos termos dos artigos 375 e seguintes do CC de 1916.

Extrai-se dos referidos dispositivos que tal adoção, chamada simples, era feita por escritura pública, vinculava exclusivamente o adotante e o adotado, não se estendendo o vínculo ao restante da família, e não tinha o condão de romper os vínculos com a família original, assim se vê:

> Art. 375. A adoção far-se-á por escritura pública, em que se não admite condição, em termo.
>
> Art. 376. O parentesco resultante da adoção (art. 336) limita-se ao adotante e ao adotado, salvo quanto aos impedimentos matrimoniais, a cujo respeito se observará o disposto no art. 183, n. III e V,
>
> (...)
>
> Art. 378. Os direitos e deveres que resultam do parentesco natural não se extinguem pela adoção, exceto o pátrio poder, que será transferido do pai natural para o adotivo.

Observe-se que a adoção simples por meio de escritura pública, a partir do Código de Menores – Lei n. 6.697/79, somente seria possível aos maiores de idade, dependendo a adoção de menor, mesmo que simples, de intervenção e autorização judicial, da seguinte maneira:

> Art. 27. A adoção simples de menor em situação irregular reger-se-á pela lei civil, observado o disposto neste Código.
>
> Art. 28. A adoção simples dependerá de autorização judicial, devendo o interessado indicar, no requerimento, os apelidos de família que usará o adotado, os quais, se deferido o pedido, constarão do alvará e da escritura, para averbação no registro de nascimento do menor.
>
> § 1º A adoção será precedida de estágio de convivência com o menor, pelo prazo que a autoridade judiciária fixar, observadas a idade do adotando e outras peculiaridades do caso.
>
> § 2º O estágio de convivência poderá ser dispensado se o adotando não tiver mais de um ano de idade.

Posteriormente, o instituto da adoção de menores passou a ser regido pela CF, artigo 227, § 6º, e pelo Estatuto da Criança e do Adolescente, entendendo a melhor doutrina que todos os direitos de filhos seriam estendidos àqueles menores adotados na modalidade simples.

> Enfatize-se que a CF, em seu parágrafo 6º do art. 227, e o Estatuto da Criança e do Adolescente (Lei n. 8.069, de 13-7-90), art. 41, *caput*, ao estabelecerem igualdade de direitos e qualificações entre filhos adotivos e aqueles havidos ou não da relação de casamento, fizeram com que mesmo as "adoções simples" de crianças e adolescentes realizadas em data anterior às suas vigências passassem a ser regidas pela novel legislação, atribuindo-se aos adotados a plena condição de filhos, com todos os direitos, quer pessoais, quer patrimoniais[31].

De tal maneira, para fins de registro civil as adoções de menores e adolescentes devem ter um único tratamento, não se aceitando a inscrição de novas adoções simples e emitindo-se certidões de adoções simples já inscritas da mesma maneira que se emitem as certidões das adoções na forma do ECA, qual seja, sem menção aos pais e avós biológicos, constando no campo filiação os adotantes, sem fazer referência à adoção.

Observe-se que o STJ decidiu que existe a proteção ao ato jurídico perfeito da adoção simples, porém, isso não significa um direito adquirido ao regime jurídico então vigente para a adoção simples, notadamente no que toca as regras sucessórias, que se aplicam conforme a lei do tempo da abertura da sucessão. Dessa forma, não permitiu que as netas biológicas adotadas da forma simples na vigência do CC de 1916 se habilitassem como herdeiras legítimas da avó biológica (REsp 1116751/SP, Rel. Ministro MARCO BUZZI, QUARTA TURMA, julgado em 27/09/2016, DJe 07/11/2016). Por outro lado, pelos mesmos argumentos, conferiu o direito sucessório ao irmão adotivo por adoção simples, em concorrência com os irmãos consanguíneos, na herança deixada pela irmã (REsp 1503922/MG, Rel. Ministra NANCY ANDRIGHI, TERCEIRA TURMA, julgado em 24/04/2018, DJe 30/04/2018).

Em ambos os casos mencionados, fosse aplicado o regime anterior, a solução seria outra. No primeiro, haveria direito sucessório, pois a adoção simples não extinguia os direitos e deveres resultantes do parentesco natural (CC de 1916, art. 378, acima transcrito). No segundo, não haveria direito sucessório, pois os efeitos da adoção simples se limitavam ao adotante e adotado (CC de 1916, art. 376, acima transcrito).

As decisões mencionadas tratavam da adoção de menores, sendo certo que o STJ não aplicou a mesma solução no caso de adoção simples de maior de idade, dentre outras peculiaridades do caso concreto (REsp 1292620/RJ, Rel. Ministro RAUL ARAÚJO, Rel. p/ Acórdão Ministro LUIS FELIPE SALOMÃO, QUARTA TURMA, julgado em 25/06/2013, DJe 13/09/2013).

Assim, a adoção simples do maior de idade, que continuou existindo mesmo após a promulgação da constituição, por suas peculiaridades e efeitos limitados, merece tratamento diferente.

---

31. OLIVEIRA, Carlos Santos. *A adoção e seus efeitos*. Disponível em: http://www.egov.ufsc.br/portal/sites/default/files/anexos/9535-9534-1-PB.pdf. Acesso em 30 set. 2013.

Por oportuno, ressalte-se que a maioridade, antes do CC vigente, ocorria ao completar vinte e um anos de idade, sendo igual ou maior que essa idade na data da adoção o critério para se apurar estar diante de uma adoção simples de maior.

Essa adoção simples do maior, que era averbada no registro de nascimento do adotado, deve ter publicidade integral, transcrevendo-se seu teor na certidão de registro que vier a ser emitida. Assim era a normativa da CGJ-SP, no item 47.4 do Capítulo XVII, que foi revogado pelo Provimento n. 41/2012, porém ainda deve ser observado em razão da publicidade adequada que confere.

> 47.4. Será obrigatória a certidão de inteiro teor nos casos em que constar averbação de adoção simples efetivada após a vigência da Lei n. 8.069/90 e antes da entrada em vigor do CC de 2002, para que possa ser reconhecida de imediato a real situação de parentesco do adotado.

Em relação às adoções simples de maior de idade já realizadas, porém ainda não inscritas no registro civil, questiona-se quanto à possibilidade de se lavrar a averbação competente.

Primeiramente, observe-se que, desde a entrada em vigência do CC de 2002, não mais é possível esse tipo de adoção, de maneira que somente as escrituras lavradas anteriormente seriam válidas.

Aplicando-se o princípio *tempus regit actum*, tais adoções estariam aperfeiçoadas, vez que as escrituras foram lavradas em conformidade com a lei vigente à época. Assim, respeitando-se o ato jurídico perfeito na forma do artigo 5º, XXXVI, da CF, é possível a averbação no registro civil de nascimento mesmo após a vigência do código de 2002.

Nesse sentido é o posicionamento de Reinaldo Velloso dos Santos[32]:

> Não obstante a necessidade de sentença judicial para a adoção de maiores de dezoito anos prevista no Código atual (...), o ato formalizado na vigência do antigo Código poderá ser averbado, nos termos do artigo 2.035 e, especialmente, do artigo 5º, XXXVI, da CF, por se tratar de ato jurídico perfeito.

> O revogado CC (Lei n. 3.071/1916) estabelecia adoção restrita, classificada como adoção simples, feita por escritura pública (art. 134, inciso I, e art. 375, primeira parte) lavrada por um Tabelião de Notas.

E Luís Guilherme Loureiro[33]:

> Antes do CC de 2002, a adoção de maior podia ser feita por escritura pública. Portanto, os atos notariais de adoção lavrados sob o império da legislação anterior podem ainda ser averbados em face do princípio *tempus regit actum*.

Nesse caso, a certidão também deve conter o inteiro teor da averbação para que se dê imediata publicidade da situação de estado de filiação do registrado.

---

32. SANTOS, Reinaldo Velloso dos. Op. cit., 2006, p. 83.
33. LOUREIRO, Luís Guilherme. Op. cit., p. 138.

10
Averbações no Registro de Nascimento

Expostas as questões relativas aos registros de nascimentos, há que se reconhecer que o teor destes, bem como seus efeitos, são passíveis de mudanças, por diversos motivos, as quais ensejam as devidas averbações nos registros.

As regras gerais quanto à instância, qualificação e escrituração das averbações seguem a forma dos artigos 97 e seguintes da LRP e estão expostas na parte geral deste trabalho. Neste momento são analisadas as averbações específicas do registro de nascimento e suas regras.

Em rol não taxativo, pode-se pensar nas seguintes averbações a serem feitas no registro de nascimento: atos judiciais e extrajudiciais que declararem ou reconhecerem a filiação, ou que a desconstituírem; a perda ou a retomada de nacionalidade brasileira, quando comunicadas pelo Ministério da Justiça; a perda, a suspensão e a destituição do poder familiar; quaisquer alterações do nome; termo de guarda e responsabilidade; a nomeação de tutor; as sentenças concessivas de adoção do maior; as sentenças de adoção unilateral de criança ou adolescente entre outras.

Tantas serão as averbações no registro de nascimento quantas forem necessárias para preservar a pluralidade da nossa sociedade e a singularidade e dignidade de cada indivíduo, assim, também podemos pensar, por exemplo, nas averbações de alteração de sexo; a inserção da cor (raça) da pessoa, juridicamente interessante para as políticas públicas de cotas raciais, perfeitamente possível se determinada na esfera jurisdicional (em que pese o exposto no tópico relativo aos elementos no registro de nascimento); averbação inserindo dupla maternidade ou paternidade.

10.1 RECONHECIMENTO DE FILHO

O reconhecimento de filho tem a natureza de ato jurídico unilateral irrevogável, ou seja, um ato que emana da autonomia privada e se aperfeiçoa tão somente pela declaração do pai ou da mãe em assumir certa pessoa como seu filho e, uma vez declarado, não caberá revogação.

Tampouco é possível impor condição ou termo ao reconhecimento e, caso impostos, não terão eficácia, permanecendo hígido e íntegro o reconhecimento de filho.

A normatização desse ato está nos artigos 1.607 e seguintes do CC brasileiro.

Esse caráter unilateral não se modifica diante da previsão do artigo 1.614 do CC, que impõe o consentimento do filho maior e faculta a impugnação do reconhecimento, mesmo se já averbado, quando atingida a maioridade. Isso porque, em ambos os casos, trata-se de atos distintos, que atingem tão somente a eficácia do reconhecimento. O consentimento do filho maior é ato condicional para se conferir eficácia ao reconhecimento e a impugnação de reconhecimento pelo filho após atingida a maioridade é ato capaz de retirar a eficácia do reconhecimento. Em qualquer caso, o ato de reconhecimento de filho já está aperfeiçoado e válido.

Também é utilizada a expressão reconhecimento voluntário de filho ou reconhecimento espontâneo de filho, para se distinguir do reconhecimento judicial de filho, que é o reconhecimento compulsório, forçado, portanto, não é propriamente um reconhecimento, embora produza os mesmos efeitos (CC, art. 1.616). Esse "reconhecimento" judicial será tratado no tópico a seguir, acerca dos provimentos jurisdicionais sobre filiação, ou seja, a sentença declaratória da filiação, a investigação de paternidade e a negatória de paternidade.

O reconhecimento de filho nem sempre é o objeto único e principal do ato que o contém. Pode estar incidentalmente num testamento, num acordo judicial, e, como já foi dito, é um dos atos que compõem o registro de nascimento. Assim, reporta-se o leitor ao tópico respectivo no capítulo de registro de nascimento, em que é tratada a capacidade para o pai reconhecer o filho.

Muitas vezes é denominado reconhecimento de paternidade, por ser a situação que mais ocorre na prática jurídica, mas se destina igualmente ao reconhecimento de maternidade. No decorrer deste trabalho, ao citar os exemplos ou mesmo ao expor a matéria, será considerada a situação do pai como a pessoa que reconhece o filho. Nisso não há nenhuma discriminação, apenas uma coerência com o que mais acontece na prática jurídica. Aliás, veja-se que a própria Corregedoria Nacional de Justiça, ao editar o Provimento n. 16/2012, mencionou em seu artigo 7º a "anuência da mãe", quando deveria dizer "anuência do outro genitor". O equívoco passa despercebido, até mesmo porque o texto acabou por ficar mais didático.

Justamente nesse ponto, ressalte-se que o CC não exige, para o reconhecimento de filho, a anuência da mãe ou do outro genitor. Pelo contrário, em seu artigo 1.607, é expresso ao afirmar que o reconhecimento poderá ser feito conjunta ou separadamente. No mesmo sentido, o procedimento do suposto pai, que poderá terminar com o reconhecimento de filho, só terá a participação da mãe se isso for possível, não sendo, portanto, obrigatório (art. 2º, § 1º, da Lei n. 8.560/92). No entanto, a anuência da mãe ou não poderá repercutir na tramitação do procedimento de reconhecimento de filho, como se verá adiante.

São diversas as formas pelas quais esse negócio jurídico pode se apresentar, expressamente previstas no artigo 1.609 do CC, quais sejam, o registro do nascimento; a escritura pública ou escrito particular[1], a ser arquivado em cartório; o testamento, ainda que incidentalmente manifestado; a manifestação direta e expressa perante o juiz, ainda que o reconhecimento não haja sido o objeto único e principal do ato que o contém.

---

1. Com firma reconhecida ou firmado pessoalmente perante o serviço de registro civil, após identificação.

Acrescente-se o termo lavrado em penitenciária, abonado pelo diretor do presídio, ou ainda o termo lavrado em serviço consular brasileiro.

Ressalte-se, dentre os diversos meios de reconhecimento de filho, que os Provimentos n. 12/2010 e 26/2012 da CN-CNJ instituíram o Projeto Pai Presente, uma campanha nacional que mobilizou o Poder Judiciário para, em convênio com a rede de ensino, inserir o nome dos pais nos registros das crianças. De maneira inteligente, o meio utilizado para descobrir quais são as crianças sem o nome do pai e como encontrá-las foi a matrícula escolar delas.

O CC menciona que o reconhecimento tem por objeto filhos "havidos fora do casamento", no entanto, essa expressão legal não exclui a possibilidade de se reconhecer os filhos havidos no casamento, pois ela deve ser interpretada em conformidade com o comando constitucional de igualdade entre os filhos.

Compreende-se facilmente a razão pela qual consta da lei essa expressão – "filhos havidos fora do casamento" – quando se toma conhecimento da história recente da família brasileira e a origem do reconhecimento de filho. A simples leitura do CC de 1916, em sua redação original, demonstra a importância do instituto do casamento, como único meio de se constituir uma família – a família legítima – com suas nítidas feições patriarcais, então predominantes. Os filhos havidos fora do casamento eram discriminados, considerados ilegítimos e não tinham os mesmos direitos que os filhos legítimos.

Nessa época, a forma mais comum de se lançar o nome do pai no registro de nascimento era por meio da certidão de casamento, documento essencial para comprovar a legitimidade da família, situação inconcebível e inconstitucional nos dias de hoje. Para os filhos que não tiveram a graça de nascer de pais casados, vigorava então o que o CC de 1916, artigo 355, denominava "reconhecimento de filho ilegítimo".

O CC vigente trocou a expressão "ilegítimo" por filho "havido fora do casamento" (art. 1.607), usando a mesma expressão que já constava da Lei Federal n. 8.560/92.

Essa substituição da expressão soa como um eufemismo, pois mantém a discriminação, apenas utilizando-se de outra nomenclatura. Desde a CF de 1988 a discriminação entre filhos não pode subsistir no ordenamento jurídico, já que seu artigo 227, § 6º, veda categoricamente designações discriminatórias relativas à filiação, assegurando aos filhos os mesmos direitos e qualificações.

Por outro lado, ao dizer filhos havidos fora do casamento, a lei tem um efeito didático, tornando clara a possibilidade de que todos os filhos, independentemente do estado civil dos pais, possam ser reconhecidos. Em virtude do método de interpretação da lei conforme a Constituição, não se pode ver, nesta dicção legal, uma vedação ao reconhecimento de filhos havidos no casamento. O dispositivo legal visou à inclusão dos filhos e tem um caráter igualitário, não poderia agora ser interpretado para excluir e discriminar.

É possível o reconhecimento de filho já falecido, no entanto, é necessário que esse filho tenha deixado descendentes (CC, art. 1.609, parágrafo único). Se o filho falecido não deixou descendentes, há uma forte suspeita de que o reconhecimento de filho seja fraudulento, pois aquele que o reconhece se torna herdeiro do falecido. Dessa forma, não é cabível o reconhecimento de filho já falecido que não tenha deixado descendentes, mas apenas a ação judicial de investigação de paternidade ou declaratória de filiação.

Também é possível que o reconhecimento de filho preceda o nascimento (CC, art. 1.609, parágrafo único). A hipótese é importante para os pais que não são casados, já que, na eventualidade de o pai falecer antes do registro de nascimento, a mãe não terá como comprovar a paternidade ao Oficial de Registro Civil.

Por outro lado, ainda que seja possível reconhecer o filho antes de seu nascimento, não é possível reconhecer filho antes de concebido. Ou seja, o ato de reconhecimento de filho deverá recair sobre um filho determinado, o que se faz pela indicação do nome da mãe e da data/época provável do parto.

É possível, também, o reconhecimento de filho que já completou a maioridade, no entanto, é necessário que o filho maior manifeste expressamente seu consentimento com o reconhecimento (CC, art. 1.614).

Por ocasião do reconhecimento de filho, é possível acrescentar o sobrenome da família de quem reconhece ao sobrenome do filho reconhecido. O fundamento dessa alteração é que o sobrenome é direito fundamental da pessoa humana que identifica o ramo familiar do qual a pessoa descende. Como no momento do registro de nascimento a pessoa teve esse direito negado, já que não havia paternidade/maternidade estabelecida, por ocasião do reconhecimento abre-se a possibilidade de adotar os sobrenomes do genitor que reconhece[2].

Cabe aqui uma analogia com o casamento, que tem expressa previsão de alteração dos sobrenomes (CC, art. 1.565, §1º), justamente por ser uma alteração do estado civil, assim como é o reconhecimento de filho.

No entanto, importante atentar que não é possível alterar o prenome, seja por falta de previsão legal, seja em razão da regra da definitividade do prenome.

Na primeira edição foi exposto o argumento de que não seria possível excluir sobrenomes, mas apenas acrescentar o sobrenome paterno, embora seja cabível excluir as partículas de ligação no sobrenome, tais como "de" ou "e", estejam no singular ou no plural, no gênero masculino ou no feminino, pois essas partículas não são elementos essenciais do sobrenome, logo podem ser suprimidas ou acrescidas por ocasião das escolhas ou alterações de nome permitidas pela lei.

No entanto, o melhor posicionamento parece ser o de que, em razão de analogia com a regra para o casamento, é possível excluir sobrenomes, desde que não exclua todos os sobrenomes da pessoa. Isto pois é justo e bem motivado permitir a exclusão de sobrenome para que o filho use o mesmo sobrenome dos outros filhos do mesmo casal, em razão da igualdade dos irmãos. Há casos também em que a mãe coloca todos os seus sobrenomes na criança, no intuito de suprir a ausência de sobrenomes, mas ao inserir os sobrenomes paternos, o nome fica muito extenso. Em verdade, para além dessas situações específicas, ressalte-se que há acordo entre os envolvidos, então deve

---

2. GONÇALVES, Carlos Roberto. *Direito Civil Brasileiro: Parte Geral*, vol. I, 16ª ed., São Paulo: Saraiva, 2018. p.168.

prevalecer o nome como expressão da personalidade, como ressaltado pelo STJ, em situação análoga, que envolve supressão de patronímico.

> 4- Impedir a retomada do nome de solteiro na hipótese de falecimento do cônjuge implicaria em grave violação aos direitos da personalidade e à dignidade da pessoa humana após a viuvez, **especialmente no momento em que a substituição do patronímico é cada vez menos relevante no âmbito social, quando a questão está, cada dia mais, no âmbito da autonomia da vontade e da liberdade** e, ainda, quando a manutenção do nome pode, em tese, acarretar ao cônjuge sobrevivente abalo de natureza emocional, psicológica ou profissional, em descompasso, inclusive, com o que preveem as mais contemporâneas legislações civis. (REsp 1724718/MG, Rel. Ministra NANCY ANDRIGHI, TERCEIRA TURMA, julgado em 22/05/2018, DJe 29/05/2018, grifo nosso).

10.1.1 Filiação socioafetiva

Resumidamente, podemos conceituar a filiação socioafetiva como aquela que tem origem no afeto vivido socialmente entre pais e filhos, independentemente de vínculo consanguíneo. O reconhecimento voluntário de filho socioafetivo diretamente perante o serviço de registro civil das pessoas naturais foi inicialmente regulamentado por corregedorias estaduais e atualmente está normatizado em âmbito nacional pelo Provimento 63/2017 da CN-CNJ, com as alterações trazidas pelo Provimento 83/2019.

A fundamentação jurídica pode ser encontrada nos considerando de ambos provimentos: 1) a ampla aceitação doutrinária e jurisprudencial da paternidade e maternidade socioafetivas, contemplando os princípios da afetividade e da dignidade da pessoa humana como fundamento da filiação civil; 2) a possibilidade legal de o parentesco resultar de outra origem que não a consanguinidade (CC, art. 1.593); 3) o reconhecimento dos mesmos direitos e qualificações aos filhos, havidos ou não da relação de casamento ou por adoção, proibida toda designação discriminatória relativa à filiação (CF, art. 227, § 6º e CC, art. 1.596); 4) a possibilidade de reconhecimento voluntário da filiação biológica perante o oficial de registro civil das pessoas naturais e, ante o princípio da igualdade jurídica e de filiação, a possibilidade de reconhecimento voluntário da paternidade ou maternidade socioafetiva (CC, art. 1.609); 5) a necessidade de averbação, em registro público, dos atos judiciais ou extrajudiciais que declararem ou reconhecerem a filiação (art. 10, II, do Código Civil).

Acrescente-se aos argumentos expostos que essa possibilidade não aumenta o risco de fraudes, pois se houver intuito fraudulento, a pessoa poderá usar o reconhecimento de filho biológico, para o qual não se exige nenhum tipo de prova.

Nesse sentido, há vantagem para a segurança jurídica em permitir o reconhecimento de filiação socioafetiva administrativamente, pois é um desestímulo ao uso fraudulento do reconhecimento de filho biológico apenas para evitar um procedimento mais dificultoso, o que levaria a ser averbada uma filiação biológica quando na verdade as partes já sabiam que se tratava de filiação socioafetiva. Nessa mesma situação, outra vantagem é desbancar um futuro argumento de quem desfaz o casamento ou união estável com o outro genitor da criança e, de má-fé, apresenta como prova exame de DNA para se desobrigar dos deveres parentais assumidos. Havendo a informação no registro público sobre a origem socioafetiva da filiação, ainda que mantida sob sigilo, poderá ser acessada pelos magistrados, em eventual ação negatória de paternidade.

O Provimento 63 foi submetido ao plenário do CNJ, que o referendou por unanimidade[3], com a seguinte ementa:

> PEDIDO DE PROVIDÊNCIAS. REGULAMENTAÇÃO NACIONAL DO RECONHECIMENTO VOLUNTÁRIO DE PATERNIDADE SOCIOAFETIVA. PARENTESCO. CARTÓRIO DE REGISTRO CIVIL E DE PESSOAS NATURAIS. PREVISÃO DO ART. 1539 E 1596 DO CC/2002. CONSTITUCIONALIZAÇÃO DO DIREITO CIVIL. PRINCÍPIO DA AFETIVIDADE. PRINCÍPIO DA DIGNIDADE DA PESSOA HUMANA. MELHOR INTERESSE DO MENOR. PROTEÇÃO INTEGRAL DO MENOR. IGUALDADE JURÍDICA ENTRE OS FILHOS.
>
> 1. O Corregedor Nacional de Justiça possui a prerrogativa de editar atos normativos com vistas ao aperfeiçoamento dos serviços auxiliares do Poder Judiciário (Art. 3º, inciso XI, do Regulamento Geral da Corregedoria Nacional de Justiça,).
>
> 2. O Código Civil de 2002, o Estatuto da Criança e do Adolescente e a Constituição Federal possibilitam e os Tribunais reconhecem a filiação baseada na relação afetiva construída entre pai e filho sem que haja limitação da origem da paternidade aos laços biológicos ou à consanguinidade.
>
> 3. O reconhecimento da paternidade socioafetiva como forma de parentesco homenageia os princípios da afetividade, da dignidade da pessoa humana, da igualdade jurídica entre os filhos, do maior interesse da criança e do adolescente, assim como da sua proteção integral.
>
> 4. O termo de nascimento fundado em relação socioafetiva depende, primordialmente da verificação da posse de estado de filho, a qual denota a existência de uma relação estável de afetividade (*tractus*), a demonstração social de que os registrantes se relacionam como pai/mãe e filho (*reputatio*) e que o infante/adolescente carregue o nome da família (*nomen*).
>
> 5. O registro da filiação socioafetiva independe de demonstração de prazo mínimo do exercício de relação de paternidade e exige que o reconhecimento da paternidade/maternidade esteja respaldada pela vontade livre, despida de vícios (erro, dolo, coação, fraude ou simulação) e consciente da irrevogabilidade do ato.
>
> 6. O reconhecimento extrajudicial da paternidade socioafetiva deve ser realizada pessoalmente pelo interessado, perante o Oficial de Registro Civil ou por meio de testamento (post mortem), vedado o procedimento realizado por meio de procuração.
>
> 7. Não cabe excluir do assento funcional o registro de pai/mãe original quando inexistente qualquer vício de consentimento ou equívoco formal, na sua constituição.
>
> 8. Impede-se o reconhecimento extrajudicial da paternidade socioafetiva quando o Oficial de Registro Civil suspeitar de fraude ou não restarem preenchidos os requisitos necessários para a realização do ato.
>
> 9. Provimento publicado regulamentando a matéria. (CNJ - PP - Pedido de Providências - Corregedoria - 002653-77.2015.2.00.0000 - Rel. JOÃO OTÁVIO DE NORONHA - 270ª Sessão Ordinária - j. 24/04/2018)[4].

---

3. PEDIDO DE PROVIDÊNCIAS 002653-77.2015.2.00.0000. Relator: CONSELHEIRO JOÃO OTÁVIO DE NORONHA Requerente: INSTITUTO BRASILEIRO DE DIREITO DE FAMÍLIA. Requerido: CONSELHO NACIONAL DE JUSTIÇA – CNJ Assunto: OF/PRESI. Nº 25 - Reconhecimento Voluntário - Paternidade Socioafetiva - Oficiais de Registro Civil. Decisão: "O Conselho, por unanimidade, referendou o Provimento nº 63, de 14 de novembro de 2017, nos termos apresentados pelo Relator. Ausentes, justificadamente, os Conselheiros Daldice Santana e Henrique Ávila e, em razão da vacância do cargo, o representante do Ministério Público da União. Presidiu o julgamento a Ministra Cármen Lúcia. Plenário, 24 de abril de 2018." Conforme ata e certidões de julgamento n. 270. Disponível em: http://www.cnj.jus.br/busca-atos-adm?documento=3457 Acesso em 20.11.2018
4. Disponível em: http://www.cnj.jus.br/InfojurisI2/JurisprudenciaListSearch.seam?sort=dtDataJulgamento_untk&dir=desc&logic=and&cid=3867725 Acesso em 20.11.2018.

Posteriormente, o Provimento 83/19 trouxe alterações que resumidamente são: a) o estabelecimento de idade mínima do filho reconhecido em 12 anos; b) a necessidade de apuração objetiva da socioafetividade, demonstrada pelo requerente por todos os meios em direito admitidos, com destaque expresso para provas documentais; c) o obrigatório encaminhamento ao Ministério Público, cujo parecer favorável é condição para a averbação do reconhecimento de filho socioafetivo.

Essas alterações foram tomadas em procedimento iniciado pelo Colégio de Coordenadores da Infância e Juventude dos Tribunais de Justiça do Brasil, que externou "preocupação da magistratura infanto-juvenil com os efeitos do Provimento CN-CNJ n. 63/2017, em especial com o afastamento da atuação jurisdicional na constituição da parentalidade socioafetiva, bem como eventual facilidade da efetivação de entregas irregulares para adoção."[5]

O Provimento 83 também foi referendado por unanimidade no Plenário do CNJ, com a seguinte ementa.

> PEDIDO DE PROVIDÊNCIAS. ALTERAÇÃO DA SEÇÃO II DO PROVIMENTO CNJ N. 63/2017. PATERNIDADE SOCIOAFETIVA. REFERENDO.
>
> 1. Alteração da Seção II do Provimento n. 63, de 14 de novembro de 2017 da Corregedoria Nacional de Justiça.
>
> 2. Reconhecimento extrajudicial da parentalidade de caráter socioafetivo para aqueles que possuem dezoito anos ou mais.
>
> 3. Possibilidade de aplicação desse instituto jurídico aos menores, desde que sejam emancipados, nos termos do parágrafo único do art. 5º, combinado com o art. 1º do Código Civil.
>
> 4. Possibilidade de aplicação desse instituto aos menores, com doze anos ou mais, desde que seja realizada por intermédio de seu(s) pai(s) nos termos da Lei.
>
> 5. Oitiva do Ministério Público nos casos de reconhecimento extrajudicial de parentalidade socioafetiva de menores de 18 anos. (CNJ - PP - Pedido de Providências - Corregedoria - 0001711-40.2018.2.00.0000 - Rel. HUMBERTO MARTINS - 51ª Sessão - j. 30/08/2019).

O instituto alcançou a multiparentalidade, conforme será analisado no item 10.1.3 a seguir. Antes, passa-se à análise do procedimento para o reconhecimento de filho.

10.1.2 Procedimento

O reconhecimento de filho tem grande importância para a implementação do princípio da dignidade da pessoa humana e para a valorização da família, logo seu procedimento mereceu uma regulamentação específica. Atualmente estão vigentes dois provimentos nacionais, que disciplinam o reconhecimento voluntário de filho perante o oficial de registro civil, um para a filiação biológica (Prov. 16/12), outro para a filiação socioafetiva (Prov. 63/17, com alteração pelo Prov. 83/19), ambos da CN-CNJ.

---

5. Conforme consta do relatório do voto do relator na votação do Plenário Virtual do CNJ que referendou o referido provimento http://www.cnj.jus.br/InfojurisI2/downloadDocumento.seam?fileName=0001711-40.2018.2.00.0000&numProcesso=0001711-40.2018.2.00.0000&numSessao=51%C2%AA+-Sess%C3%A3o+Virtual&idJurisprudencia=50960&decisao=false Acesso em 01.11.2019.

De início, observa-se que a existência de dois procedimentos distintos, com requisitos muito diversos, é uma potencial afronta o princípio da isonomia e da igualdade de filiação, notadamente ao considerar que o STF assentou não existir hierarquia entre a filiação socioafetiva ou biológica[6] e que o Código Civil e até mesmo o Prov. 16/12 não trazem em suas normas especificação de que o reconhecimento de filho se aplica apenas a filhos biológicos.

Atualmente, duas crianças que não tenham o nome de seu pai no registro de nascimento, mas têm pai na realidade da família, passarão por procedimentos muito diversos para obter a documentação básica conforme a sua realidade. Para a criança que tiver uma alegada filiação biológica, realizar-se-á o procedimento pessoalmente em serventia extrajudicial, sem necessidade de apresentar provas do vínculo consanguíneo, obtendo sua certidão de nascimento em poucos dias. Para a criança cuja filiação tiver origem na socioafetividade, o procedimento será mais dificultoso, pois terá de ser feito por meio de advogado ou defensor público, que formulará o pedido ao juiz, apresentando provas do alegado.

Por outro lado, a distinção estabelecida pelo CNJ encontra sustentação no argumento de que há respeito ao princípio da igualdade ao tratar de forma desigual situações que são desiguais, na medida da sua desigualdade. Nesse sentido, a filiação biológica e a socioafetiva tem pressupostos distintos para sua existência e validade jurídicas, logo justifica-se existirem procedimentos distintos para a sua formalização e eficácia, ressaltando que, após estabelecida a filiação, seja afetiva ou biológica, nenhuma discriminação entre as filiações é realizada pelos provimentos. Caberia então aferir se cada uma das desigualdades procedimentais estabelecidas respeitam a proporcionalidade entre a situação das partes e o critério de discriminação estabelecido, bem como se estão em conformidade com os princípios e valores do ordenamento jurídico.

De qualquer forma, ambos provimentos estão vigentes e devem ser aplicados pelos registradores, o que passa a ser analisado.

10.1.2.1 Reconhecimento de filho biológico

Primeiramente cumpre observar que o Prov.16/12 está centralizado na declaração realizada perante o oficial de registro civil, que é a forma mais frequente na prática registral. No entanto, há outras formas de se instrumentalizar o reconhecimento de filho, quais sejam, a escritura pública; o testamento, ainda que incidentalmente manifestado; o termo judicial em que há manifestação direta e expressa perante o juiz, ainda que o reconhecimento não haja sido o objeto único e principal do ato que o contém; o termo lavrado em penitenciária, abonado pelo diretor do presídio; o termo lavrado em serviço consular brasileiro; termo lavrado na Defensoria Pública ou mesmo no Ministério Público.

Quando apresentada essas outras formas de se instrumentalizar o reconhecimento de filho, cabe questionar se o registrador deve aplicar o mesmo procedimento regulado

---

6. RE 898.060/SC, que fixou a tese de repercussão geral 622.

pelo Provimento nacional ou se deve seguir o procedimento geral da averbação regulado no art. 97 da Lei 6.015/73, com sua redação atual.

O Prov. 16, na parte inicial de seu art. 6º, estabelece que o reconhecimento espontâneo de filho perante o registro civil se faz "sem prejuízo das demais modalidades legalmente previstas". Essa ressalva sugere que o provimento não se aplica aos demais instrumentos de reconhecimento de filho. No entanto, tal dispositivo deve ser interpretado conforme a legislação vigente à época de sua edição, em que o artigo 97 da LRP exigia audiência do Ministério Público para a averbação fundada em documento legal e autêntico.

Dessa forma, em razão da isonomia, também no caso de filhos biológicos a melhor conduta será submeter os instrumentos de reconhecimento de filho aos trâmites procedimentais do provimento 16 da CN-CNJ. A principal exigência desse provimento, que não há no procedimento geral de averbação, nem na legislação civil, é a necessidade de anuência do outro genitor, se o filho for menor. Assim, se no título apresentado não houver essa anuência, será necessário obtê-la.

Se o filho for maior, a necessidade de seu consentimento está prevista no art. 1.614 do CC. Em razão do princípio "tempus regit actum", afere-se a maioridade por ocasião da apresentação do título para averbação. Dessa forma, ainda que na data de lavratura do ato de reconhecimento o filho fosse menor, se no momento da apresentação para averbação no registro civil já tiver atingido a maioridade, deverá ser colhido seu consentimento.

O provimento permite expressamente que o pai ou a mãe compareça em qualquer cartório de registro civil do Brasil, munido de documento de identidade, para postular o reconhecimento de filho. Caso o pedido não seja formulado perante o Oficial de Registro detentor do assento de nascimento, é lavrado o termo de reconhecimento de filho em duas vias, ficando uma arquivada em cartório, juntamente com cópia dos demais documentos apresentados, sendo a outra, também instruída com os documentos apresentados, encaminhada ao cartório onde lavrado o registro de nascimento, para que se proceda a averbação. (Prov. 16, art. 6º, §§ 2º e 3º e Prov. 63, art.11, "caput").

O encaminhamento ao cartório onde é realizada a averbação é feito pelo próprio interessado ou pelo Oficial de Registro Civil, que poderá se utilizar da ferramenta e-Protocolo – módulo da CRC.

Não há previsão de manifestação do Ministério Público, ainda que o filho reconhecido seja menor, o que está em perfeita sintonia com a redação atual do art. 97 da LRP, prestigiando a boa-fé dos envolvidos e a atuação extrajudicial (Prov. 16, art. 7º).

O provimento exige anuência da mãe ou do pai, se o filho é menor (Prov.16, art. 7º, "caput", parte final). Embora o Prov.16 mencione apenas mãe, conforme o caso concreto é necessária anuência do pai (por exemplo, um reconhecimento de maternidade em registro de nascimento lavrado apenas em nome do pai), em razão da interpretação conforme a igualdade constitucional.

No caso dos filhos menores, não há dispositivo legal expresso exigindo a sua participação ou de seu representante legal, pelo contrário, como já visto, o reconhecimento de filho é ato jurídico unilateral e a legislação não exige a anuência da mãe ou do pai para o aperfeiçoamento do ato de reconhecimento[7].

No entanto, para que a averbação do reconhecimento seja feita de forma rápida e direta perante o Oficial de Registro Civil, o Provimento houve por bem exigir a anuência da mãe ou do pai, se os filhos são menores. Sem essa anuência, o procedimento passará para uma fase judicializada, com anuência do Ministério Público e decisão judicial. Veja-se que não se está impedindo o reconhecimento, apenas estabelecendo um procedimento mais complexo para a seu aperfeiçoamento.

O fundamento para exigir a anuência da mãe ou do pai para o ato de reconhecimento de filhos menores está na necessidade de consenso para que se legitime a atuação dos serviços notariais e de registros públicos. A segurança jurídica e praticidade desses serviços repousam na realização espontânea e consensual do direito, que não está completa se falta a anuência da mãe ou do pai que já constam do registro. Também é um fundamento válido considerar a necessidade de representação do menor, principalmente nos casos em que há alteração do nome deste.

Por outro lado, importante ressaltar que a mãe ou pai atua como representante dos interesses do menor, não dos seus próprios interesses. Assim, não tem o direito de impugnar o reconhecimento de filho, tampouco de omitir sua anuência com intuito de afastar o filho do outro genitor, pelo contrário, tal conduta é vista como alienação parental, estando sujeita às consequências da Lei Federal n. 12.318/2010.

Com relação ao consentimento do filho, o Prov. 16 prevê a necessidade do consentimento do filho maior (art. 7º, "caput", parte final). A necessidade de seu consentimento ao ato de reconhecimento é expressa no artigo 1.614 do CC. De fato, o reconhecimento de filho altera o estado da pessoa natural e seria inconcebível que fosse realizado sem o consentimento da própria pessoa capaz. Ademais, quem já passou toda a infância e adolescência sem um pai tem o direito de continuar sua vida assim, recusando a paternidade meramente biológica, que nunca se tornou afetiva.

Interessante debate que se propõe é a situação do reconhecimento de filho menor relativamente incapaz, ente 16 e 18 anos. Pela regra hoje vigente, por ser ainda menor, exige-se a anuência da mãe (ou pai) que consta do registro, e não o seu consentimento. Todavia, parece juridicamente defensável considerar que está dispensada a anuência da mãe (ou pai) se o filho menor relativamente incapaz (entre 16 e 18 anos) consentir com o reconhecimento de filiação. Justifica-se tal proposta com os mesmos fundamentos que reconhecem a possibilidade de o relativamente incapaz reconhecer os seus filhos, independentemente de assistência de seus pais, por se tratar de direito personalíssimo. Ademais, se há maturidade e discernimento para reconhecer seus filhos, também terá para anuir ao seu próprio reconhecimento, ficando dispensada a anuência da mãe, à quem, diga-se, não caberia privar seu filho de um direito personalíssimo. Deixa-se

---

7. Observe-se que ao tratar do reconhecimento de filho socioafetivo, como se verá no item seguinte, exige-se a anuência do filho adolescente. É possível que, futuramente, com o desenvolvimento da doutrina e jurisprudência, venha a ser alterado também esse ponto do Provimento 16, para garantir maior consensualidade no estabelecimento da filiação e, assim, menor o risco de litígios ou violação de direitos.

registrada essa interpretação sistemática como uma sugestão de aperfeiçoamento da normativa nacional.

Se o oficial apurar que a diferença de idade entre o pai e o suposto filho é tão pequena a ponto se presumir a infertilidade quando da concepção, em razão da tenra idade e da incapacidade biológica de produzir os gametas, poderá fundamentadamente negar o reconhecimento e submeter o caso a apreciação judicial (Prov. 16, art. 7º, §3º).

O Provimento determina que os casos em que for necessária e não for possível a colheita de manifestação válida da vontade da mãe, do pai ou do filho, sejam remetidos ao juiz competente, que é o "Juiz Corregedor Permanente, ou ao magistrado da respectiva comarca definido como competente pelas normas locais de organização judiciária ou pelo Tribunal de Justiça do Estado" (art. 4º e 7º, §2º).

O Provimento traz uma peculiaridade ao permitir que a mãe manifeste sua anuência no cartório no qual está sendo lavrado o reconhecimento ou no cartório onde está registrado o nascimento (art. 7º, §1º). Se mesmo assim não puder se manifestar, o Oficial de Registro deverá colher a declaração do requerente acerca dos motivos pelo qual a mãe não pôde comparecer. São situações comuns: a mãe estar em local incerto e não sabido, tendo abandonado a criança, sem deixar contato; a mãe ter perdido o poder familiar ou a guarda da criança, que está sob tutela ou guarda (nesses casos, interessante colher anuência do tutor ou guardião, mesmo assim, será necessário encaminhar ao MP e ao Juiz); a mãe já ter falecido, quando será recomendável juntar certidão de óbito.

Com relação à capacidade do pai ou mãe que reconhecerá o filho, na filiação biológica permite-se que o relativamente incapaz atue, independentemente de assistência de seus pais, tutor ou curador (Prov. 16, art. 6º, §4º).

Como visto acima, no item 8.4.4.2.2 (paternidade por reconhecimento espontâneo), a pessoa com deficiência mental ou intelectual tem plena capacidade civil, notadamente para os atos de caráter existencial e familiar, bastando que possa exprimir sua vontade. A melhor interpretação, como já visto, levando-se em conta o caráter personalíssimo do reconhecimento de filho, é de que o curador ou apoiador não podem substituir nem assistir à manifestação de vontade da pessoa.

Como visto acima, nos itens 8.4.2.4 (declaração para o nascimento por procurador) e 8.4.4.2.2 (paternidade por reconhecimento espontâneo) é possível o reconhecimento de filho biológico por procuração específica e determinada.

O Provimento estabelece que a suspeita de fraude, falsidade ou má-fé é motivo para obstar a prática do ato e, fundamentando por escrito os motivos da suspeita, submeter o procedimento ao juiz competente (Prov. 16, art. 7º, §3º).

Por fim, o Prov. 63, em seu artigo 13, p.u., exige que o "requerente deverá declarar o desconhecimento da existência de processo judicial em que se discuta a filiação do reconhecendo, sob pena de incorrer em ilícito civil e penal". Já

O Prov. 16 não traz exigência de que o requerente declare a inexistência de pleito judicial para a lavratura do termo de reconhecimento de filho. Faz essa exigência apenas para a indicação de suposto pai (art. 5º e Anexos I e II). A atuação jurisdicional prevalece sobre a administrativa, assim, se já houver processo judicial, o reconhecimento poderá ser postulado somente nessa sede.

Nesse mesmo sentido, se no registro de nascimento constar averbação pela qual foi excluída a paternidade desse mesmo pretenso pai que ora quer reconhecer novamente o suposto filho, deverá ser negado o reconhecimento e orientado o genitor a buscar advogado ou defensor público para realizar o pedido judicialmente.

10.1.2.2 Reconhecimento de filho socioafetivo

Assim como acontece com o reconhecimento de filho biológico, a regulamentação do procedimento de reconhecimento de filho socioafetivo está centralizada na declaração realizada perante o oficial de registro civil. No entanto, há outras formas juridicamente válidas de se instrumentalizar o reconhecimento de filho, cabendo indagar se também se aplicam a esses outros instrumentos o Prov.63/17.

A resposta está no próprio Prov. 63, art. 11, § 8º, ao estabelecer que "o reconhecimento da paternidade ou da maternidade socioafetiva poderá ocorrer por meio de documento público ou particular de disposição de última vontade, desde que seguidos os demais trâmites previstos neste provimento". Ou seja, o testamento público, o testamento cerrado, o testamento particular e o codicilo (arts. 1864 a 1885 do CC), caso se refiram a filho socioafetivo, poderão ensejar a averbação de reconhecimento de filho, aplicando-se o procedimento do Prov. 63 e não o procedimento geral da averbação.

Ainda que o dispositivo esteja restrito a documentos de disposição de última vontade, em razão da isonomia, pode-se estender a mesma disposição aos outros instrumentos, ou seja, devem ser seguidos os trâmites do provimento qualquer que seja o instrumento de reconhecimento de filho apresentado, salvo os mandados judiciais, pois estes estão revestidos de jurisdição.

Diferentemente do Prov.16, para o procedimento de reconhecimento de filho socioafetivo exige-se a anuência dos filhos menores.

A redação original do Prov.63 já exigia o consentimento do filho maior de 12 anos por aplicação analógica do ECA, artigos 28, §2º e 45, §2º, que exigem esse consentimento para a colocação em família substituta. Foi prudente o provimento ao fazer tal exigência, pois confere mais segurança jurídica na cognição da situação fática e na garantia do melhor interesse do adolescente.

Essa exigência ganhou especial relevo com a edição do Provimento 83/2019, notadamente no voto do Corregedor Nacional de Justiça, autor do provimento, o Ministro Humberto Martins, no Plenário do CNJ, no pedido de providências que referendou o provimento[8].

---

8. CNJ - PP - Pedido de Providências - Corregedoria - 0001711-40.2018.2.00.0000 - Rel. HUMBERTO MARTINS - 51ª Sessão - j. 30/08/2019. Disponível em: http://www.cnj.jus.br/InfojurisI2/downloadDocumento.seam?fileName=0001711-40.2018.2.00.0000&numProcesso=0001711-40.2018.2.00.0000&numSessao=51%C2%AA+-Sess%C3%A3o+Virtual&idJurisprudencia=50960&decisao=false Acesso em 03.11.2019.

Segundo o Ministro, a lógica jurídica do reconhecimento da parentalidade socioafetiva por meio do registro público está relacionada com a capacidade das partes e com a autonomia da vontade, sendo aceito pelo Código Civil o reconhecimento por meios extrajudiciais (CC, art. 10, II), o que desloca a questão dos menores para o debate jurídico acerca da capacidade.

Desse argumento, o Ministro conclui que é plenamente possível o reconhecimento socioafetivo de filho maior de dezoito anos, de filho emancipado, de filho com doze anos ou mais, desde que realizada por intermédio de seus representantes legais, sejam os genitores ou tutores. Com relação aos filhos menores de doze anos de idade, o voto concluiu o seguinte:

> É, por fim, recomendável vedar o uso do instituto jurídico do reconhecimento extrajudicial da parentalidade socioafetiva aos menores de doze anos, uma vez que eles se encontram em uma situação na qual se torna mais difícil aferir "a opinião do menor".

Essa é a motivação pela qual foi imposto o limite de idade mínima de 12 anos de idade ao filho reconhecido, o que está expresso na nova redação que o Prov.83 deu ao "caput" do art. 10 do Prov.63.

Com relação aos filhos maiores, o texto normativo do Prov. 63 era expresso ao exigir o seu consentimento (art. 11, §4º), mas o Prov.83 deu nova redação ao parágrafo e deixou a norma administrativa sem previsão de exigência do consentimento do filho maior[9]. Não há dúvida jurídica acerca da necessidade de consentimento do filho maior, seja pelo teor do voto do Ministro, já mencionado, seja pela clareza do artigo 1.614 do Código Civil. Por outro lado, seria salutar que a redação do provimento mencionasse essa necessidade, dado o caráter de uniformização e padronização de procedimentos que as normas administrativas almejam.

Não poderão reconhecer a paternidade ou maternidade socioafetiva os irmãos entre si nem os ascendentes (Prov. 63, art. 10, §3º). A diferença de idade entre genitor e filho deve ser pelo menos dezesseis anos (Prov. 63, art. 10, §3º). Ambos requisitos estão inspirados no ECA, que veda a adoção por ascendentes e irmãos do adotando (art. 42, §1º), bem como estabelece a diferença de idade (art. 42, §3º). É cabível a analogia, além de interessante para que sejam atendidas as finalidades do Estatuto, impedindo que o reconhecimento de filho seja usado para burlar a vedação expressa no ECA. Assim, atente-se que não há impedimento para que o tio reconheça como filho socioafetivo seu sobrinho.

De maneira semelhante ao Prov. 16, há determinação de que sejam apresentados ao juiz competente os casos em que for necessária e não for possível a colheita de manifestação válida da vontade da mãe, do pai ou do filho. No entanto, há uma diferença de redação, pois Prov. 16 ordena remeter ao "Juiz Corregedor Permanente, ou ao magistrado da respectiva comarca definido como competente pelas normas locais de organização

---

9. Prov. 63, art. 11, §4º Se o filho for menor de 18 anos, o reconhecimento da paternidade ou maternidade socioafetiva exigirá o seu consentimento. (redação dada pelo Prov. 83)

judiciária ou pelo Tribunal de Justiça do Estado" (art. 4º e 7º, §2º) enquanto que o Prov. 63 ordena remeter ao "juiz competente nos termos da legislação local" (art. 11, § 6º).

A diferença é que o Prov. 16 faz expressa referência ao Juiz Corregedor, ou seja, aquele que tem atribuição administrativa de fiscalização do serviço registral (CF, art. 236, § 2º), enquanto o Prov. 63 é omisso nesse ponto, o que possibilita interpretar que o juiz competente é o que tem competência jurisdicional para questões de filiação (família). Tal distinção se justifica no caso da filiação socioafeitva, na qual é necessária maior indagação e melhores instrumentos processuais para aferir o conjunto fático e o melhor interesse do menor.

O Prov. 16 traz uma peculiaridade que não está prevista no Prov.63, que é permitir que a mãe manifeste sua anuência no cartório no qual está sendo lavrado o reconhecimento ou no cartório onde está registrado o nascimento. Já o Prov. 63 exige expressamente que a anuência da mãe, do pai e do filho seja feita pessoalmente perante o serviço de registro civil das pessoas naturais (Prov. 63, art. 11, §5º). Apesar da falta de previsão normativa expressa, conforme as peculiaridades do caso concreto, havendo necessidade das partes, como não há vedação nem prejuízo, cabe a aplicação da regra do Prov. 16 por analogia. Observe-se que a mesma regra inscrita no artigo 11, §5º, do Prov. 63, por usar a expressão "pessoalmente perante o serviço de registro civil", tem sido interpretada no sentido de se proibir a manifestação anuência por procuração.

Com relação à capacidade do pai ou mãe que reconhecerá o filho, observa-se que o Prov. 63 contém permissão apenas para "os maiores de dezoito anos de idade, independentemente do estado civil" (art. 10, § 2º), sendo omisso quanto aos relativamente incapazes, logo a maior parte dos registradores interpretam que não estão autorizados a promover o reconhecimento de filho socioafetivo nessas condições, orientando as partes a buscar advogado ou defensor público para promover ação judicial.

"Serão observadas as regras da tomada de decisão apoiada quando o procedimento envolver a participação de pessoa com deficiência", é o que dispõe o Prov. 63 em seu artigo 11, parágrafo 7º. Como visto acima, no item 8.4.4.2.2 (paternidade por reconhecimento espontâneo), a pessoa com deficiência mental ou intelectual tem plena capacidade civil, notadamente para os atos de caráter existencial e familiar, bastando que possa exprimir sua vontade. A melhor interpretação, como já visto, levando-se em conta o caráter personalíssimo do reconhecimento de filho, é de que o curador ou apoiador não podem substituir nem assistir à manifestação de vontade da pessoa. Assim, o referido parágrafo sétimo deve ser aplicado com cautela pelo registrador, conforme as peculiaridades do caso concreto.

Diferentemente do reconhecimento de filho biológico, não se admite procuração para o reconhecimento de filho socioafetivo. Tendo em vista que o Prov. 63, artigo 11, parágrafo 5º exige expressamente que a coleta de anuência da mãe, do pai e do filho deve ser feita pessoalmente perante o serviço de registro civil das pessoas naturais, com igual ou mais razão, o requerente também deverá estar pessoalmente em cartório. Esta formalidade tem fundamento no caráter personalíssimo do reconhecimento de filho e as peculiaridades da socioafetividade, que requerem o esclarecimento de seus pressupostos e efeitos, antes da lavratura do termo de reconhecimento de filho socioafetivo. Nesse sentido decidiu o plenário do CNJ, conforme item 6 da ementa transcrita no item 10.1.1.

Assim como o Prov. 16, também o Prov. 63 estabelece que a suspeita de fraude, falsidade ou má-fé é motivo para obstar a prática do ato e, fundamentando por escrito os motivos da suspeita, submeter o procedimento ao juiz competente. O Prov. 63 acresce ainda outras possíveis suspeitas, que são "vício de vontade, simulação ou dúvida sobre a configuração do estado de posse de filho" (art. 12).

O Prov. 63, em seu artigo 13, p.u., exige que o "requerente deverá declarar o desconhecimento da existência de processo judicial em que se discuta a filiação do reconhecendo, sob pena de incorrer em ilícito civil e penal", o que constará no termo de reconhecimento de filho socioafetivo, inclusive expressão nesse sentido consta do modelo de termo estabelecido pelo próprio Prov.63, em seus anexos. Por esse mesmo fundamento, se no registro de nascimento constar averbação pela qual foi excluída a paternidade desse mesmo pretenso pai que ora quer reconhecer novamente o suposto filho, deverá ser negado o reconhecimento e orientado o genitor a buscar advogado ou defensor público para realizar o pedido judicialmente.

Diferentemente do Prov.16, para o reconhecimento de filho socioafetivo exige-se apuração objetiva, conforme art. 10-A e seus parágrafos, inseridos pelo Prov. 83/19, que se passa a comentar.

> Art. 10-A. A paternidade ou a maternidade socioafetiva deve ser estável e deve estar exteriorizada socialmente.

Este dispositivo traz dois elementos conceituais que não havia na redação original, estabelecendo que a relação de filiação deve ser estável e exteriorizada socialmente. Assim o "caput" do artigo prepara as regras que virão nos parágrafos, que exigem provas dessa relação.

> § 1º O registrador deverá atestar a existência do vínculo afetivo da paternidade ou maternidade socioafetiva mediante apuração objetiva por intermédio da verificação de elementos concretos.

A apuração é objetiva, ou seja, há necessidade de apresentação de provas do vínculo afetivo, que servirão de base para o registrador certificar que a verificação foi realizada, bem como juntar os documentos apresentados ao procedimento. Atesta-se, dessa forma, a existência do vínculo afetivo. Note-se que apesar de a natureza do afeto ser essencialmente subjetiva, ele é exteriorizado no mundo real, e deixa suas marcas, sendo esses os elementos concretos que poderão ser apurados de forma objetiva pelo registrador. A atividade registral não tem instrumentos para fazer análises e apuração de subjetividades, pelo contrário, baseia-se em análise de documentos e formalização de manifestações da vontade. Dessa forma, o registrador não irá perquirir o vínculo emocional que sustenta o afeto, mas atestar a existência dos elementos concretos, o que será apresentado ao Ministério Público. Nos parágrafos seguintes, o provimento elucida, em caráter exemplificativo, quais elementos concretos poderão ser apresentados ao registrador.

§ 2º O requerente demonstrará a afetividade por todos os meios em direito admitidos, bem como por documentos, tais como: apontamento escolar como responsável ou representante do aluno; inscrição do pretenso filho em plano de saúde ou em órgão de previdência; registro oficial de que residem na mesma unidade domiciliar; vínculo de conjugalidade - casamento ou união estável - com o ascendente biológico; inscrição como dependente do requerente em entidades associativas; fotografias em celebrações relevantes; declaração de testemunhas com firma reconhecida.

Cabe ao requerente demonstrar a existência da afetividade ao registrador, em consequência do princípio da instância. São possíveis todos os meios admitidos em direito, mas o parágrafo dá preferência aos documentos, o que está conforme a natureza da atividade registral, em que não há contraditório para a produção de provas. O parágrafo traz expressamente sete modalidades de documentos que poderão demonstrar a filiação socioafetiva. Não foi estabelecida a obrigatoriedade de apresentar as sete modalidades de documentos, pelo contrário, foi utilizada a expressão "tais como", indicando que o rol de documentos é exemplificativo, o que está em harmonia com a parte inicial deste dispositivo, que admite todos os meios. No entanto, recomenda-se que o registrador solicite da parte a apresentação de todos esses documentos, juntamente como uma explicação dos motivos de não apresentar alguns deles. Afinal, assim poderá tomar um conhecimento melhor do caso concreto, bem como prepara-se para a hipótese do parágrafo terceiro, quando não for apresentado nenhum documento.

Exemplos de outros documentos para demonstrar a relação de filiação é a declaração com firma reconhecida dos genitores biológicos do filho maior, já que o provimento não exige a presença e anuência destes no ato de reconhecimento de filho, salvo para os filhos menores (art. 11, §3º).

§ 3º A ausência destes documentos não impede o registro, desde que justificada a impossibilidade, no entanto, o registrador deverá atestar como apurou o vínculo socioafetivo.

Reconhecendo que a realidade é mais diversa do que a nossa capacidade de antever as hipóteses possíveis, o provimento houve por bem deixar em aberto outros meios de comprovar o vínculo afetivo.

Se não foi possível demonstrar a afetividade nos termos do parágrafo anterior, ou seja, se não for apresentado nenhum dos documentos previstos no parágrafo anterior, ainda assim é possível dar seguimento ao procedimento de reconhecimento de filho socioafetivo, no entanto, deverá ser justificada a impossibilidade de apresentar os documentos bem como deverá o registrador atestar como apurou o vínculo socioafetivo, o que será objeto de apreciação pelo Ministério Público, nos termos do § 9º do art. 11.

§4º Os documentos colhidos na apuração do vínculo socioafetivo deverão ser arquivados pelo registrador (originais ou cópias) juntamente com o requerimento.

Em boa hora, o dispositivo deixa expressa a possibilidade de arquivar cópias, ainda que não esteja dispensada a apresentação dos originais. Não há obrigatoriedade de que o arquivo seja físico, sendo possível o arquivamento da reprodução fiel da imagem do documento em mídia digital, o que se equipara a cópia.

Outra novidade inserida pelo Prov.83 é a necessidade de manifestação do Ministério Público:

Art. 11. (...) § 9º Atendidos os requisitos para o reconhecimento da paternidade ou maternidade socioafetiva, o registrador encaminhará o expediente ao representante do Ministério Público para parecer.

Interessante perquirir se a atuação do MP nesse caso se faz como fiscal da lei ou como defensor dos interesses de incapazes. A distinção não é meramente conceitual, pois conforme uma ou outra posição, conclui-se se os casos de reconhecimento de filho maior devem ou não ser enviados ao MP.

O preâmbulo do Provimento 83, em seu penúltimo considerando, estabelece que é recomendável a participação do MP nos casos de filhos menores de 18 anos, nada dizendo sobre os maiores. No mesmo sentido, o já citado voto do Corregedor Nacional, no plenário virtual do CNJ, também recomenda o envio ao MP apenas nos casos de menores de 18 anos. Em razão desses argumentos, é possível concluir que a intervenção do MP ocorre em razão do interesse dos menores, logo não se faz necessário o envio ao MP dos filhos maiores. Essa é a conclusão de Karine Boselli, Izolda Andrea Ribeiro e Daniela Mróz[10].

Por outro lado, o corpo normativo do Provimento, ao estabelecer a previsão normativa de envio ao MP (art. 11, §9º acima transcrito), não distingue entre filhos menores e maiores, donde se conclui que todos os reconhecimentos de filhos socioafetivos devam ser encaminhados ao MP. Ou seja, a atuação do MP seria como fiscal da lei, de forma semelhante a que está prevista no parágrafo único do artigo 97 da Lei 6.015/73, o que encontra fundamento na experiência prática do órgão ministerial com processos contenciosos e análises de provas em processos judiciais, que passou a ser importante no reconhecimento de filho socioafetivo, pois este procedimento agora exige uma apuração objetiva.

Diante da norma posta, as duas interpretações são razoáveis e bem fundamentadas. Seria salutar que o provimento estivesse redigido de forma mais clara, sem deixar margem a interpretações díspares. Por ser uma norma recente, ainda não é possível afirmar com segurança qual posição prevalece, aguarda-se a evolução da doutrina e da jurisprudência, uma eventual alteração da norma ou mesmo a manifestação de órgãos do Ministério Público. Acrescente-se que o CNJ é um órgão com competência sobre o serviço notarial e registral, mas não tem qualquer hierarquia sobre o Ministério Público, assim, não o vincula.

Retomando a análise do dispositivo, nota-se que apenas quando atendidos os requisitos expostos no provimento deverá o procedimento ser encaminhado ao MP. Caso não estejam atendidos, deverá o registrador recusar o ato em nota fundamentada. Se a parte discordar, aplica-se o procedimento de dúvida ou equivalente, conforme inciso III deste mesmo artigo, comentado a seguir. Nota-se ainda que permanece vigente o artigo 12 do Provimento 63, segundo o qual suspeitando de fraude, falsidade, má-fé, vício de vontade, simulação ou dúvida sobre a configuração do estado de posse de filho, o registrador fundamentará a recusa, não praticará o ato e encaminhará o pedido ao juiz competente nos termos da legislação local.

---

10. MRÓZ, Daniela; RIBEIRO, Izolda Andrea; BOSELLI, Karine. *Registro Civil das Pessoas Naturais*. In. GENTIL, Alberto (coord.). *Registros Públicos*. São Paulo: Método, 2019. p.178.

Assim como acontece no reconhecimento de filho biológico, o "caput" do artigo 11 do Provimento 63 estabelece que o reconhecimento da filiação socioafetiva poderá ser processado perante o oficial de registro civil das pessoas naturais diverso daquele em que foi lavrado o assento. Caso o pedido não seja formulado perante o Oficial de Registro detentor do assento de nascimento, o procedimento será encaminhado ao oficial competente para a averbação, por meio da ferramenta e-Protocolo – módulo da CRC.

Nesta situação, o encaminhamento deverá ser feito ao Ministério Público da comarca onde está sendo processado o pedido. Isto pois o encaminhamento ao MP é um ato inerente ao procedimento, que é realizado no cartório onde formulado o pedido. Não compete ao oficial que detém o registro, pois este irá apenas lavrar a averbação, após a qualificação do título apresentado, que neste caso será a íntegra do procedimento realizado. Ademais, acrescente-se que é no local do procedimento que o MP terá maior proximidade com as partes e com a "produção" das provas.

Ressalve-se o respeitável posicionamento contrário, que entende que o parecer do MP deverá ser colhido no local onde será lavrada a averbação, em razão do princípio do promotor natural e para evitar o risco de que as pessoas escolham a comarca em que farão o pedido com intuito de escolher o promotor que irá examinar o procedimento.

I – O registro da paternidade ou maternidade socioafetiva será realizado pelo registrador após o parecer favorável do Ministério Público.

Foi utilizada a expressão registro em sentido amplo, pois o ato específico a ser lavrado é averbação à margem assento de nascimento, conforme expresso no inc. II, art. 10 do Código Civil e art. 29, §1º, "d" da Lei 6.015/73.

II – Se o parecer for desfavorável, o registrador não procederá o registro da paternidade ou maternidade socioafetiva e comunicará o ocorrido ao requerente, arquivando-se o expediente.

O inciso demonstra a natureza conclusiva da manifestação do Ministério Público e limita a judicialização da questão apenas aos casos em que a parte requeira o levantamento de dúvida, nos termos do inciso seguinte. A redação é tão categórica que sugere que não deverá o órgão do MP solicitar diligências ou complementação de provas.

III – Eventual dúvida referente ao registro deverá ser remetida ao juízo competente para dirimi-la.

A expressão dúvida no texto normativo foi usada no sentido técnico do procedimento específico de dúvida, regulamentado no art. 198 da Lei 6.015/73, que tem início com o requerimento da parte. Nesses casos, haverá dissenso, logo deverá ser resolvido pelo judiciário, não pelo Ministério Público.

É certo que algumas unidades da federação não entendem cabível o procedimento de dúvida quando o ato a ser praticado é averbação. E ainda que o inciso use novamente a expressão "registro", como já comentado no inciso I acima, foi utilizada a expressão em sentido amplo, pois o ato específico a ser lavrado é averbação. De qualquer forma, caberá o procedimento de dúvida ou o procedimento equivalente, conforme as normas locais de organização judiciária.

QUADRO RESUMO – RECONHECIMENTO DE FILHO SOCIOAFETIVO EXTRAJUDICIAL	
REQUISITOS OBJETIVOS	O filho deverá ser maior de 12 anos (se for menor, necessário buscar a via judicial por meio de advogado ou defensor público). E deverá estar presente para ser entrevistado e dar seu consentimento. O pretenso pai ou mãe deverá ser maior de 18 anos de idade, independentemente de seu estado civil. O pretenso pai ou mãe deverá ser 16 anos mais velho que o filho(a). Não poderão reconhecer a paternidade ou maternidade socioafetiva os irmãos entre si nem os ascendentes. Não poderá existir procedimento judicial ou pedido de adoção acerca dessa filiação.
CONSENTIMENTOS NECESSÁRIOS	O pretenso pai ou mãe. O filho ou filha reconhecido(a), sempre. Mesmo que seja menor de 18 anos. Os genitores que já constam do registro de nascimento, se o filho for menor de 18 anos de idade, ou seu tutor. OBS: Não é possível enviar procurador.
DOCUMENTOS NECESSÁRIOS	Documento de identidade de todos os que comparecem em cartório. Certidão de nascimento do filho. Comprovação do vínculo afetivo, com documentos tais como: apontamento escolar como responsável ou representante do aluno; inscrição do pretenso filho em plano de saúde ou em órgão de previdência; registro oficial de que residem na mesma unidade domiciliar; vínculo de conjugalidade - casamento ou união estável - com o ascendente biológico; inscrição como dependente do requerente em entidades associativas; fotografias em celebrações relevantes; declaração de testemunhas com firma reconhecida, outros meios de prova em direito admitidos.
EFEITOS DO RECONHECIMENTO DE FILHO SOCIOAFETIVO	É irrevogável, ou seja, não comporta arrependimento ou desistência; A filha ou filho passará a ter todos os direitos legais de filho, inclusive os direitos sucessórios (herança), em igualdade com os filhos biológicos ou adotados, sem distinção;
PROCEDIMENTO	Marca-se um dia e horário para comparecerem todos em cartório, com a documentação completa. O cartório irá prestar esclarecimentos, colher as declarações e consentimentos, que será assinado por todos; Se a documentação estiver em ordem e completa, irá encaminhar ao MINISTÉRIO PÚBLICO (MP); Se o parecer do MP for desfavorável, o processo será arquivado. Fica resguardado o direito de buscar a via judicial, por meio de advogado ou defensor público; Se o parecer for favorável, será lavrada a averbação e entregue a certidão de nascimento acrescida do nome do novo pai ou mãe; É possível formular o pedido em qualquer cartório de registro civil. Se não foi formulado no cartório onde registrado o nascimento, após o parecer favorável do MP o cartório irá encaminhar para a lavratura da averbação no cartório onde consta o nascimento

10.1.2.3 Averbação, certidão e registros subsequentes

Cumpridos todos os requisitos e formalidades, procede-se à averbação.

O ato de reconhecimento de filho é averbado sempre e obrigatoriamente junto ao registro de nascimento, documento primordial para comprovar a filiação, por expressa disposição legal (CC, art. 1.603). Nos casos de brasileiros nascidos no exterior, o nascimento é primeiramente lavrado no exterior (em repartição consular brasileira ou repartição estrangeira) e posteriormente é transcrito no Livro E do Oficial de Registro Civil Brasileiro. Esse registro no Livro E tem os mesmos efeitos do registro de nascimento e nele pode ser averbado o reconhecimento de filho, sem necessidade de prévia averbação no registro lavrado no estrangeiro (Resolução CNJ n. 155/2012, artigo 11, parágrafo único).

No caso de filho socioafetivo, questão relevante e complexa é decidir pela possibilidade ou impossibilidade de constar a expressão "socioafetivo" no teor da averbação. Argumentos para não constar são: a) a proibição constitucional de expressões discriminatórias da filiação (CF, art. 227, §6º); b) proibição de fazer qualquer referência à natureza da filiação no registro de nascimento (Lei 8.560/92, art. 5º). Por outro lado, argumentos favoráveis a menção são: a) o art. 5º da Lei 8.560/92 utiliza a expressão registro, que pode ser considerado em sentido estrito, e o reconhecimento de filho não é ato de registro, mas de averbação, que tem um regramento próprio; b) o simples fato de se averbar o reconhecimento de filho já é uma inevitável indicação da origem da filiação, logo acrescer a palavra socioafetivo identificaria com maior precisão o ato sem causar outras discriminações; c) a necessidade da averbação indicar minuciosamente a sentença ou o ato que lhe dá suporte, conforme artigo 99 da Lei 6.015/73; d) a relevância jurídica de indicar tal circunstância, pois eventual desconstituição da filiação terá pressupostos diferentes caso a origem da filiação seja socioafetiva ou biológica; e) a privacidade está resguardada, pois a averbação não constará das certidões em breve relatório e o inteiro teor não será fornecido a qualquer pessoa, salvo se houver autorização judicial.

As duas posições são defensáveis, devendo os registradores ficar atentos para o caminhar da jurisprudência, para o surgimento de novas normas ou até mesmo a formação de uma corrente doutrinária consistente. Somente assim haverá uma resposta jurídica formal que possa apontar com segurança qual é a conduta que deve ser tomada pelo registrador.

Posteriormente, com apoio na certidão de nascimento, são alterados outros registros e documentos da pessoa. As providências necessárias para alterar outros documentos cabem ao filho reconhecido, seu representante legal ou terceiros com interesse comprovado, que munido da certidão de nascimento, deve postular a atualização de todos os seus documentos pessoais, tais como carteira de identidade, carteira nacional de habilitação, carteira de trabalho, cadastro das pessoas físicas (CPF).

Se o filho reconhecido já for casado, é importante averbar a nova filiação também no registro de casamento, o que se faz por procedimento de averbação previsto no artigo 97 da LRP, apresentando-se, como documento legal e autêntico, a certidão de nascimento.

Veja-se que, se a pessoa optou por acrescentar o sobrenome paterno ao seu registro de nascimento, também poderá optar por acrescer esse mesmo sobrenome em seu nome de casada. Para isso, é importante e necessário que, ao requerer a averbação da filiação no registro de casamento, também requeira expressamente o acréscimo do seu sobrenome em seu nome de casada.

Quando é feita a averbação do reconhecimento de filho à margem do registro de nascimento, só é possível alterar o nome de solteiro, mesmo que conste no registro a anotação do casamento. O fundamento é que o nome de casado é um elemento que se constitui no casamento, sendo publicizado pelo respectivo registro, logo a averbação para alterá-lo deverá ser feita em tal registro. Assim é preciso alterar o registro de casamento antes, ou simultaneamente, para que se possa alterar também o nome de casado na anotação.

Se os registros de nascimento e casamento estiverem no mesmo cartório, basta que o Oficial lavre todos os atos na mesma data. No entanto, se não estiverem no mesmo cartório, após alterado o nome no registro de nascimento, faz-se necessário que o interessado solicite o procedimento de averbação pelo artigo 97 da LRP, apresentando, como documento legal e autêntico, a certidão de nascimento.

Note-se que o ato a ser praticado no registro de casamento é de averbação, não sendo suficiente a mera anotação, pois além da alteração do nome, é necessário acrescer o nome do pai. A anotação não serve nessa hipótese porque não tem força jurídica, por si só, para alterar elementos do registro. Ela é apenas remissão a outro ato, que, por sua vez, produz efeitos jurídicos.

No caso, ainda, veja-se que a anotação seria remissão à averbação de reconhecimento de filho; ocorre que essa averbação está protegida pelo sigilo, dela não pode ser dada publicidade, então não seria possível acrescer essa anotação nas certidões de casamento e, assim, não atingiria a finalidade de dar publicidade às alterações ocorridas no estado civil da pessoa natural.

Após a averbação, a certidão do registro de nascimento deve ser emitida constando o nome do pai e avós paternos nos campos próprios para tal fim, sem qualquer menção ou referência à averbação de reconhecimento de filho. Sequer menciona-se no campo das observações que a "certidão envolve elementos de averbação à margem do termo". Tudo isso para preservar a origem da filiação, evitando-se discriminações e preservando a intimidade do registrado, como está expresso na Lei n. 8.560/92, artigo 6º.

Se o filho reconhecido já tiver filhos, o reconhecimento repercute no registro de nascimento destes. Faz-se necessário incluir o nome do avô (ou avó) e, eventualmente, alterar o nome do genitor, desde que assim tenha optado por ocasião do seu reconhecimento.

Para tal finalidade, também é admissível o procedimento de averbação previsto no artigo 97 da LRP. O documento legal e autêntico a ser apresentado é a certidão de nascimento com a averbação da paternidade/maternidade.

Para que o Oficial de Registro possa ter segurança de que o genitor que consta no registro de nascimento a ser alterado é a mesma pessoa cuja certidão de nascimento é apresentada (que tem outra filiação e eventualmente outro sobrenome), é necessário que a certidão de nascimento seja expedida em inteiro teor, ou, ao menos, com transcrição integral da averbação.

10.1.3 Multiparentalidade

Em notável tese de doutorado, Christiano Cassettari expõe que o fundamento da multiparentalidade é a inexistência de prevalência entre as filiações biológica e afetiva, conforme explica:

> As parentalidades socioafetiva e biológica são diferentes, pois ambas têm uma origem diferente de parentesco. Enquanto a socioafetiva tem origem no afeto, a biológica se origina no vínculo sanguíneo. Assim sendo, não podemos esquecer que é plenamente possível a existência de uma parentalidade

biológica sem afeto entre pais e filhos, e não é por isso que uma irá prevalecer sobre a outra; pelo contrário, elas devem coexistir em razão de serem distintas[11].

O STF, em 21.09.2016, no julgamento do RE 898.060/SC, aprovou a tese de Repercussão Geral 622, no seguinte teor:

> A paternidade socioafetiva, declarada ou não em registro público, não impede o reconhecimento do vínculo de filiação concomitante baseado na origem biológica, com os efeitos jurídicos próprios.

Esse marco jurídico pacificou no judiciário brasileiro a possibilidade da multiparentalidade. O "reconhecimento do vínculo de filiação", expressão utilizada pelo STF, não discrimina entre o reconhecimento judicial (ou forçado) e o reconhecimento voluntário (ou espontâneo), assim conclui-se que as duas modalidades estão aceitas. Como o serviço de registro civil das pessoas naturais tem atribuição para realizar o reconhecimento voluntário da filiação, tornou-se possível também a instrumentalização da multiparentalidade nesta via extrajudicial.

Nesse sentido, o professor Christiano Cassettari sustenta que:

> Será fundamental o reconhecimento da parentalidade socioafetiva ser averbado no registro civil para que ela seja oponível erga omnes, e se inclua pai ou mãe e os novos avós, e se modifique, ou não, o nome do filho[12].

O Provimento 63/17 da CN-CNJ, como exposto em seu "considerando", prestigiou a referida decisão do Supremo Tribunal Federal e, após minudenciar os requisitos para reconhecimento extrajudicial da filiação socioafetiva, regulamentou a multiparentalidade da seguinte forma:

> Art. 14. O reconhecimento da paternidade ou maternidade socioafetiva somente poderá ser realizado de forma unilateral e não implicará o registro de mais de dois pais e de duas mães no campo FILIAÇÃO no assento de nascimento.

Posteriormente, o Provimento 83/19, que também se fundamenta na citada tese do STF, acrescentou parágrafos ao artigo 14, no seguinte teor:

> § 1º Somente é permitida a inclusão de um ascendente socioafetivo, seja do lado paterno ou do materno.
>
> § 2º A inclusão de mais de um ascendente socioafetivo deverá tramitar pela via judicial.

Também é relevante o parágrafo 3º do artigo 11, ao usar a preposição conjuntiva "e", admitindo que poderá constar pai e mãe no registro, sendo então necessário colher anuência de ambos para que seja feito o reconhecimento de filho por mais um pai ou mais uma mãe. Veja-se:

> § 3º Constarão do termo, além dos dados do requerente, os dados do campo FILIAÇÃO e do filho que constam no registro, devendo o registrador colher a assinatura do pai e da mãe do reconhecido, caso este seja menor.

---

11. CASSETTARI, Christiano. *Multiparentalidade e parentalidade socioafetiva*. 3ª ed. São Paulo: Atlas, 2017. E-book Kindle posição 6015.
12. Idem, ibidem. posição 6516

A redação original do Provimento 63 causou divergência de interpretação, havendo defensores de que estaria vedada a multiparentalidade, seja em razão da expressão "unilateral", seja em razão da vedação "ao registro de mais de dois".

A ARPEN, por ocasião da edição do Provimento 63, publicou nota técnica de esclarecimento aos seus associados, orientando-os a procederem ao reconhecimento de filho que acarretasse a multiparentalidade.[13]

O próprio Corregedor Nacional de Justiça, autor do provimento original, manifestou-se sobre a matéria nos seguintes termos:

> Dessa forma, o termo unilateral presente no art. 14 do Provimento 63/2017-CNJ limita o oficial de registro civil das pessoas naturais a anotar apenas pai ou mãe socioafetivos, não possibilitando o registro de ambos ao mesmo tempo.[14]

Em boa hora, o Provimento 83, ao inserir dois parágrafos no artigo 14, esclareceu o conteúdo da norma. Como se sabe, os parágrafos visam a complementar e detalhar a previsão normativa do "caput". Está claro que na via extrajudicial é possível acrescer apenas um genitor socioafetivo, seja pai ou mãe (§1º). A inclusão de mais de um genitor socioafetivo deverá ser postulada judicialmente (§2º). Dessa forma, como no registro poderá constar pai e mãe biológicos (art. 11, 3º), pelo reconhecimento de filho poderá ser acrescido um pai socioafetivo ou uma mãe socioafetiva. Assim, pela via extrajudicial, o registro de multiparentalidade alcançará apenas duas situações: a) dois pais (um biológico e um socioafetivo) e uma mãe; ou b) um pai e duas mães (uma biológica outra socioafetiva). Essa é a conclusão do prestigiado civilista Flávio Tartuce.[15]

O caso prático subjacente na relação de multiparentalidade, como analisado por Karina Barbosa Franco e Marcos Ehrhardt Júnior, são as famílias reconstituídas. Esses autores esclarecem que não basta a posição de madrasta e padrasto para nasçam os direitos da filiação, é necessário existirem os pressupostos fáticos da relação de filiação socioafetiva. Com apoio na doutrina de Ricardo Calderón[16], explicam:

> Calderón entende que entre outros fatores que possibilitaram o reconhecimento da multiparentalidade, certamente se acha o número crescente de famílias recompostas, cada vez mais frequentes, em que o novo companheiro da mãe, que passa a conviver diariamente com ela e o filho dela de forma afetiva, pública e duradoura, por longo tempo, pode assumir a função paterna de fato (socioafetiva); por consequência, esse filho poderá ter duas referências paternas: um pai biológico (o genitor) e outro "pai socioafetivo" (o novo companheiro de sua mãe).[17]

---

13. Disponível em http://arpenbrasil.org.br/noticia/6149 Acesso em 04.11.2018
14. Decisão proferida em 18/07/2018 no Pedido de Providências 0003325-80.2018.2.00.0000. Disponível em https://www.cnj.jus.br/pjecnj/ConsultaPublica/DetalheProcessoConsultaPublica/documentoSemLoginHTML.seam?ca=ec668225e2fa5fb898a04a8108cc8b15a8f50108e427352b8d0a8a1b6122e5bb6e091520e363cfa8bee-c0eba9d7682d139b484d172d84d8e Acesso em 26.11.2018.
15. TARTUCE, Flávio. *O provimento 83/2019 do Conselho Nacional de Justiça e o novo tratamento do reconhecimento extrajudicial da paternidade socioafetiva*. Disponível em: https://www.migalhas.com.br/FamiliaeSucessoes/104,-MI309727,81042-O+provimento+832019+do+Conselho+Nacional+de+Justica+e+o+novo Acesso em 05.11.2019.
16. CALDERÓN, Ricardo. *Princípio da afetividade no direito de família*. 2ª ed. Rio de Janeiro: Forense, 2017.
17. FRANCO, Karina Barbosa; EHRHARDT JÚNIOR, Marcos. A multiparentalidade nas famílias reconstituídas. *Revista IBDFAM: Família e Sucessões*, v.28 (jul./ago). Belo Horizonte: IBDFAM, 2018. p.104.

Considerando essa situação fática mais frequente, compreende-se um dos motivos que possivelmente levou a CN-CNJ a exigir que o reconhecimento seja "unilateral" e vedar a multiparentalidade excessiva, em que se buscaria registro de três pais ou três mães, que também é um indício de que os vínculos não são duradouros nem estáveis.

Ressalte-se que a multiparentalidade deve ser concedida sempre no melhor interesse do menor, como se infere do próprio acórdão do STF no já citado julgamento, onde consta:

> 13. A paternidade responsável, enunciada expressamente no art. 226, § 7º, da Constituição, na perspectiva da dignidade humana e da busca pela felicidade, impõe o acolhimento, no espectro legal, tanto dos vínculos de filiação construídos pela relação afetiva entre os envolvidos, quanto daqueles originados da ascendência biológica, sem que seja necessário decidir entre um ou outro vínculo **quando o melhor interesse do descendente for o reconhecimento jurídico de ambos.**[18] (grifo nosso)

Com base nesse argumento, é possível defender que a multiparentalidade somente poderia ser reconhecida pela via judicial, que conta com aparato técnico e jurídico para aferir o melhor interesse do menor, diferentemente da via administrativa notarial e registral, cuja atividade principal é zelar pela escorreita prática do ato jurídico, garantindo sua segurança, autenticidade, publicidade e eficácia, conforme conceituado no art. 1º da Lei 8.935/94.

No entanto, não foi essa intepretação que prevaleceu nos Provimentos 63 e 83 da CN-CNJ, nem há menção, no acórdão do STF, de que seja necessária a apreciação judicial. Veja-se que o princípio do melhor interesse do menor não está de todo desamparado, pois se exige o consentimento de ambos genitores que constam no registro, e ainda do filho maior de 12 anos, para que seja realizado o reconhecimento de filho em multiparentalidade. A atuação registral está legitimada, dessa forma, pela presunção de boa-fé das partes e pela consensualidade manifestada pelos envolvidos.

Não se esqueça que, infelizmente, em algumas situações os menores precisam ser protegidos de seus próprios genitores. Para esses casos excepcionais, independentemente de multiparentalidade, caberá a atuação dos órgãos de proteção da criança e do adolescente (Conselho Tutelar, Ministério Público), para que se tomem as medidas cabíveis, dentre as quais a destituição do poder familiar. Também poderá o menor, quando atingir a maioridade, promover a ação negatória de paternidade ou maternidade.

Por fim, o Provimento 16/12 da CN-CNJ, que trata do reconhecimento de filho biológico, por ser anterior a tese de Repercussão Geral citada, não contempla a hipótese de multiparentalidade, no entanto essa omissão, justificada pela data do provimento, não pode ser óbice para que se faça o reconhecimento de filho biológico com multiparentalidade. A ordem dos fatores (pai biológico ou socioafetivo) não altera o produto (multiparentalidade), então, caso a segunda paternidade a ser averbada seja biológica, também é possível acarretar a multiparentalidade no registro de nascimento. Acrescen-

---

18. RE 898060, Relator(a): Min. LUIZ FUX, Tribunal Pleno, julgado em 21/09/2016, PROCESSO ELETRÔNICO REPERCUSSÃO GERAL - MÉRITO DJe-187 DIVULG 23-08-2017 PUBLIC 24-08-2017.

te-se que o próprio caso concreto que serviu de base para fixar a tese do STF envolvia uma paternidade biológica a ser inserida posteriormente a paternidade socioafetiva, que já estava registrada.

10.2 PROVIMENTOS JURISDICIONAIS SOBRE FILIAÇÃO

O registro de nascimento faz prova da filiação e ninguém pode vindicar estado diverso do que consta do registro civil. No entanto, o registro pode conter erros, falsidades ou estar incompleto, de maneira que lei ressalva aos legitimados a possibilidade de provar em processo jurisdicional eventual erro ou falsidade no registro ou fazer incluir informação faltante (CC, arts. 1.603 e 1.604).

Veja-se que a possibilidade de erros ou falsidade no registro civil não abala a fé pública que dele emana, pois sempre que comprovada a falha, em processo jurisdicional, o próprio registro é alterado, por meio das averbações. Assim permanece o registro público como a fonte segura e confiável de informações corretas e atualizadas da pessoa natural.

Os atos judiciais que declararem a filiação são averbados no registro de nascimento, conforme expresso no CC, artigo 10, II. Por sua vez, a LRP, artigo 29, § 1º, alíneas b, c e d, embora com redação incompatível com a atual CF, menciona a averbação desse mesmo fenômeno.

Em boa técnica, podemos distinguir as sentenças declaratórias de filiação das sentenças constitutivas da filiação. As sentenças constitutivas da filiação são as de adoção (ECA, arts. 47, § 7º, e 166, § 5º). As sentenças declaratórias da filiação podem ser positivas ou negativas, ou seja, podem declarar a existência ou a inexistência da relação de filiação, quando constatada (ou não) no mundo dos fatos uma relação entre duas pessoas que se enquadra no conceito vigente de filiação.

Por meio de averbações são trazidas ao registro civil as alterações de filiação decorrentes de ação judicial, objeto de estudo neste tópico, quais sejam, as sentenças negatórias de paternidade ou maternidade, as sentenças declaratórias da filiação, as sentenças de investigação de paternidade e maternidade.

Importante desde já distinguir os casos em que a atuação do juiz de direito se dá em caráter administrativo dos casos em que se dá em caráter jurisdicional. Como vimos no tópico anterior, a estrutura do Poder Judiciário é incentivada a formalizar os atos de reconhecimento espontâneo de filho, lavrando-se um termo judicial, independentemente de processo jurisdicional ou sentença. Essa é a atuação administrativa do juiz de direito.

Muito diferente é o caso em que o juiz, em processo jurisdicional, com as partes representadas por advogados, sob o crivo do contraditório, prolata uma sentença declaratória da filiação. Nesta situação, existe uma sentença judicial, cuja natureza jurídica é distinta do reconhecimento de filho.

	RECONHECIMENTO VOLUNTÁRIO DE FILHO	DECLARAÇÃO JUDICIAL DA FILIAÇÃO
CAUSA	pai ou mãe espontaneamente assume a paternidade ou maternidade já existente no plano dos fatos	a paternidade/maternidade é comprovada e imposta em processo judicial, por exemplo, investigação de paternidade
TÍTULO	escrito particular com firma reconhecida, escritura pública, testamento, termo judicial, termo lavrado pelo serviço de registro civil das pessoas naturais	sempre título judicial (mandado, carta de sentença) com trânsito em julgado
EFEITO	declara a filiação de forma irrevogável, somente sendo desconstituída pela via judicial	declara a filiação de forma irrevogável, somente sendo desconstituída pela via da ação rescisória
CERTIDÃO	averbação é protegida pelo sigilo, logo não consta das certidões em breve relatório	averbação é protegida pelo sigilo, logo não consta das certidões em breve relatório

10.2.1 Investigação de paternidade/maternidade e declaração de filiação

A ação de investigação de paternidade/maternidade é aquela proposta pelo filho em face do suposto pai/mãe, para ver estabelecida a sua filiação, tendo em vista que esta não foi estabelecida no registro, tampouco houve reconhecimento espontâneo. Está prevista nos artigos 1.606, 1.615 e 1.616 do CC[19]. É uma espécie que se enquadra no gênero da ação declaratória de existência de filiação.

A investigação de paternidade/maternidade é utilizada para comprovar o vínculo biológico de filiação. Quando se busca a comprovação do vínculo socioafetivo entre pai e filho, recebe o nome de ação de declaração de filiação socioafetiva. No entanto, ainda que se atribua erroneamente o nome da ação, não se obsta o seu processamento, pois deve ser levado em conta o que efetivamente se pediu, a causa de pedir e as partes envolvidas.

Se deferido o pedido, fica estabelecida a filiação, o que reclama publicidade no registro de nascimento. Estabelecendo-se o vínculo de filiação, surge o direito do filho de usar o sobrenome do pai/mãe. Não há obrigatoriedade de adotar tal nome. O acréscimo do sobrenome deve constar no próprio título judicial apresentado ao cartório, sendo omisso o título, é lícito concluir que não houve alteração.

Caso do título judicial que determine a averbação da paternidade/maternidade não conste ordem para acrescer o sobrenome, mas, antes da averbação, o próprio registrado, civilmente capaz, solicita o acréscimo, tal pedido pode ser atendido pelo Oficial de Registro. Sequer é necessário retificar o título judicial, bastando, para tanto, que o titular do direito ao nome manifeste validamente esse desejo.

O direito ao uso do nome de família pertence aos filhos, não aos pais. Como estes não poderão se opor ao uso do nome de família pelo filho capaz, não é necessário colher a sua manifestação de vontade, muito menos se faz necessária a apreciação judicial desse pedido. O Oficial de Registro, como faz em diversas situações (por exemplo, no casamento e no reconhecimento de filho), também nesse caso pode instrumentalizar essa vontade de acrescer o sobrenome paterno.

Tal acréscimo não seria admissível se houvesse controvérsia sobre o nome que o registrado passou a usar, a qual tenha sido decidida pelo juiz de direito. Imagine-se um caso em que o pai deseja colocar o seu sobrenome na criança, mas a mãe se recusa a aceitar tal proposta. A divergência será objeto de decisão pelo juiz de direito. Diante das peculiaridades do caso concreto, os argumentos para a recusa materna poderão convencer o juiz, de forma que a matéria foi objeto de decisão judicial acobertada pelos efeitos do trânsito em julgado. Afora esse caso específico, não se vislumbram outros motivos para a recusa ao pedido.

Como visto no item 10.1.3 acima, é admissível no ordenamento jurídico brasileiro a multiparentalidade, assim, deve ter acesso aos assentos do registro civil das pessoas naturais, como sustenta Christiano Cassettari[20]:

> Deverá, também, o mandado determinar que seja incluído no registro o nome do pai ou da mãe. (...) Se a pessoa já tem um pai e uma mãe, hipótese de multiparentalidade, haverá o acréscimo de mais um nome no campo filiação, e de mais dois nomes no campo avós.

Em vista disso, é crucial que o título judicial esteja redigido de forma clara, ao determinar a inclusão de um pai/mãe no registro de nascimento, é preciso que expresse se mantém ou exclui paternidade/maternidade que já consta no registro. Ainda que a ordem conste de mandado extraído de processo judicial movido em face do pai/mãe registral, não é lícito inferir que foi determinada a exclusão da paternidade que consta no registro, pois pode ter sido acatada a tese de multiparentalidade.

10.2.2 Negatória de paternidade

A ação negatória de paternidade é aquela proposta pelo pai em face do filho, visando excluir a paternidade dos filhos havidos no casamento. Está prevista no CC, artigo 1.601. É uma espécie que se enquadra no gênero da ação declaratória da inexistência de filiação, a qual, por sua vez, pode ser proposta por qualquer pessoa que tenha interesse jurídico. Elucidativa, nesse sentido, a decisão do STJ (AgRg no REsp 939.657/RS, Rel. Ministra NANCY ANDRIGHI, TERCEIRA TURMA, julgado em 1-12-2009, *DJe* 14-12-2009).

Atente-se que a nomenclatura atribuída à ação serve para melhor organizar a atividade jurisdicional, mas não altera a sua natureza jurídica. Assim, ainda que a ação tenha recebido o nome de negatória de paternidade, mas não tenha sido proposta pelo pai, pode ser processada levando em conta o que efetivamente foi pedido, a causa de pedir e as partes da demanda.

Atualmente, para o deferimento da negatória de paternidade, não basta comprovar a inexistência de vínculo biológico entre pai e filho. Também é necessário comprovar que não houve vínculo socioafetivo, pois este também é fonte da relação jurídica de filiação. Nesse sentido, veja-se outro julgado do STJ (REsp 1059214/RS, Rel. Ministro LUIS FELIPE SALOMÃO, QUARTA TURMA, julgado em 16-2-2012, *DJe* 12-3-2012).

Determinada a exclusão da paternidade, o filho deixa de fazer parte dessa família. Assim, o direito a usar o respectivo sobrenome também fica prejudicado, pois, como se sabe, o sobrenome é indicativo da origem familiar da pessoa.

---
20. CASSETTARI, Christiano. *Op. cit.*, 2014. p. 82.

Dessa forma, apresentado para o Oficial de Registro Civil mandado judicial determinando a exclusão da paternidade sem nada mencionar a respeito do nome que o registrado passou a usar, perquire-se qual a melhor conduta a ser adotada. Numa primeira análise, são três as possibilidades: 1) devolver o mandado ao juiz, solicitando que esclareça o nome que passou a usar; 2) averbar a negatória tal qual consta no mandado, ou seja, sem fazer qualquer alteração no nome do registrado; 3) averbar a negatória e automaticamente excluir o sobrenome paterno do nome do registrado, com fundamento na regra de que o sobrenome é indicativo da origem familiar, o que já não existe mais.

A opção 3 não é adequada nem juridicamente segura, pois as ordens judiciais são sempre expressas e determinadas. Não é lícito inferir conteúdos implícitos dos mandados judiciais. No Estado Democrático de Direito, não é admissível que as decisões judiciais sejam ambíguas, obscuras, passíveis de interpretações. Assim, a exclusão do sobrenome não é automática, necessita estar expressa na ordem judicial. O direito contemporâneo, estruturado por meio de princípios e regras, é extremamente complexo e diversificado, de modo que, nas especificidades do caso concreto, é possível que o juiz tenha compreendido que o nome passou a fazer parte da identidade da pessoa e, assim, o registrado adquiriu o direito de usá-lo, em analogia com a previsão legal já existente para o divórcio.

Restam as opções 1 e 2, ambas com seus fundamentos razoáveis e adequados. A opção 1 demonstra maior cautela, um respeito maior à segurança jurídica, na busca permanente por informações exatas e confiáveis, no entanto, por devolver o título, pode ser burocrática, criando empecilho ao cidadão, que pode considerá-la uma ineficiência do serviço público. Já a opção 2 está apoiada no cumprimento estrito e exato do que foi determinado pelo juiz, ou seja, não deve o registrador ficar elucubrando possíveis questões para recusar o cumprimento da ordem judicial expressa.

Cabe ao Oficial de Registro, com base no saber prudencial de sua atividade, decidir entre elas, levando em consideração as peculiaridades do caso concreto. Por exemplo, se o título foi expedido em comarca longínqua ou se houver grandes dificuldades para seu aditamento, não deve devolvê-lo. Por outro lado, a ninguém escapa que a informalidade de nossa cultura bem possa orientar a decisão. Em contato telefônico com o órgão responsável pela emissão do título ou com o cidadão que o apresentou em cartório, pode-se chegar à melhor solução para o caso.

Por fim, tendo em vista que a presunção de filhos havidos na constância do casamento (art. 1.597 do CC) pode ser utilizada para se estabelecer a maternidade de uma pessoa, na forma do art. 9º, §3º do Prov. 28 CN-CNJ, anteriormente estudado, há que se considerar a possibilidade de a hipótese ora estudada ser aplicável para se negar maternidade.

10.3 ALTERAÇÃO DE NOME

São muitas e variadas as hipóteses de alteração de nome, as quais ganham publicidade por meio do serviço público de registro civil das pessoas naturais. Algumas por ato de registro em sentido estrito, como no casamento e na adoção, outras por meio da averbação, que modifica o conteúdo do registro, como nos casos de alteração de nomes que expõem ao ridículo, de acréscimo de apelido público e notório entre outros.

Observe-se que, mesmo nos casos em que o nome é alterado por meio do registro, tal informação jurídica irá constar no registro de nascimento, seja por meio da anotação, no caso de casamento, seja por meio de cancelamento e novo registro, nos casos de adoção. Dessa forma, o registro de nascimento permanece como fonte segura de informações atualizadas do nome e do estado civil da pessoa natural.

É desnecessária previsão legal expressa e específica de averbação da alteração do nome, pois basta a regra geral de que todos os atos jurídicos que modificam os elementos do registro são passíveis de averbação. No entanto, para o caso de alteração do nome existe previsão legal específica, qual seja, artigo 29, § 1º, letra *f*, da LRP, em louvável clareza da legislação[21].

Por esse mesmo fundamento, ressalte-se que a averbação de alteração de nome não é restrita ao nome do registrado, mas ao nome de qualquer pessoa que consta do registro, como pais e avós.

Somente após a alteração no registro civil, o nome alterado receberá sua tutela jurídica integral, produzindo plenos efeitos, podendo ser provado por meio da respectiva certidão.

Passa-se a análise de situações jurídicas específicas da alteração de nome no registro de nascimento.

10.3.1 Alteração imotivada de nome no prazo de um ano da maioridade

Tema que merece atenção em um trabalho voltado para o registro civil das pessoas naturais é a alteração imotivada, regida pelo artigo 56 da Lei 6.015/73, a qual se passa a analisar.

Prevê o mencionado artigo que:

> Art. 56. O interessado, no primeiro ano após ter atingido a maioridade civil, poderá, pessoalmente ou por procurador bastante, alterar o nome, desde que não prejudique os apelidos de família, averbando-se a alteração que será publicada pela imprensa.

Este artigo deve ser analisado em simetria com o artigo 57 da mesma lei, o qual prevê que após o primeiro ano da maioridade, a alteração se dá apenas por exceção e motivadamente, após audiência do Ministério Público e por meio de sentença. Daí se extrai que na hipótese do artigo 56, a alteração deve ocorrer no primeiro ano da maioridade, podendo ser por pedido imotivado em sede administrativa, independendo de justo motivo e de sentença, mas com publicação pela imprensa.

Há interpretação restritiva de que o art. 56 em comento estaria subordinado ao 58, que em sua redação original estabelecia a imutabilidade do prenome, mas que em

---

21. Art. 29. Serão registrados no registro civil de pessoas naturais: (...)
   § 1º Serão averbados: (...) f) as alterações ou abreviaturas de nomes.

sua redação atual, conforme a Lei 9.708/98, admitiu hipótese de alteração de prenome, trocando a expressão a imutável por definitivo.

No atual estágio do direito, esta intepretação restritiva parece superada, pois prevalece o caráter personalíssimo do direito ao nome, como um elemento da personalidade. Por outro lado, não há grande prejuízo à segurança jurídica, pois se no passado o nome era o principal e muitas vezes o único elemento de individualização da pessoa, atualmente há outros elementos de individualização e identificação, como o documento de identidade e o CPF. Considere-se, também, que o prazo de um ano da maioridade para a alteração do nome reduz enormemente a possibilidade de se utilizar este expediente com intuito fraudulento, ou seja, garante-se a segurança jurídica.

Conforme doutrina de Cristiano Chaves de Faria e Nelson Rosenvald[22], esta é a única hipótese de alteração imotivada do nome, o que "é completamente justificável, [pois] em se tratando de direito da personalidade, é natural que o nome civil da pessoa humana seja livremente escolhido por ela, garantindo-lhe o exercício pleno de sua personalidade."

Com efeito, ao escolher o nome por ocasião do registro de nascimento, os pais o fazem como representantes do menor, este sim o verdadeiro titular do direito ao nome. Logo, justo que o titular do direito, quando adquire capacidade civil para realizar escolhas, possa exercer esse direito ligado à sua personalidade. A alteração tem ainda mais razão nas hipóteses em que o declarante do registro de nascimento não foram os pais, pois nesses casos sequer há direito de representação decorrente do poder familiar.

O STJ já se pronunciou sobre a matéria e assentou que a alteração é do prenome, desde que não haja prejuízos aos sobrenomes:

> 3. A regra geral, no direito brasileiro, é a da imutabilidade ou definitividade do nome civil, mas são admitidas exceções. Nesse sentido, a Lei de Registros Públicos prevê, (i) no art. 56, a alteração do prenome, pelo interessado, no primeiro ano após ter atingido a maioridade civil, desde que não haja prejuízo aos apelidos de família e (ii) no art. 57, a alteração do nome, excepcional e motivadamente, mediante apreciação judicial, e após oitiva do MP. (REsp 1412260/SP, Rel. Ministra NANCY ANDRIGHI, TERCEIRA TURMA, julgado em 15/05/2014, DJe 22/05/2014)

Tal precedente da corte superior consta da fundamentação do Parecer 64/2018-E[23], em que a CGJ-SP deferiu o pedido de alteração de prenome, no prazo de um ano da maioridade, reconhecendo a via administrativa como adequada para o processamento do pedido.

---

22. ROSENVALD, Nelson; FARIAS, Cristiano Chaves. *Op.Cit.*, 2014. p. 276
23. Parecer da lavra do MM. Juiz Assessor da Corregedoria Paulo Cesar Batista dos Santos, aprovado pelo MD Desembargador Corregedor Geral da Justiça Pinheiro Franco, disponível em: https://esaj.tjsp.jus.br/cco/obterArquivo.do?cdParecer=8975 (acesso em 28.12.2018). A decisão não é isolada, em parecer número 388/2018-E do MM. Juiz Assessor da Corregedoria José Marcelo Tossi Silva, negou-se a supressão da segunda parte do prenome composto, sob o fundamento de que fazia parte do sobrenome, não do prenome. Ou seja, admitiu-se que se fosse prenome seria possível a alteração. Disponível em: https://esaj.tjsp.jus.br/cco/obterArquivo.do?cdParecer=9706 (acesso em 28.12.2018)

Embora o artigo 56 em comento não faça exigência de apreciação judicial, no Estado de São Paulo vige o item 35.1 das NSCGJ-SP, que impõe apreciação do Juiz Corregedor Permanente:

> 35.1. O pedido a que se refere o art. 56 da Lei 6.015/73 tem natureza administrativa e poderá ser deduzido diretamente no Registro Civil das Pessoas Naturais, que o remeterá à apreciação do Juiz Corregedor Permanente.

Aguarda-se que tal item seja revisto, notadamente após a decisão do STF na ADI 4275 e Provimento 73 da CN-CNJ, que dispensam a apreciação judicial no caso das pessoas transgêneros. É possível aplicar o mencionado provimento por analogia, pois os casos são semelhantes, já que ambos tratam de alteração de prenome, com fundamento apenas na manifestação de vontade das partes, em razão do direito da personalidade. Sendo assim, desnecessária a apreciação judicial.

Nesse sentido, importante questão é a necessidade ou não de apresentação de certidões informando a existência de eventuais ações civis ou penais, bem como de dívidas protestadas. Tal exigência fornece maior segurança de que não há intuito de utilizar a alteração de nome para escapar de suas responsabilidades.

Cristiano Chaves de Farias e Nelson Rosenvald[24] parecem concordar com tal exigência pois escreveram que a alteração do nome é possível desde que "não cause prejuízo a terceiros ou à coletividade (como no caso de estar o titular respondendo a ações civis ou penais ou encontrar-se com o nome incluído em serviço de proteção ao crédito)"[25].

O citado Provimento 73 da CN-CNJ exige um rol de certidões, que também poderia ser aqui aplicado por analogia e exigido para a alteração do prenome no prazo de um ano da maioridade, notadamente porque não impede a alteração do prenome, mas apenas impõe a comunicação ao órgão competente caso existam ações em andamento ou dívidas protestadas.

No entanto, é possível argumentar que não há lei exigindo tais documentos, tampouco seria cabível a analogia desta exigência com o caso dos transgêneros, pois o pedido é formulado no primeiro ano da maioridade, quando se inicia a responsabilidade penal e civil, logo não há grande risco de fraudes.

No Estado de São Paulo, como há determinação de se encaminhar o pedido ao Juiz Corregedor, este decidirá pela necessidade ou não da apresentação de eventuais certidões. Nas demais unidades federativas, recomenda-se consultar as normativas locais.

10.3.2 Acréscimo de sobrenome ao filho menor.

O sobrenome, como se sabe, é indicativo da origem familiar. As famílias não são estáticas, pelo contrário, vivem uma dinâmica própria, que é acolhida pelo direito conforme os institutos jurídicos vigentes. Essa dinâmica repercute no nome da pessoa natural, o que tem sido aceito pela jurisprudência, mitigando a definitividade do nome,

---
24. ROSENVALD, Nelson; FARIAS, Cristiano Chaves. *Op.Cit.*, 2014. p. 276
25. ROSENVALD, Nelson; FARIAS, Cristiano Chaves. *Op.Cit.*, 2014. p. 276

como se vê nos julgados citados nos itens 11.5.6 a seguir, ao tratar da alteração do nome após o casamento.

A hipótese mais comum no cotidiano da atividade registral é que tal acréscimo seja feito por ocasião do reconhecimento de filho, constando o novo nome a ser usado nessa mesma averbação, como foi analisado no item 10.1 acima.

Outra hipótese frequente no cotidiano da atividade registral é o reflexo da averbação de reconhecimento de filho no registro de nascimento dos filhos da pessoa reconhecida. Ou seja, nos casos em que a pessoa tem sua paternidade estabelecida quando já é adulta e, inclusive, tem filhos. Nesta ocasião, o pai ou mãe que acresceu o sobrenome de seu genitor(a) ao seu nome, poderá solicitar que esse mesmo sobrenome seja acrescido ao nome de seus filhos menores.

Esta averbação tem sido considerada uma sequência do reconhecimento de filho nos registros que lhe são posteriores. Após a pessoa ter sua paternidade reconhecida e seu sobrenome alterado em virtude desse reconhecimento, é necessário atualizar eventuais registros posteriores, como o casamento (para atualizar seu nome e inserir o nome de seu genitor) e o nascimento de seus filhos (para atualizar seu nome, inserir o nome do avô).

Nesta oportunidade, poderá também solicitar o acréscimo do sobrenome ao filho menor. Para tal acréscimo, é necessário colher o consentimento de todos os representantes legais do menor, bem como o consentimento deste, caso seja maior de 16 anos, afinal, será formalizada uma nova alteração do nome, que é um direito da personalidade, o que é muito diferente de mero reflexo de alterações já formalizadas em outros registros públicos. Se o filho for maior, o requerimento será formulado por este.

O direito da pessoa menor a acrescer sobrenomes está expresso na jurisprudência do STJ, veja excerto da ementa:

> - Não há como negar a uma criança o direito de ter alterado seu registro de nascimento para que dele conste o mais fiel retrato da sua identidade, sem descurar que uma das expressões concretas do princípio fundamental da dignidade da pessoa humana é justamente ter direito ao nome, nele compreendido o prenome e o nome patronímico. - É conferido ao menor o direito a que seja acrescido ao seu nome o patronímico da genitora se, quando do registro do nascimento, apenas o sobrenome do pai havia sido registrado. (REsp 1069864/DF, Rel. Ministra NANCY ANDRIGHI, TERCEIRA TURMA, julgado em 18/12/2008, DJe 03/02/2009)

O Provimento 82 da CN-CNJ, ao regulamentar algumas situações de alteração de patronímico, analisadas nos itens 10.4 e 11.5.6.2 a seguir, também trouxe previsão específica sobre acréscimo de sobrenome no filho menor. Veja-se o teor da norma que passa a ser comentada na sequência.

> Art. 2º. Poderá ser requerido, perante o Oficial de Registro Civil competente, a averbação do acréscimo do patronímico de genitor ao nome do filho menor de idade, quando:
>
> I - Houver alteração do nome do genitor em decorrência de separação, divórcio ou viuvez;
>
> II - O filho tiver sido registrado apenas com o patronímico do outro genitor.
>
> 1º. O procedimento administrativo previsto no caput deste artigo não depende de autorização judicial.

2º. Se o filho for maior de dezesseis anos, o acréscimo do patronímico exigirá o seu consentimento.

3º. Somente será averbado o acréscimo do patronímico ao nome do filho menor de idade, quando o nome do genitor for alterado no registro de nascimento, nos termos do art. 1º, deste Provimento.

4º. A certidão de nascimento será emitida com o acréscimo do patronímico do genitor ao nome do filho no respectivo campo, sem fazer menção expressa sobre a alteração ou seu motivo, devendo fazer referência no campo 'observações' ao parágrafo único do art. 21 da lei 6.015, de 31 de dezembro de 1973.

Âmbito de aplicação. A primeira questão na interpretação desse artigo está em aferir se os incisos I e II são requisitos cumulativos ou hipóteses alternativas. A Arpen Brasil editou nota técnica[26] em que considera serem duas hipóteses distintas, o que parece ser a melhor interpretação, pois cada um tem sua própria e suficiente razão de ser. O segundo inciso, conforme expresso no precedente do STJ retro transcrito, permite o acréscimo nos casos em que o filho não tem nenhum sobrenome do outro genitor, que é uma forma de dar efetividade ao direito ao nome como identificação familiar, sob a ótica de igualdade entre os genitores. Por sua vez, o primeiro inciso, destinados aos casos em que houver alteração do nome do genitor decorrente de divórcio, separação ou viuvez, encontra seu fundamento numa alteração posterior ao registro de nascimento, que pode comprometer a identificação entre o genitor e o filho. Nesta hipótese, outra questão a interpretar é a possibilidade de acrescer ao filho menor qualquer sobrenome ou apenas os sobrenomes que foram retomados em decorrência da separação, divórcio ou viuvez. Considerando que a finalidade é permitir uma melhor identificação entre os filhos e seus pais, os autores deste trabalho defendem a faculdade de acrescer qualquer sobrenome do genitor que teve seu nome alterado, todavia, reconheça-se que é plausível a interpretação no sentido de que a finalidade da normativa restringiria a alteração aos sobrenomes retomados pelo genitor, salvo se o filho não tiver nenhum sobrenome deste genitor, quando então é possível enquadrar o caso no inciso II.

Encadeamento lógico dos registros. O parágrafo terceiro do artigo em comento traz uma regra destinada a preservar o encadeamento lógico e a coerência dos registros, ou seja, somente é permitido alterar um registro se já estiver alterado o registro imediatamente anterior em que esse mesmo elemento objeto da alteração aparece. Trata-se de regra aplicável apenas à hipótese do inciso I, conforme expresso na já citada nota técnica da Arpen Brasil, pois na hipótese do inciso II não há alteração do nome do genitor, mas apenas inclusão de sobrenome ao nome do filho. A sequência de atos ficaria assim: 1) o genitor altera seu nome em decorrência de divórcio, separação ou viuvez, o que é lavrado em seu registro de casamento; 2) a alteração do nome do genitor é averbada no registro de nascimento do filho (art. 1º do Provimento 82); 3) acresce-se ao nome do filho o sobrenome retomado pelo genitor, o que é averbado no registro de nascimento do filho (art. 2º). É certo que os passos 2 e 3 citados poderão ser averiguados em um único procedimento e objeto de uma mesma averbação, em nome da economia procedimental. No entanto, os cidadãos têm a faculdade de seguir primeiro o passo 2 e depois 3, mas jamais na ordem contrária.

---

26. Disponível em http://www.arpensp.org.br/index.php?pG=X19leGliZV9ub3RpY2lhcw==&in=ODU0MDg (Acesso em 30.10.2019)

Patronímico de genitor. O dispositivo é restrito ao patronímico de genitor ou genitora, ou seja, o sobrenome dos pais. Por essa via, consequentemente, não será possível adotar sobrenome dos avós que não constem no nome dos pais.

Acréscimo não é exclusão. O dispositivo é restrito ao acréscimo de sobrenome, ou seja, não é possível excluir sobrenomes por essa via administrativa, o que está em consonância com o art. 56 da Lei 6.015/73, que, embora tenha aplicação às pessoas maiores, é expresso ao determinar que não se prejudiquem os nomes de família. Por outro lado, é possível excluir as partículas de ligação, como "e", "de", "do", estejam no singular ou no plural, no masculino ou feminino, pois essas partículas não são propriamente sobrenomes. Tal interpretação foi realizada pelo STJ, que autorizou acréscimo de sobrenome no filho menor, permitiu a exclusão de partícula mas não permitiu a exclusão dos apelidos de família, conforme se vê no julgamento do REsp 1256074/MG, Rel. Ministro MASSAMI UYEDA, TERCEIRA TURMA, julgado em 14/08/2012, DJe 28/08/2012.

Filho menor. O dispositivo tem aplicação apenas para filhos menores, que são as pessoas que ainda não completaram 18 anos de idade (CC. art. 5º). Os maiores de 16 anos deverão manifestar seu consentimento, já que adquiriram capacidade relativa para a prática de atos jurídicos (CC, art. 4º, I). Questiona-se se o menor emancipado pode fazer uso dessa faculdade prevista no Provimento. Favoravelmente, pode-se argumentar que: a) o texto normativo, bem como o art. 56 da Lei 6.015/73, fazem referência à maioridade, não à capacidade, sendo certo que a pessoa de 16 ou 17 anos, mesmo que emancipada, é considerada menor pelo art. 5º do Código Civil, logo está abrangida pela norma; b) por ser o nome um direito subjetivo inserido na esfera da personalidade, não se deve interpretar restritivamente. Contrariamente à aplicação do dispositivo ao menor emancipado, pode-se argumentar que: a) a regra é a definitividade do nome, sendo as alterações exceções, logo devem ser interpretadas restritivamente; b) maioridade e capacidade são conceitos profundamente relacionados e, neste caso específico, considerando a finalidade de segurança jurídica que autorizou o acréscimo de sobrenome apenas aos filhos menores, deve-se considerar que seriam os menores incapazes (absoluta ou relativamente). Os autores deste trabalho, por ora, aderem aos argumentos favoráveis a aplicação ao emancipado.

Filho maior. O filho maior de 18 anos não está albergado pela hipótese normativa. Não se vislumbram motivos para aplicar o dispositivo por analogia aos filhos maiores, pois: a) os filhos maiores contam com regra própria, já analisada no item 10.3.1; b) há fundamentos para tratar de forma distinta a alteração de nome de pessoas maiores ou menores, já que há maior interesse em resguardar a definitividade do nome das pessoas maiores, em razão da proteção da segurança jurídica, considerando que após essa idade há maior possibilidade de a alteração de nome prejudicar terceiros ou esconder fraudes.

Legitimação. O artigo não indica quais são os sujeitos que estão legitimados a requerer a alteração. A citada nota técnica da Arpen Brasil recomenda que ambos genitores formulem o requerimento. O fundamento dessa recomendação é que haverá alteração do nome do menor, que é alteração de um dos elementos da personalidade da pessoa, logo, necessário que todos os titulares do poder familiar manifestem seu consentimento, nos termos do art. 1.634 do Código Civil.

Certidão e publicidade. Conforme o parágrafo quarto supratranscrito, após a averbação deve-se emitir a certidão sem mencionar o teor da averbação, constando a observação de que "a presente certidão envolve elementos de averbação à margem do termo". No entanto, observe-se que o acréscimo de sobrenome, por si só, não é um elemento protegido pelo sigilo legal que obste a expedição de certidão de inteiro teor. Estando a averbação redigida sem elementos sigilosos, poderá ser fornecida certidão com seu conteúdo a qualquer interessado, valendo a regra geral da publicidade dos registros públicos, nos termos do art. 17 da Lei 6.015/73. Esse tema está aprofundado no item 10.4.

10.4 ALTERAÇÃO DO NOME FAMILIAR DOS PAIS

Situação muito frequente nos dias de hoje é a alteração do nome dos pais posterior ao nascimento dos filhos, seja por casamento, divórcio ou até mesmo em razão de viuvez, reconhecimento de filho, adoção, acréscimo de apelidos públicos notórios. A alteração posterior gera um descompasso entre o nome dos pais que consta no registro dos filhos e o nome atual efetivamente utilizado. Assim, é possível realizar a averbação no registro de nascimento do filho, atualizando-o, para que espelhe a realidade do nome dos pais.

Essa averbação permite a fácil e rápida identificação de quem são os pais do registrado, sem a necessidade de apresentar outros documentos e sem a necessidade de expor a vida pessoal dos pais.

A alteração de patronímico tem por fundamento a regra geral das averbações e o princípio da veracidade dos registros públicos. É, efetivamente, uma espécie de alteração de nome, prevista no artigo 29, § 1º, letra *f*, da Lei 6.015/73 e averbada conforme previsão do art. 97 da mesma lei.

O parágrafo único do artigo 3º da Lei n. 8.560/92 traz uma hipótese específica que exemplifica a regra geral. O legislador, ao revogar o instituto da legitimação (*caput* do referido artigo), fez questão de ressalvar a possibilidade de alteração do patronímico materno. Em razão da finalidade e das circunstâncias em que se editou tal parágrafo único, seu texto é restrito a alteração do sobrenome da mãe em razão do casamento, mas, diante da realidade constitucional e legal atual, deve ser compreendido como sendo possível a averbação da alteração do patronímico, seja materno, seja paterno, por qualquer causa, seja pelo casamento, separação, divórcio, acréscimo de apelidos públicos notórios, alterações de nome entre outros.

Não é lícito interpretar o referido parágrafo único com o sentido de restringir as hipóteses de alteração de patronímico apenas quando há casamento dos pais entre si, seja porque isso não está expresso em seu texto, seja porque sua finalidade foi exatamente o oposto, ou seja, preservar expressamente a possibilidade da alteração do nome, que mantém os registros públicos com informações confiáveis e atualizadas e oferece aos cidadãos um instrumento jurídico eficiente para comprovar sua filiação sem necessidade de expor a intimidade da vida de seus pais.

Nesse sentido, a ARPEN-SP editou o enunciado de número 40, no seguinte teor:

Enunciado 40: É admitida a averbação da alteração de patronímico dos pais ocorrida em virtude de separação, divórcio, casamento ou qualquer outra alteração, devendo ser apresentado o documento legal e autêntico que comprove a alteração, estando dispensada a audiência do Ministério Público e a intervenção do Juiz Corregedor Permanente.

Fundamento: Lei n. 6.015/73, artigo 29, § 1º, VII, e itens 119.1 e 122, *e*, Capítulo XVII das Normas de Serviço da E. Corregedoria-Geral da Justiça de São Paulo (STJ – REsp n. 1.041.751-DF – DF – 3ª Turma – Rel. Min. Sidnei Beneti – *DJ* 3-9-2009).

A decisão do Superior Tribunal de Justiça citada na fundamentação do enunciado reconheceu a exigência de alterações desse tipo do ponto de vista da dignidade, afirmando-se que: "É inerente à dignidade da pessoa humana a necessidade de que os documentos oficiais de identificação reflitam a veracidade dos fatos da vida". (STJ – REsp n. 1.041.751 – DF – 3ª Turma – Rel. Min. Sidnei Beneti – *DJ* 3-9-2009)[27].

Essa interpretação foi acolhida pela CN-CNJ ao uniformizar o procedimento em âmbito nacional, com a edição do Provimento 82/2019, cujo artigo primeiro assim dispõe:

Art. 1º. Poderá ser requerida, perante o Oficial de Registro Civil competente, a averbação no registro de nascimento e no de casamento das alterações de patronímico dos genitores em decorrência de casamento, separação e divórcio, mediante a apresentação da certidão respectiva.

Passa-se a análise de cada uma das questões relacionadas à averbação de alteração de patronímico e suscitadas pelo Provimento 82 como: âmbito de aplicação, obrigatoriedade ou facultatividade da alteração, legitimação para requerer, competência para a averbação, procedimento, documentos necessários, forma de emissão da certidão e seu sigilo.

Amplitude da hipótese. Observe-se que o provimento não restringiu a alteração de patronímico ao casamento dos pais entre si, mas a estabeleceu para casamento indistintamente, bem como para os casos de separação e divórcio. Por outro lado, outras hipóteses em que os genitores alteram seu nome não estão expressas no referido artigo, mas são igualmente passíveis de averbação, valendo a mesma *ratio legis* que fundamentou o Provimento 82. Por exemplo, nos casos de: a) acréscimo de sobrenome decorrente de reconhecimento de filho realizado quando a pessoa já é casada e tem filhos; b) a opção de suprimir o sobrenome do ex-cônjuge em razão de viuvez, que está prevista no próprio provimento (art. 1º, §3º); c) adoção; d) alterações de nome dos genitores determinadas judicialmente e já averbadas nos registros destes.

É inerente à atividade dos registros públicos sua constante atualização por meio das averbações e novos registros, acompanhando a dinâmica dos atos e fatos jurídicos. A alteração do nome dos genitores no registro de nascimento encontra seu fundamento não apenas no regulamento administrativo, mas principalmente na lei em sentido estrito. Como já mencionado, há previsão legal específica para averbação das alterações de

---

27. Um dos autores tem artigo publicado sobre o tema com as seguintes referências: CAMARGO NETO, Mario de Carvalho. Por que dificultar? Alteração de sobrenome dos pais no registro civil – Projeto de Lei n. 7.752, de 13 de agosto de 2010. Disponível em: http://www.anoreg.org.br/index.php?option=com_content&view=article&id=15144:porque-dificultar-alteracao-de-sobrenome-dos-pais-no-registro-civilprojeto-de-lei-7752-de-13-de-agosto-de-2010-por-mario-de-carvalho-camargoneto&catid=54&Itemid=184. Acesso em 16 jul. 2013.

nome no registro civil das pessoas naturais, expressa no art. 29, § 1º, alínea "f", da Lei 6.015/73, o que se faz pela forma do art. 97 da mesma Lei.

Obrigatoriedade ou facultatividade. O artigo 1º supratranscrito utiliza a expressão "poderá", da qual se infere que não há obrigatoriedade de promover a alteração de nome nos registros de seus filhos, mas uma faculdade. Com efeito, não há previsão legal ou normativa expressando o dever de os genitores promoverem a atualização dos registros de seus filhos após alterarem seu nome, e a Lei n. 8.560/92, art. 3º, parágrafo único, afirma que a alteração é um direito. No entanto, aquele que promove a averbação no registro público faz prova de sua boa-fé, principalmente enquanto os filhos forem menores, e terá um documento único para provar sua filiação e a titularidade do poder familiar. Deixar-se de promover tal alteração, pode gerar embaraço e constrangimento para se comprovar a filiação, pois o interessado deverá sempre apresentar, juntamente com a certidão de nascimento do filho, a sua certidão de casamento/nascimento em que conste seu nome atual, pois somente assim provará com segurança que é o genitor. Veja-se que o interessado que deixar de informar a situação real da filiação, que pela diferença de nome parece não existir, agirá de má-fé. Os autores do presente trabalho propõem uma análise quanto à obrigatoriedade: a falta da averbação de alteração do nome dos genitores significa que os registros de nascimento dos filhos contém e dão publicidade a uma informação que não corresponde à realidade atual, diante do fato que os registros devem refletir a realidade, pode-se concluir que tal averbação é obrigatória. Todavia, esta é apenas uma proposta de análise.

Legitimação. O Provimento 82 não faz qualquer indicação sobre quem está legitimado a promover a averbação de alteração de patronímico. Sendo assim, devem ser aplicadas as regras gerais previstas no art. 13 da Lei 6.015/73, segundo o qual os atos serão praticados por ordem judicial, a requerimento verbal ou escrito dos interessados e por requerimento do Ministério Público, quando a lei autorizar.

Enquanto os filhos são menores, qualquer dos genitores é interessado em promover a averbação, pois detentores do poder familiar. No caso da alteração de patronímico decorrente de divórcio, questiona-se se o genitor que não teve o seu nome alterado pode solicitar a averbação da alteração do nome do outro genitor, que teve seu nome alterado pelo divórcio[28]. Pode-se pensar nos seguintes argumentos contra a sua legitimação: a) o nome é um direito da personalidade, logo a alteração requer sua participação, ainda que seja apenas a alteração reflexa no registro de nascimento de seus filhos; b) o genitor que teve seu nome alterado pode não ter atualizado seus documentos de identidade e, assim, sofrer concretos prejuízos para identificar-se como genitor. Apesar desses argumentos, a melhor interpretação é pela legitimação do outro genitor, já que: a) o direito personalíssimo ao nome foi livremente exercido por ocasião do divórcio e está formalizado com fé pública na certidão de casamento, logo a pessoa não pode usar nomes diferentes ao mesmo tempo; b) eventuais prejuízos sofridos por quem não atualizou os seus documentos pessoais decorrem de sua própria conduta omissiva e não podem

---

28. Essa questão foi primeiramente apresentada pelo sempre atento e muito solícito colega Marcello Verederamo, Diretor Regional da ArpenSP e Oficial de Registro.

ser imputados a quem promoveu averbação de alteração de patronímico no registro de nascimento; c) os registros públicos devem espelhar a verdade real e não há um direito subjetivo do genitor em manter o registro de nascimentos de seus filhos desatualizado; d) o genitor que solicita a alteração, salvo má-fé a ser comprovada em processo judicial, não age apenas por interesse próprio, mas também para resguardar os interesses do menor.

Se já atingiram a maioridade, há extinção do poder familiar e o interesse do filho sobrepuja o interesse dos genitores. Dessa forma, a alteração não poderá ser promovida sem o requerimento ou anuência do registrado civilmente capaz.

Não se descarta que as especificidades do caso concreto possam levar ao interesse jurídico dos pais em alterar o registro de nascimento dos filhos maiores e capazes. No entanto, isso não deve ser adotado como regra geral, sendo necessária uma análise casuística para a constatação desse interesse. Afinal, não parece razoável que seja alterado o registro de nascimento de alguém, que é o documento básico de sua cidadania e expressão da sua pessoa, sem que ele tenha, ao menos, oportunidade de tomar conhecimento e, assim, exercer seu direito constitucional de defesa.

É possível formular o requerimento por procurador constituído por instrumento público ou particular com firma reconhecida.

Oficial de Registro Civil competente. O artigo menciona "requerimento perante o Oficial de Registro Civil competente", que é o Oficial de Registro Civil das Pessoas Naturais detentor do acervo onde se encontra o registro que se quer alterar. No entanto o cidadão não necessita ir presencialmente no cartório onde se encontra o registro. Poderá comparecer perante qualquer cartório de Registro Civil das Pessoas Naturais, que irá endereçar o requerimento ao oficial competente, por meio da CRC, módulo e-protocolo, conforme expressamente previsto no art. 1º, I e art. 3º, IV do Provimento 46 da CN-CNJ. Tal funcionalidade se encontra em plena operação prática, permitindo de modo fácil e seguro o envio da documentação a ser cumprida e o retorno da certidão a ser entregue para a parte.

Alteração simultânea do nascimento e casamento. Se o filho já for maior e casado, a alteração do nome do genitor irá repercutir em seu registro de nascimento e casamento. Neste caso, será necessário requerer a retificação dos dois registros, para manter a sua coerência e compatibilidade. Casos os registros não estejam no mesmo cartório, a ordenação lógica e cronológica dos atos impõe que se faça primeiro a alteração no registro de nascimento e depois no registro de casamento. No entanto, se o registrado comparecer perante o oficial em que está lavrado o casamento, para averbar a alteração neste registro poderá a parte escolher entre apresentar sua certidão de nascimento já alterada ou simultaneamente com a alteração do casamento formular e enviar pela CRC o requerimento de alteração do registro de nascimento.

Procedimento administrativo. O "caput" do art. 1º transcrito já estabelece que o requerimento é feito perante o Oficial de Registro Civil competente, donde se infere que o procedimento não é judicial, mas administrativo, tramitando perante o registrador. No mesmo sentido, o parágrafo primeiro do mesmo artigo deixa expresso que para deferir o pedido de averbação não é necessária autorização judicial. Essa previsão está fundamentada na redação atual do artigo 97 da Lei 6.015/73 e está em harmonia com o movimento de desjudicialização, resguardando a atuação do judiciário para os casos em que há litígio ou dissenso a ser apreciado, o que não acontece no pedido de alteração de patronímico, o que inclusive estará comprovado documentalmente.

Também não se faz necessária manifestação do Ministério Público, pois não há previsão legal ou normativa nesse sentido, notadamente após as alterações promovidas pela Lei 13.484/17 nos artigos 97 e 110 da Lei 6.015/73.

Documentos necessários. O "caput" do artigo 1º é expresso ao mencionar que a alteração será realizada "mediante a apresentação da certidão respectiva", que é a certidão de casamento/nascimento atualizada que comprova a alteração do nome, seja pelo casamento, seja pela averbação de divórcio ou separação, seja por outra causa de alteração de nome. Sendo assim, parece suficiente a apresentação dessa certidão, não sendo necessário apresentar documento de identidade com o nome do genitor já atualizado. Será necessário também apresentar o documento de identidade do requerente, que firmará ou confirmará o requerimento pessoalmente em cartório ou deverá ser apresentado o requerimento com firma reconhecida. Tais diligências, longe de ser burocracia a atrapalhar a vida dos cidadãos, são segurança jurídica de que o pedido está sendo formulado pela pessoa correta.

Emissão da certidão. O parágrafo segundo regulamenta a forma de expedir a certidão de nascimento ou de casamento após a averbação de alteração do nome, da seguinte forma:

> § 2º. A certidão de nascimento e a de casamento serão emitidas com o nome mais atual, sem fazer menção sobre a alteração ou o seu motivo, devendo fazer referência no campo 'observações' ao parágrafo único art. 21 da lei 6.015, de 31 de dezembro de 1973.

Extrai-se do dispositivo determinação para que: 1) conste nos campos próprios o nome mais atual; 2) não se faça menção sobre a alteração ou seu motivo; 3) conste no campo de observações a expressão prevista no parágrafo único do art. 21 da Lei de Registros Públicos, qual seja, "a presente certidão envolve elementos de averbação à margem do termo."

A leitura literal desse parágrafo traz uma contradição aparente, pois em sua segunda oração estabelece "sem fazer menção a alteração" e ao final determina "fazer referência no campo das observações". Somente com um conhecimento mais aprofundado e mais abrangente do tema é possível desfazer a contradição e compreender o sentido da norma. Para isso, resgata-se o artigo 6º da Lei 8.560/92, que disciplina hipóteses de sigilo das certidões, estabelecendo que não deverão constar: 1) indícios da concepção haver sido decorrente de relação extraconjugal; 2) estado civil dos pais; 3) natureza da filiação; 4) lugar e cartório de casamento dos pais.

Como o Provimento 82 está justamente regulamentando as alterações de nome decorrentes da alteração do estado civil dos pais, houve por bem deixar expresso que essas informações relativas ao estado civil não poderão constar na certidão. Por essa razão determinou que não deverá constar a alteração ou seus motivos, embora o mesmo provimento estabeleça que é possível e necessário fazer menção à existência da averbação. Isso remete diretamente à redação da própria averbação, para que seu texto não contenha tais elementos sigilosos e, consequentemente, as certidões também não terão os elementos sigilosos. Assim a privacidade do registrado estará protegida, bem como estará atendido o art. 5º da Lei 8.560/92, que traz norma específica para o registro de nascimento (não apenas para a certidão desse registro), vedando que se conste o estado civil dos pais ou lugar e cartório de casamento destes.

Por fim, considerando a perspicaz técnica da Lei 8.560/92, na parte final do §1º do art. 6º, em que proibiu fazer referência à própria lei, pois seria uma forma indireta de informar que a filiação era decorrente de relação extraconjugal, igualmente não se deve fazer menção ao Provimento 82 no ato de averbação de alteração de nome em decorrência da alteração do estado civil dos pais[29].

Em resumo, a regra é a expedição da certidão com o nome mais atual nos campos próprios, sem transcrever o teor da averbação, mas constando no campo de observações que "a presente certidão envolve elementos de averbação à margem do termo."

Em SP, as NSCGJ-SP expressamente determinam que não se faça menção à existência de elementos de averbação no caso de alteração de patronímico[30]. Essa previsão normativa tem a vantagem de preservar a intimidade das partes e evitar questionamentos acerca do teor dessa averbação, que traz alguma incerteza para a certidão. Diante do conflito aparente de normas, considerando que o Provimento 82 é posterior e de âmbito nacional, a ArpenSP publicou nota técnica orientando os oficiais paulistas a cumprirem a norma nacional. Salvo futura determinação da corregedoria paulista em sentido contrário, essa é a intepretação que está prevalecendo.

Se eventualmente alguma pessoa ou órgão público solicitar ao cartório informação sobre o conteúdo dessa averbação, será possível ou não fornecer, conforme existam ou não elementos sigilosos previstos em lei, situação que está analisada na sequência, ao tratar sobre a certidão em inteiro teor.

Certidão em Inteiro Teor. Questão relevante é acerca da possibilidade de emissão de certidão de inteiro teor extraída dos registros em que tenha sido averbada a alteração do patronímico dos pais. De início, observe-se que a simples averbação de alteração de nome não é motivo para excepcionar a regra geral de publicidade dos registros. Relembrem-se os em que a Lei estabelece o sigilo: legitimação de filhos, legitimação adotiva, proteção à testemunha (os três casos previstos como sigilosos pelo art. 18 da Lei 6.015/73), a adoção (prevista no art. 47, § 4º do ECA) e os casos previstos no artigo 6º da Lei 8.560/92, que são: 1) indícios da concepção haver sido decorrente de relação extraconjugal; 2) estado civil dos pais; 3) natureza da filiação; 4) lugar e cartório de casamento dos pais.

---

29. Sugere-se o seguinte modelo de redação da averbação: ALTERAÇÃO DE NOME. Conforme comprovado nos autos protocolados por esta serventia sob número XXX, requerido por [nome do requerente], FOI ALTERADO O NOME DA GENITORA PARA [nome da genitora], nos termos dos artigos 97 e 29, §1º, "f" da Lei 6.015/73. [Local], [data]. [assinatura] [nome do oficial ou escrevente responsável], [oficial/escrevente]. Selo digital:
30. NSCGJ-SP, Cap. XVII, item 47.7.1

Sendo assim, se a averbação estiver redigida sem esses elementos protegidos pelo sigilo legal, não há óbice à expedição de certidão de inteiro teor. A simples alteração de nome não é suficiente para inferir o estado civil dos pais, pois, como se vê no item 11.5.6, a alteração do nome dos cônjuges pode ocorrer inclusive na constância do casamento ou ser decorrência da viuvez.

10.5 ADOÇÃO

A adoção, em regra, cancela o registro de nascimento original do adotado (por meio de um ato de averbação) e enseja a lavratura de um novo registro de nascimento para ele (ECA, art. 47, *caput* e § 2º).

No entanto, como já foi tratado anteriormente neste trabalho, em duas hipóteses a adoção ainda pode ser averbada, por força da regra geral das averbações. São elas: adoção de pessoa maior de idade (questão controvertida) e adoção unilateral, conforme itens 9.7.1 e 9.7.2 acima.

A adoção unilateral é aquela que mantém o vínculo já existente com um dos genitores, constituindo um novo vínculo com o outro. Nesse caso, não é aconselhável o cancelamento do registro original, pois está preservada parte da filiação e muitos elementos do assento, pelo que deixa de ser interessante cancelá-lo. O melhor ato a ser praticado é a averbação à margem do registro, nos termos do artigo 29, § 1º, inciso "e" da Lei Federal n. 6.015/73 e item 122, "i", do Capítulo XVII das NSCGJ-SP (Provimento n. 41/2012).

10.6 PERDA E RETOMADA DA NACIONALIDADE BRASILEIRA

Como comentado no item 1.5.1 deste livro, o registro civil dá publicidade ao estado político da pessoa natural, em que se inclui a nacionalidade. A certidão de nascimento, expedida pelo Oficial de Registro Civil brasileiro, faz presumir que o registrado é brasileiro. Sempre que essa regra geral não se verificar no caso concreto, deve estar expresso na certidão de nascimento que o registrado não tem a nacionalidade brasileira.

É possível, em conformidade com o artigo 12, § 4º, inciso II, da CF, que mesmo tendo nascido no Brasil, e assim registrado seu nascimento no livro "A", a pessoa tenha a perda de sua nacionalidade declarada quando

> adquirir outra nacionalidade, salvo nos casos: a) de reconhecimento de nacionalidade originária pela lei estrangeira; b) de imposição de naturalização, pela norma estrangeira, ao brasileiro residente em estado estrangeiro, como condição para permanência em seu território ou para o exercício de direitos civis.

Esta perda de nacionalidade era regida pela Lei n. 818/1949, artigos 22 e seguintes, que foi revogada pela Lei 13.445/2017 (Lei de Migração) e atualmente está regulamentada nos artigos 248 a 253 do Decreto Federal 9.199/17. Quando decretada deve ser averbada no registro de nascimento do interessado, adquirindo publicidade e afastando a presunção de nacionalidade gerada pelo assento de nascimento do livro "A", como prevê o artigo 102, 5º, da LRP.

Observe-se que, uma vez averbada a perda da nacionalidade, esta deve constar de todas as certidões emitidas pelo Registro Civil, em conformidade com o disposto no artigo 21 da LRP, o que permite a qualquer pessoa que obtiver uma certidão atualizada conhecer que o registrado, embora nascido no território nacional, não mais detém a nacionalidade brasileira.

O mesmo deve ocorrer com eventual revogação da perda da nacionalidade em razão da mudança de suas causas na Constituição, e com a reaquisição da nacionalidade estabelecida no artigo 76 da Lei n. 13.445/2017 (Lei de Migração). Ambas devem ser averbadas no registro de nascimento do interessado, tornando público o fato.

Observe-se que por meio do artigo 250 do Decreto 9.199/17, delega-se a competência ao Ministro de Estado da Justiça e Segurança Pública:

> Art. 250. A declaração da perda de nacionalidade brasileira se efetivará por ato do Ministro de Estado da Justiça e Segurança Pública, após procedimento administrativo, no qual serão garantidos os princípios do contraditório e da ampla defesa.

O Oficial, ao receber o comunicado, procede à sua qualificação e, estando em ordem, lavra a respectiva averbação. Se já constar anotação de casamento, deve anotar a averbação de perda ou reaquisição da nacionalidade brasileira à margem do registro de casamento ou, se lavrado em outra serventia, comunicar, nos termos do artigo 106 da LRP.

10.7 SUSPENSÃO E PERDA DO PODER FAMILIAR

O poder familiar, num passado recente, era chamado de pátrio poder, mas o CC de 2002 alterou a denominação. O poder familiar é também chamado de poder-dever, pois exercer tal poder não é apenas um direito dos pais, mas também é um dever.

Assim, podemos conceituar o poder familiar como o conjunto de direitos e deveres dos pais com relação aos seus filhos menores, por exemplo, dirigir-lhes a educação, tê-los em sua companhia e guarda, reclamá-los de quem ilegalmente os detenha, exigir-lhe obediência e respeito, representá-los nos atos da vida civil, consentir ou não com o casamento (CC, art. 1.634).

Se o pai ou a mãe, no exercício do poder familiar, abusa de sua autoridade, falta com os seus deveres, castiga imoderadamente os filhos, abandona-os, expõe seu filho a atos contrários aos bons costumes ou entrega o filho para terceiros de forma irregular para adoção, poderá perder o poder familiar (CC, art. 1.638). Como medida preventiva, poderá ser decretada, liminarmente ou incidentalmente, a suspensão do poder familiar (CC, art. 1.637, e ECA, art. 157).

Esses atos somente são deferidos por meio de processo judicial, em que são assegurados o contraditório e a ampla defesa, em procedimento expresso nos artigos 155 e seguintes do ECA. O Oficial de Registro Civil, nesses casos, sempre receberá para averbação um título judicial, que geralmente toma a forma de mandado judicial. Há previsão legal específica para essa averbação, qual seja, o artigo 163, parágrafo único, do ECA, bem como o artigo 102, § 6º, da LRP.

Atente-se que a suspensão ou destituição do poder familiar não retira a qualidade de pai ou de mãe, mas retira todos os poderes inerentes à maternidade ou paternidade. Preservada está a relação de filiação, de maneira que o filho, por exemplo, poderá pedir alimentos ao pai ou mãe, bem como será seu herdeiro necessário.

Nesses casos, a certidão é emitida constando o nome do pai ou mãe, ainda que destituídos do poder familiar, com a obrigatória e expressa transcrição da averbação da destituição do poder familiar no campo das observações da certidão. Veja que esse caso não está acobertado pelo sigilo, não há motivos para excepcionar a regra geral da publicidade, pelo contrário, é necessário publicar o real estado civil do registrado, que consiste em ter um pai ou mãe, porém, destituídos do poder familiar. Por óbvio, a averbação não deve mencionar as causas que levaram a destituição, pois isso é desnecessário ao sistema de publicidade e é potencialmente vexatório aos indivíduos, mas a destituição é uma realidade jurídica que reclama publicidade no registro público, para que todos tenham conhecimento.

Se constar do título judicial apresentado o nome da pessoa que passa a deter o poder familiar do registrado, tal informação jurídica deve constar das averbações. No entanto, esse não é um requisito obrigatório do título, pelo que sua omissão não é motivo para a recusa ao seu cumprimento e devolução do título solicitando complementação.

Por fim, ressalte-se que a revogação da suspensão do poder familiar também é objeto de averbação, sem a qual não terá efeitos perante terceiros. Nesse caso, cabe questionar como deve ser emitida a certidão de nascimento, constando as duas averbações (suspensão do poder familiar e sua revogação) ou nenhuma delas, pois a suspensão já está revogada.

O equilíbrio entre os valores da privacidade e publicidade no registro civil é sempre muito delicado. É certo que o registro civil não deve dar publicidade apenas a situação atual, mas também ao histórico do estado da pessoa natural. No entanto, se esse histórico é de pouco interesse do público e tem potencial de expor a privacidade da pessoa natural a situações vexatórias, não é aconselhável a sua publicidade. Os critérios para aferir quais casos são públicos e quais são sigilosos devem ser buscados na legislação e na jurisprudência.

Para o caso da revogação da suspensão do poder familiar não há lei determinando o seu sigilo, de modo que, mesmo após revogada a suspensão do poder familiar, deve ela constar dos registros. No entanto, seria de bom alvitre para a segurança jurídica de todos os envolvidos, inclusive o Oficial de Registro Civil, que a decisão judicial que revogou a suspensão do poder familiar determinasse expressamente como deveriam ser expedidas as certidões. Pois constar eternamente na certidão de nascimento da pessoa um ato potencialmente vexatório que já não produz efeitos pode desnecessariamente resgatar na memória um período familiar péssimo, desgastando ainda mais a harmonia da família.

10.7.1 Comparação entre destituição do poder familiar e negatória de paternidade/maternidade

A negatória de paternidade/maternidade é uma ação judicial que tem por finalidade desconstituir a relação de filiação e, assim, extinguir todo e qualquer vínculo de parentesco entre os que antes eram pai e filho. Já a perda do poder familiar não extingue o vínculo de filiação, mas apenas os poderes inerentes à paternidade e maternidade.

Nos registros em que averbada a negatória de paternidade ou maternidade, a certidão deve ser emitida sem informar o nome do pai ou mãe e, nesse caso, a averbação está protegida pelo sigilo, pois a lei veda que das certidões constem quaisquer indícios de a concepção ser decorrente de relação extraconjugal (Lei n. 8.560/92, art. 6º). No caso da destituição do poder familiar, como vimos acima, tal vedação não existe, pelo contrário, é informação jurídica importante, e deve constar das certidões que os pais não são os representantes legais do registrado e não detêm tal poder.

	DESTITUIÇÃO DO PODER FAMILIAR	NEGATÓRIA ou DECLARATÓRIA DA INEXISTÊNCIA DE FILIAÇÃO
CAUSA	descumprimento dos deveres, abuso dos direitos	inexistência de vínculo biológico ou afetivo de filiação
EFEITO	extingue o poder familiar, mas mantém a filiação	extingue a filiação e os poderes dela decorrentes
TÍTULO	sempre título judicial	sempre título judicial
CERTIDÃO	averbação é pública e constará das certidões em breve relatório	averbação é protegida pelo sigilo, logo não consta das certidões em breve relatório

10.8 TERMO DE GUARDA E RESPONSABILIDADE

A guarda é a forma mais simples de colocar a criança e o adolescente em família substituta. Está disciplinada nos artigos 33 e seguintes do ECA. A guarda confere ao seu detentor o direito (que também é um dever) de ter a criança ou o adolescente em sua companhia, podendo opor-se a terceiros, inclusive aos pais.

Destina-se a regularizar a posse de fato da criança e do adolescente, instrumentalizando essa relação jurídica e oferecendo a assistência do Poder Público. Por regra, a guarda não confere poderes de representação, o que é próprio da tutela, mas excepcionalmente e restrita a determinados atos, a decisão judicial poderá expressamente conferir algum direito de representação ao guardião.

Por tais motivos, é relevante que a guarda tenha publicidade adequada por meio dos registros públicos, sendo objeto de averbação no registro de nascimento.

O título a ser averbado é sempre judicial, não é necessário um mandado, nem comprovação do trânsito em julgado, podendo ser averbado o próprio termo de guarda, provisória ou definitiva. Caso apresentado título com data muito antiga, a critério do Oficial, por cautela e segurança jurídica, pode ser interessante consultar o respectivo juízo, a fim de confirmar se a guarda ainda permanece.

Para a averbação da guarda, não há necessidade de prévia averbação de suspensão do poder familiar, nem é necessário que a decisão que decretou a guarda também tenha decretado a suspensão do poder familiar. Não há, para a guarda, o dispositivo que existe para a tutela (ECA, art. 36, parágrafo único).

A averbação da guarda é de grande utilidade prática para o seu detentor. Além de fazer prova de sua boa-fé, ele terá maior facilidade em obter segunda via da certidão, caso perca o documento original ou esse se danifique pelo uso constante.

A revogação ou alteração da guarda também deve ser averbada.

Em outra situação jurídica também se usa a expressão guarda, mas com finalidade diferente, pois não se trata de colocar a criança em família substituta. É a situação em que os pais se divorciaram, sendo necessário definir quem ficará com os filhos menores (guarda unilateral) ou se esses direitos e deveres serão atribuídos a ambos, conjuntamente (guarda compartilhada). Está prevista nos artigos 1.583 e seguintes do CC. Não é uma prática comum que sejam averbadas essas sentenças, mas há casos em que essa averbação foi determinada pelo juízo, sendo de grande interesse que tal informação conste do registro para que tenha imediata e simples publicidade.

10.9 TUTELA

A tutela é destinada aos menores de 18 anos (CC, art. 1.728, e ECA, art. 36), cujos pais faleceram ou decaíram do poder familiar, atribuindo-se ao tutor direitos e deveres semelhantes ao poder familiar, mas que não se confundem com o poder familiar, pois têm um regramento próprio, nos artigos 1.740 e seguintes do CC.

Importante diferenciar a tutela da curatela. Enquanto a tutela é destinada a pessoas menores, cuja incapacidade decorre da idade, a curatela se destina às pessoas que não puderem exprimir a sua vontade, aos ébrios habituais, aos viciados em tóxicos e aos pródigos (CC, art. 1.767). Após a vigência do Estatuto da Pessoa com Deficiência, a enfermidade ou deficiência mental deixou de ser causa para a curatela, todavia, a pessoa com deficiência, quando necessário, ainda pode ser submetida à curatela nos termos do artigo 84, §1º, da Lei 13.146/15.

Embora o inciso VI do artigo 5º da Lei n. 8.935/94 use a denominação "oficiais de registro civis das pessoas naturais e de interdições e tutelas", não há previsão legal para o registro (em sentido estrito) de tutela. Isso leva a concluir que o ato adequado para a publicidade da tutela é a averbação no registro de nascimento. Assim está disciplinado no item 125 do Capítulo XVII das NSCGJ-SP. Todavia, observe-se que há previsões normativas de que a Tutela também seja objeto de registro propriamente dito, sendo registrada no Livro E, como acontece no Código de Normas do Rio de Janeiro, no artigo 720.

10.10 ALTERAÇÃO DE SEXO

A mudança de sexo, atualmente, pode ser averbada no registro de nascimento por três motivos distintos: 1) retificação pura e simples de erro no registro, pois o oficial transcreveu para o registro equivocadamente o que consta da DNV e o que foi declarado no momento do nascimento; 2) pessoa intersexo, antes denominado hermafroditismo, ou seja, o sexo por ocasião do nascimento era indefinido em razão de má-formação fetal, mas, com o crescimento e desenvolvimento da criança, o sexo que predominou foi distinto do que constou no registro – observe-se que, para evitar esse erro, recomenda-se manter o registro com a informação sexo ignorado, até que o desenvolvimento da pessoa dê segurança para afirmar seu sexo, conforme visto no item 8.5 acima; 3) transgênero, que é o caso específico da pessoa que não se identifica com o sexo que lhe foi atribuído no nascimento.

A hipótese de retificação segue os artigos 109 e 110 da LRP. Se houver a evidência do erro e a certeza do elemento correto, é possível retificar administrativamente, nos termos do artigo 110. Somente diante do caso concreto será possível que o Oficial de Registro Civil avalie o cabimento da via administrativa. Por exemplo, são elementos que dão a certeza necessária para a retificação: a existência de documento arquivado na serventia (DNV, petição de registro tardio ou mandado judicial) constando o sexo correto; o nome do registrado é inequivocamente masculino ou feminino; o registrado se casou, anteriormente ao ano de 2012 (ano em que começou o casamento de pessoas do mesmo sexo), com pessoa do sexo oposto; o próprio registrado (ou registrada) comparece em cartório, apresentando documento de identidade (por vezes, com indicação de livro, fls. e número do registro de nascimento) sendo notório, pela foto do documento e pela presença da pessoa, qual o seu sexo.

INTERSEXO

No caso específico da averbação da definição do sexo da pessoa intersexo, enquanto o registrado for menor de idade, o documento hábil é o atestado médico. Se por ocasião do registro de nascimento é possível inserir o sexo da pessoa com base na DNV, também é possível inserir posteriormente essa informação, com base num documento de mesma natureza, qual seja, um atestado médico.

Os legitimados a formular essa petição ao cartório, enquanto o registrado for criança ou adolescente, são apenas os pais, ou usando a expressão mais técnica, os titulares do poder familiar. Terceiros, ainda que em posse do atestado médico, não têm legitimação para interferir numa questão íntima, que faz parte dos direitos da personalidade.

Sendo a definição de sexo tão importante para a personalidade do indivíduo, é recomendável que ambos titulares do poder familiar assinem o requerimento, resguardando assim o consenso e a harmonia na família. Afinal, o Código Civil estabelece que o poder familiar é exercido por ambos os pais e, se houver divergência entre eles, é assegurado a qualquer deles recorrer ao juiz para solução do desacordo (art. 1.631). Se o registrado já tiver mais de 16 anos de idade, também deve manifestar consentimento, juntamente com seus pais (art. 1.634, VII). Se já tiver atingido a maioridade, pode formular o requerimento por si só.

Por fim, na esteira da decisão do STF sobre a alteração de sexo e prenome das pessoas transgênero diretamente no registro civil das pessoas naturais, como se verá a seguir, após a pessoa intersexo ter atingido a maioridade, é desnecessário laudo médico atestando o sexo da pessoa, em nome da sua autodeterminação. Ninguém melhor que a própria pessoa para dizer a qual sexo ela pertence.

TRANSGÊNEROS

Na primeira edição deste livro já se apontava a evolução da jurisprudência, então sedimentada para os casos em que foi feita a cirurgia de transgenitalização e que caminhava para a desnecessidade da prévia realização de cirurgia como condição para alteração do prenome e sexo no registro civil, o que de fato foi reconhecido em acórdão do STJ julgado em maio de 2017[31]. Também se consignou que a sedimentação das regras permitiria que o próprio serviço de registro civil recepcionasse e qualificasse esses pedidos de alteração.

Em março de 2018, essa evolução da jurisprudência culminou com expressivo marco jurídico do STF, ao julgar a ADI 4275-DF, nos seguintes termos:

> "julgou procedente a ação para dar interpretação conforme a Constituição e o Pacto de São José da Costa Rica ao art. 58 da Lei 6.015/73, de modo a reconhecer aos transgêneros que assim o desejarem, independentemente da cirurgia de transgenitalização, ou da realização de tratamentos hormonais ou patologizantes, o direito à substituição de prenome e sexo diretamente no registro civil."[32]

Dessa forma assentou que a mudança de prenome e sexo não só dispensa a prévia cirurgia, como também está dispensada a apresentação de laudos médicos ou psicológicos. Também assentou que não se faz necessária apreciação judicial, podendo o pedido ser realizado diretamente no serviço de registro civil. Assim, alinhou-se o Brasil com as legislações mais avançadas na proteção a dignidade da pessoa humana, à liberdade e à diversidade, semelhante a países como Argentina e Portugal.

Em agosto do mesmo ano, no julgamento do RE 670422, o STF fixou a Tese de Repercussão Geral 761, no seguinte teor:

> I) O transgênero tem direito fundamental subjetivo à alteração de seu prenome e de sua classificação de gênero no registro civil, não se exigindo, para tanto, nada além da manifestação de vontade do indivíduo, o qual poderá exercer tal faculdade tanto pela via judicial como diretamente pela via administrativa; II) Essa alteração deve ser averbada à margem do assento de nascimento, vedada a inclusão do termo 'transgênero'; III) Nas certidões do registro não constará nenhuma observação sobre a origem do ato, vedada a expedição de certidão de inteiro teor, salvo a requerimento do próprio interessado ou por determinação judicial; IV) Efetuando-se o procedimento pela via judicial, caberá ao magistrado determinar de ofício ou a requerimento do interessado a expedição de mandados específicos para a alteração dos demais registros nos órgãos públicos ou privados pertinentes, os quais deverão preservar o sigilo sobre a origem dos atos.

Antes mesmo dessa tese de repercussão geral, a CN-CNJ, com vistas a uniformizar a atuação dos registradores civis em todo o território nacional, editou o Provimento 73, em 28.06.2018, em que dispõe sobre o procedimento e os requisitos para a averbação, que serão analisados adiante.

O REQUERENTE – A pessoa transgênero.

A alteração de prenome e sexo, conforme assentado pelo STF, é uma faculdade da pessoa transgênero. Assim, importante conceituar transgênero, para saber quem tem

---

31. REsp 1626739/RS, Rel. Ministro LUIS FELIPE SALOMÃO, QUARTA TURMA, julgado em 09/05/2017, DJe 01/08/2017
32. Este é o extrato da ata de julgamento publicado no diário da justiça eletrônico, até o fechamento desta edição, não foi publicado o acórdão.

direito a alteração. Ou, do ponto de vista do serviço de registro civil, quem deve ser o requerente.

Desde o ano de 1997, conforme resolução 1.482 do Conselho Federal de Medicina, é admitida a cirurgia de transgenitalização, atualmente regulamentada pela resolução 1.955/2010, na qual se pode conhecer como a medicina encara o fenômeno e quais os requisitos para a atuação médica. No entanto, conforme anunciou a Organização Mundial de Saúde, na nova versão da CID (Código Internacional de Doenças), a transexualidade deixará de ser considerada transtorno mental e passará a ser considerada uma condição relativa à saúde sexual. "Na prática, isso significa que a transexualidade deixa de ser encarada como a esquizofrenia, a cleptomania e a depressão (todas estas consideradas transtornos mentais) e passa a ser tratada como a ejaculação precoce ou a disfunção erétil (consideradas condições relativas à saúde sexual)"[33]. Assim, mesmo que a transexualidade não seja considerada uma doença, ainda é recomendável o tratamento médico, para que a pessoa alcance melhor saúde sexual.

Transgênero "é a pessoa que se identifica com o gênero diferente daquele que corresponde ao seu sexo biológico", conforme ensinamento de Marcia Fidelis Lima[34]. A pessoa se percebe como mulher, embora tenha um corpo de homem ou vice-versa.

A pessoa que se identifica com o gênero decorrente do sexo que lhe foi atribuído no nascimento é denominada de cisgênero[35]. Observe-se que ser transgênero ou cisgênero não guarda relação com a orientação sexual. Segundo esta, as pessoas são heterossexuais, quando manifestam atração por indivíduos do sexo oposto, ou homossexuais, quando do mesmo sexo. É preferível a expressão heteroafetivos ou homoafetivos, para realçar que a atração não é puramente sexual, sendo mais abrangente, pois envolve os afetos do ser humano.

Ser transgênero é uma questão de identidade, de pertencimento cultural e social. Não é um capricho, escolha ou vontade da pessoa. Nas palavras do doutrinador Nelson Rosenvald: "A questão da transexualidade não concerne ao desejo de pertencer a outro sexo, mas da evidência da pessoa de que ela pertence ao outro sexo."[36] Ressalte-se, nesse sentido, que este sentimento de pertencimento é tão intenso que fracassaram as tentativas de ajustar sexo e gênero por meio de tratamentos psiquiátricos ou psicológicos, que buscavam alterar a mente da pessoa e não o corpo. Atualmente, a recomendação médica para alcançar melhor saúde da pessoa transgênero é a cirurgia e tratamento hormonal.

Não sendo uma escolha, a manifestação de vontade – eleita pelo STF como única exigência para o exercício desse direito – tem a natureza de reconhecimento. É a autopercepção do indivíduo, em nome da autonomia da vontade privada, afinal, ninguém

---

33. OMS deixa de classificar transexualidade como doença mental. Notícia publicada em 19.06.2018, disponível em http://www.justificando.com/2018/06/19/oms-deixa-de-classificar-transexualidade-como-doenca-mental/. Acesso em 12.11.2018
34. LIMA, Marcia Fidelis. ADI 4.275 - Suprema Corte brasileira marca a história da dignidade da pessoa humana. *Revista IBDFAM: Família e Sucessões*. Belo Horizonte: IBDFAM, v. 76, maio/jun. 2018. p. 145.
35. Conforme consulta ao dicionário Houaiss, disponível online para assinantes https://houaiss.uol.com.br. Acesso em 10.11.2018.
36. ROSENVALD, Nelson. O fato jurídico da transexualidade. Revista IBDFAM: Família e Sucessões. Belo Horizonte: IBDFAM, v. 26, p. 53-77, mar./abr. 2018. p.57.

melhor que a própria pessoa para decidir sobre si mesmo. É certo que para tomar boas decisões os indivíduos precisam estar bem informados e o auxílio de profissionais da área da saúde, como médicos, psicólogos, contribuem com a compreensão de si próprio. No entanto, isso não é suficiente para transferir a decisão da pessoa para um médico ou juiz, retirando sua autonomia, ou seja, cabe ao próprio indivíduo dizer qual é o seu sexo.

Nesse sentido, o art. 2º do Prov. 73, estabelece que "toda pessoa maior de 18 anos completos habilitada à prática de todos os atos da vida civil poderá requerer ao ofício do RCPN a alteração e a averbação do prenome e do gênero, a fim de adequá-los à identidade autopercebida".

Quando a pessoa transgênero tem 16 ou 17 anos, ou seja, é relativamente incapaz em razão da idade, não há previsão no Prov. 73, nem para vedar, nem para autorizar. O art. 2º é expresso ao autorizar os maiores de 18 anos formularem o requerimento, mas isso não significa que vedou a alteração para os menores. Até mesmo porque não é o Provimento a fonte primordial desse direito, mas a Constituição Federal e o Pacto de São José da Costa Rica, interpretados pelo STF em sede de ADI, ou seja, com efeito vinculante e "erga omnes". Nesses dois diplomas, acrescidos das normas de proteção aos direitos das crianças, é que deve ser buscada a resposta.

Cabível também o direito comparado, notadamente dois países de cultura e direito semelhantes ao Brasil. Na Argentina, a lei exige para alteração de sexo e nome da pessoa menor de 18 anos o consentimento desta, de seus representantes legais e assistência de advogado do adolescente. Se não houver o consentimento de algum deles haverá necessidade de apreciação judicial[37]. Em Portugal, para as pessoas entre os 16 e os 18 anos exige-se consentimento dos representantes legais, audição presencial do requerente pelo conservador (registrador) e laudo assinado por médico ou psicólogo que ateste exclusivamente a capacidade de decisão e vontade informada, sem referências a diagnóstico de identidade de gênero[38]. Ambas legislações mencionam expressamente os princípios da autonomia progressiva e do superior interesse da criança, constantes da Convenção sobre os Direitos da Criança.

No Brasil, por ora, se comparece em cartório pessoa relativamente incapaz, sugere-se exigir a assistência de todos os seus genitores ou representantes legais e, ante a falta de regulamentação da matéria, encaminhar a questão para apreciação do juiz corregedor permanente, que poderá autorizar a averbação e inclusive fixar a conduta a ser seguida pelo registrador nos próximos casos semelhantes (Lei 8.935/94, art. 30, XIV).

Não está permitido que o requerente se faça representar por procuração, pelo contrário, há expressa exigência de seu comparecimento perante oficial de RCPN (Prov. 73, art. 4º, "caput" e §§ 2º e 3º). Essa exigência não é empecilho burocrático, na medida em que se permite comparecimento perante o registrador de qualquer localidade. A necessidade de comparecimento pessoal está fundamentada no caráter personalíssi-

---
37. Art. 5º da lei argentina 26.743/2012, disponível em http://www.buenosaires.gob.ar/sites/gcaba/files/ley_26.743_de_identidad_de_genero.pdf Acesso em 13.11.2018
38. Art. 7º, § 2º da lei portuguesa 38/2018, disponível em https://data.dre.pt/eli/lei/38/2018/08/07/p/dre/pt/html Acesso em 13.11.2018

mo do requerimento, que ganha especial relevo na medida em que é justamente essa manifestação de vontade o elemento crucial que permite alterar o sexo e prenome que consta no registro.

O REQUERIMENTO

O Prov. 73 trouxe, em seu anexo, o modelo do requerimento a ser seguido pelo registrador. Como modelo que é, deve ser adaptado ao caso concreto, por exemplo, podem ser acrescidas declarações que não constam do modelo. O nome do requerente a ser inserido no requerimento deve ser o nome de registro, que ainda consta dos documentos, já que ainda não foi lavrada a averbação que lhe assegura a alteração de prenome.

OFÍCIO COMPETENTE

O requerimento pode ser formulado diante de qualquer Oficial de Registro Civil das Pessoas Naturais. Se formulado perante ofício diverso do que lavrou o assento de nascimento, deve o registrador encaminhar ao oficial competente para averbação, pela CRC. (Prov. 73, art. 3º, p.u.).

OBJETO DA ALTERAÇÃO

A alteração poderá abranger só o prenome, só o sexo ou ambos, conforme expressa previsão do art. 3º do Prov.73. Também poderá abranger a inclusão ou exclusão de agnomes indicativos de gênero ou de descendência. (art. 2º, §3º).

Não poderá, no entanto, alterar os nomes de família (sobrenomes), conforme art. 2º, §2º do Prov.73 e a citada decisão do STF, que menciona apenas alteração de prenome. Também não poderá ensejar a identidade de prenome com outro membro da família (art. 2º, §2º).

Essa normatização suscita duas observações importantes: 1) o direito de usar prenome que não corresponda ao sexo registral; 2) a distinção conceitual entre sexo e gênero.

Usar o prenome que melhor lhe identifica, independentemente de sexo ou gênero, é valorizar os princípios da autonomia da vontade privada e da autodeterminação do indivíduo. Quem pode o mais, que é alterar ambos elementos registrais, pode o menos, que é alterar apenas um dos elementos. Do ponto de vista do interesse público e da segurança jurídica estática, quanto menores as alterações do registro público, maior a segurança e estabilidade das relações. Do ponto de vista dos direitos da personalidade, a pessoa poderá dizer especificamente o que lhe causa ou não constrangimento, podendo alterar apenas o que lhe for necessário.

A segunda observação é que a pessoa poderá optar por manter o registro público indicando o seu sexo biológico, ainda que seja pessoa de outro gênero. Como visto no item 8.5 acima, ao nascer, consta-se no registro o sexo biológico, cujo conceito está diretamente ligado ao corpo da pessoa e se define pela análise de genitais, gônadas, hormônios, cromossomos. Na atualidade, defende-se que gênero é uma construção social, diretamente ligada à cultura, refletindo o comportamento que a sociedade espera das pessoas, conforme o seu sexo[39]. A indicação do sexo no registro de nascimento nem sempre será a indicação do sexo biológico, mas poderá ser a indicação do gênero, pois este se sobrepõe ao sexo biológico nos casos das pessoas transgêneros que assim escolherem. Enfim, a pessoa transgênero, embora se identifique e se apresente socialmente com o gênero masculino ou feminino, poderá manter no registro público a menção ao sexo tal qual lhe foi atribuído ao nascimento. Essa situação pode ser interessante para os transgêneros que não se submeteram ao tratamento hormonal ou a cirurgia de transgenitalização para buscar a mudança do sexo corporal.

OCUMENTAÇÃO NECESSÁRIA.

O Prov. 73 estabeleceu um rol de 17 documentos a serem apresentados pela pessoa transgênero. Podemos dividi-los em dois grupos: os documentos pessoais e os documentos relativos à responsabilidade civil e penal. Há quem veja na extensa lista um excesso que, embora não impeça, dificulta sobremaneira o exercício do direito fundamental, por outro lado, há quem fundamente a necessidade dos documentos para a prevenção de fraudes e manutenção da segurança jurídica, notadamente porque, com a mudança do prenome e sexo, poderá a pessoa buscar ilidir suas responsabilidades, argumentando ser outra pessoa.

Por ora, devem os registradores cumprir o determinado e exigir a documentação do §6º do art. 4º do Prov. 73:

I – certidão de nascimento atualizada;

II – certidão de casamento atualizada, se for o caso;

III – cópia do registro geral de identidade (RG);

IV – cópia da identificação civil nacional (ICN), se for o caso;

V – cópia do passaporte brasileiro, se for o caso;

VI – cópia do cadastro de pessoa física (CPF) no Ministério da Fazenda;

VII – cópia do título de eleitor;

IX – cópia de carteira de identidade social, se for o caso;

X – comprovante de endereço;

XI – certidão do distribuidor cível do local de residência dos últimos cinco anos (estadual/federal);

XII – certidão do distribuidor criminal do local de residência dos últimos cinco anos (estadual/federal);

XIII – certidão de execução criminal do local de residência dos últimos cinco anos (estadual/federal);

XIV – certidão dos tabelionatos de protestos do local de residência dos últimos cinco anos;

XV – certidão da Justiça Eleitoral do local de residência dos últimos cinco anos;

XVI – certidão da Justiça do Trabalho do local de residência dos últimos cinco anos;

---

39. DIAS, Maria Berenice. Homoafetividade e direitos LGBTI. 7ª ed. São Paulo: Editora Revista dos Tribunais, 2016. p. 51

XVII – certidão da Justiça Militar, se for o caso.

É obrigatória a apresentação das certidões dos itens XI a XVI e a do item XVII se for o caso, mas não é obrigatório que as mesmas sejam negativas. A existência de ações em andamento ou débitos pendentes não impedem a averbação da alteração requerida, apenas deve o registrador comunicar aos juízos e órgãos competentes que a alteração foi averbada (Prov. 73, art. 4º, §9º).

SUSPEITA.

Ao julgar a citada ADI 4275, o STF ressaltou que a possibilidade de realizar a alteração diretamente perante o registro civil não prejudica a segurança jurídica, pois o registrador deve atuar como um filtro, submetendo ao judiciário os casos em que suspeitar da inidoneidade do ato.

O Prov. 73, art. 6º, regulamentou estabelecendo que se houver suspeita de "fraude, falsidade, má-fé, vício de vontade ou simulação quanto ao desejo real da pessoa requerente, o registrador do RCPN fundamentará a recusa e encaminhará o pedido ao juiz corregedor permanente."

Nem sempre será fácil essa análise pelo registrador. Suponha-se o caso em que o requerente declara ser do gênero feminino, mas sua aparência física (roupas, barba grande, cabelo curto, unhas pequenas e não pintadas, ausência de maquiagem ou batom etc.) não condiz com o gênero declarado. É possível identificar no caso uma suspeita de fraude, certificar os motivos da suspeita e submeter à apreciação judicial, mas também é possível considerar que diante do conflito entre a aparência física e a identidade de gênero autodeclarada, deverá prevalecer a declaração, pois o STF prestigiou expressamente a autonomia da vontade privada, como único requisito para a averbação de alteração de prenome e sexo.

AVERBAÇÃO

O texto da averbação não deve mencionar a expressão "transgênero" (Tese de Repercussão Geral 761 do STF). Após a averbação, os registradores devem manter atualizado o índice em papel ou eletrônico de forma que permita a localização do registro tanto pelo nome original quanto pelo nome alterado (Prov. 73, art. 7º, p.u.). Também devem manter os documentos arquivados indefinidamente, de forma física ou eletrônica, tanto no ofício do RCPN em que foi lavrado originalmente o registro civil quanto naquele em que foi lavrada a alteração (Prov. 73, art. 7º).

SIGILO

Por estar diretamente relacionada a vida privada, a alteração está protegida pelo sigilo. Assim nas certidões do registro não deve constar qualquer observação sobre a origem do ato, vedada a expedição de certidão de inteiro teor, salvo a requerimento do próprio interessado ou por determinação judicial (Tese de Repercussão Geral 761 do STF e Prov. 73, art. 5º).

REVOGAÇÃO

Após lavrada a averbação de alteração de prenome e/ou sexo, caso a parte queira revogar a alteração realizada, pode utilizar a via administrativa, com autorização do juiz corregedor permanente ou a via judicial (Prov. 73, art. 2º, §2º).

ALTERAÇÕES SUBSEQUENTES NOS DEMAIS DOCUMENTOS PESSOAIS

Finalizado o procedimento de alteração no assento, o registrador perante o qual se processou a alteração, às expensas da pessoa requerente, deve comunicar o ato oficialmente aos órgãos expedidores do RG, ICN (Identificação Civil Nacional), CPF e passaporte, bem como ao Tribunal Regional Eleitoral (Prov. 73, art. 8º). A CRC possui ferramenta eletrônica para realizar a comunicação.

Ocorre que a simples comunicação pelo registrador não tem se mostrado suficiente para que os órgãos responsáveis emitam um novo documento de identidade (RG, ICN ou Passaporte), pois é necessário o comparecimento da pessoa para colher os dados biométricos (foto, impressões digitais), bem como se assegurar de que está entregando o documento para a pessoa correta.

O CPF e o título de eleitor, por sua vez, como não são documentos de identidade, não têm foto e estão amplamente informatizados, é possível a sua atualização com base na comunicação eletrônica realizada no ambiente seguro da CRC. A Receita Federal do Brasil efetivamente tem realizado a atualização do CPF. O TRE ainda não o faz, mas está se encaminhando para isso.

Cabe a pessoa requerente providenciar a alteração nos demais registros que digam respeito, direta ou indiretamente, a sua identificação e nos seus documentos pessoais. (Prov. 73, art. 8º, §1º)

Para os casos em que a pessoa transgênero é casada ou tem filhos, a alteração deve repercutir em outros registros, então o provimento estabelece nos parágrafos do artigo oitavo as seguintes determinações, que serão analisadas em sequência:

> 2º A subsequente averbação da alteração do prenome e do gênero no registro de nascimento dos descendentes da pessoa requerente dependerá da anuência deles quando relativamente capazes ou maiores, bem como da de ambos os pais.
>
> 3º A subsequente averbação da alteração do prenome e do gênero no registro de casamento dependerá da anuência do cônjuge.
>
> 4º Havendo discordância dos pais ou do cônjuge quanto à averbação mencionada nos parágrafos anteriores, o consentimento deverá ser suprido judicialmente.

O TRANSGÊNERO COM FILHOS

A alteração de prenome e sexo no registro civil, como visto, é direito fundamental que depende tão somente da manifestação de vontade da própria pessoa. Essa alteração é averbada no registro de nascimento da pessoa transgênero. Se a pessoa tem filhos, para a completa publicidade e para que faça prova da filiação, é necessário averbar a mesma alteração nos registros de nascimento dos seus filhos, nos quais o nome da pessoa transgênero aparece como genitor(a). Para tal averbação o Prov. 73 exigiu a anuência do outro genitor, mesmo que o filho seja maior, bem com anuência do próprio registrado, se maior de 16 anos (§2º supratranscrito). Caso alguém negue o consentimento, deve ser buscado o suprimento pela via judicial (§4º supratranscrito).

Essas exigências devem ser cumpridas pelo registrador, mas merecem uma análise mais aprofundada e aguarda-se que a doutrina e jurisprudência se posicionem sobre a novidade, conforme os casos forem acontecendo. Observe-se o caso do transgênero que tem filho menor. A alteração de prenome e sexo não é causa da extinção do poder familiar. No direito brasileiro é admitido que pessoas do mesmo sexo tenham filhos, o que podem fazer por meio das técnicas de reprodução assistida ou por adoção. Acrescente-se também que o poder familiar não é apenas poder, mas é um dever, são as responsabilidades parentais, que devem ser exercidas no interesse do filho menor. Assim, é nítido o interesse do filho e do genitor que alterou sexo e prenome promover essa mesma alteração no registro de nascimento de seu filho menor, mantendo-o assim atualizado, o que encontra fundamento também no interesse público de que os registros retratem a realidade e forneçam informações seguras e confiáveis para a sociedade e órgãos públicos. Dessa forma, conclui-se que é desnecessário exigir anuência do outro genitor, já que o mesmo não teria motivo justo para recusar a alteração. Acrescente-se que a conduta de um genitor que busca dificultar o exercício da autoridade parental pelo outro genitor é classificada pela lei como ato de alienação parental, sujeito às sanções legais (Lei 12.318/2010, art. 2º, II). No entanto, como já dito, devem os registradores cumprir a referida norma até que a questão se desenvolva na jurisprudência e a norma venha a ser modificada.

O TRANSGÊNERO CASADO

Situação semelhante é a da pessoa casada. Ela não precisa de consentimento do cônjuge para alterar o sexo e prenome no seu registro de nascimento, tampouco a alteração é causa para a nulidade do casamento, já que admitido no Brasil o casamento de pessoas do mesmo sexo. No entanto, uma vez realizada a alteração no registro de nascimento, para que seja averbada também no registro de casamento, exige-se o consentimento do cônjuge (§3º supratranscrito). Se este negar o consentimento, torna-se necessário buscar o suprimento do consentimento judicialmente (§4º supratranscrito). Nessa situação, de um lado, há o interesse do cônjuge que poderá se sentir constrangido por sua certidão mostrar um casamento entre pessoas do mesmo sexo, mas, na realidade, quando celebrado foi um casamento entre pessoas de sexo distinto. Seu prejuízo pode ser não apenas de ordem moral, mas também material, já que poderá ser vedado seu ingresso em alguns países do mundo em que não se admite o casamento entre pessoas do mesmo sexo. Exigir o consentimento do cônjuge para alterar o registro de casamento protege esses interesses. De outro lado, há uma pessoa transgênero, que alterou seu nome e sexo no registro de nascimento, passando essa a ser sua verdade real e documental, logo tem o interesse que todos os seus documentos, inclusive o registro de casamento, estejam dessa forma. Se o cônjuge negar anuência à alteração no casamento, a pessoa transgênero, para comprovar seu estado civil de casado, terá que apresentar conjuntamente com a certidão de casamento uma certidão de inteiro teor de seu nascimento, para comprovar que houve alteração de nome e sexo, ou seja, terá que expor sua vida íntima. Além dos dois interesses particulares, há o interesse público em que o registro retrate a realidade atual, conhecido como princípio da veracidade registral. Como já dito acima, essas anuências devem ser exigidas pelo registrador, mas merecem uma análise mais aprofundada e aguarda-se que a doutrina e jurisprudência se posicionem sobre a novidade, conforme os casos forem acontecendo.

Por oportuno, observe-se que o provimento faz a exigência de anuência do "cônjuge" para a subsequente averbação no registro de casamento, o que poderia levar a interpretação de que não seria necessária a anuência do "ex-cônjuge". No entanto, até que a referida norma seja derrogada, mesmo que o requerente seja divorciado, há necessidade de exigência de consentimento do ex-cônjuge, considerando a finalidade da norma e o fato de que o registro de casamento é um documento que pertence aos dois, mesmo após o divórcio.

11
CASAMENTO

O estado da pessoa natural é composto pelo estado político, familiar e individual. Como já tratado no item 1.5.3, o estado familiar diz respeito às relações de parentesco e à situação conjugal. O casamento é um dos principais institutos no que diz respeito ao estado familiar e, baseado no trabalho de Christiano Cassettari[1], pode-se defini-lo como união entre duas pessoas, reconhecida e regulamentada pelo Estado, constituída com objetivo de criação de uma família e baseada em um vínculo de afeto.

Importante sempre recordar que a Constituição Federal, no art. 226, confere proteção do Estado à família e reconhece o casamento como um dos meios de constituição desta, sendo hoje o meio mais formal que garante a proteção dos direitos de maneira mais eficaz e que confere a mais plena publicidade à união. A publicidade do casamento se dá por meio do registro civil.

Para melhor compreender o instituto do casamento no registro civil, é preciso ter em mente três atos tão distintos quanto interligados entre si: a habilitação, a celebração e o registro do casamento.

A habilitação para o casamento é o procedimento realizado perante o Oficial de Registro Civil, pelo qual se verificam os pressupostos legais a fim de apurar se as pessoas estão aptas a contrair casamento entre si e em que termos (Código Civil – CC, art. 1.525 e seguintes e Lei de Registros Públicos – LRP, art. 67 e seguintes).

A celebração é a solenidade pela qual os noivos manifestam a vontade livre e espontânea de contraírem casamento, perante autoridade civil ou religiosa e testemunhas. Excepcionalmente, em casos de iminente risco de vida, pode a celebração ocorrer sem a autoridade, como se verá adiante (CC, art. 1.533 e seguintes).

O registro é a inscrição do ato do casamento em livro próprio, formando o meio de prova do casamento, o que o torna público e acessível por todos, sendo então presumido que todos saibam que tal pessoa é casada (CC, art. 1.546 e LRP, art. 70 e seguintes).

A ordem lógica desses atos é a habilitação, a celebração e o registro. No entanto, é possível haver habilitação após a celebração (casamento religioso para efeitos civis), bem como registro sem celebração (conversão de união estável em casamento), além de outras situações especiais que serão analisadas.

Nos subitens seguintes deste capítulo, abordam-se temas relevantes do instituto do casamento. Nos itens seguintes, os atos formais, respectivamente, a habilitação para o casamento, a celebração do casamento e o registro do casamento, inclusive as situações

---

1. CASSETTARI, Christiano. *Elementos de Direito Civil*. São Paulo: Saraiva, 2011, p. 407.

especiais de casamento urgente e casamento nuncupativo. Para encerrar o capítulo, um item com as alterações e averbações atinentes ao casamento.

11.1 IMPORTÂNCIA DO CASAMENTO E SEU REGISTRO

A taxa de nupcialidade caiu, no Brasil, durante toda a década de 1990, e se estabilizou de 2001 para 2002. Em 1991, foram registradas 7,5 uniões legais por mil habitantes, e o número caiu para 5,7 por mil em 2001 e 2002. A taxa considera apenas a população em idade de casar. Sua queda sinaliza que o casamento formal vem perdendo força no país, cedendo espaço às uniões informais[2].

Porém, de 2002 até 2006, houve crescimento na quantidade de casamentos, o que foi atribuído à formalização das uniões consensuais, como se verificou nos dados do IBGE[3]: em 2006, o total de casamentos registrados no Brasil foi de 889.828, 6,5% superior ao total de 2005, mantendo a tendência de crescimento que vem sendo observada no País desde 2002 e decorrente, em parte, da formalização de uniões consensuais.

Atribui-se este crescimento, verificado entre 2002 e 2006, ao aumento do número de casais que procuraram formalizar suas uniões consensuais, incentivadas pelo Código Civil renovado em 2002 e pelas ofertas de casamentos coletivos promovidos desde então, iniciativas que facilitaram o acesso ao serviço de registro civil de casamento sob os aspectos burocrático e econômico.

Esses dados constatam que, na sociedade brasileira, parte das uniões não são formalizadas em razão de entraves burocráticos e que na medida em que esses são removidos a taxa de nupcialidade tende a crescer.

Após o mencionado período, o indicador de taxa de nupcialidade se manteve "de certa forma estável desde 2006, com pequenas variações decimais para mais ou para menos"[4] até o ano de 2014, havendo um aumento de 2,3% no 2015[5], e duas reduções sucessivas de 3,7% em 2016[6] e 2,3% em 2017, verificando-se que, neste último ano (2017), "para cada 1 000 habitantes em idade de casar, em média, 6,6 pessoas se uniram por meio do casamento legal"[7].

---

2. Instituto Brasileiro de Geografia e Estatística – IBGE. *Estatísticas do Registro Civil de 2006*. Disponível em: http://www.ibge.gov.br/home/estatistica/populacao/registrocivil/2006/default.shtm. Acesso em: 2 out. 2008.
3. IBGE. Síntese dos Indicadores Sociais, Uma análise das Condições de Vida da População Brasileira 2008. Disponível em: http://www.ibge.gov.br/home/estatistica/populacao/condicaodevida/indicadoresminimos/sinteseindicsociais2008/indic_sociais2008.pdf. Acesso em: 7 out. 2008.
4. IBGE. *Estatísticas do Registro Civil de 2014*. Disponível em: https://biblioteca.ibge.gov.br/visualizacao/periodicos/135/rc_2014_v41.pdf Acesso em: 18 out. 2018.
5. IBGE. *Estatísticas do Registro Civil de 2015*. Disponível em: https://biblioteca.ibge.gov.br/visualizacao/periodicos/135/rc_2015_v42.pdf. Acesso em: 18 out. 2018
6. IBGE. *Estatísticas do Registro Civil de 2016*. Disponível em: https://biblioteca.ibge.gov.br/visualizacao/periodicos/135/rc_2016_v43_informativo.pdf. Acesso em: 31 out. 2018.
7. IBGE. *Estatísticas do Registro Civil de 2017*. Disponível em: https://biblioteca.ibge.gov.br/visualizacao/periodicos/135/rc_2017_v44_informativo.pdf. Acesso em: 31 out. 2018.

A oficialização das uniões conjugais na forma de casamento civil é fundamental para a melhor elaboração de políticas públicas, pois aproxima da realidade as estatísticas do Registro Civil, que são mais fácil e imediatamente obtidas.

Sob o aspecto subjetivo, tal oficialização também se revela importante por possibilitar que os envolvidos formalizem sua união e gozem dos direitos e proteções legais conferidos ao casamento, o que se fortalece pela publicidade que este tem, apta a torná-lo oponível a terceiros[8].

Por tais motivos, em que pese a importância do reconhecimento de novas formatações familiares e da valorização destas, com o que se concorda, o casamento, em razão de sua formalidade, continua sendo importante instituto na constituição de família tanto do ponto de vista público, como do ponto de vista privado.

Ressalte-se que, sem comprometer a segurança dos atos, os casamentos têm sido simplificados e tornaram-se cada vez mais acessíveis aos brasileiros, como constatou a pesquisa sobre burocracia encomendada pela Confederação Nacional da Indústria ao IBOPE[9], na qual o casamento figura como o 5º mais simples procedimento de uma série de serviços pesquisados, ficando atrás apenas do registro de nascimento, de "tirar carteira de trabalho", "tirar carteira de identidade" e "tirar CPF".

11.1.1 Prova da situação conjugal

A situação conjugal normativa pode ser a de solteiro, casado, separado, divorciado e viúvo.

O solteiro é aquele que nunca se casou ou, embora tenha se casado, tenha sido reconhecida judicialmente a nulidade ou anulabilidade do casamento, devidamente averbada no registro.

O casado é aquele cujo casamento ainda não se desfez por nenhuma das causas admitidas em lei.

O separado é aquele cuja sociedade conjugal se desfez formalmente por escritura pública ou decisão judicial, colocando fim ao regime de bens e aos deveres conjugais, mas ainda permanecendo o vínculo do casamento, o que o coloca em situação conjugal que o proíbe de contrair núpcias com outra pessoa e facilita a reconstituição do casamento por meio da reconciliação. Observe-se que o separado poderá se tornar viúvo

---

8. Importante decisão do Superior Tribunal de Justiça Reforça a importância da publicidade do casamento, no REsp 1.299.894/DF, de relatoria do Min. Luís Felipe Salomão: "Apenas quando se analisa o casamento como ato jurídico formal e solene é que as diferenças entre este e a união estável se fazem visíveis, e somente em razão dessas diferenças entre casamento - ato jurídico - e união estável é que o tratamento legal ou jurisprudencial diferenciado se justifica. (...) É por intermédio do ato jurídico cartorário e solene do casamento que se presume a publicidade do estado civil dos contratantes, de modo que, em sendo eles conviventes em união estável, hão de ser dispensadas as vênias conjugais para a concessão de fiança".
9. Pesquisa CNI-IBOPE: Retratos da Sociedade Brasileira, Burocracia, n. 23. Confederação Nacional da Indústria. Brasília: CNI, Ano 23, jul. 2015. p. 4. Disponível em: https://www.portaldaindustria.com.br/estatisticas/rsb--23-burocracia/. Acesso em: 10 nov. 2019.

ou divorciado, caso o vínculo do casamento venha a se dissolver pela morte do outro cônjuge ou pelo divórcio[10].

O divorciado é aquele cujo casamento se desfez pelo divórcio, que é causa de extinção do casamento. O divorciado não volta a ser solteiro e, mesmo com a morte do ex-cônjuge, não se torna viúvo; a única situação conjugal que o divorciado poderá passar a ter é a de casado, se vier a casar novamente.

Por fim, o viúvo é aquele cujo casamento se desfez pela morte de seu cônjuge.

O casamento se prova por meio da certidão do registro civil, por expressa disposição do CC, art. 1.543. Sua alteração por nulidade ou anulação é objeto de averbação no registro, conforme dispõe o art. 10, I, do CC. A separação e o divórcio também são objeto de averbação no registro de casamento, como determina o mesmo artigo do CC, produzindo efeitos apenas após esta, nos termos do art. 32 da Lei n. 6.515/77 e do art. 100, § 1º, da Lei n. 6.015/73. Pode-se afirmar que o estado de separado ou divorciado se prova por meio de certidão de casamento com averbação.

A viuvez se prova pela certidão de casamento somada à certidão de óbito do cônjuge, como se pode extrair do art. 1.525, inciso V, do Código Civil. Neste ponto, há que se lembrar que o óbito de qualquer dos cônjuges é anotado na certidão de casamento, o que permite afirmar que a certidão de casamento atualizada conterá tal anotação, dando publicidade ao fato do falecimento e indicando onde o óbito foi registrado.

Observe-se que os atos de registro de casamento, averbação de separação e averbação de divórcio são anotados no registro de nascimento, nos termos dos arts. 106 e 107 da Lei n. 6.015/73, de forma que qualquer pessoa que obtiver uma certidão de nascimento atualizada terá a notícia da ocorrência de tais fatos e saberá onde obter certidão que os prova.

Desta maneira, muito embora o estado de solteiro não se prove pela certidão de nascimento, a ausência de anotações à margem desta traz segurança a eventual declaração do estado de solteiro.

A doutrina e jurisprudência ainda não reconhecem a união estável como instituto capaz de alterar o estado civil da pessoa natural, no entanto, reconhecem cada vez mais direitos e deveres das pessoas nessa situação. Assim, lícito afirmar que a união estável é situação análoga ao estado civil. A prova da união estável é o elemento crucial nesse tema, pois tendo a natureza de uma situação fática, não se faz necessário qualquer ato solene que a constitua, ou registro que a prove perante terceiros, o que compromete a comprovação com segurança jurídica a alteração do estado civil. Essa situação toma contornos novos diante do Registro de União Estável que será tratado em item próprio.

11.1.2 Emolumentos e gratuidade

A Constituição Federal, no art. 226, § 1º, prevê que o "casamento é civil e gratuita a celebração".

---

10. Não prosperou a tese de que o instituto da separação judicial ou extrajudicial foi abolido pela EC 66/2010, conforme julgado do STJ, analisado no item 1.5.2 a seguir.

Em tal dispositivo, garante-se gratuidade apenas à celebração, o que não abrange a habilitação, o registro e a primeira certidão. É o que se extrai, a contrário senso, do parágrafo único do art. 1.512 do Código Civil: "A habilitação para o casamento, o registro e a primeira certidão serão isentos de selos, emolumentos e custas, para as pessoas cuja pobreza for declarada, sob as penas da lei".

Segundo tal disposição, somente as pessoas cuja pobreza for declarada sob as penas da lei estarão isentas de emolumentos na habilitação, no registro e na primeira certidão de casamento.

Esta gratuidade não abrange a publicação de editais na imprensa, exigida pelo art. 1.527 do Código Civil. Não há previsão de dispensa de proclamas em razão da insuficiência de recursos dos nubentes, tampouco existe obrigatoriedade de o Oficial de Registro pagar ao jornal pela publicação de um casamento gratuito. A gratuidade diz respeito à não cobrança dos emolumentos que normalmente seriam devidos, mas não significa uma obrigação pecuniária ativa de custear a publicação em um jornal.

Todavia, há normas locais que contemplam a gratuidade por intermédio da publicação no Diário da Justiça Eletrônico do Tribunal de Justiça, por exemplo, no Distrito Federal, em que o art. 246, § 2º, do Provimento Geral da Corregedoria de Justiça do Distrito Federal Aplicado aos Serviços Notariais e de Registro dispõe:

> "(...) devendo o edital de proclamas ser publicado, sem nenhum ônus, uma única vez no Diário de Justiça Eletrônico do Tribunal de Justiça do Distrito Federal e dos Territórios, e afixado no ofício da habilitação".

Desta maneira, são devidos emolumentos estabelecidos em lei estadual, pelo processo de habilitação de casamento, bem como para o registro e a primeira certidão de casamento, salvo nos casos em que a pobreza for declarada nos termos do art. 1.512 do Código Civil.

Sabe-se que o benefício de gratuidade concedido aos declaradamente pobres permite alguns abusos, como foi exposto anteriormente. Pede-se licença para remeter o leitor ao capítulo 7 deste trabalho, em que são abordados os emolumentos e as gratuidades.

11.1.3 Casamento entre pessoas do mesmo sexo

O marco jurídico da união entre pessoas do mesmo sexo é a decisão do STF no julgamento conjunto da ADPF 132-RJ e da ADI 4.277-DF, ocorrido em 5-5-2011 e publicado em 13-10-2011.

Nesse julgamento, que teve por objeto as uniões estáveis entre pessoas do mesmo sexo, apesar de divergências minoritárias e laterais quanto à fundamentação, ficou assentada a proibição de discriminação das pessoas em razão do sexo, seja no plano da dicotomia homem/mulher (gênero), seja no plano da orientação sexual de cada um deles. Foi imposta a técnica de "interpretação conforme a Constituição", para excluir qualquer significado que impeça o reconhecimento da união contínua, pública e duradoura entre pessoas do mesmo sexo como família. Reconhecimento que há de ser feito segundo as mesmas regras e com as mesmas consequências da união estável heteroafetiva.

Estabeleceu-se que as referências a homem e mulher, previstas no art. 1.723 do Código Civil e mesmo no § 3º do art. 226 da Constituição Federal, são destinadas a favorecer relações jurídicas horizontais ou sem hierarquia no âmbito das sociedades domésticas, constituindo um reforço normativo para um combate mais eficiente à renitência patriarcal dos costumes brasileiros. Dessas expressões normativas, não decorre a proibição de formação de família por pessoas do mesmo sexo.

Os mesmos fundamentos são perfeitamente aplicáveis ao casamento civil, para a interpretação dos arts. 1.514, 1.517, 1.535 e 1.565 do Código Civil. Afinal, se é possível a família entre pessoas do mesmo sexo, como assentado na referida decisão, pouco importa a forma pela qual se constitui essa família, se união estável ou casamento formalizado. É até mais proveitoso ao interesse público que se faça o registro civil dessas uniões, por meio do casamento, para que a segurança jurídica e publicidade que emana do registro público também acolham as uniões de pessoas de mesmo sexo.

Aliás, tendo em vista que uma das consequências da união estável é a possibilidade da sua conversão em casamento, decorre diretamente do próprio julgamento do STF a possibilidade de casamento entre pessoas do mesmo sexo, o que se faria por meio da conversão da união estável.

Assim, ainda que o julgamento do STF, pelos limites do pedido, não mencione o casamento entre pessoas do mesmo sexo, abriu-se o caminho para a formalização destes casamentos, com robustos fundamentos.

Ressalte-se que, até mesmo antes da comentada decisão, havia fundamentos para sustentar a possibilidade desses casamentos.

O primeiro registro de casamento entre pessoas do mesmo sexo do Brasil ocorreu na Comarca de Jacareí-SP,[11] por força de decisão judicial da lavra do MM. Juiz de Direito Fernando Henrique Pinto, datada de 27-6-2011, cuja leitura se recomenda. Um dos fundamentos é a decisão do STF.

A visão e a sensibilidade que orientaram a decisão de Jacareí também estiveram presentes em diversas outras comarcas, transpondo para o caso concreto os valores sedimentados constitucionalmente, em exemplo de eficiência na efetivação de direitos humanos. Mas não foi em todas as comarcas que se autorizou o casamento homoafetivo.

Apesar de o órgão constitucionalmente legítimo ter expressamente se manifestado pela não discriminação das uniões entre pessoas do mesmo sexo e pela impossibilidade de se utilizar a orientação sexual como fator de discriminação, muitos atores do universo jurídico se recusaram a aplicar tal orientação. Alegava-se que a decisão do STF era restrita a uniões estáveis, não sendo aplicável a casamentos e que a matéria necessitaria de alteração legislativa.

---

11. *O Jornal da ArpenSP* n. 112, jun. 2011, bem relata esse acontecimento histórico, com entrevistas e transcrevendo o inteiro teor da decisão judicial e do parecer do Ministério Público, de autoria do Dr. José Luiz Bednarski. Está disponível na internet, em www.arpensp.org.br; na coluna da esquerda, acessar o link "Jornais da Arpen-SP". O de número 112/2011 está disponível no link: http://content.yudu.com/Library/A1t8nz/JornaldaArpenSPAnoXI/resources/index.htm?referrerUrl=http%3A%2F%2Fwww.yudu.com%2Fitem%2Fdetails%2F375003%2FJornal--da-Arpen---SP---Ano-XII---n--mero-112---de-junho-de-2011%3Frefid%3D45057. Acesso em 26 nov. 2013. Os jornais de número 111 e 113 também trazem interessantes matérias sobre o assunto.

Então o STJ se manifestou expressamente sobre a possibilidade de se realizar o casamento entre pessoas do mesmo sexo, asseverando a orientação principiológica emanada da decisão do STF (STJ – REsp 1.183.378 – RS – 4ª Turma – Rel. Min. Luis Felipe Salomão – *DJ* 1-2-2012).

Posteriormente, encerrando definitivamente a questão, o CNJ editou a Resolução 175, de 14-5-2013, estabelecendo que "é vedada às autoridades competentes a recusa de habilitação, celebração de casamento civil ou de conversão de união estável em casamento entre pessoas de mesmo sexo".

É certo que a redação poderia ser melhor, pois o que está vedada é a recusa com fundamento na identidade de sexos dos nubentes, sendo possível recusar o casamento entre pessoas do mesmo sexo por outros fundamentos, por exemplo, o parentesco entre eles, como se faz em todos os casamentos.

No entanto, o mérito da resolução está em pacificar e uniformizar a possibilidade de casamento entre pessoas do mesmo sexo em todo o Brasil, que assim deixa de depender da convicção pessoal de cada uma das autoridades envolvidas.

Em termos estatísticos, o "Brasil registrou 1 070 376 casamentos civis em 2017, sendo 5 887 entre pessoas do mesmo sexo", de maneira que os casamentos homoafetivos representaram 0,55% do total de casamentos, registrando um aumento de 10% em relação ao ano de 2016.[12].

1.1.4 Casamento de pessoa com deficiência intelectual ou mental

O casamento é um instituto jurídico, mas também é uma realidade social e cultural. As normas jurídicas sobre o casamento interferem nessa realidade, mas também são produto dela, numa relação dinâmica e imprevisível, como é a vida. Grande novidade nascida dessa interação é a possibilidade de a pessoa com deficiência mental ou intelectual contrair casamento, em plena igualdade de oportunidades com todas as pessoas.

Esse direito ao casamento está garantido de forma muito clara e veemente pela Lei 13.146/15[13], é um direito humano fundamental, que adentrou o ordenamento jurídico brasileiro em harmonia com a convenção internacional das Nações Unidas para a pessoa com deficiência. O casamento da pessoa com deficiência mental é uma das medidas que buscam eliminar as barreiras que impedem a plena e efetiva participação da pessoa com deficiência na sociedade. O Estatuto da Pessoa com Deficiência ou a Lei Brasileira de Inclusão, que são as denominações da Lei Federal 13.146/2015, estabelece muitas outras medidas concretas e abstratas nesse sentido, como a plena capacidade civil, o direito de votar e ser votado, exercer direitos sexuais e reprodutivos, inclusive decidir o número de filhos.

---

12. IBGE. *Estatísticas do Registro Civil de 2017*. Disponível em: https://biblioteca.ibge.gov.br/visualizacao/periodicos/135/rc_2017_v44_informativo.pdf. Acesso em: 31 out. 2018.
13. "Art. 6º. A deficiência não afeta a plena capacidade civil da pessoa, inclusive para: I - casar-se e constituir união estável; (...)"

Foi expressamente revogado o inciso I do art. 1.548 do Código Civil que prescrevia a nulidade do casamento contraído por pessoas portadoras de enfermidade mental. Tal nulidade encontrava seu fundamento na necessidade de plena capacidade e discernimento para praticar um ato tão relevante, repleto de consequências no plano pessoal e patrimonial. Com a vedação, buscava-se proteger a pessoa com deficiência.

A sociedade, em constante transformação, está abandonando o paradigma da exclusão e buscando a inclusão da pessoa com deficiência no convívio social. Essa nova postura tem revelado que o potencial dessas pessoas é incalculável. São múltiplas as capacidades e as possibilidades de inserção na sociedade da pessoa com deficiência, exercendo trabalhos, frequentando escolas, constituindo laços afetivos e familiares, expressando-se artisticamente e, assim, conquistando autonomia e independência pessoais.

É nesse contexto que a proibição do casamento aos então denominados enfermos mentais foi revogada. A nova lei abandonou por completo as expressões "enfermo" ou "deficiente" e difunde a expressão "pessoa com deficiência", afinal, é preciso ver a pessoa humana antes de ver sua deficiência e jamais estigmatizar, lembrando-nos de que a pessoa não é deficiente, apenas tem uma ou mais deficiências, como pode vir a acontecer com qualquer pessoa.

Nesse sentido, o fato de portar uma deficiência mental não é motivo para a recusa do ato jurídico do casamento, bastando que a pessoa consiga manifestar a vontade de casar. A manifestação de vontade para o ato do casamento continua sendo um requisito essencial para a validade desse ato jurídico. Realizar o casamento de alguém que não manifestou a vontade de casar é uma imposição alheia, em afronta à liberdade individual e à autonomia privada, que também são direitos humanos fundamentais, conforme o Pacto de São José da Costa Rica – artigo 17, §3º, incorporado ao ordenamento jurídico brasileiro pelo Decreto federal 678/1992, no seguinte teor: "O casamento não pode ser celebrado sem o livre e pleno consentimento dos contraentes".

As transformações profundas e extensas que este Estatuto traz merecem uma análise cuidadosa, que exige de todos não apenas conhecer os preceitos legais, mas também conhecer a realidade da pessoa com deficiência. A tarefa não é fácil, pois essa realidade é diversificada. Por isso é preciso humildade científica e humana ao se debruçar sobre cada caso individualmente, conhecendo suas peculiaridades, pois a formulação de juízos genéricos certamente redundará em preconceito e exclusão. Enquanto esse caminho é percorrido, espera-se que mais e mais pessoas possam desfrutar de uma sociedade fraterna, pluralista e sem preconceitos.

Nos itens 11.2.3.4 e 11.3.6 são analisadas a forma da manifestação de vontade da pessoa com deficiência no momento da habilitação para o casamento e no momento da celebração do casamento.

11.2 A HABILITAÇÃO PARA O CASAMENTO

Em razão da proteção conferida à família e de o casamento ser um dos principais meios de sua constituição, outrora a única forma legítima, a lei brasileira prevê procedimento voltado a garantir a regularidade, a legalidade e a segurança jurídica dos casamentos realizados, o chamado processo de habilitação.

O processo de habilitação se realiza perante o registrador civil e tem a finalidade de garantir a legalidade e higidez do casamento. Como o nome diz, verifica-se se os nubentes podem casar entre si e em que termos, ficando assim habilitados, ou seja, licenciados para tanto.

Nesse processo, além de se tornar pública a intenção que os nubentes têm de casarem entre si, verificam-se:

1 – a capacidade para o casamento;

2 – a ausência de impedimentos;

3 – a ausência de causas suspensivas;

4 – a legalidade e validade do casamento pretendido;

5 – a regularidade da escolha do nome; e

6 – a regularidade do regime de bens escolhido.

A capacidade para o casamento, será analisada no item 11.2.4.3 a seguir, juntamente com os documentos que a comprovam. Os impedimentos e causas suspensivas são comentadas no item imediatamente seguinte. A escolha do nome no item 11.2.6 e o regime de bens no item 11.2.7. No mais, o presente capítulo segue organizado conforme a ordem lógica da habilitação: o local onde se requer, o requerimento, os documentos que se juntam ao requerimento, os proclamas, eventual oposição de impedimentos, a homologação e o certificado de habilitação.

Em que pese chamar-se *processo* de habilitação, a rigor, trata-se de *procedimento* que, segundo o parecer do MM. Juiz de Direito Auxiliar da Corregedoria, Dr. José Antônio de Paula Santo Neto, no Processo CG 111.424/2008 – São Paulo), é o conjunto de atos logicamente encadeados, culminando num desfecho que configura o objetivo almejado, no caso a habilitação para o casamento.

O procedimento está regulamentado no Código Civil, entre os arts. 1.525 e 1.532, e na Lei n. 6.015/73 entre os arts. 67 e 69, que continuam vigentes no que não são incompatíveis com o Código Civil. Passa-se à análise.

11.2.1 Impedimentos e causas suspensivas ao casamento

O registrador civil, sempre que tiver conhecimento de um impedimento, deverá declará-lo (CC, art. 1.522, parágrafo único). Também deverá informar os nubentes das causas que poderão acarretar a invalidade do casamento e os diversos regimes de bens (CC, art. 1.528). Assim, é necessário bem conhecer os impedimentos matrimoniais e as causas suspensivas do casamento, para o cumprimento das finalidades da habilitação.

11.2.1.1 Impedimentos

Os impedimentos matrimoniais, no revogado Código Civil de 1.916, eram denominados impedimentos absolutos ou de ordem pública. Como o nome indica, impedem a realização do casamento e, caso seja realizado, o casamento será nulo (CC, art. 1.548, II).

Estão previstos no art. 1.521 do CC/2002.

Art. 1.521. Não podem casar:

I – os ascendentes com os descendentes, seja o parentesco natural ou civil;

II – os afins em linha reta;

III – o adotante com quem foi cônjuge do adotado e o adotado com quem o foi do adotante;

IV – os irmãos, unilaterais ou bilaterais, e demais colaterais, até o terceiro grau inclusive (tio e sobrinho);

V – o adotado com o filho do adotante;

VI – as pessoas casadas;

VII – o cônjuge sobrevivente com o condenado por homicídio ou tentativa de homicídio contra o seu consorte.

Quanto ao inciso IV, a doutrina já consolidou o entendimento segundo o qual o impedimento de casamento entre colaterais de 3º grau, que visa a proteger a saúde genética da prole, é relativizado se houver laudo médico favorável, nos termos do Decreto-Lei n. 3.200/41.

Nesse sentido, o enunciado 98 das Jornadas de Direito Civil, promovido pelo Conselho da Justiça Federal, assim dispõe:

> **Enunciado 98** – Art. 1.521, IV, do novo Código Civil: o inc. IV do art. 1.521 do novo Código Civil deve ser interpretado à luz do Decreto-Lei n. 3.200/41 no que se refere à possibilidade de casamento entre colaterais de 3º grau.

11.2.1.2 Pessoas que vivem em união estável

O inciso VI menciona pessoas casadas, no entanto, questiona-se se o impedimento seria aplicável, também à união estável. Ou seja, se a pessoa vive em união estável, poderá contrair casamento com pessoa que não seja o seu companheiro?

Argumentos pela não extensão do impedimento às pessoas que vivem união estável: a) o Código Civil trouxe regramento expresso desse instituto e, se quisesse estabelecer o impedimento, o teria feito expressamente; b) o impedimento é uma restrição à autonomia privada e deve ser interpretado restritivamente; c) a união estável é uma situação de fato que os nubentes não precisam dissolver formalmente, assim, eventuais contratos ou escrituras públicas e até mesmo títulos judiciais reconhecendo a união estável não contém a presunção de que a união continua vigente após a sua data; d) caso o nubente realmente conviva em união estável, com o casamento ela estará extinta. Se, mesmo após o casamento, a pessoa mantiver relações não eventuais com sua antiga companheira, será considerado concubinato (CC, art. 1.727).

Argumentos pela extensão do impedimento: a) finalidade do impedimento é a estabilidade das relações familiares e a preservação da monogamia; logo, é indiferente se a família anterior está formada pelo casamento ou pela união estável; b) dar início a um casamento em que presente uma relação concubinária ofende a estabilidade das relações jurídicas.

Para o registrador civil, vislumbram-se duas situações em que essa questão poderá vir à tona. A primeira, quando qualquer pessoa opõe impedimento alegando que um dos nubentes vive em união estável. Nesse caso, o registrador não poderá entrar no mérito da questão e deverá realizar o procedimento de oposição de impedimento, para que as autoridades competentes se manifestem e decidam. A segunda, quando os nubentes, ao apresentarem a documentação para a habilitação, notadamente a declaração do estado civil (CC, art. 1.525, IV), declararem que mantêm convívio com terceira pessoa, a despeito da doutrina majoritária não considerar que a união estável altere o estado civil.

Atente-se que, se for declarado que um dos nubentes teve uma união estável já dissolvida (formalmente ou não), nenhuma providência o registrador deverá tomar. Repita-se, a união estável é uma situação de fato, cuja dissolução independe de qualquer solenidade, basta cessarem seus pressupostos fáticos. É certo que o Código de Processo Civil de 2015 disciplinou a dissolução da união estável de maneira semelhante ao divórcio, no entanto, tais preceitos legais se aplicam se as partes desejarem formalizar a dissolução, se não o pretendem, não se aplica o diploma processual. Mesmo que um dia a união estável tenha sido formalizada, sua dissolução não precisa ser formal. Tampouco existe previsão legal de apresentação de tal documento para a habilitação.

A questão difícil é o caso de o nubente declarar que vive em união estável com uma pessoa e mesmo assim pretende se casar com outra. Nesse caso, pelos mesmos motivos já citados, não poderá o Oficial exigir documento formalizando a dissolução da união estável anterior. No entanto, a prudência recomenda colher a declaração de ambos os nubentes de que foram orientados pelo Oficial de Registro Civil de que a união estável não poderá coexistir simultaneamente com o casamento, e assim realizar a habilitação sem necessidade de declarar um suposto impedimento.

Nesse tema, para orientar seus associados quanto a melhor técnica registral, a ArpenSP editou os seguintes enunciados:

> **Enunciado 17:** Junto ao registro de união estável poderá ser anotado o casamento, ainda que não seja o casamento dos companheiros entre si, independentemente de prévia dissolução da união estável. Neste caso, a anotação do casamento faz presumir a extinção da união estável.
>
> **Enunciado 20:** Para a habilitação para o casamento não é necessário previamente cancelar ou dissolver eventual registro de união estável com outra pessoa.

Cabem aqui os mesmos argumentos expostos pela E. CGJ-SP ao decidir que a causa suspensiva do inciso III do art. 1.523 do Código Civil é norma restritiva de direitos e, como tal, merece interpretação estrita e aplicação exclusiva à hipótese por ela prevista, ou seja, aplica-se apenas às pessoas divorciadas, não se aplica às que tiveram união estável[14].

Por outro lado, observe-se que a jurisprudência está gradualmente equiparando a união estável ao casamento, conforme será mais bem analisado a seguir, ao estudar o acesso da união estável ao registro civil das pessoas naturais, no item 13.3.6 e, mais especificamente, no item 13.3.6.15, ao estudar uma possível extensão das regras de alteração de regime de bens do casamento para a união estável.

---
14. Processo CG 2009/97107 (parecer 400/2009-E), publicado no *DJE* 12-1-2010.

Verifica-se que essa situação gera certa angústia em alguns oficiais de registro civil, que têm por missão exatamente prover segurança e estabilidade nas relações jurídicas, mas para desempenhar essa atividade não encontram a mesma segurança e estabilidade no Direito a ser aplicado.

A solução deve ser buscada no direito posto, não em especulações sobre o caminho que vai seguir a jurisprudência. Dessa forma, enquanto não houver lei expressa, jurisprudência ou norma técnica editada pelo juízo competente (Lei 8.935/94, art. 30, XIV), não poderá o registrador exigir prova da dissolução da união estável em procedimento de habilitação para o casamento.

11.2.1.3 Causas suspensivas

Se os impedimentos determinam a nulidade do casamento, as causas suspensivas, por não violarem a ordem pública, mas interesses predominantemente privados, quando não observadas, acarretam uma sanção patrimonial aos nubentes, qual seja, a ineficácia da escolha do regime de bens, com a consequente imposição do regime da separação de bens, permanecendo válido o casamento (CC, art. 1.641, I). Passa-se a analisar cada uma das causas suspensiva e, ao final deste tópico, a forma pela qual são aplicadas nos casos concretos.

As causas suspensivas do casamento estão previstas no art. 1.523 do Código Civil:

> I – o viúvo ou a viúva que tiver filho do cônjuge falecido, enquanto não fizer inventário dos bens do casal e der partilha aos herdeiros;
>
> II – a viúva, ou a mulher cujo casamento se desfez por ser nulo ou ter sido anulado, até dez meses depois do começo da viuvez, ou da dissolução da sociedade conjugal;
>
> III – o divorciado, enquanto não houver sido homologada ou decidida a partilha dos bens do casal;
>
> IV – o tutor ou o curador e os seus descendentes, ascendentes, irmãos, cunhados ou sobrinhos, com a pessoa tutelada ou curatelada, enquanto não cessar a tutela ou curatela, e não estiverem saldadas as respectivas contas.

As hipóteses dos incisos I e III têm a finalidade de evitar a confusão patrimonial. Ou seja, enquanto não feita a partilha dos bens de casamentos anteriores, não é possível apurar com segurança quais os bens pertencentes a essa pessoa e, se ela contrair casamento por regime que implique comunhão de bens, será difícil apurar quais bens integram a nova comunhão e quais integram a comunhão anterior, criando imbróglio que ofende a segurança jurídica e tem grande potencialidade de prejudicar os cônjuges anteriores ou os herdeiros e até mesmo o novo cônjuge.

Veja-se que o Código Civil de 2002, em consonância com jurisprudência que lhe era anterior, permite que seja feito o divórcio (questão pessoal), ainda que não exista consenso quanto à partilha (questão patrimonial). É possível até mesmo um novo casamento, sem que a partilha do casamento anterior esteja resolvida, valorizando, mais uma vez, as questões atinentes ao estado da pessoa natural em detrimento de questões patrimoniais. No entanto, impõe-se a este segundo casamento o regime da separação de bens, para que não se chegue ao extremo da confusão patrimonial. Atente-se que permitir um novo casamento sem que a partilha do casamento anterior esteja resolvida também é uma forma de incentivar a partilha, pois o cônjuge renitente não poderá usar sua falta de acordo quanto à partilha com objetivo dissimulado de impedir novos casamento de seu ex-cônjuge.

O inciso III menciona a pessoa divorciada que não fez partilha dos bens do casamento anterior. Questão interessante diz respeito à aplicação do mesmo inciso para a pessoa que vivia em união estável e, extinta a união, não fez partilha dos bens adquiridos nesse período. Ou seja, o inciso menciona casamento, mas é possível estender para a união estável?

A Corregedoria Geral da Justiça do Estado de São Paulo (CGJ-SP) já decidiu que essa causa suspensiva não se estende à pessoa que vivia em união estável, não sendo obrigatório o regime da separação de bens[15]. Uma norma restritiva de direitos deve ser interpretada restritivamente e a proteção que a lei confere ao casamento é distinta daquela conferida à união estável.

A hipótese prevista no inciso IV também tem por finalidade a preservação patrimonial. Enquanto o tutor ou curador não saldar as respectivas contas, não é possível assegurar que bem preservou o interesse do incapaz, havendo possibilidade de se criar embaraço para essa apuração e para a adequada prestação de contas, podendo até abrigar atos de má-fé, a perspectiva de um casamento entre o tutelado ou curatelado e o próprio tutor ou curador ou seu parente próximo, quando então a comunhão decorrente do novo regime de bens poderia tornar inócua a prestação de contas.

No caso previsto no inciso II, a finalidade é evitar a confusão de sangue (*turbatio sanguinis*), *a rigor, a confusão de filiação, o de presunção de filhos havidos na constância do casamento*. Isto é, a mulher deve aguardar o prazo de dez meses contados do término do casamento anterior para ter certeza de que não carrega consigo um filho do cônjuge anterior. Essa regra está espelhada na presunção de paternidade decorrente do casamento, prevista no art. 1.597, II, do CC, segundo a qual os filhos nascidos nos trezentos dias após a dissolução do casamento presumem-se do marido. Ou seja, caso a mulher contraia novo casamento nesse período, haveria dúvida quanto à paternidade do filho. Por essa razão, caso a mulher comprove o nascimento de filho nesse período ou a inexistência da gravidez, o juiz poderá afastar a aplicação da causa suspensiva (CC, art. 1.523, parágrafo único).

Questiona-se a necessidade desta causa suspensiva, uma vez que o artigo 1.598 do CC prevê a rega aplicável para o caso de sobreposição de presunção de paternidade entre o segundo e o primeiro marido da mãe, respectivamente previstas nos incisos I e II, 1.597 do CC, qual seja:

Art. 1.598. Salvo prova em contrário, se, antes de decorrido o prazo previsto no inciso II do art. 1.523, a mulher contrair novas núpcias e lhe nascer algum filho, este se presume do primeiro marido, se nascido dentro dos trezentos dias a contar da data do

---
15. Processo CG 2009/97107 (parecer 400/2009-E), publicado no *DJE* 12-1-2010.

falecimento deste e, do segundo, se o nascimento ocorrer após esse período e já decorrido o prazo a que se refere o inciso I do art. 1597.

Aceitando-se que a causa suspensiva tem utilidade para se evitar a dúvida quanto a paternidade, faz-se necessária uma análise mais detida dos prazos dos arts. 1.597, I e II, e 1.598, a qual permitiria concluir que bastaria o prazo de 120 dias após a dissolução do casamento para evitar a *turbatio sanguinis*, sendo desnecessário aguardar dez meses para o novo casamento. Isso porque só haverá confusão quanto à paternidade dos filhos havidos após 180 dias do novo casamento (CC, art. 1.597, I). Em outras palavras, nos primeiros 180 dias do segundo casamento, ainda não começou a presunção de paternidade do segundo marido, mas apenas do primeiro, se não respeitado o prazo. Então, aguardando-se o prazo de 120 dias após a dissolução do casamento, mais o prazo de 180 dias para iniciar a presunção de paternidade do novo casamento, quando esta presunção começar já terão decorridos 300 dias da dissolução do primeiro casamento, ou seja, já estará extinta a presunção de paternidade do primeiro casamento, não havendo confusão.

No entanto, o prazo legal de dez meses deverá ser respeitado, pois está expresso na lei e não há jurisprudência sedimentada interpretando o prazo da forma aqui proposta. Demonstra-se, dessa forma, que além do fundamento da *turbatio sanguinis*, essa causa suspensiva também tem um fundamento moral, consistente em guardar o luto do falecido marido, que restringe o direito das mulheres de contrair novo casamento.

Atualmente, com o fim do prazo para a obtenção do divórcio, surge a questão acerca da aplicação dessa causa suspensiva também à mulher divorciada, que antes de dez meses do divórcio (ou seja, do rompimento da sociedade conjugal), pretende contrair novas núpcias. São duas correntes: 1) não se aplica à mulher divorciada, pois ela não é mencionada no art. 1.597, II, nem no inciso II do 1.523, e não se deve fazer interpretação extensiva em matéria que busca a restrição da autonomia privada; 2) o texto de lei não prevê a mulher divorciada, pois, na data em que promulgados, não havia a possibilidade de divórcio antes de um ano de separação judicial ou dois anos de separação de fato, logo, a mulher divorciada já estaria há mais de dez meses sem convívio conjugal com o marido. Assim, deve-se levar em conta a finalidade da norma, evitar a *turbatio sanguinis*, que também precisa de proteção no caso da mulher divorciada.

Questionável, entretanto, a imposição do regime da separação de bens nessa hipótese em que se busca evitar a *turbatio sanguinis*, vez que não traz qualquer proteção jurídica ao bem tutelado pela norma, que é a filiação.

Importante refletir sobre a forma de se aplicar a causa suspensiva no caso concreto. Um posicionamento é no sentido de que, uma vez oposta e verificada a existência da causa suspensiva, o casamento não pode ser realizado até que a referida causa seja afastada, ressaltando-se que todas as causas suspensivas são provisórias. Esse é o posicionamento encontrado nas lições de Carlos Roberto Gonçalves [16].

---

16. GONÇALVES, Carlos Roberto. *Direito Civil Brasileiro: Direito de Família*, vol. VI, 7ª ed., São Paulo: Saraiva, 2010, pp. 83-84.

Outro posicionamento é no sentido de que, se oposta por algum dos legitimados, o casamento restará suspenso até que o juiz decida pela procedência da causa suspensiva, quando então é realizado o casamento pelo regime da separação obrigatória de bens, ou decida pela improcedência da causa suspensiva, quando então os nubentes são livres para escolher o regime. Este é o posicionamento encontrado no trabalho de Flávio Tartuce e José Fernando Simão[17], é também o posicionamento defendido por Christiano Cassettari[18], que se apoia na opinião de Francisco Cahali, na atualização à obra de Silvio Rodrigues, e de José Luiz Gavião de Almeida.

As causas suspensivas devem ser opostas pelos legitimados dentro do prazo de quinze dias a contar da publicação dos proclamas, durante o procedimento de habilitação, essa é a conclusão encontrada no trabalho de José Fernando Simão e Flávio Tartuce[19], bem como no trabalho de Vitor Frederico Kümpel e Carla Modina Ferrari[20], no mesmo sentido, Milton Paulo de Carvalho Filho[21]: "A oposição da causa suspensiva será feita no curso do processo de habilitação para casamento, devendo ser apresentada no prazo de quinze dias a partir da data de publicação dos proclamas, conforme estabelecido no art. 1.527". Christiano Cassettari[22], por sua vez, sustenta que os legitimados possam opor as causas suspensivas até o momento da celebração do casamento.

José Fernando Simão e Flávio Tartuce[23], assim como Christiano Cassettari[24], sustentam que se as causas suspensivas não forem opostas pelos legitimados, não poderão o oficial do registro civil ou o juiz declará-las de ofício.

Para tal posicionamento, as causas suspensivas são situações de menor gravidade, restritas à interesses de ordem privada. As situações mais graves são os impedimentos, que acarretam a nulidade do casamento; no nível intermediário, estão as anulabilidades (CC, art. 1.550); no nível mais singelo, as causas suspensivas, que não obstam o casamento, mas acarretam tão somente a ineficácia do regime de bens.

Essas diferenças acarretam uma diferença no procedimento de sua apuração e consequências. Os impedimentos podem ser opostos por qualquer pessoa até a celebração do casamento (CC, art. 1.522) e o juiz ou o oficial de registro estão obrigados a declara-los, sempre que tiverem conhecimento da existência de impedimentos (CC, art. 1.522, "caput"). Não há dispositivos legais semelhantes para as causas suspensivas. Pelo contrário, o art. 1.524 do CC estabelece que podem arguir a causa suspensiva "os parentes em linha reta de um dos nubentes, sejam consanguíneos ou afins, e pelos colaterais em segundo grau, sejam também consanguíneos ou afins".

---

17. TARTUCE, Flávio. SIMÃO, José Fernando. *Direito Civil, v. 5: direito de família*. 4ª ed. Rio de Janeiro: Forense; São Paulo: Método, 2010. p. 71.
18. CASSETTARI, Christiano. *Elementos de Direito Civil, 6ª ed*. São Paulo: Saraiva Educação, 2018. p. 599.
19. TARTUCE, Flávio. SIMÃO, José Fernando. *Op.Cit.* p. 74
20. KUMPEL, Vitor Frederico. FERRARI, Carla Modina. *Tratado Notarial e Registral. Ofício de Registro Civil das Pessoas Naturais*. São Paulo: YK editora. p. 690.
21. CARVALHO FILHO, Milton Paulo de. In: PELUSO, Cezar (coord.). *Código Civil Comentado*: doutrina e jurisprudência. Barueri, SP: Manole, 2011, p. 1655.
22. CASSETTARI, Christiano. *Op.Cit.*, 2018. p. 599.
23. TARTUCE, Flávio. SIMÃO, José Fernando. *Op. Cit.* p. 73.
24. CASSETTARI, Christiano. *Op.Cit.*, 2018. p. 599.

Por não haver norma expressa dando legitimação ao oficial de registro para arguir causas suspensivas e em razão de não existir interesse público nessas situações, não há fundamento para o oficial de registro impor o regime da separação obrigatória de bens. Observe-se que não havendo oposição da causa suspensiva, não há processo de oposição, de maneira que a imposição de regime de separação de bens em tais circunstâncias não daria aos nubentes a oportunidade de demonstrar ou provar a improcedência da causa suspensiva.

Seguindo essa linha de argumentação, não sendo a causa suspensiva oposta pelos legitimados, o que deve ocorrer dentro do mencionado prazo, o casamento será realizado pelo regime de bens escolhido pelos nubentes. Este casamento é válido e eficaz, ainda que futuramente, em processo judicial, possa ser declarada a ineficácia da escolha do regime de bens (não a ineficácia do casamento), impondo-se, então, o regime de separação obrigatória de bens (CC, art. 1.641, I).

Na opinião do coautor Mario de Carvalho Camargo Neto, está correto o raciocínio de que a separação obrigatória de bens em razão da inobservância das causas suspensivas somente pode ser imposta aos casamentos, quando tais causas são opostas por pessoa legitimada e após a devida apuração.

Todavia, o coautor Marcelo Salaroli de Oliveira sustenta que outra deve ser a atuação dos oficiais de registro, pelo menos até que a argumentação acima exposta esteja respaldada em sólida jurisprudência ou norma técnica administrativa, principalmente nos casos dos incisos I, III e IV do art. 1.523 do CC, em que a imposição da separação obrigatória de bens é relevante para evitar confusão patrimonial.

O fundamento legal para a imposição da separação obrigatória de bens é o art. 1.641, I, do CC e o oficial pode verificar sua incidência no procedimento de habilitação, em nome do princípio da legalidade, orientando os nubentes de que o casamento tem que ser realizado pela separação obrigatória de bens ou de que a causa suspensiva deve ser solucionada. É missão do serviço de registro civil promover a segurança e eficácia dos atos jurídicos (Lei 8.935/94, art. 1º). Prevenir litígios é uma das finalidades da atividade de registro civil, logo não é razoável permitir a livre escolha por um regime de bens que tem forte potencial de causar um litígio, que reclamará a solução pela via judicial.

Essa posição, de o registrador impor o regime da separação de bens mesmo diante de causas suspensivas não opostas, aparenta ser a adotada por muitas normativas estaduais, sendo importante observar o que cada unidade da federação prevê sobre o tema. Vejam-se, por exemplo, o artigo 666 do CNCGJ-PR:

> Art. 666. Para habilitação requerida por viúvo ou viúva nubente, não será exigido inventário negativo, sendo este suprido pela declaração escrita de inexistência de bens, **sendo obrigatório que seja adotado o regime de separação de bens**. (sem destaque no original)

E o artigo 491 do CNCGJ-MG:

> Art. 491. As causas suspensivas não impedem o casamento, desde que provada a inexistência de prejuízo e que celebrado mediante o regime da separação obrigatória dos bens.

Diante dessas normativas, na opinião do coautor Marcelo Salaroli de Oliveira, se houver pessoa divorciada ou viúva, surge a perspectiva da existência de uma causa suspensiva, o que impõe ao oficial de registro análise de se está ou não presente alguma causa suspensiva.

Se tiver sido feita a partilha de bens do casamento anterior ou se não havia bens a partilhar, não existe causa suspensiva. Se houver bens e a partilha não tiver sido feita, existe causa suspensiva (CC, art. 1.523, I ou III).

Para provar que foi feita a partilha do casamento anterior ou que não havia bens, o nubente poderá apresentar o instrumento respectivo (carta de sentença, formal de partilha, escritura pública ou outros). Também bastará a declaração expressa do nubente interessado de que não havia bens a partilhar ou de que já foi feita a partilha, dispensando-se a apresentação de documento comprobatório (mesmo porque o art. 1.525 do CC não exige documento dessa natureza), o que prestigia a boa-fé dos nubentes em louvável medida desburocratizante.

Nesse sentido, editaram-se normas administrativas estaduais, como o item 55 do Capítulo XV das NSCGJ-SP:

> 55. Nas hipóteses previstas no artigo 1523, incisos I e III do Código Civil, bastará a apresentação de declaração assinada pelo nubente no sentido de ter feito a partilha dos bens ou que permitiram o afastamento da causa suspensiva.

Observe-se que, em algumas normas, como o acima mencionado art. 666 do CNCGJ-PE, mesmo nesse caso, o regime deve ser o da separação obrigatória de bens.

Se estiver presente a causa suspensiva, ainda que não arguida, mas aceita pelos nubentes, o casamento será realizado pelo regime da separação legal de bens, por força do art. 1.641, I, que será mencionado no termo de casamento.

Dessa forma, o direito pessoal ao casamento está preservado e acessível, ficando prejudicada apenas a questão patrimonial, o que está justificado na necessidade de afastar a confusão patrimonial e evitar litígios.

11.2.2 Local da habilitação

A atribuição para o processo de habilitação é do registrador civil das pessoas naturais da circunscrição da residência de um dos nubentes, como previsto no art. 67 da LRP. Se os nubentes residirem em circunscrições diferentes, em qualquer delas o registrador tem atribuição para realizar a habilitação, todavia, os editais (proclamas) devem ser publicados em ambas (CC, art. 1.527).

A residência dos nubentes deve ser declarada por estes, sendo desnecessário comprovante de residência (CC, art. 1.525, IV). Todavia, devem ser analisadas as normas locais, pois há casos em que é exigido comprovante, como no Código de Normas da Corregedoria-Geral da Justiça do Estado de Santa Catarina, (CNCGJ-SC), art. 551[25].

---
25. http://cgj.tjsc.jus.br/consultas/liberada/cncgj.pdf (Acesso em 12.06.2018)

Se o nubente está representado por procuração, sua residência presume-se ser a que consta no instrumento, ou, se este for omisso, deverá o procurador declarar o local de residência. Questão controversa, para a qual não se pretende dar resposta nos limites desse trabalho, é a possibilidade de o procurador declarar uma residência diversa da que consta no instrumento, alegando que o representado possui diversas residências, como é permitido pelo art. 71 do Código Civil. De qualquer forma, havendo mais de uma residência, a prudência recomenda que se afixe e publique os editais (proclamas) em todas elas.

Observe-se que a delimitação de circunscrição decorre de leis e normas dos estados e do Distrito Federal. No Distrito Federal, por exemplo, a circunscrição é única, como se depreende do art. 246 do Provimento-Geral da Corregedoria de Justiça do Distrito Federal Aplicado aos Serviços Notariais e de Registro: "Para fins de registro de nascimento, habilitação de casamento e óbito o Distrito Federal é considerado **circunscrição registral única**".

Vê-se, ainda, que o art. 67 da LRP menciona residência e não domicílio, sendo, então, menos rigoroso com os requisitos fáticos necessários para a determinação do local da habilitação, pois não se exige o ânimo definitivo (CC, art. 70) e não se aplicam as regras do domicílio necessário (CC, art. 76).

Se nenhum dos nubentes tiver residência no Brasil, não poderá ser feita a habilitação por Oficial de Registro Civil brasileiro, devendo seguir as regras do país onde domiciliada a pessoa natural (Decreto-Lei n. 4.657/42, art. 7º). Se ambos os nubentes forem brasileiros, poderão se habilitar e contrair casamento perante autoridade consular brasileira.[26]

Observe-se, entretanto, que se reconhece a possibilidade jurídica de habilitação de casamento para pessoa que esteja no Brasil de forma transitória e regular, reconhecendo-se o local onde está hospedada como sua sede jurídica para fins de habilitação, reconhecendo-o como residência, embora não possa ser seu domicílio, assim se vê na lição de Vitor Frederico Kumpel e Carla Modina Ferrari[27]:

> "É possível exemplificar com a situação do estrangeiro, com visto regular de turista, e que resolve se casar com alguém no carnaval. Basta que informe o hotel em que está hospedado para que ali configure sua sede jurídica para a habilitação, mesmo não sendo tecnicamente um domicílio."

A pessoa que não tem residência fixa, poderá ser habilitada para o casamento no cartório do local onde se encontra, por aplicação do art. 73 do Código Civil, que, embora diga respeito ao domicílio (não residência), tem perfeita aplicação analógica para a habilitação para o casamento.

No casamento urgente em caso de moléstia grave de um dos nubentes, celebrado sem prévia habilitação, esta poderá ser realizada pelo Oficial de Registro Civil do local da celebração, como condição ao registro, ainda que não seja o mesmo do local de residência dos nubentes, em exceção prevista no item 89.2 do Capítulo XVII das NSCGJ-SP, como será visto no item a seguir.

---

26. Conforme expresso no item 4.3.27 do Capítulo 4º do Manual do Serviço Consular e Jurídico. Disponível em http://sistemas.mre.gov.br/kitweb/datafiles/Munique/ptbr/file/capítulo-4o-atos-notariais-e-de-registro-civil.pdf. Acesso em 22 nov. 2013.
27. KUMPEL, Vitor Frederico. FERRARI, Carla Modina. *Op.Cit.*, p. 706.

11.2.3 Requerimento da habilitação

A habilitação para o casamento deve ser requerida por ambos os nubentes, que assinarão o requerimento de próprio punho ou por procurador constituído para esta finalidade (CC, art. 1.525, *caput*).

O requerimento poderá ser preparado pelo próprio Oficial de Registro Civil ou, embora não seja o procedimento comum, poderá ser preparado pelas partes e apresentado ao Oficial.

Em qualquer caso, deve haver garantia da autenticidade das assinaturas. Assim, os requerentes devem assinar perante o oficial ou seu preposto, que os identificará na forma da lei, sendo então desnecessário o reconhecimento de firma. Assim preveem corretamente o Código de Normas do Espírito Santo, no art. 969; o Código de Normas do Rio de Janeiro, no art. 754; o Código de Normas de Santa Catarina, no art. 552; o Código de Normas do Estado de Pernambuco, no art. 659; e a Consolidação Normativa do Estado do Ceará, no art. 125, § 4º, entre outros[28].

Por outro lado, quando as assinaturas não forem apostas na presença do Oficial ou de seu preposto, o reconhecimento de firma por tabelião será indispensável.

Se o requerimento for assinado por procurador, será necessário verificar a regularidade da representação, o que se faz por meio da procuração que deve ser apresentada. A outorga do mandato está sujeita à mesma forma exigida para o ato a ser praticado (CC, art. 657), o que de pronto permite concluir que para a habilitação tem que ser a forma escrita, restando analisar-se a necessidade da forma pública.

As NSCGJ-SP, no capítulo XVII, item 57, bem como as Diretrizes Gerais Extrajudiciais do Estado de Rondônia (DGE-RO), art. 640, fazem interpretação adequada no sentido de exigir instrumento público ou particular com firma reconhecida. Reconhece-se, assim, que para representação no processo de habilitação não se faz necessário o instrumento público de procuração, todavia, faz-se necessária a certeza de que o instrumento particular foi firmado pelo nubente, razão pela qual se exige o reconhecimento de firma. Em qualquer caso, há que haver poderes especiais, não se admitindo procurações de poderes gerais.

Ressalte-se que a procuração para os fins de habilitação não se confunde com aquela para o fim de celebração do casamento. Para esta última, existe regra específica prevista no art. 1.542 do Código Civil, a qual exige documento público com poderes especiais e terá eficácia por 90 dias.

Vejam-se alguns casos especiais quanto ao requerimento.

---

28. CNCGJ-ES: "Art. 969. No processo de habilitação é dispensado o reconhecimento de firma, desde que a assinatura seja lançada na presença do oficial, e a circunstância seja por este certificada"; CNCGJ-RJ: "Art. 754. No procedimento de habilitação de casamento será exigido o reconhecimento de firma, podendo ser feita a conferência, quando as assinaturas forem lançadas na presença do Oficial, ou de seu escrevente autorizado, devendo tal circunstância ser certificada no procedimento"; CNCGJ-SC: "Art. 552. Fica dispensado o reconhecimento de firma no procedimento de habilitação, desde que a assinatura seja lançada na presença do oficial e tal circunstância seja certificada"; CNCGJ-PE: "Art. 659. No processo de habilitação de casamento, é dispensado o reconhecimento de firma, desde que as assinaturas sejam lançadas na presença do oficial e a circunstância seja por este certificada"; CNNRCE: "§ 4º – No processo de habilitação de casamento é dispensado o reconhecimento de firma, desde que a assinatura seja lançada na presença do oficial, e a circunstância seja por este certificada".

11.2.3.1 Nubente não pode ou não sabe assinar

Se o nubente não puder ou não souber assinar, poderá realizar o requerimento por procurador, constituído necessariamente por instrumento público, ou solicitar que outra pessoa assine o requerimento, a seu rogo, juntamente com duas testemunhas, que podem ser as mesmas da habilitação, sendo recomendada a coleta da impressão digital do nubente para se ter a certeza de sua presença no ato. Assim são as previsões normativas dos Estados de São Paulo, Capítulo XVII, item 57; do Rio de Janeiro, art. 752; de Rondônia, art. 640; de Pernambuco, art. 658; do Espírito Santo, art. 967, § 2º; do Ceará, art. 125, § 3º; e do Paraná, art. 240, entre outros.

11.2.3.2 Surdo, mudo, surdo-mudo e cego

No caso de surdos, mudos, surdos-mudos e cegos recomenda-se a aplicação por analogia das regras relativas ao testamento público, inscritas nos arts. 1.866 e 1.867 do Código Civil, como defendido por Reinaldo Velloso dos Santos[29]:

> "O nubente surdo, que saiba ler, lerá e assinará o memorial e demais documentos; sendo mudo e sabendo escrever, poderá manifestar sua vontade por escrito. Sendo cego, recomenda-se a cautela de dupla leitura de tudo que for assinado. Surdos-mudos que saibam ler e escrever podem manifestar a sua vontade da forma escrita".

No caso do surdo-mudo capaz que não possa se exprimir na forma escrita, deve ser acompanhado de intérprete da Linguagem Brasileira de Sinais (LIBRAS), reconhecida pela Lei n. 10.436/2002, regulamentada pelo Decreto n. 5.626/2005. Observe-se que a atividade de tradutor e intérprete de LIBRAS foi regulamentada pela Lei n. 12.319/2010, todavia, na ausência desse profissional na localidade, aplica-se, por analogia, a regra do art. 215, § 4º, parte final, do Código Civil, que permite que outra pessoa idônea e com conhecimentos bastantes exerça a função de intérprete.

Também poderá ser utilizada tecnologia assistiva, nos termos do artigo 3º, inciso III, da Lei 13.146/15.

11.2.3.3 Comparecente não sabe o idioma nacional

Se qualquer dos comparecentes não souber o idioma nacional e o registrador não compreender o idioma em que essa pessoa se expressa, aplicar-se-á, por analogia, a regra do art. 215, § 4º, do Código Civil, exigindo-se a presença de tradutor público para servir de intérprete. Ressalte-se que o ofício de tradutor público é regulamentado pelo Decreto n. 13.609/1943, que exige aprovação em concurso e matrícula na Junta Comercial do Estado. Caso não haja este profissional na localidade, aplica-se a parte final do mencionado § 4º, que prevê que servirá de intérprete "outra pessoa capaz que, a juízo do tabelião, tenha idoneidade e conhecimento bastantes".

---

29. SANTOS, Reinaldo Velloso. *Registro Civil das Pessoas Naturais*. Porto Alegre: safE, 2006, p. 90.

Importante observar que, em qualquer dos casos, todas as circunstâncias devem constar do processo de habilitação, para que se tenha certeza e clareza da forma como foi manifestada a vontade.

11.2.3.4 Nubente portador de deficiência mental ou intelectual

Até a vigência da Lei 13.146/15, se o registrador verificasse que o nubente apresentava alguma deficiência mental (então denominada de enfermidade), obstava a habilitação para o casamento, com fundamento na incapacidade das partes e na nulidade do casamento nessas condições. Tais fundamentos estavam expressos no Código Civil, artigos 3º, II e 1.548, I, que foram revogados pela referida lei.

No atual sistema de capacidade civil, a deficiência mental ou intelectual não é causa legal de incapacidade, nem absoluta, nem relativa. Pelo contrário, está expressa na lei a plena capacidade civil da pessoa com deficiência, tanto genericamente e quanto especificamente para o ato do casamento, sendo considerado ato discriminatório não reconhecer essa capacidade civil plena (Lei 13.146/15, art. 6º, 83 e 84).

Com efeito, a vedação genérica trazia a presunção de que o casamento seria sempre maléfico para a pessoa com deficiência, o que não corresponde à realidade social atual. Constituir vínculos afetivos e familiares tem se mostrado um comportamento saudável, que aumenta a qualidade de vida.

É evidente que o intuito da nova lei foi remover os óbices legais que impedem a pessoa portadora de deficiência física, mental, intelectual ou sensorial de participar de forma plena e efetiva na sociedade, em igualdade de condições com as demais pessoas (Lei 13.146/15, art. 2º).

Assim, absolutamente incabível o argumento de que a capacidade garantida pelo Estatuto é a capacidade de direito (ou de gozo), que significa a aptidão para exercer direitos e assumir deveres, prevista no primeiro artigo do Código Civil, que é atribuída a toda pessoa e só se perde com a morte. A intenção clara do legislador foi atribuir a capacidade plena, ou seja, a capacidade de direito acrescida da capacidade de fato (ou de exercício), que é relacionada com a prática efetiva dos atos da vida civil.

Por óbvio, a nova lei não aboliu a necessidade de manifestação de vontade para o casamento. Ninguém poderá ser considerado casado por manifestação de vontade alheia, pois seria grave ofensa à liberdade individual e à autonomia da vontade. O casamento é ato personalíssimo, somente a própria pessoa poderá decidir sobre esse ato da sua vida. A convenção internacional, promulgada no Brasil pelo Decreto 6.949/2009, deixa clara a necessidade de livre e pleno consentimento dos pretendentes ao casamento.[30] Esse requisito já está expresso como direito humano desde o ano de 1992, conforme o Pacto de São José da Costa Rica, artigo 17, §3º.

---

30. "Artigo 23. Respeito pelo lar e pela família 1. Os Estados Partes tomarão medidas efetivas e apropriadas para eliminar a discriminação contra pessoas com deficiência, em todos os aspectos relativos a casamento, família, paternidade e relacionamentos, em igualdade de condições com as demais pessoas, de modo a assegurar que: a) Seja reconhecido o direito das pessoas com deficiência, em idade de contrair matrimônio, de casar-se e estabelecer família, com base no livre e pleno consentimento dos pretendentes;"(g.n.)

Nesse sentido, permanece na lei a incapacidade relativa daqueles que não puderem exprimir sua vontade, por causa transitória ou permanente (CC, art. 4º, III), que se complementa com a exigência de agente capaz para a validade dos negócios jurídicos (CC, art. 104, I). Bem como, especificamente para o casamento, a necessidade de manifestação de vontade, que está expressa nos artigos 1.514 e 1.525, "caput" do CC.

Dessa forma, a atuação do registrador civil na habilitação para o casamento deslocou-se da análise da deficiência ou enfermidade do nubente para análise, tão somente, da manifestação da vontade, de maneira igual para todas as pessoas, portadoras de deficiência ou não.

Não cabe ao registrador civil aferir o mérito dessa manifestação de vontade, nem tem elementos para isso. Não é possível julgar se a pessoa está ou não fazendo uma boa escolha, com consciência, se refletiu bem sobre as consequências desse ato, se conhece bem o futuro cônjuge, se não está sendo enganado. Deve o registrador unicamente se ater ao ato que ocorre em sua presença, qual seja, a manifestação de vontade de casar, como faz igualmente para todas as pessoas que buscam esse serviço prestado pelo registro civil.

Verificado que a parte não consegue manifestar a vontade, o registrador recusará a instauração do procedimento de habilitação para o casamento, por esse fundamento. O registrador não tem qualificação técnica nem atribuição legal para aferir quais são os motivos subjetivos que impediram a pessoa de manifestar de vontade, pode ser uma deficiência ou um simples não querer, pode ser causa transitória ou permanente, para o registrador, se não houver manifestação da vontade, já é o suficiente para que não exista procedimento de habilitação.

Quanto à forma de a pessoa manifestar a vontade, não há regra específica, normalmente a comunicação é oral, mas é possível que o nubente tenha dificuldade em se expressar oralmente. Nem sempre essa dificuldade tem origem em deficiência mental ou intelectual, por vezes, é uma deficiência física ou sensorial, que não permite coordenação motora das cordas vocais e outros músculos, impossibilitando a fala. A origem e as características da deficiência do nubente não trazem diferenças jurídicas, pois para todas as pessoas, basta a manifestação de vontade, no entanto conhecer essas peculiaridades da pessoa permitirá atendê-la de forma mais adequada.

É permitido o uso de tecnologias assistivas para auxiliar a pessoa a manifestar a vontade, que consiste em "produtos, equipamentos, dispositivos, recursos, metodologias, estratégias, práticas e serviços que objetivem promover a funcionalidade, relacionada à atividade e à participação da pessoa com deficiência ou com mobilidade reduzida, visando à sua autonomia, independência, qualidade de vida e inclusão social" (Lei 13.461/15, art. 3º, III).

Cabe indagar se o curador ou apoiador nomeados judicialmente podem suprir a manifestação de vontade, para que a pessoa possa casar. A resposta é negativa. Como já se disse, o casamento é ato personalíssimo. A Lei 13.146/15 é expressa ao restringir a atuação do curador aos atos de conteúdo patrimonial ou negocial, afastando os direitos pessoais como o direito ao matrimônio, ao próprio corpo, à sexualidade, à privacidade, à educação, à saúde, ao trabalho e ao voto (art. 85, "caput" e §1º).

Para bem afastar a atuação do curador na habilitação para o casamento, a referida lei cuidou de exclui-los do art. 1.518 do Código Civil, deixando claro que os curadores não podem autorizar o casamento dos curatelados.

Apesar dos dispositivos afastando a atuação do curador no ato do casamento, a mesma Lei 13.146/15 incluiu o parágrafo segundo no artigo 1.550 do Código Civil, estabelecendo que a pessoa com deficiência mental ou intelectual em idade núbil poderá contrair matrimônio, expressando sua vontade diretamente ou por meio de seu responsável ou curador.

A aparente contradição entre as normas é solucionada com a seguinte interpretação: o curador pode atuar na celebração do casamento, por força da expressa previsão legal, mas não poderá atuar na habilitação para o casamento, seja por faltar previsão legal, seja pelos limites legais da curatela.

Nesse sentido, a Corregedoria Geral de Justiça do Estado de São Paulo editou as seguintes normas:

> 54.1. A pessoa com deficiência que manifestar vontade poderá requerer habilitação de casamento, sem assistência ou representação, sendo certo que a falta de manifestação não poderá ser suprida pela intervenção individual de curador ou apoiador.

> 77. Presentes os contraentes, em pessoa, por procurador especial ou através de curador, juntamente com as testemunhas e o Oficial, o presidente do ato, ouvindo os nubentes a afirmação de que persistem no propósito de casar por livre e espontânea vontade, declarará efetuado o casamento[31] (grifo nosso).

11.2.3.5 Nubente em situação de curatela (interditado)

Pessoa interditada poderá comparecer ao cartório e conseguir manifestar a vontade de se casar. A situação provoca diversos questionamentos: é necessário proceder ao levantamento da interdição antes de realizar o casamento? É necessário consentimento do curador? É necessário alvará judicial para o curador praticar esse ato? As respostas são todas negativas, seja por falta de previsão legal, seja em razão da expressa capacidade para o casamento das pessoas com deficiência mental ou intelectual. Essa também é a conclusão de Luiz Guilherme Loureiro, "mesmo a pessoa interditada pode casar sem necessidade de assistência do curador".[32]

A curatela ou interdição é restrita aos atos de conteúdo patrimonial e não alcança os atos relativos ao estado da pessoa natural, relativos à família, enfim, relativos à existência humana. É certo que o casamento traz consigo o regime bens, ou seja, tem reflexos patrimoniais, no entanto, deve prevalecer o aspecto pessoal e familiar do casamento. A lei fez essa escolha, considerou que não é razoável obstar um direito de caráter pessoal em razão de se proteger um suposto patrimônio.

Não se aplica o mesmo raciocínio se for a vontade das partes celebrar pacto antenupcial, pois este não é obrigatório para contrair casamento e, via de regra, traz apenas

---
31. NSCGJ-SP, Cap. XVII.
32. LOUREIRO, Luiz Guilherme. *Registros Públicos: teoria e prática*. 8ª ed. Salvador: Editora Juspodivm, 2017. p. 227

dispositivos de caráter patrimonial. Nesse caso, caberá a prudente atuação do tabelião de notas, ao assessorar as partes, aferir se é ou não necessária a assistência de curador, para proteger o patrimônio da pessoa com deficiência.

A possibilidade de a pessoa interditada se casar sem necessidade de assistência do curador aplica-se até mesmo nos casos de interdições decretadas e registradas antes da vigência da Lei 13.146/15, que declararam a pessoa absolutamente incapaz para os atos da vida civil. A nova lei alterou o instituto de direito material, regulando de forma nova as capacidade e incapacidades, abolindo a categoria legal dos absolutamente incapazes por enfermidade mental. Acrescente-se que não há que se falar em coisa julgada nos processos de interdição, tampouco seria cabível utilizá-la ou utilizar o instituto do ato jurídico perfeito, que são destinados a proteger direitos fundamentais do cidadão, para inversamente retirar direitos fundamentais do cidadão. Por outro lado, observe-se que o ato jurídico da interdição está preservado, apenas a extensão de seus efeitos é que foram alterados pela nova lei, sendo certo que não há direito adquirido a um regime jurídico.

Mesmo na vigência da Lei 13.146/15, há situações em que, ao se definir os limites da curatela, a decisão judicial reconhece que ela alcança absolutamente todos os atos da vida civil. Isso acontece nos casos de pessoas que, infelizmente, estão num estado de saúde que as impossibilita por completo de manifestar a vontade. Porém, ainda que a decisão tenha esse teor genérico, ela deve ser lida em conjunto com a legislação vigente, significando todos os atos civis previstos na lei, o que não inclui o casamento. O direito de a pessoa interditada se casar decorre direto da lei. Por fim, esta é uma questão mais teórica do que prática, pois a pessoa que está de fato absolutamente incapacitada de manifestar a vontade não conseguirá solicitar a habilitação para o casamento.

Nesse sentido, a Corregedoria Geral de Justiça do Estado de São Paulo editou a seguinte norma:

> 57.1. O nubente interdito, seja qual for a data ou os limites da interdição, poderá contrair casamento.[33]

Interessante, já no momento da habilitação para o casamento, conversar com o nubente em situação de curatela sobre a presença dele na celebração para o casamento, para saber como se dará a sua manifestação de vontade, conforme analisado no item 11.3.6 deste capítulo.

Nessa situação, após a lavratura do registro de casamento deverá o registrador anotar o casamento no registro da interdição (ou expedir comunicação para o cartório competente para tal), nos termos do art. 106 da LRP.

Pela mesma lógica e finalidade da lei, que é promover as remissões recíprocas entre os diversos assentos registrais, assegurando a sua publicidade e coesão, recomenda-se anotar a interdição à margem do registro de casamento, inclusive expedindo a primeira via da certidão de casamento com a anotação da interdição. Embora a interpretação literal do citado artigo 106 levaria a conclusão de ser desnecessária essa anotação, já que impõe o dever de "anotar nos atos anteriores" e o casamento é um ato posterior ao

---

33. NSCGJ-SP, Cap. XVII.

registro da interdição, deve prevalecer no caso a interpretação teleológica, que busca as "remissões recíprocas", expressão que também consta do referido texto legal.

11.2.4 Documentos necessários

O Código Civil arrola expressamente os documentos que devem instruir o requerimento de habilitação no art. 1.525, analisados cada um de seus incisos nos tópicos seguintes.

Assim, como já se disse quanto ao requerimento, as autorizações e declarações que devem ser juntadas na habilitação poderão ser preparadas pelo Oficial de Registro Civil, ou, o que é incomum, pela própria parte. Quando preparadas pela parte, deverá o Oficial exigir o reconhecimento das firmas, sendo aconselhável que se faça o reconhecimento por autenticidade. Também procederá o Oficial à conferência de todos os documentos e, sendo incompletos, incoerentes ou apurando qualquer outra irregularidade, deverá exigir, fundamentadamente, as correções necessárias.

11.2.4.1 *Certidão de nascimento ou documento equivalente*

Este documento destina-se a provar a idade do nubente, o que permitirá a verificação da capacidade para o casamento. Prova-se também a filiação dos nubentes, o que possibilita a verificação de existência de eventuais impedimentos decorrentes do parentesco. Provam-se ainda a nacionalidade e a correta grafia do nome.

Outra finalidade importante é possibilitar o cumprimento do art. 106 da Lei n. 6.015/73, segundo o qual o casamento que se irá realizar deverá ser anotado nos registros anteriores, em especial o de nascimento, assim o documento deve possibilitar a localização e identificação dos registros anteriores do nubente.

A lei permite que documento equivalente à certidão de nascimento seja aceito. Deve-se compreender como documento equivalente o documento oficial que atenda a todas as finalidades e prove o necessário: idade, filiação, nacionalidade, correta grafia do nome e identificação dos registros anteriores. Assim, podem-se aceitar como documentos equivalentes: certidão de casamento anterior – para divorciados e viúvos; certidão de traslado de assento de nascimento no Livro "E" – para filhos de brasileiros nascidos e registrados no exterior; e certificado de naturalização – para brasileiros naturalizados.

Embora em posicionamento criticado, há quem defenda que a apresentação da cédula de identidade (RG ou outro), desde que contenha o número e cartório do registro de origem no seu texto – para cumprir o disposto no art. 106 da Lei n. 6.015/73 –, atenderia a todas as finalidades, podendo ser considerada documento equivalente à certidão de nascimento.

Essa posição não é acolhida por boa parte das normativas que preveem que a idade se provará preferencialmente pela certidão de nascimento ou de casamento anterior[34].

---

34. CNCGJ-ES, Art. 970: "A prova da idade deverá ser colhida, preferencialmente, por meio de certidão de nascimento ou casamento anterior"; CNCGJ-SC: "Art. 554. A prova da idade será colhida preferencialmente da certidão de nascimento ou casamento anterior".

Ademais, a melhor interpretação concluirá que não só deve ser apresentada a certidão do registro civil, como esta deve ser atualizada.

CERTIDÃO ATUALIZADA

Deve ser abordada a exigência ainda mais rigorosa de certidão de nascimento ou casamento anterior atualizada, o que permitirá que, além das finalidades expostas, esse documento prove o estado civil familiar, a ausência do impedimento do art. 1.521, VI, do Código Civil (pessoas casadas) e todas as demais possíveis alterações do estado da pessoa natural (filiação, nacionalidade, capacidade civil, sexo) e de seu nome.

A matéria é controvertida.

A CGJ-SP já se manifestou[35] afirmando que a exigência de certidão atualizada não é ilegal, mas deve ser analisada em cada caso concreto e exigida, fundamentadamente, pelo Oficial de Registro Civil, se assim entender necessário. Segundo o parecer, a exigência genérica e indiscriminada para todos os casamentos não tem adequação na consecução do interesse público, inexistindo norma legal expressa.

O argumento jurídico contrário à exigência de certidão atualizada estaria no fato de que a prova de inexistência de impedimentos, o que inclui o fato de serem anteriormente casados os nubentes, caberia à declaração das testemunhas (CC, art. 1.525, III). Todavia, este argumento cai por terra na medida em que os demais elementos do estado da pessoa natural (nacionalidade, capacidade, sexo, filiação) e a correta forma do nome também devem ser verificados em certidão atualizada.

O argumento prático contrário à exigência das certidões atualizadas, de que seriam de difícil obtenção por parte dos nubentes, burocratizando o casamento, notadamente nos casos de nubentes que nasceram em um estado da federação mas residem em outro, está caindo por terra. Com o desenvolvimento das ferramentas de comunicação entre os cartórios pela via eletrônica, facilitou-se e agilizou-se a obtenção desses documentos, como acontece com a Central de Informações do Registro Civil – CRC.

Nas últimas décadas, com a evolução da sociedade e do direito de família, salta aos olhos a quantidade e frequência de alterações do estado da pessoa natural: são muitos casamentos, divórcios, destituição do poder familiar, negatória de paternidade, investigações de paternidade, reconhecimentos de filho, alterações de nome, entre outros.

Todas essas alterações ganham publicidade no registro civil e interessam ao procedimento de habilitação para o casamento, sendo necessária a certidão atualizada, que contém a nova informação incluída por meio de averbações e anotações, para se tomar conhecimento dessas situações jurídicas.

Somente as certidões atualizadas conterão todas as alterações posteriores do estado da pessoa natural.

Diante disso, tem-se buscado prazo adequado de emissão das certidões, muitos considerando menos de 90 dias, para usar a analogia com o prazo do certificado de

---

35. Processo CG 2011/00146327, parecer 88/2012-E, de 9-4-2012.

habilitação (CC, art. 1.532) e da procuração para casamento (CC, art. 1.542, § 3º). Não há entendimento único, veja-se:

Diversas normativas, buscando garantir a higidez do ato praticado perante o registrador, estabelecem outros prazos para a apresentação da certidão de nascimento, como 60 (sessenta) dias no caso da Consolidação Normativa do Rio Grande do Sul, art. 134, § 7º; e 6 (seis) meses no caso do Código de Normas do Espírito Santo, art. 967, § 4º, e do Manual de Serviço Consular e Jurídico do Ministério das Relações exteriores, item 4.3.22.

Ocorre que, se for buscado o absoluto rigor da higidez da informação, o atraso de um único dia entre a emissão da certidão e a habilitação já poderá conter informações equivocadas. Nessa situação, interessante e compatível com o avanço tecnológico a solução da normativa do Estado de Santa Catarina, que, no art. 484, § 3º, prevê:

> § 3º Caso haja fundada dúvida quanto à atualidade das informações, o delegatário solicitará, às expensas do interessado, nova certidão, assinada com uso de certificação digital e enviada por correio eletrônico ou congênere.

Reconhecendo o momento de transição para o mundo digital e possíveis dificuldades técnicas, as normas ainda prescrevem:

> § 4º Na hipótese de a serventia de registro civil não dispor de certificação digital, será repassado ao interessado os custos de remessa da certidão.
>
> § 5º Se o envio da certidão retardar a lavratura do ato, fica o delegatário autorizado a realizá-lo com base em cópia, remetida via fax, correio eletrônico ou congênere, sem prejuízo de arquivamento do original.

Assim, obtém-se a certidão com informação atual, por meio eletrônico, com o uso de certificado digital nos termos da Medida Provisória 2.200-2/2001, mas se este não for possível, tendo em vista as desigualdades regionais e as diferentes situações tecnológicas em que se encontram os serviços registrais, não se impede o exercício do direito ao casamento.

Vê-se que a normativa do Estado de Santa Catarina possibilita que a certidão de nascimento se destine também à verificação da situação conjugal, ou seja, do estado civil familiar, impedindo-se o casamento de pessoas casadas, bem como fornece, para os fins da habilitação para o casamento, o atual estado da pessoa natural, notadamente no que diz respeito à sua filiação, sua capacidade civil, sua nacionalidade, seu sexo, assim como o seu nome e elementos que podem ter sido alterados.

Essa previsão de certidões atualizadas se encaixa perfeitamente na nova sistemática de registros eletrônicos e certidões digitais, criada na Central de Informações do Registro Civil (CRC), como mencionado na primeira parte deste trabalho, e deveria ser extrapolada para todos os atos da vida civil.

11.2.4.2 Imigrantes e estrangeiros

Imigrante é a denominação técnica mais atual para a pessoa estrangeira no Brasil, conforme a Lei 13.445/2017, que revogou o Estatuto do Estrangeiro e estabeleceu a Lei de Migração, onde se encontra o seguinte conceito "imigrante: pessoa nacional de outro país ou apátrida que trabalha ou reside e se estabelece temporária ou definitivamente no Brasil" (art. 1º, §1º, II).

A nova lei dispõe sobre os direitos e deveres do migrante e do visitante e regula a sua entrada e estada no país. Em sua regulamentação (Decreto 9.199/2017) encontra-se o seguinte dispositivo, com especial interesse para o tópico ora estudado, que é a documentação exigida do imigrante na habilitação para o casamento:

> Art. 2º Ao imigrante são garantidos os direitos previstos em lei, vedada a exigência de prova documental impossível ou descabida que dificulte ou impeça o exercício de seus direitos.

Dessa forma, em respeito a situação peculiar de cada imigrante, há uma gama de documentos que poderão ser apresentados para comprovar os fatos e atos necessários para o casamento, cabendo ao nubente a escolha de quais documentos apresentar. Serão exigidos na habilitação apenas os documentos necessários ao atendimento da finalidade, qual seja, provar a idade, a filiação, o estado civil e a nacionalidade, assim, conforme o caso concreto, pode bastar um único documento ou ser necessária a exigência de todos.

Seguem algumas disposições estaduais, onde se atesta a diversidade de espécies de documentos e também a semelhança entre as normativas:

São Paulo, Capítulo XVII, item 56: "Os estrangeiros poderão fazer a prova da idade, estado civil e filiação por cédula especial de identidade ou passaporte que deve estar com o prazo do visto não expirado, atestado consular ou certidão de nascimento traduzida e registrada por Oficial de Registro de Títulos e Documentos, e prova de estado civil e filiação por declaração de testemunhas ou atestado consular."

Espírito Santo, art. 972: "Os estrangeiros poderão fazer prova de idade, estado civil e filiação, por meio de cédula especial de identificação, passaporte, atestado consular e certidão de nascimento traduzida e registrada no Registro de Títulos e Documentos".

Rio de Janeiro, art. 753: "Os estrangeiros poderão fazer prova de idade, estado civil e filiação, através de cédula especial de identificação, passaporte, atestado consular e certidão de nascimento traduzida por tradutor juramentado e registrada em Ofício de Registro de Títulos e Documentos".

Santa Catarina, art. 479: "O estrangeiro poderá fazer prova de idade, estado civil e filiação por: I – cédula especial de identidade; II – passaporte; III – atestado consular; e IV – certidão de nascimento traduzida e registrada em serventia de registro de títulos e documentos. Parágrafo único. Será admitida prova de estado civil e filiação também por qualquer documento oficial de acordo com a legislação do país de origem, e, para os imigrantes que se encontram na condição de refugiado, apátrida, asilado ou em acolhimento humanitário, será aceita a declaração testemunhal como prova de estado civil e filiação."

Distrito Federal, art. 249A: "No procedimento de habilitação para o casamento, o estrangeiro, na condição de refugiado, apátrida ou asilado, poderá fazer prova de idade, estado civil e filiação mediante a apresentação de quaisquer dos seguintes documentos: I - cédula especial de identidade de estrangeiro, emitida pela Polícia Federal do Brasil; II - passaporte; III - atestado consular; IV - certidão de nascimento ou de casamento, com averbação do divórcio, traduzida por tradutor público juramentado e registrada por oficial de registro de títulos e documentos. Parágrafo único. Serão aceitos também documentos oficiais que comprovem a idade, o estado civil e a filiação, de acordo com a legislação do país de origem, traduzidos por tradutor público juramentado e registrados em ofício de registro de títulos e documentos."

Rio Grande do Sul, art. 134-A: "Art. 134-A - O estrangeiro (refugiado ou não) em situação regular no país (visto válido, ou protocolo de pedido de refúgio, nos termos da legislação vigente) poderá fazer prova de idade, estado civil e filiação por quaisquer dos seguintes documentos: I – Cédula especial de identidade de estrangeiro, emitida pela Polícia Federal do Brasil; II – Passaporte; III – Atestado consular; IV – Certidão de nascimento ou casamento com averbação de divórcio traduzida e registrada em Registro de Títulos e Documentos. § 1º - Serão aceitos também quaisquer documentos oficiais que comprovem a idade, o estado civil e a filiação, de acordo com a legislação do país de origem, traduzidos e registrados em Registro de Títulos e Documentos; § 2º - É desnecessária a apresentação de certidão atualizada de nascimento, exigida no § 7º do art. 134 da presente consolidação."

Mato Grosso do Sul, art. 643, Parágrafo único: "Os estrangeiros poderão comprovar a idade, estado civil e filiação por meio da apresentação de cédula especial de identidade, passaporte, atestado consular ou certidão de nascimento traduzida e registrada por Oficial de Registro de Títulos e Documentos."

Pode-se extrair das normativas que a idade, a nacionalidade, o estado civil e a filiação poderão ser provados por meio de cédula de identidade de estrangeiro (RNE, atualmente RNM – Registro Nacional Migratório) ou passaporte ou atestado consular ou certidão de nascimento legalizada, traduzida e registrada no Registro de Títulos e Documentos. Caso os documentos apresentados não provem o estado civil e a filiação, estes poderão ser comprovados por declaração de duas testemunhas.

Sobre o tema, a Arpen-SP editou o seguinte enunciado, onde deixa clara a desnecessidade da certidão de nascimento estrangeira para a habilitação para o casamento, desde que comprovada a idade e filiação por outros documentos.

> Enunciado 59: É desnecessária a apresentação da certidão de nascimento do estrangeiro no processo de habilitação de casamento sempre que houver documento de identidade ou passaporte com visto válido ou atestado consular que supra a prova de idade e filiação. A prova do estado civil, assim como a de filiação, pode ser feita por declaração de testemunhas ou atestado consular.

Se apresentada a certidão de nascimento estrangeira, observa-se que nenhuma das normas citadas exigem a legalização consular ou apostilamento, sendo suficiente a tradução e registro por Oficial de Registro de Títulos e Documentos. Ocorre que é possível que o serviço de registro de títulos e documentos exija a prévia consularização ou apostilamento do documento estrangeiro como condição para o registro do documento público estrangeiro, conforme a qualificação registral que lhe compete.

Os documentos estrangeiros expedidos em língua portuguesa não necessitam de tradução, pois já estão redigidos no idioma oficial (CF, art. 13). Nessa matéria de documentos estrangeiros redigidos em português, excepcionalmente, considerando as divergências no uso do idioma, geralmente em contratos de direito privado, poderá surgir dúvida a respeito de determinadas expressões, então se faz necessária a tradução por um perito, que conheça o uso da língua no país de origem do documento, para aclarar divergências do idioma. No entanto, em documentos oficiais, em que se faz uso da variante culta da língua portuguesa, com expressões técnicas, raramente existe tal divergência, prevalecendo a desnecessidade da tradução.

Ressalte-se que a dispensa da tradução não implica dispensa da legalização consular ou apostilamento, que é ato de natureza e finalidade distintas. Na Apelação Cível 994.07.114931-1 o acórdão do TJSP[36] firmou a necessidade de autenticação consular. Ademais, a solução desse caso concreto, em que se debatia erro no registro, conta com especificidades que não permitem transformá-la em regra geral. Sendo certo, também, que a Jucesp não apresenta nenhum tradutor juramentado de língua portuguesa[37].

Encerrando essa questão, o CNJ, após prévia consulta aos Tribunais Superiores, concluiu pela desnecessidade de tradução de documentos estrangeiros redigidos em língua portuguesa e determinou edição de recomendação do CNJ aos Tribunais brasileiros nesse sentido. [38]

Outra questão é a situação dos refugiados, que clama por uma atenção especial, pois não migraram em razão de sua vontade, mas sim por necessidade de se proteger de perseguição por motivo de raça, religião, nacionalidade, grupo social, opiniões políticas ou devido a grave e generalizada violação de direitos humanos em seu país. Essa situação humanitária conta com lei e convenção internacional específicas regulamentando os direitos e deveres das pessoas nessa situação.

No Brasil, vige a Lei 9.474/97, na qual se estabelece que durante o procedimento para o reconhecimento de situação de refugiado o imigrante é considerado em situação migratória regular, que se comprova por protocolo emitido pelo Departamento de Polícia Federal (art. 21).

No que toca aos documentos para o casamento, as normativas citadas são abrangentes e estabelecem para todo imigrante, independentemente de ser refugiado ou não, as mesmas facilidades documentais. A norma do Rio Grande do Sul é expressa quanto a isso e em São Paulo há decisão administrativa assentando que a previsão normativa para os estrangeiros já atende bem aos direitos dos refugiados[39]. A exceção é a normati-

---

36. RETIFICAÇÃO DE REGISTRO CIVIL – Certidão de nascimento emitida em Portugal – Necessária a tradução do documento e prévio registro em Registro de Títulos e Documentos, ou sua autenticação via consular, a teor da Súmula 259/STF – Lei dos Registros Públicos a impor legalização do documento vindo do exterior, ainda que escrito em português – Providência não adotada – Concedido prazo, em sede recursal, para que os autores suprissem a falha – Determinação atendida – Sentença reformada – RECURSO PROVIDO (TJSP, Apelação Cível 994.07.114931-1. Relator(a): Elcio Trujillo, Comarca: Santos, Órgão julgador: 7ª Câmara de Direito Privado, data do julgamento: 23-6-2010) (grifos nossos).
37. http://www.jucesp.fazenda.sp.gov.br/downloads/lista_tradutores_e_interpretes.pdf. Acesso em: 2-12-2013.
38. Notícia do CNJ: http://www.cnj.jus.br/noticias/cnj/83335-documentos-redigidos-em-lingua-portuguesa-dispensam-traducao-decide-cnj Acesso em 20.06.2018. Decisão publicado no Diário da Justiça, edição 174/2016, disponibilizado em 30.09.2016, disponível em: http://consuladoportugalsp.org.br/wp-content/uploads/2016/12/DJ174_2016-ASSINADO-1.pdf (acesso em 20.06.2018).
39. Disponível em http://www.kollemata.com.br/estrangeiro-refugiado-casamento-habilitacao.html Acesso em 20.06.2018.

va do Distrito Federal, cuja regulamentação delimita sua aplicação aos estrangeiros na condição de refugiado, apátrida ou asilado, mas, por outro lado, não especificou o que se exige dos estrangeiros que não estão nessa situação.

Por fim, importante discussão existe em relação à comprovação da regularidade da permanência do imigrante (estrangeiro) no território nacional.

Reinado Velloso dos Santos[40], apoiado em decisão da Segunda Vara de Registros Públicos da Comarca da Capital de São Paulo, no Processo 000.04.006525-1, de 19 de março de 2004, sustenta que: "o estrangeiro deve apresentar passaporte dentro do prazo de validade com **visto válido**". Em outras palavras, essa posição sustenta que o imigrante (estrangeiro), para se habilitar para o casamento no Brasil, deve comprovar a regularidade de sua permanência. Sendo aduzido por Reinaldo Velloso que, "caso a permanência no país seja irregular, o estrangeiro deverá lavrar procuração perante notário estrangeiro"[41].

Nesse sentido dispõem o item 56 das NSCGJ-SP e art. 134-A da CNNR-RS acima transcritos, bem como a normativa do Distrito Federal: "Art. 249 No caso de nubente(s) estrangeiro(s), será exigida a comprovação da regularidade da estada no território nacional, juntando aos autos a documentação pertinente."

Embora essa seja a posição predominante, não é pacífica. Em 2013, portanto antes da citada norma paulista, a Corregedoria Permanente do Oficial de Registro Civil das Pessoas Naturais de Jacareí-SP, no Processo de Habilitação para Casamento, número de Ordem 3065/2012, autorizou a extração de certificado de habilitação para o casamento de estrangeiro com visto expirado. Para tanto, fundamentou sua decisão na proteção à família conferida pela CF, art. 226; na vedação ao preconceito quanto à origem, CF, art. 3º, IV; na garantia conferida aos estrangeiros residentes no país à inviolabilidade, à liberdade e à igualdade, CF, art. 5º; na inexistência de vedação ao casamento de estrangeiro no Brasil, seja na Constituição, seja na legislação, o que faz concluir que este é autorizado, nos termos da CF, art. 5º, II e ao fato de que impedir este casamento violaria os direitos civis da nubente brasileira envolvida.

Em caso concreto, a própria CGJ-SP, embora tenha negado o casamento de imigrante (estrangeiro) ao exigir que o passaporte contivesse visto válido, deu interpretação restritiva a sua norma, estabelecendo que o visto é um requisito do passaporte, não da habilitação de casamento. Constou da fundamentação: "Em outros termos: o visto válido não é requisito para a habilitação de casamento; mas se o estrangeiro residente no país opta por fazer prova de sua idade, estado civil e filiação por meio de passaporte, seu visto não poderá estar expirado."[42]

A atual Lei de Migração (Lei 13.445, de 24 de maio de 2017) trouxe uma nova ótica no tratamento jurídico do imigrante, assegurando os direitos e liberdades civis, onde

---

40. SANTOS, Reinaldo Veloso dos. *Op. cit.*, p. 92.
41. Idem, ibidem, p. 93.
42. CGJSP - PROCESSO: 10111448020168260005 - São Paulo – j. 15/03/2017 - DJE 19/06/2017. Corregedor Geral, Des. Manoel de Queiroz Pereira Calças. Disponível em http://www.kollemata.com.br/rcpn-casamento-estrangeiro-habilitacao.html (acesso em 13.06.2018)

se inclui o direito ao casamento, bem como o direito à reunião familiar (art. 4º, I e III). Também estabeleceu expressamente que os "direitos e as garantias previstos nesta Lei serão exercidos em observância ao disposto na Constituição Federal, independentemente da situação migratória" (art. 4º, §1º, grifo nosso).

Assim, embora a posição predominante nas normativas seja exigir a regularidade da estada em território nacional, a questão ainda está aberta e merece nova solução diante da nova lei e em razão dos argumentos expostos.

Por último, tudo o que aqui foi exposto sobre o imigrante vale para o estrangeiro visitante, pois sendo o casamento um direito inserido na dimensão existencial da pessoa humana, não há razão suficiente para discriminar as situações e negar esse direito ao visitante apenas porque a passagem pelo território brasileiro é de "curta duração, sem pretensão de se estabelecer temporária ou definitivamente no território nacional" (conceito de visitante estabelecido no art. 1º, 1º da Lei 13.445/2017).

11.2.4.3 *Autorização por escrito das pessoas sob cuja dependência legal estiverem, ou ato judicial que a supra*

A finalidade da apresentação desses documentos está estreitamente ligada à capacidade para o casamento, disciplinada nos arts. 1.517 e seguintes do Código Civil, de onde se extrai a regra de que são capazes para o casamento os maiores de 16 (dezesseis) anos, sendo necessária a autorização dos pais ou de representantes legais se ainda não atingiram a capacidade civil. A pessoa menor de dezesseis anos não tem capacidade para o casamento, como se verá a seguir.

A redação do art. 1.517, ao mencionar maioridade civil em vez de capacidade civil, gerou uma interpretação de que a pessoa emancipada também necessitaria de autorização dos pais ou responsável legal para o casamento, já que os emancipados, embora capazes, não são maiores.

No entanto, tal interpretação não é a melhor e não é a que prevalece na prática atual do registro civil. Isso pois o art. 1.634, III, do CC é expresso ao inserir o consentimento para o casamento no rol dos direitos e deveres inerentes ao poder familiar e o art. 1.635, II, é expresso ao mencionar que a emancipação extingue o poder familiar, ou seja, extingue o poder-dever de outorgar ou negar o consentimento para o casamento.

Ademais, o art. 1.525, II, do CC exige autorização para o casamento de pessoas sob cuja dependência legal estiverem, e o emancipado não está sob a dependência legal de nenhuma pessoa.

Assim, deve-se interpretar o Código Civil em seu conjunto, concluindo que o art. 1.517 estabelece uma ressalva à exigência do consentimento, qual seja, a maioridade civil e os arts. 1.635, II, e 1.634, III, estabelecem outra ressalva, qual seja, a emancipação.

Nesse sentido, o Enunciado n. 512 da V Jornada de Direito Civil, promovido pelo Conselho da Justiça Federal, assim dispõe: *O art. 1.517 do Código Civil, que exige autorização dos pais ou responsáveis para casamento, enquanto não atingida a maioridade civil,* *não se aplica ao emancipado*⁴³. O art. 1.517 é o que estabelece a exigência da autorização, se ele não se aplica ao emancipado, conclui-se que para o emancipado não se aplica a exigência de autorização. É o que consta da justificativa:

> O sentido do art. 1.517 do Código Civil, que exige autorização dos pais ou responsáveis para casamento, é que a regra seja aplicada aos que não possuem "capacidade civil", e não aos que não têm "maioridade civil". Não é aplicável a regra do art. 1.517 do CC ao emancipado, uma vez que este não possui representante legal, por ser plenamente capaz civilmente⁴⁴.

Se a pessoa maior de 16 anos e menor de 18 anos estiver sob tutela, poderá o tutor dar o consentimento para o casamento, independentemente de autorização judicial. O fundamento é o Código Civil, que prevê a autorização pelas "pessoas sob cuja dependência legal estiverem" (art. 1.525, II) "ou de seus representantes legais" (art. 1.517); sendo o tutor o representante legal do menor, o qual fica sob sua dependência (arts. 1.740, III, e 1.747, I), conclui-se que está legitimado para outorgar o consentimento para o casamento. Ressalte-se ainda que o casamento não está arrolado no art. 1.749, que traz os atos para os quais o tutor depende de autorização judicial.

A autorização poderá ser dada por termo nos próprios autos da habilitação do casamento perante o registrador, que identificará os pais ou representantes em suas identidades e condições e tomará as assinaturas, sendo dispensável o reconhecimento de firma. Poderá também ser outorgada na habilitação por procurador constituído com poderes específicos, havendo normas que exigem que procuração seja por instrumento público, como no caso do Espírito Santo, art. 967, § 3º.

A autorização ainda poderá ser dada por meio de documento escrito a ser apresentado quando da habilitação, desde que se possa atestar sua autenticidade, havendo normas que exigem que seja por instrumento público (como do Espírito Santo, art. 967, § 3º), todavia, seguindo o entendimento de Reinaldo Velloso dos Santos⁴⁵, prevalecente no Estado de São Paulo, defende-se que "nada impede que o consentimento seja feito por instrumento particular avulso com reconhecimento de firma do signatário".

Caso os pais ou representantes legais sejam analfabetos, as normativas estaduais trazem regras específicas quanto à forma de se dar o consentimento, podendo-se extrair que este deverá ser por meio de procurador constituído por instrumento público, ou termo de consentimento nos autos da habilitação, com assinatura a rogo, e coleta da impressão digital do analfabeto, para se ter certeza de sua presença⁴⁶. Grande parte das normativas ainda exige a assinatura de duas testemunhas neste último caso, como no Pernambuco, art. 662; Rio de Janeiro, art. 758, § 4º; e Ceará, art. 133, §4º; entre outras.

Ambos os pais devem outorgar a autorização para o casamento (CC, arts. 1.517 e 1.631). O consentimento para o casamento decorre do poder familiar, como se extrai

---

43. Disponível em: http://www.jf.jus.br/cjf/CEJ-Coedi/jornadas-cej/enunciados-aprovados-da-i-iii-iv-e-v-jornada--de-direito-civil/jornadas-cej/v-jornada-direito-civil/VJornadadireitocivil2012.pdf. Acesso em: 11-10-2013.
44. Disponível em: http://www.jf.jus.br/cjf/CEJ-Coedi/jornadas-cej/enunciados-aprovados-da-i-iii-iv-e-v-jornada-de--direito-civil/jornadas-cej/v-jornada-direito-civil/VJornadadireitocivil2012.pdf. p. 268. Acesso em: 11-10-2013.
45. SANTOS, Reinaldo Velloso dos. *Op. cit.*, p. 94.
46. NSCGJ-SP, capítulo XVII, item 58.

do art. 1.634, inciso III, do Código Civil, e este poder deve ser exercido por ambos os pais em conjunto. Assim, somente no caso de morte, ausência decretada ou perda do poder familiar, as quais deverão ser comprovadas pelas respectivas certidões (registro de óbito, de ausência ou de nascimento com averbação de perda do poder familiar) poderá um dos pais consentir isoladamente.

Reinaldo Velloso do Santos, lastreado em decisão do Conselho Superior da Magistratura do Estado de São Paulo, defende que nos casos em que um dos genitores encontra-se em lugar incerto e não sabido, e que o poder familiar tem sido efetivamente exercido pelo outro, desde que circunstanciado nos autos, o consentimento poderia se dar por apenas um dos pais.

A mencionada decisão do Conselho Superior da Magistratura do Estado de São Paulo, proferida na Apelação Cível 96.914-0/9, versa sobre outorga de emancipação e, lastreada no vocábulo "falta" do art. 5º, parágrafo único, inciso I, do Código Civil, que autoriza um genitor a atuar isoladamente na falta do outro, interpreta que se inclui a "não presença", desde que circunstanciada. A aplicação por analogia de tal decisão estaria fundada no fato de que o consentimento para casar decorre do poder familiar (art. 1.634, III, do Código Civil) e que o poder familiar é exercido com exclusividade por um dos genitores na falta ou impedimento do outro (art. 1.631 do Código Civil).

A posição de Reinaldo Velloso dos Santos, embora acatada por muitos registradores, não é pacífica e não pode ser aplicada irrestritamente, sendo recomendável o estudo de normas e decisões locais, uma vez que há previsões diametralmente contrárias que proíbem a mencionada aplicação, como no caso do Rio de Janeiro (CNCGJ-RJ, art. 758, § 3º).

É possível que haja discordância entre os pais, neste caso pode-se recorrer ao juízo, previamente à habilitação, para solucionar a divergência nos termos do art. 1.631, parágrafo único, do Código Civil, é o que prevê o parágrafo único do art. 1.517 do mesmo código.

Caso haja denegação do consentimento, sendo esta injusta, pode o juiz suprir (CC, art. 1.519). Este suprimento deve ser dado anteriormente à habilitação, trazendo-se ao processo apenas a decisão do juízo, todavia, há normativas que preveem que o juiz poderá suprir o consentimento nos próprios autos da habilitação, como no caso do Pernambuco, art. 655, § 2º.

A autorização para o casamento é comprovada no processo de habilitação (CC, art. 1.525, II), sendo desnecessária confirmá-la no momento da celebração do casamento. É certo que o consentimento para o casamento poderá ser revogado até a celebração deste (CC, art. 1.518), no entanto, para que a revogação tenha eficácia, é necessário que os pais ou responsável legal comuniquem a revogação ao cartório responsável pela habilitação e pela celebração do casamento.

Sempre que houver suprimento judicial do consentimento para o casamento, seja qual for o motivo, o oficial deverá atentar para a aplicação do regime obrigatório da separação de bens, conforme o art. 1.641, do CC, analisado no item 11.2.7 a seguir.

Importante ressaltar que o caso de suprimento do consentimento, que se estudou até agora, não se confunde com o suprimento da idade núbil, que existia no nosso ordenamento até o advento da Lei 13.811/2019, a qual passou a proibir, em qualquer caso, o casamento de quem não atingiu a idade núbil.

Antes da mencionada lei, o CC previa, em seu artigo 1.520, duas hipóteses em que se autorizava, excepcionalmente, o casamento dos menores de 16 anos de idade: 1) para evitar imposição ou cumprimento de pena criminal; 2) em caso de gravidez (CC, art. 1.520).

A primeira hipótese, que seria evitar a imposição ou cumprimento de pena criminal, já não tinha eficácia em razão de alterações na legislação penal. Primeiramente, a lei 11.106/2005 revogou parcialmente o art. 107 do CP, não mais contemplando explicitamente o casamento como causa de extinção de punibilidade, mesmo diante de tal alteração, defendia-se que a aquiescência da vítima com o casamento, poderia, na forma da lei penal, caracterizar perdão ou renúncia à ação penal, autorizando, assim, o juiz a permitir o casamento abaixo dos 16 anos de idade. Todavia, alteração posterior promovida pela Lei n. 12.015/2009, tornou a ação penal para os crimes sexuais contra menores de 18 anos, pública e incondicionada, o que tornou ineficaz por completo a antiga parte final do art. 1.520 do CC. Assim, restava apenas a hipótese do caso de gravidez para se autorizar excepcionalmente o casamento de pessoa menor de 16 anos.

Importante observar, que em qualquer caso, a autorização deveria ser postulada em juízo, por meio de advogado ou defensor público, com ampla dilação probatória, e, se deferido o pedido, o alvará judicial (ou ato judicial equivalente) deveria ser apresentado ao Oficial de Registro Civil juntamente com o requerimento de habilitação, como exige o art. 1.525, II, do CC.

Nestes casos, também era imposto o regime da separação obrigatória de bens na forma do artigo 1.641, do CC.

Discutia-se, ainda, se uma vez apresentado o alvará de suprimento da idade núbil, seria necessário colher o consentimento dos pais na habilitação para o casamento. O posicionamento dos autores deste trabalho, era no sentido de que, salvo se o título judicial estabelecesse de forma diferente, o consentimento não se fazia necessário, pois se o casamento havia sido autorizado judicialmente, o que era mais excepcional, suprindo-se a idade, nessa autorização estava implícito o que lhe era mais simples, o consentimento dos pais. Ademais, o menor deveria estar representado por seus pais para agir perante o juízo ou, caso não estivesse representado, essa questão seguramente teria sido objeto de apreciação jurisdicional, sendo desnecessário exigir consentimento dos pais se foi deferida judicialmente a autorização para o casamento. No entanto, ressalve-se que havia posicionamento diverso o qual, fundado na distinção entre suprimento do consentimento e suprimento da idade núbil, defendia que apresentado apenas o suprimento da idade núbil para a habilitação, seria exigível o consentimento dos pais, salvo se o título judicial estabelecesse expressamente de forma diferente.

Feito o registro, repise-se que com o advento da Lei 13.811/2019 não subsiste, no ordenamento, qualquer hipótese de casamento de pessoa que ainda não atingiu a idade núbil de 16 anos completos.

11.2.4.4 Declaração de duas testemunhas maiores, parentes ou não, que atestem conhecê-los e afirmem não existir impedimento que os iniba de casar

Os objetivos de tal providência, como expresso na lei, são basicamente dois: assegurar a identidade dos nubentes e a inexistência de impedimentos ao casamento.

É certo que a individualização dos nubentes será feita por meio da certidão de nascimento ou documento equivalente, como já visto no item 1 retro, de onde serão colhidas as informações jurídicas relevantes da pessoa natural, como grafia correta do nome, filiação, data de nascimento.

No entanto, além da individualização, é necessária a identificação, ou seja, é necessário aferir que a pessoa presente em cartório (ou ali representada) é, efetivamente, a mesma pessoa titular das certidões apresentadas. Isso é feito por meio dos documentos de identificação, como se verá adiante, e por meio da declaração das duas testemunhas, que atestam conhecer os nubentes.

A mesma regra de identificação das pessoas no serviço notarial e registral está presente no art. 215, § 5º, do CC. No entanto, além dessa identificação pelas testemunhas, o Oficial deve solicitar documento oficial de identidade, como estudado no capítulo de nascimento, item 8.4.2.1, conferindo maior segurança jurídica e certeza ao ato do casamento.

Outra declaração relevante das testemunhas para a consecução das finalidades da habilitação é afirmar a inexistência de impedimentos. Considerando a importância desse elemento, que pode levar à nulidade do casamento, e considerando que as testemunhas normalmente são pessoas leigas, é prudente esclarecê-las acerca dos casos de impedimentos previstos em lei, usando não apenas a linguagem técnica jurídica, mas também a linguagem coloquial, que permita a compreensão.

A regra geral do Código Civil é que não podem ser testemunhas os menores de 16 anos e os parentes (CC, art. 228, I e V). No entanto, para a habilitação para o casamento, excepcionou-se a regra geral, sendo necessário que as testemunhas sejam maiores de 18 anos (CC, arts. 5º e 1.525, III) e admitidos os parentes (CC, art. 1.525, III, e LRP, art. 42).

Caso as testemunhas da habilitação firmem declarações falsas, não cometem crime de falso testemunho (art. 342 do Código Penal), pois não prestam compromisso, mas crime de falsidade ideológica (art. 299 do Código Penal).

Não pode ser testemunha quem comparece no processo de habilitação em outra condição, por exemplo, os pais que consentem com o casamento. Busca-se, assim, a isenção das testemunhas nas declarações prestadas.

É possível, ainda, que as testemunhas atestem outros fatos que se dão no procedimento de habilitação, como no caso de nubente impossibilitado de assinar, quando as testemunhas confirmam a presença deste, bem como que outra pessoa assinou a rogo dele.

As testemunhas devem apresentar documento de identidade (LRP, art. 42, parágrafo único), para que se tenha segurança acerca de quem está efetivamente testemunhado, juntando-se cópia do documento apresentado no procedimento de habilitação.

Normas administrativas estaduais regulamentam a qualificação das testemunhas no procedimento de habilitação, determinando a colheita dos seus dados pessoais. No Estado de São Paulo, deverão constar: nome completo, nacionalidade, idade, profissão, estado civil, residência, número da cédula de identidade e, se existente, da inscrição no cadastro das pessoas físicas – CPF (NSCGJ-SP, Cap. XVII, item 21.1).

11.2.4.5 Declaração do estado civil, do domicílio e da residência atual dos contraentes e de seus pais, se forem conhecidos

A declaração da residência dos contraentes é relevante para a determinação do Oficial competente pelo procedimento de habilitação, bem como para a publicação de proclamas em outras circunscrições.

A declaração do estado civil firmada pelos próprios contraentes é mais um elemento que corrobora e fortalece a verificação de impedimentos. A exigência da declaração expressa e escrita torna mais clara e documentada a necessidade de os nubentes agirem de boa-fé, evitando fraudes. Afinal, a falsidade dessas declarações tipifica o crime de falsidade ideológica, previsto no art. 299 do Código Penal, quando não configura os tipos mais específicos dos arts. 235 e seguintes do mesmo Código.

Com relação aos pais dos nubentes, a informação acerca do estado civil destes não tem nenhuma importância para o casamento, até mesmo contraria a regra expressa vigente para o registro de nascimento, vedando constar informação acerca do casamento dos pais. Os mesmos valores protegidos por essa regra no registro de nascimento se aplicam ao registro de casamento, sendo cabível a analogia. Assim, interpreta-se a parte final do inciso "e de seus pais" (CC, art. 1.525, IV) como referente apenas à residência.

Até mesmo a residência dos pais é de pouca importância jurídica ou prática, salvo se o casamento depender da autorização destes, quando então é colhida a qualificação completa dos pais, em virtude do inciso II do artigo em comento.

11.2.4.6 Certidão de óbito do cônjuge falecido, de sentença declaratória de nulidade ou de anulação de casamento, transitada em julgado, ou do registro da sentença de divórcio

Os documentos previstos no art. 1.525, V, do CC têm todos a mesma finalidade: provar o fim do casamento anterior e, dessa forma, ausência de um dos impedimentos ao casamento.

Além dos mencionados, acrescente-se a certidão do registro de Ausência com averbação da abertura de sucessão definitiva, que é uma forma de extinção do vínculo matrimonial, conforme os arts. 6º e 1.571, § 1º, do CC.

Com relação a sentença de divórcio, embora o inciso mencione registro, é suficiente a certidão de casamento com averbação do divórcio. Isto pois, como explanado no item 13.3.7, basta que o divórcio seja averbado para produzir todos os seus efeitos, sendo apenas excepcionalmente objeto de registro em sentido estrito.

Diferente é o caso da certidão de casamento com anotação do óbito, pois são diferentes os atos de averbação e anotação, como já se expôs no capítulo 5. Relembrando, a anotação, por si só, não gera prova do fato, apenas remete a outro ato, sendo imprescindível a apresentação do próprio ato, qual seja, da certidão de óbito.

Como analisado no item 11.2.4.1 acima, são fortes e crescentes os argumentos pela exigência de certidão atualizada, notadamente a de nascimento e casamento. Com exceção da certidão de óbito, que não contém potencialidade de alterações posteriores no registro que repercutam no estado da pessoa natural, ou seja, não há perspectiva de que o falecido volte a viver ou pratique atos jurídicos, sendo de pouca utilidade exigir a atualização.

A norma faz menção à dissolução do casamento anterior. Não existe norma exigindo comprovação da dissolução de união estável anterior. Até mesmo porque no estágio atual do direito brasileiro a união estável poderá se descaracterizar sem qualquer solenidade, informalmente, como já analisado no item 11.2.1.2, ainda que, conforme analisado no item 13.3.6.14, possa haver alguma responsabilidade civil à pessoa que promove o registro da união estável mas não dá publicidade à sua dissolução.

Por fim, no caso de pessoa não brasileira que tenha se casado e divorciado no exterior, aplica-se a previsão das normas paulistas: "quando o caso, a sentença estrangeira de divórcio, litigiosa ou consensual, independentemente de homologação pelo Superior Tribunal de Justiça, para fins de comprovação da extinção do casamento anterior" (NSCGJ-SP, item 54, "f"). Nos casos de brasileiros que tenham se casado e divorciado no exterior, será necessário transcrever o casamento e averbar o divórcio, conforme exigência do art. 32 da Lei 6.015/73.

11.2.4.7 Outros documentos

Além dos documentos expressamente arrolados no art. 1.525 do CC, outros poderão ser necessários, sempre com fundamento no Direito posto. Vejam-se alguns casos, sem pretensão de esgotar as hipóteses.

DOCUMENTO DE IDENTIDADE

É necessário exigir a apresentação de documento de identidade dos nubentes para a habilitação para o casamento, quando estes se fizerem presentes perante o Registrador. Isso se destina a realizar a identificação pessoal dos envolvidos.

Relembre-se que quando os nubentes se fazem representados, não há dúvida quanto à sua identidade, pois esta já terá sido atestada anteriormente por notário que lavrou a procuração por instrumento público ou que realizou o reconhecimento de firma na procuração por instrumento particular (em documento público, o notário atesta a identidade e a capacidade do outorgante; em caso de reconhecimento de firma não há a atestação da capacidade, mas tão somente da identidade – motivo que contribui para a necessidade de procuração por instrumento público para a celebração do casamento).

Os documentos oficiais de identificação são os mesmos tratados no capítulo que analisou o Registro de Nascimento, item 8.4.2.1, a saber: Carteira de Identidade – Registro Geral (RG); Registro de Identificação Civil – RIC; Documento Nacional de Identidade – DNI; Carteira Nacional de Habilitação – CNH (que pode ser apresentada em papel de segurança ou em formato digital); Carteiras expedidas pelos órgãos fiscalizadores de exercício profissional; Carteira de Trabalho Informatizada; Passaporte Brasileiro e a Carteira de Identidade Funcional dos membros do Poder Legislativo..

Em relação aos imigrantes e estrangeiros: Passaporte Estrangeiro; Carteira de Registro Nacional Migratório (RNM, estabelecido pela Lei de Migração - Lei Federal 13.445/17, art. 19); antiga Cédula de Identidade de Estrangeiro, com número do Registro Nacional de Estrangeiro – RNE, emitidas anteriormente a Lei de Migração, cuja validade foi ressalvada em seu art. 21; Carteira de Identidade brasileira emitida para português beneficiário do estatuto da igualdade; Identidade Estrangeira dos Países do Mercosul e Estados Associados; Documento estrangeiro de pessoa domiciliada em cidade contígua ao território nacional.

Observe-se que não havendo a apresentação de documento oficial de identificação, ou no caso de os documentos apresentados não serem válidos ou adequados, é possível a aplicação, por analogia, da regra relativa à lavratura de escrituras públicas, inscrita no art. 215, § 5º, do CC, segundo o qual: "Se algum dos comparecentes não for conhecido do tabelião, nem puder identificar-se por documento, deverão participar do ato pelo menos duas testemunhas que o conheçam e atestem sua identidade".

Essa identificação por duas testemunhas pode ser a mesma feita pelas testemunhas da habilitação nos termos do art. 1.525, III, do Código Civil.

CPF

O Cadastro da Pessoa Física (CPF), emitido pela Receita Federal do Brasil (RFB), "será obrigatoriamente incluído nas certidões de nascimento, casamento e óbito", conforme art. 6º, "caput" do Provimento 63/2017 da CN-CNJ.

A importância de constar o CPF no assento de casamento reside na melhor identificação da pessoa natural, afastando a homonímia; na maior precisão para interligar bancos de dados, notadamente no âmbito nacional e, por essas razões, mais eficiência e segurança jurídica na prestação do serviço público.

Ressalte-se que o CPF está se tornando o principal número para individualizar o cidadão e identificá-lo em âmbito nacional, sendo incorporado no documento nacional de identidade (Lei 13.444/17, art. 9º) e nos documentos estaduais de identidade (Decreto Federal 9.278/18, art. 6º). Verifica-se, também, a tendência de se utilizar o número do CPF em substituição ao número do registro geral do documento de identidade (Decreto Federal 9.278/18, art. 5º, §1º).

Por essas razões, acrescidas da facilidade de se obter e comprovar o número do CPF, é improcedente o argumento de que o Provimento haveria estabelecido exigência não prevista em Lei e criado óbice que dificultaria o exercício do direito ao casamento.

Observe-se que o Provimento estabeleceu a necessidade de constar o CPF não apenas nos novos registros, mas também nos registros já lavrados, por ocasião da expedição da segunda via de certidão. O "caput" do artigo 6º menciona a obrigação de constar o CPF nas certidões e, conforme princípio elementar de direito registral, a certidão não poderá conter dados que não constem no registro que lhe dá suporte.

A obrigatoriedade estabelecida pelo Provimento deixa claro que não é uma faculdade do cidadão fazer inserir ou não o número de CPF no registro de seu casamento, no entanto, cabe questionar o caso da pessoa que não tenha CPF emitido em seu nome e queira se casar.

O serviço de registro civil possui convênio com a RFB pelo qual é possível emitir CPF ao lavrar o registro de nascimento, mas não há tal possibilidade por ocasião de outros registros, como o casamento. Pelo convênio, também é possível consultar a base de dados para encontrar o número do CPF da pessoa natural e, assim, fazer constar no registro. Dessa forma, refaz-se a questão, se não encontrado o número de CPF da pessoa, que alega não ter CPF, é possível lavrar o registro do casamento ou é necessário antes providenciar a inscrição no CPF?

A regra é que realize a prévia inscrição no CPF, por ser um elemento de identificação da pessoa no registro de casamento, conforme o art. 6º do Provimento 63/2017 da CN-CNJ. No entanto, aprofundando a questão do ponto de vista jurídico, é possível encontrar a rara exceção da pessoa que não esteja obrigada pela lei brasileira a se inscrever no CPF. A IN-RFB 1.548/2015, em seu art. 3º, estabelece o rol das pessoas que estão obrigadas a se inscrever no CPF, o qual é tão abrangente que será mais fácil para a pessoa se inscrever no CPF do que provar que não está obrigada a se inscrever. No entanto, a pessoa de nacionalidade estrangeira não residente no Brasil, que pretenda se casar com pessoa brasileira, presume-se que está dispensada de se inscrever no CPF, não sendo razoável exigir-lhe a inscrição.

PACTO ANTENUPCIAL OU TERMO DE OPÇÃO

Traslado do pacto antenupcial ou termo de opção pela comunhão parcial de bens (art. 1.640, parágrafo único, do CC). Observe-se que o termo não necessariamente é um documento à parte, podendo integrar o próprio requerimento de habilitação para o casamento. O documento será analisado detidamente no item 11.2.7 a seguir.

AFASTAMENTO DAS CAUSAS SUSPENSIVAS

Como visto no item 11.2.1.3 supra, nos casos em que estão presentes causas suspensivas, será possível ao juiz afastá-las, ou, para comprovar que não incide a causa suspensiva, poderá ser necessário juntar na habilitação declaração de que foi feita partilha de bens do casamento anterior ou de que não havia bens para partilhar.

ALVARÁ DE SUPRIMENTO DO CONSENTIMENTO PARA O CASAMENTO

Alvará ou qualquer outro nome atribuído ao título judicial que materializa o suprimento do consentimento dos pais ou representantes legais ao casamento da pessoa relativamente incapaz. Relembre-se que desde 13 de março de 2019, com a vigência da Lei 13.811, não há mais previsão de suprimento da idade núbil (os dois atos estão analisados no item 11.2.4.3, retro).

PROCURAÇÃO

Tanto a procuração para fins de habilitação, quanto a para fins da celebração deverão ser apresentadas e juntadas no procedimento de habilitação.

REGULARIDADE DA PERMANÊNCIA NO PAÍS

Conforme o caso, poderá ser exigida essa comprovação, analisada anteriormente, no item 11.2.4.2

DECLARAÇÕES

Em nossa sociedade, muitas vezes, não basta fazer, mas é preciso comprovar que foi feito. Assim, para assegurar a transparência do serviço de registro civil, recomenda-se colher declaração dos nubentes de que foram esclarecidos acerca do regime de bens e causas de invalidade do casamento e de que estão cientes e vão cumprir a data e horário marcados para a celebração.

11.2.5 Justificação

Se os nubentes não puderem demonstrar por meio de documentos que preenchem os requisitos legais ou que não incide hipótese de impedimento ou causa suspensiva, poderão realizar o procedimento de justificação.

Como se depreende do § 2º do art. 68 da LRP, a justificação não tramita perante o oficial de registro civil e não integra o conjunto de atos que constitui o procedimento de habilitação. A justificação é mais um documento que se anexa ao processo da habilitação para o casamento.

> LRP. Art. 68. Se o interessado quiser justificar fato necessário à habilitação para o casamento, deduzirá sua intenção perante o Juiz competente, em petição circunstanciada indicando testemunhas e apresentando documentos que comprovem as alegações.
>
> § 1º Ouvidas as testemunhas, se houver, dentro do prazo de cinco (5) dias, com a ciência do órgão do Ministério Público, este terá o prazo de vinte e quatro (24) horas para manifestar-se, decidindo o Juiz em igual prazo, sem recurso.
>
> § 2º Os autos da justificação serão encaminhados ao oficial do registro para serem anexados ao processo da habilitação matrimonial.

11.2.6 Alteração do nome

No procedimento de habilitação para o casamento, é esclarecido aos nubentes sobre a possibilidade de alteração de nome e as regras dessa alteração. Nesse momento, os nubentes também já devem manifestar qual nome irão usar após o casamento, constando por escrito no requerimento de habilitação. Até a celebração do casamento, essa escolha poderá ser alterada.

Em virtude do casamento, não se permitem alterações no prenome, mas apenas do sobrenome[47], que é indicativo da origem familiar da pessoa natural. Como o casamento é a constituição de uma nova família, é permitida a alteração do sobrenome.

O Código Civil (art. 1.565, § 1°) estabelece que "Qualquer dos nubentes, querendo, poderá acrescer ao seu o sobrenome do outro." De tal previsão, extrai-se que a inclusão do sobrenome do cônjuge em seu nome, por ocasião do casamento, é uma faculdade, mais do que isso, um direito, que poderá ser exercido por qualquer dos nubentes, não se impondo o acréscimo de qualquer sobrenome, tampouco impedindo este.

Apresentam-se, porém, algumas questões controvertidas:

Como o Código utiliza o verbo acrescer, surge interpretação de que estaria vedada a supressão, ainda que parcial, do sobrenome de solteiro. Neste sentido, José Roberto Neves Amorim[48]:

> Ressalte-se que, embora permitida a alteração do nome pelo marido ou pela mulher, com o acréscimo do sobrenome do outro, não se permite a retirada de qualquer dos seus, em homenagem a sua ancestralidade, apesar de outras interpretações mais flexíveis que aceitam a renúncia parcial, ou total, do nome de solteiro.

Todavia, na doutrina, na normativa e na jurisprudência tem prevalecido a possibilidade de supressão dos sobrenomes anteriores ao casamento, discutindo-se apenas se tal supressão pode ser completa – de todos os sobrenomes. Veja-se:

Cristiano Chaves de Farias e Nelson Rosenvald[49] sustentam que, diante da inexistência de vedação legal, deve vigorar a liberdade de escolha, "por isso, os nubentes podem, perfeitamente, suprimir um de seus nomes patronímicos para realizar o acréscimo do sobrenome do outro noivo, evitando ficar com nomes muito extensos. É simples projeção da autonomia da *autonomia privada*".

No mesmo sentido são os posicionamentos de Maria Berenice Dias[50], Paulo Lôbo[51], e Leonardo Brandelli[52]. Este último sustenta a possibilidade da supressão total do sobrenome de solteiro:

> Parece-nos mais acertada a interpretação no sentido de ser possível o abandono total ou parcial dos nomes de família adquiridos com o nascimento, ao adotar-se o patronímico do outro cônjuge[53].

---

47. Utiliza-se a terminologia mais popular consagrada pelo Código Civil, chamando-se "sobrenome" o nome de família, também conhecido como patronímico, apelido de família e cognome.
48. AMORIM, José Roberto Neves. *Direito ao Nome da Pessoa Física*. São Paulo: Saraiva. 2003, p. 40.
49. ROSENVALD, Nelson; FARIAS, Cristiano Chaves de. *Direito das Famílias*. Rio de Janeiro: Lumen Juris, 2011, p. 242.
50. DIAS, Maria Berenice. *Manual de Direito das Famílias*. São Paulo: Revista dos Tribunais, 2010, p. 126.
51. LÔBO, Paulo. *Famílias*. São Paulo: Saraiva, 2009, p. 115.
52. BRANDELLI, Leonardo. *Nome Civil da Pessoa Natural*. São Paulo: Saraiva, 2012, p. 141.
53. *Idem, Ibidem*, 2012, p. 141.

Em relação à normativa, no Estado de São Paulo, decisão da CGJ-SP estabelecia que poderia ser suprimido o nome de solteiro (Processo CG 51/85), posteriormente, veio decisão proibindo a supressão completa do nome de solteiro (Provimento CG 25/2005), sendo permitida, então, a supressão parcial, como se infere do item 70, Cap. XVII, das NSCGJ-SP.

No Rio Grande do Sul, onde o Tribunal de Justiça tinha posicionamento contrário à supressão do nome de solteiro (Apelação Cível n. 70020783460 – Porto Alegre, Relatora Des. Maria Berenice Dias – *DJ* 21-8-2007), o posicionamento mais recente é no sentido de se permitir a supressão de parte do nome:

> APELAÇÃO. REGISTRO CIVIL. HABILITAÇÃO PARA O CASAMENTO, ONDE FOI MANTIDO O NOME DE FAMÍLIA DA MÃE E ACRESCIDO O NOME DO MARIDO. POSTERIOR PEDIDO DE RETIFICAÇÃO DE REGISTRO CIVIL PARA EXCLUSÃO DO PATRONÍMICO MATERNO. POSSIBILIDADE. POSTULANTE INDUZIDA EM ERRO POR INFORMAÇÃO PRESTADA NO CARTÓRIO DO REGISTRO CIVIL. Considerando que não há vedação legal à supressão do sobrenome materno quando do casamento, plausível a alegação da postulante, no sentido de que assim não procedeu em razão da informação equivocada que lhe foi prestada pelo funcionário do cartório, não havendo razão para obstar retificação de registro pretendida, na medida em que não se verifica prejuízo de qualquer ordem. DERAM PROVIMENTO. UNÂNIME. (Apelação Cível n. 70046433678, Oitava Câmara Cível, Tribunal de Justiça do RS, Relator: Luiz Felipe Brasil Santos, Julgado em 26-1-2012)

O STJ já decidiu a matéria, autorizando a supressão de um patronímico pelo casamento, sem prejuízo à ancestralidade, nem à sociedade, pois o nome é direito da personalidade (REsp 662.799/MG, Rel. Min. CASTRO FILHO, Terceira Turma, julgado em 8-11-2005, *DJ* 28-11-2005, p. 279).

Diante disso, sustenta-se a possibilidade de supressão dos sobrenomes de solteiros por ocasião do casamento, devendo, todavia, ser respeitada a previsão normativa existente em cada unidade da federação.

Também é permitido, por ocasião do casamento, deixar de usar o sobrenome do cônjuge anterior para voltar a usar o nome de solteiro, mesmo que não adote o sobrenome do novo cônjuge. Isto pois o acréscimo do sobrenome do cônjuge é um direito, não é um dever. No caso da pessoa divorciada, o direito de deixar de usar o sobrenome do cônjuge anterior pode ser exercido a qualquer tempo (CC, art. 1.578, § 1º, por interpretação extensiva); se é admissível escritura pública para tal finalidade (art. 45 da Resolução n. 35/2007 do Conselho Nacional de Justiça), também é admissível o casamento, que é uma hipótese frequente e um instrumento legítimo de alteração de nome.

O mesmo direito – deixar de usar os sobrenomes do ex-cônjuge – pelos mesmos fundamentos, quais sejam, a extinção do vínculo e da sociedade conjugal e o nome como direito da personalidade, também pode ser exercido pela viúva. Nesse sentido já há precedentes do CNJ, analisados no item 11.5.6 a seguir, em sintonia com o precedente do STJ, Resp 363794/DF – Relator Ministro Carlos Alberto Menezes Direito – Terceira Turma – j. 27.06.2002 – DJ 30.09.2002, p. 256.

Uma segunda questão diz respeito à possibilidade de ambos os cônjuges adotarem o sobrenome um do outro.

Há quem defenda que apenas um dos cônjuges poderia adotar o sobrenome do outro, não sendo possível que ambos exerçam essa faculdade simultaneamente, uma vez que o CC, art. 1.565, § 1º, trata da matéria no singular, ao dizer que "**Qualquer** dos nubentes, querendo, poderá acrescer ao seu **o** sobrenome **do outro**", argumento que se fortaleceria com a afirmação de que o sobrenome deveria ser único para a família.

Não parece ser este o posicionamento mais adequado, uma vez que a faculdade e o direito de acrescer o nome do cônjuge ao seu é conferida a ambos os nubentes não havendo como afastar seu direito. Assim sustentam Cristiano Chaves de Farias e Nelson Rosenvald[54], Reinaldo Velloso dos Santos[55] e Leonardo Brandelli[56], argumentando que a composição do nome deve ter a mesma ordem de sobrenomes para ambos os cônjuges uma vez que o intuito é a identificação de uma nova família. Veja-se:

> O intuito da lei é permitir aos cônjuges adotarem uma espécie de nome para identificar a família que se inicia com o casamento (...) Possível, neste sentido, a adoção simultânea do patronímico do outro, sem supressão do seu próprio, caso em que, parece-nos, deva haver colocação dos patronímicos na mesma ordem para ambos, ficando ambos os cônjuges com patronímicos idênticos[57].

Outra questão diz respeito ao agnome, que é utilizado para diferenciar e individualizar a pessoa a quem se deu o mesmo nome na mesma família, ou seja, as expressões "Filho", "Neto", "Júnior". Pergunta-se: Se alguém que tem agnome, por ocasião do casamento, acresce o sobrenome do cônjuge ao seu, estaria então obrigado a suprimir o agnome? Reformulando a questão com um exemplo, o João da Silva Filho, ao se casar com Maria dos Santos, poderá se chamar João dos Santos da Silva Filho, ou estaria obrigado a suprimir o agnome Filho?

Deve-se reconhecer que as expressões "Filho", "Filha", "Neto", "Neta", "Sobrinho", "Sobrinha" e "Júnior" muitas vezes são os elementos fundamentais pelos quais as pessoas são conhecidas em seu meio, contendo um potencial de identificação maior do que o próprio nome. Assim, obrigar essa pessoa a excluir o agnome irá prejudicar a sua identidade, o que significaria, em outras palavras, um enorme obstáculo, quase proibição, a exercer um direito que a lei lhe assegura, que é adotar o sobrenome do cônjuge.

De outra parte, é necessário observar que não há previsão legal que obrigue a supressão do agnome, ou proíba seu uso quando da adoção de novo sobrenome, devendo então prevalecer a autonomia privada nesses casos. Não existe um dever jurídico de manter a simetria dos nomes entre os descendentes cujos nomes se diferenciam apenas pelo agnome. Relevante lembrar que os pais que têm filhos com agnome podem se casar e adotar o sobrenome do cônjuge, quebrando assim a simetria de nomes entre pai e filho, por uma alteração no nome do pai, sem que haja questionamentos da validade dessa alteração.

Conclui-se que não há necessidade de se excluir o agnome quando o indivíduo adotar o sobrenome do cônjuge, pois não há norma jurídica nesse sentido, do que se

---

54. ROSENVALD, Nelson; FARIAS, Cristiano Chaves de. *Op.Cit.*, 2011, p. 241.
55. SANTOS, Reinaldo Velloso dos. *Op.Cit.*, 2006 p. 105.
56. BRANDELLI, Leonardo. *Op.Cit.*, 2012, p. 141.
57. *Idem, Ibidem*, p. 142.

extrai que a pessoa tem o direito de preservar o seu agnome, que é expressão da sua identidade, bem assim tem o direito de acrescer o sobrenome do cônjuge.

Em termos práticos a decisão fica na esfera privada do interessado, que terá a faculdade de manter ou de suprimir seu agnome, devendo manifestar sua vontade no momento de sua habilitação.

Ainda quanto ao agnome, há o caso de o cônjuge querer adotar o agnome do outro cônjuge. Por exemplo, a Maria dos Santos, ao se casar com João da Silva Filho, deseja adotar o nome de Maria dos Santos da Silva Filho, seria possível? Em princípio, a resposta é negativa, pois o agnome não é indicativo da origem familiar da pessoa, ou seja, não compõe o sobrenome. No entanto, é preciso se assegurar de que realmente não se trata de sobrenome, já que, por exemplo, existe a família "Neto".

Questão um pouco mais tormentosa é quanto à possibilidade de um cônjuge adotar o sobrenome que o outro adquiriu com o casamento anterior, ou de se transmitir em novo casamento o sobrenome adquirido em casamento anterior.

Exemplificando: Joana da Silva casa-se com João Sousa e passa a se chamar Joana da Silva Sousa. Divorcia-se e mantém o sobrenome. Em seguida, Joana da Silva Sousa contrai novas núpcias com José Gomes que pretende adotar o sobrenome de sua consorte e se chamar José Gomes da Silva Sousa, seria possível?

Em princípio a resposta seria pela impossibilidade, uma vez que o sobrenome do ex-cônjuge não indicaria sua origem, não lhe pertenceria e, pelas regras mais conservadoras ainda existentes no CC, em caso de culpa na separação, o direito de uso daquele sobrenome até seria perdido (CC, art. 1.578).

Todavia, propõe-se análise mais detida do assunto, pautada na natureza de direito da personalidade, que leva a concluir juntamente com Cristiano Chaves de Farias e Nelson Rosenvald[58] que:

> o nome é direito da personalidade e, como tal, incorpora-se à personalidade de quem o modificou pelo casamento. Assim, passa a ser nome próprio, e não mais do outro consorte.

E como também já concluiu o TJRS (Apelação Cível 599400298, Rel. Des. Maria Berenice Dias, j. 8-9-99):

> A partir da alteração operada por ocasião do casamento, só a própria mulher poderá dispor do nome, que não identifica mais o patronímico do marido, identifica o nome da mulher, seu nome, sua identidade, que é atributo da personalidade.

Aceitando-se que o sobrenome adquirido pelo casamento passa a ser elemento da identidade de quem o adquiriu e atributo de sua personalidade, o que não se altera com o fim do vínculo conjugal, seja pelo divórcio, seja pela viuvez, não há como se impedir que em novo casamento este sobrenome seja adotado pelo novo cônjuge. Essa é a opinião dos autores desta obra, ressalve-se que o tema não é pacífico.

---
58. ROSENVALD, Nelson; FARIAS, Cristiano Chaves de. *Op.Cit.*, 2011, p. 243.

Por fim, quando alterado o nome pelo casamento, é possível suprimir ou acrescentar as partículas de ligação entre as partes do nome, como "e", "de" ou "dos", quer estejam no feminino ou masculino, quer estejam no plural ou singular. Isso pois tais partículas não fazem parte do nome, sendo apenas elementos de ligação. Nesse sentido, são as reiteradas decisões da CGJ-SP[59] que embasaram o Enunciado da Associação dos Registradores de Pessoas Naturais do Estado de São Paulo – Arpen-SP n. 49:

> As partículas de ligação no sobrenome, tais como "de" ou "e", estejam no singular ou no plural, no gênero masculino ou no feminino, não são elementos essenciais do sobrenome, logo podem ser suprimidas ou acrescidas por ocasião das escolhas ou alterações de nome permitidas pela lei.

No item 11.5.6 a seguir são analisadas as alterações de nome após o casamento, pela separação, divórcio ou viuvez.

11.2.7 Escolha do regime de bens

Os nubentes têm liberdade para estipular, antes do casamento, o que lhes aprouver quanto aos seus bens (CC, art. 1.639), ressalvados os casos em que a lei impõe o regime da separação obrigatória de bens (CC, art. 1.641), bem como as disposições absolutas de lei (CC, art. 1.655).

O Oficial, no procedimento de habilitação, deve esclarecer os nubentes acerca dos diversos regimes de bens (CC, art. 1.528). O intuito da lei é proporcionar aos nubentes o conhecimento dos aspectos patrimoniais do casamento e das possibilidades que lhes são oferecidas.

O regime de bens e o direito das sucessões são matérias distintas e com regras distintas no direito civil, logo o Oficial não está obrigado por lei a esclarecer regras do direito das sucessões, ainda que estas variem conforme o regime de bens escolhido. Também no direito empresarial o regime de bens é um critério normativo com consequências jurídicas, ou seja, são inúmeras as repercussões do regime de bens nas diversas áreas jurídicas, sendo impossível ao Oficial esgotar todas as possibilidades no momento da habilitação para o casamento.

Diante das informações prestadas pelo registro civil, caso os nubentes se interessem por pactos distintos da comunhão parcial de bens, deverão buscar um tabelião, que lhes prestará valiosa assessoria notarial, inclusive analisando o caso específico dos nubentes, para formalizar a vontade destes por meio de escritura pública de pacto antenupcial (CC, art. 1.640, parágrafo único).

A escolha do regime de bens é feita no momento da habilitação, mas pode ser alterada até a celebração do casamento. Após a celebração do casamento, o regime somente pode ser alterado por meio de autorização judicial em pedido motivado de ambos os cônjuges, ressalvados os direitos de terceiros (CC, art. 1.639, § 2º).

---

59. Proc. CG 89.652/2009, Proc. CG 89.550/2009, Proc. CG 79.567/2009, Proc. CG 89.253/2009, Proc. CG 89.619/2009, Proc. CG 89.528/2009, Proc. CG 89.626/2009, Proc. CG 89.649/2009, Proc. CG 9.826/2009, Proc. CG 9.848/2009, Proc. CG 89.558/2009, Proc. CG 26.003/2009, Proc. CG 26.005/2009, Proc. CG 60.445/2009.

Questão interessante diz respeito à possibilidade de os nubentes, tendo apresentado escritura pública de pacto antenupcial optando por regime diverso da comunhão parcial de bens, antes da celebração do casamento, alterarem essa opção pelo regime da comunhão parcial por meio de simples termo nos autos da habilitação.

Na primeira edição deste livro, foi adotado o posicionamento de que seria necessária uma nova escritura pública, revogando a anterior, não sendo possível a aplicação do parágrafo único do art. 1.640 do CC, pois não se trata de uma escolha, mas de alteração de uma escolha formalizada por escritura pública, aplicando-se então a regra de que o distrato deve seguir a mesma forma exigida para o contrato (CC, art. 472).

Ocorre que em aulas ministradas pelo coautor Mario de Carvalho Camargo Neto e na prática vivenciada pelo coautor Marcelo Salaroli de Oliveira essa questão foi retomada e aprofundada, o que culminou numa alteração do posicionamento pelos seguintes fundamentos: 1) a manifestação formal perante o Oficial de Registro Civil das Pessoas Naturais para escolha do regime de bens da comunhão parcial, na forma da parte final do parágrafo único do artigo 1.640 do CC, é revestida da forma pública necessária para atender à exigência do art. 472 do mesmo código e afastar o regime de bens anteriormente escolhido em escritura; 2) a previsão do art. 472 é regra geral quanto à forma do distrato e não se aplica quando há regra especial quanto à forma de escolha do regime da comunhão parcial de bens, expressa no parágrafo único do art. 1.640 do CC; 3) somente se exige nova escritura pública para refazer a escolha por outros regimes, que não sejam o da comunhão parcial, pois para escolher este há regra especial citada; 4) a situação é análoga ao caso em que as partes lavram escritura pública de pacto antenupcial mas não a apresentam para o registrador na habilitação para o casamento, nem na celebração do casamento, situação em que prevalece o regime da comunhão parcial de bens que consta do registro, o que inclusive conta com precedente do TJSP[60].

Outra questão interessante é a possibilidade de se utilizar a escritura de união estável em que os conviventes escolheram regime de bens diverso da comunhão parcial, com valor jurídico de escritura de pacto antenupcial, por ocasião do casamento entre eles. No sentido da aceitação da escritura, levantam-se os seguintes argumentos: 1) é anterior ao casamento e tem a forma pública, como exige o art. 1.640, parágrafo único, do CC; 2) a mera ausência do nome "pacto antenupcial" na escritura não lhe altera a substância jurídica, como se infere do art. 112 do Código Civil; 3) a desburocratização e a instrumentalidade das formas recomenda que não se imponham aos cidadãos ônus desnecessários e de nenhuma utilidade.

São fortes argumentos pela aceitação, no entanto, a escritura será apresentada também ao registrador imobiliário e a outros órgãos, que poderão não aceitar ou criar embaraços à aceitação de tal documento. Assim, para evitar transtornos aos nubentes, até que sobrevenha norma jurídica expressa nesse sentido, a melhor orientação é exigir o pacto antenupcial expresso.

---
60. JSP; Agravo de Instrumento 2059376-87.2017.8.26.0000; Relator (a): Marcia Dalla Déa Barone; Órgão Julgador: 3ª Câmara de Direito Privado; Foro Regional VII - Itaquera - 1ª Vara da Família e Sucessões; Data do Julgamento: 26/10/2017; Data de Registro: 26/10/2017

Deve-se reduzir a termo a opção pelo regime da comunhão parcial de bens (CC, art. 1.640, parágrafo único). É certo que o requerimento da habilitação já poderá conter a opção pelo regime da comunhão parcial de bens e, assim, ter o mesmo valor formal de um termo. No entanto, por cautela e maior transparência na prestação do serviço de registro civil, é aconselhável lavrar um termo em que, além da escolha pelo regime da comunhão parcial de bens, contenha a expressa menção de que os nubentes foram esclarecidos acerca dos diversos regimes de bens existentes, não remanescendo qualquer dúvida dos nubentes acerca dessa matéria.

O traslado ou certidão da escritura pública de pacto antenupcial deve ser apresentado no original, para a devida qualificação registral, no entanto, é possível manter no procedimento de habilitação cópia autenticada pela serventia. A medida é desburocratizante e menos onerosa para o cidadão, já que após o casamento será necessário novamente apresentar o original da escritura de pacto antenupcial ao registro de imóveis do domicílio dos cônjuges (CC, art. 1.657).

Nem todas as pessoas poderão optar pelo regime, pois o regime da separação de bens é obrigatório para: 1) os que contraírem com inobservância das causas suspensivas da celebração do casamento; 2) a pessoa maior de setenta anos; 3) todos que dependerem, para casar, de suprimento judicial (CC, art. 1.641).

As causas suspensivas da celebração para o casamento foram tratadas no item 11.2.1.3. Em sua maioria, as causas têm por finalidade evitar a confusão patrimonial, essa é a mesma finalidade pela qual se impõe o regime da separação legal de bens.

A idade da pessoa como fator de imposição do regime de separação de bens é de constitucionalidade duvidosa, podendo ser entendida como uma discriminação do idoso, ofensiva à sua dignidade. No entanto, deve o registrador cumprir a lei expressa, até que os órgãos competentes fixem a melhor interpretação do direito.

Questiona-se a data em que se apura se a pessoa é ou não maior de setenta anos: a celebração do casamento ou o procedimento de habilitação? Prevalece a interpretação de que é a data da celebração do casamento, pois até essa data a pessoa pode alterar a escolha do regime de bens, bem como a habilitação é apenas uma preparação, sendo a celebração o momento em que definitiva e solenemente se manifesta a vontade de contrair o casamento.

Nesse sentido, com o advento da Lei n. 12.344/2010, que alterou o Código Civil, para aumentar o limite de idade de 60 para os atuais 70 anos, a ArpenSP publicou artigo[61] orientando os Oficiais de Registro Civil a darem oportunidade de escolha às pessoas entre 60 e 70 anos cuja habilitação estivesse em andamento, pois não tiveram oportunidade de escolha anteriormente.

Nas conversões de uniões estáveis em casamento, cuja união começou antes dos setenta anos e o casamento irá ocorrer após, debate-se se seria obrigatório o regime da

---

61. Lei n. 12.344, de 9 de dezembro de 2010 – Como Deve Proceder o Registrador, por Mario de Carvalho Camargo Neto, Fabio Leghetti e Lucas Furlan Sabbag. Disponível em: http://www.arpensp.org.br/principal/index.cfm?tipo_layout=SISTEMA&url= noticia_mostrar.cfm&id=12727. Acesso em: 25-11-2013.

separação de bens. Tem prevalecido a orientação de que no caso de conversão da união estável em casamento aplicam-se as mesmas regras do casamento. Então, considerando o princípio do "tempus regit actum", se um dos nubentes tiver mais de 70 anos na data da conversão, impõe-se o regime da separação de bens (CC, art. 1.641, II).

É certo que, no âmbito jurisdicional, poderá ser comprovada a união estável anterior aos 70 anos e, então, afastada a imposição do regime da separação de bens, aplicando analogia com o estabelecido no art. 45 da Lei n. 6.515/77.

No âmbito administrativo, interessante precedente do CSM-SP reconheceu em processo de habilitação para o casamento, na especificidade do caso concreto, a possibilidade de que o nubente com mais de 70 anos convertesse a união estável em casamento pelo regime da comunhão parcial de bens, justamente com fundamento na existência de união estável iniciada anteriormente a essa idade[62].

Após esse precedente, para o registro de união estável, a CGJ-SP decidiu ser possível afastar a imposição da separação obrigatória de bens se a união estável teve início em data anterior aos conviventes completarem 70 anos, ainda que a escritura e registro sejam feitos quando o convivente já ultrapassou esse limite etário. Como analisado no item 13.3.6.12 a seguir, para tal basta a declaração dos conviventes quanto a data de início da união, não sendo exigível nenhuma outra prova.

Por esses mesmos argumentos, é possível o casamento pela comunhão parcial de bens, quando os nubentes declararem já existir união estável prévia ao casamento, que teve início antes de completar 70 anos de idade. Bastará para acatar tal pedido e submeter à manifestação do Ministério Público no procedimento de habilitação, nos termos do art. 1.526 do Código Civil.

A terceira hipótese, dos que dependerem de suprimento judicial para casar, diz respeito às pessoas com 16 ou 17 anos cujos representantes legais não manifestam o consentimento ou houve divergência entre eles na autorização para o casamento, o que deverá ser suprido pelo juiz. Antes da vigência da Lei 13.811/2019, havia a hipótese dos menores de 16 anos, que nos termos da redação anterior do art. 1.520 do CC, poderiam obter autorização judicial para se casarem, no caso excepcional de gravidez.

Destaque-se que a pessoa com 16 ou 17 anos, devidamente autorizada por seus pais, pode casar escolhendo livremente o regime de bens, pois o inciso menciona suprimento judicial, que é muito distinto de consentimento dos responsáveis legais.

No entanto, se um dos pais não dá consentimento por estar em lugar desconhecido, sem contato com os filhos ou se há divergência entre os pais no consentimento para o casamento, o juiz irá solucionar o desacordo (CC, art. 1.517, parágrafo único, art. 1.519 e art. 1.631, parágrafo único). Nesses casos a doutrina se divide sobre a obrigatoriedade do regime da separação de bens. O juiz, ao autorizar o casamento, poderá decidir a respeito dessa questão, no entanto, se foi omisso nesse ponto, deverá o Oficial

---

62. REGISTRO CIVIL – Conversão de união estável em casamento iniciada antes do convivente atingir os setenta anos de idade – possibilidade do registro do casamento sob o regime de comunhão parcial de bens na especificidade do caso concreto – Recurso provido. APELAÇÃO CÍVEL n. 0046326-29.2011.8.26.0100, Comarca da CAPITAL, Relator José Renato Nalini. Julgado em 12-9-2012. Publicado em *DJE* 10-1-2013.

de Registro Civil aplicar o regime da separação obrigatória de bens, pois o inciso III do art. 1.641 do CC é expresso e genérico, não cabendo ao Oficial estabelecer distinções onde a lei não estabeleceu.

A imposição do regime da separação de bens visa a proteger a pessoa que depende de autorização para casar de possíveis lesões ao seu patrimônio e de um casamento contraído apenas com fundamento em interesses pecuniários. No entanto, se a pessoa não tiver patrimônio, seria mais protetivo o casamento pelo regime da comunhão parcial de bens. Isso pois, ao longo do casamento, o outro cônjuge poderá fazer aquisições de bens apenas em seu nome, que em tese não entrarão na comunhão de bens, já que vigente o regime da separação. Por ocasião da dissolução do casamento, seria necessário fazer prova de esforço comum na aquisição dos bens, o que é custoso, moroso e nem sempre é possível. Então surge a importância da súmula 377 do STF, estabelecendo a comunhão dos bens adquiridos na constância do casamento, mesmo para as pessoas casadas pelo regime da separação legal.

Por fim, nos casos em a que a lei impõe o regime da separação de bens, questiona-se se as partes poderiam optar pelo regime da separação convencional de bens, estabelecida por pacto antenupcial. O argumento pela possibilidade é que estariam os nubentes escolhendo um regime mais gravoso, que estabelece uma separação mais rígida que a separação obrigatória, logo estaria atendida a finalidade protetiva da lei.

Ocorre que tal argumento deixa de ser verdadeiro se considerada a interpretação atual dos direitos sucessórios dos cônjuges. O cônjuge casado pela separação convencional de bens, embora não tenha direito à meação (comunhão de bens), tem direito sucessório, logo haverá acesso ao patrimônio do outro cônjuge. Se casados pela separação obrigatória de bens não há tal direito sucessório. Dessa forma, no momento do casamento, permitir a opção pela separação convencional de bens, nas situações em que a lei impôs a separação obrigatória de bens, é uma forma de burlar a separação patrimonial imposta pela lei.

Veja-se também que a lei, em outras áreas, trata de forma diversa a separação obrigatória da separação convencional. No direito de empresa, não podem contratar sociedade entre si ou com terceiros os cônjuges casados sob o regime da separação obrigatória de bens (artigo 977 do Código Civil).

Por essas razões, veda-se que os nubentes optem pela separação convencional de bens nos casos em que a lei impõe separação obrigatória de bens (CC, art. 1.641).

Isso trouxe outra questão, seria possível casar pelo regime da separação obrigatória de bens, celebrando pacto antenupcial em que os nubentes acatam a separação obrigatória de bens e optam pelo afastamento da súmula 377 do STF, ou seja, estipulam a incomunicabilidade absoluta de aquestos?

A resposta é positiva. A Corregedoria Geral de Justiça de São Paulo permitiu o casamento nesses termos, em decisão onde se colhem os seguintes argumentos: 1) a regra é a livre escolha do regime de bens, sendo a imposição legal uma exceção que, como tal, deve ser interpretada restritivamente; 2) a separação legal de bens busca vedar a comunhão de bens de qualquer espécie, não veda o estabelecimento de uma separação absoluta, sendo possível afastar a súmula 377 do STF e estipular a incomunicabilidade também dos aquestos; 3) a doutrina de Zeno Veloso, Milton Paulo de Carvalho Filho, Flávio Tartuce, José Fernando Simão.[63]

No mesmo sentido, em Pernambuco há previsão de o registrador "cientificar os nubentes da possibilidade de afastamento da incidência da Súmula 377 do Supremo Tribunal Federal, por meio de pacto antenupcial."[64]

Nesses casos, o registro de casamento e a respectiva certidão deverão conter informação semelhante a esta: "O regime de bens adotado foi o da separação obrigatória de bens (CC, art. 1.641, inciso I, II ou III) com Pacto Antenupcial lavrado em data de, no Livro, fls., do Tabelião de Notas da Comarca de".

11.2.8 Proclamas

No curso do procedimento de habilitação, após autuada a petição de habilitação instruída com os documentos, o Oficial, verificando que está em ordem a documentação apresentada, extrairá o Edital de Casamento (proclamas) e afixará por 15 dias em lugar ostensivo na sua serventia, além de publicar na imprensa local, se houver. Caso os nubentes tenham residência em circunscrições distintas, o Oficial extrairá Edital de Casamento para ser entregue a eles, que providenciarão o registro e a publicação do Edital na outra serventia de sua residência (Código Civil, art. 1.527, e LRP, art. 67, §§ 1º e 4º). Se um dos nubentes, seja brasileiro ou não, residir fora do Brasil, está dispensada a publicação dos proclamas no local de residência, dada a impossibilidade jurídica de tal providência.

Observe-se que o prazo de 15 dias é contado a partir da afixação em cartório, não da publicação na imprensa local. Findo o prazo, não há preclusão de direitos, sendo possível a constatação de irregularidades ou oposição de impedimentos (CC, art. 1.522).

Findo o prazo de 15 dias, o Oficial certifica o cumprimento do trâmite. Se já colhidas eventuais homologações que se façam necessárias (*vide* item 11.2.10 a seguir) e inexistindo qualquer outro fato obstativo ao casamento, expede-se o certificado de habilitação (LRP, art. 67, § 3º, e CC, art. 1.531).

Os proclamas também devem ser registrados em livro próprio do registro civil. A utilidade de tal registro é praticamente inexistente, sendo suficiente manter uma cópia no procedimento de habilitação. No entanto, até que sobrevenha alteração legislativa, tal livro deve ser escriturado. Para facilidade do serviço, normas administrativas estaduais permitem que tal livro seja constituído por uma das vias do edital de casamento, devidamente registrada e numerada, em meio físico ou exclusivamente eletrônico (NSCGJSP, Cap. XVII, itens 8, "f", e 60.1).

---

63. CGJSP - Recurso Administrativo: 1065469-74.2017.8.26.0100 - São Paulo - Data De Julgamento: 06/12/2017. DJE: 23/01/2017. Corregedor Geral, Manoel de Queiroz Pereira Calças. Disponível em http://www.kollemata.com.br/registro-civil-das-pessoas-naturais-casamento-regime-da-separacao-obrigatoria-de-bens-pacto-antenupc.html Acesso em 26.05.2018.
64. CNCGJ-PE, art. 644-A

O conceito de imprensa local também requer um trabalho doutrinário, pois não há determinação legal de seu conceito. Jornais de circulação nacional ou estadual, que também chegam na localidade, não são considerados imprensa local, pois extrapolam a publicidade prevista na legislação, inclusive quanto ao custo de publicação. Assim, se apenas houver tais jornais na cidade, não existe a obrigatoriedade de publicação.

Acontece também de a publicação local não ter uma periodicidade constante, ou tê-la muito espaçada, como é o caso de publicações mensais ou quinzenais. Nesses casos, também parece não existir a obrigatoriedade de publicação, pois a falta de periodicidade da publicação a descaracteriza e frustra a finalidade do edital. Interpretação diversa também iria punir os nubentes com grande incerteza e atrasos em suas habilitações para o casamento, sem que se obtivesse maior segurança jurídica.

Com o advento dos meios eletrônicos de comunicação, jornais são lidos em computadores, por meio da *internet*, abrindo a possibilidade para que tais publicações sejam feitas por meio da rede mundial de computadores, como já existe para o diário da justiça.

Tal medida é cabível em face do novo CPC, uma vez que:

O artigo 193 do novo CPC, parágrafo único, estabelece que a seção da Prática Eletrônica de Atos Processuais (seção II do Livro IV, Título I, Capítulo I) se aplica, "no que for cabível, à prática dos atos notariais e de registro".

O *caput* do mencionado art. 193 estabelece que os "atos processuais podem ser total ou parcialmente digitais, de forma a permitir que sejam produzidos, comunicados, armazenados e validados por meio eletrônico, na forma da lei".

O artigo 196, que trata das comunicações, gênero no qual se incluem os editais, prevê que "Compete ao Conselho Nacional de Justiça e, supletivamente, aos tribunais, regulamentar a prática e a comunicação oficial de atos processuais por meio eletrônico ...".

O artigo 257, inciso II, ao tratar dos editais de citação, estabelece como regra "a publicação do edital na rede mundial de computadores, no sítio do respectivo tribunal e na plataforma de editais do Conselho Nacional de Justiça, que deve ser certificada nos autos" e apenas subsidiariamente, respeitada a peculiaridade da comarca, o juiz poderá determinar a que os editais sejam publicados em jornal de grande circulação (art. 257, parágrafo único, do novo CPC).

Diante disso, em conformidade com o novo CPC, os editais relativos ao casamento podem ser publicados eletronicamente, assim como os editais de citação judicial, desde que atendidos os requisitos legais, na forma da regulamentação do Tribunal de Justiça, mais especificamente das Corregedorias Gerais da Justiça, que são órgãos responsáveis pela normatização da atividade registral.

Além de possível em face do novo estatuto processual, a substituição da publicação em imprensa local por publicação por meio da *internet* atende à regra legal do artigo 1.527 do CC.

Inicialmente, observe-se que o CC de 2002 foi aprovado em uma realidade anterior à da *internet* como uma ferramenta amplamente difundida, por isso prevê que os editais serão publicados em imprensa local. Realidade que o novo CPC reconhece ter sido alterada.

Quanto à publicação se dar pela "imprensa", segundo o dicionário Houaiss/Koogan[65], Imprensa é "o conjunto de jornais, dos jornalistas e dos meios de divulgação de notícias e comentários", não necessariamente em papel, sendo perfeitamente aceitáveis os meios eletrônicos e de *internet*. Tanto assim o é, que a imprensa oficial do Tribunal de Justiça de São Paulo é exclusivamente na *internet* por meio do site do Diário da Justiça Eletrônico. Não havendo dúvida de que a publicação dos editais pela *internet* estaria abrangida no pelo termo imprensa.

Por fim, a publicação de editais *online* atende à finalidade dos editais, uma vez que se destina a possibilitar que todos que possam opor impedimento ou causa suspensiva ao casamento tenham ciência da pretensão dos nubentes se casarem, o que se torna muito mais provável com a publicação eletrônica, na medida em que estará disponível *online*, a qualquer momento (dentro do prazo), acessível em qualquer lugar em que haja *internet*, sem limitação de acessos.

Certamente é muito mais acessível e provável o conhecimento do edital no meio eletrônico, do que pela via de jornais impressos locais com tiragem limitada, sujeitos à distribuição que se pauta por interesses da agência de imprensa.

Nesse mesmo sentido foi a conclusão da Corregedoria Geral da Justiça de São Paulo, no Parecer CG nº 163/2016, segundo o qual:

> Os evidentes avanços tecnológicos havidos nos meios de comunicação tornam paulatinamente obsoletas as vias físicas de divulgação de informações. Jornais impressos experimentam sensíveis reduções nas tiragens e despertam diminuto interesse. Por conseguinte, as notícias lá narradas chegam a número cada vez menor de pessoas.
>
> De outro bordo, as mídias eletrônicas disseminam-se com invulgar rapidez. Com o implemento da inclusão digital, o acesso à internet espraia-se por todas as faixas de idade e renda, indiscriminadamente. Assim é que a utilização de meios digitais possibilitará que os proclamas cheguem ao conhecimento de número incomparavelmente superior de pessoas, escopo primeiro da publicação prevista no item 59.1, do Capítulo XVII, Tomo II, das NSCGJ, em observância, ademais ao princípio da publicidade.

Com base em tais fundamentos, alteraram-se as normas paulistas, para autorizar a publicação eletrônica dos editais, as quais atualmente encontram a seguinte redação:

> 59.2. A publicação mencionada no subitem 59.1 poderá, a critério dos nubentes, ser realizada em jornal eletrônico, de livre e amplo acesso ao público.

Ante a vigente norma paulista, surgiu a indagação sobre a obrigatoriedade de publicação no jornal eletrônico se não houver no município imprensa local, como costuma acontecer nas localidades de pequena população. Como já exposto, as novas tecnologias da informação alteraram a realidade da imprensa, que por meio das ferramentas *online* alcança todas as pessoas, em todas as localidades. Agregado a isso, não pode ficar a critério dos nubentes não publicar o edital. Embora possam escolher o meio de publi-

---

65. Koogan/Houais. *Enciclopédia e Dicionário Ilustrado* – Rio de Janeiro: Seifer, 2000.

cação, não podem optar pela não publicação, pois é um ato procedimental previsto em lei para transparência do casamento. Assim, parece ser de rigor a publicação dos editais em todas as localidades.

O custo de publicação de editais é dos interessados, salvo se houver disposição contrária na legislação estadual. Mesmo nos casos de casamentos gratuitos, a publicação é um ônus da parte. Como já analisado no item 11.1.2 anteriormente, a gratuidade não abrange as despesas de publicação de editais.

11.2.8.1 Dispensa de proclamas

"A autoridade competente, havendo urgência, poderá dispensar a publicação" (CC, art. 1.527, parágrafo único). É o juiz a autoridade mencionada, conforme o art. 69 da LRP, dispositivo que também estabelece a necessidade de petição fundamentada dos nubentes, provando com documentos os motivos da urgência ou indicando outros meios de prova.

Cabe ainda questionar se o juiz mencionado é o juiz de casamentos (CF, art. 98, II), o juiz de direito com competência jurisdicional em direito de família ou o juiz de direito que exerce a função administrativa de fiscalização do serviço registral (CF, art. 236, § 1º). A resposta deve ser buscada nas normas de organização judiciária de cada unidade federada, sendo, no Estado de São Paulo, o Juiz-Corregedor Permanente a autoridade competente para apreciar as questões referentes ao procedimento de habilitação para o casamento, inclusive dispensa de proclamas (Cap. XVII, itens 53 e 64).

Embora o Código Civil mencione a dispensa da publicação e a LRP mencione dispensa de proclamas, o que realmente se busca é a dispensa do prazo de 15 dias para a expedição do certificado de habilitação. Pois nada aliviaria a urgência dos nubentes se houvesse de esperar o prazo de 15 dias de afixação em cartório (CC, art. 1.527, *caput*, e LRP, art. 67, § 3º).

Ingressando na serventia o pedido de habilitação para o casamento em que os nubentes também requerem a dispensa de proclamas, a melhor conduta é o Oficial afixar o edital de proclamas na serventia e publicá-lo na imprensa local. Assim, caso não se consiga a dispensa, já estará em andamento ou até mesmo estará cumprido o trâmite formal dos editais, evitando maiores dilações, para um caso em que se alega urgência.

A dispensa de proclamas está fundada na urgência, não há o direito de os nubentes se casarem sigilosamente, sem publicação ou afixação de editais, pelo contrário, a habilitação e o casamento são atos públicos e solenes. O sigilo que existe é quanto aos motivos pelo qual se solicita a dispensa (LRP, art. 69, § 1º), mas essas informações não constam dos editais de proclamas. Assim, ainda que os nubentes solicitem ao juiz a dispensa de proclamas, não está o Oficial proibido de afixá-los em cartório e publicá-los na imprensa local, se houver. Se os nubentes expressamente solicitarem que o Oficial não afixe os editais, nem os publique na imprensa local, é motivo suficiente para suspeitar da idoneidade do casamento pretendido.

O prazo de 15 dias de afixação do edital é curto e, muitas vezes, o tempo necessário para o procedimento para dispensa de proclamas, como previsto no art. 69, § 2º, da LRP, que consiste em produção de provas (5 dias), manifestação do Ministério Público (24 horas) e decisão judicial (5 dias), superará os 15 dias, tornando-o ineficaz para a maior parte dos casos.

O Código Civil não discrimina quais os motivos da urgência para se deferir a dispensa de proclamas, no entanto, é certo que não é qualquer motivo, sendo necessário que este seja suficientemente justo e razoável para dispensar a publicidade da habilitação para o casamento.

Não é raro que noivos desatentos cheguem ao registro civil alegando como motivo da urgência já terem contratado todo o cerimonial para a festa de celebração do casamento (aluguel de salão, convites, bandas musicais, *buffet*). No entanto, tal circunstância não parece ser motivo razoável para dispensa do prazo de proclamas, todavia, a apreciação dos motivos compete ao juiz, não podendo o Oficial se recusar a procedimentalizar o pedido.

Apenas a fim de exemplificação, Milton Paulo de Carvalho Filho[66] elenca entre os possíveis motivos: "a moléstia grave dos nubentes (...), o risco de vida iminente de algum dos contraentes (...), o parto iminente, a viagem inadiável, imprevista e demorada e o crime contra a honra da mulher".

Por fim, quando a urgência consiste em moléstia grave ou iminente risco de vida, são cabíveis os procedimentos previstos nos arts. 1.538 a 1.541 do Código Civil, analisados nos itens 11.3.4 e 11.3.5 a seguir.

11.2.9 Oposição de impedimentos – procedimento

Os impedimentos e as causas suspensivas foram analisados no item 11.2.1. O procedimento de sua oposição é ora analisado.

LEGITIMADOS PARA ARGUIR IMPEDIMENTOS

Prestigiando o interesse público que subjaz aos impedimentos, o Código Civil estabelece que qualquer pessoa maior e capaz pode opor os impedimentos ao casamento. O oficial de registro e o juiz de paz têm obrigação de opor os impedimentos (CC, art. 1.522).

LEGITIMADOS PARA ARGUIR A CAUSA SUSPENSIVA

Considerando o interesse privado que subjaz às causas suspensivas, o Código Civil estabelece um rol restrito dos legitimados a argui-las, em que não se inclui o Ministério Público, tampouco o Oficial de Registro Civil. Poderão argui-las os parentes em linha reta de um dos nubentes, sejam consanguíneos ou afins, e os colaterais em segundo grau, sejam também consanguíneos ou afins (CC, art. 1.524).

---
66. PELUSO, Cezar. *Código Civil Comentado*: doutrina e jurisprudência. Barueri, SP: Manole, 2011, p. 1655.

PRAZO PARA OPOSIÇÃO

O prazo para oposição de impedimentos não está restrito aos quinze dias de afixação do edital de proclamas, mas poderá ocorrer até a data da celebração do casamento, por previsão expressa do CC, art. 1.522.

O Código é omisso quanto aos prazos para oposição de causas suspensivas. Entende-se incabível a analogia com os impedimentos, por terem natureza diversa. Há divergência na doutrina de se a oposição deveria ocorrer no prazo dos quinze dias dos proclamas ou se seria possível ocorrer até o casamento, como exposto no item 11.2.1.3.

No entanto, diante da ausência de previsão legal, se opostas causas suspensivas fora do prazo e ainda não realizado o casamento, a cautela recomenda que o Oficial encaminhe os autos ao Ministério Público e ao Juiz, para que estes reconheçam formalmente a intempestividade da oposição da causa suspensiva.

Após a realização do casamento, já não se trata de oposição de impedimento, mas ação direta de nulidade do casamento, promovida por qualquer interessado ou pelo Ministério Público (CC, arts. 1548 e 1.549).

Na hipótese de casamento com infringência de causa suspensiva, como não acarreta a nulidade nem anulabilidade do casamento, após sua realização, restará aos eventuais prejudicados a promoção da ação judicial própria. Ressalte-se que será aplicável o regime da separação obrigatória de bens (CC, art. 1.641, I), salvo direitos de terceiros de boa-fé que, confiando na certidão de casamento, contrataram com o casal considerando-os como casados no regime expresso na certidão.

FORMA

A oposição deve ser feita por escrito, assinada e instruída com provas ou com a indicação do lugar onde possam ser obtidas (CC, art. 1.529).

ATOS E PRAZOS DO PROCEDIMENTO

Estão previstos no Código Civil, arts. 1.529 e 1.530, e na Lei n. 6015, art. 67, § 5º. Esta lei faz menção apenas a impedimentos, no entanto, quando foi editada, o então vigente Código Civil de 1916 previa as causas suspensivas com o nome de impedimentos.

Realizada a oposição de impedimento pela forma acima indicada, o Oficial de Registro dará aos nubentes nota da oposição, indicando os fundamentos, as provas e o nome de quem a ofereceu.

Então os nubentes terão prazo de três dias para indicar as provas que pretendam produzir e poderão requerer prazo razoável para fazer a prova contrária aos fatos alegados e até mesmo promover ações civis e criminais contra o oponente de má-fé.

Apresentado o requerimento dos nubentes ou não, o Oficial remeterá os autos ao juízo, onde serão produzidas as provas pelo oponente e pelos nubentes, com ciência do Ministério Público. Se não deferido prazo razoável (CC, art. 1.530, parágrafo único), aplica-se o prazo de 10 dias para a produção das provas (LRP, art. 67, § 5º). Após a produção das provas, o Ministério Público terá cinco dias para se manifestar e o juiz decidirá em igual prazo.

Quanto aos efeitos da oposição da causa suspensiva ou da verificação de existência delas, remete-se o leitor ao item 11.2.1.3 deste livro, no qual foram tratadas as divergências existentes sobre a matéria.

11.2.10 Homologação

Após extraído o edital de casamento (proclamas), abre-se vista dos autos ao Ministério Público (LRP, art. 67, § 1º). Veja que a LRP não determina que se aguarde o prazo de quinze dias de afixação de edital para se abrir vista ao MP, mas alguns promotores exigem tal cautela. A única utilidade dessa providência é fiscalizar diretamente se o Oficial de Registro está realmente aguardando o prazo de quinze dias, pois os impedimentos poderão ser opostos a até a celebração do casamento (CC, art. 1.522) e, caso seja oposto impedimento, será feita nova vista dos autos (LRP, art. 67, § 5º). Considerando ainda que os casos de oposição de impedimentos são raros, é contrário à eficiência do serviço público exigir que se aguarde o prazo de 15 dias para encaminhar os autos ao MP, penalizando os cidadãos com atrasos desnecessários.

A audiência do Ministério Público está prevista no art. 1.526 do CC, com redação dada pela Lei n. 12.133/2009. Na redação anterior, previa-se a homologação pelo juiz. Atualmente, a habilitação somente será submetida ao juiz se houver impugnação pelo Oficial de Registro, pelo MP ou por terceiros, ou seja, sempre que houver dissenso.

Semelhante ao caso da competência para a dispensa de proclamas, também é necessário analisar qual seria o juiz mencionado no parágrafo único do art. 1.526 do CC: 1) o juiz de casamentos (CF, art. 98, II); 2) o juiz de direito com competência jurisdicional em direito de família; ou 3) o juiz de direito que acumula a função administrativa de fiscalização do serviço registral (CF, art. 236, § 1º). A resposta deve ser buscada nas normas de organização judiciária de cada unidade federada, sendo, no Estado de São Paulo, o Juiz-Corregedor Permanente a autoridade competente para apreciar as questões referentes ao procedimento de habilitação para o casamento, inclusive a dispensa de proclamas (Cap. XVII, itens 53 e 64).

A atuação do MP podia ser dispensada nos termos da Recomendação 16 do Conselho Nacional do Ministério Público-CNMP[67] que dispunha, em seu art. 5º:

> Art. 5º Perfeitamente identificado o objeto da causa e respeitado o princípio da independência funcional, é desnecessária a intervenção ministerial nas seguintes demandas e hipóteses:
>
> II – Habilitação de casamento, dispensa de proclamas, registro de casamento *in articulo mortis* – nuncupativo, justificações que devam produzir efeitos nas habilitações de casamento, dúvidas no Registro Civil;

Tal recomendação foi revogada em 2016 pela Recomendação nº 34 do CNMP, todavia, ficou ressalvado que os órgãos do Ministério Público deveriam limitar sua atu-

---

67. Datada de 28-4-2010 e publicada no *Diário da Justiça* em 16-6-2010.

ação em casos sem relevância social e que caberia a cada unidade do Ministério Público disciplinar a atuação em matéria cível, assim:

> Art. 1º Os órgãos do Ministério Público Brasileiro, no âmbito de sua autonomia administrativa e funcional, devem priorizar: (...) IV – a limitação da sua atuação em casos sem relevância social para direcioná-la na defesa dos interesses da sociedade. (...) Art. 6º As unidades do Ministério Público, respeitada a autonomia administrativa e funcional, devem disciplinar a matéria da intervenção cível, por ato interno, preservada a independência funcional dos membros da Instituição, sem caráter vinculante, nos termos desta Recomendação.

Diante disso, atos locais e estaduais que previam a dispensa da atuação do MP nos autos de habilitação, como Ato 680 de 2011[68], estariam preservados. Havendo, entretanto, que se observar o artigo 2º da mencionada Resolução nº 34 do CNMP, que dispõe:

> Art. 2º A identificação do interesse público no processo é juízo exclusivo do membro do Ministério Público, sendo necessária a remessa e indevida a renúncia de vista dos autos.

Ressalte-se que não há prejuízo em se dispensar a atuação do Ministério Público como fiscal da lei nas habilitações para casamento, vez que esta é processada perante o Oficial de Registro, que é profissional do direito, dotado de fé pública e submetido ao princípio da legalidade, tendo como função precípua a qualificação registral, que impede que situações que rompam a malha da lei tenham acesso ao registro, o que, no caso, significa impedir que o casamento inválido ou ilegal seja realizado[69].

11.2.11 Certificado de habilitação

Cumprido todo o procedimento, estando em ordem a documentação e não sendo verificado qualquer impedimento ou fato obstativo ao casamento, emite-se o certificado de habilitação, que tem **eficácia de 90 dias** (CC, art. 1.531 e 1.532[70]).

Quando os nubentes residem em circunscrições diferentes, é necessário que façam juntar no processo de habilitação o comprovante do registro, publicação e decurso do prazo de 15 dias na outra serventia. Somente após a juntada desse documento será

---

68. Art. 1º É facultativa a fiscalização preventiva do Ministério Público e sua manifestação nas habilitações de casamento e nos pedidos de conversão da união estável em casamento, salvo nas seguintes hipóteses:
  I – oposição de impugnação do Oficial ou de terceiro (art. 67, § 5º, da Lei n. 6.015/73 c.c. art. 1.526 do Código Civil na redação dada pela Lei n. 12.133/09); II – justificação de fato necessário à habilitação (art. 68 da Lei n. 6.015/73); III – pedido de dispensa de proclamas (art. 69 da Lei n. 6.015/73); IV – questões relativas à capacidade, e ao seu suprimento, e à identificação da presença de impedimentos ou causas suspensivas (arts. 1.517, 1.519 a 1.521, 1.523, 1.631, parágrafo único, e 1.723, § 1º, do Código Civil); V – regime de bens obrigatório (art. 1.641, Código Civil); VI – pacto antenupcial realizado por menor (art. 1.654, do Código Civil).
  Ato do Procurador-Geral de Justiça, Corregedor-Geral do Ministério Público e Colégio de Procuradores de Justiça, do Estado de São Paulo, de 7-2-2011. Disponível em: http://biblioteca.mp.sp.gov.br/PHL_img/ATOS/680.pdf (acesso em 26 nov. 2013).
69. Um dos autores tem artigo publicado sobre o tema com as seguintes referências: CAMARGO NETO, Mario de Carvalho. Lei n. 12.133 de 17 de dezembro de 2009 – A habilitação para o Casamento e o Registro Civil. Disponível em: http://www.ibdfam.org.br/?artigos&artigo=576.
70. Art. 1.531. Cumpridas as formalidades dos arts. 1.526 e 1.527 e verificada a inexistência de fato obstativo, o oficial do registro extrairá o certificado de habilitação.
  Art. 1.532. A eficácia da habilitação será de noventa dias, a contar da data em que foi extraído o certificado.

possível extrair o certificado de habilitação. Dessa forma, se os nubentes atrasarem a publicação dos editais ou a juntada da habilitação, também atrasarão a expedição do certificado. Essa questão foi levantada por Reinaldo Velloso dos Santos[71] que propõe como solução estabelecer o prazo de eficácia do certificado contado da data em que este deveria ter sido expedido.

Em vista de tal certificado, com validade em todo o território nacional, o casamento poderá ser realizado, na própria serventia ou em outra; neste último caso, deve ser comunicada à serventia da habilitação a realização do casamento, para que certifique o fato no procedimento de habilitação (LRP, art. 67, § 6º).

O certificado de habilitação também é válido para a celebração do casamento religioso, como se verá no item 11.4.2 adiante.

11.3 A CELEBRAÇÃO CIVIL DO CASAMENTO

A celebração é o momento solene em que se realiza o casamento. Constitui-se pela manifestação da vontade de estabelecer o vínculo conjugal perante o juiz, que então os declara casados (CC, art. 1.514[72]).

O casamento no Brasil é sempre civil, por disposição constitucional (CF, art. 226, § 1º). Prestigiando a liberdade religiosa, bem como a tradição, admitem-se os efeitos civis ao casamento religioso, nos termos da lei (CF, art. 226, § 2º). Assim, a celebração para o casamento poderá ser civil ou religiosa, quando ocorrer conforme as regras próprias de cada religião. Ainda que a celebração seja religiosa, o registro desse casamento, bem como os seus efeitos e todo o seu regramento, seguem a lei civil brasileira, como se verá em item adiante no item 11.4.2.

Também por disposição da Constituição Federal, a celebração é gratuita (CF, art. 226, § 1º). As leis estaduais podem estabelecer a cobrança de taxa pelo serviço de habilitação, registro e pela primeira certidão do casamento, salvo no caso das pessoas declaradamente pobres (CC, art. 1.512, parágrafo único).

Passa-se à análise das regras civis da celebração do casamento.

LOCAL E DATA

O local, a data e o horário da celebração são determinados pela autoridade que houver de presidir o ato (CC, art. 1.533). Tal dispositivo deve ser interpretado conjuntamente com o art. 1.534 do CC, que estabelece que o casamento será realizado na sede do cartório, podendo ser realizado em outro edifício se houver pedido dos nubentes e assim consentir a autoridade celebrante[73].

---
71. SANTOS, Reinaldo Velloso dos. *Op.Cit.*, 2006, p. 87
72. Art. 1.514. O casamento se realiza no momento em que o homem e a mulher manifestam, perante o juiz, a sua vontade de estabelecer vínculo conjugal, e o juiz os declara casados.
73. Art. 1.533. Celebrar-se-á o casamento, no dia, hora e lugar previamente designados pela autoridade que houver de presidir o ato, mediante petição dos contraentes, que se mostrem habilitados com a certidão do art. 1.531.

Embora a lei seja expressa quanto à competência, deverá o celebrante agir com razoabilidade, levando em conta a conveniência dos nubentes. Recomenda-se permitir diversas opções de datas em sua agenda, para que os nubentes possam escolher o dia da celebração do ato mais significativo para as suas vidas, normalmente repleto de cerimônias e comemorações, mobilizando não apenas os nubentes, como também sua família e amigos.

PETIÇÃO

Devem os nubentes firmar petição solicitando que a autoridade celebrante designe a data e hora da celebração, instruindo-a com a certidão de que estão habilitados para o casamento (CC, art. 1.533). Nada impede que essa petição seja firmada antes mesmo de expedido o certificado de habilitação, para maior praticidade e desburocratização do procedimento. No entanto, o Oficial de Registro Civil só deverá apresentá-la à autoridade competente quando juntado o certificado de habilitação.[74]

Em verdade, na prática cartorial, para organizar o agendamento de casamentos de modo eficiente para o cidadão e para o serviço público, a autoridade celebrante deixa previamente estabelecido com o Oficial de Registro Civil quais dias e horários em que serão celebrados os casamentos. Em posse dessa agenda, ao receber o pedido de habilitação para o casamento, o próprio serviço de registro civil pode reservar para os nubentes a data da celebração, conforme as regras acertadas com a autoridade celebrante. Atende-se, assim, ao compreensível anseio dos nubentes em terem conhecimento da data do casamento já no momento do pedido de habilitação. Caso o procedimento de habilitação tenha algum incidente, atrasando ou impedindo a expedição do certificado de habilitação, bastará cancelar a reserva da data da celebração, informando os nubentes da situação.

SOLENIDADE PÚBLICA

A celebração do casamento é revestida de solenidade, para garantir a livre, espontânea e consciente manifestação da vontade dos nubentes.

Deve ocorrer com publicidade, em local com as portas abertas, diante de duas testemunhas. Serão quatro as testemunhas se presentes dois requisitos, cumulativamente: um dos contraentes não souber ou não puder assinar e o casamento se realizar em edifício particular[75]. As testemunhas da celebração, assim como na habilitação, também podem ser parentes dos contraentes (CC, art. 1.534).

Art. 1.534. A solenidade realizar-se-á na sede do cartório, com toda publicidade, a portas abertas, presentes pelo menos duas testemunhas, parentes ou não dos contraentes, ou, querendo as partes e consentindo a autoridade celebrante, noutro edifício público ou particular.

74. A parte final do art. 1.533 é um reforço normativo e documental à necessidade de prévia habilitação para a celebração do casamento. Não é uma exigência para firmar a petição solicitando a data e hora.

75. Ficou solucionada, assim, divergência que havia no Código anterior, o qual permitia interpretação de que seriam quatro as testemunhas sempre que o casamento se realizasse em edifício particular, como equivocadamente ainda preveem algumas normativas, e. g. o Provimento da CGJ-DF, art. 267, § 2º "Deverão estar presentes pelo menos 02 (duas) testemunhas na hipótese de solenidade de casamento realizada na sede da serventia ou em prédio público."

Por ocasião da celebração, é desnecessária a representação ou assistência dos pais ou representantes legais, sequer seria admissível tal representação ou assistência, uma vez que a vontade de contrair matrimônio é ato personalíssimo e não admite a intervenção de outra vontade. Ressalte-se que para os incapazes os pais ou responsáveis outorgam consentimento para o casamento no procedimento de habilitação ou há autorização judicial para tanto. O nubente em situação de curatela, por uma exceção prevista em lei, pode manifestar a vontade por curador, conforme exposto no item 11.3.6 a seguir.

Se algum dos contraentes recusar a solene afirmação da sua vontade, declarar que esta não é livre e espontânea ou manifestar-se arrependido, suspende-se imediatamente a celebração. Uma vez presentes essas negativas, o contraente não poderá se retratar no mesmo dia, devendo ser marcada outra data para a celebração (CC, art. 1.538).

Manifestadas as vontades, após o juiz os declarar casados, está constituído o casamento (art. 1.514). Segue-se à lavratura do assento e colheita das assinaturas (CC, art. 1.536).

Merece análise a situação de um dos nubentes não assinar o termo de casamento. Imagine-se que depois da celebração, mas antes das assinaturas, ocorra o óbito de algum dos nubentes. Ou ainda, que algum nubente se recuse a assinar o termo de casamento ou se retire repentinamente da sala de casamentos sem deixar aviso.

A doutrina diverge se o casamento está aperfeiçoado no momento em que ambos nubentes manifestam a vontade ou no momento em que o juiz os declara casados[76], porém, não há divergência de que a celebração é o ato que constitui o casamento. Assim, a falta das assinaturas não invalida o casamento, pois este já foi celebrado (CC, art. 1.536). Caberá então ao oficial de registro e ao juiz de casamento fazer constar no assento as circunstâncias ocorridas e expedir a certidão de casamento. Não há obrigatoriedade de se constar na certidão em breve relatório essas circunstâncias da celebração, que constarão apenas nas certidões de inteiro teor.

11.3.1 Juiz de casamento

O art. 98, II, da Constituição Federal prevê que os Estados organizarão a justiça de paz, remunerada, com competência para a celebração de casamentos, sendo tais juízes eleitos pelo voto direto, universal e secreto, com mandato de quatro anos.

Ocorre que tal norma constitucional se classifica como norma de eficácia limitada e não foi regulamentada por lei na grande maioria dos Estados, motivo pelo qual não produzirá efeitos. A omissão dos Estados em dar efetividade ao preceito constitucional ensejou a propositura, pela Procuradoria Geral da República, de ação direta de inconstitucionalidade por omissão em face dos respectivos Tribunais de Justiça e Assembleias Legislativas, em tramitação no STF (ADO 40), ainda sem julgamento.

Serão 04 (quatro) as testemunhas quando for realizada em edifício particular ou quando algum dos contraentes não souber ou não puder escrever".
76. VENOSA, Sílvio de Salvo. *Direito Civil: direito de família.* 5ª ed. São Paulo: Altas, 2005 p. 108

Nos Estados em que há lei regulamentadora, como Amapá, Amazonas, Minas Gerais, Mato Grosso do Sul, Rio Grande do Norte e Roraima, tampouco foi possível realizar as eleições previstas na Constituição, por falta de normatização sobre o procedimento eleitoral, que é de competência do Tribunal Superior Eleitoral, sendo as eleições operacionalizadas pelos Tribunais Regionais Eleitorais. A omissão desses tribunais ensejou a propositura da ação direta de inconstitucionalidade por omissão (ADO 39) pela Procuradoria Geral da República, em trâmite no STF, ainda sem julgamento.

Unidades da federação que não dispõem de lei sobre o tema, regulamentaram a nomeação de juízes de paz ou juízes de casamento em normas infralegais, como, por exemplo, no Distrito Federal, onde as normas editadas pela Corregedoria estabelecem que o Juízes de Paz serão indicados pelo Corregedor e nomeados pelo Presidente do Tribunal de Justiça[77].

No Estado de São Paulo, diante da ausência de lei, o Chefe do Poder Executivo editou o Decreto n. 59.101, de 18 abril de 2013, que, em seu art. 35, inciso II, alínea "h", atribuiu ao Secretário da Justiça e da Defesa da Cidadania (SJDC) a competência para nomear e exonerar Juízes de Casamentos e Suplentes de Juízes de Casamentos. Por sua vez, a SJDC editou a Resolução n. 19 de 2015, estabelecendo os critérios para a nomeação de Juiz de Casamentos. Nos casos de impossibilidade de o casamento ser realizado pelo titular ou suplente, as normas de serviço preveem a possibilidade de nomeação de juiz *ad hoc* (NSCGJ-SP, Cap. XVII, item 80).

Em São Paulo, a função é exercida sem remuneração[78], salvo quando realizado o casamento em diligência, fora da sede da serventia, hipótese em que a lei de custas prevê o repasse de 20% do valor recebido pelo Oficial a título de custeio das despesas de transporte[79].

Quando realizado o casamento por autoridade relativamente incompetente (*ratione loci* ou *ratione personae*) enquadra-se no art. 1550, VI, do CC, que estabelece a anulabilidade do ato.

No entanto, não se decretará a anulabilidade do casamento celebrado por aquele que, sem possuir a competência exigida na lei, exercer publicamente as funções de juiz de casamentos e, nessa qualidade, tiver registrado o ato no Registro Civil (CC, art. 1554).

11.3.1.1 Impedimentos do juiz

Debate-se se o celebrante do casamento pode ser parente dos contraentes. A lei é omissa nesse ponto, cabendo então o recurso à analogia, aos costumes e aos princípios gerais de direito para a solução.

---

77. PGCJ-DF – Art. 262. Os juízes de paz, enquanto não for publicada lei que disponha sobre sua eleição, serão indicados pelo corregedor e nomeados pelo presidente do Tribunal de Justiça, para atuar junto aos serviços de registro civil do Distrito Federal. (Redação dada pelo Provimento 2 de 18 de fevereiro de 2014)
78. Resolução SJDC n. 19 de 22.07.2015 – Artigo 5º – Os Juízes de Casamentos deverão celebrar os casamentos de forma gratuita, com publicidade e impessoalidade nos termos da legislação vigente, considerando que seu exercício é de natureza relevante à sociedade.
79. Lei Estadual n. 11.331/2001, Tabela V, Nota Explicativa IV.

Se considerarmos que a função do juiz de casamentos é semelhante à do juiz de direito ou mesmo semelhante à do registrador civil, conclui-se que ele estará impedido de realizar o casamento de seus parentes até o terceiro grau, por aplicação analógica do CPC, art. 144, IV, e da Lei n. 8.935/94, art. 27.

No entanto, ressalte-se que é comum os noivos desejarem que o celebrante seja uma pessoa que os conhece, um parente próximo ou amigo íntimo. Não parece haver imoralidade no caso. A aplicação dos artigos citados, por analogia, poderá ceder aos costumes. Atente-se, também, que outros artigos do Código excepcionam as regras gerais quando se trata de casamento. Assim, admite-se que as testemunhas, tanto da habilitação quanto da celebração do casamento, sejam parentes dos contraentes (CC, art. 1.525, III, e 1.534).

No mesmo sentido, relativizando a importância do celebrante do casamento, note-se que a incompetência dele é caso de anulabilidade (não nulidade), com prazo de dois anos para ser arguida (CC, art. 1.550, VI, e 1.560, II). Nem sequer será anulado o casamento se o celebrante, ainda que incompetente, exercer publicamente as funções de juiz de casamentos e, nessa qualidade, tiver registrado o ato no Registro Civil (CC, art. 1.554).

Na habilitação, os noivos manifestam a intenção de se casarem e definem todas as questões referentes ao ato (regime de bens, alteração do nome etc.) sendo o conteúdo decisório no momento da celebração restrito ao "sim", ou seja, à confirmação da vontade de efetivar o casamento para o qual já está habilitado. Dessa forma, o celebrante não teria como favorecer o contraente que seja seu parente, embora possa cometer fraude mais grave, como afirmar a ocorrência de um casamento em que a vontade do nubente é viciada ou inexistente, sendo certo que até o momento da celebração o nubente, mesmo que habilitado, pode desistir do casamento.

Os argumentos aqui desenvolvidos podem ser utilizados pelas autoridades competentes para firmarem normas administrativas que regulamentam o serviço de registro civil.

11.3.2 Casamento por procuração

É permitido que os contraentes se façam representar na celebração por procurador. Para tal fim, é necessário instrumento público, com poderes especiais para o ato, indicação de nome completo do outro nubente e regime de bens a ser adotado (CC, arts. 1.535, "em pessoa ou por procurador especial", e art. 1.542). Assim esclarece Milton Paulo de Carvalho Filho:

> a lei determina que a procuração seja lavrada por instrumento público e contenha poderes especiais (*caput*) para os fins concedidos, ou seja, para comparecer em seu lugar e receber, em seu nome, o outro contraente, cujo nome também estará indicado no instrumento. (...). A procuração deverá mencionar ainda o regime de bens escolhido pelos nubentes.

É considerado instrumento público a escritura lavrada por tabelião de notas e aquelas emitidas pelo serviço consular brasileiro. Importante observar que a exigência legal do instrumento público não é mera burocracia, mas é medida que se impõe, uma vez que na lavratura deste instrumento o notário verifica a livre manifestação da vontade do outorgante, elemento essencial à validade do casamento.

Observe-se que até mesmo no casamento nuncupativo o nubente que não estiver em iminente risco de vida poderá fazer-se representar por procurador (CC, art. 1542, § 2º).

A procuração para a celebração do casamento contém regras especiais: 1) a revogação do mandato não necessita chegar ao conhecimento do mandatário para produzir efeitos; mas, celebrado o casamento sem que o mandatário ou o outro contraente tivessem ciência da revogação, responderá o mandante por perdas e danos; 2) a eficácia não ultrapassará o prazo de noventa dias (CC, art. 1.542 e parágrafos).

Não se tem admitido nomear o outro contraente como procurador, em virtude do conflito de interesses no ato[80]. Pelo mesmo fundamento, parte da doutrina não vê com bons olhos a outorga de procuração ao mesmo mandatário caso os dois nubentes sejam representados. Assim, "não poderá ser outorgada por ambos os nubentes ao mesmo procurador, para que cada um defenda os interesses de seu constituinte"[81].

Todavia, na opinião dos autores deste trabalho, há que se analisar a questão com mais vagar. A procuração apresentada para o casamento contém todos os elementos da manifestação de vontade, não havendo margem de discricionariedade para o procurador, o que leva a concluir que instrumentaliza uma espécie de nunciação, em que o núncio coopera para a conclusão do negócio, mas não age em nome dos titulares do direito, como define Silvio de Salvo Venosa[82]:

> Núncio ou mensageiro é a pessoa encarregada de levar ou transmitir um recado de outrem. É o que se pode chamar de porta-voz. A tarefa do núncio pode consistir no simples ato de entrega de documento, no qual haja declaração de vontade do interessado, ou na reprodução, de viva voz, da declaração de alguém. Em ambos os casos, o mensageiro coopera na conclusão do negócio jurídico, mas não atua em nome e por conta do verdadeiro titular.

Diante disso não haveria qualquer óbice ou prejuízo à defesa dos interesses dos representados que ambos tivessem o mesmo procurador ou até que um nubente representasse o outro. Agregue-se a isso o fato de que não há conflito de interesses na cerimônia de casamento, tampouco interesses contrapostos, mas conjunção de vontades na prática de um ato jurídico. Este tema merece maior aprofundamento.

De qualquer maneira, é possível que ambos os contraentes sejam representados por procuração e não há obrigatoriedade de que os procuradores sejam de sexo distintos.

---

80. Vide decisão da Segunda Vara de Registros Públicos da Comarca de São Paulo, Processo: 0001415-92.2012.8.26.0100, julgado em 05/11/2014, MM. Juiz Ralpho Waldo De Barros Monteiro Filho. Disponível em http://www.kollemata.com.br/registro-civil-das-pessoas-naturais-casamento-por-representacao-nubentes-mesmo-procurador-conflito-de-interesses.html. Acesso em 25.05.2018.
81. CARVALHO FILHO, Milton Paulo de. *Op.Cit.*, 2011, p. 1676.
82. VENOSA, Sílvio de Salvo. *Direito civil*: parte geral. 6. ed. São Paulo: Atlas, 2006. p. 365-366. *Apud* TOBIAS, Rogério. *Recepção de títulos e devolução de documentos – credor, apresentante e núncio – casuística*. In: SOUZA NETO, João Baptista de Mello (coord.) *Manual de protesto de letras e títulos*: teoria e prática. São Paulo: Quartier Latin, 2017. p. 139.

Mesmo antes da possibilidade de casamento entre pessoas do mesmo sexo, não havia uma suposta obrigatoriedade de que na celebração os comparecentes tivessem sexos distintos.

Ressalte-se que para a conversão de união estável em casamento, em que a vontade é manifestada no momento da habilitação, tendo em vista que consiste na mesma finalidade da celebração do casamento, também se exige o instrumento público, de maneira que se garante que houve apuração da livre manifestação da vontade do nubente representado, o que não se obtém pelo mero reconhecimento de firma na procuração particular.

11.3.3 Casamento perante autoridade consular

Esse assunto merece uma análise mais aprofundada, sob a ótica também do Direito Internacional Privado, mas não se deixa de registrar aqui sua possibilidade, ainda que brevemente. Trata-se da celebração do casamento pelas autoridades consulares, matéria que se subdivide em pelo menos duas situações: 1) autoridades consulares estrangeiras em território brasileiro; e 2) autoridades consulares brasileiras no exterior.

A primeira questão pode ser respondida, inicialmente, com o art. 7º, § 2º, da LINDB – Lei de Introdução às Normas do Direito Brasileiro, com o seguinte teor "O casamento de estrangeiros poderá celebrar-se perante autoridades diplomáticas ou consulares do país de ambos os nubentes. (Redação dada pela Lei n. 3.238, de 1957)", mas, como já foi observado, a adequada interpretação desse artigo deve ser buscada em uma pesquisa mais aprofundada a ser desenvolvida em outra oportunidade.

A segunda questão tem sua resposta no art. 32, *caput*, da LRP, com o seguinte teor: "Os assentos de nascimento, óbito e de casamento de brasileiros em país estrangeiro serão considerados autênticos, nos termos da lei do lugar em que forem feitos, legalizadas as certidões pelos cônsules ou quando por estes tomados, nos termos do regulamento consular."

Atente-se para a expressão legal "quando por estes tomados, nos termos do regulamento consular", que permite a celebração do casamento, confirmando, assim, a competência do serviço consular brasileiro para os atos da vida civil dos brasileiros residentes no exterior.

O Manual do Serviço Consular e Jurídico, editado pelo Ministério das Relações Exteriores[83], em seu capítulo 4º, dispõe sobre o casamento celebrando na repartição consular em seus itens 4.3.43 a 4.3.55. Desse primeiro item, infere-se que somente será realizado o casamento se ambos os nubentes forem brasileiros:

> 4.3.43 A Autoridade Consular somente poderá celebrar casamento se ambos os nubentes forem brasileiros maiores de 16 (dezesseis) anos e se a legislação local não o impedir. I - para os brasileiros menores de 18 (dezoito) anos, é necessário o consentimento de ambos os pais ou responsáveis;

---

83. BRASIL. Ministério das Relações Exteriores. *Manual do Serviço Consular e Jurídico – Capítulo 4º – Atos Notariais e de Registro Civil*. Disponível em: https://sistemas.mre.gov.br/kitweb/datafiles/Miami/pt-br/file/MSCJ%20completo-1.pdf Acesso em 25.06.2018

II - pelo menos um dos contraentes deverá comprovar ser residente na jurisdição consular, mediante apresentação de declaração assinada pelo interessado e duas testemunhas brasileiras ou estrangeiras, residentes ou não no país (ver ANEXOS); e III - não haverá impedimento de que seja celebrado casamento entre pessoas do mesmo sexo, desde o referido matrimônio seja reconhecido na jurisdição do Posto.

A trasladação dos casamentos de brasileiros ocorridos no estrangeiro, seja por autoridade consular brasileira, seja por autoridade estrangeira, será analisada neste trabalho no item 13.4.5 a seguir.

11.3.4 Casamento urgente em caso de moléstia grave

O Código Civil, nos arts. 1.539 a 1.541, regula situações especiais para a celebração do casamento, para os casos de: 1) moléstia grave do contraente, sendo urgente, com presença da autoridade celebrante (CC, art. 1.539); e 2) iminente risco de vida do contraente, sem a presença da autoridade celebrante (CC, art. 1.541). Esta última hipótese traz o chamado casamento nuncupativo, tratado no item seguinte.

Para a hipótese do art. 1.539 do CC, atente-se que não basta a moléstia grave, pois além dela, é necessária a urgência. A análise da urgência é feita diante de cada caso concreto e será aferida pela probabilidade de falecimento do nubente antes da celebração. Por exemplo, a data marcada para uma cirurgia de alto risco ou o estado de saúde terminal declarado pelos médicos são casos de urgência, que justificam a excepcionalidade da celebração.

A celebração, nestes casos, é antecipada e realizada mesmo sem prévia habilitação para o casamento, podendo ocorrer no local onde estiver o nubente impedido, e é necessária a presença de duas testemunhas que saibam ler e escrever (CC, art. 1.539, *caput*).

Conforme as regras gerais da celebração, admitem-se os parentes como testemunhas. Afinal, o dispositivo legal foi criado para facilitar a celebração e não poderá ser interpretado de forma a obstaculizá-la. Caso o legislador quisesse excluir os parentes como testemunhas, teria feito expressamente, como o fez para o casamento nuncupativo (CC, art. 1.541).

A celebração deve ser feita de portas abertas e com publicidade, também conforme a regra geral, pois tais providências são singelas e não implicam em atrasos à celebração.

A falta da autoridade competente para a celebração poderá ser suprida por qualquer dos seus substitutos legais (CC, art. 1.539, § 1º). As NSCGJ-SP não admitem a nomeação de juiz de casamentos *ad hoc* para esta celebração (Cap. XVII, item 89.4). Se não for possível a presença da autoridade celebrante, surge a possibilidade de realização do casamento nuncupativo, tratado no item seguinte.

Celebrado o casamento, é lavrado o respectivo termo, pelo Oficial de Registro Civil ou por seus escreventes. Se nenhum deles estiver presente na celebração, sua falta será suprida pela nomeação de um oficial *ad hoc*, pelo celebrante, com competência para a lavratura de termo avulso que será registrado no prazo de cinco dias, perante duas testemunhas, ficando arquivado (art. 1.539, § 2º).

Debate-se sobre a necessidade de habilitação para o casamento urgente, em caso de moléstia grave. O Código Civil, no art. 1.539, traz normas especiais para tal celebração, mas é omisso quanto à necessidade ou dispensa da habilitação. Seguramente, a habilitação não é requisito prévio para a celebração nessas condições, pois estaria prejudicado todo o intento legal de estabelecer uma forma urgente de celebração de casamento. Assim já decidiu o TJRS na Apelação Cível 70013292107, Relator Des. Ricardo Raupp Ruschel (11-1-2006), cuja ementa do Acórdão segue:

> APELAÇÃO CIVIL. PEDIDO DE AUTORIZAÇÃO DE REGISTRO DE CASAMENTO. Moléstia grave de um dos nubentes. Art. 1539, CCB. A urgência do ato dispensa os atos preparatórios da habilitação e proclamas.

Tal decisão e a doutrina nela citada mencionam que a habilitação fica dispensada em tais casos, no entanto não enfrentam a possibilidade de se realizar o processo de habilitação *a posteriori*. Nesse sentido, argumenta-se que após a celebração cessam os motivos da urgência, pois mesmo que o contraente venha a falecer, já estará colhida a sua manifestação de vontade, sendo possível o registro do casamento.

Assim, é possível e aconselhável realizar o procedimento de habilitação, ainda que posterior ao casamento, como condição ao registro deste, conferindo maior segurança jurídica ao ato, sem prejuízo do interesse dos contraentes.

Em São Paulo, a habilitação é obrigatória para o registro, como consta na NSCGJ-SP, Cap. XVII, item 89.2, que traz interessante caso de deslocamento da competência da habilitação para o local da celebração, fazendo-se publicar os editais no local de residência.

> 89.2. Se a celebração ocorrer sem prévia habilitação para o casamento, o termo ficará arquivado, após a assentada de duas testemunhas, nos próprios autos da futura habilitação, que será processada pelo Oficial de Registro Civil das Pessoas Naturais do local da celebração, sem prejuízo do encaminhamento dos editais de proclamas para o Registro Civil das Pessoas Naturais de residência dos nubentes.

Certo também de que esta habilitação deverá levar em conta a situação especial em que se encontra o nubente, colhendo suas declarações e assinaturas no local onde estiver, salvo se puder comparecer em cartório.

A certidão de casamento em breve relatório, desde os modelos padronizados pelos Provimentos 2 e 3/2009, atualmente Provimento 63/2017 da CN-CNJ, não contém campo para a indicação de celebrante, nem da data da celebração, tampouco existem fundamentos jurídicos relevantes para dar publicidade da forma da celebração nestes casos, ou seja, a certidão de casamento será expedida da mesma forma que as certidões dos demais casamentos.

11.3.5 Casamento nuncupativo

Em uma situação fática em que há o iminente risco de vida de algum dos contraentes e a impossibilidade da presença da autoridade celebrante ou seu substituto, faz-se possível a celebração do casamento nuncupativo, regrada nos arts. 1.540 e 1.541 do Código Civil.

Os requisitos para a validade de tal celebração são: 1) manifestação livre e consciente dos contraentes receberem-se por marido e mulher, ou seja, receberem-se em casamento; 2) que essa manifestação seja feita diante de seis testemunhas que com os nubentes não tenham parentesco em linha reta, ou, na colateral, até segundo grau; 3) que o enfermo tenha convocado as testemunhas, ou seja, que os contraentes tenham expressamente solicitado às testemunhas que realizem e presenciem o casamento deles; 4) que as testemunhas declarem que o contraente parecia estar em perigo de vida e em seu juízo.

Assim celebrado o casamento, as testemunhas terão o prazo de dez dias para comparecer perante a autoridade judicial mais próxima, que lhes tomará as declarações. Caberá a autoridade judicial verificar se os contraentes poderiam ter-se habilitado na forma ordinária e decidir acerca da idoneidade dos cônjuges para o casamento.

Ou seja, diferentemente do caso de casamento urgente por moléstia grave, acima analisado, para o casamento nuncupativo existe expressa previsão legal de que seja feita verificação semelhante à habilitação pelo casamento, no entanto, esta não será feita pelo Oficial de Registro Civil, mas pela autoridade judicial.

Ao Oficial de Registro Civil caberá apenas registrar o casamento no livro próprio, por força de mandado judicial, desde que transitada em julgado a decisão. Os efeitos de tal registro retroagem à data da celebração.

Se o enfermo convalescer e puder ratificar o casamento, tornam-se desnecessárias todas as formalidades comentadas, realizando-se o casamento perante a autoridade competente e pelo Oficial de Registro, conforme as regras gerais do casamento, ou seja, com habilitação e celebração.

A certidão de casamento em breve relatório, desde os modelos padronizados pelos Provimentos 2 e 3/2009, atualmente Provimento 63/2017 da CN-CNJ, não contém campo para a indicação de celebrante, nem da data da celebração, tampouco existem fundamentos jurídicos relevantes para dar publicidade da forma da celebração nestes casos, ou seja, a certidão de casamento será expedida da mesma forma que as certidões dos demais casamentos.

11.3.6 Nubente em situação de curatela (interditado)

Há tratamento especial para o ato de celebração do casamento de pessoa em situação de curatela, ou seja, pessoa para quem foi nomeado um curador em processo de interdição. Como visto nos itens 11.1.4 e 11.2.3.4 deste capítulo, o casamento é ato personalíssimo e os poderes do curador não alcançam os atos pessoais, ou seja, a regra é que o curador não pode agir em nome do curatelado quando o assunto é casamento.

No entanto, a própria Lei 13.146/15 criou hipótese especial em que o nubente pode manifestar a vontade por meio de curador, pois incluiu o parágrafo segundo no artigo 1.550 do Código Civil, expressa previsão de que "a pessoa com deficiência mental ou intelectual em idade núbil poderá contrair matrimônio, expressando sua vontade diretamente ou por meio de seu responsável ou curador".

Criou-se, assim, uma faculdade para o nubente portador de deficiência mental ou intelectual de participar pessoalmente da celebração do seu casamento ou por meio de seu curador.

Supõe-se que o fundamento de tal possibilidade é garantir maior acessibilidade ao ato do casamento às pessoas com deficiência, que podem ter dificuldades na forma de manifestar a vontade, poupando-as assim de passar novamente por um momento difícil e desconfortável, conforme o caso. Dessa forma, a pessoa com deficiência, que já tenha manifestado a vontade de casar em procedimento de habilitação para o casamento, poderá se fazer representar na celebração por meio do curador.

O texto legal possibilita expressar "a vontade diretamente ou por meio de seu responsável ou curador". As normas administrativas paulistas redigiram a regra da seguinte forma "presentes os contraentes, em pessoa, por procurador especial <u>ou através de curador</u>, juntamente com as testemunhas e o Oficial, o presidente do ato(...)[84]". Considerando essas expressões normativas bem como o fundamento de tal faculdade legal, conclui-se que não será necessária a presença do nubente com deficiência na celebração de seu casamento. Assim, está-se diante de ato de representação, não de assistência. Caberá ao registrador, ao lavrar o termo de casamento, consignar que o nubente manifestou vontade por meio do curador, bem como exigir prova da curatela.

A repetição de casos concretos e sua futura análise jurisdicional poderão levar a outra interpretação do parágrafo segundo do art. 1.550 do Código Civil inserido pela Lei 13.146/15, por ora, a interpretação administrativa realizada pela Corregedoria da Justiça do Estado de São Paulo é a melhor interpretação que se tem conhecimento, pois respeita o texto legal, as finalidades de inclusão da nova lei e a necessidade de manifestação de vontade para o ato do casamento.

11.4 O REGISTRO DO CASAMENTO

Historicamente, nota-se que uma das finalidades da solenidade da celebração é dar publicidade, o que perdura até hoje, podendo-se afirmar que o casamento se aperfeiçoa e é válido a partir de sua celebração pública. Porém, como exposto anteriormente, trata-se de publicidade pouco eficaz em uma sociedade complexa, sendo certo que na atualidade é o registro e sua certidão que trazem a publicidade mais eficaz, duradoura e adequada para o casamento.

---

84. NSCGJ-SP, Cap. XVII, item 77.

O registro dará publicidade, oporá a situação a terceiros e será meio de prova do casamento. Considerando que o casamento se realiza com a celebração perante o juiz de casamento, o registro não é ato constitutivo do casamento, pois este foi constituído pela celebração.

O registro atua no plano da eficácia, não no plano da validade do casamento. Após o registro, ninguém poderá alegar desconhecimento dessa situação jurídica, que produzirá todos os efeitos, como questão atinente ao estado da pessoa natural que é.

Ainda que não seja constitutivo, aos olhos de quem não é especialista em direito registral facilmente poderá parecer que sem registro não existe casamento. Isso por conta de um importante efeito jurídico do registro, que é o efeito probatório, ou seja, o registro constitui o meio de prova do casamento.

Na sociedade moderna, é impossível dar o adequado conhecimento do casamento a terceiros apenas pela solenidade da celebração ou pela posse do estado de casados (*tratactus, nomen* e *reputatio*).

Por esse motivo, o Código Civil prevê que o casamento se prova pela certidão do registro civil, permitindo-se outros meios de prova somente quando justificada a falta ou perda da certidão (CC, art. 1.543[85]).

Sem a certidão de casamento expedida pelo registro civil, será custoso e moroso comprovar o casamento, pois além de se utilizar de outros meios para comprovar o ato, será necessário justificar a falta ou perda do registro civil.

A análise desses requisitos compete ao Poder Judiciário que, decidindo pela existência do casamento, determinará seu registro (CC, art. 1.546). Dessa forma, uma vez comprovada a existência do casamento por outros meios, retorna-se a constituir seu meio de prova original, que é a certidão do registro civil. Assim, aos cidadãos, às empresas e aos órgãos governamentais, caberá somente a exigência da certidão de casamento para comprová-lo.

11.4.1 Procedimento do registro

Logo depois de celebrado o casamento, lavrar-se-á o assento no livro de registro (CC, art. 1.536).

O casamento é objeto de registro lavrado em livro próprio para esse fim, qual seja, o Livro "B" (art. 9º, I, do CC; art. 29, II, e art. 33, II, da LRP).

O casamento religioso para efeitos civis é objeto de registro no Livro "B – auxiliar" (art. 1.515 do CC, art. 72 e art. 33, III, da LRP).

A conversão de união estável em casamento geralmente é registrada no Livro "B", por se tratar de casamento civil, alcançado por meio da conversão, mas há que se analisar o que dizem as normas locais, já que, por exemplo, no Distrito Federal determinou-se o registro no Livro "B-Auxiliar" (art. 1.726 do CC e art. 33, II ou III, da LRP e PGCJ-DF, art. 251).

---

85. Art. 1.543 do CC: "O casamento celebrado no Brasil prova-se pela certidão do registro.
Parágrafo único. Justificada a falta ou perda do registro civil, é admissível qualquer outra espécie de prova".

Os elementos que constituem o registro de casamento são colhidos conjuntamente do art. 1.536 do Código Civil e do art. 70 da Lei de Registros Públicos, excluindo-se aqueles não recepcionados pela Constituição Federal.

São elementos colhidos do art. 1.536 do Código Civil:

I – os prenomes, sobrenomes, datas de nascimento, profissão, domicílio e residência atual dos cônjuges;

II – os prenomes, sobrenomes, datas de nascimento ou de morte, domicílio e residência atual dos pais;

III – o prenome e sobrenome do cônjuge precedente e a data da dissolução do casamento anterior;

IV – a data da publicação dos proclamas e da celebração do casamento;

V – a relação dos documentos apresentados ao oficial do registro;

VI – o prenome, sobrenome, profissão, domicílio e residência atual das testemunhas;

VII – o regime do casamento, com a declaração da data e do cartório em cujas notas foi lavrada a escritura antenupcial, quando o regime não for o da comunhão parcial, ou o obrigatoriamente estabelecido.

São elementos colhidos do art. 70 da LRP:

1. A nacionalidade e a naturalidade dos contraentes (item 1º) que inclusive constam do modelo padronizado de certidão da CN-CNJ;

2. Nome que passa a ter o homem ou a mulher após o casamento (item 8º).

O item 9º do art. 70 da LRP não foi recepcionado pela Constituição Federal, pois contraria o art. 227, § 6º, que veda discriminações quanto à origem da filiação. Estabelecia tal item que constariam do registro o nome e a idade dos filhos havidos de matrimônio anterior ou legitimados pelo casamento.

Depois da lavratura, o termo é lido em voz alta, assinado pelo celebrante, pelos noivos, pelas testemunhas e subscrito pelo registrador (CC, art. 1536, *caput*). Dessa forma, as assinaturas também são consideradas elementos do registro.

Se os cônjuges alteraram o nome com o casamento, já no momento da assinatura do registro devem levar em conta o seu novo nome. No entanto, como não há regras cogentes sobre como deve uma pessoa assinar, o registro não se considera irregular por ter sido assinado sem o nome completo adotado com o casamento, afinal, sequer há obrigatoriedade de que a assinatura seja composta pelo nome, mas a identificação da assinatura deve conter o nome adotado.

Se o contraente não souber assinar, constará à margem do termo a sua impressão digital, com a finalidade de provar que esteve presente no ato e manifestou consentimento (LRP, art. 70, 10º). Embora esse seja um dispositivo especial da lei, que afastaria a aplicação da regra geral, aconselha-se, também, colher a assinatura de pessoa que assine a rogo daquele que não souber assinar (LRP, art. 37, § 1º).

Observe-se que é possível ainda colher a assinatura das demais pessoas presentes na cerimônia, sem necessidade de qualificá-las, conferindo maior publicidade e segurança ao ato. Respeita-se, assim, um costume nas celebrações de casamento.

11.4.2 Registro de casamento religioso para efeitos civis (Livro "B" auxiliar)

A Constituição Federal, após estabelecer que o casamento é civil, expressa que "O casamento religioso tem efeitos civis nos termos da lei" (art. 226, § 2º). A lei mencionada é o Código Civil (arts 1.515 e 1.516[86]) e a Lei de Registros Públicos (arts. 71 a 75[87]).

O casamento religioso é caracterizado por ser celebrado pela autoridade religiosa, e, para que tenha efeitos civis, deverá ser promovido o seu registro civil, submetendo-se aos mesmos requisitos exigidos para o casamento civil (CC, art. 1.516), e atender às mesmas exigências para a validade do casamento civil (CC, art. 1.515). Em suma, a celebração é religiosa, mas se exige habilitação e registro, semelhante ao casamento civil.

---

86. Art. 1.515. O casamento religioso, que atender às exigências da lei para a validade do casamento civil, equipara-se a este, desde que registrado no registro próprio, produzindo efeitos a partir da data de sua celebração.
    Art. 1.516. O registro do casamento religioso submete-se aos mesmos requisitos exigidos para o casamento civil.
    § 1º O registro civil do casamento religioso deverá ser promovido dentro de noventa dias de sua realização, mediante comunicação do celebrante ao ofício competente, ou por iniciativa de qualquer interessado, desde que haja sido homologada previamente a habilitação regulada neste Código. Após o referido prazo, o registro dependerá de nova habilitação.
    § 2º O casamento religioso, celebrado sem as formalidades exigidas neste Código, terá efeitos civis se, a requerimento do casal, for registrado, a qualquer tempo, no registro civil, mediante prévia habilitação perante a autoridade competente e observado o prazo do art. 1.532.
    § 3º Será nulo o registro civil do casamento religioso se, antes dele, qualquer dos consorciados houver contraído com outrem casamento civil.
87. Art. 71. Os nubentes habilitados para o casamento poderão pedir ao oficial que lhe forneça a respectiva certidão, para se casarem perante autoridade ou ministro religioso, nela mencionando o prazo legal de validade da habilitação. (Renumerado do art. 72 pela Lei n. 6.216, de 1975).
    Art. 72. O termo ou assento do casamento religioso, subscrito pela autoridade ou ministro que o celebrar, pelos nubentes e por duas testemunhas, conterá os requisitos do art. 71, exceto o 5º. (Renumerado do art. 73, pela Lei n. 6.216, de 1975).
    Art. 73. No prazo de trinta dias a contar da realização, o celebrante ou qualquer interessado poderá, apresentando o assento ou termo do casamento religioso, requerer-lhe o registro ao oficial do cartório que expediu a certidão. (Renumerado do art. 74, pela Lei n. 6.216, de 1975).
    § 1º O assento ou termo conterá a data da celebração, o lugar, o culto religioso, o nome do celebrante, sua qualidade, o cartório que expediu a habilitação, sua data, os nomes, profissões, residências, nacionalidades das testemunhas que o assinarem e os nomes dos contraentes. (Redação dada pela Lei n. 6.216, de 1975).
    § 2º Anotada a entrada do requerimento o oficial fará o registro no prazo de 24 (vinte e quatro) horas. (Redação dada pela Lei n. 6.216, de 1975).
    § 3º A autoridade ou ministro celebrante arquivará a certidão de habilitação que lhe foi apresentada, devendo, nela, anotar a data da celebração do casamento.
    Art. 74. O casamento religioso, celebrado sem a prévia habilitação, perante o oficial de registro público, poderá ser registrado desde que apresentados pelos nubentes, com o requerimento de registro, a prova do ato religioso e os documentos exigidos pelo Código Civil, suprindo eles eventual falta de requisitos nos termos da celebração. (Renumerado do art. 75, pela Lei n. 6.216, de 1975).
    Parágrafo único. Processada a habilitação com a publicação dos editais e certificada a inexistência de impedimentos, o oficial fará o registro do casamento religioso, de acordo com a prova do ato e os dados constantes do processo, observado o disposto no art. 70.
    Art. 75. O registro produzirá efeitos jurídicos a contar da celebração do casamento. (Renumerado do art. 76, pela Lei n. 6.216, de 1975).

11.4.2.1 Habilitação e prazos

É aconselhável que a habilitação seja realizada anteriormente ao casamento religioso. A grande maioria das religiões assim procede, exigindo o certificado de habilitação para que se realize a cerimônia, como uma forma de resguardar os direitos de seus fiéis, que certamente necessitarão dos efeitos civis do seu casamento.

No entanto, não existe obrigatoriedade de que a habilitação seja anterior à celebração, o que se exige é a habilitação anterior ao registro (CC, art. 1.516, § 2º).

Se a habilitação é feita antes da celebração, o casamento deverá ser celebrado em até 90 dias, que é o prazo de eficácia do certificado de habilitação (CC, art. 1.532). Após a celebração, o casamento deverá ser registrado em até 90 dias (CC, art. 1.516, § 1º). Se expirados estes prazos, outra habilitação deverá ser realizada. Assim que apresentado o termo religioso em cartório, o registrador tem prazo de 24 horas para realizar o registro (LRP, art. 73).

Se a habilitação é posterior à celebração, deverá ser apresentado o termo religioso juntamente com o pedido de registro e após o regular processamento da habilitação é realizado o respectivo registro.

O procedimento de habilitação para fins de casamento religioso não tem grandes diferenças para as outras habilitações. O certificado de habilitação deverá conter o prazo legal da eficácia da habilitação, como também o fim específico a que se destina e o respectivo número do processo (NSCGJ-SP, Cap XVII, item 85).

11.4.2.2 Efeitos do registro

Os efeitos civis do casamento religioso sempre são retroativos à data da celebração, ainda que a habilitação seja muito posterior a esta (CC, art. 1.515 e LRP, art. 75).

A CGJ-SP já se manifestou nesse sentido: "Assim sendo, o parecer que respeitosamente submeto à Vossa Excelência, é no sentido de se adotar em caráter normativo o entendimento de que os efeitos do casamento religioso retroagem à data de sua celebração tanto nos casos em que foi realizado com prévia habilitação, quanto naqueles de habilitação posterior, sendo que, na primeira hipótese, se decorridos mais de noventa dias previstos na lei, será necessária nova habilitação, dispensando a realização de casamento civil ou novo casamento religioso" (Processo CG 641/2004 – São Paulo – JOSÉ MÁRIO ANTONIO CARDINALE – Corregedor-Geral da Justiça – *DOE* de 18-11-2004).

Dessa maneira, é necessário constar das certidões a data da celebração, pois é elemento juridicamente relevante para determinar a data de início do casamento, bem como a data do registro, que é relevante para marcar o momento em que houve publicidade. Ocorre que o modelo padronizado das certidões estabelecido pelo Provimento 63/2017 da Corregedoria Nacional da Justiça não contém campos próprios para tal fim. Dessa forma, até que a regulamentação seja aperfeiçoada, os registradores devem inserir a data de celebração do casamento religioso no campo destinado às observações.

11.4.2.3 Requisitos do termo religioso

O "assento ou termo [de casamento religioso] conterá a data da celebração, o lugar, o culto religioso, o nome do celebrante, sua qualidade, o cartório que expediu a habilitação, sua data, os nomes, profissões, residências, nacionalidades das testemunhas que o assinarem e os nomes dos contraentes" (LRP, art. 73, § 1°).

Espera-se também que o termo religioso contenha os mesmos elementos do registro civil do casamento, com exceção da relação de documentos apresentados ao Oficial (LRP, art. 72). No entanto, tal regra deve ser vista com temperamento, diante do princípio da liberdade de organização religiosa, admitindo-se que o termo religioso seja aditado ou complementado com documentos, que muitas vezes já integram o procedimento de habilitação[88].

Exige-se, também, que o termo esteja assinado pelo celebrante do ato, pelos nubentes e pelas testemunhas (LRP, art. 72). A lei é omissa quanto ao reconhecimento de firmas. No Estado de São Paulo, equilibrando a segurança jurídica com a desburocratização, determinou-se a necessidade do reconhecimento de firma apenas da autoridade celebrante[89].

O art. 74 da LRP traz importante regra excepcionando os rigores formais do termo religioso acima descritos e tem aplicação ao casamento religioso celebrado sem prévia habilitação. Os arts. 71 a 73 da LRP, até então comentados, regulamentam o termo de casamento religioso nas situações em que há prévia habilitação e servem como regras gerais e ideais dos termos religiosos, aplicável apenas no que for cabível para a situação especial prevista no art. 74, que admite o registro civil com base em "prova do ato religioso".

Dessa forma, casamento religioso de longa data, mesmo já extraviado o termo religioso firmado no dia da celebração, é possível ter acesso ao registro civil, se houver prova do ato religioso, por exemplo, uma certidão do livro religioso de registros de casamentos, se a religião mantiver esse livro. Deve, porém, o Oficial se acautelar de possíveis fraudes, por exemplo, que consistiriam em maliciosamente afirmar que tal casamento já existia em data antiga, o que não seria verdade, para buscar efeitos retroativos. Nesses casos, poderá o Oficial exigir a apresentação do livro religioso de registros de casamentos e não a mera certidão, recusando o registro se houver suspeita fundamentada da falsidade.

11.4.2.4 Autoridade religiosa

A qualidade e a competência da autoridade celebrante são de responsabilidade dos noivos. A Constituição Federal inclui entre os direitos e garantias fundamentais a liberdade de crença e o livre exercício dos cultos religiosos (CF, art. 5°, VI), o que deixa

---

88. Nesse sentido, NSCGJSP, Cap. XVII, 86.5. Faculta-se o suprimento das omissões, bem como as correções dos erros havidos no termo ou assento religioso, mediante a apresentação de termo aditivo, com firma reconhecida do celebrante, ou pela apresentação de prova documental.
89. NSCGJSP, Cap. XVII, 86. O termo ou assento do casamento religioso será assinado pelo celebrante do ato, pelos nubentes e pelas testemunhas, sendo exigido, para o seu registro, o reconhecimento da firma do celebrante.

o Oficial de Registro desprovido de instrumentos jurídicos para aferir a qualidade e competência da autoridade religiosa, bastando então confiar na boa-fé das declarações dos nubentes.

À luz do princípio constitucional da liberdade religiosa, deve-se considerar um conceito amplíssimo de autoridade religiosa, como fez o TJRS na Apelação Cível 70003296555, Rel. Des. Rui Portanova (27-6-2002). No entanto, em caso de seitas exóticas ou situações extremas em que há forte suspeita de que não se trata de uma religião, há decisões no sentido de que o Oficial pedir comprovação da existência do culto religioso, como já foi decidido pela Segunda Vara de Registro Públicos da Comarca da Capital – SP – Processo CP 587/03 RC.

Como já se disse acima, o impedimento de celebrar casamentos de seus parentes até o terceiro grau, imposto ao juiz de casamentos, também se aplica à autoridade religiosa, por ser a interpretação mais cautelosa do art. 1.515 do Código Civil, que exige que o casamento religioso, para ter efeitos civis, atenda às mesmas exigências para a validade do casamento civil. No entanto, se até mesmo para o juiz de casamentos tal impedimento é questionável, ainda com mais razão se questiona a imposição para a autoridade religiosa, considerando o princípio constitucional da liberdade religiosa e sua livre organização, parecendo mais adequado que se siga o que a própria organização religiosa dispõe sobre tal questão. Observe-se que este é um posicionamento dos autores deste trabalho.

11.4.2.5 Local e elementos do registro

O registro será realizado pelo mesmo Oficial de Registro Civil que realizou a habilitação, ainda que a celebração tenha sido realizada fora da sua circunscrição territorial. Ou seja, faz-se a habilitação no local de residência dos nubentes, mas a celebração religiosa poderá ocorrer em qualquer município, sendo posteriormente registrada pelo mesmo Oficial que realizou a habilitação.

Embora o casamento religioso seja registrado em livro próprio, qual seja, o Livro "B"-Auxiliar, ele conterá os mesmos elementos do registro de casamento civil, conforme expresso no artigo 74, p.u. da LRP. O registro será lavrado com os elementos colhidos do procedimento de habilitação e do assento ou termo religioso, o qual conterá: a data da celebração, o lugar, o culto religioso, o nome do celebrante, sua qualidade, o cartório que expediu a habilitação, sua data, o nome, a profissão, residência e a nacionalidade das testemunhas que o assinarem e os nomes dos contraentes (LRP, art. 73 § 1º).

A diferença do livro de casamento civil para o de casamento religioso para efeitos civis está no momento em que os efeitos são produzidos. Os efeitos do casamento religioso retroagem à data da celebração (B-Auxiliar). Sabe-se, então, que os efeitos dos registros do livro auxiliar retroagirão a uma data anterior (celebração). Provavelmente esse é o motivo pelo qual algumas unidades da Federação que estabelecem que o início da união estável seja inscrito no registro da conversão desta em casamento optam pelo Livro "B"-Auxiliar e as unidades que não inscrevem o início da união optam pelo registro da conversão no Livro "B".

11.4.2.6 Legitimados a requerer o registro

São duas situações distintas para se aferir quem são os legitimados a requerer o registro civil do casamento religioso: 1) se a celebração religiosa foi feita mediante prévia habilitação válida e eficaz, qualquer interessado poderá requerer o registro, desde que o faça no prazo de 90 dias contados da celebração (CC, art. 1.516, § 1º); 2) em qualquer outra situação, apenas os contraentes poderão solicitar o registro e a respectiva habilitação (CC, art. 1.516, § 2º).

Isso decorre do caráter personalíssimo que a alteração do estado da pessoa natural representa, nem sequer transmissível aos herdeiros. Assim, o falecimento de uma pessoa que era casada somente por autoridade religiosa impede que seja realizado o registro civil do casamento religioso, devendo os interessados em provar tal casamento se socorrerem do Poder Judiciário, que poderá determinar o registro por força do art. 1.543, parágrafo único, e 1.546 do Código Civil.

A exceção é a situação 1 acima descrita, pois nesse caso os contraentes manifestaram em vida a vontade de ter seu casamento inscrito no registro civil e, dentro do prazo referido, qualquer interessado poderá solicitar o registro do casamento religioso, mesmo que um dos contraentes já tenha falecido. Situação similar, como se verá adiante, é o falecimento no curso do procedimento, após firmado o pedido de conversão de união estável em casamento, caso que já conta com precedente favorável ao registro.

11.4.3 Conversão de união estável em casamento

A Constituição Federal, em seu art. 226, § 3º, prevê a facilitação da conversão da união estável em casamento.

O Código Civil, em seu art. 1.726, vai contra a determinação constitucional, pois em vez de facilitar tal conversão estabeleceu procedimento mais dificultoso do que o do próprio casamento, prevendo que será feita judicialmente. Há projetos de lei que buscam a correção deste descompasso.

A Lei n. 9.278/96, que regulamentava a união estável anteriormente ao Código Civil vigente, possibilitava o pedido de conversão em casamento perante o Registrador Civil.

Cada Estado, por meio de seus provimentos, regulou a matéria, dividindo-se entre aqueles que exigem o pedido judicial e aqueles que permitem o pedido administrativo. Na doutrina a mesma divisão é encontrada.

O DF, em suas normas, prevê a forma judicial, bem como o registro no Livro "B"--Auxiliar:

> Art. 251. A conversão da união estável em casamento depende de prévia homologação pela autoridade judiciária competente e será registrada no livro "B Auxiliar", independentemente do ato de celebração do casamento, anotando-se no assento tão somente que se trata de conversão de união estável em casamento.

O Estado de São Paulo prevê o pedido perante o Registrador Civil e o registro no Livro "B", vez que se trata de casamento (a conversão é apenas o meio pelo qual se chega ao casamento). Leiam-se as normas paulistas:

> 87. A conversão da união estável em casamento deverá ser requerida pelos companheiros perante o Oficial de Registro Civil das Pessoas Naturais de seu domicílio.
>
> 87.1. Recebido o requerimento, será iniciado o processo de habilitação sob o mesmo rito previsto para o casamento, devendo constar dos editais que se trata de conversão de união estável em casamento.
>
> 87.2. Estando em termos o pedido, será lavrado o assento da conversão da união estável em casamento, independentemente de autorização do Juiz-Corregedor Permanente, prescindindo o ato da celebração do matrimônio.
>
> 87.3. O assento da conversão da união estável em casamento será lavrado no Livro "B", exarando-se o determinado no item 80 deste Capítulo, sem a indicação da data da celebração, do nome do presidente do ato e das assinaturas dos companheiros e das testemunhas, cujos espaços próprios deverão ser inutilizados, anotando-se no respectivo termo que se trata de conversão de união estável em casamento.
>
> 87.4. A conversão da união estável dependerá da superação dos impedimentos legais para o casamento, sujeitando-se à adoção do regime matrimonial de bens, na forma e segundo os preceitos da lei civil.
>
> 87.5. Não constará do assento de casamento convertido a partir da união estável, em nenhuma hipótese, a data do início, período ou duração desta[90].

Verifica-se que, de acordo com o entendimento da Corregedoria Geral da Justiça do Estado de São Paulo, com base em interpretação teleológica e constitucional, não se exige procedimento judicial para conversão de união estável em casamento, pois é suficiente e seguro o procedimento de habilitação.

Requerida a conversão ao Oficial de Registro Civil, exige-se prévia habilitação de casamento e publicação de editais de proclamas, bem como superação dos impedimentos, verificação das regras sobre a escolha do regime de bens e eventuais alterações de nome.

Observa-se, porém, que o item 87.5 veda, para todos os casos, a inclusão no registro da data de início da união estável, não se prestando, assim, como prova da existência da união em período anterior ao registro do casamento por conversão.

Tal vedação irrestrita cria perplexidade quando o registro resulta de mandado judicial proveniente de outra unidade da federação ou mesmo do Estado de São Paulo, em que foi judicialmente comprovada e estabelecida a data de início da união. Afinal, havendo comprovação da data de início em processo judicial, é interessante dar publicidade dessa situação no registro público.

Nesse sentido, Minas Gerais trouxe a melhor solução[91 e 92]:

---

90. NSCGJSP, Capítulo XVII, itens 87 e seguintes.
91. Provimento n. 260/CGJ/2013 – Código de Normas – Extrajudicial – MG
92. Em 2008, previamente a edição de tais regras no âmbito da Corregedoria-Geral da Justiça do Estado de Minas Gerais, um dos autores deste trabalho publicou artigo que analisava a questão e propunha como melhor solução tal normativa, com a seguinte referência: CAMARGO NETO, Mario de Carvalho. Conversão de União Estável em Casamento. Disponível em: http://www.recivil.com.br/artigos.asp?tp=1.

Art. 522. A conversão da união estável em casamento será requerida pelos conviventes ao oficial de registro civil das pessoas naturais da sua residência.

§ 1º Para verificar a superação dos impedimentos e o regime de bens a ser adotado no casamento, será promovida a devida habilitação e lavrado o respectivo assento nos termos deste título.

§ 2º Uma vez habilitados os requerentes, será registrada a conversão de união estável em casamento no Livro "B", de registro de casamento, dispensando-se a celebração e as demais solenidades previstas para o ato.

§ 3º Não constará do assento data de início da união estável, não servindo este como prova da existência e da duração da união estável em período anterior à conversão.

Art. 523. Para conversão em casamento com reconhecimento da data de início da união estável, o pedido deve ser direcionado ao juízo competente, que apurará o fato de forma análoga à produção antecipada da prova prevista nos arts. 381 a 383 do Código de Processo Civil.

Parágrafo único. Após o reconhecimento judicial, o oficial de registro lavrará no Livro "B", mediante apresentação do respectivo mandado, o assento da conversão de união estável em casamento, do qual constará a data de início da união estável apurada no procedimento de justificação.

Art. 524. O disposto nesta seção aplica-se, inclusive, à conversão de união estável em casamento requerida por pessoas do mesmo sexo.

As divergências normativas entre as unidades federativas vão contra o anseio de uniformidade e previsibilidade do Direito Civil brasileiro, pois tratam de maneira desigual cidadãos cuja única diferença é residirem em locais diversos. Em busca da uniformização da matéria, o IBDFAM (Instituto Brasileiro de Direito de Família) deu início a procedimento no CNJ, solicitando uma regulamentação em âmbito nacional, o que se aguarda.

Por ser uma questão de estado da pessoa natural e um direito da personalidade, somente os conviventes poderão solicitar o registro da conversão de união estável em casamento, pessoalmente ou por procurador constituído por instrumento público. Se um deles já faleceu, não poderão os herdeiros exercer tal direito, sendo possível apenas o reconhecimento judicial da união estável ou da posse do estado de casados. Caso os conviventes tenham celebrado escritura pública de união estável, mesmo após o falecimento será possível o registro da união estável no Livro "E", como será tratado no item 13.3.6.3 a seguir.

Importante questão surge no caso de falecimento dos conviventes após terem firmado o pedido de registro de conversão de união estável em casamento, porém, ainda não concluído o procedimento de habilitação: é possível registrar o casamento ou não?

Em decisão da CGJ-SP, firmou-se o entendimento pela possibilidade do registro da conversão mesmo com a morte de um dos nubentes no período de habilitação, pois já manifestada a vontade dele nesse sentido, sendo desnecessária a formalidade da celebração[93].

---

93. PROCESSO CG N. 747/2004 – MINISTÉRIO PÚBLICO DO ESTADO DE SÃO PAULO. REGISTRO CIVIL – Conversão da união estável em casamento – Requerimento regularmente subscrito por ambos os conviventes – Posterior falecimento do varão – Processo de habilitação concluído, com expedição do correspondente certificado – Desnecessidade de celebração e, consequentemente, de assinatura dos cônjuges no assento – Possibilidade de

Outra questão relevante é a possiblidade de desistência por uma das partes antes de registrada a conversão da união estável em casamento, a qual foi enfrentada pela MM. Juíza de Direito Renata Pinto Lima Zanetta, Segunda Vara de Registros Públicos da Capital de São Paulo, no Processo 0069849-02.2013.8.26.0100 (D.J.E. de 19.05.2014), em que se concluiu: "A manifestação da vontade externada no início do procedimento deve ser mantida dos nubentes até o último instante da finalização do procedimento. Não foi o que ocorreu na situação em foco, eis que no último instante, mas antes da lavratura do assento, o nubente externou o seu arrependimento que foi, efetivamente, recepcionado pelo Oficial responsável pela lavratura. Assim, não há como superar esta situação peculiar e determinar, impositivamente, a lavratura do assento de casamento, contrariamente à vontade das pessoas que deveriam ser as maiores interessadas na concretização do ato."

Cabe, por fim, indagar qual seria o prazo para o registrador lavrar o assento de casamento por conversão de união estável, após decorrido o prazo de quinze dias da publicação dos proclamas, bem como se as partes, ao requerer a conversão, podem escolher a data em que seja lavrado o registro.

A primeira questão se insere no âmbito do direito público, sendo um prazo para o registrador, que repercute na organização do serviço, do qual se exige eficiência. À falta de previsão legal expressa, utiliza-se por analogia o prazo para emissão de certidão, que são cinco dias, conforme art. 19 da LRP.

Quanto a segunda questão, que é um pedido constante das partes no balcão do registro civil, há dois posicionamentos. Pela impossibilidade de escolha, já que diante do procedimento e efeitos da conversão de união estável em casamento, bem como da possibilidade de retratação do convivente durante o período de habilitação, acima expostos, o registro da conversão da união estável em casamento deve ser realizado logo após o dia em que o processo de habilitação se finda, e os nubentes são considerados habilitados, proporcionando-se, assim, um tratamento idêntico a todos os casos e impedindo eventuais litígios. Acrescente-se que, nesse caso, o registro é um ato de ofício, lavrado pelo serviço público sem comparecimento das partes.

A favor da escolha pelos nubentes, há os seguintes argumentos: 1) a data do registro constará da certidão como a data do casamento civil, o que tem uma importância muito simbólica e significativa na vida de muitos casais, logo é uma escolha lícita que se insere na autonomia da vontade privada, embora o deferimento do pedido dependa da disponibilidade do serviço de registro público, por exemplo, deve ser um dia útil; 2) cabe aplicação do prazo de eficácia da habilitação para o casamento (CC, art. 1.532), que é noventa dias a contar da data em que foi extraído o certificado de habilitação. Assim, se ainda não lavrado o registro, podem os conviventes desistir do registro da conversão

---

sua lavratura – Ato do Oficial – Pedido submetido, de resto, ao crivo do Juiz-Corregedor Permanente – Inteligência do art. 226, § 3°, da Constituição da República e do art. 1.726 do Código Civil – Análise do item 91, com os subitens 91.1 a 91.5, do capítulo XVII das Normas de Serviço da E. Corregedoria-Geral da Justiça – Recurso provido – Força normativa, inclusive para que pleitos quejandos sejam sempre submetidos ao Juiz-Corregedor Permanente, sem prejuízo do disposto naqueles subitens, enquanto não sobrevier ampla modificação das Normas de Serviço para adaptá-las à nova legislação.

de união estável e, dentro do prazo mencionado, podem novamente solicitar o registro da conversão em casamento, não sendo razoável que o registrador imponha a realização de novo procedimento de habilitação se ainda está válido o certificado emitido. Também podem alterar o pedido para que, em vez do simples registro da conversão, seja realizada a celebração civil do casamento. Logo, com igual razão, também poderão solicitar uma data preferencial para o registro da conversão em casamento; 3) não há prejuízo para o interesse público, sendo uma situação análoga à celebração do casamento civil ou mesmo da celebração do casamento religioso, em que as partes têm a liberdade, dentro do prazo de 90 dias da habilitação, para escolher a data do casamento. Observe-se, porém, que essa possibilidade de escolha não é absoluta, mas depende sempre da disponibilidade da agenda do juiz de casamentos, da autoridade religiosa ou do serviço de registro civil.

Os coautores deste trabalho reconhecem que ambas posições são juridicamente defensáveis e, enquanto não for editada norma administrativa ou jurisprudência sobre o assunto, a segunda posição parece a mais adequada.

Quanto ao regime de bens no registro da conversão de união estável, aplicam-se as regras já tratadas no item 11.2.7 acima.

11.4.4 Reconhecimento judicial do estado de casados

Como já se tratou anteriormente, o registro é o meio de prova do casamento. No entanto, ciente da falibilidade humana, o Código Civil deixou aberta a possibilidade de outros meios de prova do casamento, em caso de falta ou perda do registro civil[94].

É o Poder Judiciário o órgão competente para apreciar as provas apresentadas, que justifiquem a falta ou perda do registro civil e convençam o juiz pela existência do casamento[95].

Se houver o reconhecimento judicial do estado de casados, será determinado o registro do casamento (CC, art. 1.546[96]).

A regra é que a certidão de casamento é o documento comprobatório do casamento. A exceção é a comprovação judicial do casamento por outros meios de prova.

No entanto, ainda que se esteja diante da exceção, uma vez comprovada a existência do casamento por outros meios, lavra-se o registro de casamento, reforçando, então, a regra geral de que a certidão de casamento é o meio de prova.

Com o advento da união estável, a busca de processo judicial de reconhecimento do estado de casados foi bastante reduzida. Por essa razão, o interesse buscado pelas partes é mais facilmente alcançado provando-se a existência de união estável do que provando a existência do casamento. Embora não exista lei expressa, é aconselhável

---

94. Art. 1.543. (...) Parágrafo único. Justificada a falta ou perda do registro civil, é admissível qualquer outra espécie de prova.
95. Veja Processo CG 13411/2004 – São Paulo. Depende obrigatoriamente de decisão judicial e discute-se se a competência é da Vara de Registros Públicos ou da Vara de Família.
96. Art. 1.546. Quando a prova da celebração legal do casamento resultar de processo judicial, o registro da sentença no livro do Registro Civil produzirá, tanto no que toca aos cônjuges como no que respeita aos filhos, todos os efeitos civis desde a data do casamento.

determinar o registro da união estável reconhecida judicialmente, para a sua adequada publicidade, como será tratado no item 13.3.6 a seguir.

O reconhecimento judicial do estado de casado poderá ser utilizado para os casos em que a pessoa realizou seu casamento no estrangeiro e não consegue a certidão original apostilada/consularizada para transcrever no Brasil. Nessa situação, o casamento é válido, motivo pelo qual não se deve contrair novo casamento, solução que também não corresponderia à verdadeira data de início do casamento. Mostra-se mais adequado o reconhecimento judicial e realização do registro mediante mandado judicial.

Outra situação em que o reconhecimento judicial poderá ocorrer é no caso de impossibilidade de manifestação da vontade ou falecimento da pessoa na posse do estado de casados, situação em que o juiz poderá reconhecer o casamento e determinar o seu registro.

11.5 AVERBAÇÕES NO REGISTRO DE CASAMENTO

No item 5.2 deste livro foi tratada a parte geral das averbações e no capítulo 10 as averbações no registro de nascimento. Neste capítulo, passa-se a analisar as averbações lavradas junto ao registro de casamento.

11.5.1 Nulidade e anulação

Os casos concretos de nulidade e anulação do casamento foram bastante reduzidos com o advento do divórcio, que muitas vezes é um meio mais célere e eficaz para atingir o interesse das partes, ainda que os efeitos não sejam exatamente os mesmos.

Ambos são causa de extinção da sociedade conjugal (CC, art. 1.571). Porém, enquanto o divórcio põe fim a um casamento válido, a nulidade e anulação do casamento constituem reconhecimento judicial da invalidade do ato do casamento. Por essa razão, diante da nulidade ou anulação do casamento, volta-se a ter o estado civil de solteiro.

A invalidade do casamento, expressão que abarca as hipóteses legais de nulidade e anulação do casamento, está normatizada nos arts. 1.548 a 1.564 do Código Civil, com previsão de averbação no art. 10, I, do mesmo Código.

Existe norma expressa exigindo que a averbação somente seja feita após o trânsito em julgado, ou seja, as sentenças de nulidade ou anulação de casamento não serão averbadas enquanto sujeitas a recurso, qualquer que seja o seu efeito (LRP, art. 100, *caput* e § 2º). Também é obrigatória, após a averbação, comunicação de sua lavratura ao juiz que a ordenou, mediante ofício sob registro postal (LRP, art. 100, § 4º).

É possível a expedição de certidões do registro de casamento com estas averbações a qualquer interessado, não havendo lei excepcionando a regra geral da publicidade (LRP, arts. 17 e 18). No entanto, a averbação não expressará os motivos que levaram ao decreto de nulidade ou anulação, pois estes são juridicamente irrelevantes para terceiros e dizem respeito à privacidade das pessoas.

Até mesmo a certidão de nascimento dos contraentes, que conterá a anotação do casamento e posterior anotação da averbação de nulidade ou anulação, também deverá ser fornecida com tais anotações (LRP, art. 21).

11.5.2 Separação e divórcio

O instituto da separação põe fim à sociedade conjugal, ou seja, cessa o regime de bens e os deveres do casamento, no entanto, não dissolve o vínculo jurídico do casamento, o que só ocorrerá com o divórcio ou com o óbito.

Com o advento da EC n. 66/2010, questiona-se se persiste no Direito brasileiro a possibilidade de separação. O TJRS já prolatou súmula[97] no sentido de que a possibilidade de se decretar a separação permanece, pois é um instituto jurídico previsto no Código Civil e que não está em confronto com o novo texto constitucional. No mesmo sentido, o Enunciado 514 das Jornadas de Direito Civil do CJF[98]. No entanto, segundo decisão do Tribunal de Justiça de Minas Gerais, não perdura o instituto da separação, pois não foi recepcionado pela nova ordem constitucional estabelecida pela emenda em comento (TJMG, Apelação Cível n. 1.0024.09.735393-2/001, Rel Des. Eduardo Andrade, 1ª Câmara Cível, j. 25-4-2013).

O STJ já teve oportunidade de pacificar a controvérsia na interpretação da lei federal e decidiu que a EC n. 66/2010 não revogou os artigos do CC que tratam da separação judicial[99].

No que toca ao trabalho do Registrador Civil, mesmo antes da jurisprudência do STJ, já se orientava a aceitar a averbação de separação, conforme estabelecido pela Escola Nacional de Notários e Registradores – ENNOR:

> ORIENTAÇÃO DE NÚMERO 9: Mesmo após a Emenda Constitucional 66/2010, deve o Oficial de Registro praticar o ato (registro/averbação) correspondente ao título de separação judicial ou extrajudicial.

Quando decretada judicialmente, o título que será expedido é o Mandado Judicial ou a Carta de Sentença. No entanto, considerando que mais importa o teor do documento do que o seu nome, é possível averbar mesmo quando a ordem judicial esteja consubstanciada em ofício, desde que dele constem todos os elementos essenciais.[100] Para que seja feita a averbação, é necessário o trânsito em julgado da sentença[101], o que

---

97. Súmula 39 TJRS. A Emenda Constitucional n. 66/2010, que deu nova redação ao § 6º do art. 226 da Constituição Federal, não baniu do ordenamento jurídico o instituto da separação judicial, dispensados, porém, os requisitos de um ano de separação de fato (quando litigioso o pedido) ou de um ano de casamento (quando consensual).
Referência: Incidente de Prevenção ou Composição de Divergência em Apelação Cível n. 70045892452, julgado em 5-4-2012. Sessão do 4º Grupo Cível. Disponibilização no DJ n. 4820, de 27-4-2012, Capital, 2º Grau, p. 210.
98. 514 – Art. 1.571. A Emenda Constitucional n. 66/2010 não extinguiu o instituto da separação judicial e extrajudicial.
99. Duas turmas distintas decidiram no mesmo sentido: REsp 1247098/MS, Rel. Ministra MARIA ISABEL GALLOTTI, QUARTA TURMA, julgado em 14/03/2017, DJe 16/05/2017. REsp 1431370/SP, Rel. Ministro RICARDO VILLAS BÔAS CUEVA, TERCEIRA TURMA, julgado em 15/08/2017, DJe 22/08/2017.
100. As NSCGJ-SP são expressas nesse sentido, no item 119, Capítulo XVII.
101. NSCGJ-SP, Capítulo XVII, item 131. As sentenças de separação judicial e de divórcio, após seu trânsito em julgado, serão averbadas à margem dos assentos de casamento.

se extrai de uma interpretação do art. 100 da LRP, que tratava do desquite, bem como do art. 8º da Lei n. 6.515/77 que condiciona a produção de efeitos da sentença de separação ao seu trânsito em julgado.

Conforme previsão da Lei n. 11.441/2007, minuciosamente regulamentada pela Resolução 35/2007 do CNJ e suas alterações posteriores, é possível o divórcio e separação consensuais por escritura pública, desde que constatada ausência de filhos menores não emancipados ou incapazes do casal e inexistência de gravidez ou desconhecimento dessa circunstância.

Nestes casos, o título apresentado ao Registro Civil é a escritura pública, que será averbada independentemente de manifestação do Ministério Público ou decisão do Juiz[102].

No texto da averbação são transcritos os elementos da sentença, porém, somente os dados necessários a fim de não se violar o art. 189, II do CPC, que preserva o sigilo das partes. Conforme as normas paulistas, "na averbação, far-se-á a indicação do nome do Juiz signatário do mandado, da Vara em que foi proferida a sentença, a data desta, a sua conclusão, o fato de seu trânsito em julgado, o número do respectivo processo, o nome que a mulher ou o marido passaram a adotar, bem como a notícia sobre a ocorrência de decisão ou homologação da partilha de bens" (NSCGJ-SP, Cap. XVII, item 132). No caso das escrituras públicas, em lugar dos dados judiciais serão indicados o Tabelião de Notas, o livro, a página e a data em que foi aperfeiçoado o ato.

Atualmente é pacífico que poderá ser realizada a separação ou o divórcio, mesmo que não seja feita a partilha de bens do casal (CC, art. 1.581), privilegiando-se, assim, o direito da personalidade – o estado da pessoa natural –, em detrimento de questões patrimoniais. No entanto, se houver partilha de bens, é interessante dar notícia desse fato no registro público, facilitando, por exemplo, a verificação da não aplicação da causa suspensiva a um novo casamento (CC, art. 1.523, III). Por outro lado, se não foi feita a partilha, não é aconselhável inserir qualquer informação nesse sentido, pois além de não ser relevante para a publicidade, surgiria a necessidade de realizar nova averbação quando feita a partilha. Nesse sentido, enunciado da Arpen-SP[103]:

> Enunciado 41: Se constar do título judicial ou escritura pública que foi feita a partilha de bens por ocasião da separação ou divórcio, deverá constar na respectiva averbação a simples notícia de que foi feita a partilha. O inverso não deverá ser feito, ou seja, não se deve mencionar na averbação que não foi feita a partilha.

A conversão de separação em divórcio é apenas o divórcio que foi obtido após a prévia separação de direito, assim, seguem-se as mesmas regras acerca do divórcio. Afinal, seja divórcio direto, seja conversão de separação em divórcio, os efeitos são os mesmos, sendo diferentes apenas os requisitos para se chegar ao divórcio. É possível até mesmo que seja feita a escritura pública de divórcio por conversão de separação, ainda que a separação tenha sido judicial.

---
102. Resolução 35/2007 do CNJ, art. 40.
103. Disponível em: http://www.arpensp.org.br/principal/index.cfm?pagina_id=782. Acesso em: 14-1-2014.

Se apresentado para qualificação registral um mandado de conversão de separação em divórcio, mas, ao verificar o registro de casamento, não constar averbação da separação, será necessário previamente averbar a separação, como requisito para a averbação da sua conversão em divórcio, pois uma é pressuposto do outra.

A situação inversa não obsta a averbação. Se apresentado mandado de divórcio direto e no registro de casamento constar averbação de separação, não há fundamento para recusar a averbação de divórcio e exigir que o mandado mencione que se trata de conversão de separação. Isto pois os efeitos jurídicos são absolutamente os mesmos, não há empecilho jurídico em obter divórcio direto quando se trata de conversão de separação em divórcio, e o mérito da sentença judicial, já transitada em julgado, não padece de vício e, mesmo que padecesse, não poderia o registrador questionar a decisão. Bem diferente é a situação anterior, em que se exige a prévia averbação da separação, ou seja, exige-se uma providência de caráter registral, não uma alteração da sentença judicial.

Questão interessante na qualificação registral é o título omisso quanto ao nome que as partes passaram a adotar após a separação ou divórcio. Debate-se se esse seria um elemento essencial do título, sem o qual haveria motivo para a sua devolução, solicitando-se o aditamento, ou se essa omissão não é motivo para devolução, podendo ser lavrada a averbação sem indicação do nome que as partes passaram a adotar. A segunda posição é a mais indicada, pois já se confere publicidade à alteração no estado da pessoa natural, protegendo direitos dos interessados e de terceiros.

Atente-se que, se havia um erro no título ou mesmo uma posterior alteração da vontade de um ex-cônjuge, poderá ser feita nova averbação para constar que deseja voltar a usar o nome anterior ao casamento, independentemente do consentimento do outro ex-cônjuge, nos termos do art. 45 da Resolução 35/2007 do CNJ. Tema que será mais bem analisado no item 11.5.6 adiante.

Quanto ao plano da eficácia, importante ressaltar que somente após a devida averbação é que o divórcio produzirá seus plenos efeitos, nos exatos termos do art. 32 da Lei n. 6.515/77[104]. Assim, não basta a apresentação do mandado, da carta de sentença ou da escritura pública para comprovar que tal pessoa está divorciada, sendo necessário apresentar a certidão de casamento com averbação do divórcio.

A separação e o divórcio são objeto do ato específico de averbação, conforme o art. 10, I, do Código Civil. No entanto, em alguns Estados, havia entendimento de que o art. 32 da Lei n. 6.515/77 determina o registro das sentenças de separação e de divórcio, exigindo-se que, para produzir efeito em comarca diversa, serão inscritas no Livro E, ou seja, registram-se no Livro E e se averbam à margem do casamento. A imposição de dois atos nos registros públicos para um mesmo título é medida excepcional, que deve ser adotada com muita cautela. O tema será visto melhor ao tratarmos do Livro E, no item 13.3.7 adiante.

---

104. "Artigo 32 – A sentença definitiva do divórcio produzirá efeitos depois de registrada no Registro Público competente."

11.5.3 Divórcio ocorrido no estrangeiro

Os divórcios realizados por autoridades estrangeiras, para produzirem efeitos no Brasil, dependem de determinados requisitos e formalidades, conforme a situação, o que se passa a analisar.

Se ambos os cônjuges forem estrangeiros, o casamento for realizado no exterior e o divórcio também for decretado no exterior, ou seja, se não há nenhum elemento de conexão com o Brasil, então a prova desse divórcio se faz pela mesma maneira que se prova o estado civil da pessoa estrangeira. Deve-se ter em conta o país de origem do documento, mas, geralmente, a prova se faz por meio de certidão expedida pela autoridade estrangeira, apostilada (ou, nos países que não são signatários da convenção, legalizada pelos cônsules brasileiros), traduzida e registrada em títulos e documentos (Lei 6.015/73, art. 129, 6º) ou atestado consular ou até mesmo declaração de testemunhas, como acontece para a habilitação para o casamento.

A situação em que ambos os cônjuges são estrangeiros, casados no exterior e se divorciam no Brasil, é analisada no item 13.3.8, no capítulo destinado aos atos do Livro E, a seguir.

Se um dos cônjuges for brasileiro, o casamento deverá estar transcrito no Livro E (art. 32 da LRP) ou registrado no Livro B ou B Auxiliar, ou seja, se um dos cônjuges for brasileiro sempre existirá registro do casamento no Brasil onde será averbado o divórcio realizado no estrangeiro. É a certidão brasileira do registro de casamento com a averbação do divórcio estrangeiro que fará a prova do estado da pessoa natural no direito brasileiro.

Cabe assim esclarecer quais são os requisitos para a averbação do título estrangeiro de divórcio pelo Oficial de Registro Civil no Brasil.

O Código de Processo Civil de 2015, artigo 961, §§ 5º e 6º [105], trouxe novidade ao ordenamento brasileiro, ao dispensar a homologação pelo Superior Tribunal de Justiça das sentenças estrangeiras de divórcio consensual.

Para regulamentar a aplicação desse dispositivo no serviço de registro civil das pessoas naturais, a Corregedoria Nacional de Justiça editou o Provimento 53/2016, do qual se extraem os seguintes requisitos para a averbação direta do divórcio no registro civil.

Consensualidade. A sentença de divórcio deve ter natureza consensual, ou seja, o divórcio foi desejado por ambas as partes, não imposto por ato de autoridade ao decidir controvérsia. Basta que a decisão seja consensual, ou seja, se o processo de divórcio começou com natureza litigiosa, mas no seu curso as partes formularam acordo, está garantida a consensualidade. (CPC, art. 961, § 5º e art. 1º do Prov. 53/2016 da CN-CNJ.)

Título judicial ou extrajudicial. Conforme a lei do país de origem, atos não judiciais podem decidir o divórcio que no Brasil seria judicial (por exemplo, o divórcio com filhos menores somente é possível pela via judicial no Brasil, mas em outros países é admitido

---

[105]. § 5º A sentença estrangeira de divórcio consensual produz efeitos no Brasil, independentemente de homologação pelo Superior Tribunal de Justiça. § 6º Na hipótese do § 5º, competirá a qualquer juiz examinar a validade da decisão, em caráter principal ou incidental, <u>quando essa questão for suscitada</u> em processo de sua competência. (grifo nosso).

pela via registral). Seja o título estrangeiro judicial ou não judicial, está dispensada a homologação no Brasil para sua averbação direta no registro civil (CPC, art. 961, §1° e art. 1° do Prov. 53/2016 da CN-CNJ).

Inteiro teor. Deve-se apresentar a cópia integral da sentença ou ato estrangeiro de divórcio, redigido na língua de origem. Não basta apresentar atos que lhes são secundários, como a certidão do registro da sentença (art. 2° do Prov. 53/2016 da CN-CNJ).

Chancela consular. Também chamada de legalização consular ou consularização. É ato formal pelo qual as autoridades consulares brasileiras reconhecem a validade formal do documento estrangeiro, por meio de reconhecimento da assinatura da autoridade estrangeira que subscreveu o documento. Deverá estar aposta no ato estrangeiro de divórcio. (art. 2° do Prov. 53/2016 da CN-CNJ). Posteriormente ao provimento em comento, entrou em vigor no Brasil a Convenção da Apostila, de forma que para os documentos oriundos dos outros 111 países signatários da convenção exige-se o apostilamento e não a legalização consular (Decreto Federal 8.660/2016).

Tradução oficial ou juramentada. Para que seja compreensível por todos no Brasil e em respeito ao caráter oficial da língua portuguesa, além do inteiro teor do ato estrangeiro, este deve estar acompanhado da respectiva tradução, o que é feito por tradutor oficial ou juramentado, matriculado nas Juntas Comerciais (art. 2° do Prov. 53/2016 da CN-CNJ). Tal requisito está dispensado se o documento estrangeiro estiver redigido em língua portuguesa, pois já é a língua oficial do Brasil (CF, art. 13).

Por oportuno, observe-se que o Prov. 53 não exige o registro por Oficial de Títulos e Documentos, que em tese seria exigível por força do artigo 129, 6°, da Lei 6.015/73. Diante de provimento tão detalhado e específico, não é lícito concluir que houve um esquecimento. Com efeito, parece-nos que foi adotada a tese de que, já existindo um registro público específico para a publicidade do ato (averbação à margem do casamento no Registro Civil das Pessoas Naturais), este prevalece sobre a previsão genérica do Registro de Títulos de Documentos, não sendo necessário um duplo registro de um mesmo ato. Nesse sentido, vide enunciado da ArpenSP:

> Enunciado 60: A sentença estrangeira de divórcio consensual puro bem como a decisão extrajudicial de divórcio, que pela lei brasileira tem natureza jurisdicional, pode ser averbada no Registro Civil das Pessoas Naturais brasileiro, independentemente de homologação pelo Superior Tribunal de Justiça, sendo desnecessário o prévio registro da sentença por Oficial de Registro de Títulos e Documentos. Fundamento: Art. 961, § 5° do Novo Código de Processo Civil, Provimento 53/2016 da Corregedoria Nacional de Justiça e Provimento 26/2016 da Corregedoria Geral da Justiça do Estado de São Paulo, que regularam inteiramente a matéria. Primeira publicação: 13/04/2016. Publicação com redação atual 22/06/2016.[106]

Trânsito em julgado. A exatidão e certeza que se esperam dos registros públicos não se coadunam com decisões que não sejam definitivas, sendo assim necessário comprovar o trânsito em julgado. No entanto, tendo em vista que somente será passível de averbar os casos em que há consensualidade, não há interesse para a segurança jurídica em exi-

---

106. Disponível em: http://www.arpensp.org.br/?pG=X19wYWdpbmFz&idPagina=528 (acesso em 21.12.2018)

gir tal comprovação, já que o acordo entre as partes, se não elimina, torna muito rara a hipótese de recurso e reforma da sentença de divórcio. Nesse sentido, há jurisprudência firme do STJ:

> ...) 2. **"O divórcio consensual, por sua natureza, permite inferir a ocorrência do trânsito em julgado. Precedente da Corte Especial: SEC n. 352" (AgRg na SE 3.731/FR, CORTE ESPECIAL, Rel. Ministro CESAR ASFOR ROCHA, DJe de 01/03/2010).** 4. Homologação de sentença estrangeira deferida. (SEC 6.512/EX, Rel. Ministro SIDNEI BENETI, CORTE ESPECIAL, julgado em 06/02/2013, DJe 25/03/2013, grifo nosso)

Porém, em respeito à exigência expressa do art. 2º do Prov. 53/2016, deverá ser exigida a comprovação do trânsito em julgado pelo registrador, até que o provimento seja alterado.

Necessário ter bom senso quanto à forma de se comprovar o trânsito em julgado, pois nem sempre haverá ato processual correspondente com esse nome no direito estrangeiro. Dessa forma, já julgou o STJ que está atendido o requisito do trânsito em julgado quando aposto o carimbo de arquivamento "Filed"[107] ou quando há certidão de que não houve interposição de recurso[108].

Nome que passou a usar. Este não é um requisito obrigatório, mas se constar da sentença ou ato estrangeiro que ex-cônjuge voltou a usar o nome anterior ao casamento, tal informação deverá constar da averbação. Também é facultado à parte comprovar a retomada do nome de solteiro por documento do registro civil estrangeiro (art. 3º do Prov. 53/2016 da CN-CNJ).

Divórcio simples ou puro. Novidade trazida pelo parágrafo 3º do artigo 1º do Provimento 53/2016 da CN-CNJ é a necessidade de que a sentença estrangeira de divórcio consensual não envolva nenhuma disposição sobre guarda de filhos, alimentos ou partilha de bens, o que foi denominado pelo provimento como divórcio consensual qualificado. Nestes casos a averbação do divórcio dependerá de prévia homologação pelo Superior Tribunal de Justiça.

O provimento analisado, com louvável teor desburocratizante e desjudicializante, teve o mérito de tornar expressa a desnecessidade de assistência de advogado ou defensor público (art. 1º §1º), bem como de esclarecer que está dispensada, não apenas a homologação pelo STJ, como também de qualquer outra autoridade judicial (art. 1º, §2º). Assim, deixou claro que, apenas quando questionada a validade de sentença de

---

107. III - Sendo facultado aos ex-cônjuges estipular a data de dissolução da sociedade conjugal, o trânsito em julgado pode ser comprovado com o carimbo "filed", no título judicial estrangeiro, ainda que esse possua data anterior à data de término da relação conjugal eleita pelas partes.(SEC 14.304/EX, Rel. Ministro FRANCISCO FALCÃO, CORTE ESPECIAL, julgado em 18/10/2017, DJe 27/10/2017)
108. 4. O trânsito em julgado da sentença estrangeira encontra-se comprovado mediante certidão do escrivão do Tribunal de Roterdã, de 17.5.2011, no sentido de que não houve recurso contra a decisão proferida em 21.10.1996 (fls. 134-135). 5. A jurisprudência desta Corte já assentou que "A exigência do trânsito em julgado prevista no art. 5º, III, da Resolução n.º 9/2009, não impõe à parte a sua comprovação por meio de termo equivalente ao previsto na processualística pátria, mas que demonstre, por qualquer meio, ter havido a definitividade da decisão homologanda, que em outras palavras significa, que comprove a consagração induvidosa da coisa julgada" (SEC 3.281/EX, Rel. Ministra Maria Thereza de Assis Moura, Corte Especial, DJe 19.12.2011).(...)(SEC 9.390/EX, Rel. Ministro HERMAN BENJAMIN, CORTE ESPECIAL, julgado em 04/03/2015, DJe 07/05/2015).

divórcio consensual competirá a qualquer juiz (não ao STJ), no âmbito de sua competência, analisar e decidir a questão suscitada (CPC, 961, §1º).

Todavia, o provimento restringiu a possibilidade de averbação direta aos casos de divórcio puro e simples, condicionando a averbação à prévia homologação nos casos dos divórcios que denominou qualificados, quais sejam, os que "além da dissolução do matrimônio, envolva[m] disposição sobre guarda de filhos, alimentos e/ou partilha de bens".

Os autores deste texto discordam de tal previsão, pelos seguintes motivos:

Ainda que se considere adequada a interpretação de que a dispensa de homologação trazida pelo CPC para o divórcio consensual não se estenda para a partilha de bens, guarda de filhos, alimentos entre os cônjuges ou para os filhos, determinações que dependem de homologação pelo STJ para terem eficácia no Brasil, mesma exigência não deveria ser imposta à averbação. Mesmo em tais casos deveria ser admitida a averbação direta do divórcio no registro civil das pessoas naturais, uma vez que o ato de averbação não significará homologação ou validação das demais cláusulas do acordo realizado pelas partes, mas limitar-se-á a dar publicidade à dissolução do vínculo do casamento, mantendo o registro público com informações completas e atualizadas sobre o estado da pessoa natural.

Tal medida garantiria que se desse imediatamente a adequada publicidade ao divórcio por meio de registro público, garantindo-se segurança aos interesses particulares, bem como ao interesse público, na questão de estado da pessoa natural, sem alterar a situação das demais questões que ficariam condicionadas à oportuna homologação.

Ressalte-se que o próprio regimento interno do STJ[109] admite que a homologação da sentença estrangeira seja parcial, ou seja, é possível aplicar a cindibilidade do título, admitindo-se a averbação do que pode ser averbado, relegando para outro momento, se necessário, a homologação da sentença estrangeira em seus outros capítulos, para que produzam efeitos no Brasil. Quanto à partilha de bens, há lei brasileira expressa desvinculando-a do direito subjetivo ao divórcio[110].

Reconhece-se que o que fundamento da norma restritiva em comento possa residir no receio de que o público leigo confunda o ato de averbação do divórcio com a homologação judicial do inteiro teor da sentença estrangeira, diante disso, bastaria que se determinasse aos registradores que fizessem constar na certidão de averbação aposta no título estrangeiro de divórcio e na respectiva tradução uma expressão elucidativa, por exemplo, "a presente averbação do divórcio não significa homologação de outras cláusulas porventura existentes no acordo de divórcio, como partilha de bens, guarda de filhos, alimentos entre ex-cônjuges ou para os filhos, que, para terem eficácia no Brasil, dependerão de homologação da sentença estrangeira, nos termos do artigo 961 do Código de Processo Civil."

---

109. Art. 216-A, "§ 2º As decisões estrangeiras poderão ser homologadas parcialmente."
110. CC, "art. 1.581. O divórcio pode ser concedido sem que haja prévia partilha de bens"

Em muitos casos, as partes não têm interesse em que as outras cláusulas produzam efeitos no Brasil, pois produzirão efeitos apenas no exterior. Pela leitura literal do provimento, mesmo nesses casos deverá o registrador exigir a prévia homologação da sentença pelo STJ.

A Corregedoria Geral da Justiça de São Paulo andou bem ao prever uma hipótese nesse sentido, qual seja, nos casos em que a sentença estrangeira tenha fixado alimentos para filhos menores e regulamentado a guarda, torna-se desnecessária a homologação se, no momento em que apresentada em cartório para averbação, for comprovado que os filhos já são maiores. Isto pois a sentença não produzirá mais efeitos neste ponto, não havendo fundamento que justifique a necessidade de homologação pelo STJ.[111]

Outra hipótese merece atenção. Quando a partilha de bens recair apenas sobre bens localizados no exterior, em que não há competência da justiça brasileira, conforme CPC, art. 23, III[112] e julgado do STJ[113]. Como não produzirá efeitos no Brasil, nem poderá a jurisdição brasileira decidir de forma diferente da jurisdição do país em que situados os bens, seria razoável admitir a averbação do divórcio independentemente de homologação do STJ, para que não se criem obstáculos desnecessário ao direito de a parte ter seu estado civil comprovado por documento público.

Diante disso, espera-se que sejam editadas normas administrativas que contemplem esse direito e respaldem a atuação do registrador.

Se não for possível a averbação direta, faz-se necessária a homologação da sentença ou ato estrangeiro de divórcio no Superior Tribunal de Justiça, com fundamento na LINDB, arts. 7º, § 6º [114], CPC, arts. 960 e 961 e CF, art. 105, I, "i". O STJ emitirá uma Carta de Sentença ou título judicial equivalente, que será o suporte da averbação.

Veja-se que muitos dos requisitos formais exigidos para a averbação direta no registro civil também serão exigidos para a homologação da sentença pelo STJ, como a apresentação do inteiro teor da decisão a ser homologada, a tradução, a chancela consular ou apostilamento (Regimento interno do STJ, art. 216-C). Assim, embora no âmbito judicial exista maior amplitude cognitiva e ampla possiblidade de meio de provas, serão raros os casos em que a parte poderá se socorrer da homologação perante o STJ para suprir a ausência de formalidades que está com dificuldades de obter.

---

111. NSCGJ-SP, Cap. XVII, item 131.2.4 "A sentença estrangeira de divórcio que não disponha sobre alimentos entre cônjuges ou partilha de bens, embora regulamente guarda ou alimentos devidos aos filhos apenas enquanto menores, poderá ser averbada diretamente no registro de casamento, independentemente de prévia homologação, se, no momento de sua apresentação em cartório, todos os filhos já forem capazes."
112. CPC, "Art. 23. Compete à autoridade judiciária brasileira, com exclusão de qualquer outra: (...) III - em divórcio, separação judicial ou dissolução de união estável, proceder à partilha de bens situados no Brasil, ainda que o titular seja de nacionalidade estrangeira ou tenha domicílio fora do território nacional."
113. STJ. SEC 15.639/EX, Rel. Ministro OG FERNANDES, CORTE ESPECIAL, julgado em 04/10/2017, DJe 09/10/2017
114. "§ 6º O divórcio realizado no estrangeiro, se um ou ambos os cônjuges forem brasileiros, só será reconhecido no Brasil depois de 1 (um) ano da data da sentença, salvo se houver sido antecedida de separação judicial por igual prazo, caso em que a homologação produzirá efeito imediato, obedecidas as condições estabelecidas para a eficácia das sentenças estrangeiras no país. O Superior Tribunal de Justiça, na forma de seu regimento interno, poderá reexaminar, a requerimento do interessado, decisões já proferidas em pedidos de homologação de sentenças estrangeiras de divórcio de brasileiros, a fim de que passem a produzir todos os efeitos legais."

11.5.4 Restabelecimento da sociedade conjugal

A reconciliação ou restabelecimento da sociedade conjugal é uma opção daqueles que estão no estado de separados de retornarem ao estado de casados, por uma forma mais simples e rápida do que um novo processo de casamento.

Averbada a reconciliação, reestabelece-se a sociedade conjugal exatamente nos mesmos termos em que inicialmente vigorava, ou seja, não é possível alterações no momento da reconciliação, prevalecendo o mesmo regime de bens e o mesmo nome usado pelas partes.

Note-se, também, que a reconciliação em nada prejudicará o direito de terceiros, que antes ou durante o estado de separado, tenham negociado com os cônjuges. Por essa razão, é de fundamental importância que das certidões de casamento constem tanto a averbação de separação como a averbação de reconciliação, pois assim retrata-se com fidelidade o estado civil ao longo do tempo. Afinal, a segurança jurídica oferecida pelo registro público não consiste apenas em fornecer o estado mais atual, mas também preservar e publicar seu histórico.

Para a averbação da reconciliação, é necessário que previamente esteja averbada a separação, que é seu pressuposto lógico. Caso a separação não esteja averbada, deverá o Oficial exigir a apresentação do respectivo título, lavrando então a averbação de separação e imediatamente após a reconciliação[115].

A reconciliação poderá ser averbada tanto por escritura pública quanto por mandado judicial. Em qualquer caso, a averbação independe de procedimento ou manifestação do Ministério Público. Mesmo que as partes tenham se separado judicialmente, é possível a reconciliação por escritura pública, não sendo obrigatório que nos mesmos autos judiciais da separação seja feita a reconciliação; no entanto, nesses casos, o tabelião, após lavrar a escritura, deverá comunicar ao juízo a reconciliação (art. 49 da Resolução 35/2007 do CNJ).

Questão interessante é sobre a possibilidade de escritura pública de reconciliação, após separação judicial, havendo filhos menores ou incapazes do casal. Ou seja, para a separação judicial ou divórcio por escritura pública, a lei estabeleceu a necessidade de que se o casal não tenha filhos menores, no entanto tal requisito também se aplica à reconciliação?

São fortes os argumentos pela possibilidade de se averbar escritura pública de reconciliação, mesmo que o casal tenha filhos menores: 1) sempre se presume que o interesse do menor é que seus pais estejam casados novamente; 2) se divorciados, que é um rompimento mais profundo que a separação, é possível se casarem novamente sem necessidade de apreciação judicial, com mais razão os separados, que é um estágio provisório, poderão se reconciliar sem necessidade de apreciação judicial; 3) a disciplina normativa da reconciliação não exige tal requisito, pelo contrário, verifica-se uma tentativa de facilitar a reconciliação, não de dificultá-la.

---

115. NSCG-SP, Cap. XVII: "121.1. A averbação do restabelecimento da sociedade conjugal somente poderá ser efetivada depois da averbação da separação no registro civil, podendo ser simultâneas".

No entanto, recomenda-se cautela nessa interpretação, pois ainda não está respaldada por jurisprudência e doutrina. Assim, a qualificação registral deverá ser exercida caso a caso, podendo o Oficial de Registro, ao recusar a averbação por falta de previsão legal ou normativa, já recomendar à parte interessada que requeira apreciação judicial pela via administrativa, em procedimento de dúvida ou pedido de providências, apresentando os argumentos mencionados. Dessa forma, contribui-se para a construção do Direito.

11.5.5 Alteração do regime de bens

O Código Civil de 2002 trouxe previsão legal que não havia no código anterior, trata-se do art. 1.639, § 2º, que possibilita, no curso do casamento, a alteração do regime de bens. Até então, se os noivos quisessem alterar o regime de bens, seria necessário obterem o divórcio e se casarem novamente.

Por esse dispositivo, para se alterar o regime de bens, é necessário pedido motivado, firmado por ambos os cônjuges (se houver divergência entre eles, não será alterado o regime de bens), que será apreciado judicialmente e, mesmo sendo deferido o pedido, ficam ressalvados os direitos de terceiros.

Após o processo judicial, será apresentado ao cartório, para averbação, o mandado judicial de alteração de regime de bens. Atente-se que tal mandado é suficiente para a averbação, não sendo necessária escritura pública de pacto antenupcial, mesmo que o regime escolhido não seja o da comunhão parcial de bens.

A lei expressamente exige a escritura pública de pacto antenupcial no procedimento de habilitação para o casamento, quando a escolha não for o regime da comunhão parcial de bens ou o regime obrigatoriamente estabelecido (Código Civil, art. 1.640, parágrafo único). No entanto, a lei regulamentou diferentemente o caso da alteração do regime de bens durante o casamento, instituindo outros requisitos, mas não a escritura pública.

Se, por um lado, a escritura pública para alteração de regime de bens não é obrigatória, tampouco é proibida. Assim também será possível a averbação da alteração do regime de bens por força de escritura pública lavrada com fundamento em autorização judicial previamente obtida. Em verdade, recomenda-se a alteração legislativa para permitir a alteração de regime de bens por escritura pública, independentemente de apreciação judicial, pois estão ressalvados os direitos de terceiros e não há litígio, ou seja, não se demanda apreciação judicial.[116]

Importante atentar para a forma de se expedir a certidão em que consta a alteração de regime de bens, já que os registros públicos não apenas revelam a situação mais atualizada, como também preservam seu histórico. A certidão de casamento deverá deixar claro e expresso que o casamento foi inicialmente pactuado por um regime de bens, o qual posteriormente foi alterado para determinado regime de bens, inclusive

---

[116]. Um dos autores deste trabalho já publicou artigo propondo alteração legislativa que permita a alteração de regime de bens por meio de escritura pública, com a seguinte referência: CAMARGO NETO, Mario de Carvalho. *Alteração Administrativa de Regime de Bens, mediante Escritura Pública. Estatuto das Famílias*. Disponível em: http://www.ibdfam.org.br/.

mencionando a data da alteração, que, perante terceiros, é a data da respectiva averbação. Dessa forma, os terceiros terão conhecimento exato e seguro dos direitos patrimoniais decorrentes desse casamento.

11.5.6 Alteração de nome dos cônjuges

Após a lavratura do registro de casamento ou mesmo após a averbação de separação ou divórcio, é possível ocorrer a alteração do nome dos cônjuges, o que ganhará eficácia e publicidade por meio da respectiva averbação.

São inúmeros os casos de alteração de nome da pessoa natural. Via de regra, a alteração é feita no registro de nascimento e, sendo a pessoa casada, será necessário averbar a alteração também no registro de casamento. Alguns casos, porém, versam sobre o nome adotado após o casamento, logo são situações específicas deste registro, como: 1) após averbação da separação ou divórcio, a pessoa opta por deixar de usar o sobrenome do cônjuge; 2) após a viuvez, a pessoa opta por deixar de usar o sobrenome do cônjuge e 3) durante o casamento, a pessoa opta por acrescer ou excluir o sobrenome do cônjuge. Passa-se a análise dessas hipóteses.

11.5.6.1 Supressão de sobrenome do ex-cônjuge após averbada a separação ou divórcio

Como é sabido, por ocasião do divórcio ou separação, a pessoa poderá voltar a usar o nome anterior ao casamento ou manter o nome de casada, o que constará do respectivo título judicial ou notarial e do corpo da averbação de divórcio ou separação.

Ocorre que, mesmo após essa escolha formalizada, a pessoa que tenha optado por permanecer com o nome de casada poderá realizar nova escolha e voltar a usar o nome anterior ao casamento.

O fundamento legal desse direito é o art. 1.578, § 1º, do Código Civil, interpretado à luz do princípio da dignidade da pessoa humana, da autonomia da vontade privada bem como da natureza do direito ao nome como um direito da personalidade, portanto imprescritível.

A Resolução 35/2007 do CNJ assim regulamenta tal direito:

> Art. 45. A escritura pública de separação ou divórcio consensuais, quanto ao ajuste do uso do nome de casado, pode ser retificada mediante declaração unilateral do interessado na volta ao uso do nome de solteiro, em nova escritura pública, com assistência de advogado.

Destaque-se, da regulamentação administrativa, a possibilidade de que a retificação seja unilateral, sendo desnecessária a anuência da outra parte.

Mesmo que a separação ou divórcio tenham sido decretados judicialmente, é possível a volta ao nome de solteiro por escritura pública, pois esse é um direito potestativo da parte, situado na esfera dos direitos da personalidade. A natureza do título não transmuda esse direito, como se vê na possibilidade de utilizar a forma da escritura pública para converter em divórcio uma separação que foi decretada judicialmente (Res. 35/07, art. 52).

No entanto, isso não é possível no Estado de São Paulo, pois há decisão da E. Corregedoria Geral da Justiça[117] que não permitiu estender essa previsão do art. 45 para a separação ou divórcio decretados judicialmente, orientando as partes a solicitar a retificação judicialmente pelo art. 109 da Lei 6015/73 ou requerer ao Juízo que decretou o divórcio. Percebe-se que a questão foi tratada como retificação, quando poderia ser tratada como averbação de alteração de nome (art. 29, § 1º, "f" e 97 da Lei 6.015/73), que é facultada ao ex-cônjuge a qualquer tempo (art. 1.578, § 2º do CC).

11.5.6.2 Supressão de sobrenome do ex-cônjuge após a viuvez

Atualmente há norma expressa regulamentando a forma pela qual a pessoa viúva exerce o direito de voltar a usar o nome de solteiro. É o Provimento 82/2019 da CN/CNJ, especificamente o art. 1º, §3º. A escolha se faz mediante requerimento perante o Oficial de Registro Civil, ao qual se junta a certidão de óbito do ex-cônjuge, o que deflagará procedimento administrativo, que independe de autorização judicial para a lavratura da respectiva averbação junto ao registro de casamento.

O direito da pessoa viúva voltar a usar o nome de solteira não está expresso na lei, mas decorre de analogia com o direito das pessoas separadas e divorciadas. Pelo ponto de vista do direito ao nome, não há razão para distinguir casamentos desfeitos pelo divórcio ou pelo óbito.

O sobrenome, como se sabe, é a indicação da origem familiar. Com o rompimento do vínculo conjugal, perde-se esse fundamento do uso do sobrenome do cônjuge e apenas por exceção, em respeito aos direitos da personalidade, permite-se que a pessoa continue a usar o sobrenome do ex-cônjuge. Assim, o fundamento jurídico do direito de voltar a usar o nome anterior ao casamento está presente sempre que extinto o vínculo conjugal, seja pelo divórcio ou pelo óbito.

Nesse sentido, há precedentes do STJ, o primeiro, de 2002:

> 1. Não é irrenunciável o direito ao uso dos apelidos do marido, sendo possível juridicamente o pedido de restabelecimento do nome de solteira, presentes circunstâncias próprias que justifiquem a alteração do registro. (REsp 363.794/DF, Rel. Ministro CARLOS ALBERTO MENEZES DIREITO, TERCEIRA TURMA, julgado em 27-6-2002, *DJ* 30-9-2002, p. 256).

O segundo precedente, de 2018, relatado pela Ministra Nancy Andrighi, foi mais contundente ao afirmar o direito de alterar o nome como um direito da personalidade e abriu as portas para que esse retorno ao nome de solteira seja realizado extrajudicialmente, no seguinte teor:

> Fica evidente, pois, que descabe ao Poder Judiciário, em uma situação tão delicada e particular, imiscuir-se na intimidade, na vida privada, nos valores e nas crenças das pessoas, para dizer se a justificativa

---
117. PROCESSO Nº 2015/64931 – SÃO PAULO – CORREGEDORIA GERAL DA JUSTIÇA DO ESTADO DE SÃO PAULO. Parecer 163/2015-E, de 25/05/2015. DJE 19.06.2015

apresentada é ou não plausível, sobretudo porque, se uma das funções precípuas do Poder Judiciário é trazer a almejada pacificação social, a tutela não pode se prestar a trazer uma eterna tormenta ao jurisdicionado[118].

No item 4 da ementa, reforça-se o caráter privado do nome:

4- Impedir a retomada do nome de solteiro na hipótese de falecimento do cônjuge implicaria em grave violação aos direitos da personalidade e à dignidade da pessoa humana após a viuvez, especialmente no momento em que a substituição do patronímico é cada vez menos relevante no âmbito social, quando a questão está, cada dia mais, no âmbito da autonomia da vontade e da liberdade e, ainda, quando a manutenção do nome pode, em tese, acarretar ao cônjuge sobrevivente abalo de natureza emocional, psicológica ou profissional, em descompasso, inclusive, com o que preveem as mais contemporâneas legislações civis. (REsp 1724718/MG, Rel. Ministra NANCY ANDRIGHI, TERCEIRA TURMA, julgado em 22/05/2018, DJe 29/05/2018)

11.5.6.3 Supressão ou acréscimo do sobrenome do cônjuge durante o casamento

Mesmo durante o casamento, é possível que desperte nos cônjuges a vontade de acrescer ou suprimir os sobrenomes do outro cônjuge. Contra tal possibilidade há o argumento da definitividade do nome, sendo as alterações posteriores permitidas apenas por exceção e motivadamente (art. 57 da Lei 6.015/73).

No entanto, a jurisprudência está se posicionando no sentido da viabilidade de tal pedido, ressaltando o nome como um direito da personalidade e acolhendo a dinâmica da vida familiar. Decidiu-se no TJSP que não é necessário romper o vínculo conjugal para deixar de usar o sobrenome do cônjuge que fora acrescido por ocasião do casamento. A decisão ressaltou a necessidade de concordância de ambos os cônjuges para deferir o pedido (TJSP, Apelação 1080312-15.2015.8.26.0100, Relatora Mary Grün, 7ª Câmara de Direito Privado, Data do julgamento: 09/10/2017, Data de publicação: 09/10/2017).

Nos fundamentos desse acórdão, consta precedente do STJ que admite o acréscimo do sobrenome do cônjuge mesmo após a celebração do casamento, em procedimento judicial de jurisdição voluntária, com participação do Ministério Público (STJ, Quarta Turma, Recurso Especial 910094/SC, Rel. Min. Raul Araújo, j. 04/09/2012). Se é permitida a inclusão, por analogia, também é permitida a supressão do sobrenome após a celebração do casamento.

Em 2019, novo precedente do STJ confirmou a possibilidade jurídica do acréscimo do sobrenome do outro cônjuge posteriormente a celebração do casamento, confira-se:

"2. O art. 1.565, § 1º, do Código Civil de 2002 não impõe limitação temporal para a retificação do registro civil e o acréscimo de patronímico do outro cônjuge por retratar manifesto direito de personalidade.

3. A inclusão do sobrenome do outro cônjuge pode decorrer da dinâmica familiar e do vínculo conjugal construído posteriormente à fase de habilitação dos nubentes.

---

118. As informações são oficiais, pois colhidas do portal do STJ, notícia publicada em 01/06/2018: http://www.stj.jus.br/sites/STJ/default/pt_BR/Comunica%C3%A7%C3%A3o/noticias/Not%C3%ADcias/Restabelecimento-do--nome-de-solteira-tamb%C3%A9m-%C3%A9-poss%C3%ADvel-com-a-morte-do-c%C3%B4njuge (Acesso em 11.06.2018)

4. Incumbe ao Poder Judiciário apreciar, no caso concreto, a conveniência da alteração do patronímico à luz do princípio da segurança jurídica." (REsp 1648858/SP, Rel. Ministro RICARDO VILLAS BÔAS CUEVA, TERCEIRA TURMA, julgado em 20/08/2019, DJe 28/08/2019)

Como se vê no item 4 transcrito, o exercício de tal direito deve ser realizado no Poder Judiciário, não havendo previsão de seu exercício na via extrajudicial, a quem competirá apenas a lavratura da averbação do título judicial.

11.5.7 Outras averbações

Outras averbações, que são lavradas no registro de nascimento, podem também ser realizadas no registro de casamento, por exemplo, reconhecimento de filho, investigação ou negatória de paternidade ou maternidade, alteração do patronímico do pai ou da mãe, alteração de nacionalidade, adoção de pessoa maior. Essas hipóteses já foram tratadas no capítulo 10.

12
REGISTRO DE ÓBITO

12.1 INTRODUÇÃO

O Código Civil, em seu art. 6º, prevê que "a existência da pessoa natural termina com a morte", o que produz diversos efeitos jurídicos, dentre os quais, a título ilustrativo, podem ser citados:

- O fim da personalidade, não podendo mais aquela pessoa titularizar relações jurídicas, as quais passam a ser titularizadas por seus sucessores. Do que se extrai mais um efeito da morte, que é a abertura da sucessão, transmitindo-se a herança desde o momento da morte aos herdeiros, segundo o *droit de saisine* inscrito no art. 1.784 do Código Civil.
- Extinção do poder familiar, em conformidade com o art. 1.635, inciso I, do Código Civil.
- O fim da sociedade conjugal e a dissolução do casamento, nos termos do art. 1.571, inciso I e § 1º do Código Civil.
- O encerramento dos contratos *intuitu personae*, como o mandato (art. 682, II, do Código Civil) e o contrato de prestação de serviço (art. 607 do Código Civil).
- Resolução da sociedade simples em relação ao sócio (art. 1.028 do Código Civil).
- Extinção de usufruto, prevista no art. 1.410 do Código Civil.
- Extinção da punibilidade no Direito Penal, art. 107 (inciso I, do Código Penal).
- Cessação do pagamento de benefício do Instituto Nacional do Seguro Social, e o direito ao recebimento de pensão por morte (Leis n. 8.212/91 e 8.213/91);
- Suspensão dos prazos processuais, nos termos do art. 313, inciso I, do Código de Processo Civil.
- Direito ao recebimento do seguro de vida pelo beneficiário. Nesse caso, a causa da morte é relevante.

Resta claro que a prova do fato jurídico morte é de extrema relevância no mundo jurídico.

Assim, o Código Civil prevê, no art. 9º, inciso I, que o óbito deve ser registrado nos registros públicos. No mesmo sentido, a LRP estabelece, em seu art. 29, inciso III, que o óbito será registrado no registro civil das pessoas naturais e, no art. 77, que o sepultamento somente será realizado à vista de certidão extraída após a lavratura do registro.

Tal registro obtém publicidade por meio da certidão de óbito, que, no ordenamento brasileiro, é o meio hábil para se provar o fato jurídico morte, como se pode depreender de inúmeros dispositivos normativos, como, por exemplo:

- Art. 62 do Código de Processo Penal, que prevê: "No caso de morte do acusado, o juiz somente à vista da certidão de óbito, e depois de ouvido o Ministério Público, declarará extinta a punibilidade".
- Art. 1.525, V, do Código Civil, que impõe a apresentação da certidão de óbito do cônjuge falecido para fins de habilitação para novo casamento.
- Art. 615, parágrafo único, do Código de Processo Civil, que trata do requerimento do inventário, bem como o art. 22 da Resolução n. 35 do Conselho Nacional de Justiça, que regulamentou o inventário extrajudicial, introduzido no ordenamento brasileiro por meio da Lei n. 11.441/2007.

Como se não bastasse, o registro de óbito também é importante para a garantia de direitos humanos. Essa importância do registro civil é facilmente demonstrada, pode-se dizer até que é notória, quando se estuda o registro de nascimento. No entanto, todo o registro civil carrega essa importância, por ser um instrumento imparcial, público e transparente. A ausência da declaração para o registro de óbito serve de comprovação da violação de direitos humanos. Descumprir o dever de declarar o óbito perante o Oficial de Registro é uma forma de ocultar o óbito, e, dessa forma, é o primeiro elemento a levantar suspeita quanto à violação de direitos da pessoa humana. O Superior Tribunal de Justiça, muito oportunamente, assim assentou:

> PROCESSUAL CIVIL. ADMINISTRATIVO. VIOLAÇÃO AO ART. 535 DO CPC. NÃO CONFIGURADA. LITISCONSÓRCIO ATIVO E FACULTATIVO. INDENIZAÇÃO. REPARAÇÃO DE DANOS MATERIAIS E MORAIS. REGIME MILITAR. DISSIDENTE POLÍTICO PROCURADO NA ÉPOCA DO REGIME MILITAR. FALTA DE REGISTRO DE ÓBITO E NÃO COMUNICAÇÃO À FAMÍLIA. DANO MORAL. FATO NOTÓRIO. NEXO CAUSAL. PRESCRIÇÃO.
>
> (...)
>
> 13. A dignidade humana violentada, *in casu*, decorreu do sepultamento do irmão da parte, realizado sem qualquer comunicação à família ou assentamento do óbito, gerando aflição ao autor e demais familiares, os quais desconheciam o paradeiro e destino do irmão e filho, gerando suspeitas de que, por motivos políticos, poderia estar sendo torturado – revelando flagrante atentado ao mais elementar dos direitos humanos, os quais, segundo os tratadistas, são inatos, universais, absolutos, inalienáveis e imprescritíveis.
>
> 14. Inequívoco que a morte do irmão do autor não foi oficialmente informada à família, nem houve qualquer tipo de registro ou identificação da sepultura.
>
> 15. O Decreto 4.857, de 9 de novembro de 1939, determinava que nenhum enterramento será feito sem certidão de oficial de registro do lugar do falecimento, extraída após a lavratura do assento de óbito (...) – art. 88. Prossegue impondo a incumbência de fazer a declaração de óbito aos familiares e, na falta de pessoa competente, a que tiver assistido aos últimos momentos do finado; e, por último, incumbe à autoridade policial a obrigação de fazê-lo em relação às pessoas encontradas mortas – art. 90, § § 5º e 6º. Ainda dispõe, no art. 91, que o assento de óbito deverá conter, além de todas as circunstâncias da morte e qualificação da pessoa, o lugar do sepultamento. Dispunha, também, o art. 84, que o registro de óbito deveria ser feito dentro do prazo de vinte e quatro horas.
>
> 16. Logo, cabia à autoridade policial a obrigação, por lei, de fazer a declaração de óbito, não fosse por terem assistido aos últimos momentos de vida, por saberem-no morto, pois comprovadamente as forças militares tinham conhecimento de que se tratava de *Arno Preis* (fl. 32).
>
> 17. A exigibilidade a qualquer tempo dos consectários às violações dos direitos humanos decorre do princípio de que o reconhecimento da dignidade humana é o fundamento da liberdade, da justiça e

da paz, razão por que a Declaração Universal inaugura seu regramento superior estabelecendo no art. 1º que "todos os homens nascem livres e iguais em dignidade e direitos (...) (REsp 612.108/PR, Rel. Ministro LUIZ FUX, PRIMEIRA TURMA, julgado em 2-9-2004, *DJ* 3-11-2004, p. 147).

Passa-se à análise deste registro.

12.2 REGISTRO DA MORTE

O registro da morte pode ser dividido em três grupos: registro de óbito, referente à morte real, com ou sem atestação por médico/testemunhas (com ou sem cadáver), tratado neste item; registro de natimorto (óbito fetal), que será tratado no item 12.3 a seguir; e o registro de morte presumida precedida ou não de ausência, que será tratado nos itens 13.3.3 e 13.3.4.

12.2.1 Registro de óbito – morte real

Inicie-se pela morte real com atestado por médico/testemunhas (com cadáver) inscrita no art. 6º, primeira parte, do Código Civil, e cujo registro está previsto no art. 9º, inciso I, do Código Civil, e no art. 29, inciso III, da Lei n. 6.015/73, assentado no Livro "C" em conformidade com o art. 33, inciso IV, também da Lei n. 6.015/73.

12.2.1.1 Conceito de morte

O conceito e os critérios de morte, para a medicina, estão em constante evolução, bem como os exames que permitem atestar a morte de uma pessoa, veja-se:

> "A morte não é, via de regra, um fenômeno instantâneo, mas antes um processo que se alonga no tempo"[1], todavia, o Direito ao reconhecer a morte como o momento em que finda a existência da pessoa "força a medicina a localizar um momento, dentro do processo mortal, ao qual possamos referir como 'momento morte'"[2]. Na atualidade, "a morte encefálica (todo encéfalo) é eticamente superior e mais fácil de ser aceita pelo público"[3].

Não é diferente no ordenamento jurídico brasileiro, em que se encontra a disposição do art. 3º da Lei n. 9.434/97, que estatui sobre a "remoção de órgãos, tecidos e partes do corpo humano para fins de transplante e tratamento", segundo o qual, tal remoção deve ser precedida de "diagnóstico de morte encefálica".

Todavia, o diagnóstico da chamada morte encefálica também não é simples, havendo quem afirme que "não há teste fiável para concluir da cessação irreversível das funções encefálicas"[4]. Com o intuito de oferecer maior certeza e uniformidade a tal diagnóstico, a lei estabeleceu que os critérios clínicos e tecnológicos para constatação

---

1. MARLET, José Maria. *Conceitos Médico-Legal e Jurídico de Morte*. In: *Justitia*, São Paulo, 49 (138), abr./jun. 1987, p. 44.
2. Idem, ibidem.
3. LIMA, Cristina. *Do conceito ao diagnóstico de morte*: controvérsias e dilemas éticos. In: *Medicina Interna*. Disponível em: http://www.spmi.pt/revista/vol12/vol12_n1_2005_06-10.pdf. Acesso em: 13-7-2012.
4. Idem, ibidem.

da morte encefálica são definidos pelo Conselho Federal de Medicina, que editou para tal fim a Resolução 2.173/2017.

No que diz respeito a este trabalho, seguidos o conceito, os critérios, as normas e os requisitos vigentes, o médico atestará a morte da pessoa por meio de declaração de óbito, prevista pela Lei n. 11.976/2009 e regulamentada pela Portaria n. 116/2009 da Secretaria de Vigilância em Saúde, do Ministério da Saúde, a qual será o documento hábil para o registro de óbito ocorrido com assistência médica, como será visto adiante.

12.2.1.2 Gratuidade

O registro de óbito é gratuito.

Pelo texto da Constituição Federal de 1988, a gratuidade se limitaria aos reconhecidamente pobres, o que se extrai do art. 5°, LXXVI: "são gratuitos para os reconhecidamente pobres, na forma da lei: (...) b) a certidão de óbito".

A lei a que se refere a disposição constitucional é a Lei n. 6.015/1973, que no texto original de seu art. 30 previa: "Das pessoas comprovadamente pobres, à vista de atestado de autoridade competente, não será cobrado emolumento pelo registro civil e respectiva certidão". Este artigo foi adaptado à nova ordem constitucional pela Lei n. 7.844/89, passando a prever que "Das pessoas reconhecidamente pobres não serão cobrados emolumentos pelo registro civil de nascimento e pelo assento de óbito e respectivas certidões".

Todavia, em 1997, a Lei n. 9.534 alterou novamente o art. 30 da Lei n. 6.015/73, dando-lhe a seguinte redação: "Não serão cobrados emolumentos pelo registro civil de nascimento e pelo assento de óbito, bem como pela primeira certidão respectiva", e acrescentou o inciso VI ao art. 1° da Lei n. 9.265/96, que prevê: "São gratuitos os atos necessários ao exercício da cidadania, assim considerados: (...) VI – registro civil de nascimento e o assento de óbito, bem como a primeira certidão respectiva".

Desta maneira, a Lei n. 9.534/97 garantiu a gratuidade universal, incluindo o assento de óbito e a primeira via de sua certidão entre os atos contemplados pelo art. 5°, LXXVII, da Constituição Federal, segundo a qual "são gratuit[o]s (...), na forma da lei, os atos necessários ao exercício da cidadania".

12.2.1.3 Declaração de Óbito

O óbito é um fato jurídico que, para fins de registro, é atestado na forma de lei.

Neste sentido, a Lei 6.015/2009, no art. 77, estabelece que o registro será feito "em vista do atestado de médico, se houver no lugar, ou, em caso contrário, de duas pessoas qualificadas que tiverem presenciado ou verificado a morte".

O atestado de médico ao qual a lei se refere é a Declaração de Óbito padronizada pela Lei n. 11.976/2009 e pela Portaria n. 116/2009 da Secretaria de Vigilância em Saúde, do Ministério da Saúde, cujo modelo é o seguinte:

Anexo A – Modelo da Declaração de Óbito

Em conformidade com a referida portaria do Ministério da Saúde, a Declaração de Óbito (DO) é de responsabilidade do médico:

> Art. 18. Os dados informados em todos os campos da DO são de responsabilidade do médico que atestou a morte, cabendo ao atestante preencher pessoalmente e revisar o documento antes de assiná-lo.

As informações constantes da declaração médica e sua inclusão no registro serão analisadas juntamente com o conteúdo do registro.

A referida portaria dispõe, no art. 19, sobre as hipóteses e competências para emissão da DO, que poderão se dar em caso de: óbito com assistência médica, que segue as competências das alíneas *a*, *b*, *c*, e *d* do inciso I do mencionado artigo[5]; por causas naturais, sem assistência médica, caso em que a DO será emitida pelo Serviço de Verificação de Óbitos (SVO), onde houver, e onde não houver por médico do serviço público, e na sua falta por qualquer médico da localidade (Inciso II); óbitos fetais, que serão tratados no capítulo relativo ao natimorto; óbitos não fetais de recém-nascidos que morrerem pouco tempo após o parto, cuja competência será dos médicos que prestarem assistência à mãe ou à criança; mortes por causas externas, em que a DO será emitida pelo Instituto Médico Legal (IML), onde houver, e por médico ou profissional investido pela autoridade judicial ou policial na função de perito *ad hoc*.

Seguindo-se o texto da lei, no caso de óbitos sem assistência médica e sem emissão de Declaração de Óbito por médico, o fato será testemunhado ao registrador por duas pessoas qualificadas.

Nesse caso, segundo o art. 19, § 7º, da Portaria 116, anteriormente mencionada, "a emissão das 3 (três) vias da DO deverá ser solicitada ao Cartório do Registro Civil de referência, pelo responsável pelo falecido, acompanhado de 2 (duas) testemunhas, em conformidade com os fluxos acordados com as corregedorias de Justiça local".

Diante disso, a declaração para registro deve ser acompanhada do referido documento médico – DO – ou da declaração de duas testemunhas qualificadas.

---

5. *a*) A DO do paciente internado sob regime hospitalar deverá ser fornecida pelo médico-assistente e, na sua ausência ou impedimento, pelo médico-substituto, independente do tempo decorrido entre a admissão ou internação e o óbito;

b) A DO do paciente em tratamento sob regime ambulatorial deverá ser fornecida por médico designado pela instituição que prestava assistência, ou pelo SVO;

c) A DO do paciente em tratamento sob regime domiciliar na Estratégia Saúde da Família (ESF), internação domiciliar e outros-deverá ser fornecida pelo médico pertencente ao programa ao qual o paciente estava cadastrado, podendo ainda ser emitida pelo SVO, caso o médico não disponha de elementos para correlacionar o óbito com o quadro clínico concernente ao acompanhamento registrado nos prontuários ou fichas médicas destas instituições; e

d) Nas localidades sem SVO ou referência de SVO definida pela CIB, cabe ao médico da ESF ou da Unidade de Saúde mais próxima verificar a realidade da morte, identificar o falecido e emitir a DO, nos casos de óbitos de paciente em tratamento sob regime domiciliar, podendo registrar "morte com causa indeterminada" quando os registros em prontuários ou fichas médicas não ofereçam elementos para correlacionar o óbito com o quadro clínico concernente ao acompanhamento que fazia. Se a causa da morte for desconhecida, poderá registrar "causa indeterminada" na Parte I do Atestado Médico da DO, devendo, entretanto, se tiver conhecimento, informar doenças pré-existentes na Parte II deste documento.

A Lei n. 6.015/73 admite exceção, com a possibilidade de o sepultamento ser realizado sem que haja a atestação médica, e o registro vir a ser realizado depois do sepultamento, caso em que o registro será realizado nos termos do art. 83, que prescreve:

> Quando o assento for posterior ao enterro, faltando atestado de médico ou de duas pessoas qualificadas, assinarão, com a que fizer a declaração, duas testemunhas que tiverem assistido ao falecimento ou ao funeral e puderem atestar, por conhecimento próprio ou por informação que tiverem colhido, a identidade do cadáver.

12.2.1.4 Atribuição para o registro de óbito – local do registro

O registrador civil com atribuição para o registro de óbito é aquele do município ou distrito do local onde ocorreu o falecimento ou do local de residência do falecido.

Esta é a redação do art. 77 da Lei n. 6.015/73, após alteração pela Lei 13.484/2017: "Nenhum sepultamento será feito sem certidão do oficial de registro do lugar do falecimento ou do lugar de residência do de cujus, quando o falecimento ocorrer em local diverso do seu domicílio" (g.n.).

A lei confere atribuição à circunscrição que juridicamente tem melhores condições de tornar cognoscível o fato, atingindo uma das finalidades dos registros públicos, que é dar publicidade. Por outro lado, também precisa deixar o serviço acessível ao cidadão, eliminando os entraves meramente burocráticos e harmonizando as finalidades dos registros públicos. Por exemplo, em uma medida para combater o sub-registro de nascimento, a Lei 9.053/1995 ampliou a atribuição para o registro de nascimento, permitindo que fosse lavrado tanto no local do nascimento quanto no local de residência dos pais.

A escolha entre o local do óbito ou no local de residência compete ao declarante do óbito a registro. A finalidade da norma é colocar à disposição do cidadão um caminho mais fácil para aceder ao serviço público, logo o responsável pela declaração do óbito a registro é quem decidirá em qual local será mais fácil cumprir seu dever.

A alteração não irá prejudicar a publicidade do registro de óbito, pois atualmente está em vigor e em operação a Central de Informações do Registro Civil das Pessoas Naturais – CRC – de âmbito nacional, prevista no Provimento 46/2015 da Corregedoria Nacional de Justiça. Todos os registros de óbitos, são informados para a CRC, onde é possível obter informações e certidões dos óbitos (Provimento 46, art. 6º). Além disso, sempre que for emitida uma certidão negativa de óbito é feita prévia consulta a CRC (Provimento 46, art. 10). Vê-se que com a CRC, a nova atribuição territorial não causará prejuízo para que cidadãos, empresas e poder público tomem conhecimento do óbito. O mesmo efeito se extrai do sistema de anotações previsto nos artigos 106 a 108 da Lei 6.015/73, garantindo-se que o registro de óbito seja informado a todos que solicitarem certidões de outros atos relativos ao falecido.

Tanto o local do falecimento quanto o local de residência são elementos que constam no atestado de médico de óbito, emitido em modelo padronizado, denominado Declaração de Óbito (DO), prevista na Lei n. 11.976/2009 e regulamentada pela Portaria n. 116/2009 da Secretaria de Vigilância em Saúde, do Ministério da Saúde.

O registro civil deverá se pautar pelo teor do atestado médico de óbito, devendo seguir os municípios ou distritos ali indicados para aferir sua atribuição territorial para o registro.

Caso o declarante do registro de óbito venha a informar que o local do óbito expresso na DO está incorreto, será necessário retificar a DO por ato médico, pois esse é um dos elementos centrais do atestado, que não pode ser alterado por mera declaração.

Caso o erro recaia sobre o município de residência, que é um elemento secundário do atestado de óbito, é possível ao declarante comprovar, por meio de documento hábil e recente, a residência do falecido. Nesses casos é desnecessária a retificação formal da DO, podendo o oficial seguir o documento apresentado para a lavratura do óbito. Isso pois não deve o registrador impor condições e empecilhos ao registro sem que estejam realmente fundamentadas a sua necessidade e legalidade.

Por fim, oportuno relembrar que a lei atribui o registro de óbito para o local onde o óbito ocorreu e não onde foi atestado, como pode acontecer nos casos em que o corpo é levado já sem vida ao hospital que irá atestar o óbito.

Importante observar que o oficial de registro, com atribuição para o registro de óbito de criança falecida com menos de um ano, terá atribuição também para o registro de seu nascimento caso este não tenha sido lavrado, independentemente do local onde tenha ocorrido o parto da criança ou onde residam os pais. É o que se extrai do art. 77, § 1º, da Lei n. 6.015/73:

> Antes de proceder ao assento de óbito de criança de menos de 1 (um) ano, o oficial verificará se houve registro de nascimento, que, em caso de falta, será previamente feito.

E a Consolidação Normativa do Estado do Ceará (CNNR-CE):

> Art. 123 – Antes de proceder ao assento de óbito de criança com menos de 1 ano de idade, o Oficial verificará se houve registro de nascimento, que, em caso de falta, será previamente realizado na mesma circunscrição competente para a lavratura do assento de óbito.

12.2.1.5 Declarante

O princípio da instância deve ser atendido; para tanto, o registro de óbito será feito mediante declaração de pessoa legitimada nos termos do art. 79 da Lei n. 6.015/73.

Opta-se, neste trabalho, por tratar das pessoas como legitimadas a declarar o óbito para registro, todavia, o texto legal se refere a pessoas obrigadas a declarar o óbito. Assim se vê: "Art. 79. São obrigados a fazer declaração de óbitos".

Os números que seguem apresentam uma ordem sequencial de legitimados a declarar o óbito, indicando quais pessoas e em quais circunstâncias. Passa-se à análise:

A lei inicia com:

> 1º) o chefe de família, a respeito de sua mulher, filhos, hóspedes, agregados e fâmulos;
>
> 2º) a viúva, a respeito de seu marido, e de cada uma das pessoas indicadas no número antecedente;

Esses dois primeiros números devem ser analisados em conformidade com a igualdade entre o homem e a mulher conferida pela Constituição Federal, em especial no art. 5º, inciso II, e no art. 226, § 5º. Dessa maneira não há como se priorizar o homem sobre a mulher em uma família, devendo ser equiparados, como fazem normas estaduais.

Assim é o Código de Normas do Espírito Santo, que em seu art. 999 prevê:

São obrigados a fazer a declaração de óbito:

I – o marido, a respeito de sua mulher;

II – a mulher, a respeito do marido;

III – qualquer um deles, a respeito dos filhos, hóspedes, agregados e empregados;

No mesmo sentido é o art. 293 do Código de Normas do Estado do Paraná.

E com texto mais enxuto, porém semelhante, é a Consolidação Normativa do Estado do Rio Grande do Sul, que prescreve:

I – o homem ou a mulher, a respeito de seu cônjuge/companheiro(a), filhos(as), hóspedes, agregados(as) e empregados(as);

Observe-se que essa redação atual teve a cautela de deixar expresso que o companheiro, ou seja, aquele que vive em união estável, tem a mesma legitimidade que o cônjuge.

Esclarece-se ainda que a lei utiliza o termo fâmulos, que, segundo o dicionário Koogan/Houaiss[6], significa "Criado, Servidor, Serviçal", o qual ficou interpretado e mais acessível nas normas mencionadas, ao se usar o vocábulo "empregados".

Em seguida, o art. 79 da Lei n. 6.015/73 dispõe:

3º) o filho, a respeito do pai ou da mãe; o irmão, a respeito dos irmãos e demais pessoas de casa, indicadas no n. 1; o parente mais próximo maior e presente;

Fica, desta maneira, estabelecido que a declaração deve ser feita por pessoa próxima ao falecido, preferencialmente um parente, somente sendo aberto o rol de declaração a outras pessoas, na ausência destes, como previsto nos números seguintes:

4º) o administrador, diretor ou gerente de qualquer estabelecimento público ou particular, a respeito dos que nele faleceram, salvo se estiver presente algum parente em grau acima indicado;

5º) na falta de pessoa competente, nos termos dos números anteriores, a que tiver assistido aos últimos momentos do finado, o médico, o sacerdote ou vizinho que do falecimento tiver notícia;

Nesses dois itens, vê-se que o rol de legitimados para a Declaração de Óbito é bem amplo, o que se justifica pela necessidade de se realizar o registro antes do sepultamento e pelo exíguo prazo para fazê-lo.

Por fim, a lei comete a obrigação de declarar o óbito: "6º) a autoridade policial, a respeito de pessoas encontradas mortas", o que segundo normas do Estado do Ceará é interpretado da seguinte maneira: "pela direção do Instituto Médico-Legal, quando se

---

6. Koogan/Houaiss. *Enciclopédia e Dicionário Ilustrado*. Rio de Janeiro: Seifer, 2000, p. 660.

tratar de pessoa encontrada morta e não reconhecida oportunamente, ou pelo Serviço de Verificação de Óbito – SVO"[7]. De maneira semelhante é estabelecido na normativa do Espírito Santo[8].

A ordem de legitimação deve ser observada, uma vez que, como será visto adiante, muitos dados do registro são apenas informados pelo declarante, sendo de extrema relevância que este conheça o falecido e seja próximo dele.

Nesse sentido é o Código de Normas do Espírito Santo que, no § 2º do art. 999, dispõe: "A declaração em desacordo com a ordem legal será feita por motivo justificado ou impedimento dos precedentes, devidamente consignado no assento".

As Normas de São Paulo, no item 93.2 do Capítulo XVII, estabelecem que: "O Oficial deverá observar a ordem das pessoas obrigadas a declarar o óbito". Porém, no item seguinte prevê a dispensa da necessidade de observar a ordem sucessiva, se for apresentado o atestado médico do óbito, que é um documento que assegura a existência da morte e a identidade do falecido: "93.3. O Oficial ficará dispensado de observar a ordem sucessiva de pessoas obrigadas a declarar o óbito se for apresentado o respectivo atestado médico (DO). Neste caso, qualquer apresentante estará legitimado a efetuar a declaração".

Incumbe ao registrador qualificar o declarante em sua identidade e qualidade, aferindo se é capaz e se é legitimado para a prática do ato. O registrador fará a identificação por meio dos documentos oficiais com as mesmas considerações feitas no capítulo referente ao registro de nascimento.

A Lei n. 6.015/73 ainda prevê, no parágrafo único do art. 79, que "A declaração poderá ser feita por meio de preposto, autorizando-o o declarante em escrito, de que constem os elementos necessários ao assento de óbito".

Essa previsão é interpretada de diversas maneiras pelas normas estaduais, muitas vezes sem clareza de como deve ter lugar. Todavia, sugere-se que se trata da possibilidade de o declarante constituir mandatário, e quando a declaração couber a administrador de estabelecimento público ou privado, que este possa se utilizar de preposto autorizado por escrito, em qualquer dos casos devendo constar do instrumento os elementos necessários ao registro de óbito.

Há previsões normativas que exigem a nomeação de mandatário por meio de documento público ou, pelo menos, com reconhecimento de firma por semelhança, como no caso do Espírito Santo[9]; todavia, registre-se o posicionamento de Helder Silveira[10],

---

7. CNNR-CE, art. 193: "A declaração de óbito será feita por quem indica a lei, pela direção do Instituto Médico Legal, quando se tratar de pessoa encontrada morta e não reconhecida oportunamente, ou pelo Serviço de Verificação de Óbito – SVO".
8. CNCGJ-ES, art. 999, § 1º: "A declaração de óbito deverá ser feita por quem indica a lei, e pela direção do Instituto Médico Legal, quando se tratar de pessoa encontrada morta e não reconhecida oportunamente".
9. CNCGJ-ES, art. 999, § 3º: "A declaração poderá ser feita por mandatário, constituído em procuração com firma reconhecida por semelhança, ou, quando couber a representante de estabelecimento público ou particular, mediante preposto autorizado por escrito".
10. SILVEIRA, Helder. *Registro Civil das Pessoas Naturais:* Teoria e Prática. Brasília: Bandeirante, p. 142.

que somente "se despertar desconfiança do registrador, ele poderá exigir o reconhecimento de firma".

Observe-se, ainda no tocante ao declarante do óbito, que no caso de óbito ocorrido em estabelecimento público, a Lei n. 6.015/73 complementa a previsão do art. 79, itens 4º e 6º, com o disposto no art. 87, a saber:

> O assentamento de óbito ocorrido em hospital, prisão ou outro qualquer estabelecimento público será feito, em falta de declaração de parentes, segundo a da respectiva administração, observadas as disposições dos arts. 80 a 83; e o relativo a pessoa encontrada acidental ou violentamente morta, segundo a comunicação, *ex officio*, das autoridades policiais, às quais incumbe fazê-la logo que tenham conhecimento do fato.

12.2.1.6 *Prazo para a declaração*

Observe-se, inicialmente, que o registro de óbito deve ser lavrado antes do sepultamento, como prevê o art. 77 da Lei n. 6.015/73, segundo o qual: "Nenhum sepultamento será feito sem certidão, do oficial de registro do lugar do falecimento, extraída após a lavratura do assento de óbito".

Reinaldo Velloso dos Santos[11] sugere que o sepultamento sem prévio registro se enquadra na contravenção penal do art. 67 do Decreto-Lei n. 3.688/41, segundo o qual: "Inumar ou exumar cadáver, com infração das disposições legais" acarretaria a pena de prisão simples, de um mês a um ano, ou multa, de duzentos mil réis a dois contos de réis.

Todavia, a própria Lei n. 6.015/73, em seu art. 83, prevê a possibilidade de se realizar o registro de óbito após o sepultamento, como foi demonstrado anteriormente, caso em que, não havendo atestado médico ou duas pessoas qualificadas, assinarão o termo duas testemunhas do falecimento ou do funeral, que possam atestar a identidade do cadáver.

Além da determinação de que o registro seja realizado antes do sepultamento, a lei traz previsões de prazo para o registro do óbito, e o faz no art. 78, estabelecendo que o prazo é de vinte e quatro (24) horas a contar do falecimento e, não sendo possível, em razão da distância ou de outro motivo, que seja realizado no mesmo prazo previsto para o registro de nascimento no art. 50 da Lei n. 6.015/73, de quinze (15) dias ou de até (3) três meses se o local distar mais de 30 quilômetros da sede do cartório. Assim se vê:

> Art. 78. Na impossibilidade de ser feito o registro dentro de 24 (vinte e quatro) horas do falecimento, pela distância ou qualquer outro motivo relevante, o assento será lavrado depois, com a maior urgência, e dentro dos prazos fixados no art. 50.

> Art. 50.(...), dentro do prazo de quinze dias, que será ampliado em até três meses para os lugares distantes mais de trinta quilômetros da sede do cartório.

Resumidamente, o prazo para o registro do óbito é de 24 horas, não sendo possível registrar neste prazo será de 15 dias, ou 3 meses para os locais mais de 30 quilômetros distantes da sede do cartório.

---

11. SANTOS, Reinaldo Velloso dos. *Op.Cit., 2006*, p. 118.

Caso o registro não seja realizado no prazo previsto, será lavrado um registro tardio de óbito que, muito embora não tenha maiores requisitos previstos em lei, pode exigir outra cautela prevista em normas, qual seja a autorização do Juiz.

Assim estabelecem as Normas de São Paulo no Capítulo XVII, item 92.1:

> Ultrapassados os prazos acima estipulados para o registro do óbito, o Oficial deverá requerer autorização do Juiz-Corregedor Permanente.

No mesmo sentido é o Código de Normas do Espírito Santo, art. 1.001, § 1º, segundo o qual:

> Excedido o prazo legal, o assento de óbito somente será lavrado por determinação judicial.

O fato de o prazo regular para o registro ser exíguo (24 horas) e de ser o registro necessário para o sepultamento é o que justifica a necessidade de o Registrador Civil das Pessoas Naturais trabalhar com o sistema de plantão previsto no art. 4º, § 1º, da Lei n. 8.935/94: "O serviço de registro civil das pessoas naturais será prestado, também, nos sábados, domingos e feriados pelo sistema de plantão".

12.2.1.7 Declaração de Óbito anotada pelo serviço funerário

Para se evitarem transtornos com o sepultamento, remoção de corpo e até afastar a necessidade do plantão do registrador civil, foi criada, no Estado de São Paulo, a possibilidade de Declaração de Óbito perante o Serviço Funerário Municipal, para posterior registro.

Segundo os itens 98 a 105 do Capítulo XVII das Normas de São Paulo, "nas Comarcas onde as declarações de óbito são anotadas, oficialmente, pelo Serviço Funerário do Município, mediante atestado médico (DO) que comprove o falecimento", este ato será realizado por funcionário qualificado pela funerária, que responderá civil, criminal e administrativamente pelos atos que praticar.

Tais declarações serão formalizadas em impresso padronizado que contém todos os elementos do registro de óbito, a qualificação do declarante e o endereço do Registro Civil das Pessoas Naturais do lugar do falecimento, onde se lavrará o registro.

As referidas normas, no item 101, destinam a primeira via da declaração ao Registro Civil de Pessoas Naturais, que será retirada duas ou três vezes por semana, juntamente com o atestado médico respectivo, e servirá para registro.

A diferença mais emblemática é a possibilidade de se realizar o sepultamento apenas com a segunda via da declaração prestada perante o serviço funerário, sem necessidade de prévia lavratura do registro, como estava previsto no item 99.1, alínea *a*, do Capítulo XVII das Normas de Serviço da Corregedoria-Geral da Justiça do Estado de São Paulo antes das alterações do Provimento 41/2012:

> a) observação inserida na segunda via (guia de sepultamento) de que a declaração é válida para fins de sepultamento e, se necessário, remoção do corpo para fora do Município, fazendo remissão a estas Normas;

A regra nitidamente se mantém, uma vez que o mencionado Provimento 41/2012 incluiu o item 98.2, que prevê regra semelhante, porém, em relação ao recém-nascido e ao natimorto, que poderão ser sepultados mesmo antes do registro de nascimento ou de natimorto:

> O sepultamento, tanto de recém-nascido como de natimorto, poderá ser feito sob autorização do Serviço Funerário do Município, que se encarregará, no primeiro dia útil, de promover os registros junto ao Registro Civil das Pessoas Naturais competente.

Isso permite maior celeridade ao procedimento, e dispensa a necessidade de se manter o plantão do registro civil, como se extrai da Portaria n. 77 de 2000 da Corregedoria-Geral da Justiça de São Paulo, que prevê no art. 1º, § 1º:

> O serviço de registro civil das pessoas naturais será prestado pelo sistema de plantão, nos termos do art. 4º, § 1º, da Lei Federal n. 8.935/94, observado, onde houver os convênios em vigor eventualmente celebrados com os serviços funerários locais.

Observe-se, porém, que a declaração perante o serviço funerário é facultativa, podendo o declarante optar pela declaração diretamente perante o Registro Civil das Pessoas Naturais, que tem a obrigação de recebê-la, conforme item 98.1 do Capítulo XVII das normas em estudo.

O registro no caso de declaração perante o serviço funerário será feito em 24 (vinte e quatro) horas do recebimento da primeira via pelo registrador e deverá constar do assento que "o registro é feito de conformidade com as declarações prestadas junto ao Serviço Funerário do Município, pelo Sr. (qualificar), que subscreveu a declaração (indicar a numeração), a qual se encontra arquivada neste Registro Civil das Pessoas Naturais". Nesse caso, o assento não terá assinatura do declarante, mas apenas subscrição pelo oficial de registro.

A implantação desta sistemática nas Comarcas do Estado de São Paulo depende de Portaria do Juízo Corregedor, após a qual deverá ser "firmado o Termo de Adoção Conjunta entre a Corregedoria Permanente, a Prefeitura Municipal, o Registro Civil das Pessoas Naturais e o Serviço Funerário do Município", cujo modelo está previsto no Processo CG 49.779/78 de São Paulo.

A possibilidade de esse serviço ser prestado por serviço funerário privado dependerá de como está organizado o serviço público no Município, como ficou decidido no Processo CG 827/2006 de São Paulo, em que foi negada a autorização para uma empresa privada, já que a lei do município de São Paulo é expressa e restrita ao Serviço Funerário do Município.

12.2.1.8 Elementos do assento de óbito

Expostas as considerações relativas à Declaração de Óbito, segue-se à análise do assento em si e de seus elementos previstos no art. 80 da Lei n. 6.015/73, complementado pelo art. 68 da Lei n. 8.212/91.

Os elementos são extraídos de duas fontes primordialmente, do atestado do óbito, seja médico, seja por duas testemunhas, e das informações prestadas pelo declarante.

A apresentação de documentos do falecido, embora recomendável para revestir de maior segurança as informações assentadas, não é essencial ao ato, não podendo ser o registro a ela condicionado.

É possível que certas informações prestadas pelo declarante divirjam do que consta da Declaração de Óbito médica (DO), caso em que se requer cautela do registrador. Deve ser feita breve análise da situação a exemplo do que foi feito pela Lei n. 12.662/2012 em relação à Declaração de Nascido Vivo.

A Declaração de Óbito preenchida pelo médico carrega diversas informações que podem ser dividias em 3 grupos: de responsabilidade do médico e com interesse exclusivamente para a saúde; de responsabilidade do médico e com ingresso no registro civil; colhida pelo médico na DO, mas de responsabilidade do declarante para fins de registro.

O primeiro grupo não tem repercussão para o tema ora analisado. Sugere-se que o segundo grupo de elementos de responsabilidade do médico, como aqueles relativos à ocorrência da morte, local, data, hora e causa desta, e identificação do falecido, não devem ser alterados no registro, sempre prevalecendo os constantes da DO, não cabendo ao declarante informar de maneira diversa.

Divergências comprovadas em elementos de identificação do falecido, desde que não comprometam a certeza de sua identificação, poderão ser corrigidas mediante prova bastante (e.g. nome na declaração médica é o de solteira como constava no documento de identificação, mas a pessoa falecida adotava nome de casada comprovada por certidão apresentada no momento do registro).

Nesse sentido, as normas do Ceará estabelecem regra bastante elucidativa:

> Art. 202 – É vedado ao Oficial lançar no registro de óbito dados de identificações diversas dos constantes na Declaração de Óbito, admitida a correção de grafia, desde que constatado de plano o erro material e o declarante apresente o original do documento de identificação civil do falecido, sendo possível corrigir o erro de grafia com os dados constantes do documento de identificação civil.

Outras informações, muito embora constem da DO, fogem da responsabilidade médica, e o declarante tem melhores condições de prestá-las com segurança, como a residência do falecido, profissão, estado civil; nestes casos, havendo divergência, deve prevalecer a informação prestada pelo declarante perante o registrador.

Essa é uma breve análise no intuito de contribuir para a adequada atuação do registrador civil, porém, o tema de divergência de informações carece de estudo mais aprofundado.

Em conformidade com os arts. 80 da Lei n. 6.015/73 e 68 da Lei n. 8.212/91 o assento de óbito conterá os seguintes elementos:

1º) a hora, se possível, o dia, o mês e o ano do falecimento;

2º) o lugar do falecimento, com a sua indicação precisa;

3º) o prenome, o sobrenome, o sexo, a idade, a cor, o estado civil, a profissão, a naturalidade, o domicílio e a residência do morto; e em conformidade com o mencionado art. 68: a data de nascimento da pessoa falecida;

4º) se era casado, o nome do cônjuge sobrevivente, mencionando-se a circunstância quando separado judicialmente ou divorciado, se viúvo, o nome do cônjuge pré-defunto e o cartório do casamento em ambos os casos;

5º) os prenomes, os sobrenomes, a profissão, a naturalidade e a residência dos pais;

6º) se faleceu com testamento conhecido;

7º) se deixou filhos, nome e idade de cada um, mencionando se entre eles há interditos;

8º) se a morte foi natural ou violenta e a causa conhecida, com o nome dos atestantes;

9º) o lugar do sepultamento;

10º) se deixou bens;

11º) se era eleitor;

12º) pelo menos uma das informações a seguir arroladas; número de inscrição do PIS/PASEP; número de inscrição no Instituto Nacional de Seguro Social – INSS, se contribuinte individual; número de benefício previdenciário – NB, se a pessoa falecida for titular de qualquer benefício pago pelo INSS; número do CPF; número de registro de Carteira de Identidade e respectivo órgão emissor; número do título de eleitor; número de registro de nascimento, com informação do livro, da folha e do termo; número e série da Carteira de Trabalho.

Previsões normativas incluem o número da Declaração de Óbito (DO) expedida pelo médico como elemento obrigatório do assento. É o que se extrai das normativas do Paraná[12], Rio Grande do Sul[13], Espírito Santo[14] e Ceará[15].

O assento ainda deverá conter o nome e a qualificação do declarante, bem como sua assinatura. Caso este não saiba ou não possa assinar, alguém assinará a seu rogo, em conformidade com o previsto no art. 82 da Lei n. 6.015/73. A assinatura não constará do assento quando se tratar de declaração anotada pelo serviço funerário.

Normas estaduais preveem que quando não for possível constar do assento de óbito todos os elementos indicados, o oficial mencionará, no corpo do registro, que o declarante ignorava os dados faltantes. (São exemplos: Paraná[16], Espírito Santo[17], São Paulo[18], Rio Grande do Sul[19] e Ceará[20]).

---

12. CNCGJ-PR, art. 295, XII.
13. CNNR-RS, art. 170, XIII.
14. CNCGJ-ES, art. 1.000, XII.
15. CNNR-CE, art. 194, "XIII – é obrigatória a utilização da Declaração de Óbito (DO), por todos os Ofícios de Registro Civil de Pessoas Naturais, para o registro do assento de óbito, devendo constar no assento o número da respectiva DO".
16. CNCGJ-PR, art. 295, parágrafo único. "Se não for possível constar do assento de óbito todos os elementos indicados, o registrador mencionará no assento que o declarante ignorava os dados faltantes e que não foi possível a obtenção das informações para qualificação completa do ato antes da sua lavratura."
17. CNCGJ-ES, art. 1.000, § 2º. "Se não for possível constar do assento de óbito todos os elementos indicados, o oficial mencionará, no corpo do registro, que o declarante ignorava os dados faltantes."
18. NSCGJ-SP, item 95.
19. CNNR-RS, "Art. 172 – Quando for impossível constar do registro de óbito todos os elementos referidos no art. 170, o Oficial mencionará o desconhecimento pelo declarante dos elementos faltantes".
20. CNNR-CE, art. 295, §1º. "Se não for possível constar do assento de óbito todos os elementos indicados, o Registrador mencionará que o declarante ignorava os dados faltantes e que não foi possível a obtenção das informações para qualificação completa do ato antes da sua lavratura."

No caso de a Declaração de Óbito conter moléstia mal definida, deve haver resolução da causa da morte por comissões e serviços de investigação e/ou verificação de óbitos, como estabelece o art. 5º da Lei n. 11.976/2009:

> Art. 5º As secretarias estaduais e municipais de saúde instalarão comissões ou serviços de investigação e/ou verificação de óbitos visando a resolução de casos de falecimentos por causas mal definidas e a busca da plena notificação dos falecimentos ao Sistema Único de Saúde.

Nestes casos, o registrador deve encaminhar os interessados ao Serviço de Verificação de Óbitos (SVO), para verificação da real causa da morte. Se no município não houver SVO, o registro será lavrado em conformidade com o constante da DO. É o que preveem as Normas de Serviço de São Paulo no Capítulo XVII, itens 91.2 e 91.3, e o Código de normas de Pernambuco (CNCGJ-PE), no art. 709.

A causa da morte é elemento de extrema relevância no registro repercutindo na publicidade do fato, na elaboração de políticas públicas e inclusive na verificação do pagamento de sinistros em seguros.

Deve ser buscada sua adequada determinação, como prevê a Lei n. 11.976/2009, que no art. 1º, § 4º, estabelece que "para a identificação das doenças deve ser usada a Classificação Internacional de Doenças (CID) da Organização Mundial da Saúde, salvo definição alternativa emanada do Sistema Único de Saúde".

Isto significa dizer que a definição da causa da morte será precisa, devendo o médico utilizar a terminologia encontrada na CID ou outra oficial, evitando-se siglas e nomes populares não técnicos.

Atente-se, entretanto, que não se incluirá o código CID da causa da morte no momento do preenchimento, tal codificação é feita posteriormente, devendo o registrador receber a DO sem codificação, desde que contenha a causa, assim se extrai do Manual de Preenchimento da Declaração de Óbito do Serviço de Vigilância em Saúde do Ministério da Saúde[21]:

> As causas da morte devem ser preenchidas pelo médico, mas a definição dos códigos da CID-10ª Revisão a serem utilizados deve ser realizada posteriormente, pelo codificador de causas de mortalidade, um profissional especializado formado especificamente para esta função, e grande conhecedor da Classificação Internacional de Doenças.

Com o intuito de explicitar esta circunstância para os Oficiais e para as Corregedorias, foi editada a Orientação n. 4 da Corregedoria Nacional de Justiça – CNJ de 25-6-2013, com o seguinte texto:

> Art. 1º Orientar os Oficiais de Registro Civil das Pessoas Naturais que a ausência da indicação do Código da Classificação Internacional de Doenças (CID) da Organização Mundial da Saúde na coluna "CID" do campo 40 da Declaração de Óbito não constitui impedimento para a lavratura do respectivo assento de óbito.

---

21. Ministério da Saúde. Secretaria de Vigilância em Saúde. Departamento de Análise de Situação em Saúde. Organização: Coordenação Geral de Informações e Análise Epidemiológica. *Manual de Instruções para o preenchimento da Declaração de Óbito*. Disponível em: http://svs.aids.gov.br/download/manuais/Manual_Instr_Preench_DO_2011_jan.pdf.

Art. 2º Esclarecer que compete ao médico responsável pelo preenchimento da Declaração de Óbito promover a correta descrição do(s) nome(s) da(s) causa(s) da morte em conformidade terminologia prevista nos volumes 1 a 3 da CID, sendo que o oportuno preenchimento da coluna "CID" do campo 40 da Declaração de Óbito será feito de forma independente da lavratura do assento de óbito, por profissional da Secretaria da Saúde, conforme previsto no Manual de Instruções para o Preenchimento da Declaração de Óbito editado pelo Ministério da Saúde.

Dada a importância da causa da morte, defende-se que esta não pode ser omitida, sequer parcialmente, no registro e suas certidões, mesmo que possa parecer constrangedora ao registrado e sua família, como no caso da AIDS, privilegiando-se o interesse público.

Esta foi a decisão no Processo CG n. 1.432/96 de São Paulo, em que se determinou que não era possível a menção parcial da causa da morte, pois não se admite que "a certidão não integral suprima dados que possam dar o equivocado entendimento do conteúdo do assento".

Observe-se, porém, que em sentido diametralmente oposto, o Código de Normas do Estado do Pernambuco, no art. 714, § 2º, prevê: "Expressões que, de alguma forma possam macular a imagem da pessoa falecida ou o sentido familiar, como por exemplo, "suicídio", "infanticídio", "AIDS", dentre outros, não devem constar da certidão de óbito".

Discute-se a inclusão no registro de óbito da menção de que o falecido vivia em união estável, que parece caminhar no sentido de ser possível

Outro elemento do assento é a informação de que o falecido vivia em união estável.

No Estado de São Paulo, inicalmente houve decisões da Corregedoria-Geral da Justiça contrárias à menção. No Processo CG n. 23.911/92, decidiu-se no sentido de que a união estável é situação de fato que não deve ingressar no registro de óbito, vez que "a simples menção da existência da 'união estável', feita junto ao assento de óbito, além de não produzir, por si só, qualquer efeito como elemento de prova de proteção a direitos subjetivos, viola a imprescindível segurança dos registros públicos"[22].

No mesmo sentido, o Processo CG n. 225/2007, fundado no Parecer n. 281/2007-E, decidiu pela impossibilidade da inclusão da união estável, pois o rol do art. 80 da Lei n. 6.015 seria taxativo, e para tanto fundamentado em decisão da 9ª Câmara de Direito Privado do Tribunal de Justiça do Estado de São Paulo, na Apelação Cível n. 282.530-1.

O STJ também se posicionou, inicialmente, contra a inclusão da menção da união estável no Registro de Óbito, conforme o julgado de 09/10/2007 no Recurso Especial n. 419.475-DF, que se fundou no fato de o rol de elementos inscritos no registro de óbito ser taxativo.

Tais decisões não parecem se sustentar. A decisão de São Paulo no processo de 1992 se fundou no fato de que a menção da união estável não produziria efeitos por si só, todavia, diversas informações constantes do registro de óbito têm efeitos meramen-

---
22. Texto citado em: SANTOS, Reinaldo Velloso dos. *Op. cit.*, p. 122.

te publicitários, dependendo de outro documento para serem comprovadas, como se mencionará adiante.

No que diz respeito à decisão de São Paulo de 2007 e a do STJ, não há como se defender que o rol de elementos no assento de óbito seja taxativo nos termos da lei, bastando lembrar que sem alteração legal o número da Declaração de Óbito foi incluído nos assentos por determinação normativa. A inclusão ou não de elemento no registro civil deve estar ligada à necessidade de sua publicidade e à pertinência da matéria, ou seja, tratar-se de elemento relevante à identificação da pessoa natural ou a seu estado.

Diante disso, verifica-se que a própria Corregedoria-Geral da Justiça do Estado de São Paulo, no Provimento n. 41 de 2012, reformulou o Capítulo XVII de suas Normas de Serviço e reviu seu entendimento, estabelecendo a possibilidade no item 94, alínea *d*, que prevê que o assento de óbito deverá conter:

> se era casado ou vivia em união estável, o nome do cônjuge ou companheiro supérstite, mencionando-se a circunstância quando separado judicialmente, divorciado, ou de união estável dissolvida; se viúvo ou companheiro supérstite, o nome do cônjuge ou companheiro pré-morto; e o Registro Civil das Pessoas Naturais do casamento ou união estável

O STJ, por sua vez, em novo julgado na data de 21/09/2017, no Recurso Especial 1.516.599-PR, assentou a possibilidade de constar a união estável no registro de óbito, com fundamento nos efeitos jurídicos pessoais e patrimoniais da união estável e no princípio da veracidade registral, pelo qual deve-se "caminhar para o incentivo à formalidade, pois o ideal é que à verdade dos fatos corresponda, sempre, a informação dos documentos, especialmente no que tange ao estado da pessoa natural".

Frise-se que o Tribunal de Justiça do Distrito Federal e Territórios, antes de tais mudanças de entendimento, já previa, em suas normas aplicáveis aos serviços notarias e de registro, que: "A união estável, previamente reconhecida por sentença declaratória ou escritura pública bilateral, poderá ser consignada no assento do óbito" (atualmente no art. 252, parágrafo único)..

Ressalte-se que a Corregedoria Nacional de Justiça editou o Provimento 37/2014, pelo qual admitiu a publicidade do registro da união estável no Livro E, logo não há motivos para vedar a publicidade na certidão de óbito.

Conclui-se, assim, que a união estável pode ser incluída no assento de óbito, como ocorre no Distrito Federal e em São Paulo. Da mesma maneira, outras informações às quais seja desejável outorgar a publicidade típica do registro civil das pessoas naturais também deveriam ingressar no registro, mesmo que dependam de outros documentos ou atos para serem comprovadas.

No Distrito Federal a norma administrativa é expressa ao exigir a apresentação de título judicial ou escritura pública atestando que o falecido vivia em união estável. Já no Estado de São Paulo, a norma é omissa, e, diante de proposta de sua alteração, a Corregedoria assentou que "no item 94 não há necessidade da inclusão pretendida (94.1 A informação sobre a união estável pode ser baseada em mero ato declaratório) pelo fato da previsão existente não condicionar a informação ao prévio registro da união estável, o qual, aliás, é facultativo"[23.]

Então a ArpenSP editou o "Enunciado 36: Para constar no registro de óbito que o falecido vivia em união estável basta que o declarante afirme tal fato jurídico, não sendo necessário apresentar nem mencionar qualquer documento"[24].

São basicamente dois os fundamentos para a desnecessidade de apresentação de documentos comprobatórios da união estável para constar essa informação no registro de óbito. O primeiro, de ordem material: a união estável é fato, que pode existir e deixar de existir sem qualquer solenidade, de modo que as escrituras públicas e títulos judiciais não fazem prova de que a união estável perdure até a data do óbito, pois pode ser dissolvida informalmente dias após a data do título. Outro, de ordem registral, é a constatação de que o registro de óbito é composto por diversos elementos meramente declarados, que constituem início de prova, colhidos no calor dos acontecimentos, sendo que tais elementos necessitarão de comprovação definitiva posteriormente, e, como já analisado, isso acontece para o casamento declarado no óbito, para os filhos declarados no óbito e outros elementos.

Importante analisar os efeitos da informação da União Estável no registro de óbito. Trata-se de início de prova que carece de comprovação pelo meio hábil, como ocorre comas demais informações prestadas pelo declarante, a saber: o estado civil e o nome do cônjuge sobrevivente, que dependerão da certidão de casamento para que sejam provados; a existência de testamento, que dependerá de certidão da central de testamentos instituída pelo Provimento n. 18 do Conselho Nacional de Justiça, da certidão do próprio testamento, ou ainda apresentação de testamento particular; os filhos deixados, seus nomes e suas idades, o que dependerá das certidões de nascimento; o fato de ter deixado bens, o que dependerá de documentos que atestem a propriedade; entre outros.

Desta maneira, percebe-se que o registro do óbito carrega informações com eficácia probatória, como o fato do óbito e suas circunstâncias (momento e local), a identificação do falecido e a causa da morte; e outras informações meramente publicitárias, que, muito embora deem publicidade ao fato, dependem de outros documentos para que sejam provadas e produzam efeitos.

Para firmar a adequada eficácia das informações nas certidões de óbito, sugere-se alterar o modelo padronizado da certidão de óbito, para que se inclua espaço próprio para destacar que parte da certidão é composta de "informações prestadas pelo declarante".

Seguindo-se a análise, observe-se a relevância da menção do número de pelo menos um documento de identificação do falecido, como foi incluído na Lei n. 6.015/73 pela Medida Provisória n. 2.187-13 de 2001, o que permite que sejam encontrados os demais documentos para que o registro de óbito produza efeitos nas diversas esferas, especialmente nos órgãos públicos aos quais o registrador informa os registros.

---

23. Parecer 61/2013-E, cuja aprovação resultou no Provimento CG n. 6/2013, *DJe* de 27-2-2013 e 1º e 4-3-2013.
24. Disponível em: http://www.arpensp.org.br/principal/index.cfm?pagina_id=782. Acesso em: 27-1-2014.

12.2.1.9 Averbações no assento de óbito

Além da retificação, que se materializa por meio de averbação à margem do registro, como se analisa em capítulo próprio a seguir, outros fatos e atos podem ser averbados à margem do assento de óbito, podendo ser citados:

Alteração do local de sepultamento. Eventual transferência dos restos mortais para um outro local pode ser levada ao registro por meio de averbação, que deverá ser requerida por interessado, mediante apresentação de documento autêntico, e seguirá o procedimento do art. 97 da Lei n. 6.015/73, com a oitiva do Ministério Público.

O reconhecimento de filiação em relação ao falecido. Nos termos do art. 1.609, parágrafo único, do Código Civil, o reconhecimento do filho pode "ser posterior ao seu falecimento, se ele deixar descendentes", e neste caso o ato de reconhecimento deve ser averbado no registro de óbito seguindo o procedimento para averbações.

O mesmo se deve dizer em relação à ação de filiação, que, em conformidade com o teor do art. 1.606 do Código Civil, pode ter seu desfecho ou até ser promovida após a morte do filho, caso em que a sentença que estabeleceu a filiação *post mortem* deve determinar a averbação à margem do registro de óbito.

Outra hipótese é a do cadáver destinado a estudo e pesquisa, na qual, segundo o item 96.6 do Capítulo XVII das Normas de serviço de São Paulo, "o sepultamento ou a cremação dos restos do cadáver utilizado em atividades de ensino e pesquisa deverá ser comunicado ao Registro Civil das Pessoas Naturais, para a promoção da respectiva averbação".

Há também a averbação destinada a identificar o falecido que está registrado como desconhecido. A competência para o registro de óbito das pessoas encontradas mortas é da autoridade policial (LRP, art. 79, 6º), a quem também compete a investigação para apurar a identidade do falecido. Dessa forma, o laudo conclusivo da autoridade policial sobre a identidade do falecido é documento legal e autêntico, nos termos do art. 97 da LRP para promover a averbação. Não se faz necessária audiência do Ministério Público nem apreciação judicial, salvo se houver suspeita de fraude, falsidade ou má-fé, nos termos do parágrafo único do citado artigo.

Em conformidade com o exposto neste trabalho, ao serem tratadas as averbações, o rol destas não é taxativo, havendo outras hipóteses ora não contempladas que poderiam ensejar averbação à margem do registro de óbito.

12.2.1.10 Situações especiais no registro de óbito

Expostos os elementos do assento de óbito, passa-se à análise de situações especiais de registro, quais sejam, o registro de óbito de pessoas desconhecidas, a destinação de cadáver para pesquisa, a cremação de cadáver e o registro de óbitos ocorridos a bordo de navio, de aeronave e em campanha.

12.2.1.10.1 Registro de óbito de pessoa desconhecida

O art. 81 da Lei n. 6.015/73 prevê requisitos especiais para o caso de registro de óbito de pessoa desconhecida, determinando que do assento constem "declaração de estatura ou medida, se for possível, cor, sinais aparentes, idade presumida, vestuário e qualquer outra indicação que possa **auxiliar de futuro o seu reconhecimento**".

No caso de a pessoa ter sido encontrada morta, que ensejará a declaração do óbito pela autoridade policial, além dos elementos citados, constará do assento a circunstância de ter sido encontrada morta, "o lugar em que se achava e o da necropsia, se tiver havido". O parágrafo único do art. 81 em comento determina que nesses casos "será extraída a individual dactiloscópica, se no local existir esse serviço", o que deve ser confirmado pelo Oficial no momento do registro.

Toda a lógica dos requisitos adicionais para o registro de pessoa desconhecida é possibilitar sua identificação posteriormente.

12.2.1.10.2   A destinação de cadáver para estudos e pesquisas

A Lei n. 8.501/92 prevê procedimentos para a utilização de cadáveres não reclamados para estudos e pesquisas científicas, da seguinte maneira:

> Art. 2º O cadáver não reclamado junto às autoridades públicas, no prazo de trinta dias, poderá ser destinado às escolas de medicina, para fins de ensino e de pesquisa de caráter científico.
>
> Art. 3º Será destinado para estudo, na forma do artigo anterior, o cadáver:
>
> I – sem qualquer documentação;
>
> II – identificado, sobre o qual inexistem informações relativas a endereços de parentes ou responsáveis legais.
>
> § 1º Na hipótese do inciso II deste artigo, a autoridade competente fará publicar, nos principais jornais da cidade, a título de utilidade pública, pelo menos dez dias, a notícia do falecimento.
>
> § 2º Se a morte resultar de causa não natural, o corpo será, obrigatoriamente, submetido à necropsia no órgão competente.
>
> § 3º É defeso encaminhar o cadáver para fins de estudo, quando houver indício de que a morte tenha resultado de ação criminosa.
>
> § 4º Para fins de reconhecimento, a autoridade ou instituição responsável manterá, sobre o falecido:
>
> a) os dados relativos às características gerais;
>
> b) a identificação;
>
> c) as fotos do corpo;
>
> d) a ficha datiloscópica;
>
> e) o resultado da necropsia, se efetuada; e
>
> f) outros dados e documentos julgados pertinentes.
>
> Art. 4º Cumpridas as exigências estabelecidas nos artigos anteriores, o cadáver poderá ser liberado para fins de estudo.
>
> Art. 5º A qualquer tempo, os familiares ou representantes legais terão acesso aos elementos de que trata o § 4º do art. 3º desta Lei.

Diante da referida lei, as Normas de Serviço da Corregedoria-Geral da Justiça de São Paulo previram, nos itens 96.1 a 96.7, o procedimento para o registro de óbito nesses casos, determinando que: o cadáver somente ficará disponível após o registro do óbito; que a escola de medicina deverá requerer a lavratura do assento de óbito; que o requerimento será autuado pelo oficial de registro; que a requerente promoverá a expedição de editais constando os elementos identificatórios do cadáver e a possibilidade de serem dirigidas reclamações de familiares ou responsáveis legais ao Oficial de registro; e que "comprovada a expedição dos editais, mediante a apresentação dos originais da publicação, os autos serão remetidos ao MM. Juiz-Corregedor Permanente para o julgamento de reclamações e a eventual concessão de autorização para lavratura do assento de óbito, onde ficará consignado o destino específico do cadáver".

As referidas normas ainda preveem que o sepultamento ou a cremação dos restos do cadáver devem ser informados ao Registro Civil para averbação do fato, conforme item 96.6.

Ainda se contempla a possibilidade de manifestação em vida da vontade de doar seu o corpo para estudos após a morte, como prevista no art. 14 do Código Civil, da seguinte maneira: "*É válida, com objetivo científico, ou altruístico, a disposição gratuita do próprio corpo, no todo ou em parte, para depois da morte*".

Nesses casos, Reinaldo Velloso dos Santos[25] recomenda a lavratura de escritura pública de declaração com a manifestação da vontade de doar o corpo para fins de estudos e pesquisa. Helder Silveira[26], por sua vez, defende que nestes casos "o registrador deverá exigir do declarante documento probante do fato, prova testemunhal ou declaração".

As normas de Serviço da Corregedoria-Geral da Justiça do Estado de São Paulo, no Capítulo XVII, item 96.5, preveem que nesse caso pode haver "declaração firmada em vida pelo falecido ou documento que comprove a liberação do cadáver por cônjuge, companheiro ou parente, maior de idade, até o 2º grau" e seguindo decisão proferida pelo MM. Juiz de Direito da 2ª Vara de Registros Públicos da Comarca de São Paulo, no Processo 000.02.020359-4 (CP 141/02 – RC), dispensada a expedição de editais.

O Código de Normas da Corregedoria-Geral da Justiça do Estado do Pernambuco, por sua vez, no art. 731, § 1º, estabelece que para prova da autodoação do corpo "servirá como prova da vontade do falecido a declaração assinada por ele e duas testemunhas, todos com firma devidamente reconhecida por tabelião público, ou a declaração feita por familiar ou representante legal do finado, também com firma reconhecida", no restante do artigo prevê o procedimento a ser seguido da seguinte maneira:

> Art. 731. O Oficial de Registro Civil competente deverá efetuar, regularmente, o assento de óbito dos falecidos que, em vida, tenham feito a autodoação de seus corpos às escolas de medicina para fins de ensino e pesquisa de caráter científico.
>
> § 1º Neste caso, servirá como prova da vontade do falecido a declaração assinada por ele e duas testemunhas, todos com firma devidamente reconhecida por tabelião público, ou a declaração feita por familiar ou representante legal do finado, também com firma reconhecida.
>
> § 2º A escola de medicina, através de seu responsável legal, manifestará por escrito endereçado ao Oficial de Registro Civil competente, o interesse em receber o cadáver e assumirá todas as responsabilidades legais, inclusive a de comunicar ao cartório, para fins de averbação no respectivo assento, e à família, o término do interesse na utilização do corpo para fins de ensino e pesquisa de caráter científico.

---

25. SANTOS, Reinaldo Velloso. *Op.Cit.*, 2006, p. 131.
26. SILVEIRA, Helder. *Op.Cit.*, p. 140.

§ 3º Do assento de óbito constará, obrigatoriamente, a escola de medicina para onde o cadáver foi encaminhado.

§ 4º Na situação a que ser refere o § 2º, a família ou os representantes legais do falecido, no prazo de 15 dias, manifestarão sua intenção em proceder ao sepultamento do cadáver, comunicando tal providência ao cartório do registro civil para as necessárias averbações. Em caso de transcorrer tal prazo sem a respectiva manifestação, a escola de medicina, às suas expensas, providenciará o sepultamento ou a cremação do corpo.

Veja-se que em qualquer dos casos constará do registro que o corpo foi destinado a pesquisa e estudo, bem como para qual instituição foi encaminhado, tornando público o fato.

12.2.1.10.3 Cremação de cadáver

A Lei n. 6.105/73, no art. 77, § 2º, traz requisitos para a cremação de cadáver, prevendo que somente será incinerado aquele que houver manifestado a vontade ou o interesse de saúde pública, em ambos os casos o atestado de óbito deverá ser firmado por dois médicos ou por médico legista.

Tratando-se de morte violenta a cremação somente pode ser realizada após autorização da autoridade judiciária.

Estas providências se fazem necessárias, pois com a cremação não há mais como se examinar o corpo da pessoa falecida para qualquer averiguação.

Há quem defenda que esta norma não repercute na esfera do registro civil, como ensina Walter Ceneviva[27], cuja opinião ora se expõe:

> É norma de direito material, a ser observada pelo responsável pelo forno crematório, ao qual incumbe verificar a manifestação do falecido ou o interesse da saúde pública.

Todavia, baseando-se no princípio da legalidade, é defensável que o registrador possa verificar a regularidade dos fatos que ingressam no registro, garantindo-se o cumprimento da lei e comunicando às autoridades competentes no caso de descumprimento. O código de Normas do Espírito Santo prevê todo um procedimento para o caso de cremação, com participação do Registrador e do Juízo Corregedor[28].

No mesmo sentido encontra-se o trabalho de Helder da Silveira[29], que analisa quais seriam os documentos hábeis para a verificação do disposto na lei.

Quanto à manifestação da vontade do falecido, não há forma expressa em lei, havendo possiblidade de exigir documento público, documento particular com firma reconhecida por autenticidade registrado no Registro de Títulos e Documentos (art. 1.010, § 3º, do Código de Normas do Espírito Santo), todavia, parece mais adequado não se exigir forma específica quando a lei não o faz, aceitando-se as mais solenes, bem como a declaração de parentes juntamente com duas testemunhas maiores.

---

27. CENEVIVA, Walter. *Lei de Registros Públicos Comentada*. São Paulo: Saraiva. 2010. p. 253.
28. CNCGJ-ES, arts. 1.010 e s.
29. SILVEIRA, Helder. *Op.Cit.*, p. 104.

Sugere-se, neste caso, a aplicação por analogia do art. 4º da Lei n. 9.434/96, que trata de transplantes, segundo o qual substitui-se a manifestação expressa da vontade do falecido por "autorização do cônjuge ou parente, maior de idade, obedecida a linha sucessória, reta ou colateral, até o segundo grau inclusive".

No caso de cremação no interesse de saúde pública, deverá ser apresentado documento firmado por profissional da área da saúde recomendando a cremação.

Em qualquer dos casos, constará do registro que o falecido foi cremado, tornando público o fato.

12.2.1.10.4 Óbitos a bordo de navio, de aeronave e em campanha

Os óbitos ocorridos a bordo de navios são tratados no art. 84 da Lei n. 6.015/73:

> Art. 84. Os assentos de óbitos de pessoas falecidas a bordo de navio brasileiro serão lavrados de acordo com as regras estabelecidas para os nascimentos, no que lhes for aplicável, com as referências constantes do art. 80, salvo se o enterro for no porto, onde será tomado o assento.

Vê-se que o art. 84 remete às regras específicas para o registro de nascimento, as quais estão inscritas nos arts. 64 e 65 da Lei n. 6.015/73. Substituindo-se no que os artigos se referem a "nascimento" por "óbito" e considerando-se competente o lugar de residência do falecido, onde se refere ao lugar de residência dos pais, leiam-se:

> Art. 64. Os assentos de nascimento em navio brasileiro mercante ou de guerra serão lavrados, logo que o fato se verificar, pelo modo estabelecido na legislação de marinha, devendo, porém, observar-se as disposições da presente Lei.

> Art. 65. No primeiro porto a que se chegar, o comandante depositará imediatamente, na capitania do porto, ou em sua falta, na estação fiscal, ou ainda, no consulado, em se tratando de porto estrangeiro, duas cópias autenticadas dos assentos referidos no artigo anterior, uma das quais será remetida, por intermédio do Ministério da Justiça, ao oficial do registro, para o registro, no lugar de residência dos pais ou, se não for possível descobri-lo, no 1º Ofício do Distrito Federal. Uma terceira cópia será entregue pelo comandante ao interessado que, após conferência na capitania do porto, por ela poderá, também, promover o registro no cartório competente.

Quanto aos óbitos ocorridos em aeronave, a regra específica está prevista no art. 173 da Lei n. 7.565/86, que deve ser observada para o posterior assentamento no Registro Civil das Pessoas Naturais:

> Art. 173. O Comandante procederá ao assento, no Diário de Bordo, dos nascimentos e óbitos que ocorrerem durante a viagem, e dele extrairá cópia para os fins de direito.
>
> Parágrafo único. Ocorrendo mal súbito ou óbito de pessoas, o Comandante providenciará, na primeira escala, o comparecimento de médicos ou da autoridade policial local, para que sejam tomadas as medidas cabíveis.

Por fim, o registro dos óbitos ocorridos em campanha segue as regras dos arts. 85 e 86 da Lei n. 6.015/73:

> Art. 85. Os óbitos, verificados em campanha, serão registrados em livro próprio, para esse fim designado, nas formações sanitárias e corpos de tropas, pelos oficiais da corporação militar correspondente,

autenticado cada assento com a rubrica do respectivo médico chefe, ficando a cargo da unidade que proceder ao sepultamento o registro, nas condições especificadas, dos óbitos que se derem no próprio local de combate.

Art. 86. Os óbitos a que se refere o artigo anterior, serão publicados em boletim da corporação e registrados no registro civil, mediante relações autenticadas, remetidas ao Ministério da Justiça, contendo os nomes dos mortos, idade, naturalidade, estado civil, designação dos corpos a que pertenciam, lugar da residência ou de mobilização, dia, mês, ano e lugar do falecimento e do sepultamento para, à vista dessas relações, se fazerem os assentamentos de conformidade com o que a respeito está disposto no art. 66.

Reportando-se ao mencionado art. 66, considerando-se a residência do falecido onde se diz residência do pai e assento de óbito de civil onde se diz assento de nascimento de filho de civil, o registro deve ser feito em conformidade com o que segue:

Art. 66 (...) Esse assento será publicado em boletim da unidade e, logo que possível, trasladado por cópia autenticada, *ex officio* ou a requerimento do interessado, para o cartório de registro civil a que competir ou para o do 1º Ofício do Distrito Federal, quando não puder ser conhecida a residência do pai.

Parágrafo único. A providência de que trata este artigo será extensiva ao assento de nascimento de filho de civil, quando, em consequência de operações de guerra, não funcionarem os cartórios locais.

12.2.2 Registro de óbito sem atestado médico/testemunhas (sem cadáver) – justificação para o registro de óbito

Exposto o registro decorrente de morte atestada (por médico ou, excepcionalmente, por duas testemunhas), passa-se a analisar a possibilidade de registro da morte certa em que não há atestado, pois não foi possível verificar o cadáver para exame.

A certeza da morte, apesar da ausência do cadáver, decorre da situação especial em que ela se dá, que é o desaparecimento da pessoa em catástrofe.

Esse registro dependerá de apreciação judicial no procedimento de justificação previsto no art. 88 da Lei n. 6.015/73, nos seguintes termos:

Art. 88. Poderão os Juízes togados admitir justificação para o assento de óbito de pessoas desaparecidas em naufrágio, inundação, incêndio, terremoto ou qualquer outra catástrofe, quando estiver provada a sua presença no local do desastre e não for possível encontrar-se o cadáver para exame.

Parágrafo único. Será também admitida a justificação no caso de desaparecimento em campanha, provados a impossibilidade de ter sido feito o registro nos termos do art. 85 e os fatos que convençam da ocorrência do óbito.

Nesse tema existe debate doutrinário e normativo acerca do fato de a justificação de óbito se tratar do mesmo instituto da morte presumida não precedida de ausência, prevista no art. 7º do Código Civil, ou de ser caso diverso.

Transcreva-se o referido artigo, para comparação:

Art. 7º Pode ser declarada a morte presumida, sem decretação de ausência:

I – se for extremamente provável a morte de quem estava em perigo de vida;

II – se alguém, desaparecido em campanha ou feito prisioneiro, não for encontrado até dois anos após o término da guerra.

Parágrafo único. A declaração da morte presumida, nesses casos, somente poderá ser requerida depois de esgotadas as buscas e averiguações, devendo a sentença fixar a data provável do falecimento.

Grande parte da doutrina é no sentido de que o art. 7º do Código Civil de 2002 incorporou o art. 88 da Lei n. 6.015/73. Nesse sentido é a lição de Nestor Duarte[30], que também especifica a natureza de jurisdição voluntária do procedimento:

> Estabelece a Lei n. 6.015/73 que o procedimento a ser adotado é a justificação (art. 88), acrescentando, também, o Código Civil que a sentença deverá fixar a data provável do falecimento; logo, não se trata de justificação no sentido estrito do art. 861 do Código de Processo Civil, em que "o juiz não se pronunciará sobre o mérito da prova (art. 866, parágrafo único), mas de procedimento de jurisdição voluntária cabente no art. 1.103 do CPC.[31]

No mesmo sentido, Christiano Cassettari[32], ao tratar do art. 7º do Código Civil, aduz:

> Nesse caso haverá um processo de jurisdição voluntária denominado justificação de óbito, que tramita na Vara de Registros Públicos (quando houver) e o Ministério Público irá intervir nesse processo. Tal questão também é regulamentada pelo art. 88 da LRP.

Todavia, especialmente ao se analisar a repercussão no Registro Civil, há quem defenda que não há identidade entre os institutos[33]. Esmiuçando-se este último posicionamento, propõe-se que a justificação de óbito do art. 88 da Lei n. 6.015/73 se refere à morte real, sem atestação, cujo registro está previsto no art. 9º, inciso I, do Código Civil, e no art. 29, inciso III, da Lei n. 6.015/73, e é assentado no Livro "C", em conformidade com o art. 33, inciso IV, da referida lei.

A atribuição para tal registro é, assim como na morte real com atestação, simultaneamente do registrador civil do local da ocorrência da morte, como verificado na justificação, ou do lugar da residência do falecido, nos termos da nova redação do artigo 77 da Lei n. 6.015/73, e será lavrado em vista da carta de sentença ou de mandado.

Por outro lado, o instituto previsto no art. 7º do Código Civil se refere à morte presumida, vez que o juiz a declara quando for extremamente provável, não se exigindo a prova de presença no local da catástrofe, tampouco o convencimento da ocorrência do óbito como no art. 88 da Lei n. 6.015/73, porém, sendo necessário aguardar o esgotamento das buscas e averiguações, assim se extrai do já transcrito art. 7º do Código Civil.

O registro da morte presumida está previsto no art. 9º, inciso IV, do Código Civil, deve ser lavrado no **Livro** "E" do registro civil do último domicílio do presumidamente

---

30. DUARTE. Nestor. In: PELUSO, Cezar (coord.). *Código Civil Comentado*: doutrina e jurisprudência. São Paulo: Manole, 2011, p. 25.
31. O atual Código de Processo Civil não prevê procedimento de justificação, mas de produção antecipada de prova (artigos 381 a 383). O procedimento de jurisdição voluntária está previsto nos artigos 719 e seguintes.
32. CASSETTARI, Christiano. *Op.Cit.*, 2011 p. 69.
33. Este é o posicionamento de Marcelo Velloso dos Santos e Thiago Lobo Bianconi, nas questões de Registro Civil. Disponível em: http://registrocivil.wordpress.com/2010/08/12/obito-corpo-de-pessoa-nao-localizado-registro--mediante-mandado-judicial-diferenciacao-entre-a-justificacao-prevista-no-artigo-88-da-lei-6-0151973-e-a--morte-presumida-prevista-no-codigo-civil-regr/. Acesso em: 1º-10-2012. No mesmo sentido: SANTOS, Reinaldo Velloso. *Registro Civil das Pessoas Naturais*. Porto Alegre: SafE, p. 126.

falecido, da mesma maneira que a ausência (art. 94 da Lei n. 6.015/73), em vista da sentença que fixará a data provável do falecimento.

Repise-se que esse posicionamento não é unânime, podendo-se citar o CNCGJ-MG que, em seu artigo 539, prevê: "Será registrada no Livro "C" a morte presumida sem declaração de ausência" e a CNNR-RS que, em seu art. 183, prevê que: "A morte presumida será registrada no **Livro** "C" – registro de óbitos", enquanto as DGE-RO preveem, em seu artigo 692, que "O registro das sentenças de declaração de morte presumida será feito no Livro "E" no Registro Civil das Pessoas Naturais".

O Capítulo XVII das Normas de Serviço do Estado de São Paulo denomina a justificação de óbito do art. 88 da Lei n. 6.015/73 de morte presumida, mas é claro no sentido de que deve ser lavrado assento no Livro "C". Assim prevê a Subseção III da Seção VII do mencionado capítulo:

> Subseção III Da Morte Presumida
>
> 97. Será lavrado no Livro C, o assento de óbito de pessoa desaparecida em naufrágio, inundação, incêndio, terremoto ou qualquer outra catástrofe, mediante o cumprimento de mandado judicial, expedido nos autos de justificação, quando esteja provada a presença daquela pessoa no local do desastre e não for possível encontrar-se o cadáver para exame.

As mesmas normas, sem discriminar entre a morte presumida precedida ou não de ausência, preveem no item 112 do mencionado capítulo:

> Da Morte Presumida
>
> 112. O registro das sentenças de declaração de morte presumida será feito no Livro "E" do Registro Civil das Pessoas Naturais do 1º Subdistrito da Comarca onde o ausente teve seu último domicílio, com as mesmas cautelas e efeitos do registro da ausência.

12.2.3 Desaparecidos políticos

Outra questão relativa ao registro de óbito é a dos desaparecidos políticos no período do regime militar, que mereceu dois tratamentos diferentes na legislação: procedimento simplificado de ausência e morte presumida, previsto no art. 6º da Lei n. 6.683/79 – Lei de Anistia; e o reconhecimento da morte de determinadas pessoas, que foram incluídas em um rol ou reconhecidas por uma comissão criada para esse fim específico, pela Lei n. 9.140/95 – Lei que trata das pessoas desaparecidas no período de 2 de setembro de 1961 a 5 de outubro de 1988 em razão de participação em atividades políticas.

A Lei n. 6.683/79 prevê um procedimento mais célere de ausência e morte presumida, devendo ser observado o exposto nos itens próprios (13.3.3 e 13.3.4), guardadas as peculiaridades do disposto na lei em questão. Observe-se o texto do artigo 6º da Lei n. 6.683/79, ressalvando-se que embora trate de averbação, o ato é próprio de registro:

> Art. 6º O cônjuge, qualquer parente, ou afim, na linha reta, ou na colateral, ou o Ministério Público, poderá requerer a declaração de ausência de pessoa que, envolvida em atividades políticas, esteja, até a data de vigência desta Lei, desaparecida do seu domicílio, sem que dela haja notícias por mais de 1 (um) ano. (...)

§ 4º Depois de averbada no registro civil, a sentença que declarar a ausência gera a presunção de morte do desaparecido, para os fins de dissolução do casamento e de abertura de sucessão definitiva.

A Lei n. 9.140/95, por sua vez, trata de morte real, que enseja registro de óbito no Livro "C" das pessoas cujo nome esteja no anexo da lei, devendo o registro ser lavrado na circunscrição do domicílio do requerente nos termos do art. 3º, assim se vê:

> Art. 1º **São reconhecidos como mortas, para todos os efeitos** legais, as pessoas que tenham participado, ou tenham sido acusadas de participação, em atividades políticas, no período de 2 de setembro de 1961 a 5 de outubro de 1988, e que, por este motivo, tenham sido detidas por agentes públicos, achando-se, deste então, desaparecidas, sem que delas haja notícias.
>
> (...)
>
> Art. 3º O cônjuge, o companheiro ou a companheira, descendente, ascendente, ou colateral até quarto grau, das pessoas nominadas na lista referida no art. 1º, comprovando essa condição, poderão requerer a oficial de registro civil das pessoas naturais de seu domicílio a **lavratura do assento de óbito**, instruindo o pedido com original ou cópia da publicação desta Lei e de seus anexos.
>
> (...)
>
> Art. 4º Fica criada Comissão Especial que, face às circunstâncias descritas no art. 1º desta Lei, assim como diante da situação política nacional compreendida no período de 2 de setembro de 1961 a 5 de outubro de 1988, tem as seguintes atribuições
>
> I – proceder ao reconhecimento de pessoas:
>
> a) desaparecidas, não relacionadas no Anexo I desta Lei.

12.3 REGISTRO DE NATIMORTO

O registro de natimorto está previsto no art. 53 da Lei n. 6.015/73, que dá tratamento diferente e bem claro para o caso de a criança ter nascido morta ou de ter nascido com vida e logo após ter morrido, assim se vê:

> Art. 53. No caso de ter a criança nascido morta ou no de ter morrido na ocasião do parto, será, não obstante, feito o assento com os elementos que couberem e com remissão ao do óbito.
>
> § 1º No caso de ter a criança nascido morta, será o registro feito no livro "C Auxiliar", com os elementos que couberem.
>
> § 2º No caso de a criança morrer na ocasião do parto, tendo, entretanto, respirado, serão feitos os dois assentos, o de nascimento e o de óbito, com os elementos cabíveis e com remissões recíprocas.

Importante a diferenciação entre o nascimento com e sem vida. Nesse tema, o Manual de Instruções para o preenchimento da Declaração de Nascido Vivo editado pelo Departamento de Análise da Situação de Saúde, da Secretaria de Vigilância em Saúde, do Ministério da Saúde[34], que contou com a colaboração dos autores do presente trabalho, define:

---

34. MINISTÉRIO DA SAÚDE. Secretaria de Vigilância em Saúde. Departamento de Análise de Situação em Saúde. Organização: Coordenação Geral de Informações e Análise Epidemiológica. *Manual de Instruções para o Preenchimento da Declaração de Nascido Vivo*. Disponível em: http://www.saude.ms.gov.br/wp-content/uploads/sites/88/2015/11/inst_dn.pdf. Acesso em: 24.11.2018.

Nascimento Vivo

É a expulsão ou extração completa do corpo da Mãe de um produto de concepção que, independentemente da duração da gravidez, depois da separação, respire ou apresente qualquer outro sinal de vida, tal como batimentos do coração, pulsações do cordão umbilical ou movimentos efetivos dos músculos de contração voluntária, estando ou não cortado o cordão umbilical e estando ou não desprendida a placenta. Cada produto de um nascimento que reúna essas condições se considera como uma criança viva.

Óbito Fetal

É a morte de um produto da concepção, antes da expulsão ou da extração completa do corpo da Mãe, independentemente da duração da gravidez. Indica o óbito o fato de o feto, depois da separação, não respirar nem apresentar nenhum outro sinal de vida, como batimentos do coração, pulsações do cordão umbilical ou movimentos efetivos dos músculos de contração voluntária.

Observe-se que, segundo a referida disposição, no caso de óbito fetal, estar-se-á diante do natimorto, o qual, em conformidade com o art. 33, inciso V, da Lei n. 6.015/73, deve ser registrado no Livro "C-auxiliar", para fins de prova do fato.

O registro do natimorto é de extrema relevância no Direito brasileiro, haja vista que o Código Civil, no art. 2º, prevê que "a lei põe a salvo, desde a concepção, os direitos do nascituro", servindo o registro como prova do fim da gestação deste nascituro sem o nascimento com vida, cessando a referida proteção aos seus direitos.

Ressalte-se que a doutrina discute a personalidade jurídica do nascituro, encontrando-se pelo menos quatro teorias, as quais foram resumidas por Christiano Cassettari[35], em seu livro chamado *Elementos de Direito Civil*, da seguinte maneira:

TEORIA NATALISTA OU NEGATIVISTA. Para a referida teoria, a personalidade do homem se inicia com o nascimento com vida, momento em que o nascituro a adquire.

TEORIA DA PERSONALIDADE CONDICIONAL. A referida teoria confere direitos ao nascituro, que estão condicionados ao nascimento com vida.

TEORIA CONCEPCIONISTA OU AFIRMATIVISTA. Para a referida teoria, a personalidade do homem se inicia com a concepção, portanto o nascituro é pessoa, e possuirá direitos da personalidade.

TEORIA MISTA OU MODERADA, onde se tem personalidade jurídica material e formal. A material depende do nascimento com vida, pois será ela que permitirá adquirir direitos e deveres de conteúdo patrimonial. Já a formal nasce com a concepção, haja vista por meio dela é dada a proteção dos direitos da personalidade.

Para qualquer das teorias a prova de que aquele nascituro veio a óbito, ou de que o nascimento com vida não ocorreu, está vinculada à produção de importantes efeitos: para teoria natalista, o fato de que não adquiriu personalidade; para a teoria da personalidade condicional, que a condição não se aperfeiçoou; para a teoria concepcionista, que a existência daquele nascituro terminou; para a teoria mista ou moderada, que não chegou a adquirir a personalidade material.

---

35. CASSETTARI, Christiano. *Op. cit.*, 2011 p. 55.

A prova produzida pelo registro do natimorto é relevante também certificar o fim de eventuais medidas processuais cautelares concedidas para proteger os direitos do nascituro. No Código de Processo Civil revogado (art. 877) havia previsão específica denominada posse em nome de nascituro, medida que atualmente poderá se albergar nas previsões genéricas do Código vigente.

Verificada a importância do registro, há que se ressaltar que não é qualquer interrupção de gravidez que ensejara a emissão de declaração de óbito fetal, e por consequência o registro do natimorto, apenas os casos previstos no art. 19, inciso III, da Portaria n. 116/2009 da Secretaria de Vigilância em Saúde do Ministério da Saúde, segundo o qual:

> Nos óbitos fetais, os médicos que prestaram assistência à mãe ficam obrigados a fornecer a DO quando a gestação tiver duração igual ou superior a 20 (vinte) semanas, ou o feto tiver peso corporal igual ou superior a 500 (quinhentos) gramas, e/ou estatura igual ou superior a 25 (vinte e cinco) centímetros.

Os demais casos são classificados como aborto, que embora tenha importância jurídica semelhante, pela atual legislação, não tem acesso aos registros públicos.

No que toca ao registro do natimorto, este será feito mediante declaração dos legitimados, que serão os mesmos do registro de nascimento.

O art. 53, § 1º, da Lei n. 6.015/73 prevê que do registro constarão os elementos que couberem, o que leva à conclusão de que conterá elementos típicos de registro de nascimento, aptos a individualizar o natimorto, e elementos de registro de óbito, que informam o fato do óbito fetal e a sua causa.

Observe-se que constarão as qualificações dos pais do natimorto.

Questão debatida é relativa ao nome do natimorto. Segundo o antigo item 34, do Capítulo XVII, das Normas de Serviço do Estado de São Paulo, não se daria nome ao natimorto, tampouco se utilizaria a expressão "feto", bastando a qualificação dos pais no assento.

Entretanto, tal previsão era bastante criticada, sendo certo que em outras unidades da federação os registradores tinham por prática incluir o nome atribuído ao natimorto, sendo interessante a defesa de que, sob a ótica da dignidade, cabe aos pais o direito de escolher dar um nome àquele filho perdido.

Veja-se que o Enunciado 1 das Jornadas de Direito Civil do Conselho da Justiça Federal enfrentou o tema, defendendo o direito ao nome: "Art. 2º: A proteção que o Código defere ao nascituro alcança o natimorto no que concerne aos direitos da personalidade, tais como: **nome**, imagem e sepultura".

Em artigo intitulado "Nome do Natimorto" publicado em outubro de 2012, o qual se baseou em sua monografia apresentada na pós-graduação da Escola Paulista da Magistratura, Mariana Undiciatti Barbieri Santos[36] expôs com clareza todos os argumentos para se concluir que a proibição de atribuição de nome ao natimorto não se sustenta

---

36. SANTOS, Mariana Undiciatti Barbieri. Nome do Natimorto. *Informativo Mensal ARPEN-SP*, ano 13, n. 128, out. 2012, p. 40-42.

e propôs a modificação das Normas de Serviço da Corregedoria-Geral da Justiça do Estado de São Paulo.

A alteração veio em dezembro de 2012 com o Provimento n. 41/2012 da Corregedoria-Geral da Justiça de São Paulo, que facultou o direito de se atribuir nome ao natimorto, incluindo no Capítulo XVII das Normas de Serviço o item 32 com a seguinte redação: "Em caso de natimorto, **facultado o direito de atribuição de nome**, o registro será efetuado no livro "C-Auxiliar", com o índice em nome do pai ou da mãe, dispensando o assento de nascimento".

No mesmo sentido encontram-se o CNCGJ-MG que, no artigo 537, prevê que o "registro de natimortos será feito no Livro "C - Auxiliar" e conterá, no que couber, os elementos de registro do nascimento e do óbito, facultando-se aos pais dar nome ao natimorto", e as DGECGJ-RO que dispõem no artigo 599 que "[e]m caso de "natimorto", facultado o direito de atribuição de nome, o registro será efetuado no livro "C-Auxiliar", com o índice em nome do pai ou da mãe, dispensando o assento de nascimento.

No que diz respeito aos registros lavrados antes da autorização normativa de se incluir o nome, é possível que este seja incluído, o que se faz por meio de averbação. Nesse sentido, cite-se novamente a oficial de registro Mariana Undiciatti Barbieri Santos[37]:

> se alteradas as Normas de Serviço da Corregedoria-Geral da Justiça do Estado de São Paulo, como propusemos, ou ainda que adotada outra redação, desde que em última análise se permita a atribuição de nome a natimorto, todo e qualquer assento anterior poderá ser alterado, independentemente de quando tenha sido lavrado, e isto por iniciativa dos próprios pais ou representantes legais, junto ao Oficial de Registro Civil das Pessoas Naturais competente, com simples ato de averbação do nome.

De toda maneira, o índice do Livro "C-Auxiliar" deve ser realizado com base no nome da mãe e do pai do registrado.

Por fim, ressalte-se a questão da inclusão do nome do pai no registro do natimorto, o que somente ocorrerá nas mesmas condições do registro de nascimento, ou seja, em caso de incidência da presunção do art. 1.597 do Código Civil, ou em caso de reconhecimento nos termos do art. 1.609, inciso I, do Código Civil, do contrário, lavra-se o registro apenas com o nome da mãe.

---

37. *Idem, Ibidem*, p. 40-42.

13
Livro "E" – Demais atos relativos ao estado civil

Relembre-se que os livros do Registro Civil das Pessoas Naturais estão divididos conforme a natureza dos atos que neles são inscritos, como previstos no *caput* do art. 33 da Lei n. 6.015/73, assim,

Livro "A" – Nascimentos

Livro "B" – Casamentos

Livro "B-Auxiliar" – Casamento Religioso para Efeitos Civis

Livro "C" – Óbitos

Livro "C-Auxiliar" – Natimortos

Livro "D" – Proclamas

No entanto, como a lei não seria capaz de esgotar todos os casos que merecem publicidade no Registro Civil das Pessoas Naturais, sabiamente deixou previsto, no parágrafo único desse mesmo artigo, o Livro "E", destinado à inscrição dos demais atos relativos ao estado civil, o que se entende como aqueles atos e fatos para os quais é juridicamente possível ou legalmente imposto o registro e que não são objeto de registro ou averbação específicos nos demais livros.

Em conformidade com o citado parágrafo único do art. 33 da Lei n. 6.015/73, o juiz competente pode, "nas comarcas de grande movimento", autorizar o desdobramento do Livro "E" em mais de um livro "pela natureza dos atos que nele devam ser registrados", mas sempre no mesmo cartório.

Recentemente o portal da legislação mantido pelo governo federal (www.planalto.gov.br/legislacao) deixou de expressar o parágrafo único do artigo 33 na versão compilada da Lei 6.015/73, no entanto, seu teor é encontrado no texto original da Lei 6.015/73, assim escrito:

> "Parágrafo único. No Cartório do 1º Ofício ou da 1ª Subdivisão judiciária, em cada comarca, haverá outro livro para inscrição dos demais atos relativos ao estado civil, designado sob a letra "E", com cento e cinquenta (150) folhas, podendo o Juiz competente, nas comarcas de grande movimento, autorizar o seu desdobramento pela natureza dos atos que nele devam ser registrados, em livros especiais."

A omissão decorre do fato que a Lei 6.216/75, ao alterar o "caput" do artigo 33, para inserir dois novos livros (Livro B-Auxiliar e C-Auxiliar), não reproduziu o teor do parágrafo único, nem fez referência a sua supressão, talvez porque não tenha havido alteração de redação no referido parágrafo. Há farta legislação impressa que contempla o referido parágrafo único.[1]

13.1 PUBLICIDADE E ATRIBUIÇÃO PARA O REGISTRO

Por expressa previsão legal, o Livro "E" existirá em um único cartório em cada comarca, a saber, o 1º Ofício, 1ª Subdivisão judiciária, 1ª Zona, 1º Subdistrito ou no único cartório do município sede da comarca (parágrafo único do art. 33 da Lei n. 6.015/73). Privilegiou-se, assim, a concentração dos atos, o que à época da edição da lei facilitaria sobremaneira sua localização.

Observe-se exceção prevista no art. 835 da CNCGJ-RJ, segundo o qual: "na Comarca da Capital os atos sujeitos a registro no Livro 'E', previstos no art. 834 desta Consolidação, serão distribuídos à 1ª Circunscrição do Registro Civil das Pessoas Naturais, quando praticados pelas Varas, Circunscrições e Tabelionatos ímpares, e ao 2º Ofício de Interdições e Tutelas, quando praticados pelas Varas, Circunscrições e Tabelionatos pares".

A concentração se faz necessária, uma vez que a determinação de atribuição para os registros do Livro "E" não segue a lógica dos demais atos, que seria o local da ocorrência (também a residência dos pais, no caso do registro de nascimento, e, atualmente, também a residência do falecido no caso do assento de óbito), os registros no Livro "E" são lavrados no cartório da circunscrição do domicílio do interessado, como se verá em cada ato.

Essa publicidade baseada no domicílio do interessado se justifica pelo fato de que os atos levados a registro no Livro "E" alteram o estado da pessoa natural, tornando-se de extrema relevância seu conhecimento por todos aqueles com quem a pessoa mantém relações sociais ou econômicas.

Tendo em vista que o domicílio é "a sede da pessoa natural, onde ela se presume presente para efeitos de direito. É a residência ou morada da pessoa, onde ela efetivamente exerce suas atividades, ou, ainda, o lugar onde eventualmente se encontram ou habitam seus representantes legais"[2], não resta dúvida de que é no domicílio que o fato precisa ter publicidade e ser acessível e cognoscível a todos.

Essa "publicidade domiciliar" está presente em outros institutos, tais como o registro do pacto antenupcial no Livro 3 do Registro de Imóveis, que segundo a Lei n. 6.015/73, art. 244, será realizado no domicílio do casal:

> As escrituras antenupciais serão registradas no livro n. 3 do cartório do **domicílio conjugal,** sem prejuízo de sua averbação obrigatória no lugar da situação dos imóveis de propriedade do casal, ou dos que forem sendo adquiridos e sujeitos a regime de bens diverso do comum, com a declaração das respectivas cláusulas, para ciência de terceiros.

---

1. CENEVIVA, Walter. *Lei dos Registros Públicos Comentada.* 15ª ed. São Paulo: Saraiva, 2003. p. 90
2. CASSETTARI, Christiano. *Op.Cit.*, 2011, p. 58.

E o registro dos atos enumerados nos arts. 128 e 129 da Lei n. 6.015/73, que serão registrados nos Registros de Títulos e Documentos dos domicílios das partes contratantes, como prescreve o art. 130 da mesma lei:

> Dentro do prazo de vinte dias da data da sua assinatura pelas partes, todos os atos enumerados nos arts. 128 e 129, serão registrados no **domicílio das partes contratantes** e, quando residam estas em circunscrições territoriais diversas, far-se-á o registro em todas elas.

Diante disso, andou bem o legislador ao delimitar o registro do Livro "E" ao domicílio do interessado, e dentro da comarca de domicílio a apenas um Registro Civil, facilitando o conhecimento de fato relevante de alteração do estado da pessoa natural que não é objeto de alteração nos registros utilizados para identificação (nascimento e casamento). Assim é possível saber se determinada pessoa é interdita ou ausente e quem é seu curador, solicitando certidão positiva ou negativa de um único Registro Civil do domicílio do interdito ou do último domicílio do ausente.

Há críticas acerca da publicidade baseada no domicílio, que foi muito eficiente outrora, haja vista que, diante dos avanços da chamada sociedade da comunicação, as relações não são circunscritas a uma única localidade com limitações espaciais, mas podem se dar em diversos estados ou países, o que leva à busca por uma publicidade mais integradora e mais ampla.

Outro entrave a tal publicidade domiciliar é o fato de que as pessoas podem mudar de domicílio após algum registro, o que faria que o Livro "E" de domicílio nada contivesse, mas apenas o do domicílio anterior, ou ainda, é possível ter mais de um domicílio como permite a lei.

Em face de tais ponderações, não há necessidade de se propor qualquer alteração na sistemática, mas tão somente observar as ferramentas que já existem para uma publicidade adequada, quais sejam, as anotações previstas nos arts. 106 e 107 da Lei n. 6.015/73. Em conformidade com tais artigos, qualquer registro ou averbação realizados no Livro "E" deverá ser anotado nos registros anteriores, de nascimento e de casamento, o que permitirá a todos que obtiverem certidão atualizada daqueles registros o conhecimento de alguma inscrição no Livro "E" e o cartório em que esta foi realizada.

É dessa maneira que os registros do Livro "E" são amarrados com os demais registros da pessoa natural, criando-se uma malha firme de informações, com fácil localização destas.

Observe-se que há exceções à regra de competência do registrador do domicílio do interessado, como o art. 834 da CNCGJ-RJ, que atribui o assento ao registrador da Comarca onde tramitou o processo, o que deverá ser observado em todos os atos em espécie. Segue a redação:

> Todos os atos referentes às restrições da capacidade jurídica, tais como todos os atos contidos no art. 9º, incisos II, III e IV do Código Civil, c/c art. 36 do Livro III do CODJERJ, dentre outros, serão registrados no Livro "E" do Serviço de numeração mais baixa da sede da Comarca onde tramitou o processo juntamente com os demais atos relativos ao estado civil, conforme o disposto no art. 720 e parágrafos desta Consolidação e parágrafo único do art. 33 da Lei n. 6.015/73.

No mesmo sentido é o CNCGJ-PR, no art. 328, segundo o qual: "O registro das sentenças de emancipação, interdição, tutela e morte presumida, bem como a declaração de ausência, será lavrado na comarca onde foi proferida a sentença.".

Atualmente, entretanto, com o desenvolvimento das ferramentas de tecnologia da informação, os Oficiais de Registro Civil das Pessoas Naturais estão migrando seus índices para um sistema eletrônico, bem como estão interligando suas informações com outros Oficiais. Dessa forma, aumenta-se consideravelmente a facilidade de localização dos registros, permitindo-se uma busca mais rápida e mais abrangente.

Esse sistema recebeu o nome de CRC (Central de Informações do Registro Civil de Pessoas Naturais) e está previsto no Provimento nº 46/2015 da CN-CNJ.

13.2 FINALIDADES DO REGISTRO NO LIVRO "E"

Dentre as finalidades dos serviços notariais e registrais, expressamente previstas no art. 1º da Lei n. 8.935/94, quando se trata do Livro "E", pode-se fazer a seguinte análise:

PUBLICIDADE – O Registro no Livro "E" se destina a dar a adequada publicidade ao ato ou fato que altera o estado da pessoa natural, tornando-o cognoscível a qualquer pessoa, que poderá solicitar certidões, negativas ou positivas, independentemente de declaração dos seus motivos. Essa publicidade registral prova a boa-fé daquele que inscreveu sua situação jurídica no registro público, bem como gera a presunção de conhecimento por todos e a oponibilidade *erga omnes*.

AUTENTICIDADE – Ao se dar publicidade, o registro atesta que o ato registrado é autêntico. No caso do Livro "E", como todos os atos são instruídos com documentos públicos ou decisões judiciais, a conferência de autenticidade é de que o registro decorreu de ato legalmente apto a declarar, conceder ou decretar aquele fato.

SEGURANÇA – O registro do Livro "E" garante a segurança jurídica por dois caminhos: o primeiro, ao permitir que apenas os atos legalmente aptos a declarar, conceder ou decretar determinada situação possam ingressar no registro e ter publicidade e eficácia; o segundo, coloca à disposição da sociedade um sistema que lhe permite ter informações seguras, conferindo assim estabilidade e certeza nas relações jurídicas, por exemplo, no caso da curatela impede que atos sejam praticados inadvertidamente sem a adequada assistência, no da emancipação garante que terceiros saibam da condição de plenamente capaz daquele indivíduo, e outros como ser verá.

EFICÁCIA – Ao ser registrado e obter adequada publicidade, o fato que altera o estado da pessoa natural está apto a produzir seus efeitos de maneira ampla. Frise-se que no caso da emancipação voluntária o registro no Livro "E" é condição de eficácia, nos termos do art. 91, parágrafo único, da Lei n. 6.015/73.

13.3 ATOS REGISTRÁVEIS NO LIVRO "E"

Reconhece-se que no Livro "E" são inscritos todos os atos ou fatos relativos ao estado da pessoa natural que sejam passíveis de registro e não sejam pertinentes a outro livro.

Para clareza dessa definição, faz-se necessário recordar a definição de estado da pessoa natural e sua classificação entre estado político, estado individual e estado familiar, como estudado no 1.5 deste trabalho. O estado político diz respeito à cidadania, à nacionalidade e à naturalidade. O estado individual está relacionado ao sexo, à idade e à capacidade da pessoa natural. O estado familiar, como indica a nomenclatura, diz respeito às relações de parentesco e à situação conjugal.

Assim, além das previsões legais expressas, é possível registrar no Livro "E" os demais atos relativos ao estado da pessoa natural que devem estar ao conhecimento de todos no registro público, para que possam gozar dos atributos que lhe são inerentes, como a publicidade, autenticidade, segurança e eficácia, ou seja, possam gozar da fé pública.

Nesse sentido, normas administrativas estabelecem, sem qualquer ofensa à legalidade, casos de registro no Livro "E", como fez a Resolução n. 155/2012 do Conselho Nacional de Justiça, ao estabelecer a possibilidade de registro de nascimento ocorrido em território brasileiro cujos pais sejam estrangeiros e um deles esteja no Brasil a serviço de seu país, como será visto adiante.

Vislumbra-se, assim, a possibilidade de registro dos termos de consentimento informado, pelo qual as partes envolvidas concordam com o procedimento de reprodução assistida. Dessa forma, torna-se público que aquela mulher grávida não é a mãe do nascituro que está gerando. Previnem-se, assim, equívocos futuros e confere-se estabilidade às relações jurídicas e sociais. Por exemplo, na dinâmica da vontade humana, durante a gestação ou mesmo logo após o nascimento, é possível que a gestante passe a querer a criança que trouxe à luz para si, também é possível que a mãe, doadora do material genético, não mais queira o filho para si. Porém, observe-se que a sugestão não foi acolhida pela CN-CNJ, ao regulamentar o registro decorrente de reprodução assistida, conforme Prov. 63/17.

A existência de um registro prévio, lavrado no Livro "E", seria salutar para a solução desse caso, pois preservaria o pactuado, além de prevenir o litígio, pois a solenidade do registro em cartório coíbe um comportamento contraditório ao anteriormente firmado. Ressalte-se, porém, que ainda não existe norma administrativa nesse sentido, cabendo a cada Oficial, diante do caso concreto, proceder a sua qualificação registral.

Relacionam-se, a seguir, os atos de registro no Livro "E" que serão analisados neste trabalho:
- Emancipação, cujo registro está previsto no art. 29, inciso IV, da Lei n. 6.015/73 e no art. 9º, inciso II, do Código Civil;
- Curatela (Interdição), cujo registro está previsto no art. 29, inciso V, da Lei n. 6.015/73 e no art. 9º, inciso III, do Código Civil;
- Ausência, cujo registro está previsto no art. 29, inciso VI, da Lei n. 6.015/73 e no art. 9º, inciso IV, do Código Civil;
- Morte presumida, cujo registro está previsto no art. 9º, inciso IV, do Código Civil (questão controvertida na normativa, que em alguns locais determinam registro no Livro "C");

- Tutela, cujo registro decorre do disposto no art. 5°, inciso VII da Lei n. 8.935/94 (questão controvertida na normativa que em alguns locais determinam a averbação no Livro "A");
- União estável, cujo registro está previsto no Provimento CN-CNJ 37 de 2014, e decorre da natureza e efeitos civis dessa relação, previstos no Código Civil e que reclamam publicidade no registro público;
- Sentenças de separação e divórcio, cujo registro está previsto no art. 32 da Lei n. 6.515/77 (questão controvertida, prevalecendo o entendimento de que basta a averbação no Livro "B", porém, em certas localidades persiste o registro no caso de estrangeiros cujo casamento foi realizado no exterior e o divórcio foi decretado no Brasil);
- Opção de nacionalidade, cujo registro está previsto no art. 29, inciso VII, da Lei n. 6.015/73;
- Traslados de nascimento, casamento e óbito de brasileiros registrados no exterior, cujo registro está previsto no art. 32 da Lei n. 6.015/73.
- Nascimento de filho de estrangeiro a serviço de seu país, cujo registro está previsto no art. 15 da Resolução n. 155/2012 do CNJ.
- Nascimento de estrangeiro ocorrido no exterior, para que seja averbada decisão judicial que altera o estado da pessoa natural, conforme item 13.4.4.1 a seguir.
- Casamento entre estrangeiros celebrado no exterior, para que seja averbado o divórcio decretado no Brasil, conforme item 13.3.8 a seguir.

Reinaldo Velloso dos Santos[3] propõe o registro da sentença de regime tutelar do indígena no Livro "E", nos termos do art. 9°, parágrafo único, da Lei n. 6.001/73.

Embora a abordagem seja correta, pois eventual registro dessa seara deveria ingressar no Livro "E", discorda-se do proposto, vez que se entende que o regime tutelar não é compatível com a Constituição Federal, não tendo sido recepcionado, e mesmo que tivesse sido, foi revogado pela Convenção n. 169 da Organização Internacional do Trabalho (OIT), incorporada ao Ordenamento Brasileiro pelo Decreto n. 5.051/2004. Não é pertinente ao presente trabalho o aprofundamento deste tema, convidando-se o leitor à pesquisa sobre o assunto[4].

Feitas as ponderações necessárias, passa-se à análise de cada um dos atos registráveis no Livro "E" e suas peculiaridades.

13.3.1 Emancipações

O registro da emancipação está previsto no art. 29, inciso IV, da Lei n. 6.015/73 e no art. 9°, inciso II, do Código Civil, e, em conformidade com o art. 89 da Lei n. 6.015/73, será realizado no Livro "E".

---

3. SANTOS, Reinaldo Velloso. *Op. cit.*, 2006, p. 45.
4. FREITAS, Rodrigo Bastos. Direitos dos Índios e a Constituição. Os Princípios da Autonomia e da Tutela-Proteção. Dissertação de Mestrado, Universidade Federal da Bahia, 2007.

A emancipação é a cessação da incapacidade antes de se atingir a maioridade e vem prevista no art. 5º, parágrafo único, do Código Civil, que prescreve:

Cessará, para os menores, a incapacidade:

I – pela concessão dos pais, ou de um deles na falta do outro, mediante instrumento público, independentemente de homologação judicial, ou por sentença do juiz, ouvido o tutor, se o menor tiver dezesseis anos completos;

II – pelo casamento;

III – pelo exercício de emprego público efetivo;

IV – pela colação de grau em curso de ensino superior;

V – pelo estabelecimento civil ou comercial, ou pela existência de relação de emprego, desde que, em função deles, o menor com dezesseis anos completos tenha economia própria.

A emancipação precisa ter publicidade para que possa gerar adequados efeitos perante terceiros. As emancipações previstas nos incisos II a V do parágrafo único do art. 5º do Código Civil têm publicidade pela própria situação do menor, não carecendo de registro, todavia, aquela prevista no inciso I do mesmo artigo não recebe o mesmo tratamento, necessitando de um ato registrário para que seja conhecida por todos, que, no caso, será o Livro "E".

Ressalta-se o trabalho de Walter Cruz Swensson, Renato Swensson Neto e Alessandra Seino Granja Swenson[5], nos comentários à lei de Registros Públicos, no qual se sugere que, para a necessária publicidade, todas as emancipações pudessem ingressar no Registro Civil das Pessoas Naturais, por meio de averbação no registro de nascimento. Assim, haveria emancipação do inciso I registrada no Livro "E" e anotada no Livro "A", do inciso II registrada no Livro "B" e anotada no Livro "A", e dos incisos III a V averbadas no Livro "A" mediante documento autêntico e procedimento do art. 97 da Lei n. 6.015/73, para fins de publicidade. Frise-se que essa é apenas uma interessante proposta, não se conhecendo previsão legal ou normativa neste sentido.

Dessa maneira, interessa ao presente tema a emancipação voluntária e a emancipação judicial, que são as únicas com previsão legal de registro, o qual se lavra no Livro "E", em conformidade com o art. 9º, inciso II, do Código Civil e com o art. 89, da Lei n. 6.015/73:

Art. 9º Serão registrados em registro público: (...) II – a emancipação por outorga dos pais ou por sentença do juiz;

Art. 89. No cartório do 1º Ofício ou da 1ª Subdivisão Judiciária de cada comarca serão registrados, em livro especial, as sentenças de emancipação, bem como os atos dos pais que a concederem, em relação aos menores nela domiciliados.

A concessão da emancipação pelos pais é ato jurídico unilateral, que se faz por instrumento público, tendo cabimento apenas para pessoas com 16 ou 17 anos. É neces-

---

5. SWENSSON, Walter Cruz, et alii. *Lei de Registro Públicos Anotada*. São Paulo: Juarez de Oliveira, 2006, p. 64.

sária a outorga por ambos os pais, já que ambos exercem o poder familiar em igualdade de condições.

Como estabelece o próprio art. 5º, parágrafo único, I, do CC, na falta de um dos pais, o outro poderá conceder a emancipação. A interpretação do vocábulo "falta" previsto na lei civil é de fundamental importância para se aferir os documentos necessários para a lavratura da escritura de emancipação e sua posterior qualificação registral.

A interpretação restrita indicará que a falta é apenas o óbito (comprovado pela certidão de óbito), a ausência (comprovada pela respectiva certidão) ou a perda do poder familiar devidamente averbada no registro de nascimento do filho.

No entanto, outra interpretação nos trouxe o Conselho Superior da Magistratura de São Paulo, que assim se manifestou:

> São comuns, infelizmente, os casos de completa falência do núcleo familiar e de inviabilidade da colheita do consentimento expresso de um ou de outro genitor, dada a total perda de contato com sua prole. O pátrio poder é exercido, então, efetivamente, apenas por um dos pais, que mantém contato direto com o filho menor e, concretamente, pode avaliar seu discernimento e sua aptidão para a aquisição da capacidade civil plena. (...)

> O texto do art. 5º, § único, inciso I do novo Código Civil, cuja vigência está prevista para se iniciar em 11 de janeiro 2003, não destoa e confere a legitimidade negocial a ambos os pais, ou a "um deles na falta do outro", cabendo entender significar o vocábulo "falta", não apenas a ausência ou a morte, mas a "não presença" (Ap. Civ. 96.914-0/9 – Comarca de Americana – Relator Luiz Tâmbara – *DJe* 18-12-2002).

Na mesma decisão, observou-se que tal falta deverá estar devidamente declarada na escritura pública, sem o que o genitor presente não tem comprovada a sua legitimidade para conceder a emancipação. Caso a escritura seja omissa quanto aos motivos da falta do outro genitor, impõe-se sua devolução para rerratificação.

No mesmo sentido é CNNR-RS, que no art. 175, parágrafo único, estabelece: "O Oficial poderá registrar emancipação mediante escritura pública, concedida por apenas um dos progenitores, instruída com a declaração da falta ou impedimento do outro, prevista nos arts. 4º, I; 5º, I; 1.570 e 1.631 do CCB".

E o CNCGJ-PR, no art. 697, § 1º: "Poderá, todavia, ser concedida por somente um dos pais, se ausente o outro e constar tal declaração na própria escritura, na presença de duas testemunhas que atestem o fato".

Outra importante discussão diz respeito à (des)necessidade de anuência do menor emancipando. Muitos profissionais defendem que a anuência do menor se impõe para que a emancipação possa produzir efeitos, o que exigiria que o registrador civil, ao qualificar o título, verificasse a existência de anuência ou realizasse a devolução com tal exigência, que poderia ser cumprida em ato apartado.

Todavia, tal posicionamento não pode prevalecer, uma vez que até o momento não há exigência legal de anuência do emancipado. Nelson Nery Junior e Rosa Maria de Andrade Nery[6] definem a outorga de emancipação como ato unilateral, sustentando

---

6. NERY JUNIOR, Nelson; NERY, Rosa Maria de Andrade. *Código Civil Comentado*. São Paulo: Revista dos Tribunais, 2008, p. 204.

que: "A norma fala em ato de concessão dos pais, de modo que não exige intervenção do filho emancipado para o aperfeiçoamento e validade do ato de emancipação".

Entretanto, os mencionados autores reconhecem que seria conveniente que o filho emancipando participasse do ato como anuente para que "não se coloque em dúvida a intenção dos pais, nem se alegue que a emancipação está sendo feita para que os pais se livrem da obrigação de sustento do filho"[7].

Veja-se que o fundamento para a exigência de anuência do emancipando seria evitar que os pais, por meio da emancipação, buscassem fugir dos deveres inerentes ao poder familiar (como guarda, educação e sustento) e da responsabilidade civil pelos atos ilícitos do menor.

Tais fundamentos não se sustentam.

Em relação à responsabilidade civil, esta não é afastada pela mera emancipação, como tem decidido pelo STJ: "A emancipação por outorga dos pais não exclui, por si só, a responsabilidade decorrente de atos ilícitos do filho" (REsp 122.573, Rel. Min. Eduardo Ribeiro, j. em 23-6-1998); e "A emancipação voluntária, diversamente da operada por força de lei, não exclui a responsabilidade civil dos pais pelos atos praticados por seus filhos menores". (AgRg no Ag 1239557/RJ, Rel. Min. Maria Isabel Gallotti, j. em 17.10.2012)

No que toca ao sustento do emancipando, há que se observar que mesmo com a cessação da incapacidade, havendo necessidade do filho, os pais têm o dever de sustento e de prestação de alimentos, como tem decidido o STJ (AgRg no AREsp 61358, Rel. Min. Antônio Carlos Ferreira em 28-5-2013), bem como observam Nelson Nery Junior e Rosa Maria de Andrade Nery[8]:

> É viável a prestação alimentar a filhos maiores desde que, apesar de atingida tal condição, subsista a necessidade do suprimento a cargo do alimentante, tendo este condição de prestá-la. A necessidade de suprimento desaparece quando, cessada a incapacidade, passem os filhos a desenvolver atividades remuneradas (RT 622/84).

Pondere-se que, se for fraudulento o intuito dos pais, colher a anuência do menor não oferecerá melhor garantia aos interesses deste, sendo certo que muitos darão a anuência, até por não terem o discernimento para compreender o alcance do ato. Por outro lado, ainda que emancipado, se o menor estiver em desacordo com a emancipação, bastará não exercer sua capacidade plena e sempre buscar a assistência de seus pais.

Ressalte-se que está em trâmite, no Senado, o Projeto de Lei da Câmara n. 24, de 2011, que já foi aprovado na Câmara de Deputados como Projeto de Lei n. 4.082/2008, que pretende incluir o §2º ao art. 5º do Código Civil, passando a impor a anuência do filho emancipando com a seguinte redação:

> § 2º Na hipótese de emancipação voluntária feita mediante instrumento público, independentemente de homologação judicial (inciso I do § 1º deste artigo), o emancipando deve participar do ato como anuente (Projeto de Lei ainda não aprovado).

---

7. Idem, ibidem.
8. Idem, ibidem, p. 1104.

No entanto, trata-se apenas de projeto em tramitação, e enquanto não alterada a lei, o registrador não tem respaldo legal para a recusa e devolução do registro por falta de anuência do menor, não podendo impor ao cidadão exigência que a lei não prevê.

Registre-se, por oportuno, a opinião de Paulo Lôbo[9], segundo a qual, para que o art. 5º, parágrafo único, inciso I, do CC seja interpretado em conformidade com a proteção integral da criança e do adolescente, consagrada no art. 227 da Constituição Federal e com os direitos da "pessoa em formação" nos termos da Convenção Internacional dos Direitos da Criança e do Estatuto da Criança e do Adolescente, a emancipação concedida pelos pais tem que ser motivada, cabendo ao tabelião "anotar na escritura a justificativa dos pais, para eventual averiguação judicial, inclusive por iniciativa do Ministério Público, que tem o dever constitucional de zelar pelos direitos indisponíveis da criança e dos adolescentes". Sugere ainda que o tabelião deve negar a lavratura da escritura e levar a questão ao juiz se a justificativa não for razoável, e que não pode haver concessão desmotivada.

Em que pese a perfeita adequação constitucional de tal posicionamento, no estágio atual, diante da ausência de previsão legal e de interpretação normativa ou judicial neste sentido, não caberia ao registrador negar o registro e devolver a escritura de emancipação por ausência de motivação dos pais ou em razão da falta de razoabilidade desta. Ressalte-se que este debate merece maior aprofundamento doutrinário e normativo.

Retornando-se ao registro da emancipação no Livro "E", adstrito às emancipações voluntárias e judiciais, verifica-se que este será realizado no domicílio do menor emancipado, como prevê a parte final do art. 89 da Lei n. 6.015/73, que diz: "em relação aos menores nela domiciliados".

Observe-se que há normas que dispõem contra a lei, determinando, por exemplo, que a emancipação judicial seja registrada na comarca em que proferida a sentença (art. 1.029 do CNCGJ-ES e art. 328 do CNCGJ-PR).

O registro da emancipação é condição de eficácia desta. Assim determina o art. 91, parágrafo único, da Lei n. 6.015/73: "Antes do registro, a emancipação, em qualquer caso, não produzirá efeito".

O registro também oferece segurança às relações jurídicas contratadas com o menor emancipado, já que, além da autenticidade oferecida pelo registro, preserva-se o ato jurídico da emancipação, sendo impossível ao menor emancipado querer maliciosamente impugnar o ato praticado alegando sua incapacidade, pois é possível a qualquer pessoa obter uma certidão e atestar a capacidade do menor em virtude da emancipação.

Faz-se necessário o atendimento ao princípio da instância, por isso o registro deve ser requerido ou determinado judicialmente. A lei não determina quem seriam os legitimados a requerer, todavia, qualquer ato de registro; segue o disposto no art. 13 da Lei n. 6.015/73, segundo o qual será praticado: "I – por ordem judicial; II – a requerimento verbal ou escrito dos interessados".

---

9. LÔBO, Paulo. *Op.Cit.*, 2009, p. 127.

Não havendo previsão legal ou normativa, e sendo o registro condição de eficácia da emancipação, parece adequado limitarem-se os interessados no requerimento ao próprio emancipado ou àqueles que a concedem no caso de emancipação voluntária. Recomenda-se que o pedido conste do próprio instrumento público de emancipação. Havendo, na escritura pública, pedido expresso para que o registrador promova a inscrição, fica, desde então, cumprido o princípio da instância, podendo qualquer pessoa a apresentar ao Registro Civil e requerer o registro.

No caso da emancipação por sentença, sempre haverá ordem judicial, o que já é bastante nos termos do art. 13 da Lei n. 6.015/73, não sendo relevante estipular quem são os legitimados para tanto.

O apresentante do instrumento judicial ou notarial ao registro civil assinará o assento de emancipação, nos termos do art. 90 da Lei n. 6.015/73. Sendo este o único caso em que a lei exige a assinatura do apresentante no Livro "E". É certo que, se o título judicial foi encaminhado ao registro pelo Juízo, por exemplo, na hipótese do art. 91 da LRP, a seguir exposto, não será necessário colher a assinatura do apresentante, pois não há apresentante no sentido estrito da palavra, sendo desprovido de qualquer fundamento jurídico exigir a assinatura do Juiz de Direito no assento de emancipação ou do agente da justiça que levou o mandado ao cartório, isto quando não se tratar de título encaminhado por vias eletrônicas ou pelo correio.

Quando decorrente de ato voluntário dos pais na forma anteriormente exposta, o requerimento de registro da emancipação será instruído com a respectiva escritura pública. Quando judicial, o requerimento será realizado pelo interessado e acompanhado da certidão ou carta de sentença. Neste último, o juiz comunicará a emancipação, de ofício, ao registrador, caso não haja notícia do registro dentro de 8 (oito) dias da concessão, como prevê o art. 91 da Lei n. 6.015/73.

Em conformidade com o art. 90 da Lei n. 6.015/73, atendido o princípio da instância e apresentado o instrumento, o registro será feito "mediante trasladação da sentença oferecida em certidão" e no caso de escritura pública constando "as referências da data, livro, folha" e Tabelionato de Notas em que foi lavrado.

Especificado o instrumento, o registro deverá conter, ainda:

"1º) data do registro e da emancipação", permitindo conhecer-se quando o ato foi praticado e a partir de quando passou a produzir efeitos (data do registro);

"2º) prenome e sobrenome, idade, filiação, profissão, naturalidade e residência do emancipado; data e cartório em que foi registrado o seu nascimento;" essa qualificação minuciosa do emancipado, que é a especialização subjetiva, destina-se a individualizá-lo adequadamente, e a indicação do registro de nascimento destina-se a permitir a anotação da emancipação no registro de nascimento, bem como a "amarrar" os atos, pois por meio do registro de emancipação é possível identificar-se a qual registro de nascimento se refere, mesmo que ainda não conste anotação neste último;

"3º) nome, profissão, naturalidade e residência dos pais ou do tutor", a qualificação de quem concedeu a emancipação ou foi ouvido no processo judicial. Esta informação permite verificar, se necessário, a regularidade do ato, imagine-se que aqueles pais não mais detivessem o poder familiar e isso venha a ser apurado quando da anotação no registro de nascimento.

Por fim, para que a publicidade seja adequada e a emancipação amplamente conhecida, esta é anotada no registro de nascimento, em conformidade com os arts. 106 e 107, § 1º, da Lei n. 6.015/73.

As certidões em breve relatório do registro de emancipação deverão seguir o modelo do Anexo V do Provimento 63/17 da CN-CNJ. Como tal modelo deixa em aberto um grande retângulo central para o conteúdo registral, caberá ao registrador dispor das principais informações do registro de maneira eficiente e clara para que até mesmo o público leigo possa ter acesso à informação. Dessa forma, interessante o modelo adotado pela CRC, no seguinte teor:

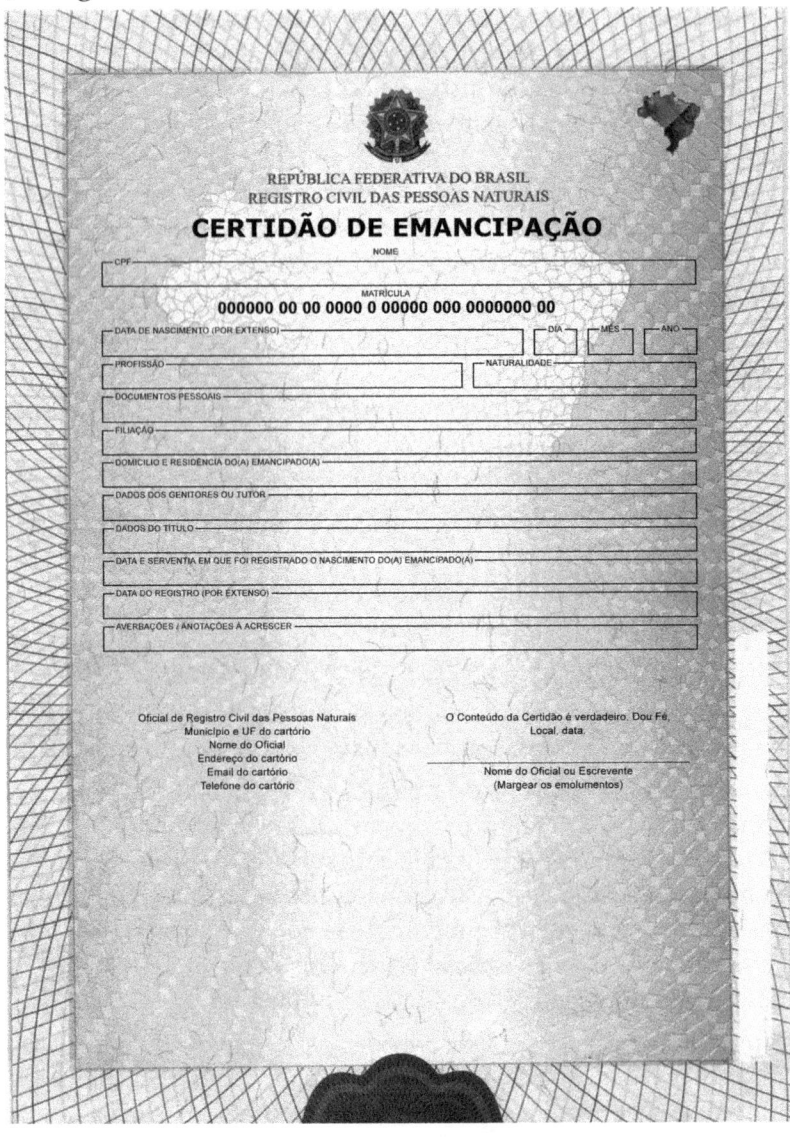

13.3.2 Curatela – Registro da Interdição

O regime de incapacidades e o instituto da curatela sofreram profundas alterações com a aprovação do Estatuto da Pessoa com Deficiência – Lei n. 13.146/2015, que materializou a Convenção Internacional sobre os Direitos das Pessoas com Deficiência - CDPD (Decreto Legislativo 186/2008 e Decreto n. 6.949/2009)[10], o que impacta diretamente o registro da interdição, merecendo um estudo bastante aprofundado sobre o tema.

Por não ser o escopo do presente trabalho, faz-se breve análise das principais alterações, em especial no que impactam a atuação do registrador civil das pessoas naturais.

Inicialmente, cumpre observar que a CDPD, em seu artigo 12, impôs aos Estados Partes a obrigação de reconhecer "que as pessoas com deficiência gozam de capacidade legal em igualdade de condições com as demais pessoas em todos os aspectos da vida".

A Lei 13.146/2015, dando cumprimento a tal disposição, reconheceu plena capacidade à pessoa com deficiência – no art. 6º[11] - e alterou o artigo 3º do Código Civil, reconhecendo incapacidade absoluta somente aos menores de 16 anos. Aos maiores, permaneceu somente a possibilidade de serem considerados relativamente incapazes.

O instituto da curatela foi mantido no ordenamento como medida protetiva extraordinária, a ser aplicada somente quando necessário, limitada aos atos relacionados a direitos de natureza patrimonial e negocial, devendo ser assegurada a participação da pessoa curatelada para obtenção do consentimento (art. 12, §1º; art. 84, §§1º e 2º e art. 85 da Lei n. 13.146/2015).

Segundo Christiano Cassettari[12], "a curatela ficará restrita, inicialmente, às pessoas que possuem problemas para exprimir sua vontade, seja ou não deficiente". O mencionado autor sustenta que essa limitação à curatela se deve ao fato de que a Lei n. 13.146/2015 criou um novo instituto chamado Tomada de Decisão Apoiada – que será visto adiante.

Nesse cenário introduzido pela nova legislação, o regime de intervenção na autonomia pode ser sintetizado da forma que fez Nelson Rosenvald[13]:

> "a) pessoas sem deficiência terão capacidade plena; b) pessoas com deficiência se servirão da tomada de decisão apoiada, a fim de que exerçam a sua capacidade de exercício em condição de igualdade com os demais; c) pessoas com deficiência qualificada pela curatela em razão da impossibilidade de autogoverno serão interditadas."

Ao presente trabalho, interessa compreender a Tomada de Decisão Apoiada, como essa se torna pública e seu possível registro; além da curatela, que ensejará o registro de interdição.

---

10. Observe-se que tal convenção tem status de emenda constitucional, nos termos do art. 5º, §3º da Constituição Federal.
11. Art. 6º A deficiência não afeta a plena capacidade civil da pessoa.
12. CASSETTARI, Christiano. *Op. Cit.* Saraiva. 2018.
13. ROSENVALD, Nelson. *Da Curatela.* In: *Tratado de Direito das Famílias.* Belo Horizonte: IBDFam, 2015. P. 749.

Inicie-se pela curatela e a interdição. A Lei 13.146/2015 tratou do instituto apenas pelo nome curatela, todavia, o termo interdição continua previsto no Código Civil, no Código de Processo Civil e na Lei 6.015/73, motivo pelo qual será utilizado.

O registro da interdição está previsto no art. 29, inciso V, da Lei n. 6.015/73 e no art. 9º, inciso III, do Código Civil; e em conformidade com o art. 92 da Lei n. 6.015/73, será realizado no Livro "E".

Como a capacidade jurídica se presume, terceiro que ignora eventual redução na capacidade e autonomia fica blindado pela boa-fé, tornando-se necessária a adequada publicidade da interdição e da curatela para que produza integralmente seus efeitos.

Vê-se que o registro da interdição se destina a dar a publicidade à declaração da interdição, garantindo-lhe eficácia, preservando seu teor e assegurando sua autenticidade. Dessa forma, confere segurança aos atos de interesse do interdito, que serão anuláveis se não houver adequada assistência por parte do curador nomeado, cujo nome e qualificação constarão do registro, assim tornando-se públicos.

A importância desse registro pode-se perceber nas Normas do Rio de Janeiro, em que se exige prévia certidão de interdições e tutelas do domicílio do outorgante, para a lavratura de escrituras públicas relativas a imóvel[14].

Declarada a interdição por sentença, esta produzirá efeitos desde logo, mesmo que pendente recurso. Isso decorre do fato de que a sentença é declaratória de uma incapacidade que já existe e não é constitutiva dessa situação jurídica[15]. Esta é a previsão do art. 1.773 do Código Civil e do art. 1.012, §1º, VI, do Código de Processo Civil:

> Art. 1.773. A sentença que declara a interdição produz efeitos desde logo, embora sujeita a recurso.
>
> Art. 1.184. A sentença de interdição produz efeito desde logo, embora sujeita a apelação. Será inscrita no Registro de Pessoas Naturais e publicada pela imprensa local e pelo órgão oficial por três vezes, com intervalo de 10 (dez) dias, constando do edital os nomes do interdito e do curador, a causa da interdição e os limites da curatela.
>
> No CPC vigente:
>
> Art. 1.012. A apelação terá efeito suspensivo.
>
> § 1º Além de outras hipóteses previstas em lei, começa a produzir efeitos imediatamente após a sua publicação a sentença que:(...)
>
> VI - decreta a interdição.

Diante disso, resta claro que o registro deve ser lavrado antes mesmo do trânsito em julgado, garantindo-se desde logo a adequada publicidade do fato declarado pela sentença, evitando-se a prática indevida de atos e litígios futuros.

---

14. CNCGJ-RJ, art. 242, VI, G, (5).
15. Observe-se a divergência apontada por Christiano Cassettari: "Para os processualistas, a natureza jurídica da sentença de interdição é **constitutiva**. Para os civilistas, é *meramente declaratória*" (CASSETTARI, Christiano. Elementos de Direito Civil. 6ª ed. São Paulo: Saraiva. 2018, p. 693).

Muito embora o registro não seja condição de eficácia, mas apenas meio de comprovação e publicidade da interdição, o termo de curatela somente poderá ser assinado após o registro, em conformidade com o art. 93, parágrafo único, da Lei n. 6.015/73. Com tal previsão, a lei busca garantir que o registro seja lavrado e obtenha a devida publicidade o quanto antes, condicionando a este o exercício do múnus do curador, assim reforça-se a tese de que não há que se esperar o trânsito em julgado.

Em conformidade com o disposto no art. 92, *caput*, da Lei n. 6.015/73, o registro da interdição será lavrado no mesmo livro e cartório daquele previsto para emancipação, ou seja, no Livro "E" do 1º cartório da comarca do domicílio do interdito. Isto foi objeto de apreciação pela Corregedoria-Geral da Justiça de São Paulo (Provimento CGJ n. 4/2010). Observe-se que há normas que dispõem contra a lei, determinando, por exemplo, que a interdição seja registrada na comarca em que proferida a sentença (art. 1.029 do Código de Normas do Espírito Santo e art. 834 da Consolidação Normativa do Estado do Rio de Janeiro).

Nos casos em que são apresentadas para registro sentenças de interdição prolatadas há longa data, é comum haver alteração do domicílio entre a data da sentença e a data da apresentação para registro. Nesses casos, para maior garantia da publicidade, considerando que o registro deve espelhar a situação atual da pessoa natural e que a qualificação registral é exercida no momento da apresentação do título para registro, conforme a situação existente nessa data (*tempus regit actum*), a melhor solução é registrar a interdição no local do domicílio atual da pessoa natural. Para tanto, necessário apresentar comprovante de endereço e/ou colher declaração de domicílio, para respaldar a atribuição territorial para o ato.

Faz-se necessário o atendimento ao princípio da instância, nos termos do art. 13 da Lei n. 6.015/73, segundo o qual o registro será praticado: "I – por ordem judicial; II – a requerimento verbal ou escrito dos interessados; III – a requerimento do Ministério Público, quando a lei autorizar".

Pela redação dada ao art. 93 da Lei n. 6.015/73, aparentemente o curador e o promovente são interessados/legitimados a requerer o registro da interdição. Todavia, não parece ser esta a regra de legitimação, por dois motivos: o primeiro, porque o registro da interdição interessa a terceiros que tenham relações sociais e econômicas com o interdito, que não poderiam ficar à mercê da vontade do curador ou do promovente; o segundo, porque a interdição decorre de sentença, havendo ordem judicial para seu registro, o que por si só bastaria para atender ao disposto no art. 13 anteriormente mencionado. Dessa forma, qualquer pessoa munida da ordem judicial de registro da interdição é legitimada para solicitar o registro.

Tanto é assim que o próprio art. 93 da Lei n. 6.015/73 estabelece que se não houver notícia nos autos de o registro ter sido realizado em 8 (oito) dias, o juiz comunicará ao registrador, juntamente com a certidão da sentença, para que lavre o registro. O registro da interdição será feito em vista da certidão ou de carta de sentença e conterá os seguintes elementos:

- "1º) data do registro", possibilitando o conhecimento de quando o fato obteve publicidade registral;
- "2º) prenome e sobrenome, idade, estado civil, profissão, naturalidade, domicílio e residência do interdito", a qualificação, que é a especialização subjetiva, possibilita a individualização adequada do curatelado, permitindo sua identificação;
- "data e cartório em que forem registrados o nascimento e o casamento, bem como o nome do cônjuge, se for casado", informações destinadas a "amarrar" a interdição com os registros anteriores, pois por meio do registro de interdição é possível identificar-se a qual registro de nascimento e de casamento se refere, mesmo que ainda não conste anotação nestes últimos, fortalecendo sua publicidade e segurança; a inclusão do nome do cônjuge permite que se saiba se este é o curador, o que tem regras especiais (art. 1.783 do Código Civil), e, também, que terceiros conheçam a situação de interdição de seu consorte, para eventuais efeitos que possam incidir;
- "3º) data da sentença, nome e vara do Juiz que a proferiu", trata-se da especialização do ato judicial que ensejou a interdição, que possibilitará sua localização, bem como a verificação, se necessário, de sua regularidade;
- "4º) nome, profissão, estado civil, domicílio e residência do curador", a qualificação do curador dá publicidade e permite que se conheça quem está legalmente habilitado para assistir o curatelado; diante da peculiaridade do caso o juiz poderá nomear dois curadores para uma mesma pessoa, o que não tem proibição legal e pode ser uma forma interessante de compartilhar o ônus da curatela;
- "5º) nome do requerente da interdição e causa desta", elementos que obtêm publicidade por meio do registro e são necessários para verificação de regularidade da declaração de interdição e, por meio da causa, permitem eventual conhecimento de seu momento de início – imagine-se uma causa atrelada a um acidente – análise de seu agravamento ou de seu termo. Observe-se que a Lei 13.146/2015, no art. 85, § 2º exige que conste "da sentença as razões e motivações" da definição da curatela;
- "6º) limites da curadoria, quando for parcial a interdição", informação de conhecimento fundamental, que obtém publicidade pelo registro e possibilita que todos saibam qual a extensão da limitação imposta ao interdito na prática de atos, e quais os poderes do curador. Essa disposição recebe especial relevância diante da nova legislação sobre o tema, uma vez que a Lei 13.146/2015 estabelece que a curatela "afetará tão somente os atos relacionados aos direitos de natureza patrimonial e negocial", e a redação dada pela mesma lei ao artigo 1.772 do Código Civil[16] prevê que o "juiz determinará, segundo as potencialidades da pessoa, os

---

16. Observe-se que há divergência doutrinária quanto à vigência da redação dada pela Lei 13.146/2015 e àquela dada pelo novo CPC, uma vez que este, embora o CPC seja anterior, somente entrou em vigência posteriormente, por ter uma *vacatio legis* mais longa. Para Christiano Cassettari e Flavio Tartuce e Mauricio Requião, prevalece o

limites da curatela, circunscritos às restrições constantes do art. 1.782" O art. 1.782, por sua vez, estabelece que:

Art. 1.782. A interdição do pródigo só o privará de, sem curador, emprestar, transigir, dar quitação, alienar, hipotecar, demandar ou ser demandado, e praticar, em geral, os atos que não sejam de mera administração.

- "7º) lugar onde está internado o interdito", informação relevante para que se possa conhecer a situação do interdito, para que a família, conhecidos e até o Estado possam localizá-lo, como está sendo utilizado no "Projeto do CNJ – Resgate da Cidadania das Pessoas Internadas em Hospitais Psiquiátricos".

Se o título judicial não contiver todos os elementos necessários ao registro, poderá ser complementado por documentos oficiais. Muitos dos elementos constantes do registro de interdição podem ser objeto de alterações, as quais precisam obter publicidade para que possam adequadamente produzir efeitos e conferir segurança aos atos e fatos jurídicos que envolvam o interdito. Por esse motivo, tais alterações devem ser averbadas no registro de interdição, o que tem expressa previsão legal no art. 104 da Lei n. 6.015/73.

Em conformidade com o mencionado artigo, será feita averbação de:

- Sentenças que puserem termo à interdição, que são prolatadas nos termos do art. 756 do Código de Processo Civil, permitindo-se o conhecimento de que aquele indivíduo não mais é interdito, gozando de plena capacidade.

- Substituição de curadores, por decisão judicial, permitindo-se que o registro identifique quem está apto a assistir o interdito naquele momento, impedindo-se que o curador prévio continue a exercer o múnus sem poderes para tanto, o que macularia a validade do ato.

Importante a observação de que muitas vezes o juiz determina um novo registro de interdição, o que é inadequado, devendo o registrador, tomando conhecimento da interdição prévia, negar o registro, comunicar o fato ao juiz da causa e solicitar que seja promovida averbação, sob pena de se ter uma duplicidade de registros de interdição. Observe-se que na maioria das vezes a duplicidade somente é atestada no momento da anotação da interdição à margem do assento de nascimento.

- Alteração dos limites da curatela, também declarada pelo juízo. Da mesma maneira que conhecer o atual curador é de extrema relevância para que haja adequada assistência, impedindo que o ato tenha sua validade maculada, relevante é conhecer se o curador age nos limites de sua curadoria, não ingressando nos atos para os quais o interdito tem plena capacidade. Por outra ótica, esta averbação impede que o interdito pratique sozinho atos para os quais passou a necessitar de assistência do curador.

CPC, para Fredie Didier Jr. Prevalece a Lei 13.146/2015 (CASSETTARI, Christiano. Elementos de Direito Civil. 6ª ed. São Paulo: Saraiva. 2018, p. 694).

- Cessação ou mudança da internação. Pelos mesmos motivos que esta informação consta do registro, sua alteração deve ser averbada, permitindo-se a localização do interdito internado. Neste caso, defende-se que não se faz necessária a determinação judicial de averbação, bastando a apresentação de documento autêntico que comprove a mudança ou cessação da internação que seguirá o procedimento previsto no art. 97 da Lei n. 6.015/73.

Observe-se que curadores, famílias e instituições não informam eventual mudança ou cessação de internação ao registro civil, tampouco o faz o Judiciário ou o Ministério Público quando têm conhecimento de tal fato, sendo de extrema relevância que esta prática se altere, e os registros espelhem a realidade atual, informando com segurança a localização do interdito internado.

As averbações devem ser elaboradas com as cautelas previstas no art. 99 da Lei n. 6.015/73, indicando-se minuciosamente o ato que a determinou, com data da averbação, data da decisão, vara e nome do juiz que a proferiu.

Para que a publicidade seja adequada e a interdição amplamente conhecida, o registro e as averbações devem ser anotados no registro de nascimento e de casamento, se houver, em conformidade com os arts. 106 e 107, § 1º, da Lei n. 6.015/73, o que permite a qualquer interessado que obtiver uma certidão atualizada de nascimento ou casamento da pessoa conhecer seu estado atual no que diz respeito à capacidade – inclusive eventual assistência.

Erro que infelizmente é frequentemente encontrado na prática é o caso de interdições que foram averbadas à margem do nascimento ou casamento, sem que tenha sido feito o registro no Livro "E". Muitas vezes, o erro decorre do próprio mandado judicial, que determinou a averbação, em vez do registro. Para a retificação desse equívoco, é possível o desentranhamento do título judicial que muitas vezes consta do próprio registro civil, e, por meio de procedimento de retificação administrativa, realizar a lavratura de averbação de retificação no registro de nascimento e casamento para constar os dados de livro, folhas e número de ordem do registro da interdição que, por equívoco, não constaram.

Por fim, uma questão que surge com a nova legislação é de como devem ser tratadas as interdições absolutas declaradas e registradas antes da Lei n. 13.146/2015, considerando-se que esta lei as teria retirado do ordenamento.

Christiano Cassettari[17] defende que tais interdições permanecem como estão, pois estariam protegidas coisa julgada, não ficando os interditos automaticamente livres delas. Todavia, sustenta que judicialmente pode ser determinada a averbação de que aquela pessoa readquiriu a capacidade civil.

Vitor Frederico Kumpel e Carla Modina Ferrari[18] discordam de tal posicionamento e defendem a aplicação imediata da nova lei e a retroatividade dessa sobre as interdições

---

17. CASSETTARI, Christiano. Os desafios impostos pelo Estatuto da Pessoa com Deficiência em razão das modificações na teoria das incapacidades e os seus reflexos na atividade de registradores e notários. Revista de Direito Imobiliário. Nº 80. São Paulo: RT, 2016. p.259-272.
18. KUMPEL, Vitor Frederico. FERRARI, Carla Modina. *Op. Cit.* p. 96

absolutas já declaradas, de maneira que "todas as transcrições de interdição e todas as certidões em que esteja anotada a mesma passam imediatamente a implicar capacidade relativa".

Os autores deste trabalho filiam-se a este último posicionamento. Com efeito, como se expôs no item 11.3.6, mesmo as pessoas interditadas de forma absoluta antes da Lei 13.146/2015 podem contrair casamento, sem necessidade de promover a alteração judicial da extensão dos limites da curatela. Para os demais atos, deve-se aplicar o mesmo fundamento jurídico, compreendendo que as interdições anteriores à Lei 13.146/2015, ainda que mencionem incapacidade absoluta, atualmente geram apenas incapacidade relativa, dentro dos limites dos atos previstos em lei. O ato jurídico perfeito da interdição fica preservado, apenas foram alterados os seus efeitos, pois foi alterado o regime jurídico das incapacidades, sendo certo que, conforme jurisprudência das cortes superiores, não há direito adquirido a regime jurídico.[19]

Reconheça-se que há divergência doutrinária, não sendo possível sustentar que o Registrador Civil aja de ofício em tais casos, devendo-se observar o comportamento das normas e da jurisprudência nesse tocante. Todavia, caso prevaleça o entendimento de que a nova lei automaticamente altera os limites das curatelas declaradas anteriormente, de maneira que toda interdição absoluta deva ser considerada relativa, seria salutar que norma fosse editada determinando ao registrador civil que realizasse averbação de ofício sempre que fosse expedir uma nova certidão, em moldes semelhantes ao artigo 12 da Resolução n. 155 do Conselho Nacional de Justiça.

As certidões em breve relatório do registro de interdição deverão seguir o modelo do Anexo V do Provimento 63/17 da CN-CNJ. Como tal modelo deixa em aberto um grande retângulo central para o conteúdo registral, caberá ao registrador dispor das principais informações do registro de maneira eficiente e clara para que até mesmo o público leigo possa ter acesso à informação. Dessa forma, interessante o modelo adotado pela CRC, no seguinte teor:

13.3.2.1 Tomada de decisão apoiada

A Lei 13.146/2015, logo após o regramento da curatela no Código Civil, inseriu um novo capítulo para regrar um novo instituto, "a tomada de decisão apoiada".

Segundo o art. 1.783-A do CC, a tomada de decisão apoiada é "processo pelo qual a pessoa com deficiência elege pelo menos 2 (duas) pessoas idôneas, com as quais mantenha vínculos e que gozem de sua confiança, para prestar-lhe apoio na tomada de decisão sobre atos da vida civil, fornecendo-lhes os elementos e informações necessários para que possa exercer sua capacidade."

Para tanto, fazem-se necessários a elaboração de um termo em que constem os limites do apoio e o compromisso dos apoiadores na forma do §1º do art. 1.783A do CC e o procedimento judicial, nos moldes dos §§2º e 3º do mesmo artigo, o qual culmina com prolação de sentença.

Tal situação deve ter a adequada publicidade, que se dá por meio de Registro Civil das Pessoas Naturais, uma vez que tem validade e efeitos sobre terceiros nos termos do §4º do Art. 1.783ª do CC, sendo certo que "terceiro com quem a pessoa apoiada mantenha relação negocial pode solicitar que os apoiadores contra-assinem o contrato ou acordo", segundo §5º do mesmo artigo.

Nelson Rosenvald[20] entende que "a constituição da tomada de decisão apoiada será remetida ao Registro Civil das Pessoas Naturais, com averbação a margem da certidão de nascimento. O desiderato óbvio da publicidade é o de proporcionar segurança jurídica a terceiros que desejam estabelecer ou prosseguir em relações jurídicas com a pessoa apoiada."

Perfeito o raciocínio da publicidade e adequada a averbação no registro de nascimento, como proposta pelo autor, todavia, por se tratar de instituto que interfere em questões de manifestação de vontade, guardando certa proximidade com a curatela, sustenta-se que seja inscrita nos mesmos moldes que a curatela.

Esse foi o entendimento da CGJ-SP, como se pode extrair dos fundamentos que ensejaram a alteração das normas paulistas:

> "Informado pelo ideal de reduzir o grau de interferência na vida pessoal das pessoas com deficiência e inspirado em modelos europeus, como o italiano, o alemão e o belga, cuidou o legislador de disciplinar, no artigo 1783-A do Código Civil, a "Tomada de Decisão Apoiada", medida que ampara aqueles que, apesar das dificuldades que a deficiência lhes traz para a prática de atos pontuais da vida civil, seguem podendo externar vontade.
>
> (...)
>
> o Registro Civil é a sede onde hão de estar reunidas as informações sobre a capacidade civil do apoiado, a viabilizar consulta pública por eventuais interessados, acerca de quem sejam seus apoiadores, ou de quais sejam os limites do apoio, fixados na sentença.
>
> Tratando da hipótese, Arnaldo Rizzardo, ex-Desembargador do E. TJRS, leciona:
>
> 'Inscreve-se a sentença no registro civil da pessoa natural, como acontece com a curatela.' (Os Deficientes e a Tomada de Decisão Apoiada, disponível emhttp://genjuridico.com.br/2015/10/21/os-deficientes-e-a-tomada-de-decisao-apoiada/, acesso em 24/5/16).
>
> Por fim, cumpre observar que o rol do artigo 29 da Lei 6015/73, que elenca títulos passíveis de registro no Cartório de Registro Civil de Pessoas Naturais, é meramente exemplificativo, comportando acréscimos decorrentes de evolução legislativa, como na situação em berlinda.
>
> Consoante os magistérios de Daniel Nilson Ribeiro:
>
> 'O conteúdo, o rol dos atos que devem ser encaminhados ao registro civil, não está limitado ao referido art. 29, pois dentro da própria Lei nº 6015/1973 há previsão de outras hipóteses, por exemplo,

---

20. ROSENVALD, Nelson. *Op. Cit.*, 2015. p. 760.

no art. 102. Na verdade, tais atos não estão limitados nem mesmo à Lei 6015/1973; trata-se de um rol enunciativo, e diversas inclusões, exclusões alterações e mudanças de nomenclatura ocorreram ao longo dos anos, e, com toda a certeza, continuarão ocorrendo.

As relações sociais e pessoais não são estáticas, elas evoluem e se modificam, sendo certo que qualquer alteração ou criação legislativa que discipline tais relações reflete diretamente no registro civil.' (Lei de Registros Públicos Comentada, Rio de Janeiro: Forense, 2014, p. 156)

Afigura-se adequado acolher a sugestão de inclusão da alínea "L" no item 1, bem como do subitem 110.2, no Capítulo XVII, Tomo II, das NSCGJ, para que se registrem, no Registro Civil de Pessoas Naturais, as sentenças que decidirem pedidos de apoio para tomada de decisões.[21]"

Com tais fundamentos, as NSCGJ-SP passaram a prever que as sentenças que estabelecem tomada de decisão apoiada sejam registradas no Livro "E" do Registro Civil das Pessoas Naturais de modo semelhante à curatela e interdição.

Defende-se que essa seja a solução adotada pelas normas.

13.3.3 Ausência

O registro da ausência está previsto no art. 29, inciso VI, da Lei n. 6.015/73 e no art. 9º, inciso IV, do Código Civil, e em conformidade com o art. 94 da Lei n. 6.015/73, será realizado no Livro "E".

A ausência, que na época da edição da Lei n. 6.015/73 era tratada como causa de incapacidade absoluta – Código Civil de 1916, art. 5º, inciso IV –, é instituto de proteção e transmissão gradual do patrimônio do ausente, bem como de declaração de sua morte presumida, o que também gera efeitos pessoais.

Ressalte-se que não é a mera declaração da ausência que faz presumir a morte, mas, no curso do processo de ausência, o ato que a lei elegeu como o marco para a presunção da morte, é a abertura da sucessão definitiva (CC, art. 6º).

A ausência tem repercussão na (im)possibilidade de prática de atos pelo ausente, na curadoria de seus bens, na sua sucessão e nas suas relações pessoais, em diferentes fases: arrecadação de bens e nomeação de curador, declaração de ausência, sucessão provisória e sucessão definitiva.

Tais fases produzem diferentes efeitos, também em face de terceiros, sendo de extrema importância que obtenham a adequada publicidade para que lhes seja garantida a eficácia e que os atos e fatos relativos à esfera do ausente possam se revestir de segurança.

Para tanto, a Lei n. 6.015/73 prevê, em seu art. 94, que as sentenças declaratórias de ausência, que nomearem curador, serão registradas "no cartório do domicílio anterior do ausente, com as mesmas cautelas e efeitos do registro de interdição".

Diante disso, pode-se extrair que o registro da ausência deve ser feito no Livro "E" do 1º Ofício ou 1º Subdistrito da comarca de último domicílio do ausente, em vista de determinação judicial em sentença, o que atende ao princípio da instância, e, no que couber, as previsões relativas à interdição se aplicam.

O registro da ausência, em conformidade com o mencionado art. 94, conterá:

- "1º) data do registro", que estabelece quando a decisão obteve publicidade;
- 2º) prenome, sobrenome, "idade, estado civil, profissão e domicílio anterior do ausente"; a qualificação, que é a especialização subjetiva, possibilita a individualização adequada do interdito, permitindo sua identificação;
- "data e cartório em que forem registrados o nascimento e o casamento, bem como o nome do cônjuge, se for casado"; são informações destinadas a "amarrar" a ausência com os registros anteriores, para que por meio do registro de ausência seja possível identificar-se a qual registro de nascimento e de casamento se refere, mesmo que ainda não conste anotação nestes últimos, fortalecendo sua publicidade e segurança; a inclusão do nome do cônjuge permite que terceiros conheçam a situação de ausência de seu consorte para verificação da produção de efeitos, inclusive o rompimento do vínculo conjugal – art. 1.571, § 1º, do Código Civil;
- "3º) tempo de ausência até a data da sentença"; o que permite conhecer o momento desde qual aquele indivíduo não mais praticou atos e seus bens por ele não mais foram administrados, garantindo segurança aos fatos ocorridos em tal período, também permite a verificação da regularidade do procedimento de ausência;
- "4º) nome do promotor do processo";
- "5º) data da sentença, nome e vara do juiz que a proferiu"; trata-se da especialização da sentença que ensejou a ausência e o registro, o que, também, possibilita o conhecimento do processo;
- "6º) nome, estado, profissão, domicílio e residência do curador e os limites da curatela"; a qualificação do curador dá publicidade e permite que se conheça quem está legalmente habilitado para administração dos bens do ausente, da mesma maneira, a inclusão dos limites da curadoria permite conhecer quais os poderes e obrigações de tal curador, fixados nos termos do art. 24 do Código Civil.

Posteriormente, é averbada a sentença de abertura da sucessão provisória, nos termos do art. 104, parágrafo único, da Lei n. 6.015/73, que prescreve:

> Averbar-se-á, também, no assento de ausência, a sentença de abertura de sucessão provisória, após o trânsito em julgado, com referência especial ao testamento do ausente se houver e indicação de seus herdeiros habilitados.

Dessa maneira, a averbação que será feita após o trânsito em julgado da sentença, seguirá a regra do art. 99, indicando de maneira minuciosa a decisão, com sua data, vara e nome do juiz, e consignará, também, eventual testamento e os herdeiros habilitados.

No que toca à sucessão definitiva, a lei não a trata expressamente, havendo divergência quanto a forma de seu ingresso no registro civil.

Há normas, como os arts. 182 e 183, da CNNR-RS, segundo os quais a sucessão definitiva ensejaria um registro no Livro "C" uma vez que produz efeitos de óbito.

Há normas que parecem determinar que a sucessão definitiva, por implicar morte presumida, ingresse no Livro "E" como novo registro, o que decorreria do fato de que há previsão específica de registro para morte presumida, no art. 9º, IV, do Código Civil. Assim são as NSCGJ-SP, no item 112 do Capítulo XVII; o CNCGJ-ES, no art. 1.032, e as DGE-RO, no artigo 692.

O entendimento de se realizar um registro autônomo em um ou outro livro, além do fundamento legal do art. 9º do Código Civil, busca atender a uma necessidade da população, tornando mais acessível a informação e fornecendo um registro que prove a morte, para que produza todos os efeitos legais, não apenas uma averbação da sucessão definitiva da qual se extrai o efeito morte presumida. Ressalte-se que a integração com o registro de ausência se dá por meio das anotações e remissões recíprocas.

Todavia, José Antônio de Paula Santos Neto[22], em sua obra intitulada *Da Ausência*, sustenta que a sentença de abertura de sucessão definitiva deve ser averbada no registro da ausência. Para sustentar tal posicionamento, o autor cita doutrina de José Olympio de Castro Filho[23], segundo o qual:

> ... se do Registro Público se acha inscrita a sentença declaratória de ausência ..., outra decisão judicial necessariamente terá de ser ali averbada, para pôr fim ao estado de ausência e fazer constar a abertura da sucessão definitiva...

Nesse caso, a sucessão definitiva que produz efeitos de morte presumida seria averbada, bastando esse ato para se provar a extinção da existência da pessoa natural.

Assim é a previsão encontrada no artigo 540 do CNCGJ-MG: "A morte presumida precedida de declaração de ausência será averbada à margem do registro no Livro "E", mediante apresentação de mandado expedido pelo juízo que tenha determinado a abertura da sucessão definitiva".

O item 130.1 do Capítulo XVII das NSCGJ-SP também prevê a averbação da sucessão definitiva no registro da ausência. Como visto, as mesmas normas prescrevem o registro autônomo da morte presumida precedida de ausência no Livro "E", do que se pode extrair o que possivelmente seria o melhor procedimento: averba-se a sucessão definitiva no registro de ausência e lavra-se o registro autônomo de morte presumida, dando-se publicidade adequada ao fato e à sua consequência.

O mesmo raciocínio pode ser extraído das DGE-RO, que na Seção XI, preveem a averbação da Sucessão Definitiva, e, como visto, no artigo 692, preveem o registro da morte presumida do ausente.

Ainda nos termos do art. 104 da Lei n. 6.015/73, averbam-se no registro de ausência a substituição de curador e a alteração dos limites da curatela, conforme determinado judicialmente, com as mesmas cautelas do disposto acerca de tais averbações no registro de interdição.

Para que a publicidade seja adequada, e a ausência, em todas suas fases, seja amplamente conhecida, o registro, bem como as averbações, deve ser anotado no registro de nascimento e de casamento, se houver, em conformidade com os arts. 106 e 107, § 1º, da Lei n. 6.015/73, o que permite a qualquer interessado que obtiver uma certidão atualizada de nascimento ou casamento da pessoa conhecer eventual ausência decretada e qual a fase que se encontra.

---

22. SANTOS NETO, José Antônio de Paula. *Da Ausência*. São Paulo: Juarez de Oliveira, 2001, p. 273-274.
23. CASTRO FILHO, José Olympio. Comentários ao Código de Processo Civil. v. X, Rio de Janeiro: Forense, 1988, p. 194-195 apud SANTO NETO, José Antônio de Paula. *Op. Cit.*, p. 273.

As certidões em breve relatório do registro de ausência deverão seguir o modelo do Anexo V do Provimento 63/17 da CN-CNJ. Como tal modelo deixa em aberto um grande retângulo central para o conteúdo registral, caberá ao registrador dispor das principais informações do registro de maneira eficiente e clara para que até mesmo o público leigo possa ter acesso à informação. Dessa forma, interessante o modelo adotado pela CRC, no seguinte teor:

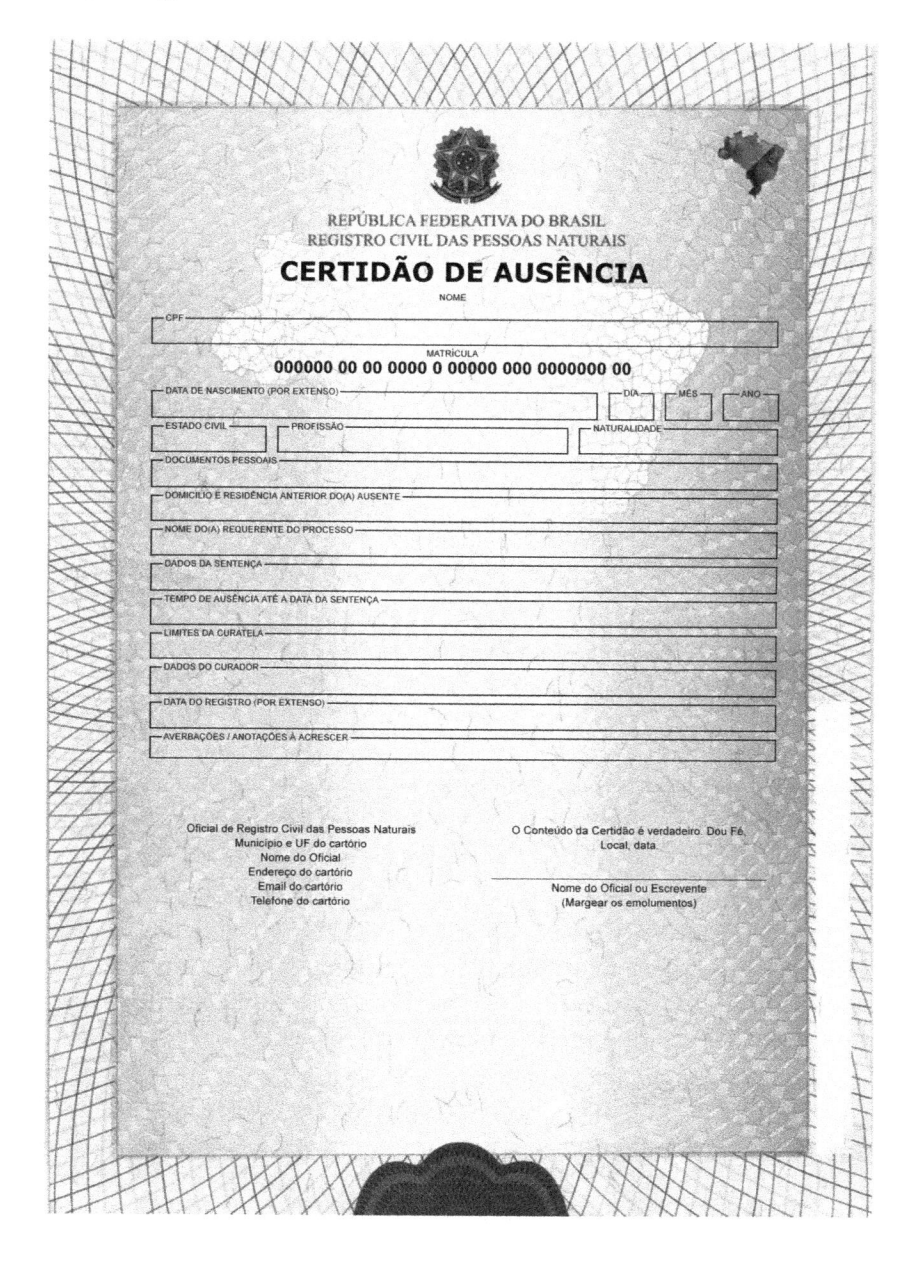

13.3.4 Morte presumida

A morte presumida pode ser precedida de ausência – art. 6º do Código Civil – ou declarada sem decretação de ausência – art. 7º do Código Civil.

Seu registro está previsto no art. 9º, inciso IV, do Código Civil, e o livro de seu assentamento é objeto de divergência normativa e doutrinária, ora determinando-se o Livro "C", ora determinando-se o Livro "E".

No caso da morte presumida precedida de ausência, que decorre da abertura da sucessão definitiva, a controvérsia foi exposta no item anterior relativo ao registro de ausência.

No que diz respeito à morte presumida, sem decretação de ausência, prevista no art. 7º do Código Civil, esta poderá ser declarada:

> I – se for extremamente provável a morte de quem estava em perigo de vida;
>
> II – se alguém, desaparecido em campanha ou feito prisioneiro, não for encontrado até dois anos após o término da guerra.
>
> Parágrafo único. A declaração da morte presumida, nesses casos, somente poderá ser requerida depois de esgotadas as buscas e averiguações, devendo a sentença fixar a data provável do falecimento.

Como foi exposto, ao se tratar do registro de óbito (item 12.2.2), grande parte da doutrina estabelece que se trata do mesmo instituto do art. 88 da Lei n. 6.015/73, havendo divergência acerca do assunto.

De qualquer maneira, declarada judicialmente a morte presumida, esta será objeto de registro.

Há normas que determinam sua realização no Livro "C". É o que se encontra no como o art. 183 da CNNR-RS e no art. 539 da CNCGJ-MG.

Este é também o posicionamento de Leandro Correa[24]:

> nas mortes presumidas sem declaração de ausência, em razão da similitude das mesmas com as mortes reais, da inexistência de registro prévio em outro livro e da *mens legis*, o registro das mesmas será lavrado, assim como nas mortes reais, no Livro "C".

Diversa é a previsão do item 112 do Cap. XVII das NSCGJ-SP, do art. 692 das DGE-RO, do art. 1.032 do CNCGJ-ES, do art. 324 do CNCGJ-PR e do §1º do art. 719 da CNCGJ-RJ, todos os quais determinam o registro no Livro "E", divergindo apenas quanto ao local, ora na comarca do último domicílio do presumidamente morto(SP, RO e ES), ora na comarca onde foi proferida a sentença (PR).

O posicionamento de Reinaldo Velloso dos Santos[25] e Luiz Guilherme Loureiro[26], também é no sentido de se lavrar o registro no Livro "E" do registro civil da comarca do último domicílio do presumidamente morto.

---

24. CORRÊA, L. A. N. O Registro da Sentença de Morte Presumida: o livro competente para a lavratura do ato. *Revista Semestral das Faculdades Del Rey*, 4. ed., p. 1, 2011.
25. SANTOS, Reinaldo Velloso. *Op. cit., 2006*, p. 141.
26. LOUREIRO, Luís Guilherme. *Op. Cit.*, p. 116.

Ressalte-se que as NSCGJ-SP traz duas previsões diferentes, uma relativa ao Livro "C" no item 97 e outra relativa ao Livro "E" no item 112, ambos do Capítulo XVII, do que se presume tratarem de institutos diferentes, como foi demonstrado no capítulo referente ao registro óbito.

O registro da morte presumida é determinado por sentença, estando atendido o princípio da instância, na medida em que há ordem judicial, e seu teor deverá conter[27]:

- "data do registro"; que estabelece quando a decisão obteve publicidade registral;
- "nome, idade, estado civil, profissão e domicílio anterior do presumidamente morto"; a qualificação, que é a especialização subjetiva, possibilita a individualização e identificação do presumidamente morto;
- "data e Registro Civil das Pessoas Naturais em que foram registrados nascimento e casamento, bem como nome do cônjuge, se for casado"; são informações destinadas a "amarrar" a morte presumida com os registros anteriores, fortalecendo sua publicidade; a inclusão do nome do cônjuge permite que terceiros saibam da presunção de morte de seu consorte para que esta produza seus efeitos;
- "nome do requerente do processo"; o que permite aferir a regularidade e a origem do ato judicial, conferindo transparência ao processo;
- "data da sentença, Vara e nome do Juiz que a proferiu"; trata-se da especialização da sentença que ensejou a ausência e o registro, o que, também, possibilita o conhecimento do processo;
- "data provável do falecimento"; é a data prevista no parágrafo único do art. 7º do Código Civil, que deve ser estabelecida pelo juiz, a partir da qual o registrado é considerado morto.

A morte presumida deve ser anotada nos registros anteriores do presumidamente morto, nos termos do art. 106 da Lei n. 6.015/73, e assim obtém ampla e adequada publicidade.

13.3.5 Tutela

A tutela é instituto previsto no Código Civil e no Estatuto da Criança de do Adolescente, que consiste na colocação da criança ou adolescente em família substituta, nos casos em que os pais faleceram, tiveram sua ausência decretada ou decaíram do poder familiar (CC, art. 1.728, e ECA, art. 36). Assim, atribui-se ao tutor direitos e deveres semelhantes ao poder familiar, mas que não se confundem com o poder familiar, pois têm um regramento próprio, no art. 1.740 e seguintes do CC.

A publicidade da tutela é essencial para que se conheça o fato de os pais não exercerem o poder familiar, e quem é o tutor que representa ou assiste o menor.

Há divergências normativas quanto a forma de acesso de tal ato ao Registro Civil das Pessoas Naturais. Isso decorre do fato de que, muito embora não haja previsão ex-

---

27. O art. 184 da CNNR-RS estabelece: "Os requisitos para registro da morte presumida serão os mesmos do registro de óbito".

pressa de registro da tutela, o art. 5º, inciso VII, da Lei n. 8.935/94 trata dos oficiais de registro de interdições e tutelas.

A CNCGJ-RJ prevê, em seu art. 720, o registro da tutela no Livro "E", depois do trânsito em julgado da sentença. No mesmo sentido é a previsão do art. 324 do CNCGJ-PR.

As NSCGJ-SP, no item 125 do Capítulo XVII, estabelecem que as sentenças de tutela, com nomeação do tutor, serão averbadas no registro de nascimento. No mesmo sentido são as DGE-RO, no art. 706.

O CNCGJ-MG, por sua vez, prevê nos arts. 543 e 565 a possibilidade de se registrar a tutela no Livro "E", mediante determinação judicial, e nos arts. 581, §2, e 582, II, prevê a averbação da tutela no registro de nascimento após o registro da respectiva sentença no livro "E". Tratamento igual é dispensado à guarda.

Recomenda-se o estudo das normas locais para se saber o que prevalece em cada unidade da federação.

13.3.6 Uniões estáveis

A importância de se dar publicidade à união estável por meio dos registros públicos foi tratada no item 1.5.3 deste trabalho, mais precisamente no item em que se abordou o estado familiar entre os elementos no Estado Civil da Pessoa Natural, ao qual se remete o leitor.

Com a edição do Provimento 37/2014 pela Corregedoria Nacional de Justiça, o registro da união estável no Livro "E" se consolidou e ganhou dimensão nacional, ainda que o provimento tenha expressamente ressalvado a validade das normas estaduais que sejam compatíveis (art. 10). Estudam-se a seguir as regras desse registro.

13.3.6.1 Facultatividade

A união estável é uma situação fática da qual decorrem consequências jurídicas pessoais e patrimoniais previstas em lei. É uma família de fato, nas valiosas palavras de Álvaro Villaça de Azevedo, que vale a pena transcrever:

> "O legislador, sim, poderia cognominar a união estável de casamento de fato, para já ir incutindo, nos casais, a ideia de que ninguém pode constituir família irresponsavelmente; por isso que a união estável se assemelha, em verdade, a um casamento de fato. Na união estável, a liberdade dos conviventes é maior, porém vivem como se fossem marido e mulher, mas sem o serem, em verdade. Não existe o estado conjugal, mas meramente o convivencial ou concubinário"[28].

Em outras palavras, ainda que os conviventes nada tenham feito para dar juridicidade ao seu relacionamento, ante a força cogente da lei, não podem escapar da responsabilidade pela família que fizeram existir no plano dos fatos.

---

28. AZEVEDO, Alvaro Villaça. *Estatuto da família de fato*. 3ª ed. São Paulo: Atlas, 2011. p.242

Sobressalta-se, assim, o caráter facultativo do registro da união estável para a sua validade e eficácia jurídicas. Sequer é necessária a instrumentalização, quanto menos o registro.

Por outro lado, os conviventes que deixam de formalizar sua união, deixam de constituir um meio de prova idôneo e seguro desse fato, então assumem os riscos e as dificuldades decorrentes de sua omissão. Por exemplo, com o óbito de um deles, os herdeiros poderão questionar a existência da união estável, dando início a uma controvérsia judicial, na qual terá de ser provada a convivência pública, contínua e duradoura. Ou mesmo entre os conviventes, em eventual dissolução, caberá discussão sobre a data de início da união para realizar a partilha de bens.

Deixar de registrar a união estável, por sua vez, significa deixar de dar publicidade a esta situação familiar, ou seja, a união não será oponível a terceiros que dela não tinham conhecimento. Sem registro, caberá ao convivente o ônus de provar que terceiros tinham o conhecimento da união.

Se registrada, a união estável integra o sistema de publicidade registral e se torna cognoscível por todos, de modo que terceiros não podem alegar desconhecimento. Amplia-se, dessa forma, a sua eficácia jurídica.

A facultatividade significa que a união estável poderá existir e ser válida independentemente do registro, mas se as partes querem tornar a sua união oponível a todos ou pretendem alterar seus nomes de família, o registro passa a ser obrigatório.

Nesse sentido, Jorge Rachid Haber Neto ensina que o registro de união estável no Livro "E" é necessário para a averbação desse fato na matrícula do registro imobiliário, bem como é prova da boa-fé objetiva do convivente que não manifestou anuência em fiança prestada pelo outro convivente, podendo assim ter reconhecida a ineficácia da fiança a seu favor[29].

No Estado de São Paulo, há norma expressa[30] e decisão concreta da Corregedoria Geral da Justiça[31], afirmando a necessidade de registro da união estável no Livro E para que a união estável conste no registro imobiliário.

Todavia, embora torne a situação muito mais segura, há que se observar que a União estável produz efeitos independentemente de seu registro no Livro "E" do Registro Civil das Pessoas Naturais, podendo ser questionável tal exigência para a produção de algum efeito. Nesse sentido decidiu o CSM-SP.[32]

---

29. HABER NETO, Jorge Rachid. A cognoscibilidade do registro da união estável no registro civil e a averbação no álbum imobiliário como atos definidores da boa-fé objetiva do companheiro não anuente na fiança. In: O Registro Civil das Pessoas Naturais – Novos Estudos. FERRO JUNIOR, Izaías Gomes; DEBS, Marta El (coords). Salvador: Juspodivum, 2017. p. 344.
30. NSCGJ-SP, Cap. XX, item 85.1
31. CGJ-SP. PROCESSO Nº 2017/118884 - BRAGANÇA PAULISTA - WAGNER MARIÑO DE ABREU. - (273/2017-E) - DJE 2.8.2017, P. 7. REGISTRO DE IMÓVEIS - Reclamação - União estável - Alegação de que o item 85.1 das NSCGJ contrariaria o disposto no art. 1º do Provimento 37, do CNJ - Necessidade de Registro no Livro E do Registro Civil para que a união estável conste do Registro imobiliário - Exigência que não contraria qualquer disposição legal e tampouco fere regulamentação do CNJ - Princípios da segurança jurídica e publicidade.
32. CSMSP - APELAÇÃO CÍVEL: 1101111-45.2016.8.26.0100. LOCALIDADE: São Paulo   DATA DE JULGAMENTO: 10/04/2018   DATA DJ: 26/07/2018 RELATOR: Geraldo Francisco Pinheiro Franco. Disponível em

Outra situação em que as partes estão obrigadas a promover o registro da união estável é no caso em que buscam alterar do nome em razão da união, acrescendo o sobrenome do companheiro, como se verá no item 13.3.6.13 a seguir. A alteração de nome somente terá validade e eficácia se inscritas no registro civil das pessoas naturais.

Vide a seguir item 13.3.6.14, sobre o distrato e dissolução da união estável, quando a questão da facultatividade é retomada.

13.3.6.2 Local do registro

A união estável é direito de família, constitui uma entidade familiar com repercussões diretas no estado da pessoa natural, assim, seu registro compete ao Registro Civil das Pessoas Naturais, mais especificamente ao registro da comarca de domicílio dos conviventes, no Livro "E" (art. 33, p.u., Lei 6.015/73 e art. 2º do Provimento 37/2014 da CN-CNJ).

O domicílio dos conviventes constará do título apresentado ao registro. Se as partes modificaram seu domicílio após a lavratura do título, a atribuição territorial também se altera, pois em matéria de registros vigora o princípio do "tempus regit actum", ou seja, aplicam-se as regras da data da apresentação para o registro.

Nesse caso, não se faz necessário retificar o título, pois não havia erro por ocasião da sua lavratura. Tampouco há previsão para se averbar atualizações nos instrumentos públicos ou judiciais. Essa atribuição é do serviço de registro. No entanto, havendo um domicílio já declarado no título, para que a parte venha a declarar outro endereço, faz-se necessária a apresentação de comprovante de endereço, que é um procedimento simples para se evitar declarações contraditórias e assim assegurar a idoneidade das informações registrais.

Se uma ou mesmo as duas partes conviventes já faleceram, o registro deverá ser lavrado no local onde tiveram seu último domicílio (Prov. 37/14 CN-CNJ, art. 2º).

O mesmo dispositivo poderá ser aplicado para o registro da união estável quando as partes alteraram seu domicílio para o exterior, sendo então competente para o registro o cartório do local onde tiveram seu último domicílio brasileiro. Para esse caso concreto, também é possível a aplicação de analogia com a regra de atribuição do registro para o casamento de brasileiros contraídos no exterior, que deverá ser realizado no Primeiro Ofício do Distrito Federal, nos termos do art. 32, §1º da LRP.

13.3.6.3 Prazo e registro post-mortem

Sendo o registro da união estável facultativo, não há que se falar em prazo para os conviventes promoverem o registro. No entanto, importante ressaltar que a prova da boa-fé e a publicidade somente se operam a partir da data do registro.

---

http://www.kollemata.com.br/sucessoes-formal-de-partilha-uniao-estavel-reconhecimento-requisitos-especialidade-subjetiva.html. Acesso em 30.11.2018.

Dessa forma, questiona-se se seria possível o registro de união estável de pessoas já falecidas, pois já estaria extinta a união pelo óbito, logo não produziria mais efeitos e, supostamente, não haveria interesse no registro.

A resposta mais adequada é pela possibilidade do registro, pois ainda que extinta a união, os registros públicos têm dentre as suas funções o objetivo de preservar os atos e fatos ao longo do tempo, perpetuando-os. Dessa forma, pode haver interesse no registro da união estável, ainda que já esteja extinta, seja pelo óbito, seja pela sua dissolução.

Nesse sentido, veja-se que o art. 2º do Prov. 37/14 admite essa possibilidade ao expressamente prever a atribuição territorial, no seguinte teor: "...em que os companheiros têm ou tiveram seu último domicílio..."

Também o enunciado da Arpen-SP, em que se ressalta a necessidade de anotar o óbito:

Enunciado 16: É possível registrar a escritura pública ou o título judicial de união estável lavrados ainda em vida, mesmo que um dos companheiros, na data do registro, já tenha falecido, sendo anotado o óbito imediatamente após o registro da união estável.

Outra questão temporal é relativa às escrituras lavradas antes da previsão normativa de registro da união estável. Como já se disse, em matéria de registros públicos, vige o princípio do "tempus regit actum", ou seja, basta que exista previsão para registro na data da sua apresentação, ainda que a data do título apresentado seja anterior.

Algumas escrituras públicas mais antigas não utilizam a expressão técnica "união estável", mas fazem referência a "convívio marital". A terminologia, por si só, não é suficiente para descaracterizar a união estável (CC, art. 112). O conteúdo da escritura poderá dar segurança de que convívio marital é o mesmo que união estável. Porém, é imprescindível que ambos os conviventes tenham participado da escritura, pois as declarações unilaterais não são aptas a registro, ainda que se tenha utilizado a terminologia de união estável.

13.3.6.4 Emolumentos e gratuidade

Na lei federal, não há previsão de gratuidade para registro de união estável. Também não é possível estender a previsão de gratuidade do casamento para a união estável, pois, além de promover desequilíbrio econômico-financeiro, emolumentos tem natureza tributária e, como determina expressamente o Código Tributário Nacional, as isenções se interpretam literalmente (CTN, art. 111, II).

Acrescente-se que os registradores têm direito a percepção integral dos emolumentos (Lei 8.935/94, art. 28) que são estabelecidos na legislação estadual, conforme diretrizes estabelecidas na lei federal (CF, art. 236, §2º e Lei 10.169/2000). Assim deve-se observar a legislação de cada unidade federativa.

Por outro lado, as pessoas em situação de hipossuficiência econômica não estão desprotegidas, pois caso precisem dar publicidade à sua união, poderão convertê-la em casamento e beneficiarem-se da gratuidade, conforme o caso.

Nesse sentido, a ArpenSP editou o "**Enunciado 19**: Não há previsão legal de gratuidade para o registro de união estável devendo as partes serem orientadas a contraírem casamento."

13.3.6.5 Título

Atualmente não há previsão normativa para o Registro Civil das Pessoas Naturais proceder ao registro da união estável com base tão somente nas declarações dos conviventes. É necessário que a união estável esteja instrumentalizada em título judicial ou escritura pública. (art. 2º, Prov. 37/14).

Havia previsão de registro de instrumentos particulares de união estável no Estado do Rio de Janeiro, todavia, o artigo 720 da CNCGJ-RJ foi alterado pelo Provimento 50/2014 da CGJ-RJ, que extingui tal previsão, possivelmente para manter harmonia com o provimento nacional.

Já foi dito que a união estável não requer atos solenes para sua validade, nem para a eficácia jurídica entre as partes. Nessa ordem de ideias, também não haveria necessidade de atos solenes para o registro de união estável. Ocorre que a regulamentação administrativa do registro da união estável criou uma distinção não prevista na lei, admitindo ao registro apenas as uniões estáveis que estejam formalizadas em escritura pública ou título judicial. O fundamento para tal distinção reside na maior segurança jurídica e confiabilidade dos títulos públicos sobre os particulares.

Em outras palavras, o registro da união estável insere no sistema de publicidade uma situação jurídica relevante, ampliando sua eficácia. Para que todos possam confiar na autenticidade e segurança das informações dos registros públicos, ou seja, em razão do princípio da veracidade, necessária cautela ao colher tais informações. Assim se justifica a intervenção de um agente público qualificado e imparcial para a instrumentalização da união estável.

Contrato de união estável é a expressão utilizada pelo Prov. 37/14, art. 2º. A expressão contrato remete à bilateralidade do negócio jurídico, não sendo possível registrar declaração unilateral de união estável, ainda que formalizada em escritura pública. Aliás, como bem ressalta a tabeliã Ana Paula Frontini[33], sequer deverá ser lavrada a escritura pública de união estável embasada em declaração unilateral, isto porque é função do notário constatar fatos e relatá-los documentalmente para que façam prova de determinada situação fática e jurídica.

Somente há certeza e segurança da união estável se ambos companheiros comparecerem perante o serviço notarial, que é atividade caracterizada pela consensualidade. Se há litígio explícito ou mera impossibilidade de apurar a consensualidade, por exemplo, porque um dos companheiros já faleceu, não é possível uma escritura pública de união estável.

---

33. FRONTINI, Ana Paula. *Escritura Pública de Reconhecimento de União Estável.* in AHUALLI, Tânia Mara; BENACCHIO, Marcelo (coords.). SANTOS, Queila Rocha Carmona dos (org.). Direito Notarial e Registral: Homenagem às Varas de Registros Públicos da Comarca de São Paulo. São Paulo: Quartier Latin, 2016. p.205

Ressalte-se que é possível uma escritura de declaração unilateral para fins de preservação de direitos, com intuito de deixar instrumentalizada a declaração do comparecente, em respeito à autonomia da vontade das partes e à ampla esfera de atuação dos notários, que tem a genérica atribuição de formalizar juridicamente a vontade das partes (Lei 8.935/94, art. 6º), entretanto esta não é uma escritura de união estável nem tem acesso ao registro.

A via judicial pode ser utilizada tanto nos casos em que há consenso, postulando as partes a homologação de um acordo, quanto nos casos litigiosos. Por esta via é possível utilizar todos os meios de prova admitidos em direito para alcançar a declaração judicial do reconhecimento da união estável, inclusive fixando a data de início da união.

Se apresentado título judicial, é necessário comprovar seu trânsito em julgado, seja porque em regra apenas as situações jurídicas definitivas têm acesso ao registro, seja porque assim exige o Prov. 37/14, art. 2º, alínea "e". Nesse sentido, vide enunciado da ArpenSP:

> **Enunciado 15:** É necessário comprovar o trânsito em julgado para o registro de sentença de reconhecimento ou dissolução de união estável.

13.3.6.6 Instância e requerimento

Como se sabe, são poucas as situações em que o registrador pode agir de ofício, sendo a regra a sua atuação mediante pedido. Tal é a previsão do art. 13 da Lei 6.015/73, que determina que os atos de registro sejam praticados por ordem judicial, requerimento verbal ou escrito dos interessados ou a requerimento do Ministério Público, quando a lei autorizar.

A lei permite que o requerimento de registro seja verbal, no entanto, é recomendável que o oficial de registro tome por escrito a solicitação de registro de união estável, ainda que na forma singela de um formulário, para que deixe documentado quem foi o responsável por dar ampla publicidade e eficácia perante terceiros à união estável.

As escrituras públicas podem trazer em seu teor requerimento ou autorização de registro, tornando expressa a vontade dos conviventes em dar publicidade à sua união. Neste caso, qualquer pessoa poderá levar a registro, sem necessidade de comprovar o interesse, já que a publicidade está previamente autorizada pelos companheiros. As cartas de sentença nem sempre trazem ordem judicial específica para registro, cabendo então ao oficial de registro examinar se está satisfeito o requisito da instância, que se considera atendido, por exemplo, se a carta de sentença lhe é encaminhada por ofício.

Questão relevante é aferir quem são os interessados a solicitar o registro da união estável, se o título não contiver autorização ou solicitação de registro.

Qualquer um dos conviventes tem interesse em dar publicidade a sua união estável, em razão dos efeitos pessoais e patrimoniais decorrentes. Não é necessário que ambos os conviventes formulem requerimento de registro, pois a bilateralidade característica da união estável já estará consubstanciada no título apresentado.

Se já falecido algum dos conviventes, os herdeiros, na qualidade de sucessores, poderão dar publicidade à união, em razão dos efeitos patrimoniais decorrentes. Por exemplo, poderá ser necessário levar ao registro imobiliário a união estável, o que, segundo algumas normas, requer prévio registro no Livro "E".

Procuradores dos conviventes deverão apresentar procuração, que não precisa ser específica para o ato de registro de união estável.

Questiona-se se terceiros que tenham interesse jurídico no registro da união estável podem formular o requerimento, demonstrando seu interesse. A questão não é simples, então vejam-se os argumentos jurídicos para os dois lados, a fim de que se possa tomar uma boa decisão.

A favor da legitimação de terceiros solicitarem o registro da união estável, considera-se que: 1) a facultatividade do registro da união estável significa que o registro é desnecessário para dar validade e eficácia a união, não significa um direito dos conviventes de manter a privacidade da união, pois o Código Civil estabelece a publicidade da convivência como uma de suas características essenciais (art. 1.723); 2) conforme art. 13 da Lei 6.015/73, o interessado poderá requerer o registro, logo, basta demonstrar o interesse jurídico; 3) o Provimento CN-CNJ 37/14 regulou inteiramente a matéria e não previu necessidade de requerimento dos companheiros para o registro da união estável; 4) os registros públicos devem espelhar a veracidade dos fatos.

Contra essa possibilidade, limitando-se a legitimação aos conviventes, procuradores ou sucessores, considera-se que: 1) o registro é facultativo, logo cabe aos companheiros o direito de escolher se querem ou não dar publicidade registral a sua união estável, que é muito mais ampla que a publicidade do convívio; 2) o registro de união estável traz consequências jurídicas para os companheiros, que precisam manifestar sua anuência à esta nova situação; 3) a Resolução CNJ 155, art.13, "d" exige o requerimento firmado por um dos cônjuges ou procurador para o traslado no Livro "E" de casamento de brasileiro celebrado em país estrangeiro, logo a mesma exigência deve ser aplicada a união estável, pois são situações bem semelhantes. Se é exigido requerimento dos cônjuges para o traslado de casamento, que é ato solene, válido e que altera o estado civil das partes, com mais razão deve-se exigir o requerimento dos companheiros na união estável, que é ato menos solene; 4) eventuais terceiros prejudicados terão de buscar seus interesses jurídicos no Poder Judiciário.

Os coautores deste livro, em respeito ao direito posto e pela maior segurança jurídica, defendem a legitimação para o requerimento restrita aos companheiros, procuradores e sucessores. Acrescente-se que a existência de título da união estável não significa que a união estável perdura até o dia em que apresentada para registro, ou seja, nem sempre espelhará a realidade mais atual. Dessa forma, é grande a responsabilidade de quem provoca a publicidade registral da união estável, o que torna recomendável avaliar com atenção a legitimação de quem está solicitando o registro e preservar esse requerimento em cartório.

13.3.6.7 Capacidade

Um dos problemas sociais que merece atenção no Brasil é o casamento infantil, que afeta especialmente as meninas, privando-as de oportunidades de desenvolvimento escolar e profissional. Conforme levantamento do Banco Mundial, o país tem o maior número de casos de casamento infantil na América Latina e o quarto maior no mundo. No Brasil, 36% da população feminina se casa antes dos 18 anos [34].

Diante desse cenário, razoável concluir que a formalização notarial e o registro da união estável devem obedecer às mesmas regras da capacidade para o casamento, estudadas no item 11.2.4.3 acima. Ainda que a união estável seja um fato, a proteção ao adolescente assegurada pela legislação recomenda que o reconhecimento e a formalização da união estável de menores de 18 anos sigam as regras cogentes determinadas em lei para a validade dos negócios jurídicos, especialmente o casamento.

13.3.6.8 Convivente sob curatela ou interdição

A pessoa com deficiência, física ou mental, tem pleno direito de constituir família, seja pela união estável, seja pelo casamento. Este é um direito humano que está enfaticamente previsto na lei e não se perde mesmo que a pessoa esteja sob curatela ou interdição, já que estas sempre são restritas e excepcionais. Tudo conforme expressa previsão da Lei Brasileira de Inclusão da Pessoa com Deficiência, elaborada em consonância com a Convenção sobre os Direitos das Pessoas com Deficiência. Assim estabelece a Lei 13.146/2015:

> "Art. 6º. A deficiência não afeta a plena capacidade civil da pessoa, inclusive para:
>
> I - casar-se e constituir união estável; (...)"

> "Art. 85. A curatela afetará tão somente os atos relacionados aos direitos de natureza patrimonial e negocial. § 1º. A definição da curatela não alcança o direito ao próprio corpo, à sexualidade, ao matrimônio, à privacidade, à educação, à saúde, ao trabalho e ao voto."

É certo que a pessoa com deficiência precisará manifestar sua vontade. No caso da união estável, a manifestação de vontade estará instrumentalizada num título judicial ou notarial. Assim, caberá ao registrador civil proceder ao registro em igualdade com os demais, sem impor exigências ou cautelas em razão da deficiência, pois estas poderão ser consideradas discriminação, nos termos do art. 83, p.u. da referida Lei.

Se verificado que existe registro de interdição, mesmo que anterior à vigência da lei, deve-se registrar a união estável e anotar, reciprocamente, um registro no outro. Não é necessário, sequer, verificar se o curador participou da escritura, pois a constituição de união estável é antes primordialmente um direito familiar e pessoal, ainda que tenha efeitos patrimoniais. Aplicam-se, aqui, os mesmos fundamentos jurídicos expostos para o casamento, no item 11.2.3.5 supra.

---

34. Informações obtidas em https://www.cartacapital.com.br/politica/brasil-e-quarto-pais-no-ranking-global-de-casamento-infantil, acesso em 07.06.2018.

13.3.6.9 Impedimentos

A união estável não se constituirá se ocorrerem os impedimentos do casamento, não se aplicando a vedação no caso de pessoa casada que se achar separada de fato ou judicialmente (CC, art. 1.723, §1º).

Apesar do dispositivo legal, houve, em um primeiro momento, vedação ao registro de união estável de pessoas casadas, mesmo que comprovadamente separadas. Isto para que os registros públicos não fornecessem informações contraditórias, emitindo para o mesmo cidadão e com a mesma atualidade uma certidão de casamento contraído com uma pessoa e uma certidão de união estável contratada com outra pessoa.

No entanto, prevaleceu a intepretação de que é possível o registro de união estável das pessoas casadas, desde que esteja averbada a separação judicial ou extrajudicial ou se a união estável decorrer de sentença judicial transitada em julgado (Prov. 37/14 da CN-CNJ, art. 8º).

O que inspirou essa intepretação é a certeza e a segurança asseguradas pela separação devidamente formalizada ou pelo processo judicial que antecede o reconhecimento da união estável reconhecida por sentença.

Não há previsão de procedimento de habilitação para fins de registro de união estável, como há para o casamento, assim, a qualificação registral que antecede a união estável é bem diversa da que é feita para o casamento.

Por exemplo, apenas serão solicitadas as certidões comprobatórias do estado civil se tal informação não constar da escritura pública de contrato de união estável, conforme artigo 4º do Prov. 37/14 da CN-CNJ. Já para o casamento, sempre se exigem as certidões.

Sobre esse assunto, leia-se os enunciados da ArpenSP:

> **Enunciado 7:** Não poderá ser promovido o registro, no Livro E, de união estável de pessoas casadas, ainda que separadas de fato, exceto se separadas judicialmente ou extrajudicialmente, ou se a declaração da união estável decorrer de sentença judicial transitada em julgado.
>
> **Enunciado 8:** A escritura pública de união estável em que conste o estado civil de algum dos companheiros como casado poderá ser registrada desde que seja comprovado que na data de sua apresentação para registro o estado civil já não é mais de casado, devendo o registro a ser lavrado mencionar expressamente essa circunstância e o documento apresentado.
>
> **Enunciado 10:** Para o registro da união estável não é necessário que o registrador civil investigue o estado civil dos companheiros, devendo aceitar o que consta no instrumento, salvo se houver suspeita fundamentada de falsidade.

3.3.6.10 Diversidade de sexos

A Constituição Federal (art. 226, §3º), seguida pelo Código Civil (art. 1.723), prevê "a união estável entre o homem e a mulher". A literalidade dos dispositivos não foi obstáculo para o reconhecimento do direito fundamental da pessoa humana constituir família com outra pessoa do mesmo sexo. Para análise dos fundamentos, remete-se o leitor ao item 11.1.3 acima.

As palavras de Priscila de Castro Teixeira Pinto Lopes Agapito e Marianna Chaves ressaltam que já está bem resolvida e sedimentada a possibilidade da lavratura de escritura pública de união estável homoafetiva. "Esta defesa não se calca em entendimentos puramente pessoais, morais ou ideológicos. Depreende-se da análise do nosso sistema jurídico atual que não é concebível que um operador do direito, com a magnitude de função social que possui o tabelião, simplesmente se negue a atender um casal homoafetivo, ou se negue a outorgar-lhes o devido amparo jurídico, por desconhecimento das novas diretrizes traçadas no ordenamento brasileiro. Ademais, essa conduta atualmente pode ser classificada como desvio funcional"[35].

Assim, não há fundamentos jurídicos para recusar o registro de união estável entre pessoas do mesmo sexo.

13.3.6.11 Elementos do registro

A união estável é registrada por extratos, devendo ser lançadas no registro pelo menos as seguintes informações, conforme alíneas do art. 2º do Prov. 37/14:

a) data do registro;

É a data do registro que marca o início da publicidade e eficácia erga omnes da união estável, bem como somente a partir dessa data a alteração de nome tem validade.

b) o prenome e o sobrenome, a data de nascimento, a profissão, a indicação da numeração da Cédula de Identidade, o domicílio e residência de cada companheiro, e o CPF se houver;

São elementos de qualificação dos conviventes, destinados a individualizar e identificar as partes. O CPF é o número de cadastro da pessoa física na Receita Federal, aos poucos está se tornando o principal número para a identificação dos cidadãos, pois é um número nacional, amplamente utilizado, sendo mencionado nos documentos de identidade estaduais.

Embora seja exigido o CPF "se houver", a regra geral é que há CPF, sendo raras as exceções. Anote-se que o Provimento 63/2017 da CN-CNJ estabeleceu a obrigatoriedade de constar o CPF nos registros de nascimento, casamento e óbito. Embora não mencionada expressamente a união estável, recomenda-se sempre constar o CPF, pelas mesmas razões que se faz constar no casamento: melhor identificação da pessoa natural, maior precisão para interligar bancos de dados, mais segurança jurídica para a sociedade.

c) prenomes e sobrenomes dos pais;

A filiação é um elemento de individualização da pessoa natural tradicionalmente utilizado no registro civil das pessoas naturais, consta no registro de casamento, por simetria, interessante constar também no registro de união estável.

---

35. AGAPITO, Priscila de Castro Teixeira Pinto Lopes; CHAVES, Marianna. Escritura pública de reconhecimento de união estável homoafetiva. In: AHUALLI, Tânia Mara; BENACCHIO, Marcelo (coords); SANTOS, Queila Rocha Carmona dos (org). *Direito Notarial e Registral: Homenagem às Varas de Registros Públicos da Comarca de São Paulo.* São Paulo: Quartier Latin, 2016. p. 255.

d) a indicação das datas e dos Ofícios de Registro Civil das Pessoas Naturais em que foram registrados os nascimentos das partes, os seus casamentos ou uniões estáveis anteriores, assim como os óbitos de seus anteriores cônjuges ou companheiros, quando houver, ou os respectivos divórcios ou separações judiciais ou extrajudiciais se foram anteriormente casados;

Os registros anteriores das partes são importantes para fins de anotação ou comunicação (Lei 6.015/73, art. 106). Ao inserir a união estável no sistema registral, dispara-se o mecanismo de anotações e comunicações, para que os registros tenham remissões recíprocas e a publicidade possa acontecer de forma ampla e organizada.

Se tais elementos não constarem do título, poderão ser apresentados juntamente com o título as respectivas certidões originais ou cópias autênticas. Não se faz necessário re-ratificar a escritura pública para inserir essas informações, pois tais elementos não dependem da vontade das partes, podendo ser comprovados por documentos dotados de fé pública[36].

A indicação da data e registro civil dos "óbitos de seus anteriores cônjuges ou companheiros, quando houver, ou os respectivos divórcios ou separações judiciais ou extrajudiciais se foram anteriormente casados", são importantes para o registrador verificar o estado civil das partes e, eventualmente, vedar o registro de uniões estáveis de pessoas casadas, conforme expressamente vedado no art. 8º do Prov. 37/14.

e) data do trânsito em julgado da sentença ou do acórdão, número do processo, Juízo e nome do Juiz que a proferiu ou do Desembargador que o relatou, quando o caso;

São os dados que identificam o título registrado, quando for judicial.

Note-se a obrigatoriedade do trânsito em julgado, pois via de regra as medidas judiciais que não são definitivas não têm acesso ao registro público, já que não são compatíveis com a certeza e segurança jurídica que se esperam dos registros públicos.

f) data da escritura pública, mencionando-se no último caso, o livro, a página e o Tabelionato onde foi lavrado o ato;

São os dados que identificam o título registrado, quando for extrajudicial.

g) regime de bens dos companheiros, ou consignação de que não especificado na respectiva escritura pública ou sentença declaratória.

O regime de bens merece publicidade, sendo do interesse de terceiros que contratam com os conviventes, pelas questões patrimoniais decorrentes.

Observe-se que se não constar do título o regime de bens adotado, não poderá o registrador civil, por sua conta, lançar comunhão parcial de bens, buscando fundamento para essa conduta no artigo 1.725 do Código Civil, pelo qual na "união estável, salvo contrato escrito entre os companheiros, aplica-se às relações patrimoniais, no que couber, o regime da comunhão parcial de bens".

A boa técnica registral, em busca da certeza e exatidão, recomenda constar no registro o que efetivamente se sabe, no caso, basta constar que não foi especificado regime de bens no título apresentado. A aplicação do artigo 1.725 requer uma análise que extrapola os limites da qualificação registral, pois a aplicação do regime da comunhão parcial de bens não é imediata e integral, mas "no que couber", e ainda se faz necessário perquirir pela existência de outro contrato escrito entre os companheiros.

Seguem alguns elementos que não estão expressamente previstos no Prov. 37/14:

Estado civil dos companheiros. Observe-se que a alínea "b" supratranscrita não exige expressamente o estado civil dos companheiros, no entanto, é recomendável constar tal informação do registro, que é uma informação que decorre da alínea "d" do mesmo artigo, relevante para a qualificação do título que acede ao registro e para melhor individualização das partes e seu histórico.[37] No entanto, como não está expressamente previsto na normativa e por analogia com o modelo nacional da certidão de casamento, não se deve constar o estado civil nas certidões de união estável.

Nacionalidade e naturalidade. Observe-se que a alínea "b" supratranscrita não exige expressamente a nacionalidade e naturalidade dos companheiros, no entanto, é recomendável constar tal informação do registro, sempre que constar no título apresentado, pois é um dado pessoal relevante para melhor individualização das partes e, via de regra, não há prejuízo para a privacidade das pessoas em dar publicidade dessa informação.

Nome que os companheiros passam a adotar. Embora não previsto expressamente pelo Prov. 37/14, é possível alterar o nome de família por ocasião da união estável, assim, deve-se constar tal informação no registro, conforme se vê no item 13.3.6.13 a seguir.

Data de início da união. Por cautela, recomenda-se não constar a data de início da união no registro da união estável. Seja porque não há previsão no provimento nacional, seja porque, notadamente no caso da união estável firmada por escritura pública, não há certeza da veracidade da data de início. No Estado de São Paulo, ao tratar da conversão de união estável em casamento, que pode ser aplicado por analogia, há expressa previsão vedando a menção a esse elemento[38].

Por fim, no registro também deve ser feita referência ao arquivamento, em meio físico ou mídia digital segura, dos documentos apresentados para o registro de forma a permitir sua localização (art. 3º, Prov. 37/2014, CN-CNJ).

13.3.6.12 Regime de bens

A escolha do regime de bens faz parte da autonomia conferida aos companheiros para regularem suas relações patrimoniais, expressa no artigo 1.725 do Código Civil. Não é um elemento obrigatório do título de união estável, logo não deve ser recusado o registro se o título for omisso, bastando redigir o registro mencionando que não constou escolha de regime de bens.

Debate-se, na doutrina civilista, se as mesmas restrições impostas à escolha de regime de bens no casamento são aplicáveis à união estável. Em outras palavras, questiona-se se é aplicável à união estável o artigo 1.641 do Código Civil, que estabelece ser "obrigatório o regime da separação de bens no casamento: I) das pessoas que o contraírem com inobservância das causas suspensivas da celebração do casamento; II) da pessoa maior de 70 (setenta) anos; III) de todos os que dependerem, para casar, de suprimento judicial."

---

37. Nesse sentido, a Arpen-SP editou o **Enunciado 9**: As certidões do registro da união estável não deverão mencionar o estado civil dos nubentes, mas tal informação poderá constar do registro.
38. NSCGJ-SP, Cap. XVII, item 87.5

O argumento favorável a interpretação extensiva se sustenta na igualdade entre as entidades familiares constituídas pelo casamento ou união estável, de forma que não devem ser concedidos mais direitos a uma do que a outra, mantendo-se a isonomia do sistema. Acrescente-se que interpretação diferente tornaria inócua a proteção buscada com a imposição da separação legal de bens do casamento, pois bastaria conviver em união estável, que é ato mais simples de ser alcançado, para que as partes tenham liberdade de escolher o regime de bens e, assim, burlar o dispositivo legal.

Em sentido oposto, o argumento é que a imposição da separação legal é uma norma restritiva de direitos, limitando a autonomia privada, logo não admite interpretação extensiva ou a analogia. Ou seja, sem previsão legal específica para a união estável, não é admissível restringir a liberdade de contratar da pessoa humana[39].

O STJ, no caso da pessoa maior de 70 anos (ou 60 anos, se antes da Lei 12.344/2010), decidiu reiteradas vezes pela aplicação à união estável da imposição da separação obrigatória de bens, ainda que temperada pela súmula 377 do STF [40].

Nesse contexto, a atuação dos registadores civis, ao qualificar a escritura de união estável, deve levar em consideração a citada jurisprudência e não admitir o registro da união estável com regime de bens diverso da separação obrigatória, se ao menos uma das partes for maior de 70 anos na data de início da união.

Nessa mesma decisão do STJ consta que a aferição da idade dos companheiros deve ser feita na data de início da união. Ou seja, não é a data do título que a reconheceu, muito menos a data em que apresentada para registro.

Dessa forma, a CGJ-SP decidiu:

"Neste passo, cumpre observar ser inexigível do Tabelião ou do Registrador que colham provas para confirmar o momento em que a convivência teve início. Valerá, para tais fins, a data declarada pelos próprios conviventes, ressalvadas situações absolutamente excepcionais, em que o uso da união estável como meio de fraudar terceiros esteja às escâncaras."

Essa decisão está citada no enunciado da Arpen-SP, para bem orientar seus associados das melhores práticas registrais:

Enunciado 18: Para fins de registro no Livro E, se a escritura pública de união estável mencionar que a convivência se iniciou antes dos 70 anos de idade não há obrigatoriedade do regime da separação obrigatória de bens, salvo quando ficar evidente que visa fraudar terceiros. (Redação alterada em razão de decisão da CGJ-SP, PROCESSO: 1000633-29.2016.8.26.0100 LOCALIDADE: São Paulo; DATA JULGAMENTO: 13/10/2016 DATA DJ: 21/11/2016; Relator: Manoel de Queiroz Pereira Calças. Redação anterior: Se os companheiros são maiores de 70 (setenta) anos de idade na data da lavratura da escritura pública de união estável, o regime de bens entre eles será o da separação obrigatória de bens (REsp 646.259/RS, Rel. Ministro LUIS FELIPE SALOMÃO, QUARTA TURMA, julgado em 22/06/2010, DJe 24/08/2010)

---

39. Nesse sentido, citando diversos doutrinadores no mesmo sentido, vide TARTUCE, Flávio. Direito Civil, v.5: Direito de família.11º ed. Rio de Janeiro: Forense, 2016. p. 360
40. REsp 646.259/RS, Rel. Ministro LUIS FELIPE SALOMÃO, QUARTA TURMA, julgado em 22/06/2010, DJe 24/08/2010. EREsp 1171820/PR, Rel. Ministro RAUL ARAÚJO, SEGUNDA SEÇÃO, julgado em 26/08/2015, DJe 21/09/2015. REsp 1383624/MG, Rel. Ministro MOURA RIBEIRO, TERCEIRA TURMA, julgado em 02/06/2015, DJe 12/06/2015.

Observe-se que o enunciado menciona apenas escritura pública. Se a união estável estiver consubstanciada em título judicial, com indicação do regime de bens, presume-se que a escolha do regime foi objeto de apreciação pelo órgão jurisdicional. Assim, não cabe ao registrador civil, no estrito limite da sua análise formal, recusar o registro do título judicial sob fundamento de violação do artigo 1.641 do Código Civil, pois estaria adentrando o mérito da decisão judicial.

Os casos dos incisos I e III do artigo 1.641 não contam com jurisprudência do STJ determinando sua aplicação a união estável e não há instrumentos jurídicos previstos na lei ou nas normas administrativas para os registradores civis promoverem essa conferência. No casamento, há o procedimento de habilitação, mas este não existe para a união estável, que se formaliza de maneira muito diversa.

O inciso I se impõe às pessoas que contraírem casamento com inobservância das causas suspensivas da celebração do casamento. Até mesmo para o casamento, como se viu no item 11.2.1.3 acima, é questionável a forma de sua imposição ao caso concreto, pois há corrente doutrinária que defende sua aplicação apenas se houver arguição da causa suspensiva, como sustenta o coautor Mario de Carvalho Camargo Neto. Com mais razão o dispositivo deixa de ser aplicável à união estável, pois, se não bastasse que o artigo 1.641 mencionar apenas casamento, ainda há expressa previsão do Código Civil estabelecendo que as causas suspensivas não se aplicam à caracterização da união estável (CC, art. 1.723, §2º), como bem apontou a registradora Izolda Andrea de Sylos Ribeiro[41].

O inciso III se impõe às pessoas que dependerem, para casar, de suprimento judicial. Atualmente tal caso está restrito aos relativamente incapazes (pessoas com 16 ou 17 anos de idade) em que um dos genitores não está presente para manifestar anuência ou mesmo discorda injustamente do casamento. Como o caso envolve a apreciação judicial, espera-se que o juiz, ao decidir, aprecie sobre o regime de bens aplicável, lembrando que o juiz poderá autorizar o casamento, em vez da união estável, por ser instituto jurídico mais adequado, bem como, atingida a maioridade, as partes poderão solicitar a alteração do regime de bens.

Por fim, conforme jurisprudência do STJ, ressalte-se que a escolha do regime de bens na união estável não tem efeitos retroativos, ou seja, aplica-se aos negócios jurídicos posteriores ao pacto celebrado entre as partes[42].

13.3.6.13 Alteração do nome

Os conviventes, por formarem uma nova família, têm direito de modificar o sobrenome, de maneira semelhante ao casamento. Para que esse direito seja exercido, é necessário o registro da união estável no Livro "E", seja por título judicial, seja por escritura pública. Somente o registro confere publicidade ao nome da pessoa natural,

---

41. RIBEIRO, Izolda Andréa de Sylos. A união estável e seu registro no Livro "E". In: *O Registro Civil das Pessoas Naturais – Novos Estudos*. FERRO JUNIOR, Izaías Gomes; DEBS, Marta El (coords). Salvador: Juspodivum, 2017. p. 307 e 318.
42. REsp 1597675/SP, Rel. Ministro PAULO DE TARSO SANSEVERINO, TERCEIRA TURMA, julgado em 25/10/2016, DJe 16/11/2016 e REsp 1481888/SP, Rel. Ministro MARCO BUZZI, QUARTA TURMA, julgado em 10/04/2018, DJe 17/04/2018, item 2.2 da ementa oficial.

inserindo-o no sistema organizado de informações jurídicas relevantes que é o registro público.

O direito de adotar o sobrenome do companheiro já estava previsto na Lei 6.015/73, art. 57, § 2º e seguintes, porém, submetido a diversos requisitos, como existência de impedimento ao casamento, prole comum ou prazo mínimo de convivência. Tais requisitos, na lição de Flávio Tartuce, estão superados pois não foram recepcionados pela Constituição Federal de 1988 e pelo Código Civil de 2002[43].

Nesse sentido, julgado do STJ estabeleceu:

"a aplicação analógica das disposições específicas do Código Civil relativas à adoção de sobrenome dentro do casamento, porquanto se mostra claro o elemento de identidade entre os institutos e a parelha *ratio legis* relativa à união estável, com aquela que orientou o legislador na fixação, dentro do casamento, da possibilidade de acréscimo do sobrenome de um dos cônjuges, pelo outro." (REsp 1206656/GO, Rel. Ministra NANCY ANDRIGHI, TERCEIRA TURMA, julgado em 16/10/2012, DJe 11/12/2012).

Como bem apontado por Andrea Santos Gigliotti[44], o STJ manteve a necessidade de escritura pública, em paridade com o título judicial, para se promover a alteração do nome no registro civil. Destaca-se o seguinte trecho de outro acórdão do STJ:

"Primazia da segurança jurídica que deve permear os registros públicos, exigindo-se um mínimo de certeza da existência da união estável, por intermédio de uma documentação de caráter público, que poderá ser judicial ou extrajudicial, além da anuência do companheiro quanto à adoção do seu patronímico." (REsp 130619 6/MG, Rel. Ministra NANCY ANDRIGHI, TERCEIRA TURMA, julgado em 22/10/2013, DJe 28/10/2013)

Como se vê, a escritura de união estável ou o título judicial que a reconhece são títulos idôneos para a alteração do nome. Dessa forma, andou bem a CGJ-SP, que previu expressamente o nome que os companheiros passaram a adotar como elemento do registro de união estável[45].

O Prov. 37/14 da CN-CNJ não previu nem vedou a possiblidade de constar alteração de nome no registro da união estável. Tal omissão não é motivo suficiente para que o serviço de registro civil das pessoas naturais recuse o registro da união estável em que consta alteração do nome, mesmo que não tenham norma estadual expressa autorizando. Isso porque tal possibilidade decorre de lei federal interpretada pelo STJ, é um direito subjetivo dos companheiros que precisa de acesso aos registros públicos para que chegue ao conhecimento de todos.

Por fim, outra questão é sobre a possibilidade de se excluir sobrenomes ao acrescer o sobrenome do companheiro. Nesse ponto, seguindo-se o direcionamento proposto pelo acórdão do STJ, aplicam-se as mesmas regras do casamento, que foram estudadas no item 11.2.6.

---

43. TARTUCE, Flávio. *Op. Cit.*, 2016, p. 365.
44. GIGLIOTTI, Andrea Santos. A escritura pública e o acréscimo de sobrenome pelos companheiros. *Revista de Direito Notarial*. Ano 6. Nº 6. São Paulo: Quartier Latin, 2015. p.115.
45. NSCGJSP, Capítulo XVII, item 113, "g".

13.3.6.14 Distrato, extinção e dissolução de união estável

O distrato da união estável instrumentalizado por escritura pública ou sua dissolução judicial têm previsão de publicidade no Registro Civil das Pessoas Naturais, que pode ocorrer por meio de ato de averbação junto ao registro da união estável ou mesmo um registro em sentido estrito da dissolução no Livro "E".

Mantiveram-se, para a averbação de distrato, extinção ou dissolução da união estável, as mesmas restrições quanto à natureza do título: somente instrumento público, notarial ou judicial. Essa é a previsão do "caput" do art. 2º do Prov. 37/14.

Em prol de maior precisão terminológica, parece que a expressão "extinção" da união estável é o gênero do qual "dissolução" e "distrato" são espécies, que se distinguem por ser a primeira judicial e o segundo notarial. Infere-se isso do Código de Processo Civil, pois dissolução é expressão utilizada no processo contencioso (CPC, art. 53, I) e extinção é utilizada tanto no processo contencioso (CPC, art. 693), quanto no processo judicial consensual (CPC, art. 732) e ainda na escritura pública (CPC, art. 733).

Dessa forma, é possível criticar a redação do art. 7º do Prov. 37/14, que faz referência a escritura pública de dissolução. No entanto, importante ressaltar que a terminologia utilizada no título da escritura não é suficiente para a recusa de sua averbação, pois "nas declarações de vontade se atenderá mais à intenção nelas consubstanciada do que ao sentido literal da linguagem" (CC, art. 112). Para fins de acesso ao registro civil, assim, as expressões extinção, dissolução e distrato dizem respeito ao mesmo fenômeno: o término da união estável.

Não há previsão de averbação de extinção da união estável por força de declaração unilateral, mesmo que formalizada em escritura pública. Há bons fundamentos para se permitir a publicidade desse ato, pois se um dos companheiros expressa solenemente a inexistência da união estável, é de se presumir que não há mais a convivência pública, contínua, duradoura, estabelecida com o objetivo de constituição de família que a caracteriza[46]. No entanto, essa possibilidade não foi acolhida na regulamentação administrativa da união estável.

O Código de Processo Civil, ignorando o caráter informal e a natureza fática da união estável, estabeleceu que se aplicam as mesmas regras do divórcio para a extinção da união estável, seja pela via judicial (CPC, art. 693 e 732), seja pela via notarial (CPC, art. 733). Assim restringiu a autonomia privada e contribuiu na pavimentação do caminho que gradualmente está se formando na jurisprudência em direção à equiparação total da união estável com o casamento. Esse igualitarismo absoluto entre os institutos empobrece a ciência jurídica, ignorando a diversidade e a pluralidade das pessoas e dos arranjos familiares.

Não se nega que os direitos de cônjuges e companheiros devem ser os mesmos, pois não há hierarquia entre as entidades familiares formadas pelo casamento ou pela união estável. Mas há diferenças entre os institutos, notadamente por ser a união estável um fato jurídico informal e o casamento um ato jurídico solene. Assim são (ou pelo menos

---

46. Nesse sentido, vide artigo RIBEIRO, Izolda Andréa de Sylos. *Op. Cit.*, 2017. p. 320.

deveriam ser) diferentes a forma de constituir e desconstituir, uma e outro, bem como os níveis de publicidade registral e eficácia jurídica. Deve-se reconhecer, por exemplo, que a celebração ou registro do casamento são atos de natureza constitutiva, já a escritura ou sentença de união estável tem natureza declaratória quanto a existência desta, embora seja constitutiva com relação a eventuais cláusulas pactuadas entre os conviventes. Há que se reconhecer, também, a autonomia da vontade das partes e a correspondente responsabilidade pelas escolhas que fazem.

No direito das sucessões, andou bem o STF ao decidir que "não é legítimo desequiparar, para fins sucessórios, os cônjuges e os companheiros, isto é, a família formada pelo casamento e a formada por união estável"[47]. Atente-se que não houve uma equiparação entre os institutos, pelo contrário, o STF reconheceu que as famílias são formadas por meios diferentes, mas essa distinção na formação não é legítima para justificar uma distinção nos direitos sucessórios. Para outras finalidades, que não sucessórias, é possível distinções legítimas, notadamente, como se está defendendo aqui, quando o assunto é a forma de desfazer e comprovar que foi desfeita a união estável.

Observe-se, no entanto, que o Código de Processo Civil estabeleceu regras para a formalização judicial ou notarial da dissolução e distrato da união estável, se os companheiros simplesmente deixam de conviver e não querem formalizar o término da união, não há aplicação dessas regras e não haverá mais união estável, pois deixaram de existir os pressupostos fáticos para a sua caracterização.

Por ora devem os notários e registradores civis aplicar o Código de Processo Civil e exigir, para formalizar o distrato da união estável, que os conviventes não tenham filhos nascituros nem incapazes, bem como que estejam assistidos por advogado ou defensor público (CPC, art. 733). Isso até que a jurisprudência ou regulamentação normativa admitam possibilidades menos formais de se dar publicidade ao fim da união estável.

Requer atenção o ato a ser praticado no registro civil para a extinção da união estável: registro ou averbação.

Se a união estável já estiver registrada, sua extinção é objeto de ato de averbação (Prov. 37/14, art. 7º, § 1º).

Se a união estável não estiver registrada, não é obrigatório o prévio registro, por expressa previsão normativa (Prov. 37/14, art. 7º). Nessa hipótese, impossível praticar ato de averbação, que é ato acessório de um registro, pois não haverá o registro (ato principal) junto ao qual seria averbada a extinção.

Assim, caso apresentada para registro a extinção da união estável sem que haja prévio registro desta, será praticado ato de registro da extinção no Livro "E". Essa regra tem uma exceção estabelecida no próprio provimento (Prov. 37/14, art. 7º, § 2º), nos casos em que a sentença em que declarada a dissolução da união estável faça menção ao período em que foi mantida, deverá ser promovido o registro da referida união estável e, na sequência, a averbação de sua dissolução. Por ser regra excepcional, parece que a

---

47. Item 2 da ementa oficial do acórdão no RE 878.694/MG.

mesma conduta não deverá ser estendida ao caso de escrituras públicas em que contenham o início da união estável, salvo se as partes requererem o registro.

Como já se estudou acima, o registro da união estável é facultativo, mas é obrigatório caso os conviventes queiram alterar o nome, inscrever sua união estável no registro imobiliário ou ampliar a eficácia da união perante terceiros. Cabe então perguntar, a averbação da extinção da união estável também é facultativa? Quais as consequências jurídicas para os conviventes que deixam de dar publicidade ao fim da união?

Se não houve publicidade da união estável, pois não foi registrada, é tranquilo afirmar que é facultativa a publicidade da sua extinção, pois não há previsão legal estabelecendo essa exigência e a própria natureza da união estável, marcada por ser uma situação fática, não demanda formalidades.

No entanto, se há registro da união estável, cabe questionar se os conviventes têm ou não o dever de dar levar ao registro público o término da união, seja pela dissolução, seja pelo distrato. Vejam-se os argumentos para ambos os lados.

Argumentos pela inexistência desse dever:

1) Legalidade e autonomia privada. "Ninguém será obrigado a fazer ou deixar de fazer alguma coisa senão em virtude de lei", é direito fundamental, expresso no inciso II, art. 5º da Constituição Federal. Não há lei determinando a obrigatoriedade da averbação ou registro do distrato da união estável, logo tal conduta não pode ser exigida dos cidadãos.

2) A natureza jurídica da união estável. A união estável é situação fática, logo poderá ou não existir conforme existam ou não seus pressupostos legais fáticos. Ou seja, a inexistência de um ato formal de distrato ou dissolução não impede a efetiva extinção da união estável.

Argumentos sustentando o dever de dar publicidade ao distrato e dissolução:

1) Vedação do comportamento contraditório (*nemo potest venire contra factum proprium*), pelo qual é vedado que "alguém pratique uma conduta em contradição com sua conduta anterior, lesando a legítima confiança de quem acreditara na preservação daquele comportamento inicial".[48] Ou seja, aquele que deu publicidade a sua união estável não poderá negá-la posteriormente, em contradição com sua conduta, salvo se tomou o cuidado de cancelar tal publicidade.

2) Presunção de veracidade dos registros públicos. Decorrência do princípio da autenticidade dos registros públicos, os registros se presumem legítimos, verdadeiros, válidos e eficazes. Está expresso no registro imobiliário com o seguinte texto legal: "O registro, enquanto não cancelado, produz todos os efeitos legais ainda que, por outra maneira, se prove que o título está desfeito, anulado, extinto ou rescindido" (Lei 6.015/73, art. 252), podendo ser aplicado analogicamente ao registro civil das pessoas naturais. Da mesma forma, dispositivo sobre registro de nascimento, do Código Civil, "Art. 1.604. Ninguém pode vindicar estado contrário ao que resulta do registro de nascimento, salvo provando-se erro ou falsidade do registro."

3) A partir do momento em que os companheiros formalizam a sua união, inclusive dando publicidade por meio dos registros públicos, ela deixa de ser simples realidade fática e passa a se tornar negócio jurídico, com efeitos próprios. Esse fenômeno é apontado por Flávio Tartuce, com as seguintes palavras: "Aliás, quando as partes procuram regulamentar a sua convivência, a união estável deixa de ser mera

---

48. TEPEDINO, Gustavo; BARBOZA, Heloisa Helena; e MORAES, Maria Celina Bodin de. Código Civil interpretado conforme a Constituição da República. vol. II. Rio de Janeiro: Renovar, 2006, p. 20. Citado pelo STJ no julgamento do REsp 1046453/RJ, Rel. Ministro RAUL ARAÚJO, 4º Turma, julgado em 25/06/2013, DJe 01/07/2013)

situação de fato, passando a constituir verdadeiro negócio jurídico, ato de vontade em que há uma composição de interesses com finalidade específica. Em casos tais, percebe-se verdadeira evolução do instituto, que passa a ser constituído *por clara opção* e não por *falta de opção*. Diante dessa constatação, não se pode mais afirmar que a união estável será sempre uma *situação de fato*, sendo possível que as partes regulamentem parte de suas pretensões por meio do exercício da autonomia da vontade privada. Afasta-se, em suma, a ideia de família de fato, sustentada, por exemplo, por Álvaro Villaça Azevedo." o[49]

Apoiado nos limites do proposto por este livro, que está voltado para a atividade do registrador civil das pessoas naturais, os autores deixam de tomar uma posição genérica sobre a questão, aguardando que a jurisprudência e a doutrina civilista avancem nesse tema.

No entanto, não poderá o registrador civil deixar de orientar o cidadão que lhes questione sobre o que deve fazer quando tem uma união estável registrada, mas que foi desfeita na realidade fática, não tendo mais contato com a outra parte. A prudência recomenda orientá-lo a averbar a extinção da união estável, socorrendo-se do judiciário, se for o caso. Isso pois tal cidadão, conforme os argumentos expostos acima, não poderá alegar a inexistência da união estável diante daqueles que, de boa-fé, confiaram na informação da existência da união estável obtida nos registros públicos.

É justamente para situações como essa que se recomenda a existência de uma via menos formal na averbação da extinção da união estável, admitindo-se, por exemplo, a declaração unilateral de um dos companheiros. Isso depende de alteração normativa, como já dito acima. É possível pensar também, caso se queira maior segurança jurídica do que a mera declaração unilateral, que seja realizada a notificação extrajudicial dessa declaração unilateral. Assim, ainda que não houvesse anuência da outra parte, haveria ao menos a prova de que ela teve ciência de que o seu registro de união estável foi alterado.

No item 11.2.1.2 acima, essa questão controvertida é abordada com a finalidade específica de concluir se é necessário ou não averbar a extinção da união estável registrada para que a parte venha contrair novo casamento.

13.3.6.15 Averbações no registro de união estável

O rol dos atos passíveis de averbação é aberto, sendo possível averbar no registro da união estável tudo que altere seus elementos, como retificações, alterações de nome, inclusão ou exclusão de paternidade ou maternidade dos companheiros. Veja-se, a seguir, sobre a alteração de regime de bens e extinção da união estável.

Alteração do regime de bens

A alteração do regime de bens faz parte da autonomia conferida aos companheiros para regularem suas relações patrimoniais, expressa no artigo 1.725 do Código Civil. Caso os companheiros alterem o regime de bens, haverá alteração de um dos elementos do registro, logo será necessário dar publicidade dessa alteração por meio de ato de averbação junto ao registro da união estável (Lei 6.015/73, art. 97).

---

49. TARTUCE, Flavio. *Op. Cit.*, 2016, p. 352.

Não há dúvidas de que um título judicial, que é apto a alterar o regime de bens do casamento (CC. art. 1.639, §2º), possa alterar o regime de bens da união estável, que é instituto menos solene.

No entanto, não há a mesma certeza de que a escritura pública seja apta para esse fim, pois é possível defender a aplicação das mesmas regras do casamento, ou seja, somente seria admissível alteração do regime de bens pela via judicial.

Com efeito, a jurisprudência caminha para a equiparação dos institutos, vejamos: a) os companheiros podem alterar o sobrenome; b) a presunção de paternidade decorrente do casamento também se aplica à união estável; c) a sucessão do companheiro foi equiparada a sucessão do cônjuge, declarando-se a inconstitucionalidade do art. 1.790 do Código Civil; d) a necessidade de anuência do companheiro para alienação de bens, por aplicação do art. 1.647, I, à união estável que tenha publicidade[50]; e) imposição do regime da separação obrigatória de bens à união estável de pessoa com mais de 70 anos de idade, aplicando a regra do casamento estabelecida no art. 1.641, II, do Código Civil.

Apesar da sinalização da jurisprudência no sentido da equiparação, não há jurisprudência expressa ou específica equiparando união estável e casamento quando o tema é a alteração do regime de bens[51]. Tampouco há lei determinando essa equiparação.

Por outro lado, há respeitável doutrina sustentando a saudável existência de diferenças entre os institutos do casamento e união estável. Como bem apontado por Flávio Tartuce, "se a regra gera restrição para o casamento, não existindo hierarquia entre as categorias familiares, não há razão para sua aplicação à união estável, pois são institutos diferentes tratados de maneiras distintas quanto aos direitos e deveres". Em seu apoio, cita os civilistas Zeno Veloso, Paulo Lôbo, José Fernando Simão, Maria Berenice Dias, todos concluindo que não se aplica à união estável a restrição do art. 1.641 do Código Civil.[52]

Dessa forma, considerando que a analogia não deve ser aplicada para restringir a autonomia privada e que não há interesse público em proibir a forma notarial da escritura pública para a alteração de regime de bens da união estável, conclui-se que não há fundamentos jurídicos para que os oficiais de registro recusem a averbação dessa escritura pública.

---

50. RECURSO ESPECIAL. DIREITO PATRIMONIAL DE FAMÍLIA. UNIÃO ESTÁVEL. ALIENAÇÃO DE BEM IMÓVEL ADQUIRIDO NA CONSTÂNCIA DA UNIÃO. NECESSIDADE DE CONSENTIMENTO DO COMPANHEIRO. EFEITOS SOBRE O NEGÓCIO CELEBRADO COM TERCEIRO DE BOA-FÉ. (...) 2. Reconhecimento da incidência da regra do art. 1.647, I, do CCB sobre as uniões estáveis, adequando-se, todavia, os efeitos do seu desrespeito às nuanças próprias da ausência de exigências formais para a constituição dessa entidade familiar. (...) (REsp 1424275/MT, Rel. Ministro PAULO DE TARSO SANSEVERINO, TERCEIRA TURMA, julgado em 04/12/2014, DJe 16/12/2014). Consta do voto: "Preocupado, todavia, com os interesses de terceiros de boa-fé e, assim, com a segurança jurídica necessária para o fomento do comércio jurídico, tenho que os efeitos da inobservância da autorização conjugal em sede de união estável dependerão, para a sua produção, ou seja, para a eventual anulação da alienação do imóvel que integra o patrimônio comum, da existência de uma prévia e ampla notoriedade dessa união estável. No casamento, ante a sua peculiar conformação registral, até mesmo porque dele decorre a automática alteração de estado de pessoa e, assim, dos documentos de identificação dos indivíduos, é ínsita essa ampla e irrestrita publicidade."
51. Realizada pesquisa de jurisprudência no portal do STJ, usando como argumento de pesquisa os campos específicos, solicitando todos os julgados que citem o artigo 1639, § 2º do Código Civil, a pesquisa retornou 12 acórdãos e nenhum deles tratava de união estável. www.stj.jus.br Acesso em 16.04.2018.
52. TARTUCE, Flávio. *Op. Cit.*, 2016, p. 360.

Note-se que os companheiros podem solicitar a conversão de união estável em casamento e, nessa oportunidade, são livres para escolher o regime de bens do casamento. Ou seja, independentemente de qual era o regime de bens que vigorou durante a união estável, ao convertê-la em casamento poderão celebrar escritura pública de pacto antenupcial e optar pelo regime de bens. Assim, os companheiros alcançam extrajudicialmente uma alteração do regime de bens. Se esta alteração não é vedada, também não há razão para vedar a alteração no curso da união estável.

Por fim, considerando que a alteração do regime de bens na união estável não produzirá efeitos retroativos, relevante que no texto da averbação de alteração conste o regime anterior e a data em que pactuado o novo regime, fazendo constar essa averbação em todas as certidões. Dessa forma, estará o registro público cumprindo sua missão de dar publicidade à real situação jurídica das partes ao longo do tempo.

Extinção da união estável

Remete-se o leitor ao item 13.3.6.14 acima, que trata da extinção da união estável pelo distrato ou dissolução, que poderá ser averbada ou registrada, conforme o caso. A extinção da união estável pelo óbito será objeto de anotação (não averbação), nos termos dos artigos 106 e 107 da Lei 6.015/73.

13.3.6.16 Certidão de União Estável

Com objetivo de uniformizar em âmbito nacional o padrão das certidões do registro civil das pessoas naturais foram previstos modelos nos anexos do Provimento 63/2017 da Corregedoria Nacional de Justiça (art. 2°). Para as certidões do Livro E, o modelo estabeleceu apenas o cabeçalho, o rodapé e deixou um enorme retângulo central para o registrador inserir as informações do registro. Não há obrigatoriedade de inserir um texto corrido ou inteiro teor nesse retângulo. Pelo contrário, imbuído dos mesmos objetivos de dar racionalidade na disposição das informações, facilitando a leitura e a localização mais rápida da informação desejada, é possível utilizar os retângulos, de forma semelhante à certidão de casamento.

Recomenda-se não constar o estado civil dos companheiros nas certidões de união estável, seja por analogia ao teor da certidão de casamento, seja por não estar expressa essa informação no artigo 2° do Prov. 37/14[53].

Por expressa previsão do art. 9° do Prov. 37/14, deverão constar das certidões a expressão "esse registro não produz os efeitos da conversão da união estável em casamento". Aparentemente o intuito foi esclarecer que união estável e casamento são institutos diferentes, no entanto, como a jurisprudência tem reconhecido cada vez mais direitos para a união estável de forma semelhante ao casamento, tal expressão tende a perder seu sentido e causar mais confusão e insegurança do que esclarecimento. Considerando-se também que as normas administrativas não são instrumento jurídico adequado para regular os efeitos do registro, matéria que está reservada à lei e sua interpretação

---

53. Nesse sentido, a Arpen-SP editou o **Enunciado 9**: As certidões do registro da união estável não deverão mencionar o estado civil dos nubentes, mas tal informação poderá constar do registro.

pelos tribunais competentes, recomenda-se a revogação desse dispositivo. Enquanto isso não acontece, deve o registrador cumprir a norma técnica expressa.

Recomenda-se a utilização do modelo de certidão de união estável conforme consta no sistema de registro eletrônico CRC – Central Nacional de Informações do Registro Civil, que segue:

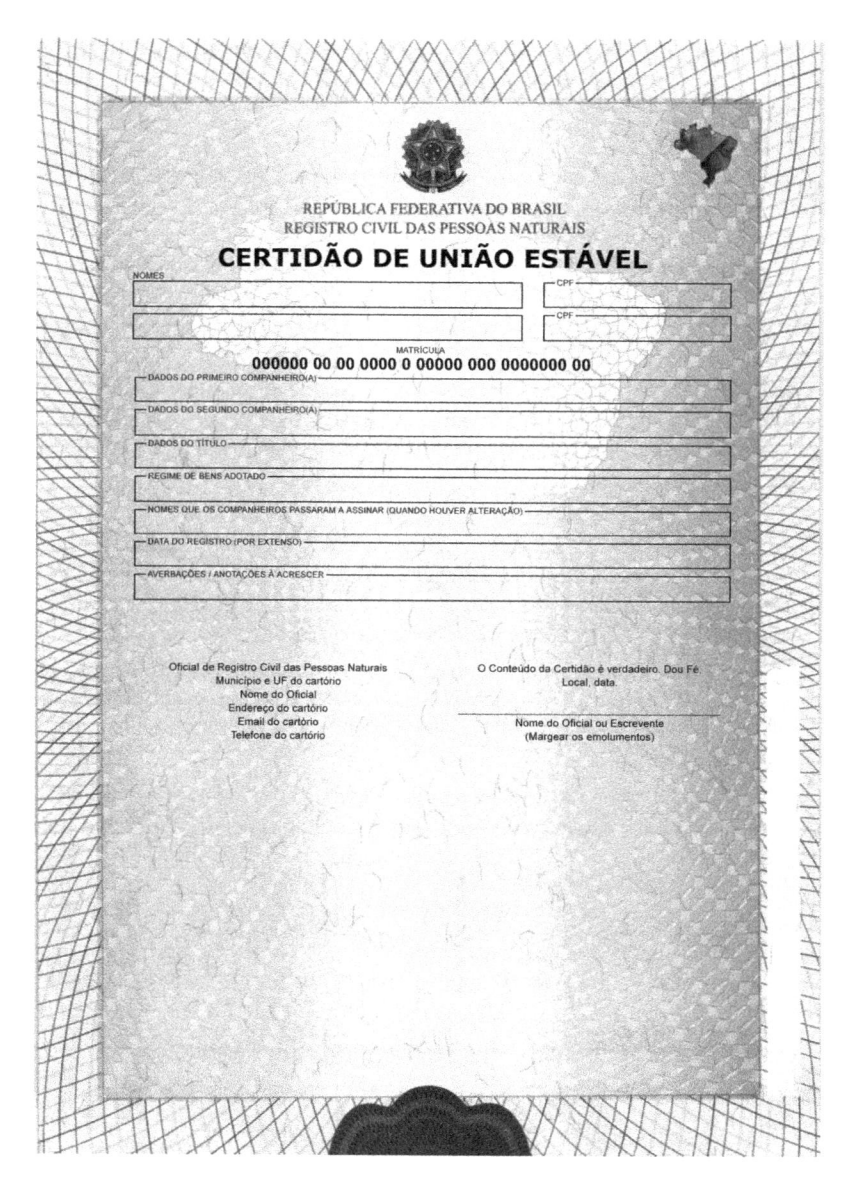

13.3.7 Sentenças de separação e divórcio

Em conformidade com o art. 32 da Lei n. 6.515/77: "A sentença definitiva do divórcio produzirá efeitos depois de registrada no Registro Público competente".

Da referida disposição é possível interpretar que a sentença de divórcio deve ser objeto de registro em sentido estrito nos registros públicos, assim, seria assentado no Livro "E", do Registro Civil das Pessoas Naturais, e em seguida seria averbada no registro de casamento, como estabelece o atual art. 10, I, do Código Civil vigente.

Nesse sentido, antes do Código Civil atual, foram editadas normas administrativas por várias unidades da federação, estabelecendo o registro das sentenças de separação e de divórcio, divergindo apenas se o registro seria para sentenças referentes aos casamentos realizados fora do Estado onde prolatadas, realizados fora da comarca, ou para todos os casamentos. Podem ser citadas:

> Item 129.1 Após transitadas em julgado, as sentenças de separação judicial e de divórcio, relativas a casamentos realizados fora do estado de São Paulo, serão inscritas no livro "E", do Registro Civil das Pessoas Naturais da sede da comarca em que hajam sido proferidas, ou na Unidade de Serviço do 1º Subdistrito, se houver mais de um (na Capital, na Unidade de Serviço do 1º Subdistrito-Sé). (Normas de Serviço da Corregedoria-Geral da Justiça do Estado de São Paulo, Capítulo XVII – não mais vigente, pois revogado pelo Provimento 25/2005, embora dispositivo semelhante tenha sido restabelecido nas referidas normas pelo Provimento 41/2012).
>
> 15.1.1.2 – Depois do trânsito em julgado, as sentenças de separação judicial e de divórcio, relativas a casamentos realizados em comarca diversa, serão inscritas no livro "E" do registro civil da sede da comarca em que hajam sido proferidas (Código de Normas da Corregedoria-Geral da Justiça do Estado do Paraná – não mais vigente).
>
> Art. 720. No Serviço da 1ª Circunscrição da Comarca da Capital e nos Serviços da 1ª Circunscrição ou 1º Distrito das demais Comarcas, haverá um livro designado pela letra "E", em que serão inscritos os demais atos relativos à capacidade civil e ao estado civil, tais como: divórcio e separação judicial e extrajudicial; conversão de separação judicial em divórcio; restabelecimento da sociedade conjugal... (Consolidação Normativa da Corregedoria-Geral da Justiça do Estado do Rio de Janeiro).
>
> Art. 554. As sentenças proferidas por autoridade jurisdicional brasileira, bem como as escrituras públicas lavradas de acordo com o estabelecido na Lei n. 11.441/2007, cujo objeto altere o estado civil, em sentido estrito, serão registradas no livro de que trata o art. 427, § 1º, deste Provimento, em relação aos processos que tenham tramitado originariamente naquela comarca.
>
> Parágrafo único. Para aplicação do disposto no *caput* deste artigo, consideram-se atos que alteram o estado civil, em sentido estrito, o divórcio, a separação, o restabelecimento da sociedade conjugal, a nulidade e a anulação do casamento. (Código de Normas da Corregedoria-Geral da Justiça do Estado de Minas Gerais).

Todavia, o art. 10 do Código Civil, aprovado em 2002, prevê que: "Far-se-á **averbação** em registro público: I – das sentenças que decretarem a nulidade ou anulação do casamento, o divórcio, a separação judicial e o restabelecimento da sociedade conjugal".

Diante de tal disposição, prevaleceu, em diversas unidades da federação, o entendimento de que basta a averbação no registro de casamento para as sentenças de separação, divórcio e restabelecimento de sociedade conjugal produzirem seus efeitos, o que ensejou alterações nas normas administrativas.

Muito claro nesse sentido é o Protocolado CG n. 23.674/2004 da CGJ-SP:

> Assim sendo, salvo melhor juízo, **não há mais como se manter a exigência de registro das sentenças de divórcio e separação judicial no Livro "E"**, ainda que referentes a casamentos realizados em outros estados, os quais certamente passarão a adaptar suas Normas ao novo texto legal. No estado de Minas Gerais, por exemplo, a alteração já ocorreu mesmo antes da promulgação do Novo Código.

Posto isso, o parecer que, respeitosamente, venho a apresentar à Vossa Excelência, é no sentido de que oportunamente seja **suprimido o item 129.1 do Capítulo XVII das Normas da Corregedoria-Geral de Justiça**, o que será considerado conjuntamente com as demais alterações das normas contidas naquele capítulo, as quais já se encontram em andamento.

Da mesma maneira, a CNNR-RS passou a prever, no art. 166, que "As sentenças judiciais de separação e divórcio serão averbadas no Livro 'B' e anotadas no Livro 'A', não havendo necessidade do Registro no Livro 'E'", e a Corregedoria-Geral da Justiça do Estado do Paraná revogou o item 15.1.1.2 por meio do Provimento n. 226 de 24 de abril de 2012.

A consolidação normativa do Rio de Janeiro, entretanto, mantém a disposição que exige o registro no Livro "E", em seu art. 720, §1º e no § 5º a facultatividade do registro da escritura de separação e divórcio, com os seguintes textos:

> § 1º. As sentenças e acórdãos definitivos de divórcio, separação, conversão de separação em divórcio e de restabelecimento de sociedade conjugal serão registradas no Livro "E" pelo Oficial do Registro Civil das Pessoas Naturais da numeração mais baixa (1ª Circunscrição / 1ª Subdivisão Judiciária / 1º Distrito / 1º Subdistrito) da Comarca em que os cônjuges e/ou partes têm ou tiveram seu último domicílio.

> § 5º. É facultativo o registro no livro "E" de escrituras públicas de separação, de divórcio e de restabelecimento da sociedade conjugal (artigo 733 do Código de Processo Civil), na forma da Resolução CNJ nº 35/2007, do Serviço de Registro Civil das Pessoas Naturais de numeração mais baixa (1ª Circunscrição / 1ª Subdivisão Judiciária / 1º Distrito / 1º Subdistrito) da Comarca em que os cônjuges ou companheiros têm ou tiveram seu último domicílio.

De fato, o registro carrega a importância de dar publicidade à sentença de divórcio no local onde correu a ação, que é o domicílio de pelo menos uma das partes, pois o processo não é acessível a terceiros, uma vez que protegidos pelo segredo de justiça nos termos do art. 189, inciso II, do Código de Processo Civil.

A importância de se possibilitar o registro no Livro "E" de sentenças de separação e divórcio prolatadas em São Paulo, mas referentes a casamentos registrados em outros estados, para fins de publicidade ou para que o cidadão possa mais facilmente atender a demandas normativas de outras unidades da federação, foi reconhecida na recente alteração do Capítulo XVII das Normas de Serviço do Estado de São Paulo, que passaram a conter o item 166 com a seguinte redação:

> Após o trânsito em julgado, as sentenças de separação judicial e de divórcio relativas a casamentos realizados fora do Estado de São Paulo, serão inscritas facultativamente no Livro "E" do Registro Civil das Pessoas Naturais do 1º Subdistrito da Comarca.

Reconheça-se que as previsões variam. Recomenda-se o estudo das normas locais, a fim de se saber qual a disposição vigente para determinada unidade da federação.

13.3.8 Divórcio no Brasil de casamentos realizados no exterior

Importante a análise da situação dos imigrantes (estrangeiros) casados no exterior que se separam ou se divorciam por sentença no Brasil. Considere-se que:

- as sentenças de separação e divórcio de imigrantes (estrangeiros) cujo casamento se realizou no exterior podem ser proferidas no Brasil, pois a regra de competência é o domicílio das partes (art. 7º, LINDB);
- em tais casos não haveria registro de casamento, seja em Livro "B", seja em Livro "E", em que tais sentenças pudessem ser averbadas; e
- a publicidade de tais atos por meio dos registros públicos se faz necessária para a produção adequada de efeitos – relembre-se que ações deste tipo correm em segredo de justiça, por força do art. 189, inciso II, do Código de Processo Civil.

Assim, em tais casos deve-se aplicar o art. 32 da Lei n. 6.515/77 de modo a possibilitar o registro no Livro "E" das sentenças de separação, divórcio, conversão de separação em divórcio, nulidade e anulação de casamento dos imigrantes (estrangeiros), o que se dará no cartório com atribuição para seu domicílio.

Essa é a norma do CNCGJ-MG, que no capítulo em que trata do registro da sentença de alteração de estado civil no Livro "E", estabelece que:

> Art. 554. As sentenças proferidas por autoridade jurisdicional brasileira, cujo objeto altere o estado civil, em sentido estrito, de casal estrangeiro cujo casamento tenha sido contraído no exterior, serão registradas no livro de que trata o art. 427, § 1º, deste Provimento, em relação aos processos que tenham tramitado originariamente naquela comarca.

Em aprimoramento a essa regra, o item 169 do Capítulo XVII das NSCGJ-SP vai além e privilegia a plena publicidade dos atos, determinando, em tais casos, a trasladação no Livro "E" da certidão do casamento de imigrantes (estrangeiros) realizados no exterior para subsequente averbação de "mandado judicial ou escritura pública de separação, divórcio, conversão de separação em divórcio, divórcio direto, nulidade e anulação de casamento", assim:

> 169. O Registro Civil das Pessoas Naturais do 1º Subdistrito da Comarca procederá no Livro "E", para fins de publicidade e efeitos perante terceiros, o traslado da certidão de casamento de estrangeiros realizado no exterior, devidamente traduzida por tradutor público juramentado, inscrito em junta comercial brasileira, para em ato subsequente, averbar mandado judicial ou escritura pública de separação, divórcio, conversão de separação em divórcio, divórcio direto, nulidade e anulação de casamento.

13.3.9 Opção de nacionalidade

A Constituição Federal trata da nacionalidade em seu art. 12, considerando brasileiros natos aqueles que se enquadram nas situações do inciso I, a saber:

> a) os nascidos na República Federativa do Brasil, ainda que de pais estrangeiros, desde que estes não estejam a serviço de seu país;
>
> b) os nascidos no estrangeiro, de pai brasileiro ou mãe brasileira, desde que qualquer deles esteja a serviço da República Federativa do Brasil;
>
> c) os nascidos no estrangeiro de pai brasileiro ou de mãe brasileira, desde que sejam registrados em repartição brasileira competente ou venham a residir na República Federativa do Brasil e optem, em qualquer tempo, depois de atingida a maioridade, pela nacionalidade brasileira;

Interessa a esta parte do trabalho a parte final da alínea c, acima transcrita, que impõe a opção como condição de reconhecimento ou confirmação da nacionalidade brasileira.

Dessa maneira, afirma-se que a opção de nacionalidade é instituto que atinge filhos de pai brasileiro ou de mãe brasileira que não tenham sido registrados em repartição brasileira competente, ou seja, aqueles registrados apenas perante autoridades estrangeiras. Além disso, poderão manifestar a opção a qualquer tempo depois de atingida a maioridade e se vierem a residir na República Federativa do Brasil.

A opção de nacionalidade é procedimento de jurisdição voluntária, que compete à justiça federal, nos termos do art. 109, inciso X, da Constituição Federal, e tem procedimento regulamentado pela Lei 13.445/2018, art. 63 e Decreto 9.199/2017, arts. 213 e seguintes.

O registro da opção de nacionalidade está previsto no art. 29, inciso VII, da Lei n. 6.015/73, e por se tratar de ato de registro do estado civil da pessoa natural, que não tem acesso a outro livro, deve ser assentado no Livro "E". Assim é o art. 922, § 1º, do CNCGJ-ES, e o art. 720 do Código de Normas do Rio de Janeiro.

Em conformidade com o § 2º do art. 29 da Lei n. 6.015/73: "É competente para a inscrição da opção de nacionalidade o cartório da residência do optante, ou de seus pais. Se forem residentes no estrangeiro, far-se-á o registro no Distrito Federal".

Trata-se de um novo registro, a sentença de opção de nacionalidade é inscrita no Livro "E", o que será anotado nos registros anteriores do optante, permitindo que se saiba que houve a opção e que foi confirmada a nacionalidade brasileira.

A CNNR-RS é muito clara no art. 52-F, explicitando os elementos que devem constar do registro de opção de nacionalidade e a necessidade de anotação no registro anterior, com o seguinte texto:

§ 1º No registro constará:

a) A qualificação completa do optante;

b) A data da sentença homologatória da opção pela nacionalidade brasileira;

c) O nome do juiz prolator do ato jurisdicional;

d) O trânsito em julgado;

e) A assinatura do optante.

§ 2º Anotar-se-á o registro da opção à margem do registro da trasladação do termo de nascimento do optante, com remissões recíprocas.

Vê-se que o registro anterior que recebe a anotação é o traslado de registro de nascimento no Livro "E" do cartório competente em seu domicílio, ou no 1º Ofício do Distrito Federal, atendendo o disposto no art. 32 da Lei n. 6.015/73, que será tratado em item próprio.

Relembre-se que tal traslado não será prova de nacionalidade brasileira, devendo constar deste e de suas certidões que a nacionalidade depende de opção na maioridade, como prevê o art. 8º, § 1º, da Resolução n. 155 do Conselho Nacional de Justiça:

§ 1º Deverá constar do assento e da respectiva certidão do traslado a seguinte observação: "Nos termos do art. 12, inciso I, alínea *c, in fine*, da Constituição Federal, a confirmação da nacionalidade brasileira depende de residência no Brasil e de opção, depois de atingida a maioridade, em qualquer tempo, pela nacionalidade brasileira, perante a Justiça Federal.

De maneira ainda mais clara, o CNCGJ-ES prevê, em seu art. 1.021, inciso III, que:

do assento e das respectivas certidões do termo de nascimento trasladado constará que só valerão como prova de nacionalidade até que seja atingida a maioridade, quando então o interessado deverá optar, a qualquer tempo, pela nacionalidade brasileira perante a justiça federal.

Vê-se que o registrado nessas condições goza de direitos da nacionalidade até a maioridade, quando esta ficará condicionada à opção, que, quando realizada, será comprovada pelo registro. Assim, após a opção, confirma-se a nacionalidade brasileira, e por meio do registro civil pode-se comprovar esse elemento do estado político da pessoa natural.

A título de conhecimento, expõem-se os textos anteriores da alínea *c* do inciso I do art. 12 da Constituição Federal.

Originalmente o texto da Constituição Federal previa que são brasileiros natos:

c) os nascidos no estrangeiro, de pai brasileiro ou de mãe brasileira, desde que sejam registrados em repartição brasileira competente, ou venham a residir na República Federativa do Brasil antes da maioridade e, alcançada esta, optem, em qualquer tempo, pela nacionalidade brasileira.

Por tal disposição, o filho de brasileiro nascido no exterior que fosse registrado em repartição brasileira competente seria brasileiro nato, todavia, aquele que não fosse registrado em tais repartições somente poderia optar pela nacionalidade brasileira se viesse a residir no Brasil antes da maioridade, mas essa opção somente manifestada após a maioridade.

Por meio da Emenda Constitucional de Revisão n. 3 de 7 de junho de 1994, o texto foi alterado eliminando o prazo para residência no Brasil, da seguinte maneira:

c) os nascidos no estrangeiro, de pai brasileiro ou mãe brasileira, desde que venham a residir na República Federativa do Brasil e optem, em qualquer tempo, pela nacionalidade brasileira.

Pela redação de 1994, foi conferido tratamento único a todos os filhos de pai brasileiro ou mãe brasileira nascidos no exterior, fossem registrados em repartição brasileira ou não, a nacionalidade dependeria de residência no Brasil e opção.

Por esse texto, deixaram de contemplar aqueles que eram registrados nas repartições brasileiras, constando dos traslados de seus nascimentos no Livro "E" no Brasil as indicações de que dependiam de opção de nacionalidade.

Além disso, a constituição deixou de prever que a opção seria manifestada somente na maioridade, o que ensejou pedidos de opção com representação ou assistência dos pais.

Todavia, embora tenha sido admitida a opção por representação ou assistência, a questão foi enfrentada pelo Supremo Tribunal Federal, reconhecendo-se o fato de que a opção é ato personalíssimo que não admite exercício pelo representante legal, assim:

É que a opção, por decorrer da vontade, tem caráter personalíssimo. Exige-se, então, que o optante tenha capacidade plena para manifestar a sua vontade, capacidade que se adquire com a maioridade (RE 418.096, Rel. Min. Carlos Velloso, j. em 22-3-2005, Segunda Turma, *DJ* de 22-4-2005).

Recorde-se que para os menores reconhece-se nacionalidade potestativa.

Em 21 de setembro de 2007 foi publicada a Emenda Constitucional n. 54, com o seguinte texto que permanece em vigor:

> c) os nascidos no estrangeiro de pai brasileiro ou de mãe brasileira, desde que sejam registrados em repartição brasileira competente ou venham a residir na República Federativa do Brasil e optem, em qualquer tempo, depois de atingida a maioridade, pela nacionalidade brasileira.

Esse texto voltou a prever duas situações para os filhos de pai brasileiro ou de mãe brasileira nascidos no exterior, a saber:

É brasileiro nato independentemente de opção o registrado em repartição brasileira competente, caso em que o traslado de seu nascimento no Livro "E" no Brasil conterá tal informação, como prevê o art. 7º, § 1º, da Resolução n. 155 do Conselho Nacional de Justiça:

> § 1º Deverá constar do assento e da respectiva certidão do traslado a seguinte observação: "Brasileiro nato, conforme os termos da alínea c do inciso I do art. 12, *in limine*, da Constituição Federal".

Para aqueles não registrados em repartição brasileira, a nacionalidade dependerá de opção, após atingida a maioridade, desde que venha a residir no Brasil, não havendo prazo para tal residência. Após atingida a maioridade, também não há prazo para a opção. Nestes casos aplicam-se as regras anteriormente expostas.

A referida Emenda Constitucional n. 54/2007 trouxe, ainda, o art. 95 para o Ato das Disposições Constitucionais Transitórias, que dispõe sobre aqueles nascidos na vigência da Emenda Constitucional de Revisão n. 3, prevendo que:

> Os nascidos no estrangeiro entre 7 de junho de 1994 e a data da promulgação desta Emenda Constitucional, filhos de pai brasileiro ou mãe brasileira, poderão ser registrados em repartição diplomática ou consular brasileira competente ou em ofício de registro, se vierem a residir na República Federativa do Brasil.

Assim, permitem que tais pessoas solicitem seu registro em repartição brasileira competente, adquirindo automaticamente a nacionalidade brasileira.

Ao dar essa faculdade, não haveria como prevalecer situação daqueles brasileiros que, nascidos no estrangeiro durante a vigência da Emenda Constitucional de Revisão n. 3, tiveram seus registros lavrados em repartições brasileiras competentes, e dos respectivos traslados no Livro "E" no Brasil constaram que dependeriam da opção de nacionalidade.

O melhor entendimento é que nesses casos não mais se faria necessária a opção de nacionalidade, sendo medida obrigatória a alteração de tal informação do traslado no Livro "E". Nesse sentido regulamentou o art. 12 da Resolução n. 155 do Conselho Nacional de Justiça:

Art. 12. Por força da redação atual da alínea c do inciso I do art. 12 da Constituição Federal e do art. 95 do Ato das Disposições Constitucionais Transitórias (Emenda Constitucional n. 54, de 20 de setembro de 2007), o oficial de registro civil deverá, de ofício ou a requerimento do interessado/procurador, sem a necessidade de autorização judicial, efetuar averbação em traslado de assento consular de nascimento, cujo registro em repartição consular brasileira tenha sido lavrado entre 7 de junho de 1994 e 21 de setembro de 2007, em que se declara que o registrado é: "Brasileiro nato de acordo com o disposto no art. 12, inciso I, alínea c, *in limine*, e do art. 95 dos ADCTs da Constituição Federal.

Parágrafo único. A averbação também deverá tornar sem efeito eventuais informações que indiquem a necessidade de residência no Brasil e a opção pela nacionalidade brasileira perante a Justiça Federal, ou ainda expressões que indiquem tratar-se de um registro provisório, que não mais deverão constar na respectiva certidão.

Este assunto será relevante para o estudo dos traslados de nascimento, que será visto adiante.

13.4 TRASLADOS DE ASSENTOS DE NASCIMENTO, CASAMENTO E ÓBITO DE BRASILEIRO EM PAÍS ESTRANGEIRO

O art. 32 da Lei n. 6.015/73, em seu *caput* e seu §1º, estabelece que:

Art. 32. Os assentos de nascimento, óbito e de casamento de brasileiros em país estrangeiro serão considerados autênticos, nos termos da lei do lugar em que forem feitos, legalizadas as certidões pelos cônsules ou quando por estes tomados, nos termos do regulamento consular.

§ 1º Os assentos de que trata este artigo serão, porém, trasladados nos cartórios de 1º Ofício do domicílio do registrado ou no 1º Ofício do Distrito Federal, em falta de domicílio conhecido, quando tiverem de produzir efeito no País, ou, antes, por meio de segunda via que os cônsules serão obrigados a remeter por intermédio do Ministério das Relações Exteriores.

Passa-se à análise desses traslados.

13.4.1 Meio de publicidade e prova

Em conformidade com o texto legal, os assentos de brasileiros lavrados em país estrangeiro devem ser trasladados no cartório do 1º Ofício, Zona, Subdistrito, Subdivisão, Circunscrição ou Sede da comarca de domicílio do interessado, e quando este não tiver domicílio conhecido no Brasil, no 1º Ofício do Distrito Federal.

O livro destinado a tais traslados é o Livro "E", em conformidade com o art. 33, parágrafo único, e o art. 32, § 2º, da Lei n. 6.015/73.

Vê-se na redação que o traslado se faz necessário quando os assentos tiverem que produzir efeitos no Brasil. Isso se justifica pelo fato de que não há como se conferir publicidade *erga omnes* ou cognoscibilidade a um registro lavrado no exterior, situação essa que obrigaria a busca de assento de uma determinada pessoa em todos os países onde possa ter sido lavrado.

O traslado feito em território nacional permite o conhecimento de seu conteúdo por todos, vez que por ser lavrado no cartório do domicílio do interessado no Brasil, sede da pessoa natural onde esta se presume presente, é dotado de concentração. Na ausência de domicílio conhecido, o único cartório competente será o 1º Ofício do Distrito Federal. Adentrando os registros públicos nacionais, também participará da sistemática de anotações e averbações, o que garante a integridade e abrangência das informações relevantes do estado da pessoa natural.

A publicidade gerada pelo traslado no Livro "E", por ser acessível e concentrada, tem oponibilidade *erga omnes*. Qualidade essa que garante aos assentos de brasileiros lavrados no exterior a produção de todos os seus efeitos, no Brasil, em conformidade com a legislação sob a égide da qual foram lavrados, tornando-se oponível a terceiros que não podem se furtar de seu conhecimento.

De acordo com o texto do art. 32, anteriormente transcrito, o traslado não confere autenticidade aos assentos, que assim são considerados nos termos da lei do local onde lavrados, tampouco interfere na existência ou validade do ato, isso decorre das normas de Direito Internacional Privado, conforme as quais o ordenamento jurídico brasileiro não pode deixar de respeitar o ato jurídico perfeito, o direito adquirido e a coisa julgada emanados de outro Estado[54].

Nesse sentido, a Lei de Introdução às Normas do Direito Brasileiro (Decreto-Lei n. 4.657/42), em seu art. 7º, *caput*, prevê que: "A lei do país em que domiciliada a pessoa determina as regras sobre o começo e o fim da personalidade, o nome, a capacidade e os direitos de família". E no § 4º do mesmo artigo: "O regime de bens, legal ou convencional, obedece à lei do país em que tiverem os nubentes domicílio, e, se este for diverso, a do primeiro domicílio conjugal".

A validade do registro de nascimento e óbito, do casamento e do regime de bens, rege-se pela lei do domicílio, todavia, a própria Lei de Introdução prevê, em seu art. 17, limitação à eficácia de tais atos no Brasil, com o seguinte texto:

> As leis, atos e sentenças de outro país, bem como quaisquer declarações de vontade, não terão eficácia no Brasil, quando ofenderem a soberania nacional, a ordem pública e os bons costumes.

A verificação dessa ofensa à soberania nacional, à ordem pública e aos bons costumes não parece ser de atribuição do registrador civil a quem compete o traslado do assento, mas do juiz de direito. Assim sustenta Jacob Dolinger[55]:

> Caberá ao Juiz ou Tribunal decidir o que seja contrário à ordem pública. Os órgãos do judiciário são soberanos para apreciar (...) se o ato realizado ou contrato firmado no exterior pode ou não, ter eficácia no ambiente local.

Todavia, faz-se ressalva de que as normas e as decisões não deixam claro qual deve ser a postura do registrador diante de pedido de traslado de assento em que há potencial ofensa nos termos do art. 17, como.[56].

---

54. DINIZ, Maria Helena. *Lei de Introdução às Normas do Direito Brasileiro Interpretada* – de acordo com a lei n. 12.376, de 30 de dezembro de 2010. São Paulo: Saraiva, 2012, p. 453.
55. DOLINGER, Jacob. *Direito Internacional Privado – Parte Geral*. Rio de Janeiro: Forense, 2011, p. 402.
56. Observe-se que, muito embora se defenda amplamente que o Registrador não deva fazer juízo de valor, mas apenas se submeter à legalidade, há casos em que a lei comete ao oficial de registro tal tipo de análise, como no caso do Registro Civil da Pessoa Jurídica, que em conformidade com o art. 115 da Lei n. 6.015/73, não poderá registrar "atos constitutivos de pessoas jurídicas, quando o seu objeto ou circunstâncias relevantes indiquem destino ou atividades ilícitos ou contrários, nocivos ou perigosos ao bem público, à segurança do Estado e da coletividade, à ordem pública ou social, à moral e aos bons costumes".

Afirma-se, portanto, que o traslado de assentos de nascimento, casamento e óbito de brasileiros em país estrangeiro, lavrado no Livro "E" do cartório do 1º Ofício do domicílio do interessado, ou na falta deste, no 1º Ofício do Distrito Federal, é meio adequado de publicidade para tal ato no Brasil, que lhe confere oponibilidade *erga omnes* e se destina a fazer prova do fato, devendo ser realizado sempre que o ato tiver de produzir efeitos no Brasil.

13.4.2 A Resolução n. 155 de 16 de julho de 2012 do Conselho Nacional de Justiça

Até a Res. 155/2012 do CNJ, os traslados referidos nesta parte do trabalho não tinham regra única, sendo praticamente impossível o desenvolvimento de um estudo ou de alguma teorização que se aplicasse em todo território nacional.

Havia regras de toda sorte, desde a mais simplificada que permitia a trasladação diretamente perante o registrador, passando por situações em que a autorização do juízo corregedor se fazia necessária, até a regra mais dificultosa que exigia a intervenção jurisdicional, que, sob o argumento de que envolveria questão de nacionalidade, ensejou inclusive conflito de competência entre justiça estadual e a justiça federal, assim:

> CONFLITO DE COMPETÊNCIA. – Simples pedido de trasladar-se registro de nascimento efetuado em consulado ou embaixada brasileira não corresponde a opção de nacionalidade. Por isso a competência para apreciar tal pedido é da Justiça Estadual (Superior Tribunal de Justiça – Conflito de Competência n. 58.743 – MG – 2006/0035402-6).

Diante de tal situação, que trazia insegurança e transtornos à vida dos brasileiros residentes no exterior, bem como daqueles que com eles mantivessem relações sociais e econômicas, o Conselho Nacional de Justiça, com participação do Ministério das Relações Exteriores e colaboração da Associação de Registradores das Pessoas Naturais de São Paulo – ARPEN-SP e da Associação de Notários e Registradores – ANOREG, editou a Resolução n. 155 de 16 de julho de 2012, que padronizou o procedimento de traslado em todo território nacional.

Logo no primeiro artigo da referida resolução, a questão da intervenção judicial é pacificada. Inspirado pela ideia de *extrajudicialização*, ficou estabelecido que não seria necessária autorização do juiz, administrativo ou jurisdicional, para o traslado.

Com base na referida resolução, doravante tratada apenas por Resolução n. 155, será feita análise neste trabalho.

13.4.3 Disposições gerais

A Resolução n. 155, no art. 1º, além da desnecessidade de autorização judicial, reconhece que o traslado será assentado no Livro "E", e que o cartório que tem atribuição para tanto será o do 1º Ofício do domicílio do interessado, ou na falta de domicílio no Brasil, o 1º Ofício do Distrito Federal, assim:

> Art. 1º O traslado de assentos de nascimento, casamento e óbito de brasileiros em país estrangeiro, tomados por autoridade consular brasileira, nos termos do regulamento consular, ou por autoridade estrangeira competente, a que se refere o *caput* do art. 32 da Lei n. 6.015/1973, será efetuado no Livro

"E" do 1º Ofício de Registro Civil de Pessoas Naturais da Comarca do domicílio do interessado ou do 1º Ofício de Registro Civil de Pessoas Naturais do Distrito Federal, sem a necessidade de autorização judicial.

Em seguida, diferenciando o documento produzido por autoridade brasileira no exterior e aqueles oriundos de repartição estrangeira, exige para os últimos a legalização pela autoridade consular brasileira competente do local em que emitidos:

> Art. 2º Os assentos de nascimento, casamento e óbito de brasileiros lavrados por autoridade estrangeira competente, que não tenham sido previamente registrados em repartição consular brasileira, somente poderão ser trasladados no Brasil se estiverem legalizados por autoridade consular brasileira que tenha jurisdição sobre o local em que foram emitidas.

A referida legalização é o reconhecimento pela autoridade consular brasileira da firma e do cargo da autoridade estrangeira que produziu o documento, e será aposta no documento original, na fotocópia autenticada ou na declaração de autenticidade, como se extrai do art. 2º, § 2º, da resolução em questão:

> § 2º A legalização efetuada por autoridade consular brasileira consiste no reconhecimento da assinatura de notário/autoridade estrangeira competente aposta em documento original/fotocópia autenticada ou na declaração de autenticidade de documento original não assinado, nos termos do regulamento consular. (...)

A parte final do art. 2º, § 2º da Resolução n. 155 faz menção ao Decreto n. 84.451/80, segundo o qual os documentos e as assinaturas de cônsules brasileiros eram válidos e dispensavam a legalização. Tal decreto foi revogado pelo Decreto 8.742/2016, o qual passou a tratar da matéria da seguinte maneira:

> Art. 1º São consideradas válidas as cópias dos atos notariais e de registro civil escriturados nos livros do serviço consular brasileiro, quando a elas estiver aposta a etiqueta ou a folha de segurança da repartição consular emitente, que leva o nome e a assinatura da autoridade consular brasileira responsável.
>
> § 1º As assinaturas originais das autoridades consulares brasileiras têm validade em todo o território nacional, ficando dispensada sua legalização.

Ainda no tocante à legalização, a Resolução n. 155 comete ao registrador a responsabilidade de conhecimento de tratados multilaterais ou bilaterais vigentes em que se dispensem ou facilitem a legalização[57]. Assim é o § 3º do art. 2º:

> § 3º Os oficiais de registro civil deverão observar a eventual existência de acordos multilaterais ou bilaterais, de que o Brasil seja parte, que prevejam a dispensa de legalização de documentos públicos originados em um Estado a serem apresentados no território do outro Estado, ou a facilitação dos trâmites para a sua legalização.

Após a edição da Resolução n. 155, entrou em vigor no Brasil a Convenção da Apostila da Haia, conforme Decreto Federal 8.660/2016, que promulgou a Convenção sobre a Eliminação da Exigência de Legalização de Documentos Públicos Estrangeiros, firmada em Haia, em 5 de outubro de 1961.

---

57. Documentos disponíveis na página do Ministério das Relações Exteriores: http://www.itamaraty.gov.br.

Pela referida Convenção, no trâmite de documentos entre os países signatários da Convenção, está dispensada a legalização consular, sendo exigida apenas a aposição da apostila pela autoridade competente do país de origem do documento. (art. 2º da Convenção).

Dessa forma, deve-se observar se o país de origem do documento faz parte dos 111 países signatários da Convenção da Apostila de Haia, pois nesses casos exige-se o apostilamento, não a legalização consular[58].

No que toca aos acordos bilaterais, relevante a pesquisa de Marília Ferreira de Miranda e Karine Maria Famer Rocha Boselli[59], concluindo que apenas os documentos emitidos pelas autoridades registrárias francesas e argentinas estão dispensados da legalização consular. Embora tal artigo esteja desatualizado apenas com relação à Argentina, continua relevante a sua leitura em razão da pesquisa que fez sobre acordos brasileiros com diversos outros países.

Com relação a Argentina, desde 13 de setembro de 2017 não há mais a dispensa de legalização consular, pois ambos países fizeram a denúncia do Acordo entre a República Argentina e a República Federativa do Brasil sobre Simplificação de Legalizações em Documentos Públicos, colocando um fim à sua vigência[60]. Dessa forma, os documentos brasileiros com destino à Argentina, bem como os documentos argentinos destinados ao Brasil, serão legalizados por meio da aposição da Apostila de Haia.

Com relação à França, permanece em vigor o acordo internacional firmado[61], que na ordem interna brasileira está promulgado pelo Decreto 3.598/2000, onde consta expressamente a dispensa de legalização de certidões do estado civil, leia-se:

> Artigo 23. 1. Os atos públicos expedidos no território de um dos dois Estados serão dispensados de legalização ou de qualquer formalidade análoga, quando tiverem que ser apresentados no território do outro Estado. 2. São considerados como atos públicos, no sentido do presente Acordo: a) os documentos que emanem de um tribunal, do Ministério Público, de um escrivão ou de um Oficial de Justiça; b) as certidões de estado civil; c) os atos notariais; d) os atestados oficiais, tais como transcrições de registro, vistos com data definida e reconhecimentos de firmas apostas num documento particular.

A Convenção da Apostila de Haia, cujo objetivo foi facilitar e desburocratizar o trâmite de documentos entre os países, teve a cautela de ressalvar sua aplicação sempre que a lei, os costumes ou acordo entre países não exijam o ato de legalização consular, reiterando assim a dispensa de legalização e do apostilamento, conforme seu Artigo 3º:

> Contudo, a formalidade prevista no parágrafo anterior [a apostila] não pode ser exigida se as leis, os regulamentos ou os costumes em vigor no Estado onde o documento deva produzir efeitos - ou um acordo entre dois ou mais Estados contratantes - a afastem ou simplifiquem, ou dispensem o ato de legalização.

---

58. É possível consultar em http://www.cnj.jus.br/haia e, na coluna da esquerda, clicar em "países signatários". Recomenda-se a consulta desse portal em razão de suas informações oficiais e importantes.
59. MIRANDA, Marília Ferreira; BOSELLI, Karine Maria Famer Rocha. *Dispensa de Legalização Consular para trasladação de documentos estrangeiros nos termos da Resolução n. 155/2012 do CNJ*. Disponível em: http://www.arpensp.org.br/principal/index.cfm?tipo_layout=SISTEMA&url=noticia_mostrar.cfm&id=18249. Acesso em: 2-1-2014.
60. https://concordia.itamaraty.gov.br/detalhamento/5042. Acesso em 31.05.2018
61. https://concordia.itamaraty.gov.br/detalhamento/4253. Acesso em 31.05.2018

Em 05 de fevereiro de 2018, a Corregedoria Nacional de Justiça expediu ofício[62] para dar ciência às autoridades apostilantes brasileiras de que o Brasil, no plano internacional, adotou intepretação restrita ao acordo internacional citado, estabelecendo que não é qualquer documento público, mas apenas os documentos nele mencionados, sobre matéria civil, que estão dispensados de legalização. Assim, a Corregedoria Nacional de Justiça recomendou às serventias extrajudiciais autorizadas a prestar o serviço de apostilamento que os documentos que não tratarem de matéria civil regulamentada pelo ato deverão ser apostilados.

Enfim, conforme expresso nos atos normativos internacionais e a interpretação restrita citada, estão dispensados de legalização e de apostila os documentos públicos oriundos da França que tratem de matéria civil, assim entendidos os documentos que emanem de um tribunal, do Ministério Público, de um escrivão ou de um Oficial de Justiça; as certidões de estado civil; os atos notariais; os atestados oficiais, tais como transcrições de registro, vistos com data definida e reconhecimentos de firmas apostas num documento particular.

Sobre as certidões de registro civil oriundas de Portugal, como bem notou a registradora Ana Paula Goyos Browne[63], há integração entre o serviço consular e o serviço de registro civil portugueses, de modo que os Consulados de Portugal sediados no Brasil podem emitir certidões de nascimento, casamento e óbito de registros lavrados em Portugal. Tais documentos públicos, por serem emitidos em território brasileiro por autoridades consulares, ainda que estrangeiras, estão dispensados de apostilamento ou legalização consular para produzirem efeitos no Brasil. O artigo 1º da Convenção da Apostila de Haia expressamente exclui a aplicação da Convenção aos documentos emitidos por agentes diplomáticos ou consulares, ou seja, não há previsão de apostilamento de tais documentos.

Além da legalização ou apostilamento dos documentos originários de autoridades estrangeiras, a Resolução n. 155, ainda no art. 2º, reconhece a necessidade de tradução por tradutor público juramentado, matriculado na Junta Comercial:

> § 1º Antes de serem trasladados, tais assentos também deverão ser traduzidos por tradutor público juramentado, inscrito em junta comercial brasileira.

A Resolução n. 155 não menciona a necessidade de registro do documento estrangeiro no Registro de Títulos e Documentos.

Todavia, o art. 129, § 6º, da Lei n. 6.015/73 não abre espaço para qualquer exceção, determinando que:

> Estão sujeitos a registro, no Registro de Títulos e Documentos, para surtir efeitos em relação a terceiros (...) **todos os documentos** de procedência estrangeira, acompanhados das respectivas traduções, para produzirem efeitos em repartições da União, dos Estados, do Distrito Federal, dos Territórios e dos Municípios ou em qualquer instância, juízo ou tribunal.

---

62. Trata-se do Ofício-Circular 01/2018 (que erroneamente constou com data de 05/02/2017) divulgado pela Corregedoria Geral da Justiça de São Paulo, Comunicado CG 330/2018, Processo 2018/22693. DJe de 27.02.2018. Disponível em https://www.26notas.com.br/blog/wp-content/uploads/2018/02/Comunicado-CG-330-2018.pdf. Acesso em 11.09.2018.
63. Oficiala de Registro Civil das Pessoas Naturais na Comarca de São Vicente, externou seus fundamentos jurídicos na Comissão de Enunciados da Arpen-SP.

Para esse entendimento, a resolução disse menos do que desejava, e não poderia afastar disposição expressa de lei, devendo ser acrescentado às exigências previstas no art. 2º da Resolução n. 155 o registro no cartório de Títulos e Documentos, como estabeleciam as revogadas Normas de Serviço de São Paulo, Capítulo XVII, itens 139 "a", 140 "a" e 141 "a", e defendem Walter Ceneviva[64], Reinaldo Velloso dos Santos[65], Luiz Guilherme Loureiro[66] e Helder da Silveira[67].

Todavia, no entender do coautor Marcelo Salaroli, a omissão da Resolução n. 155 não foi mero esquecimento do CNJ, mas consciente escolha, em prol do cidadão e da desburocratização, da interpretação sistemática da Lei de Registros Públicos, segundo a qual o art. 32, § 1º, excepciona o mencionado art. 129, pois haverá um *registro* para fins de eficácia, não sendo necessário outro prévio registro para o mesmo fim.

A duplicidade de registros para um mesmo documento é medida excepcional e não há motivos que justifiquem tal excepcionalidade nesse caso. Havendo o conflito aparente de atribuição registral, deverá prevalecer o art. 32, § 1º, por ser norma de caráter especial e a que melhor resguarda a pertinência temática dos registros.

Ademais, a qualificação registral de tais documentos, incontestavelmente, é atribuição do Registro Civil das Pessoas Naturais, e se feito o registro em Títulos e Documentos, mas por algum motivo negado o traslado no Registro Civil das Pessoas Naturais, haverá potencial confusão no público, que poderá supor estar perfeito e acabado o procedimento de registro, quando em verdade houve óbice a sua realização.

Como mencionado, a trasladação pode ser indeferida, caso em que o oficial dará nota de motivos, o que poderá ensejar o procedimento de dúvida do art. 198 da Lei n. 6.015/73, caso o interessado não se conforme com a recusa, assim prevê o art. 3º da Resolução n. 155:

> Art. 3º Sempre que o traslado for indeferido pelo oficial de registro civil, será feita nota com os motivos do indeferimento, cumprindo-se, quando for o caso, o art. 198 c.c. o art. 296 da Lei n. 6.015/1973.

O art. 4º da Resolução n. 155 prevê que o traslado será feito mediante apresentação dos originais e regulamenta o que já era prática de muitos registradores, ao possibilitar que seja arquivada em cartório a cópia conferida pelo oficial, devolvendo-se o documento original para que a parte o mantenha e não precise obter outra certidão oriunda do exterior.

> Art. 4º O traslado de certidões de assentos de nascimento, casamento e óbito de brasileiros lavrados em país estrangeiro será efetuado mediante apresentação de documentos originais.
>
> Parágrafo único. O arquivamento de tais documentos poderá ser feito por cópia reprográfica conferida pelo oficial de registro civil.

O art. 5º da Resolução n. 155 deixa claro que o registrador deve trasladar o documento como recebido, ainda que erros sejam relatados, e estabelece que eventual

---

64. CENEVIVA, *Op. cit.*, 2010 p. 146.
65. SANTOS, Reinaldo Velloso. *Op. cit.*, 2006, p. 146.
66. LOUREIRO, Luís Guilherme. *Op. cit.*, p. 123.
67. SILVEIRA, Helder. *Op. cit.*, p. 54.

retificação que se faça necessária será realizada nos termos dos arts. 109 (judicial) e 110 (administrativo) da Lei n. 6.015/73:

> Art. 5º O oficial de registro civil deverá efetuar o traslado das certidões de assentos de nascimento, casamento e óbito de brasileiros ocorridos em país estrangeiro, ainda que o requerente relate a eventual necessidade de retificação do seu conteúdo. Após a efetivação do traslado, para os erros que não exijam qualquer indagação para a constatação imediata de necessidade de sua correção, o oficial de registro deverá proceder à retificação conforme art. 110 da Lei n. 6.015/1973.
>
> Parágrafo único. Para os demais erros, aplica-se o disposto no art. 109 da referida Lei.

Dessa disposição extrai-se que as alterações referentes ao registro de nascimento, casamento e óbito, quando forem assentados por meio de traslado no Livro "E", deverão ser feitas no traslado, por meio de averbação, em procedimento no Brasil, não sendo necessário previamente retificar o documento que deu origem ao traslado. A mesma regra se aplica às averbações e anotações referentes a pessoas cujos registros sejam trasladados, estas somente obterão a adequada publicidade que as torna aptas a produção de todos os efeitos no Brasil se forem realizadas nos traslados do Livro "E".

A parte relativa às disposições gerais é encerrada com questão que foi tormentosa entre os registradores por muito tempo, que seria a forma de emissão de certidões dos referidos traslados.

Em conformidade com a Resolução n. 155, tais certidões seguem os mesmos moldes das certidões de nascimento, casamento e óbito previstas nos Provimentos n. 2 e 3 da CN-CNJ – bem como todas as possíveis alterações vindouras – com as devidas observações que serão tratadas em cada espécie de traslado. Assim:

> Art. 6º As certidões dos traslados de nascimento, de casamento e de óbito, emitidas pelos Cartórios de 1º Ofício de Registro Civil de Pessoas Naturais deverão seguir os padrões e modelos estabelecidos pelo Provimento CNJ n. 2, de 27 de abril de 2009, e pelo Provimento CNJ n. 3, de 17 de novembro de 2009, bem como por outros subsequentes que venham a alterá-los ou complementá-los, com as adaptações que se fizerem necessárias.

Após a edição de tal norma, a CN-CNJ editou o Provimento 63 de 2017, que revogou os Provimentos 2 e 3 do da CN-CNJ, estabeleceu novos modelos para as certidões de nascimento, casamento e óbito nos anexos I, II e III, e previu que as certidões relativas aos atos transcritos no Livro "E" sejam emitidas de acordo com o modelo do Anexo V. Com essa alteração, as certidões de traslados de nascimento, casamento e óbito deveriam deixar de seguir os modelos das certidões de nascimento, casamento e óbito. O modelo do mencionado anexo V, para a parte destinada ao conteúdo registral, contempla apenas um enorme retângulo vazio. Todavia, isso não significa que devam ser emitidas em inteiro teor, pelo contrário, a certidão deve permitir que se compreenda o conteúdo do registro e que a informação fique acessível ao cidadão, o que o inteiro teor muitas vezes não é capaz de fazer. Diante disso, o que os autores deste trabalho propõem é que a as certidões de traslados de nascimento, casamento e óbito, quando elaboradas, sigam, tanto quanto possível, os modelos das certidões de assentos de nascimento casamento e óbito. Nisso não há nenhum desrespeito ao Prov.63/17 citado, pois dentro do enorme retângulo proposto, os registradores podem dispor da informação registral como melhor entenderem e usar o mesmo modelo da certidão de nascimento, casamento e óbito é uma boa técnica de redação registral.

13.4.4 Traslado de nascimento

Tratado nos arts. 7º a 11 da Resolução n. 155 do CNJ, deve ser estudado em dois grupos: o primeiro relativo a registros lavrados por autoridade brasileira competente e o segundo relativo a traslados de atos que não tenham previamente sido registrados em repartição consular brasileira (registros feitos por autoridades estrangeiras).

No primeiro caso a regra está estampada no art. 7º da Resolução, exigindo-se para o traslado:

a) certidão de assento de nascimento emitida por autoridade consular brasileira;

b) declaração de domicílio do registrando na Comarca ou comprovante de residência/domicílio, a critério do interessado. Na falta de domicílio no Brasil, o traslado deverá ser efetuado no 1º Ofício do Distrito Federal; e

c) requerimento assinado pelo registrado, por um dos seus genitores, pelo responsável legal ou por procurador.

Vê-se que não se faz necessária a prova da nacionalidade brasileira de um dos genitores, bastando que a certidão emane da autoridade consular brasileira, uma vez que, em conformidade com o art. 18 da Lei de Introdução às Normas do Direito Brasileiro, tais autoridades somente são competentes para os atos de registro civil que envolvem em brasileiros.

O domicílio, que determina qual cartório tem atribuição para a trasladação, poderá ser comprovado ou declarado sob a responsabilidade do interessado, escolha que fica a seu critério. Essa medida se destina à simplificação dos procedimentos e prestigia a presunção de boa-fé dos interessados.

O requerimento cumpre o princípio da instância, inscrito no art. 13 da Lei n. 6.015/73.

Segundo a resolução, seriam legitimados para esse requerimento o registrado, seus genitores e seu representante legal, pessoalmente ou por procurador. Todavia, há que se analisar com mais cautela essa limitação de legitimados para requerer o traslado, pois a publicidade para produção de efeitos de um determinado registro no Brasil pode interessar a um terceiro, o qual não poderia ficar à mercê da vontade dos arrolados na alínea *c* em comento.

Recomenda-se seguir o que está escrito na resolução, até que surjam casos em que será avaliada a conveniência de se reinterpretar tal rol de legitimados, possibilitando-se ou não que terceiros que comprovem seu interesse promovam o traslado.

A trasladação deverá ser feita com indicação de quem a requer e quais foram os documentos apresentados, sendo em seguida transcrito o teor da certidão consular.

Em conformidade com o art. 12, inciso I, alínea *c*, da Constituição Federal, o registrado, nesse caso, será brasileiro nato independentemente de opção, como foi tratado anteriormente, motivo pelo qual, ao final da trasladação, cumpre-se o § 1º do mencionado art. 7º, segundo o qual:

§ 1º Deverá constar do assento e da respectiva certidão do traslado a seguinte observação: "Brasileiro nato, conforme os termos da alínea c do inciso I do art. 12, *in limine*, da Constituição Federal".

No caso de traslados de assentos de nascimento que não tenham sido previamente registrado em repartição consular brasileira, a regra é a do art. 8º da resolução, segundo a qual exige-se a apresentação do seguinte:

a) certidão do assento estrangeiro de nascimento, legalizada por autoridade consular brasileira e traduzida por tradutor público juramentado;

b) declaração de domicílio do registrando na Comarca ou comprovante de residência/domicílio, a critério do interessado. Na falta de domicílio no Brasil, o traslado deverá ser efetuado no 1º Ofício do Distrito Federal;

c) requerimento assinado pelo registrado, por um dos seus genitores, pelo responsável legal ou por procurador; e

d) documento que comprove a nacionalidade brasileira de um dos genitores.

Inicialmente deve ser apresentada a certidão estrangeira, apostilada ou legalizada, conforme o caso, e traduzida por tradutor público juramentado. Remete-se à observação relativa ao registro no Registro de Títulos e Documentos feita anteriormente neste capítulo, no item 13.4.3, ao se tratar das disposições gerais da resolução.

Em relação ao domicílio e ao requerimento, as regras e considerações são as mesmas do traslado de registro realizado por autoridade consular brasileira.

Para esse traslado, faz-se necessária prova da nacionalidade brasileira de um dos genitores, vez que somente se trasladará registro de nascimento de filhos de brasileiros. A prova de nacionalidade é a certidão de nascimento para os brasileiros natos e o certificado de naturalização para os naturalizados. Outros documentos carregam tal informação, como, por exemplo, o passaporte. Além disso, há outras ocorrências relativas à nacionalidade que devem ser consideradas, como a perda e a opção, que foram tratadas no item 1.5.1 deste trabalho ao se exporem os elementos do estado da pessoa natural, bem como no capítulo de averbação no registro de nascimento, item 10.6.

A trasladação deverá ser feita com indicação de quem a requer e quais foram os documentos apresentados, sendo em seguida transcrito o teor da certidão consular.

Em conformidade com o art. 12, inciso I, alínea *c*, da Constituição Federal, o registrado, nesse caso, deverá confirmar a nacionalidade brasileira, o que poderá fazer se vier a residir no Brasil, por meio de opção perante a Justiça Federal, após atingir a maioridade, como foi exposto quando se tratou da opção de nacionalidade. Por esse motivo, ao final da trasladação cumpre-se o § 1º do mencionado art. 8º, segundo o qual:

§ 1º Deverá constar do assento e da respectiva certidão do traslado a seguinte observação: "Nos termos do art. 12, inciso I, alínea *c*, *in fine*, da Constituição Federal, a confirmação da nacionalidade brasileira depende de residência no Brasil e de opção, depois de atingida a maioridade, em qualquer tempo, pela nacionalidade brasileira, perante a Justiça Federal".

O CNCGJ-ES traz previsão interessante que deveria ser copiada, ao prever em seu art. 1.021, inciso III, que:

> do assento e das respectivas certidões do termo de nascimento trasladado constará que só valerão como prova de nacionalidade até que seja atingida a maioridade, quando então o interessado deverá optar, a qualquer tempo, pela nacionalidade brasileira perante a justiça federal.

Em ambos os casos, o traslado de nascimento não tem prazo para ser requerido, como explicita o art. 9º da Resolução n. 155: "O traslado de assento de nascimento ocorrido em país estrangeiro poderá ser requerido a qualquer tempo".

A resolução segue expondo regras relativas ao conteúdo do registro que se aplicam a ambos os casos.

No art. 10, possibilita-se que o requerente indique o sobrenome do registrado mediante declaração escrita, caso este não conste da certidão:

> Caso não conste o sobrenome do registrando no assento de nascimento ocorrido em país estrangeiro, faculta-se ao requerente a sua indicação, mediante declaração escrita que será arquivada.

Para esse fim específico, é relevante a limitação de legitimação para o requerimento de traslado mencionada anteriormente.

O art. 11 reconhece, incidentalmente, que os elementos do traslado de nascimento seguem o art. 54 da Lei n. 6.105/73, que trata do assento de nascimento, e, ao fazê-lo, estabelece que eventuais omissões não obstarão o traslado e poderão ser incluídas posteriormente por meio de averbação, mediante apresentação de documento comprobatório e sem necessidade de retificação ou de intervenção judicial:

> A omissão no assento de nascimento ocorrido em país estrangeiro de dados previstos no art. 54 da Lei n. 6.015/73 não obstará o traslado.
>
> Parágrafo único. Os dados faltantes poderão ser inseridos posteriormente por averbação, mediante a apresentação de documentação comprobatória, sem a necessidade de autorização judicial.

Por fim, o art. 12 trata da situação daqueles cujo assento de nascimento registrado por autoridade consular brasileira foi trasladado entre a edição da Emenda Constitucional de Revisão n. 3/94 e a Emenda Constitucional n. 54/2007, os quais sofreram alteração em seu estado político, passando a não mais depender de opção para confirmação da nacionalidade brasileira, o que deve ser averbado no registro. Esse tema foi tratado anteriormente, no item que diz respeito à opção de nacionalidade.

As demais questões de nacionalidade também foram tratadas anteriormente neste trabalho, no item 1.5.1, ao se tratar dos elementos do estado da pessoa natural, bem como no item 13.3.9 relativo à opção de nacionalidade.

Faz-se observação de que o CNCGJ-PR previa que em caso de nascimento de filho de brasileiro a serviço da República Federativa do Brasil no exterior, não seria caso de trasladação, mas de registro, uma vez que este é brasileiro nato nos termos do art. 12, inciso I, alínea *b*, da Constituição Federal, assim:

15.13.5 – O registro de nascimento – não a mera trasladação – de pessoa nascida em país estrangeiro, filho de pai brasileiro ou mãe brasileira, desde que qualquer deles esteja a serviço da República Federativa do Brasil, far-se-á no Livro "A", sem a ressalva de opção à nacionalidade brasileira.

Em face das alterações resultantes da Emenda Constitucional n. 54/2007 e do texto da Resolução n. 155, além do fato de o Livro "A" se reger pelo art. 50 da Lei n. 6.015/73, que prevê registro apenas dos nascimentos ocorridos no Brasil, as normas do Paraná foram alteradas de modo a serem aplicadas integralmente as previsões da Resolução n. 155/2012 CNJ.

Por fim, o art. 95 do Ato das Disposições Constitucionais Transitórias prevê que:

Os nascidos no estrangeiro entre 7 de junho de 1994 e a data da promulgação desta Emenda Constitucional, filhos de pai brasileiro ou mãe brasileira, poderão ser registrados em repartição diplomática ou consular brasileira competente ou em ofício de registro, se vierem a residir na República Federativa do Brasil.

De tal disposição, pode-se extrair que é possível que o filho de pai brasileiro ou de mãe brasileira nascido no exterior venha residir na República Federativa do Brasil sem que seu registro de nascimento tenha sido lavrado, caso em que se fará o registro diretamente no ofício competente.

O ofício competente para o registro direto – não trasladação – de filho de brasileiro nascido no exterior será o 1º Ofício da Comarca de Domicílio do registrado, e o assentamento deverá ser realizado no Livro "E".

Essa é a conclusão extraída da sistemática legal pelas diversas decisões acerca do assunto, recomendando-se a leitura do parecer no Processo 2007-163747 da CGJ-RJ, que resultou no Aviso CGJ 480/2008, segundo o qual:

compete, com exclusividade, aos Registros Civis de Pessoas Naturais do 1º Distrito ou da 1ª Subdivisão Judiciária do 1º Distrito da comarca de domicílio do registrado, a lavratura dos assentos de nascimento previstos no art. 95 dos Atos das Disposições Constitucionais Transitórias, os quais deverão ser inscritos no Livro "E" do registro civil.

No mesmo sentido, o Capítulo XVII das NSCGJ-SP estabelecia, no item 9.3, que:

Na hipótese de nascimento no exterior sem registro, o Oficial, antes do obrigatório envio do requerimento ao Juiz-Corregedor Permanente para apreciação, observará, no que couber, o disposto na Seção IV deste Capítulo e deverá fazer constar do termo, se finalmente lavrado, bem como das respectivas certidões, que a condição de nacionalidade brasileira depende de opção, depois de atingida a maioridade, a qualquer tempo, perante a Justiça Federal.

Seguindo o espírito de extrajudicialização do procedimento de registro que inspirou a Resolução n. 155, o referido item das normas paulistas foi revisto, passando a ter a seguinte redação:

151.3 Na hipótese de nascimento no exterior sem registro, o Oficial observará no que couber, o disposto neste Capítulo, no que se refere ao Registro Tardio de Nascimento e deverá fazer constar do termo bem como das respectivas certidões, que a condição de nacionalidade depende de opção, depois de atingida a maioridade, a qualquer tempo, perante a Justiça Federal.

Com a nova redação, o Judiciário passa somente a ser acionado em caso de suspeita.

13.4.4.1 Traslado de nascimento de imigrantes (estrangeiros)

Todo o exposto até aqui diz respeito ao traslado de nascimento de brasileiros, ainda que a nacionalidade brasileira esteja pendente de opção. No entanto, excepcionalmente é possível realizar o traslado de nascimento de pessoa estrangeira nascida no exterior (A situação da pessoa estrangeira nascida no Brasil é analisada no item 13.4.8, a seguir).

A excepcionalidade que justifica o traslado desse nascimento no Brasil é a alteração do estado da pessoa natural conforme as leis brasileiras, surgindo então a necessidade de dar publicidade e efeitos perante terceiros ao nascimento da pessoa estrangeira e as alterações de seu estado. Por exemplo, se os pais de um imigrante (estrangeiro) perderem o poder familiar por decisão da Justiça brasileira, tal determinação precisa de adequada publicidade registral, para que possa ficar preservada e produzir todos os seus efeitos.

Nesse sentido, há disposição expressa das NSCGJ-SP, Capítulo XVII, item 167 e 168:

> 167. O Registro Civil das Pessoas Naturais do 1º Subdistrito da Comarca procederá no Livro "E", para fins de publicidade e efeitos perante terceiros, o traslado da certidão de nascimento de pessoa filha de pai e mãe estrangeiros, cujo nascimento tenha ocorrido no exterior. A certidão deverá ser traduzida por tradutor público juramentado, inscrito em junta comercial brasileira, para em ato subsequente, proceder às necessárias averbações de mandados judiciais, cujas ordens e dispositivos abordem assuntos relativos aos direitos da personalidade, às questões de estado, à capacidade e ao direito de família; ou, ainda, às hipóteses de reconhecimento da filiação pela via administrativa ou judicial, à perda e suspensão do poder familiar, guarda, tutela, investigação de paternidade ou maternidade, negatória de paternidade ou maternidade e demais atos que constituírem nova relação familiar.

> 168. Se do mandado não contiver ordem expressa para a realização da transcrição, ou se embora existente não estiver instruído com a documentação necessária, far-se-á a necessária transcrição, com a documentação que a parte apresentar.

13.4.5 Traslado de casamento

O traslado de assento de casamento de brasileiro ocorrido no exterior está regulamentado pelo art. 13 da Resolução n. 155. Neste tópico é analisado o casamento ocorrido no exterior em que pelo menos um dos cônjuges seja brasileiro, nato ou naturalizado. No entanto, relembre-se que também é possível trasladar casamento entre dois imigrantes (estrangeiros), excepcionalmente, quando for necessário averbar o divórcio realizado no Brasil, como foi analisado anteriormente, ao tratar do registro das sentenças de divórcio no Livro "E", item 13.3.8.

Inicialmente, convém analisar os parágrafos 10 e 11 do mencionado artigo, segundo os quais:

> § 10. Os casamentos celebrados por autoridades estrangeiras são considerados autênticos, nos termos da lei do local de celebração, conforme previsto no *caput* do art. 32 da Lei n. 6.015/1973, inclusive no que respeita aos possíveis impedimentos, desde que não ofendam a soberania nacional, a ordem pública e os bons costumes, nos termos do art. 17 do Decreto n. 4.657/1942.

> § 11. O traslado no Brasil, a que se refere o § 1º do referido artigo, efetuado em Cartório de 1º Ofício, tem o objetivo de dar publicidade e eficácia ao casamento, já reconhecido válido para o ordenamento brasileiro, possibilitando que produza efeitos jurídicos plenos no território nacional.

Tais parágrafos, com bastante clareza, reconhecem que os casamentos realizados no exterior são reputados existentes e válidos pelo ordenamento brasileiro, e que o traslado do assento em nada interfere em tais planos, destinando-se, exclusivamente, à publicidade e à eficácia de tal casamento no território nacional. Isto é a expressão do princípio *locus regit actum* do Direito Internacional Privado.

Dessa maneira, não há que se falar na verificação de possíveis impedimentos no momento do traslado, como exigiam as normas de São Paulo, no item 139, *b*, do Capítulo XVII:

> Para o traslado de assento de casamento serão exigidos os seguintes documentos: (...) declaração de duas testemunhas maiores, parentes ou não, que atestem conhecê-los e afirmem que não havia impedimento para o casamento.

Muito embora no art. 17 da Lei de Introdução às Normas de Direito Brasileiro exista ressalva, segundo a qual não terão eficácia no Brasil os atos estrangeiros quando ferirem a soberania nacional, os bons costumes e a ordem pública, não parece competir ao registrador essa apreciação, tema que foi abordado anteriormente no item 13.4.1, que trata do "Meio de publicidade e prova".

Cabe neste ponto uma observação. Jacob Dolinger[68], ao tratar do Direito Internacional Privado, defende que o traslado do registro de casamento realizado no exterior não se destina à eficácia, mas tão somente à publicidade e à prova do ato, assim:

> O registro no Brasil não o torna eficaz de direito, ele é eficaz no Brasil a partir do momento em que efetuado validamente no exterior, na conformidade das leis do local de sua celebração. O registro é necessário tão somente para fazer prova. Questão *ad probationem*.

De fato, não há como se negar eficácia ao casamento realizado no exterior antes da trasladação de seu assento no Brasil, reconhecendo-se, inclusive, que o meio de produção da prova se rege pela lei do país em que ocorrer o fato. Assim prevê o art. 13 da Lei de Introdução às Normas de Direito Brasileiro:

> A prova dos fatos ocorridos em país estrangeiro rege-se pela lei que nele vigorar, quanto ao ônus e aos meios de produzir-se, não admitindo os tribunais brasileiros provas que a lei brasileira desconheça.

Todavia, somente o traslado confere a adequada publicidade no território nacional, sendo reconhecido pela legislação como meio de prova do casamento quando este tiver de produzir efeitos no Brasil, em conformidade com o art. 1.544 do Código Civil, combinado com o art. 32, § 1º, da Lei n. 6.015/73.

Dessa maneira, é com o traslado que o registro de casamento realizado no exterior se torna adequadamente público e cognoscível, ficando apto a produzir todos os efeitos no Brasil, especialmente em face de terceiros.

Feita essa introdução, passa-se a uma breve análise do mencionado art. 1.544 do Código Civil, segundo o qual:

---

68. DOLINGER, Jacob. *Direito Internacional Privado, Família no Direito Internacional Privado, Casamento e Divórcio*. Rio de Janeiro: Renovar, 1997, p. 50.

Art. 1.544. O casamento de brasileiro, celebrado no estrangeiro, perante as respectivas autoridades ou os cônsules brasileiros, deverá ser registrado em cento e oitenta dias, a contar da volta de um ou de ambos os cônjuges ao Brasil, no cartório do respectivo domicílio, ou, em sua falta, no 1º Ofício da Capital do Estado em que passarem a residir.

Em razão da redação deste artigo, muitos passaram a entender que o traslado do casamento de brasileiro no exterior somente poderia ser realizado após a volta de um dos cônjuges ao Brasil[69], entendimento que não poderia prevalecer, uma vez que o casamento pode ter de produzir efeitos antes do retorno, como foi previsto pelo art. 32, § 1º, da Lei n. 6.105/73, o qual deve ser seguido. Assim:

§ 1º Os assentos de que trata este artigo serão, porém, transladados nos cartórios de 1º Ofício do domicílio do registrado ou no 1º Ofício do Distrito Federal, em falta de domicílio conhecido, quando tiverem de produzir efeito no País, **ou, antes,** por meio de segunda via que os cônsules serão obrigados a remeter por intermédio do Ministério das Relações Exteriores.

Ainda a respeito do art. 1.544 do Código Civil, este prevê um prazo de 180 dias a contar do retorno ao Brasil para que o traslado do casamento de brasileiro seja lavrado, porém, não prevê qualquer consequência para o descumprimento do referido prazo.

Diante de tal fato, Reinaldo Velloso dos Santos[70] sugere que a consequência para descumprimento do referido prazo seja, por analogia, a mesma estabelecida para os registros extemporâneos em Registro de Títulos e Documentos, prevista no art. 130, parágrafo único, da Lei n. 6.015/73, que estabelece que "Os registros de documentos apresentados, depois de findo o prazo, produzirão efeitos a partir da data da apresentação".

Todavia, não há como se negar efeitos pessoais e patrimoniais ao casamento válido realizado no exterior apenas em razão de descumprimento de prazo para traslado. O atraso atinge tão somente a publicidade, a boa-fé e a prova do fato.

O caso se assemelha ao registro do casamento religioso para efeitos civis, no qual, mesmo após o decurso do prazo para registro, que é de 90 dias contados da celebração do casamento, o assento poderá ser lavrado e o casamento produzirá efeitos desde a data da celebração, como preveem os arts. 1.515 e 1.516 do Código Civil.

Nesse ponto, o entendimento do CNJ na Resolução n. 155 foi de não reconhecer o prazo como decadencial, tampouco de aceitar alguma consequência não expressamente prevista em lei para o descumprimento do referido prazo, de tal maneira que sequer se deve exigir prova do retorno ao Brasil para a lavratura do traslado.

A rigor, o prazo foi instituído "para acelerar o registro de ato jurídico relevante, perfeito e acabado", este foi o posicionamento do Tribunal de Justiça de São Paulo na Apelação Cível n. 85.547, que tratava de prazo para mesma finalidade estabelecido pelo

---

69. "Em decorrência desse dispositivo os Registro Civis das Pessoas Naturais do Estado de São Paulo só têm promovido a transcrição de casamento dos brasileiros após retorno dos cônjuges ao Brasil, o que tem gerado um impasse quando essas pessoas pretendem adquirir imóvel no Brasil antes do retorno ao País, representadas por mandatário constituído por procuração lavrada em consulado" (KONNO, Alyne Yumi. *Registro de Imóveis* – Teoria e Prática. São Paulo: Memória Jurídica, 2007, p. 217).
70. SANTOS, Reinaldo Velloso. *Op. cit.*, p. 150.

Decreto n. 4.857 de 1939. Segundo o mesmo acórdão, o "registro, dado seu alcance social, far-se-á sempre, dentro ou fora daquele prazo"[71].

Por fim, o art. 1.544 ainda enseja a discussão acerca da circunscrição com atribuição territorial para o traslado do casamento.

Nesse tema há duas normas: o art. 1.544 do Código Civil, que estabelece que o traslado será feito "no cartório do respectivo domicílio, ou, em sua falta, no 1º Ofício da Capital do Estado em que passarem a residir"; e o art. 32, § 1º, da Lei n. 6.015/73, que prevê traslados "nos cartórios de 1º Ofício do domicílio do registrado ou no 1º Ofício do Distrito Federal, em falta de domicílio conhecido, quando tiverem de produzir efeito no País, ou, antes".

Diante disso, pode-se extrair o seguinte: havendo domicílio no Brasil, a circunscrição deste regerá a atribuição, devendo o traslado ser lavrado no cartório do 1º Ofício da comarca em que for domiciliado o casal; não havendo domicílio, mas havendo residência no Brasil, o mencionado art. 1.544 prevê que o traslado será no 1º Ofício da Capital do Estado em que passarem a residir; e não havendo domicílio conhecido, ou devendo produzir efeitos antes do retorno ao País, o traslado deverá ser realizado no 1º Ofício do Distrito Federal.

Essa interpretação é a apresentada por Reinaldo Velloso dos Santos[72].

Todavia, vislumbra-se que, na Resolução n. 155, o Conselho Nacional de Justiça tratou a regra de maneira mais simples, não contemplando a atribuição do primeiro ofício da capital do Estado de residência, o que se extrai da redação dos arts. 1º e 13, c:

> Art. 1º O traslado de assentos de nascimento, casamento (...) será efetuado no Livro "E" do 1º Ofício de Registro Civil de Pessoas Naturais da Comarca do domicílio do interessado ou do 1º Ofício de Registro Civil de Pessoas Naturais do Distrito Federal, sem a necessidade de autorização judicial.
>
> (...)
>
> Art. 13 O traslado do assento de casamento de brasileiro ocorrido em país estrangeiro deverá ser efetuado mediante a apresentação dos seguintes documentos: (...) c) declaração de domicílio do registrando na Comarca ou comprovante de residência/domicílio, a critério do interessado. **Na falta de domicílio no Brasil, o traslado deverá ser efetuado no 1º Ofício do Distrito Federal**.

Feitas as considerações relativas ao art. 1.544 do Código Civil, passa-se à análise do traslado em si.

Em conformidade com a Resolução n. 155, art. 13, para realização do traslado de assento de casamento de brasileiro ocorrido em país estrangeiro devem ser apresentados os seguintes documentos:

> a) certidão de assento de casamento emitida por autoridade consular brasileira ou certidão estrangeira de casamento legalizada por autoridade consular brasileira e traduzida por tradutor público juramentado;
>
> b) certidão de nascimento do cônjuge brasileiro, ou certidão de casamento anterior com prova da sua dissolução, para fins do art. 106 da Lei n. 6.015/1973;

---

71. Apelação Cível n. 85.547, *Revista dos Tribunais*, v. 279, p. 277.
72. SANTOS, Reinaldo Velloso. *Op. cit.*, 2006, p. 149.

c) declaração de domicílio do registrando na Comarca ou comprovante de residência/domicílio, a critério do interessado. Na falta de domicílio no Brasil, o traslado deverá ser efetuado no 1º Ofício do Distrito Federal; e

d) requerimento assinado por um dos cônjuges ou por procurador.

Inicialmente deve ser apresentada a certidão do assento de casamento a ser trasladado. Tratando-se de certidão emitida por autoridade consular brasileira, não se fazem necessárias maiores formalidades. No caso de certidão emitida por autoridade estrangeira, será necessária a legalização ou apostilamento, conforme o caso, e a tradução por tradutor público juramentado. Para essa última, remete-se à observação relativa ao registro no Registro de Títulos e Documentos feita anteriormente neste capítulo ao se tratar das disposições gerais da Resolução n. 155 (item 3.5.3).

É exigida, em seguida, a apresentação da certidão de nascimento ou de casamento do cônjuge brasileiro, a fim de se atender ao disposto no art. 106 da Lei n. 6.015/73, que trata das anotações.

Além da finalidade expressa no texto, a certidão serve como prova da nacionalidade brasileira, cuja verificação se faz necessária, pois segundo o art. 32 da Lei n. 6.015/73 apenas são trasladados os assentos de casamentos de brasileiros. No mesmo sentido, o § 1º do art. 13 em comento determina que no caso de brasileiro naturalizado deve ser apresentado o certificado de naturalização ou outro documento que comprove a nacionalidade:

> § 1º Se o assento de casamento a ser trasladado referir-se a brasileiro naturalizado, será obrigatória também a apresentação do certificado de naturalização ou outro documento que comprove a nacionalidade brasileira.

Observe-se que se o registro do casamento a ser trasladado tiver sido emitido por autoridade consular brasileira, não se faz necessária prova da nacionalidade, vez que tais autoridades somente têm competência para realizar o casamento e praticar atos de registro civil em relação a brasileiros, nos termos do art. 18 do Decreto-Lei n. 4.657/42.

Na alínea *b* do art. 13 da Resolução n. 155, exige-se ainda a apresentação da prova da dissolução do casamento anterior juntamente com a certidão deste, medida que se destina a impedir a coexistência de dois registros de casamento relativos a mesma pessoa, sem que seja averbada a dissolução de um deles, o que pode induzir terceiros ao erro por não saberem qual está vigente. Essa previsão não se destina à verificação de inexistência de impedimento, pois, como demonstrado anteriormente, não há que se falar em tal verificação no momento da trasladação.

O domicílio e a residência, que determinam qual cartório tem atribuição para a trasladação, podem ser comprovados ou declarados sob responsabilidade, o que fica a critério do interessado. Remete-se a discussão acerca da atribuição para o traslado, exposta anteriormente neste item.

O requerimento se destina a cumprir o princípio da instância, inscrito no art. 13 da Lei n. 6.015/73.

Segundo a resolução, seriam legitimados para esse requerimento qualquer dos cônjuges, pessoalmente ou por procurador. Todavia, há que se analisar com mais cautela essa limitação de legitimados para requerer o traslado, pois a publicidade para produção de efeitos de um determinado registro de casamento no Brasil pode interessar a um terceiro, o qual não poderia ficar à mercê da vontade dos cônjuges.

Recomenda-se seguir o que está escrito na resolução, até que surjam casos em que será avaliada a conveniência de se reinterpretar tal rol de legitimados, possibilitando-se ou não que terceiros que comprovem seu interesse promovam o traslado.

A trasladação deverá ser feita com indicação de quem a requer e quais foram os documentos apresentados, sendo em seguida transcrito o teor da certidão.

No teor da trasladação, a questão mais tormentosa diz respeito ao regime de bens, que antes da Resolução n. 155 ensejou diversas regras, desde as que impediam a trasladação do assento que não contivesse o regime de bens até as que determinavam a indicação do regime da comunhão parcial de bens quando o regime estrangeiro não existisse no Brasil.

Tais regras ignoravam o fato de que o regime de bens se rege pelo domicílio do casal e que o traslado do casamento realizado no exterior se destina à publicidade e prova do fato. A Resolução n. 155, nos parágrafos 2º, 3º, 4º e 5º do art. 13, pacífica a questão com regras que se aplicam ao regime de bens no traslado de casamento.

Inicialmente, reconheça-se que a omissão do regime de bens na certidão do assento de casamento não impede o traslado, sendo possível a averbação posterior mediante apresentação de prova do regime adotado. Nesse sentido:

> § 2º A omissão do regime de bens no assento de casamento, lavrado por autoridade consular brasileira ou autoridade estrangeira competente, não obstará o traslado.
>
> § 3º Faculta-se a averbação do regime de bens posteriormente, sem a necessidade de autorização judicial, mediante apresentação de documentação comprobatória.

Em seguida, reconheça-se a regra de direito internacional privado inscrita no art. 7º, § 4º, do Decreto-Lei n. 4.657/42, segundo o qual "O regime de bens, legal ou convencional, obedece à lei do país em que tiverem os nubentes domicílio, e, se este for diverso, a do primeiro domicílio conjugal", impedindo-se que o regime de bens de um casamento seja alterado ao arrepio da lei, e garantindo-se a publicidade de qual regra se aplica, com a seguinte determinação:

> § 4º Deverá sempre constar do assento e da respectiva certidão a seguinte anotação: "Aplica-se o disposto no art. 7º, § 4º, do Decreto-Lei n. 4.657/1942".

Diante da possibilidade de haver pacto antenupcial lavrado no exterior, a Resolução n. 155 prevê meio para que este seja registrado no Brasil e assim obtenha publicidade, podendo ser conhecido o seu teor. Nesse sentido é o § 5º do art. 13:

> § 5º Na eventual existência de pacto antenupcial, lavrado perante autoridade estrangeira competente, o oficial de registro civil deverá, antes de efetuar o traslado, solicitar que os interessados providenciem o seu registro em cartório de registro de títulos e documentos no Brasil, alertando-os que o documento

deverá estar previamente legalizado por autoridade consular brasileira que tenha jurisdição sobre o local em que foi emitido e traduzido por tradutor público juramentado.

De fato, nos termos do art. 129, 6º, da Lei n. 6.015/73, o pacto antenupcial lavrado perante autoridade estrangeira deverá ser legalizado ou apostilado, conforme o caso, traduzido por tradutor público juramentado e registrado em Registro de Títulos e Documentos para produzir seus efeitos no Brasil. Todavia, o registro apto a dar aos pactos antenupciais a adequada publicidade, oponibilidade e cognoscibilidade a terceiros é aquele lavrado no Livro 3 do Registro de Imóveis do domicílio do casal, nos termos do art. 244 da Lei n. 6.015/73[73]. Diante disso, sugere-se que além do registro previsto no § 5º anteriormente transcrito, seja realizado o registro do art. 244 da Lei n. 6.015/73 – ressalve-se que se trata de proposta dos autores deste trabalho, não havendo norma com tal teor.

Ainda no tema da publicidade das regras do regime de bens, é possível que este seja regido por normas e leis estrangeiras, as quais não têm adequada publicidade e oponibilidade no Brasil. Lembre-se que até o juiz pode exigir prova do direito estrangeiro se não o conhecer, como preconiza o art. 14 do Decreto-Lei n. 4.657/42:

> Art. 14. Não conhecendo a lei estrangeira, poderá o juiz exigir de quem a invoca prova do texto e da vigência.

E o art. 376 do Código de Processo Civil:

> Art. 376. A parte que alegar direito municipal, estadual, estrangeiro ou consuetudinário provar-lhe-á o teor e a vigência, se assim o juiz determinar.

Diante disso, como não é possível exigir que terceiros conheçam o teor de normas estrangeiras que tratam do regime de bens, sugere-se que tais normas obtenham publicidade, oponibilidade e cognoscibilidade no Brasil mediante registro de seu teor, nos mesmos moldes do pacto antenupcial – ressalve-se, novamente, que esta é apenas uma proposta dos autores.

Segue a Resolução n. 155 dispondo que a omissão dos nomes adotados pelos cônjuges após o casamento não impede a trasladação, devendo constar do traslado os nomes de solteiros. Eventual alteração de nomes poderá ser averbada posteriormente mediante averbação a vista de prova do fato. Assim:

> § 6º A omissão do(s) nome(s) adotado(s) pelos cônjuges após o matrimônio no assento de casamento ocorrido em país estrangeiro não obstará o traslado.
>
> § 7º Nesse caso, deverão ser mantidos os nomes de solteiro dos cônjuges. Faculta-se a averbação posterior, sem a necessidade de autorização judicial, mediante apresentação de documentação comprobatória de que os nomes foram modificados após o matrimônio, em conformidade com a legislação do país em que os nubentes tinham domicílio, nos termos do art. 7º do Decreto-Lei n. 4.657/1942.

---

73. "Art. 244 – As escrituras antenupciais serão registradas no livro n. 3 do cartório do domicílio conjugal, sem prejuízo de sua averbação obrigatória no lugar da situação dos imóveis de propriedade do casal, ou dos que forem sendo adquiridos e sujeitos a regime de bens diverso do comum, com a declaração das respectivas cláusulas, para ciência de terceiros."

Reafirmando essa norma administrativa, o TJMG decidiu que procedimento de retificação feito perante a justiça brasileira não é meio idôneo para inserir o sobrenome do cônjuge, pois isso não constou da certidão de casamento francesa, sendo necessário requerer no país no qual foi realizado o casamento e onde a requerente ainda se encontra domiciliada, considerando-se, ainda, que seu casamento subordinou-se às leis do local em que foi realizado[74].

Por fim, no mesmo sentido do que se estabeleceu para o regime de bens e para a alteração de nomes, determina-se na Resolução n. 155 que eventual omissão de algum elemento do registro de casamento, como previsto no art. 70 da Lei n. 6.015/73, não impedirá o traslado, mas possibilitará averbação posterior à vista de documentação comprobatória.

> § 8º A omissão no assento de casamento ocorrido em país estrangeiro de outros dados previstos no art. 70 da Lei n. 6.015/73 não obstará o traslado.
>
> § 9º Os dados faltantes poderão ser inseridos posteriormente por averbação, mediante a apresentação de documentação comprobatória, sem a necessidade de autorização judicial.

Observe que as certidões de casamento emanadas de autoridades consulares brasileiras no exterior podem se referir a dois diferentes casos:

a) casamentos realizados por autoridade estrangeira, em que pelo menos um dos nubentes é brasileiro, os quais são registrados no Livro de Escrituras e de Registro de Títulos e Documentos da autoridade consular, seguem as leis locais e tem regras suplementares para prova e escolha do regime de bens e para mudança de nome estabelecidas nos itens 4.3.1 e seguintes do capítulo 4º do Manual do Serviço Consular e Jurídico, da Subsecretaria-geral das Comunidades Brasileiras no Exterior, do Ministério das Relações Exteriores;

b) casamentos realizados pela própria autoridade consular brasileira, somente quando ambos os nubentes são brasileiros, o qual é registrado no Livro de Atos de Registro Civil da Autoridade Consular e segue as leis brasileiras, inclusive no que diz respeito à mudança de nome e à escolha do regime de bens, não se aplicando o artigo 4º, § 7º, do Decreto-Lei n. 4.657/42, em conformidade com o previsto nos itens 4.3.27 e seguintes do capítulo 4º do Manual do Serviço Consular e Jurídico, da Subsecretaria-geral das Comunidades Brasileiras no Exterior, do Ministério das Relações Exteriores.

13.4.6 Traslado de óbito

O assento de óbito de brasileiro efetuado em país estrangeiro, a exemplo dos assentos de casamento e de nascimento, quando tiver que produzir efeitos no Brasil, deverá ser trasladado para fins de publicidade e prova do fato.

Esse traslado, embora a lei não preveja, deve ser assentado no Livro "E" do cartório do 1º Ofício da Comarca do domicílio anterior que o falecido teve no Brasil. Essa parece

---
74. TJMG, AC Nº 1.0000.17.075237-2/001, Relator: Edilson Olímpio Fernandes, 6ª CMARA CÍVEL, J. 14/11/2017

ser a melhor interpretação, no sentido de se conferir a adequada publicidade, aplicando-se a mesma lógica de atribuição do registro da ausência – art. 94 da Lei n. 6.015/73: "O registro das sentenças declaratórias de ausência, que nomearem curador, **será feito no cartório do domicílio anterior do ausente**".

A exemplo do traslado de nascimento e de casamento, o domicílio anterior do falecido deverá ser comprovado ou declarado sob responsabilidade, a critério do interessado. Na falta de domicílio conhecido, o registro será trasladado no 1º Ofício do Distrito Federal.

Para a realização do traslado, o art. 14 da Resolução n. 155 estabelece que devem ser apresentados:

a) certidão do assento de óbito emitida por autoridade consular brasileira ou certidão estrangeira de óbito, legalizada por autoridade consular brasileira e traduzida por tradutor público juramentado;

b) certidão de nascimento e, se for o caso, de casamento do falecido, para fins do art. 106 da Lei n. 6.015/1973; e

c) requerimento assinado por familiar ou por procurador.

Tratando-se de certidão de óbito emitida por autoridade consular brasileira não se exigem outras formalidades. Tratando-se de certidão de registro emitida por autoridade estrangeira exige-se a legalização ou apostilamento, conforme o caso, e tradução por tradutor público juramentado. Nesse último caso, remete-se à observação relativa ao registro no Registro de Títulos e Documentos feita anteriormente neste capítulo ao se tratar das disposições gerais da Resolução n. 155 (item 3.5.3).

Em seguida, é exigida a apresentação da certidão de nascimento ou de casamento do falecido, a fim de se atender o disposto no art. 106 da Lei n. 6.015/73, que trata das anotações.

Além da finalidade expressa no texto, a certidão serve como prova da nacionalidade brasileira, cuja verificação se faz necessária, pois segundo o art. 32 da Lei n. 6.015/73 apenas são trasladados os assentos de óbito de brasileiros. Por esse motivo, tratando-se de brasileiro naturalizado, deve ser apresentado o certificado de naturalização ou outro documento que comprove a nacionalidade.

O requerimento se destina a cumprir o princípio da instância, inscrito no art. 13 da Lei n. 6.015/73.

Segundo a resolução, seriam legitimados para esse requerimento os familiares do falecido, pessoalmente ou por procurador. Todavia, há que se analisar com mais cautela essa limitação de legitimados para requerer o traslado, pois publicidade para produção de efeitos de um determinado registro de óbito no Brasil pode interessar a um terceiro, o qual não poderia ficar à mercê da vontade dos familiares.

Recomenda-se seguir o que está escrito na resolução, até que surjam casos em que será avaliada a conveniência de se reinterpretar tal rol de legitimados, possibilitando-se ou não que terceiros que comprovem seu interesse promovam o traslado.

Caso haja omissão de algum elemento do registro de óbito previsto no art. 80 da Lei n. 6.015/73, não se impedirá o traslado, podendo o elemento ser acrescido por meio de averbação em vista de documentação comprobatória. Nesse sentido são os §§ 1º e 2º do art. 14 da Resolução n. 155:

> § 1º A omissão no assento de óbito ocorrido em país estrangeiro, de dados previstos no art. 80 da Lei n. 6.015/73 não obstará o traslado.
>
> § 2º Os dados faltantes poderão ser inseridos posteriormente por averbação, mediante a apresentação de documentação com probatória, sem a necessidade de autorização judicial.

13.4.7 Averbações e anotações

Eventuais retificações nos termos dos arts. 109 e 110 da Lei n. 6.015/73 devem ser averbadas nos traslados de nascimento, casamento e óbito, como determina o art. 5º da Resolução n. 155, da mesma maneira, as demais averbações relativas aos atos trasladados deverão ser feitas nestes.

Assim, todas as averbações relativas aos registros de nascimento, casamento e óbito dos Livros "A", "B", "B-Auxiliar" e "C", como expostas anteriormente, devem ser realizadas com as mesmas regras e cautelas nos traslados de nascimento, casamento e óbito, quando a estes se referirem.

O mesmo deve ocorrer com as anotações dos arts. 106, 107 e 108 da Lei n. 6.015/73, que também deverão ser feitas nos traslados.

No tocante às averbações complementares dos traslados, previstas na Resolução n. 155, observe-se que, regidas pelo espírito da *extrajudicialização*, foi dispensada a autorização judicial para que sejam realizadas, desde que sejam devidamente comprovadas, bastando seguir o art. 97 da Lei n. 6.015/73.

13.4.8 Filho de estrangeiros a serviço de seu país

Segundo o disposto no art. 12, inciso I, alínea *a*, parte final, da Constituição Federal, o nascido na República Federativa do Brasil, filho de estrangeiro a serviço do seu país, não tem nacionalidade brasileira:

> Art. 12. São brasileiros: I – natos: a) os nascidos na República Federativa do Brasil, ainda que de pais estrangeiros, **desde que estes não estejam a serviço de seu país**.

Não seria possível lavrar o registro de tal nascimento no Livro "A", pois, como visto no item 1.5.1, o registro do Livro "A" faz presumir a nacionalidade brasileira.

Tampouco seria possível deixar de lavrar o registro, uma vez que é direito consagrado pelo art. 24, 2, do Pacto Internacional de Direitos Civis e Políticos, segundo o qual: "Toda e qualquer criança deve ser registada imediatamente após o nascimento e ter um nome", e pelo art. 7º da Convenção Internacional sobre Direitos da Criança, art. 7º, 1, segundo o qual: "A criança é registada imediatamente após o nascimento e tem desde o nascimento o direito a um nome".

Diante desse fato, o art. 15 da Resolução n. 155 do CNJ consagrou norma existente no Distrito Federal e determinou que o registro de nascimento em tais casos será lavrado no Livro "E", fazendo constar a circunstância de que não tem nacionalidade brasileira por se tratar de filho de estrangeiro a serviço de seu país. Assim:

Art. 15. Os registros de nascimento de nascidos no território nacional em que ambos os genitores sejam estrangeiros e em que pelo menos um deles esteja a serviço de seu país no Brasil deverão ser efetuados no Livro "E" do 1º Ofício do Registro Civil da Comarca, devendo constar do assento e da respectiva certidão a seguinte observação: "O registrando não possui a nacionalidade brasileira, conforme do art. 12, inciso I, alínea *a*, *in fine*, da Constituição Federal".

14
Retificação, restauração e suprimento do registro civil

14.1 RETIFICAÇÕES

O direito de retificar os registros (base de dados) é direito fundamental do cidadão, inerente à dignidade da pessoa humana (CF, art. 5º, inc. LXXII). É extremamente brutal e desumano subjugar o indivíduo por conta de um erro a que ele não deu causa e, muitas vezes, sequer teve conhecimento. A situação se agrava ainda mais quando lembramos que os Registros Públicos, por força da lei e necessidade imperiosa da vida moderna, presumem-se verdadeiros. Não é justo, nem razoável tomar por verdade um erro que ofende a pessoa humana. Assim, para maior garantia dos direitos fundamentais, é necessário um meio fácil e ágil de demonstrar que os registros não correspondem à realidade. Se para a correção do erro no registro civil houvesse um processo caro e moroso, o cidadão seria prejudicado em seus direitos fundamentais, em razão de uma falha do sistema, que seria, então, um sistema meramente burocrático e perverso.

No registro civil são raros ou mesmo inexistentes os casos de presunção absoluta de veracidade e exatidão dos registros, ou seja, o registro não é inatacável e será retificado sempre que houver prova robusta de seu erro. Isto pois, em um Estado Democrático e de Direito, o valor da pessoa humana não poderá ser, de antemão e sumariamente, preterido em face da segurança jurídica proporcionada pela estabilidade dos registros públicos. Já no registro imobiliário, por cuidar de direitos patrimoniais e disponíveis, a presunção absoluta da veracidade não ofende nenhum princípio fundamental da República.

No entanto, atente-se que a retificação de registro civil, em nenhuma hipótese, será aplicável para os casos em que se postula uma alteração do registro civil, pois não é possível denominar de retificação, o que, na verdade, é uma alteração do estado da pessoa natural.

Não se pode dizer que se busca uma retificação do regime de bens, quando em verdade se quer alterar o regime de bens. Não se pode dizer que se busca uma retificação da paternidade no registro, quando em verdade se busca uma destituição cumulada com investigação de paternidade.

Nesse mesmo sentido, quanto ao nome, são hipóteses distintas a alteração do nome e a retificação do nome. Retificação pressupõe a existência de erro, assim, é possível retificar por erro de grafia, erro de digitação, correção da grafia do sobrenome para adequar a forma que consta de seus ancestrais estrangeiros, primeira via da certidão distinta do registro. O próprio art. 57, *caput*, da LRP exclui de sua hipótese de incidência o art. 110, ou seja, prestigia a distinção entre alterações posteriores do registro e retificações.

Assim, note-se a importante distinção entre retificação e alteração. Retificar é tornar reto o que está errado, é corrigir um equívoco. Alterar significa modificar, mudar de um estado para outro, sem que necessariamente o estado anterior seja um erro. Sempre que há um descompasso entre o registro e a realidade deve-se pensar se há um erro ou uma alteração posterior ao registro.

Por exemplo, se no registro de nascimento o nome da mãe do registrado está diverso do nome que consta no atual documento de identidade da mãe, pode não existir erro no registro de nascimento, caso na data em que realizado o registro, a mãe realmente usasse o nome que consta do assento. A divergência entre os nomes pode ser resultado de um casamento posterior ao registro de nascimento, tendo alterado seu sobrenome. Ou seja, aconteceu uma alteração posterior que deixou o registro desatualizado, em descompasso com a realidade, mas não há um erro propriamente dito no registro. Para esse caso, é possível fazer a averbação da alteração do nome da mãe (não é retificação), cuja previsão legal repousa no art. 29, § 1º, *f*, e art. 97 da Lei de Registros Públicos, e já foi analisada no item 10.4 deste trabalho.

14.1.1 Procedimento judicial

São dois os procedimentos por meio dos quais é possível obter a retificação: o judicial e o administrativo. O procedimento judicial, previsto no art. 109 da LRP, é postulado ao Juiz de Direito, por meio de advogado, em processo de jurisdição voluntária, oportunidade em que é possível utilizar- todos os meios de prova admitidos em Direito. O procedimento administrativo, previsto no art. 110 da Lei de Registros Públicos, é realizado diretamente perante o Oficial de Registro Civil, em um procedimento célere e simplificado, sem necessidade de advogado, manifestação do MP ou decisão judicial.

Na hipótese de procedimento judicial, se deferido o pedido, será expedido mandado judicial para que o Oficial de Registro Civil averbe a retificação e, assim, possa emitir nova certidão já corrigida, optando por transcrever o inteiro teor da retificação no campo das observações da certidão ou alterar diretamente o conteúdo e fazer constar a expressão "a presente certidão envolve elementos de averbação à margem do termo" (LRP, art. 21).

O procedimento judicial não será processado obrigatoriamente na comarca em que lavrado o assento a ser retificado, pois, para maior facilidade ao cidadão, pode ser processado na comarca de sua residência. Nesses casos, em que o mandado judicial de retificação foi expedido por juízo diverso do cartório que deverá cumpri-lo, é necessário colher o "cumpra-se" do juízo da comarca em que deverá ser cumprido o mandado, por haver expressa previsão legal (LRP, art. 109, § 5º).

A ação judicial de retificação jamais deverá ser proposta em face do Oficial de Registro, pois este não é parte do processo, não tem interesse jurídico na demanda nem é titular dos direitos a serem debatidos em juízo. Apesar de não haver previsão legal, alguns magistrados solicitam informações do registrador, para que este atue como auxiliar ao juízo, fornecendo tanto elementos que constam em seu acervo, quanto a análise jurídica do caso concreto sob o ponto de vista de notários e registradores, realçando assim o seu caráter de profissionais do direito.

14.1.2 Procedimento administrativo

Na hipótese de procedimento administrativo, o próprio Oficial de Registro examina a documentação e decide pela possibilidade ou não da retificação, podendo agir de ofício ou mediante requerimento da parte.

São atos do procedimento em cartório, o protocolo, a autuação, a conferência dos documentos, a nota de qualificação positiva, a averbação e a emissão da certidão; ou nota de qualificação negativa, ciência ao interessado (fornecendo "certidão" da nota de qualificação negativa), juntada de novos documentos e nova análise. Em ambos os casos, arquivamento perpétuo da documentação apresentada.

Sendo extremamente célere, este procedimento é altamente desejado pelas partes, no entanto, nem todos os casos permitem o uso desta via, pelo contrário, ela está restrita às hipóteses especificadas expressamente no art. 110 da Lei 6.015/73, com a redação da Lei 13.484/17.

Essa é uma importante distinção entre os dois procedimentos, a via administrativa só cabe em casos restritos, de erros evidentes, incontestes, nas hipóteses especificadas. Sempre que houver incerteza ou necessidade de produção de provas mais elaboradas, o procedimento será o judicial, pelo rito sumaríssimo do art. 109, com assistência de advogado.

14.1.2.1 Hipóteses de retificação administrativa

Pode-se afirmar que o procedimento judicial é a regra geral para as retificações do registro civil. Apenas em casos excepcionais é dispensada pela lei a apreciação judicial, que são exatamente os casos em que o erro é tão evidente quanto singela a sua correção, e por estar cabalmente comprovado por documentos idôneos, faz-se desnecessário movimentar o Poder.

A redação atual do artigo 110 da Lei 6.015/73 manteve a hipótese de retificação administrativa de "erros que não exijam qualquer indagação para a constatação imediata de necessidade de sua correção" e, ao discriminar novas hipóteses específicas de retificação administrativa, tornou expressas algumas situações, para maior clareza e maior segurança jurídica, dando previsibilidade e uniformidade ao procedimento.

São hipóteses expressamente previstas no artigo em análise:

> II - erro na transposição dos elementos constantes em ordens e mandados judiciais, termos ou requerimentos, bem como outros títulos a serem registrados, averbados ou anotados, e o documento utilizado para a referida averbação e/ou retificação ficará arquivado no registro no cartório;
>
> III - inexatidão da ordem cronológica e sucessiva referente à numeração do livro, da folha, da página, do termo, bem como da data do registro;

IV - ausência de indicação do Município relativo ao nascimento ou naturalidade do registrado, nas hipóteses em que existir descrição precisa do endereço do local do nascimento;

V - elevação de Distrito a Município ou alteração de suas nomenclaturas por força de lei.

14.1.2.2 Retificação de ofício

Está expressa a possiblidade de atuação de ofício pelo registrador, ou seja, sem necessidade de requerimento do interessado (art. 110, "caput").

A redação anterior causava confusão, pois mencionava retificação "de ofício pelo Oficial de Registro", mas também estabelecia "mediante petição assinada pelo interessado". Ou seja, a lei determinava que a correção fosse feita de ofício mediante requerimento do interessado, o que é uma contradição, já que correção de ofício significa exatamente a correção de iniciativa do próprio Oficial de Registro, ou seja, sem necessidade de requerimento das partes.

De qualquer forma, mesmo sob a égide da Lei anterior havia a possibilidade de o próprio Oficial de Registro dar início à retificação administrativa dos assentamentos sob sua guarda. Nesse sentido, posicionou-se a ArpenSP:

> Enunciado n. 48 – Averbações / Anotações
>
> O Oficial de Registro é parte interessada para requerer a retificação de seus assentamentos, nos termos do art. 110 da Lei de Registros Públicos.

Esse enunciado teve extrema importância prática, permitindo que o próprio serviço registral zelasse pela certeza e exatidão dos registros, conferindo, assim, maior segurança jurídica. Agora o texto legal eliminou qualquer dúvida sobre essa possiblidade, o que é louvável.

Atente-se que, com a nova redação da lei, sequer é necessário formalizar um requerimento, com protocolo e autuação, nos casos de retificação de ofício feita com fundamento em documento arquivado no cartório. Basta que o oficial ou seu escrevente autorizado lavre a averbação de retificação mencionando o documento arquivado.

> Sugere-se o seguinte texto para a averbação nesses casos:
>
> RETIFICAÇÃO – Por força do artigo 110 da Lei 6.015/73 (com redação pela Lei 13.484/17) é feita a presente averbação para constar que a naturalidade do contraente constou erroneamente "Guará-SP", sendo o correto "Guaratinguetá-SP", conforme apurado no respectivo procedimento de habilitação para o casamento número 30/2017, arquivado neste cartório. Local, data. (assinatura) Nome, oficial de registro, dou fé".
>
> RETIFICAÇÃO – Por força do artigo 110 da Lei 6.015/73 (com redação pela Lei 13.484/17) é feita a presente averbação para constar que a data de nascimento constou erroneamente 18/11/2007, sendo o correto 16/11/2007, conforme apurado na respectiva Declaração de Nascido Vivo arquivada em cartório. Local, data. (assinatura) Nome, oficial de registro, dou fé."

No entanto, caso a retificação seja feita com documento externo ao acervo do cartório, mesmo que de ofício, será necessário arquivar a prova do erro, de forma organizada, logo recomenda-se instrumentalizar requerimento e protocolizá-lo.

14.1.2.3 Manifestação do Ministério Público e despacho do Juiz

A redação original do art. 110 da Lei 6.015/73 previa manifestação do Ministério Público e despacho do Juiz para as retificações administrativas do que então se chamava de erro de grafia. A Lei 12.100/09 dispensou o despacho do juiz, mas manteve a manifestação do Ministério Público, em caráter conclusivo. A Lei 13.484/17 dispensou a manifestação do Ministério Público, atribuindo a retificação ao oficial de registro civil.

Tais medidas de desjudicialização e desburocratização são motivo de comemoração, pois agilizaram o serviço de retificação, tornando-o mais próximo do cidadão, bem como valorizou a atividade do registro civil das pessoas naturais, confiando na qualidade de seus serviços.

Eram comuns casos de cidadãos manifestarem revolta e inconformismo por terem de esperar dias para obter sua certidão correta, muitas vezes por erro a que ele não deu causa e cuja simplicidade não justificava tamanha espera.

Não se esqueça que a intervenção de órgãos tão relevantes para o Direito era um prestígio, que ressaltava a importância do Registro Civil das Pessoas Naturais e o cuidado que se deve ter com os direitos da personalidade e direitos de família, resguardados nesse registro público.

No entanto, apoiado na evidência e na simplicidade dos erros corrigidos pela via administrativa, é mesmo de se comemorar que os próprios Oficiais de Registro Civil das Pessoas Naturais, assim como já acontecia com os Tabeliães de Notas e Oficiais de Registro de Imóveis, possam retificar tais erros, independentemente de manifestação do Ministério Público e de requerimento da parte, como uma medida de desburocratização e de maior eficiência no serviço público.

Afinal, quem tem competência para lavrar o registro, também tem para rever essa lavratura e detectar a ocorrência de erros materiais, podendo então corrigi-los, resguardando assim a valiosa e necessária higidez do registro público. É o que se chama de autotutela. É cumprir o dever de zelar pelo acervo, assegurando a exatidão e a qualidade do serviço.

14.1.2.4 Recusa da retificação administrativa

Se o registrador, após exame do caso concreto, concluir que não é cabível a retificação administrativa, deverá fazer a nota de qualificação negativa, expondo seus motivos por escrito, para entregar à parte.

Conforme as peculiaridades do caso, é possível que a parte interessada consiga apresentar novos documentos e, dessa forma, superar os óbices levantados pelo registrador e alcançar a retificação neste mesmo procedimento administrativo.

Se não for possível superar os óbices no âmbito administrativo, o interessado deverá buscar por si próprio a assistência de advogado ou defensor público e utilizar a via judicial do art. 109 da Lei 6.015/73 para postular a retificação.

É certo que, com base no dever de assessorar as partes e prestar informações relativas ao seu serviço, poderá o registrador analisar o pedido do cidadão antes mesmo do protocolo, é o que se chama no costume cartorial de "análise de balcão". Na grande maioria dos casos, os cidadãos vêm tomar informações antes de formalizar qualquer pedido, sendo o registrador quem redige o requerimento e os orienta.

Caso a parte queira ou precise de uma manifestação formal e escrita acerca da possibilidade ou não da retificação, é importante instrumentalizar o procedimento, com requerimento, protocolo, juntada de documentos, para então ser analisada a retificação pelo registrador. Somente assim haverá lastro para o registrador lavrar uma nota de qualificação fundamentada e entregar à parte. Para este serviço há previsão de cobrança de emolumentos, conforme legislações estaduais.

É possível também, ainda no âmbito administrativo, que o requerente discorde da exigência ou recusa formulada pelo oficial de registro, e queira um exame em segunda instância, a ser realizado pelo Juiz corregedor competente para a fiscalização do serviço registral (CF, art. 236, §1º). É o levantamento de dúvida ou o pedido de providências (Lei 6.015/73, art. 198 e 296).

Caso o interessado opte por essa via, não necessitará de assistência de advogado, mas importante deixá-lo esclarecido que não significa alteração para o procedimento de retificação judicial (art. 109), mas tão somente uma análise administrativa em segundo grau, a fim de apurar a regularidade da atuação do oficial de registro.

14.1.2.5 Atos passíveis de retificação

A atual redação do artigo 110 é expressa ao mencionar que a retificação poderá recair sobre os atos de registro, averbação e anotação. A redação anterior era mais vaga, pois fazia referência a retificação "no cartório onde se encontrar o assentamento". Assim, sob a égide da lei anterior era necessário interpretar o preceito legal para apurar se a possibilidade de retificação ali mencionada – assentamento – dizia respeito apenas a registro em sentido estrito ou se também abarcava os atos de averbação ou anotação.

Como o dispositivo anterior exigia manifestação do Ministério Público e, antes da Lei 12.100 de 2009, exigia-se também apreciação judicial, ganhou força a interpretação de que o assentamento ali referido estava restrito ao registro em sentido estrito. Dessa forma, as averbações e anotações eram passíveis de correções de ofício, independentemente de qualquer procedimento, com apoio no princípio da autotutela, sempre que constatado um erro material[1].

A distinção não era vazia. Uma substancial diferença entre o ato de registro em sentido estrito e seus atos acessórios está na colheita da manifestação de vontade, que é feita no ato de registro (assento), mas não é feita nas averbações e anotações. Estas sempre estão sustentadas em outro documento, como um mandado judicial, uma escritura

---

1. Sobre o assunto, vide artigo do coautor Marcelo Salaroli de Oliveira, in AHUALLI, Tânia Mara; BENACCHIO, Marcelo (coords.). SANTOS, Queila Rocha Carmona dos (org.). Direito Notarial e Registral: Homenagem às Varas de Registros Públicos da Comarca de São Paulo. São Paulo: Quartier Latin, 2016. p.700.

pública, um instrumento particular ou, até mesmo, um outro registro civil. Já os registros também consubstanciam a manifestação de vontade do declarante, por exemplo, a escolha do nome ou o reconhecimento de filho, no registro de nascimento. Por isso os registros, via de regra, são assinados pelas partes e as averbações e anotações nunca são assinadas pelas partes, mas apenas pelo Oficial de Registro (ou seus prepostos).

Retificar uma manifestação de vontade somente é possível pelo próprio sujeito. Essa era a razão de uma maior cautela para retificar o registro, que consiste em um misto de declarações e informações comprovadas, do que para retificar as averbações e anotações.

Em boa hora, a redação atual do artigo 110 da Lei 6.015/73 dirimiu essas questões jurídicas anteriores, tornando clara a possibilidade de retificação de ofício, independentemente de qualquer procedimento, dos erros materiais apurados nos atos de registro, averbação ou anotação.

14.1.2.6 Emolumentos

O procedimento de retificação é um serviço do registro civil que tem custos e remuneração. No entanto, a lei cuidou de dar isenção nos casos de erro imputável ao oficial, por si ou seus prepostos, podendo ser cobradas as demais retificações, conforme os regimentos de custas estaduais.

Esta é a previsão do parágrafo 5º do artigo 110 da Lei 6.015/73, com a redação pela Lei 13.484/17. Embora esta também fosse a melhor interpretação sistemática da legislação anterior[2], a clareza da legislação, eliminando dúvidas e questionamentos, é um valor jurídico que sempre deve ser prestigiado, em nome da segurança jurídica e estabilidade das relações.

A lei menciona erro imputável "ao oficial, por si ou seus prepostos". É sabido que os oficiais aposentam, falecem ou mudam de cartório. Do ponto de vista do novo oficial de cartório, ele terá que retificar gratuitamente erros a que não deu causa, pois foram cometidos por oficial anterior. Isto pois deve prevalecer o ponto de vista do cidadão, para quem não importa se o erro foi do oficial anterior ou do oficial atual, para ele, a retificação será isenta. Em outras palavras, para a concessão da isenção, basta que o erro seja do oficial, ou seja, do serviço. Não há exigência legal de que o erro seja imputável ao mesmo oficial que realizará a retificação.

14.2 SITUAÇÕES ESPECÍFICAS

14.2.1 Retificação da profissão

É frequente o pedido de retificação da profissão dos genitores no registro de nascimento ou mesmo do falecido no registro de óbito. Como tal elemento é declarado por ocasião do registro, dificilmente será caso de erro evidente, que permita a correção pela via administrativa, sendo necessária, então, a via judicial.

---
2. Vide OLIVEIRA, Marcelo Salaroli. *Op. Cit.*, 2016, p. 702

No caso do registro de óbito, é possível que a serventia tenha em seu acervo o atestado médico do óbito ou a declaração anotada pelo serviço funerário em que conste a profissão do falecido e o erro tenha ocorrido no momento da transposição da profissão destes documentos para o registro. Nesses casos, é possível a retificação administrativa.

Mesmo na via judicial, há quem defenda a impossibilidade da retificação da profissão, por falta de interesse jurídico, já que este é um elemento secundário do registro de nascimento, destinado apenas à identificação mais precisa da pessoa natural, o que não gera direitos nem deveres. No entanto, ainda que se admita a possibilidade de retificação, será difícil obter a prova inequívoca do erro, a ponto de afastar a presunção de veracidade que emana dos registros públicos.

Na maior parte das vezes, o interesse das partes na retificação da profissão é para constar que era trabalhador rural e, assim, fazer prova perante os órgãos previdenciários e obter benefícios como aposentadoria.

> RECURSO ESPECIAL – DIREITO CIVIL – REGISTRO CIVIL – FINALIDADE – EFICÁCIA, AUTENTICIDADE E SEGURANÇA DOS ATOS JURÍDICOS – ASSENTO DE CASAMENTO RETIFICAÇÃO DE DADOS A RESPEITO DA PROFISSÃO – INADEQUAÇÃO DA VIA ELEITA – INCIDÊNCIA DA SÚMULA 242/STJ – AÇÃO DE RETIFICAÇÃO – MEDIDA EXCEPCIONAL QUE EXIGE COMPROVAÇÃO INEQUÍVOCA DE ERRO EM SUA LAVRATURA – AUSÊNCIA, *IN CASU* – RECURSO IMPROVIDO.
>
> I – Não se pode perder de vista que, dentre as finalidades dos registros públicos estão a preservação da eficácia, autenticidade e a segurança dos atos jurídicos.
>
> II – Sendo certo que a pretensão ora deduzida é obter começo de prova para requerimento, no futuro, de benefícios previdenciários e para tal objetivo, acredita-se, deve-se valer de procedimento autônomo, em via processual própria, utilizando-se, inclusive, do disposto na Súmula n. 242/STJ.
>
> III – Não é possível que se permita desnaturar o instituto da retificação do registro civil que, como é notório, serve para corrigir erros quanto a dados essenciais dos interessados, a saber, filiação, data de nascimento e naturalidade, e não quanto a circunstâncias absolutamente transitórias como domicílio e profissão.
>
> IV – Se, de um lado, a regra contida no art. 109 da Lei n. 6.015/73 autoriza a retificação do registro civil, por outro lado, consta ali a ressalva de que a mesma somente será permitida na hipótese de haver erro em sua lavratura. Inexistência, *in casu*.
>
> V – Recurso especial improvido (REsp 1194378/MG, Rel. Min. Massami Uyeda, Terceira Turma, j. em 15-2-2011, DJe de 24-2-2011).

Ainda que a retificação da profissão tenha por finalidade última a obtenção de benefícios previdenciários, a competência permanece com a Justiça Comum Estadual, conforme aresto do STJ:

> CONFLITO DE COMPETÊNCIA. RETIFICAÇÃO DE REGISTRO DE ÓBITO.
>
> 1. Seguindo orientação firmada nesta 2ª Seção, compete à Justiça Comum do Estado processar e julgar pedido de retificação de registro de óbito, ainda que – circunstância não configurada no presente caso – o requerimento tenha fins previdenciários.
>
> 2. Conflito de competência conhecido para reconhecer a competência do Juízo de Direito (CC 19.492/BA, Rel. Min. Carlos Alberto Menezes Direito, Segunda Seção, j. em 14-10-1998, *DJ* de 7-12-1998, p. 38).

Para o Oficial de Registro Civil, é importante que, se deferida judicialmente a retificação da profissão, ao expedir a certidão em breve relatório, transcreva-se o inteiro teor da averbação de retificação no campo das observações da certidão, salvo se houver determinação judicial em sentido contrário. Dessa forma, todos terão conhecimento da retificação e sua data, em atendimento a função dos registros de dar publicidade e segurança aos atos jurídicos, e o órgão previdenciário que analisar a certidão saberá, exatamente, a origem e a data da profissão que consta no registro público.

14.2.2 Erro de grafia do nome na primeira via da certidão

É possível, notadamente nos casos de registros datilografados e manuscritos, que a primeira via da certidão de nascimento tenha sido emitida com um nome do registrado e o registro tenha sido lavrado com nome ligeiramente diverso. Por exemplo, na certidão poderá constar Matheus e no registro Mateus. É comum, ainda, que o erro somente seja percebido quando o registrado já é maior de idade ou até mesmo já é casado.

A interpretação rigorosa das regras atinentes aos registros públicos levará a conclusão de que o erro é da certidão, não do registro, o qual está regularmente lavrado e assinado pelo declarante legitimado para tal. Portanto, estão errados todos os atos lavrados e documentos expedidos com base na certidão equivocada, devendo estes ser retificados e não o registro.

No entanto, tal interpretação deverá ceder diante da constatação de que o nome da pessoa natural protegido pela lei e que deve prevalecer não é simplesmente o nome que dorme desconhecido nos livros de registro civil, mas sim o nome social, efetivamente utilizado e com respaldo em certidão do registro civil, que goza de fé pública e, até que se prove o contrário, presume-se exata e verdadeira.

Nesse sentido, há jurisprudência da justiça estadual de RS, MG e SP:

APELAÇÃO CÍVEL. RETIFICAÇÃO DE REGISTRO CIVIL. ALTERAÇÃO DE PRENOME. POSSIBILIDADE, NO CASO. SENTENÇA REFORMADA. O prenome da pessoa pode ser modificado desde que se trate de situação excepcional e devidamente motivada. Inteligência dos artigos 56, 57 e 58 da Lei nº 6.015/73. No caso, se está diante de situação extraordinária, na medida em que os elementos informativos evidenciam que seu nome foi grafado de forma equivocada pela serventia cartorária, tanto que o traslado da certidão de nascimento (que embasou a confecção dos demais documentos pessoais) traz o prenome com a grafia correta. Ademais, desde o seu nascimento, a apelante é publicamente identificada com o prenome sem a letra R na parte final. APELAÇÃO PROVIDA. (Apelação Cível Nº 70077549582, Oitava Câmara Cível, Tribunal de Justiça do RS, Relator: Ricardo Moreira Lins Pastl, Julgado em 18/10/2018, grifo nosso)

APELAÇÃO CÍVEL - AÇÃO DE RETIFICAÇÃO DE REGISTRO CIVIL - ALTERAÇÃO DO PRENOME - ERRO NA 1ª VIA DA CERTIDÃO DE NASCIMENTO - RECONHECIMENTO PESSOAL, FAMILIAR E SOCIAL -INEXISTÊNCIA DE PREJUÍZO AO INTERESSE PÚBLICO E DE TERCEIROS - CASO EXCEPCIONAL - PROVIMENTO DO APELO. - O nome do indivíduo é um dos atributos do direito da personalidade, utilizado como uma das formas de identificar a pessoa na sociedade, além de trazer segurança às relações jurídicas. **- Embora a regra seja a imutabilidade do nome, uma vez constatado que houve erro na emissão da certidão de nascimento, constando prenome diferente daquele registrado no respectivo assento, e tendo em vista que, diante do ocorrido, desde seu nascimento, o prenome da requerente ficou conhecido como o constante da certidão, possível se faz a alteração registral, para**

refletir a realidade fática da postulante. (TJMG - Apelação Cível 1.0470.15.004461-3/001, Relator(a): Des.(a) Wilson Benevides, 7ª CÂMARA CÍVEL, julgamento em 17/10/2018, publicação da súmula em 23/10/2018, grifo nosso).

Apelação Cível – Registro Civil – Retificação de grafia de prenome em registro de nascimento – Alteração do nome "Iraci" para "Iracy" – Possibilidade – Todos os documentos de identificação da autora, com exceção da certidão de nascimento, foram emitidos, desde 1958 com a grafia "Iracy" – Alteração do assento de nascimento que não acarretara prejuízo a terceiros – Requerente que sempre foi conhecida perante à sociedade como "Iracy". Recurso provido. (TJSP; Apelação 1047948-87.2015.8.26.0100; Relator (a): José Roberto Furquim Cabella; Órgão Julgador: 6ª Câmara de Direito Privado; Foro Central Cível - 2ª Vara de Registros Públicos; Data do Julgamento: 30/06/2016; Data de Registro: 30/06/2016)

AÇÃO DE RETIFICAÇÃO DE REGISTRO CIVIL I. Pretensão de retificação de assento de nascimento do requerente para alteração da grafia do prenome de "Luiz César" para "Luiz Cezar". Julgamento de improcedência. Imperativa reforma. II. Demonstração de que, em virtude de erro na primeira certidão de nascimento, o requerente adotou o nome "Luiz Cezar" durante sua vida, com ulterior expedição de todos os documentos oficiais seguindo-se essa grafia. Configuração, na espécie, de apelido público notório que autoriza a retificação pretendida. Hipótese do artigo 58 da Lei nº 6.015/73. Precedentes. Eventuais prejuízos a terceiros, no mais, não evidenciados. SENTENÇA REFORMADA. APELO PROVIDO. (TJSP; Apelação 1092853-80.2015.8.26.0100; Relator (a): Donegá Morandini; Órgão Julgador: 3ª Câmara de Direito Privado; Foro Central Cível - 2ª Vara de Registros Públicos; Data do Julgamento: 08/07/2016; Data de Registro: 08/07/2016)

No entanto, observe-se que, para o cabimento do procedimento administrativo e deferimento da retificação, será necessário comprovar o nome efetivamente utilizado, sem divergências, o que poderá ser feito com a apresentação da primeira via da certidão de nascimento e documentos pessoais, como documento de identidade, histórico escolar, RG escolar, CPF.

Se, no caso concreto, houver dúvidas quanto à identidade do registrado, não se tratar de um erro de grafia, houver alteração substancial do nome, não houver provas suficientes ou existir qualquer outra indagação relevante, conforme o prudente critério do Oficial de Registro, será necessária a retificação por procedimento judicial.

14.2.3 Retificação do local e causa do óbito

Dois emblemáticos casos de retificação tiveram suas sentenças prolatadas em 2012 pela Segunda Vara de Registro Públicos da Comarca da Capital do Estado São Paulo

No primeiro, relativo ao assento de óbito de João Batista Franco Drummond, a sentença proferida pelo MM. Juiz Guilherme Madeira Dezem, no processo 0059583-24.2011.8.26.0100, determinou a retificação do assento de óbito "para que onde se lê 'falecido no dia 16 de dezembro de 1976 na Av. 9 de Julho c/R; Paim' conste 'falecido no dia 16 de dezembro de 1976 nas dependências do DOI/CODI II Exército, em São Paulo' e onde se lê causa da morte 'Traumatismo craniano encefálico' leia-se 'decorrente de torturas físicas'".

No segundo, com ampla repercussão na mídia, o MM. Juiz Marcio Martins Bonilha Filho ordenou "a retificação no assento de óbito do jornalista Vladimir Herzog, para constar que a morte decorreu de lesões e maus-tratos sofridos em dependência do II Exército –SP" (DOI/CODI)" (Processo 0046690-64.2012.8.26.0100).

Tais retificações realçam a dimensão humana do registro civil das pessoas naturais e sua importância para a transparência e efetivação de direitos, em prol da democracia e da cidadania.

14.2.4 Retificação com base em documento estrangeiro

É caso frequente a solicitação de retificações de nomes e sobrenomes em que a prova do erro é um documento estrangeiro, normalmente uma certidão de registro civil expedida no país de origem dos imigrantes que vieram ao Brasil e aqui se estabeleceram, constituindo família e deixando descendentes.

O interesse na retificação costuma ser comprovar perante o país estrangeiro o parentesco dos descendentes desses imigrantes e, consequentemente, obter o reconhecimento da cidadania estrangeira.

Os documentos públicos estrangeiros são válidos no Brasil, desde que atendidos certos requisitos. Se o país de origem do documento for signatário da convenção da apostila, o documento deverá estar apostilado. Se não for, deverá ser legalizado na repartição consular brasileira do lugar de origem do documento. Se a língua oficial do país de origem não for o português, deverá estar traduzido por tradutor público ou juramentado no Brasil[3]. Por fim, deverá estar registrado em cartório de Títulos e Documentos brasileiro, nos termos da Lei 6.015/73, art. 129, 6º.

Diante desse documento, caberá ao oficial apurar se há erro passível de retificação administrativa, nos termos do art. 110 da Lei 6.015/73. Se for constatado o erro, deverá retificá-lo, não havendo fundamento para a recusa da retificação administrativa tão somente por conta da origem do documento que comprova o erro.

Nesse sentido, a Arpen-SP editou o seguinte enunciado:

Enunciado 64: Tratando-se de erro evidente, assim qualificado pelo oficial, nos moldes do inciso I do art. 110 da Lei 6.015/73, cuja constatação seja feita a partir de apresentação de documento estrangeiro, este deverá estar apostilado ou consularizado (caso o país emissor não integre a Convenção da Haia), traduzido por tradutor público juramentado devidamente inscrito em Junta Comercial do Brasil e registrado no Registro de Títulos e Documentos competente.

14.3 RESTAURAÇÃO E SUPRIMENTO DO REGISTRO CIVIL

A restauração do registro civil tem aplicação quando extraviado ou deteriorado o livro dos serviços notarial e registral, no todo ou em parte, de modo que inviabiliza a leitura. O suprimento de registro civil tem lugar em caso de assento omisso em alguma informação que dele deveria constar, ou até em caso de assento que não foi lavrado, porém, teve certidão expedida, que produziu efeitos e direitos (chamadas certidões avulsas). A distinção entre a restauração e o suprimento está no fato de que a primeira

---

3. Como visto no item 1.2.4.2 acima, o CNJ se manifestou sobre a desnecessidade de tradução de documentos emitidos em língua portuguesa.

se destina a refazer algo que existiu e se extraviou, enquanto o suprimento se destina a fazer algo que deveria ter sido feito, mas não foi.

Embora não se confundam com a retificação, estão disciplinados conjuntamente no mesmo art. 109 da LRP.

Sobre a matéria, foi editado o Provimento CN-CNJ n. 23, de 24-10-2012 (Corregedoria Nacional da Justiça), em que se encontra dispositivo determinando que o extravio ou danificação dos livros devem ser imediatamente comunicados ao Juiz Corregedor, que também é o competente para determinar a restauração dos assentos (arts. 1º e 6º do Provimento).

No que toca ao Registro Civil, o art. 9º desse provimento traz regra expressa, assegurando que a restauração pode ser solicitada perante o Juízo do foro do domicílio da pessoa legitimada para pleiteá-la, facilitando, assim, o acesso à justiça. Embora o artigo mencione apenas restauração, aplica-se também ao suprimento. Nesses casos, em que o mandado judicial de restauração ou suprimento tem origem em juízo diverso do local onde será cumprido, deverá receber o "cumpra-se" do Juiz Corregedor a que estiver subordinado o Registro Civil das Pessoas Naturais em que lavrado o assento a ser restaurado.

No caso das certidões avulsas, ou seja, o cidadão obteve a primeira via da certidão de nascimento, mas não foi lavrado o respectivo assento no livro do cartório, surge a seguinte controvérsia: seria adequado o procedimento de registro tardio de nascimento ou o processo de suprimento de assento para melhor solução do caso?

Contrariamente ao registro tardio é possível argumentar que a pessoa teve uma certidão, a qual, para a sociedade e para a comunidade jurídica, é o documento que representa o registro de nascimento e assim teve eficácia. Logo, o assento referente a essa certidão, se inexistente, deve ser suprido no cartório de origem, ainda que o procedimento seja realizado na comarca de domicílio do interessado.

Na opinião dos autores deste trabalho, nenhum dos dois procedimentos deve ser descartado, sendo possível, nas peculiaridades do caso concreto, aplicar-se o procedimento que melhor atenda ao interesse fundamental de promover o registro de nascimento, que é essencial para a efetividade da dignidade humana. Argumenta-se: No caso de os genitores já terem falecido, o procedimento de suprimento do assento parece o único adequado, pois o registro tardio não permitiria constar a filiação, gerando grave prejuízo ao interessado. Todavia, na maior parte dos casos, o registro tardio, que é realizado administrativamente perante o Oficial de Registro Civil, será mais célere e eficaz, garantindo de forma mais adequada o exercício da cidadania pelo registrado. Em ambos os procedimentos haverá o controle que a lei estabelece, o qual garantirá a segurança jurídica possível para o caso concreto.

É importante observar que, se optado pelo registro tardio em um caso de certidão avulsa, este procedimento não poderá servir para alteração do estado da pessoa natural ou de sua identificação, pois se o assento divergir da certidão, isso traria ao registro informações diferentes daquelas que já produziram efeitos e garantiram direitos.

O debate exposto é aplicável apenas em relação à certidão avulsa de nascimento. No caso de certidão avulsa de casamento ou de óbito, não há possibilidade de registro tardio na via administrativa, por falta de previsão legal, cabendo apenas o procedimento de suprimento do assento.]

Referências

AGAPITO, Priscila de Castro Teixeira Pinto Lopes; CHAVES, Marianna. Escritura pública de reconhecimento de união estável homoafetiva. In: AHUALLI, Tânia Mara; BENACCHIO, Marcelo (coords); SANTOS, Queila Rocha Carmona dos (org). Direito Notarial e Registral: Homenagem às Varas de Registros Públicos da Comarca de São Paulo. São Paulo: Quartier Latin, 2016. p. 249-268.

ALBUQUERQUE, Danielle Dantas Lins. Parto anônimo e o princípio da afetividade: uma discussão da filiação à luz da dignidade da pessoa humana. IBDFAM acadêmico. Disponível em: http://www.ibdfam.org.br/?artigos&artigo=454, Acesso em 19 mar. 2009.

ALMEIDA JUNIOR, João Mendes de. Órgãos da fé pública. São Paulo: Saraiva, 1963.

ALVES, José Carlos Moreira. A natureza tributária das custas e dos emolumentos e sua fixação por lei. In: PRINCÍPIOS tributários no direito brasileiro e comparado. Rio de Janeiro: Forense, 1988. p. 441-469.

AMADEI, Vicente de Abreu. Princípios de protesto de títulos. In: DIP, Ricardo Henry Marques (Coord.) Introdução ao direito notarial e registral. Porto Alegre: safE, 2004.

AMORIM, José Roberto Neves. *Direito ao Nome da Pessoa Física*. São Paulo: Saraiva, 2003.

AROUCA, Ana Carolina Bergamaschi. Evolução histórica do notário e sua função social. Dissertação de Mestrado. Disponível em: http://www.fadisp.com.br/download/turma_m4/ana_carolina_bergamaschi_arouca.pdf.

ASSOCIAÇÃO DOS REGISTRADORES DE PESSOAS NATURAIS DO ESTADO DE SÃO PAULO – ARPEN-SP. *Informativo Mensal*, ano 9, n. 79, set. 2008.

_____. Informativo Mensal, ano 10, n. 94, dez. 2009.

_____. *Informativo Mensal*, ano XII, n. 113, jul. 2011.

AZEVEDO, Alvaro Villaça. Estatuto da família de fato. 3ª ed. São Paulo: Atlas, 2011.

BANDEIRA DE MELLO, Celso Antônio. Conteúdo jurídico do princípio da igualdade. São Paulo: Malheiros, 1998.

BENEVIDES, Maria Victoria de Mesquita. Cidadania: direitos humanos e democracia. In: Diretório Acadêmico João Mendes Júnior. Fronteiras do direito contemporâneo. São Paulo: Faculdade de Direito da Universidade Mackenzie, 2002.

BENÍCIO, Hercules Alexandre da Costa. Responsabilidade civil do Estado decorrente de atos notariais e de registro. São Paulo: Editora Revista dos Tribunais, 2005.is, 2005.

BRANDELLI, Leonardo. *Nome Civil da Pessoa Natural*. São Paulo: Saraiva, 2012.

_____. *Teoria Geral do Direito Notarial*. São Paulo: Saraiva, 2009.

_____. Publicidade Jurídica: Primeiras Linhas. *Revista Crítica de Direito Notarial e Registral*, v. 1, n. 1, jan./jun. 2007.

BRASIL. Ministério das Relações Exteriores. Manual do Serviço Consular e Jurídico – Capítulo 4º – Atos Notariais e de Registro Civil, 2010. Disponível em: http://sistemas.mre.gov.br/kitweb/datafiles/Munique/pt-br/file/capitulo-4o-atos-notariais-e-de-registro-civil.pdf. Acesso em: 4 fev. 2014.

CALDERÓN, Ricardo. Princípio da afetividade no direito de família. 2ª ed. Rio de Janeiro: Forense, 2017.

CAMARGO NETO, Mario de Carvalho. Publicidade do Estado da Pessoa Natural, *Revista Síntese, Direito de Família*, n. 76, fev./mar. 2013.

_____. Alteração administrativa de regime de bens, mediante escritura pública. Estatuto das Famílias. Disponível em: http://www.ibdfam.org.br/. Acesso em: 7 fev. 2014.

_____. Cartório da cidadania e o sub-registro, Informativo Mensal da Associação dos Registradores de Pessoas Naturais do Estado de São Paulo – ARPEN-SP, São Paulo, 1º out. 2008.

_____. Certidão de inteiro teor de assento de adoção à luz do artigo 48 do Estatuto da Criança e do Adolescente, Informativo Mensal da Associação dos Registradores de Pessoas Naturais do Estado de São Paulo – ARPEN-SP, São Paulo, 31 maio 2011.

_____. Conversão de União Estável em Casamento. Disponível em: http://www.recivil.com.br/artigos.asp?tp=1. Acesso em: 7 fev. 2014.

_____. Fonte de informação permanente e atualizada sobre o estado civil de uma pessoa natural, Informativo Mensal da Associação dos Registradores de Pessoas Naturais do Estado de São Paulo – ARPEN-SP, São Paulo, 1º ago. 2011, p. 6-9.

_____. Gratuidade no registro civil das pessoas naturais, Informativo Mensal da Associação dos Registradores de Pessoas Naturais do Estado de São Paulo – ARPEN-SP, São Paulo, 31 dez. 2009, p. 47-51.

_____. Informações do registro civil das pessoas naturais, Informativo Mensal da Associação dos Registradores de Pessoas Naturais do Estado de São Paulo – ARPEN-SP, São Paulo, 28 fev. 2011, p. 16-18.

_____. Lei n. 12.133 de 17 de dezembro de 2009. A habilitação para o Casamento e o Registro Civil. Disponível em: http://www.ibdfam.org.br/?artigos&artigo=576. Acesso em: 7 fev. 2014.

_____. Mudança de nome do transexual, Informativo Mensal da Associação dos Registradores de Pessoas Naturais do Estado de São Paulo – ARPEN-SP, São Paulo, 31 mar. 2011.

_____. Nome do pai na nova Declaração de Nascido Vivo, Informativo Mensal da Associação dos Registradores de Pessoas Naturais do Estado de São Paulo – ARPEN-SP, São Paulo, 1º nov. 2010, p. 30-31.

_____. O Direito não pode fechar os olhos para a realidade social estabelecida..., Jornal do Notário, São Paulo, 30 nov. 2009, p. 9.

_____. O registro civil das pessoas naturais e os direitos da criança e do adolescente. In: FREITAS, Aline da Silva; ANDREUCCI, Ana Cláudia Pompeu Torezan; CARACIOLA, Andrea Boari (coords.). Estatuto da Criança e do Adolescente – 20 anos. São Paulo: LTr, 2010.

_____. Pai e mãe procedem ao registro de nascimento do filho, em igualdade de condições, Informativo Mensal da Associação de Registradores de Pessoas Naturais do Estado de São Paulo, n. 110, dez. 2011. Disponível em: http://www.arpensp.org.br/principal/index.cfm?tipo_layout=BC1&pagina_id=107. Acesso em 28 abr. 2014.

_____. *Pobreza como Violação dos Direitos Humanos:* os Direitos Humanos do Combate à Pobreza (Dissertação de Mestrado) – Universidade Presbiteriana Mackenzie, São Paulo, 2008.

_____. Por que dificultar? Alteração de sobrenome dos pais no registro civil – Projeto de Lei n. 7.752, de 13 de agosto de 2010. Disponível em: Http://www.anoreg.org.br/index.php?option=com_content&view=article&id=15144:porque-dificultaralteracaode-sobrenome-dos-pais-no-registro-civil-projeto-de-lei-7752-de-13-de-agostode-2010-por-mario-de-carvalho=-camargo-neto&catid-54&Itemid=184. Acesso em 16 jul. 2013.

_____. Presunção de paternidade vs. reconhecimento de filho, Informativo Mensal da Associação dos Registradores de Pessoas Naturais do Estado de São Paulo – ARPEN-SP, São Paulo, 1º fev. 2009.

_____. Reconhecimento de filho por escritura pública dos herdeiros do pai, Informativo Mensal da Associação dos Registradores de Pessoas Naturais do Estado de São Paulo – ARPEN-SP, São Paulo, 1º jun. 2010, p. 11.

_____. Registro na maternidade PL 2.237/2007 e Provimento 13 CNJ, Informativo Mensal da Associação dos Registradores de Pessoas Naturais do Estado de São Paulo – ARPEN-SP, São Paulo, 1º set. 2010, p. 29-33.

CAMARGO NETO, Mario de Carvalho; LEGHETTI, Fábio; SABBAG, Lucas Furlan. Lei n. 12.344 de 9 de dezembro de 2010: Como deve proceder o registrador. Disponível em: http://www.arpensp.org.br/principal/index.cfm?tipo_layout=SISTEMA&url=noticia_mostrar.cfm&id=12727. Acesso em: 25 nov. 2013.

CAMARGO NETO, Mario de Carvalho; OLIVEIRA, Marcelo Salaroli. Igualdade entre o homem e a mulher na declaração do registro de nascimento. Revista IBDFAM: Família e Sucessões, v.9 (maio/jun.). Belo Horizonte: IBDFAM, 2015. p.65-74.

_____. Registro Civil das Pessoas Naturais I, Parte Geral e Registro de Nascimento. Coleção Cartórios - Christiano Cassettari (Coord.). São Paulo: Ed. Saraiva, 2014.

_____. Registro Civil das Pessoas Naturais II, Habilitação e Registro de Casamento, Registro de Óbito e Livro "E". Coleção Cartórios - Christiano Cassettari (Coord.). São Paulo: Ed. Saraiva, 2014.

CAMARGO NETO, Mario de Carvalho; SABBAG, Lucas Furlan. Lei de Introdução às Normas de Direito Brasileiro, Informativo Mensal da Associação dos Registradores de Pessoas Naturais do Estado de São Paulo – ARPEN-SP, São Paulo, 15 jan. 2011, p. 40-41.

CAMARGO, Mateus Travaioli. O princípio da imutabilidade do nome civil e sua flexibilização na sociedade contemporânea. In: Revista do Curso de Direito da Universidade Metodista de São Paulo, v. 10, n. 10, 2013. Disponível em: https://www.metodista.br/revistas/revistas-ims/index.php/RFD/issue/current. Acesso em 28 abr. 2014.

CARRAZZA, Roque Antônio. Parecer - Imposto sobre Serviços de Qualquer Natureza (ISS) nos serviços de Registros Públicos, cartorários e notariais. Disponível em http://www.recivil.com.br/preciviladm/modulos/artigos/documentos. Acesso em 07.12.2018.

CARVALHO, Afrânio de. Registro de imóveis. Rio de Janeiro: Forense, 1977.

CARVALHO, Dimas Messias de. Multiparentalidade – equiparação ou prevalência da filiação socioafetiva com relação à biológica? Revista IBDFAM: Família e Sucessões, v.28 (jul./ago). Belo Horizonte: IBDFAM, 2018. p.13-35.

CARVALHO, Sandro Maciel. Os Emolumentos e o Equilibrio Econômico-Financeiro na Delegação da Atividade Notarial e Registral. In. Direito Notarial e Registral Avançado. YOSHIDA, Consuelo yatsuda Moromizato; FIGUEIREDO, Marcelo; e AMADEI, Vicente de Abreu. (coord.). São Paulo: Revista dos Tribunais, 2014. pp. 93-114.

CASSETTARI, Christiano. Elementos do direito civil. São Paulo: Saraiva, 2011.

_____. Elementos de Direito Civil, 6ª ed. São Paulo: Saraiva Educação, 2018.

_____. Multiparentalidade e parentalidade socioafetiva. São Paulo: Atlas, 2014.

_____. Multiparentalidade e parentalidade socioafetiva. 3ª ed. São Paulo: Atlas, 2017. E-book Kindle

_____. Os desafios impostos pelo Estatuto da Pessoa com Deficiência em razão das modificações na teoria das incapacidades e os seus reflexos na atividade de registradores e notários. Revista de Direito Imobiliário. Nº 80. São Paulo: RT, 2016. p.259-272.

CASTRO FILHO, José Olympio. *Comentários ao Código de Processo Civil*. v. X, Rio de Janeiro: Forense, 1988.

CENEVIVA, Walter. *Lei dos Notários e Registradores Comentada*. São Paulo: Saraiva, 2008.

_____. *Lei dos Registros Públicos Comentada*. 15ª ed. São Paulo: Saraiva, 2003.

_____. *Lei dos Registros Públicos Comentada*. São Paulo: Saraiva, 2010.

CHAVES, Carlos Fernando Brasil; REZENDE, Afonso Celso F. *Tabelionato de Notas e o Notário Perfeito*. São Paulo: Saraiva, 2013.

COELHO, Sacha Calmon Navarro; DERZI, Misabel Abreu Machado. Base de Cálculo do ISSQN Incidente Sobre os Serviços Notariais e de Registro Público. Vigência e Aplicação do §1o do art. 9o do decreto-lei 406/68. – parecer ao SINOREG-MG. 2008.

COMISSÃO ECONÔMICA PARA AMÉRICA LATINA E CARIBE. Panorama social da América Latina 2007. Disponível em: www.cepal.org.ar/publicaciones. Acesso em 15 jan. 2008.

CONFEDERAÇÃO NACIONAL DA INDÚSTRIA, IBOPE, Pesquisa, Retratos da Sociedade Brasileira, Burocracia, Confederação Nacional da Indústria. Brasília: CNI, jul. 2013.

CORRÊA, L. A. N. O Registro da Sentença de Morte Presumida: o livro competente para a lavratura do ato. *Revista Semestral das Faculdades Del Rey*, 4. ed., 2011.

CRESPO, Antônio Pedro Albernaz; GUROVITZ, Elaine. A pobreza como um fenômeno multidimensional. ERA-eletrônica. São Paulo: FGV, 2002.

DALLARI, Dalmo de Abreu. Direitos humanos e cidadania. São Paulo: Moderna, 1998.

DAMATTA, Roberto. A mão invisível do Estado: notas sobre o significado cultural dos documentos na sociedade brasileira. In: DINIZ, Eli (Org.). Anais do Seminário Internacional – O desafio da democracia na América Latina: repensando as relações Estado/sociedade. Apud Supremo Tribunal Federal. Ação Direta de Inconstitucionalidade 1.800 – Distrito Federal. Rio de Janeiro: Iuperj, 1996.

DELINSKI, Julie Cristine. O novo direito da filiação. São Paulo: Dialética, 1997.

DI PIETRO, Maria Sylvia. Direito administrativo. São Paulo: Atlas, 2003.

DIAS, Maria Berenice. *Manual de Direito das Famílias*. São Paulo: Revista dos Tribunais, 2010.

_____. Homoafetividade e direitos LGBTI. 7ª ed. São Paulo: Editora Revista dos Tribunais, 2016.

DINIZ, Maria Helena. *Lei de Introdução às Normas do Direito Brasileiro Interpretada* – de acordo com a Lei n. 12.376, de 30 de dezembro de 2010. São Paulo: Saraiva, 2012.

DIP, Ricardo (coord). Concessão de Gratuidades no Registro Civil. São Paulo: Quartier Latin, 2017.

DIP, Ricardo. *Direito Administrativo Registral*. São Paulo: Saraiva, 2010.

DOLINGER, Jacob. *Direito Internacional Privado – Parte Geral*. Rio de Janeiro: Forense, 2011._____. *Direito Internacional Privado, Família no Direito Internacional Privado, Casamento e Divórcio*. Rio de Janeiro: Renovar, 1997.

FERRO JUNIOR, Izaias Gomes; RUBIO, Analice Morais Schenider. *Introdução ao estudo do nome*. In: O Registro Civil das Pessoas Naturais – Novos Estudos. FERRO JUNIOR, Izaías Gomes; DEBS, Marta El (coords). Salvador: Juspodivum, 2017. p. 117-156

FERRO JUNIOR, Izaias Gomes; RUBIO, Analice Morais Schneider. Alterações do nome da pessoa natural. São Paulo (não publicado).

FRANÇA, Limongi. Do Nome Civil das Pessoas Naturais. São Paulo: Revista dos Tribunais, 1964.

FRANCO, Karina Barbosa; EHRHARDT JÚNIOR, Marcos. A multiparentalidade nas famílias reconstituídas. Revista IBDFAM: Família e Sucessões, v. 28 (jul./ago). Belo Horizonte: IBDFAM, 2018. p.89-114.

FREITAS, Rodrigo Bastos de. Direito dos índios e Constituição: os princípios da autonomia e da tutela-proteção. Dissertação para o Curso de Mestrado, Universidade Federal da Bahia, 2007.

FRONTINI, Ana Paula. Escritura Pública de Reconhecimento de União Estável. in AHUALLI, Tânia Mara; BENACCHIO, Marcelo (coords.). SANTOS, Queila Rocha Carmona dos (org.). Direito Notarial e Registral: Homenagem às Varas de Registros Públicos da Comarca de São Paulo. São Paulo: Quartier Latin, 2016. p.191-212

GENTIL, Alberto. Registros públicos. Rio de Janeiro: Forense; São Paulo: MÉTODO, 2020.

GIGLIOTTI, Andrea Santos. A escritura pública e o acréscimo de sobrenome pelos companheiros. Revista de Direito Notarial. Ano 6. Nº 6. São Paulo: Quartier Latin, 2015. p.111-117.

GONÇALVES, Carlos Roberto. Direito Civil Brasileiro: Direito de Família, vol VI, 7ª ed., São Paulo: Saraiva, 2010.

_____. Direito Civil Brasileiro: Parte Geral, vol I, 16ª ed., São Paulo: Saraiva, 2018.

HABER NETO, Jorge Rachid. A cognoscibilidade do registro da união estável no registro civil e a averbação no álbum imobiliário como atos definidores da boa-fé objetiva do companheiro não anuente na fiança. In: O Registro Civil das Pessoas Naturais – Novos Estudos. FERRO JUNIOR, Izaías Gomes; DEBS, Marta El (coords). Salvador: Juspodivum, 2017.

HIRONAKA, Giselda Maria Fernandes Novaes. Dos filhos havidos fora do casamento. Disponível em: http://jus2.uol.com.br/doutrina/texto.asp?id=528. Acesso em 19 mar. 2009.

HUBER, Cloves. *Registro Civil de Pessoas Naturais:* uma condição para a cidadania a ser constituída e regularizada. Leme: Editora de Direito, 2002.

INSTITUTO BRASILEIRO DE GEOGRAFIA E ESTATÍSTICA – IBGE. Estatísticas do Registro Civil de 2008. Disponível em: http://www.ibge.gov.br/home/estatistica/populacao/registrocivil/2007/default.shtm. Acesso em 10 fev. 2010.

_____. Censo 2010. Disponível em: http://www.ibge.gov.br/home/estatistica/populacao/censo2010/default.shtm. Acesso em 30 set. 2013.

_____. Estatísticas do Registro Civil de 2007. Disponível em: http://www.ibge.gov.br/home/estatistica/populacao/registrocivil/2007/default.shtm. Acesso em 8 dez. 2008.

_____. Estatísticas do Registro Civil de 2014. Disponível em: https://biblioteca.ibge.gov.br/visualizacao/periodicos/135/rc_2014_v41.pdf Acesso em 04 dez. 2018

_____. Estatísticas do Registro Civil de 2006. Disponível em: http://www.ibge.gov.br/home/estatistica/populacao/registrocivil/2006/default.shtm. Acesso em: 2 out. 2008.

_____. Síntese dos Indicadores Sociais, uma análise das Condições de Vida da População Brasileira 2008. Disponível em: http://www.ibge.gov.br/home/estatistica/populacao/condicaodevida/indicadoresminimos/sinteseindicsociais2008/indic_sociais2008.pdf. Acesso em: 7 out. 2008.

INSTITUTO DE PESQUISA ECONÔMICA APLICADA – IPEA. Pobreza e riqueza no Brasil metropolitano. Comunicado da Presidência, n. 7, ago. 2008.

KONNO, Alyne Yumi. *Registro de Imóveis – Teoria e Prática.* São Paulo: Memória Jurídica, 2007.

KOOGAN; HOUAISS. Enciclopédia e Dicionário Ilustrado. Rio de Janeiro: Seifer, 2000.

KUMPEL, Vitor Frederico. FERRARI, Carla Modina. Tratado Notarial e Registral. Ofício de Registro Civil das Pessoas Naturais. São Paulo: YK editora.

LARENZ, Karl. Metodologia da Ciência do Direito. Lisboa: Fundação Calouste Gulbenkian, 2005.

LIMA, Cristina. Do Conceito ao Diagnóstico de Morte: controvérsias e dilemas éticos. Medicina Interna. Disponível em http://www.spmi.pt/revista/vol12/vol12_n1_2005_06-10.pdf. Acesso em: 13 jul. 2012.

LIMA, Marcia Fidelis. ADI 4.275 - Suprema Corte brasileira marca a história da dignidade da pessoa humana. Revista IBDFAM: Família e Sucessões. Belo Horizonte: IBDFAM, v. 76, p. 135-163, maio/jun. 2018.

LÔBO, Paulo Luiz Netto. Entidades familiares constitucionalizadas: para além do numerus clausus. Disponível em: http://www.mundojuridico.adv.br. Acesso em 19 mar. 2009.

_____. Famílias. São Paulo: Saraiva, 2009.

_____. *Direito Civil – Parte Geral*. São Paulo: Saraiva, 2009.

LOUREIRO, Luís Guilherme. *Registros Públicos*. São Paulo: Método, 2012.

LOUREIRO, Luís Guilherme. *Registros Públicos: teoria e prática*. 8ª ed. Salvador: Editora Juspodivum, 2017.

LUCHIARI, Valéria Ferioli Lagrasta. Registro civil indígena. In: LUCHIARI, Valéria Ferioli Lagrasta; FAGGIANO, Daniel. A questão indígena. Brasília: Gazeta Jurídica, 2013.

MARLET, José Maria. Conceitos Médico-Legal e Jurídico de Morte. *Justitia*, São Paulo, v. 49 (138), abr./jun. 1987.

MARTINS, Ives Gandra. Natureza Tributária de Emolumentos Notariais - Competência das Esferas Federa-tivas para Impor Tributos Regime Jurídico Prevalecente no Estado de Mato Grosso para Emolumentos Concernentes A Cédulas Rurais – Parecer. In. Revista Jurídica - Instituição Toledo de Ensino. Disponível em: https://bdjur.stj.jus.br/jspui/bitstream/2011/20254/natureza_tributaria. pdf. Acesso em 07.12.2018.

MATIELLO, Fabrício Zamprogna. Código Civil comentado. São Paulo: LTr, 2003.

MELO JUNIOR, Regnoberto Marques. Dos Emolumentos Notariais e Registrais: doutrina, legislação e jurisprudência. Rio de Janeiro: Freitas Bastos. 2005.

MENDES, Gilmar Ferreira; COELHO, Inocêncio Mártires; GONET BRANCO, Paulo Gustavo. Curso de direito constitucional. São Paulo: Saraiva, 2009.

MINISTÉRIO DA SAÚDE. Secretaria de Vigilância em Saúde. Departamento de Análise de Situação em Saúde. Org.: Coordenação Geral de Informações e Análise Epidemiológica. *Manual de Instruções para o Preenchimento da Declaração de Nascido Vivo*. Disponível em: http://svs.aids.gov.br/download/manuais/Manual_Instr_Preench_DN_2011_jan.pdf. Acesso em: 7 fev. 2014.

_____. *Manual de Instruções para o preenchimento da Declaração de Óbito*. Disponível em: http://svs.aids.gov.br/download/manuais/Manual_Instr_Preench_DO_2011_jan.pdf. Acesso em: 7 fev. 2014.

MIRANDA, Marília Ferreira; BOSELLI, Karine Maria Famer Rocha. Dispensa de Legalização Consular para Trasladação de Documentos Estrangeiros nos Termos da Resolução n. 155/2012 do CNJ. Disponível em: http://www.arpensp.org.br/ principal/index.cfm?tipo_layout=SISTEMA&url=noticia_mostrar.cfm&id=18249. Acesso em: 2 jan. 2014.

MORELLI, Daniel Nobre. Teoria geral da prova no processo civil. Disponível em: http://www.direitonet.com.br/artigos/exibir/1390/Teoria-Geral-da-Prova-no-Processo-Civil. Acesso em 19 mar. 2009.

MRÓZ, Daniela; RIBEIRO, Izolda Andrea; BOSELLI, Karine. Registro Civil das Pessoas Naturais. In. GENTIL, Alberto (coord.). Registros Públicos. São Paulo: Método, 2019.

NALINI, José Renato. O Registro Civil das Pessoas Naturais. *DIP.* Org.: Ricardo Henry Marques. *Registros Públicos e Segurança Jurídica.* Porto Alegre: Safe, 1998.

_____. Notários e Registradores para o Século XXI. *Revista Crítica de Direito Notarial e Registral,* v. 1, n. 1, jan./jun. 2007.

NARAYAN, Deepa; PETESCH, Patti (editores). Moving out of poverty – cross-disciplinary perspectives on mobility. Vol. 1. New York: The World Bank and Palgrave Macmillan, 2007.

NERY JUNIOR, Nelson; NERY, Rosa Maria de Andrade. *Código Civil Comentado.* São Paulo: Revista dos Tribunais, 2008.

OLIVEIRA, Carlos Santos. A adoção e seus efeitos. Disponível em: http://www.egov.ufsc.br/portal/sites/default/files/anexos/9535-9534-1-PB.pdf. Acesso em 30 set. 2013.

OLIVEIRA, Marcelo Salaroli de; AGAPITO, Priscila de Castro Teixeira Pinto Lopes Agapito. O registro de nascimento de pessoas intersexo. In Intersexo: aspectos jurídicos, internacionais, trabalhistas, registrais, médicos, psicológicos, sociais, culturais. Maria Berenice Dias (coord). São Paulo: Thomson Reuters Brasil, 2018. p. 303 a 316.

OLIVEIRA, Marcelo Salaroli. Publicidade registral imobiliária. São Paulo: Saraiva, 2010.

_____. Reconhecimento voluntário de filho socioafetivo, Informativo Mensal da Associação de Registradores de Pessoas Naturais do Estado de São Paulo, n. 135, maio 2013. Disponível em: http://www.arpensp.org.br/principal/index.cfm?tipo_layout= BC1&pagina_id=107. Acesso em 28 abr. 2014.

_____. A correção de erros materiais no registro de nascimento. in AHUALLI, Tânia Mara; BENACCHIO, Marcelo (coords.). SANTOS, Queila Rocha Carmona dos (org.). Direito Notarial e Registral: Homenagem às Varas de Registros Públicos da Comarca de São Paulo. São Paulo: Quartier Latin, 2016. p. 689-708.

PAIVA, João Pedro Lamana. Procedimento de dúvida no registro de imóveis. São Paulo: Saraiva, 2011.

PEDROSO, Alberto Gentil de Almeida; PEDROSO NETO, Alberto Gentil de Almeida. Questões registrárias e o Novo Código Civil. São Paulo: Juarez de Oliveira, 2004.

PELUSO, Cezar (coord.). *Código Civil Comentado:* doutrina e jurisprudência. São Paulo: Manole, 2010.

PONTES DE MIRANDA. Tratado de Direito Privado. Parte Especial. Tomo VII. Direito da Personalidade Direito de Família. Atualizado por Rosa Maria de Andrade Nery. São Paulo: Revista dos Tribunais, 2012.

PROGRAMA DAS NAÇÕES UNIDAS PARA O DESENVOLVIMENTO. Relatório de desenvolvimento humano, 1997. Disponível em: http://www.pnud.org.br/rdh/. Acesso em 8 mar. 2008.

_____. Resolução n. 1, de 13 de junho de 1988, do Conselho Nacional de Saúde. Disponível em: http://conselho.saude.gov.br/resolucoes/reso_88.htm. Acesso em 25 fev. 2013.

RIBEIRO, Daniel Nilson. In. Lei de Registros Públicos Comentada. ARRUDA ALVIM NETO, José Manuel; CLÁPIS, Alexandre Laizo; CAMBLER, Everaldo Augusto (Coord.). Rio de Janeiro: Forense, 2014.

RIBEIRO, Izolda Andréa de Sylos. A união estável e seu registro no Livro "E". In: O Registro Civil das Pessoas Naturais – Novos Estudos. FERRO JUNIOR, Izaías Gomes; DEBS, Marta El (coords). Salvador: Juspodivum, 2017.

RIBEIRO, Luís Paulo Aliende. *Regulação da Função Pública Notarial e de Registro*. São Paulo: Saraiva, 2009.

RICHTER, Luiz Egon. Da qualificação notarial e registral e seus dilemas. In: DIP, Ricardo Henry Marques. Introdução ao direito notarial e registral. Porto Alegre: safE, 2004.

ROSENVALD, Nelson. Da Curatela. In: Tratado de Direito das Famílias. Belo Horizonte: IBDFam, 2015.

_____. O fato jurídico da transexualidade. Revista IBDFAM: Família e Sucessões. Belo Horizonte: IBDFAM, v. 26, p. 53-77, mar./abr. 2018.

ROSENVALD, Nelson; FARIAS, Cristiano Chaves. *Direito Civil. Teoria Geral*. Rio de Janeiro: Lumen Juris, 2011.

_____. Curso de Direito Civil 1 – Parte Geral e LINDB. Salvador: JusPODIVM, 2014.

_____. *Direito das Famílias*. Rio de Janeiro: Lumen Juris, 2011.

SANT'ANA, Gilson Carlos. Os Serviços Notariais e sua Contraprestação. Disponível em: www.colegio-registralrs.org.br/anexos/Os_Servicos. Acesso em 05.12.2018.

SANTOS NETO, José Antônio de Paula. *Da Ausência*. São Paulo: Juarez de Oliveira, 2001.

SANTOS, Emanuel Costa. Emolumentos notariais e de registro: desvendando os segredos desta esfinge. In. Anais do XIX Congresso Nacional do CONPEDI. Disponível em http://irib.org.br/boletim/2013/abril/downloads/4249-artigo.pdf. Acesso em 05.12.2018.

SANTOS, Marcelo Velloso dos; BIANCONI, Thiago Lobo. Coluna 4, Questões de Registro Civil. Disponível em: http://www.arpensp.org.br/principal/index.cfm?pagina_id=421. Acesso em 17 jan. 2014.

_____. Questões do Registro Civil. Óbito. Corpo de pessoa não localizado. Registro mediante mandado judicial. Diferenciação entre a justificação prevista no art. 88 da Lei n. 6.015/73 e a morte presumida prevista no Código Civil. Regra de competência. Disponível em: http://registrocivil.wordpress.com/2010/08/12/obito-corpo-de-pessoa-nao-localizado-registro-mediante-mandado-judicial-diferenciacao-entre-a-justificacao-prevista-no-artigo-88-da-lei-6-0151973-e-a-morte-presumida-prevista-no-codigo-civil-regr/. Acesso em: 7 fev. 2014.

SANTOS, Mariana Undiciatti Barbieri. Nome do Natimorto. *Informativo Mensal da Associação de Registradores das Pessoas Naturais de São Paulo*, ano 13, n. 128, out. 2012.

SANTOS, Reinaldo Velloso dos. *Registro Civil das Pessoas Naturais*. São Paulo: SafE, 2006.

_____. Identificação de estrangeiro no registro civil. Disponível em: http://www.arpensp.org.br/websiteFiles/imagensPaginas/File/Identificacao_de_Estrangeiros_no_Registro_Civil.pdf. Acesso em 28 abr. 2014.

_____. Registro civil: base gratuita de dados da nação, Informativo Mensal da Associação de Registradores de Pessoas Naturais do Estado de São Paulo, ano 10, n. 94, dez. 2009. Disponível em: http://arpensp.org.br/principal/index.cfm?tipo_layout=BC1&pagina_id=107. Acesso em 28 abr. 2014.

SEN, Amartya. Desenvolvimento como liberdade. Laura Teixeira Motta (Trad.). Revisão técnica: Ricardo Dominelli Mendes. São Paulo: Companhia das Letras, 2007.

SERPA LOPES, Miguel Maria de. *Tratado dos Registros Públicos*. Rio de Janeiro, Freitas Bastos, 1960.

SILVA, Alex Reis. Aplicação dos princípios constitucionais da administração pública na atividade notarial e registral. Disponível em: http://www.recivil.com.br/precivil-adm/modulos/artigos/. Acesso em 9 mar. 2013.

SILVA. Magnus R. Dias. Repensando os cuidados de saúde para a pessoa intersexo. In Intersexo: aspectos jurídicos, internacionais, trabalhistas, registrais, médicos, psicológicos, sociais, culturais. Maria

Berenice Dias (coord). São Paulo: Thomson Reuters Brasil, 2018. p. 379 a 404.SILVEIRA, Helder Rodrigues. Registro civil das pessoas naturais. Curitiba: Inoreg, 2013.

SILVEIRA, Helder. *Registro Civil das Pessoas Naturais – Teoria e Prática*. Brasília: Bandeirante, 2011.

_____. *Registro Civil das Pessoas Naturais*. Curitiba: INOREG, 2013.

STEINMTEZ, Leandra. Diferenciação sexual normal e anormal. In Intersexo: aspectos jurídicos, internacionais, trabalhistas, registrais, médicos, psicológicos, sociais, culturais. Maria Berenice Dias (coord). São Paulo: Thomson Reuters Brasil, 2018. p. 435-440.

SUNDFELD, Carlos Ari. Fundamentos do direito público. São Paulo: Malheiros, 2012.

SWENSSON, Walter Cruz, et alii. *Lei de Registros Públicos Anotada*. São Paulo: Juarez de Oliveira, 2006.

TARTUCE, Flávio. *Manual de Direito Civil – Volume Único*. São Paulo: Método, 2011.

_____. Direito Civil, v.1: Lei de Introdução e Parte Geral.12º ed. Rio de Janeiro: Forense, 2016.

_____. Direito Civil, v.5: Direito de família.11º ed. Rio de Janeiro: Forense, 2016.

_____. O provimento 83/2019 do Conselho Nacional de Justiça e o novo tratamento do reconhecimento extrajudicial da paternidade socioafetiva. Disponível em: https://www.migalhas.com.br/FamiliaeSucessoes/104,MI309727,81042-O+provimento+832019+do+Conselho+Nacional+de+Justica+e+o+novo Acesso em 05.11.2019.

TARTUCE, Flávio. SIMÃO, José Fernando. Direito Civil, v. 5: direito de família. 4ª ed. Rio de Janeiro: Forense; São Paulo: Método, 2010.

TOBIAS, Rogério. Recepção de títulos e devolução de documentos – credor, apresentante e núncio – casuística. In: SOUZA NETO, João Baptista de Mello (coord.) Manual de protesto de letras e títulos: teoria e prática. São Paulo: Quartier Latin, 2017.

UNITED NATIONS. General Assembly. Human Rights Council. A/HRC/7/32. Disponível em: http://ap.ohchr.org/documents. Acesso em 11 mar. 2008.

VELOSO, Zeno. Nome Civil da Pessoa Natural. In: Tratado de Direito das Famílias. Belo Horizonte: IBDFam, 2015.

VENOSA, Sílvio de Salvo. Direito Civil: direito de família. 5ª ed. São Paulo: Altas, 2005.

VILLELA, José Corrêa. Conceito jurídico de pobreza na construção da segurança social. Tese de Doutorado. São Paulo: Faculdade de Direito da Universidade de São Paulo, 2006.

WORLD DEVELOPMENT INDICATORS 2006. Disponível em: http://devdata.worldbank.org/wdi2006. Acesso em 15 mar. 2008.

Anotações